U0535453

当代中国的语文改革和语文规范

主　编　苏培成
编写者　陈克守　桑　哲　阚景忠
　　　　秦海燕　李彦苓

商务印书馆
2010年·北京

图书在版编目(CIP)数据

当代中国的语文改革和语文规范/苏培成主编.—北京：商务印书馆,2010
ISBN 978-7-100-06741-6

Ⅰ.当… Ⅱ.苏… Ⅲ.汉语-语言教学-教学改革-中国 Ⅳ.H191

中国版本图书馆CIP数据核字(2009)第142468号

所有权利保留。
未经许可,不得以任何方式使用。

DĀNGDÀI ZHŌNGGUÓ DE YǓWÉN GǍIGÉ HÉ YǓWÉN GUĪFÀN
当代中国的语文改革和语文规范
主编 苏培成

商务印书馆出版
(北京王府井大街36号 邮政编码100710)
商务印书馆发行
北京瑞古冠中印刷厂印刷
ISBN 978-7-100-06741-6

2010年12月第1版　　开本880×1230 1/32
2010年12月北京第1次印刷　印张26½
定价：52.00元

目 录

第一章　序篇 …………………………………………………… 1
第一节　语文改革和语文规范 ………………………………… 1
一、语文的演变性和稳定性 …………………………………… 1
二、不能革新的语文是没有生命力的 ………………………… 6
三、没有规范的语文不能成为交际的工具 …………………… 10
四、文字改革、语文现代化和语言规划 ……………………… 13
第二节　当代中国语文工作的分期 …………………………… 16
一、以语文改革为主的时期（1949—1976） ………………… 17
二、以语文规范为主的时期（1977—2000） ………………… 18
三、实施国家语文发展战略的时期（2001—2007） ………… 19

第二章　前奏（1892—1948） ………………………………… 20
第一节　时代呼唤语文改革 …………………………………… 20
一、语文改革的开端 …………………………………………… 20
二、西学东渐与语文改革 ……………………………………… 23
第二节　从切音字到注音字母 ………………………………… 25
一、明清时期西洋人设计的拼音方案 ………………………… 25
二、切音字运动的兴起 ………………………………………… 28
三、切音字运动的代表人物及其方案 ………………………… 30
四、注音字母的议定和推行 …………………………………… 33
第三节　白话文运动 …………………………………………… 41
一、梁启超倡导"新文体" ……………………………………… 42

二、五四白话文运动 ································· 45
三、"文艺语言的大众化"和"大众语"的讨论 ············· 53
四、新式标点符号的采用 ····························· 58
五、改革汉字文本排写款式的倡议 ····················· 66

第四节 国语运动 ······································· 68
一、国语运动的兴起 ································· 68
二、从"老国音"到"新国音" ··························· 71
三、国语的推行 ····································· 72

第五节 国语罗马字和北方话拉丁化新文字 ················· 76
一、国语罗马字 ····································· 76
二、北方话拉丁化新文字 ····························· 86

第六节 简体字运动 ····································· 105
一、简体字运动的兴起 ······························· 105
二、20世纪20、30年代的简体字运动 ··················· 107
三、国民政府公布《第一批简体字表》 ··················· 109
四、简体字运动的发展 ······························· 112

第三章 起步(1949—1955) ································· 114
第一节 确定方针,建立机构 ····························· 114
一、讨论文字改革的方针和步骤 ······················· 114
二、建立中国文字改革协会 ··························· 116
三、建立中国文字改革研究委员会 ····················· 121
四、设立中共中央文字问题委员会 ····················· 129
五、建立中国文字改革委员会 ························· 129

第二节 推进语文规范化 ································· 131
一、《人民日报》发表短评《请大家注意文法》 ············· 132
二、中共中央发出《关于纠正电报、报告、指示、决定等文字缺点的指示》 ·· 134
　三、《人民日报》发表社论《正确地使用祖国的语言，为语言的纯
　　　洁和健康而斗争！》 ·· 140
　四、《人民日报》发表《语法修辞讲话》 ······························ 146
　五、公布《标点符号用法》 ··· 152
　六、关于民族共同语的讨论 ·· 155
　七、关于汉语规范化内涵的讨论 ··· 156
第三节　推进文字改革 ··· 158
　一、研制并公布《常用字表》 ··· 158
　二、研制《汉字简化方案草案》 ··· 162
　三、改革汉字文本的排写款式 ··· 174
　四、精简汉字字数的研究 ··· 176
第四节　召开全国文字改革会议 ·· 180
　一、会议概述 ··· 180
　二、吴玉章的报告《文字必须在一定条件下加以改革》 ······ 181
　三、张奚若的报告《大力推广以北京语音为标准音的普通话》 ···· 183
　四、胡乔木的总结发言 ·· 185
　五、《全国文字改革会议决议》 ··· 187
第五节　召开现代汉语规范问题学术会议 ····································· 189
　一、会议概述 ··· 189
　二、罗常培、吕叔湘的报告《现代汉语规范问题》 ············· 190
　三、胡乔木的谈话 ·· 194
　四、《现代汉语规范问题学术会议决议》 ····························· 195
第六节　宣传并落实三项语文工作 ·· 198

第四章　高潮（1956—1959） ··· 202
　第一节　文字改革的三项任务 ·· 202

一、中共中央发出《关于文字改革工作问题的指示》 …………… 202
　　二、周恩来作《当前文字改革的任务》的报告 ……………… 204
　　三、吴玉章作《关于当前文字改革工作和汉语拼音方案的报告》 …… 208
第二节　简化汉字 …………………………………………………… 211
　　一、《汉字简化方案》的公布 ……………………………… 211
　　二、《汉字简化方案》的推行和调整 ……………………… 218
　　三、《汉字简化方案》的效果 ……………………………… 219
第三节　整理汉字 …………………………………………………… 220
　　一、整理异体字 ……………………………………………… 220
　　二、改换生僻地名用字 ……………………………………… 228
　　三、整理通用字 ……………………………………………… 233
第四节　推广普通话 ………………………………………………… 237
　　一、"普通话"名称的确立 …………………………………… 237
　　二、国务院发布《关于推广普通话的指示》 ……………… 238
　　三、成立推广普通话的工作机构 …………………………… 243
　　四、确定推广普通话的工作方针 …………………………… 244
　　五、推广普通话工作逐步展开 ……………………………… 245
　　六、推广普通话取得的成绩和不足 ………………………… 249
第五节　制订和推行《汉语拼音方案》 …………………………… 252
　　一、制订《汉语拼音方案》的背景 ………………………… 252
　　二、制订《汉语拼音方案》的经过 ………………………… 253
　　三、《汉语拼音方案》的评价 ……………………………… 269
第六节　继续推进语文规范化 ……………………………………… 270
　　一、贯彻毛泽东主席关于反对党八股和改进文风的指示 …… 270
　　二、审订普通话异读词的读音 ……………………………… 275
　　三、编写《现代汉语词典》 ………………………………… 279
　　四、拟订《暂拟汉语教学语法系统》 ……………………… 280

第五章　调整（1960—1965） ……………………………… 283
第一节　语文工作的调整 ………………………………… 283
第二节　公布《简化字总表》 …………………………… 284
一、征求对简化字的意见 ………………………………… 284
二、明确可以用于类推简化的偏旁 ……………………… 286
三、编印《简化字总表》 ………………………………… 296
第三节　公布《印刷通用汉字字形表》 ………………… 300
一、铅字字形的分歧 ……………………………………… 300
二、研制并推行《印刷通用汉字字形表》 ……………… 302
三、《印刷通用汉字字形表》的研究 …………………… 306
第四节　整理汉字查字法 ………………………………… 311
一、汉字查字法的整理原则 ……………………………… 311
二、汉字查字法整理工作组推荐的四种草案 …………… 313
第五节　《汉语拼音方案》的应用 ……………………… 328
一、给汉字注音 …………………………………………… 328
二、用于注音识字 ………………………………………… 329
三、推广普通话 …………………………………………… 331
四、帮助少数民族创造和改革文字 ……………………… 332
五、帮助外国人学习汉语 ………………………………… 334
六、设计汉语手指字母 …………………………………… 335
七、改进盲字 ……………………………………………… 337
八、用于电报拼音化 ……………………………………… 338
九、用于视觉通信 ………………………………………… 339
十、用作代号和缩写 ……………………………………… 339
十一、用于序列索引 ……………………………………… 341
十二、用于少数民族语地名的音译转写 ………………… 342
第六节　语文改革的新探索 ……………………………… 343

一、郭沫若发表《日本的汉字改革和文字机械化》……………… 343
　　二、减少汉字字数的尝试 …………………………………………… 347
　　三、整理汉字的建议 ………………………………………………… 352

第六章　挫折（1966—1976）………………………………………… 357

第一节　语言文字工作遭受了重大损失 ………………………… 357
第二节　艰难地推进 ……………………………………………… 358
　　一、恢复文字改革工作机构 ………………………………………… 358
　　二、拟订《第二次汉字简化方案（草案）》………………………… 359
　　三、恢复推广普通话 ………………………………………………… 361
　　四、进行汉语拼音基本式教学试验 ………………………………… 362
　　五、恢复《文字改革》专刊 ………………………………………… 364
　　六、恢复推行汉语拼音 ……………………………………………… 365
　　七、中文成为联合国大会和安理会的工作语文 …………………… 365
　　八、研制《汉字频度表》…………………………………………… 366
　　九、修订公布《少数民族语地名汉语拼音字母音译转写法》…… 367

第七章　拨乱反正（1977—1985）…………………………………… 370

第一节　批判"四人帮"在语言文字方面的错误言论 ………… 370
　　一、出版《文字改革通讯》………………………………………… 370
　　二、批判"两个估计" ……………………………………………… 371
　　三、《中国语文》复刊 ……………………………………………… 374
　　四、《文字改革》复刊 ……………………………………………… 378
第二节　在恢复中前进 …………………………………………… 378
　　一、发表和修订《第二次汉字简化方案（草案）》………………… 378
　　二、出版《现代汉语词典》………………………………………… 385
　　三、成立全国高等院校文字改革学会 ……………………………… 386

  四、"国家推广全国通用的普通话"写入了《宪法》 …… 391
  五、汉语拼音成为拼写汉语的国际标准 …… 397
  六、制订中国人名、地名汉语拼音字母拼写法 …… 409
  七、扩大汉语拼音的使用范围 …… 416
  八、公布《普通话异读词审音表》 …… 418
  九、现代汉字研究取得了新成果 …… 423
  十、发布有关汉字的两项规范 …… 430
  十一、中文信息处理取得了良好的开端 …… 437

 第三节 新形势下的新思考 …… 445
  一、胡乔木谈文字改革 …… 445
  二、召开文字改革工作座谈会 …… 450
  三、筹备第二次全国文字改革会议 …… 459
  四、"中国文字改革委员会"改名为"国家语言文字工作委员会" …… 463
  五、王力、吕叔湘、周有光谈新时期的文字改革 …… 464

 第四节 有关文字改革的学术论争 …… 469
  一、与段生农的论争 …… 470
  二、与曾性初的论争 …… 475

第八章 新时期（1986—2000） …… 484

 第一节 召开全国语言文字工作会议 …… 484
  一、会议概述 …… 484
  二、刘导生的报告《新时期的语言文字工作》 …… 488
  三、胡乔木在闭幕式上的讲话 …… 492
  四、《全国语言文字工作会议纪要》 …… 494
  五、全国语言文字工作会议的收获 …… 500

 第二节 大力推广和积极普及普通话 …… 502
  一、推广普通话的工作思路和措施 …… 502
  二、目标管理，量化评估 …… 503

  三、普通话水平测试 ………………………………………… 511

  四、全国推广普通话宣传周 ……………………………… 520

  五、推广普通话取得的成绩和存在的问题 …………… 524

第三节 整理现行汉字,整顿社会用字 ………………… 526

  一、国务院发出关于汉字问题的通知 ………………… 526

  二、废止《第二次汉字简化方案(草案)》……………… 529

  三、重新发表《简化字总表》…………………………… 533

  四、加强社会用字的管理 ……………………………… 537

  五、召开汉字问题学术讨论会 ………………………… 542

  六、发布《现代汉语常用字表》和《现代汉语通用字表》 …… 546

  七、纪念《汉字简化方案》公布 35 周年 ……………… 550

  八、《人民日报(海外版)》改用简化字出版 …………… 550

  九、发布《标点符号用法》和《出版物上数字用法的规定》 … 552

  十、发布《GB13000.1 字符集汉字字序(笔画序)规范》 … 558

第四节 继续推行汉语拼音 ……………………………… 561

  一、召开汉语拼音学术研讨会 ………………………… 561

  二、纪念《汉语拼音方案》公布 30 周年 ……………… 562

  三、发布《汉语拼音正词法基本规则》………………… 564

  四、开展"注音识字,提前读写"小学语文教学改革实验 … 572

  五、扩大汉语拼音的应用 ……………………………… 580

第五节 开展中文信息处理研究 ………………………… 583

  一、发布有关信息处理的规范 ………………………… 583

  二、编制汉字属性字典 ………………………………… 587

第六节 倡导中国语文现代化 …………………………… 592

  一、语文现代化的提出 ………………………………… 592

  二、周有光对中国语文现代化的研究 ………………… 596

  三、纪念中国语文现代化运动 100 周年 ……………… 600

  四、建立中国语文现代化学会 ………………………… 609

五、有关语文现代化的论争 ……………………………………… 615
　第七节　语言文字工作的新举措 …………………………………… 620
　　一、国务院发出关于语言文字工作的通知 …………………… 620
　　二、江泽民总书记发表关于语言文字工作的三点意见 ……… 627
　　三、纪念文字改革和现代汉语规范化40周年 ………………… 627
　　四、召开1997年全国语言文字工作会议 ……………………… 628
　　五、国家语言文字工作委员会并入教育部 …………………… 631
　　六、开展全国语言文字使用情况调查 ………………………… 632
　　七、开展城市语言文字工作评估 ……………………………… 638
　第八节　制订《国家通用语言文字法》 ……………………………… 648
　　一、制订《国家通用语言文字法》的必要性 …………………… 648
　　二、《国家通用语言文字法》的起草过程 ……………………… 649
　　三、《国家通用语言文字法》的通过和公布 …………………… 651
　　四、《国家通用语言文字法》的说明 …………………………… 655
　　五、学者对《国家通用语言文字法》的研究 …………………… 658

第九章　实施国家语文发展的战略（2001—2007） ……………… 661
　第一节　开展国家语文发展战略的研究 …………………………… 661
　　一、坚持语文改革的成果，构建实施国家语文发展战略的基础 ……… 670
　　二、明确汉语文的发展方向，做好汉语文的自身建设 ……… 672
　　三、提高全民的语文素质，规范语文的社会应用 …………… 685
　　四、妥善处理语文发展中的矛盾，构建和谐的语文生活 …… 690
　　五、探讨汉语文的国际传播战略，加速汉语文的国际推广 … 705
　　六、提高汉语文的信息处理水平，扩大汉语文在虚拟空间的
　　　　话语权 ………………………………………………………… 717
　第二节　语文规范研制的新收获 …………………………………… 733
　　一、发布信息技术方面的新规范 ……………………………… 733
　　二、发布《第一批异形词整理表》 ……………………………… 734

三、发布《GB13000.1 字符集汉字折笔规范》 …………… 738
　　四、探索规范人名用字 …………………………………… 739
　　五、开展汉字应用水平测试 ……………………………… 744
　　六、研制《规范汉字表》 ………………………………… 754
第三节　语文工作的新开拓 ………………………………… 761
　　一、《国家通用语言文字法》的宣传和施行 …………… 761
　　二、成立国家语委咨询委员会 …………………………… 766
　　三、国家语言文字工作"十五"计划和"十一五"规划 …… 768
　　四、"十五"和"十一五"期间的语言文字应用研究 …… 772
　　五、纪念《汉语拼音方案》公布 45 周年 ……………… 776
　　六、发布《中国语言生活状况报告》 …………………… 777
第四节　民族语文工作的新进展 …………………………… 781
　　一、民族语文工作概述 …………………………………… 781
　　二、民族语文的法制建设 ………………………………… 784
　　三、民族语文的信息化建设 ……………………………… 786
　　四、民族语文干部的培训 ………………………………… 790
　　五、少数民族的双语教育 ………………………………… 793
　　六、对濒危语言文字的抢救和保护 ……………………… 799

结束语　用科学发展观统领语言文字工作 …………………… 801

当代中国语文工作大事记(1949—2007) ……………………… 810
主要参考文献 ……………………………………………………… 830

后记 ………………………………………………………………… 832

第一章 序篇

第一节 语文改革和语文规范

一、语文的演变性和稳定性

（一）语文改革和语文规范相辅相成。语文具有演变和稳定两重属性。社会不断发展，语文随着社会的发展而发展。如果社会发展了，语文却停滞不前，社会的发展就要受到阻碍，语文自身就要走向消亡；语文又要求稳定，一日三变、朝令夕改，这样的语文无法成为交际工具。在这两重属性中，发展是绝对的，稳定是相对的。"每一种语言时时刻刻都在经历着缓慢而不断的语言演变过程。""语言变化比生物的变化要快得多，但是比人类社会的其他制度的变化也许要慢些。"① 与语文本身这两种属性相适应，语文工作也包括两个主要部分，就是语文规范和语文发展。为了促进语文的发展，要进行语文改革；为了保持语文的稳定，要进行语文规范。二者相辅相成，缺一不可。

语文在社会应用过程中，不断出现新的成分和新的用法，语言学把这些新成分和新用法叫做语文的变异。变异突破了原有的规范，并对原有的规范造成了冲击。应该怎样对待语文的变异呢？一律吸收或者一概拒绝都是不可行的。一律吸收就会使语文芜杂不堪，良莠不齐；一

---

① 布龙菲尔德《语言论》，袁家骅等译，第355、356页，商务印书馆1980年版。

概拒绝就会使语文失去活力,停滞不前。正确的做法是对变异进行评价和选择。评价就是按照必要性、明确性和广泛性三个方面,把变异分为积极的变异和消极的变异两种类型。凡是符合交际需要、表达意思明确、流通比较广泛的变异,属于积极的变异,而与此相反的就是消极的变异。吸收积极的变异以促使语文的发展,这就是语文改革;拒绝消极的变异以保持语文的稳定,这就是语文规范。

语文改革指语文应用的改革,也就是语文生活的改革;语文规范指语文本体的规范,也就是语文结构的规范。例如五四白话文运动,用现代白话文代替文言文,属于语文改革;而对异读词进行审音,从几个读音中确定一个规范音,就属于语文规范。再如推广普通话,是为了克服方言造成的隔阂,便于交际,把只说方言改变为既说方言也说普通话,属于语文改革;而普通话本身要有明确的规范,就是"以北京语音为标准音,以北方话为基础方言,以典范的现代白话文著作为语法规范"。又如简化汉字,推行简化字、用简化字来代替繁体字,属于语文改革;而简化字本身要有明确的规范,如"乐"字是5画,不是6画。只有兼顾语文改革和语文规范,语文才能成为社会交际的工具和传播文化的工具。语文改革和语文规范两者必须兼顾,但这并不是说要平均使用力量,在不同的时期要根据社会发展提出的要求,根据语文生活的状况确定工作的重点,有所侧重,采取切实的措施加以实施。

(二)语文改革和语文规范不能彼此取代。语文工作包括许多方面,例如语文调查、语文研究、语文教学、语文立法、语文评估、语文出版等,但是从宏观来看,语文工作的最重要的两个方面就是语文改革和语文规范。这两个方面虽有联系但是毕竟不同,彼此不能够代替,也不能够包容。当代中国出版社1995年出版的《当代中国的文字改革》,主要内容谈的是语文改革,但是也设专章讨论语文规范。书名上的"文字改革"包括了"语文规范",扩大了语文改革的范围,名称与内容不完全统一。1956年国务院公布了《汉字简化方案》和《关于推广普通话的指示》,推行简化字和推广普通话都属于语文改革的重要内容。为了纪念这两项重要的语文改革推行50周年,政府主管语文工作部门于2006年2月发出了《关于开展"语言文字规范化工作50周年暨〈国家通用语言文字法〉施行5周年"纪念活动的通知》,要求各地举办相应的宣传纪念活动。《通知》把推行简化字和推广普通话纳入了语言文字规范化的范围,这种做法从学术上说是没有道理的,从实际工作说是取消了语文改革,因而是不妥的。

(三)学者对语文改革和语文规范的论述。我们在这里说的并不是什么新的观点,而是许多语言学家早就阐述过的科学论断。

王力在《论汉语规范化》里指出:"语言是稳固的,同时又是发展的,这是马克思主义语言学对语言的辩证的看法。片面的一口咬定语言的稳定性,否定了它的发展,那当然是错误的;但是,如果只看见语言的可变性,因而否定它的规范,不注重语言的纯洁和健康,那同样也是错误的。"[①]

许宝华和颜逸明在《进一步促进汉语规范化》里指出:"文字改革和汉语规范化是我们党制定的两项重大的语文政策,二者的关系十分密切:无论是为了加强汉民族的政治、经济和文化的统一,为了顺利地进行社会主义革命和建设,加速实现四个现代化,为了充分地发挥语言在社会生活中的交际作用,还是为了有效地发展民族间和国际间的联系,做好团结工作,都必须把文字改革和汉语规范化的各项工作搞好,促进汉语的书面语和口语的高度统一。文字改革工作搞得越好,汉语规范化的进程也就越快。比如推广普通话,要是能做到'人人都学普通话,处处听到北京音',那就意味着现代汉语普通话已普及、推广到

[①] 王力《论汉语规范化》,《王力文集》第20卷第81页,山东教育出版社1991年版。

广大方言区,它在语音方面的规范已逐步为亿万汉族人民所掌握。同样,汉语规范化工作的开展,也必将有利于文字改革工作。比如编出一部好的现代汉语词典,对推广普通话就会起很大的作用。实践表明文字改革和汉语规范化工作,二者是相辅相成、互相促进的,在很多方面有着共同的性质和任务。"①

吕叔湘在《汉语文的特点和当前的语文问题》里指出:"在19世纪末,20世纪初,兴起了语文改革运动。这个语文改革运动有三个组成部分:针对言文不一致,有白话文运动;针对方言分歧,有国语运动;针对汉字难学难用,有拼音字运动。""有一个虽然不在语文改革的主流之内,可是目前相当严重的问题,那就是汉字规范的问题。"②吕先生是把语文改革和汉字规范分开说的,认为汉字规范问题是不在语文改革这个主流之内。

胡乔木在《一点希望》里说:"语言文字既有它稳定的一面,又有它的不断变化和更新的一面,这两个方面是同样不容否认和忽视的。经济、文化、科学越发达的国家,越经常需要并且产生各种新词语和新写法(包括缩写),并赋予旧词语以新意义和新用法。新的辞书不断出版,旧的辞书不断增订。与语言文字有关的各种新技术,如为满足盲人和聋哑人的需要和其他特种需要的文字的创制,如各种文字材料的存储、检索和传递,如各种出版物的编校、印刷、复制和缩微,都是日新月异,层出不穷。掌握上述各方面的知识,首先是获得这些方面的情报,已经成为进行现代化事业所必不可少的前提。与此同时,由于语文自身需要保持一定程度的稳定性而长期保存下来的各国语文的字形、字音、字义以及佳句、名篇,也仍然是必不可少的知识。"③

---

① 许宝华、颜逸明《进一步促进汉语规范化》,《中国语文》1978年第2期第151页。
② 《吕叔湘集》第4卷第131页和第133页,商务印书馆1992年版。
③ 胡乔木《一点希望》,《胡乔木谈语言文字》第327页,人民出版社1999年版。

（四）中国古代的语文改革和语文规范。我国在古代就进行了语文改革和语文规范的工作，当然改革和规范的内容和做法与现代有很大的不同。在语文改革方面，秦始皇二十六年（公元前221年）灭齐，统一六国。二十七年，采纳丞相李斯的意见"同天下书"。因为战国时候各国"言语异声，文字异形"，所以"秦始皇帝初兼天下，丞相李斯乃奏同之，罢其不与秦文合者"（《说文·序》）。用秦小篆统一六国的文字，实现了秦帝国的书同文。这是古代的一次十分重要的语文改革。俞正燮《癸巳存稿》"官话"条说："雍正六年，奉旨以福建广东人多不谙官话，着地方官训导，廷臣议以八年为限。举人生员贡监童生不谙官话者不准送试，福建省城四门设立正音书馆……令州县与士民及教官实心教导，保荐时列入政绩……嘉庆十一年奉旨，上书房行走者，粤东口音于授读不甚相宜。"雍正年间设立正音书馆推广官话，这是近代推行共同语的语文改革。在语文规范方面，《后汉书·蔡邕传》记载：汉灵帝时蔡邕"以经籍去圣久远，文字多谬，俗儒穿凿，疑误后学"，于熹平四年"奏求正定六经文字，灵帝许之"。"邕乃自书册于碑，使工镌刻立于太学门外，于是后儒晚学咸取正焉。及碑始立，其观视及摹写者，车乘日千余辆，填塞街陌。"刊刻石经是古代重要的语文规范。"自改篆为隶以后，又经过南北朝之俗书，百念为憂（忧），言反为變（变），不用为甭（罢），追来为歸（归），更生为甦（苏），先人为旡（老），文子为孝（学），老女为姥（母），以及席中加带作廗，恶上安西作悪，鏖头生毁作鏖，離则配禹作䲨。以及彳旁作亻，亻旁作彳，木旁作扌等，见于《说文统释序》、《金石文字辨异》与汉碑、魏志、墨拓者不遑细举。唐颜师古考定五经文字，而有《字样》一书。"①

---

① 胡朴安《中国文字学史》第113页，北京市中国书店1983年版。

二、不能革新的语文是没有生命力的

（一）语文改革是语文应用的改革。语文有本体和应用两个方面，语文的本体构成了语文的结构体系，而语文的应用构成了社会语文生活。语文改革指的是语文应用的改革，也就是社会语文生活的改革，而不是语文本体的改革。过去由于宣传解释做得不够，有的人对语文改革有误解。有人问：语文怎么能现代化？汉语的句子一般是主语在谓语的前面，语文改革是不是要把谓语改到主语的前面去？普通话有四个声调，语文改革是不是要取消声调？这完全是误解。语文本体的发展要受语文内部发展规律的制约，而语文改革的重点不是语文本体的发展。

语文应用的变化是经常发生的，日常的量变积累到一定的程度要发生质变。语文应用有很强的继承性，这种继承性形成为人们的语言习惯。要改变多少年形成的语言习惯并不容易，有时还会发生激烈的思想交锋。量变在人们不知不觉中进行，而质变常常要通过人们的有目的的干预才能取得成功。只有量变而没有质变，语文生活不可能有跨越式的发展。清末开始的现代语文改革，主要内容有语言的共同化、文体的口语化、汉字的简易化、表音的字母化等四个方面。中国语文生活的进步归功于语文改革，这是客观存在的事实。可是有人却竭力贬低、否认，甚至诋毁语文改革。把语文改革歪曲为废除汉字，毁坏传统文化，"极左"，避之唯恐不及。这种思潮给当前的语文工作带来了许多负面影响，我们要从理论与实践相结合的方面说明语文改革的科学性、必要性，推动语文改革前进，使中国的语文生活生机勃勃、充满活力，为经济的发展和社会的进步做出贡献。

（二）探讨语文改革的规律。总结语文改革的经验，推动语文改革前进。周有光先生在这方面做出了重大的贡献。周先生说：

鸦片战争(1840)以来,我国"语文现代化"的进展,主要是：1. 规定了全国共同语和标准音,但是推行不利。2. 废文言、用白话,但是文体口语化不普遍。3. 制定了汉语的字母(拼音字母),但是字母应用不广。4. 简化了一批汉字,但是"内外"不一致。

我国的语文现代化也是在"语言求通、文字尚同"的道路上前进,只是前进的步伐太小了,不能适应飞速发展的现代社会的需要。

有成功,也有失败。失败的事例有惩前毖后的价值,必须牢记心头。1949年以来,最大的失败有两件事。一件是1986年放弃的"第二次汉字简化方案草案"("二简")。另一件是1982年放弃的新疆维吾尔族的拉丁化新文字("新维文")。这两大失败的原因是,不了解语文发展中的阻力规律。

这两次失败使我们知道了如下的"阻力规律"：

1. 改革的步子要适当,不宜太大、太快；如果"以新换旧"有困难,就应当"新旧并行",避免"新旧脱节"；长期"新旧并行"以后,就能自然地"以新换旧"。

2. 改革要考虑时代思潮,"人心思变"的时候可以改革,"人心思定"的时候不宜改革。冒进地改革,结果是延缓改革。①

关于**语文改革的动力**,周先生告诉我们：

语文生活的前进动力来自三个方面：1. 群众的语文运动；2. 学者的语文研究；3. 政府的语文政策。三个方面是相辅相成的：没有

---

① 周有光《中国语文纵横谈》,《周有光语文论集》第2卷第18—19页,上海文化出版社2002年版。

语文运动就没有活力,没有语文研究就不能提高,没有语文政策就难于推行。①

群众的语文运动,政府的语文政策,学术的语文研究,三者有别,不可混为一谈。群众运动,有左有右,时起时落,激进的带着宗教狂热,守旧的执着图腾迷信,可是,群众运动是推进历史的动力。政府政策,主要考虑当前的可行性,重视策略,不重视理想,往往被政治偏见所左右,可是,没有政策的公布,任何计划难于实行。学术研究,根据资料和事实,作逻辑的论证,依凭理智,排除感情,虽然"过早的真理不是真理",科学的结论不一定符合现实形势,可是,历史迟早要向科学的结论前进。②

周先生在论述语言生活的历史进程时说:

人类语言生活的发展节奏越来越快。从语言的开始到文字的开始大约经过二百万年。从文字的开始到国家共同语的开始大约经过五千年。从国家共同语的开始到传声技术的开始大约经过二百年。从传声技术的开始到计算机的开始大约经过一百年。人类的语言生活已经达到"上穷碧落、下及黄泉"的神化境界了。可是,历史永远不会停止,还在更快地前进。

中国的语言和文字,必须不断进行自我完善化,紧跟着瞬息万变的历史步伐,向信息化时代前进。③

---

① 周有光《信息化时代的中国语文现代化》,《语文现代化论丛》第 49 页,山东教育出版社 1995 年版。
② 周有光《新语文的建设》第 4 页,语文出版社 1992 年版。
③ 周有光《语言生活的历史进程》,《21 世纪的华语和华文》第 96 页,三联书店 2002 年版。

周先生的这些意见是我们做好语文改革的宝贵财富,值得珍惜。

(三)语文改革在争论中前进。鲁迅说:"改革,是向来没有一帆风顺的,冷笑家的赞成,是在见了成效之后,如果不信,可看提倡白话文的当时。"①周有光说:"中国的语文要不要革新,从'五四'白话文运动起就是有争论的。白话文运动发展到简化汉字和拼音化,争论越来越大,而且争论从中国国内扩大到世界各地的华侨社区。有争论是好现象。真理愈辩愈明。批评是改进工作的动力。中国的文字改革是在争论中前进的。"②"语文的前进思潮不断遇到复古思潮的阻拦,相互抵消力量,使改革欲行又止。""中国语文的现代化是在一起一伏的波浪中前进的,因此进展缓慢。缓慢是语文演进的规律。在'文化大革命'之后的今天,中国大陆的语文思潮进入一个新的复古时期。经验告诉我们,退潮之后会有涨潮。历史的总趋势是前进。"③

中国的语文改革是中国现代化的一部分,它顺应了历史发展的潮流,得到多数民众的理解和拥护。试想:如果不是推广普通话,只用方言,许多情况下交际就无法进行,还谈得上什么工业化和信息化?如果不用白话文,而用脱离口语、脱离现代生活的文言文,怎么能反映现代的政治、经济、文化的发展?怎么能满足现代书面交际的需要?如果汉字不进行简化和整理,书写费时费事,会给书面交际造成多少障碍?会给网络传输增加多少困难?如果不用汉语拼音,用反切或者注音字母,遇到汉字不便使用或不能使用的地方又该怎么办呢?上面说的这些问题都是知识分子和广人民众在工作和生活中经常遇到的。我们相信,

---

① 鲁迅《中国语文的新生》,《鲁迅全集》第6卷第90页,人民文学出版社1963年版。
② 周有光《中国语文的现代化》,《周有光语文论集》第4集第120页,上海文化出版社2002年版。
③ 周有光《汉语拼音和华文教学》,《周有光语文论集》第4集第172—173页,上海文化出版社2002年版。

复古思潮终不能阻挡语文改革的进行。

三、没有规范的语文不能成为交际的工具

（一）民族共同语和民族标准语。王力先生说："所谓规范化，就是要求民族共同语更加明确，更加一致。"①王先生又说："标准语和民族共同语的涵义并不完全相同。标准语是在民族共同语的基础上更进一步，它是加了工的和规范化了的民族共同语。"②普通话是现代汉民族的标准语，推广普通话就是推广现代汉民族的标准语。

民族语言规范化是使民族共同语上升为民族标准语的重要手段，是实现民族语言现代化的必要条件。胡明扬说："民族语言规范化是一个民族在政治上高度统一、经济上迅速发展的必然要求，也是'民族意识增长，民族文化高涨的自然而直接的表现'（罗常培、吕叔湘《现代汉语规范问题》）。西方一些工业先进国家，从十七世纪资产阶级登上政治舞台起就开展了广泛的民族语言规范化的工作，经过几个世纪的努力，到现代像法语、英语、德语等等语言都可以说已经达到了高度规范化的程度，不仅书面语规范化了，口语也在不同程度上规范化了。因此，在使用这些语言的国家，不论是在书面还是在口头，互相交际十分方便。由于语言不规范而引起误解的情况很少见，甚至讲话也很规范，'嗯、啊、哈、这个、那个'说半天没有一句整话的情况很少。受过高等教育的人往往能随便一讲，记录下来稍加修改就是一篇文章。这样就大大加强了民族共同语的交际作用，节约了大量的时间和精力，大大促进了经济和文化的发展。所以民族语言规范化决不是一个单纯的语言问题，而是一个政治、经济和科学文化发展的重要的因素。""语言规范

---

① 王力《谈汉语规范化》，《王力文集》第 20 卷第 79 页，山东教育出版社 1991 年版。
② 王力《谈汉族标准语》，《王力文集》第 20 卷第 57 页，山东教育出版社 1991 年版。

化的目的是要更有效地发挥民族共同语的交际作用,使我们的民族语言更纯洁,更精确,更富有表现力。语言规范化的途径无非是有意识地推广多数人认可的语言习惯,加强约定俗成的社会影响,同时消除一些少数人乃至个别人使用的不符合多数人习惯的,或者是不精确的、重复累赘的语言现象。语言规范化绝对不是要硬性规定某些死框框,不是要一下子消灭方言,不是一种意思只准有一种说法,不是不让作家有自己的风格,更不是要干预每个人在家里怎么说话。语言规范化只是顺应语言发展的趋势,顺水推舟,决不是要把少数语言学家的个人意志强加于人。这些道理在五十年代早就讲得很清楚了,可是现在不少人不清楚。有一位读者对汉语规范化忧心忡忡,同时也义愤填膺,他很担心规范化以后每一种意思只准有一种说法,方言也不准说了;他很气愤,一口咬定搞了规范化,广大工农兵就没法说话了。这真是天大的误解!"①

（二）坚持语文规范,改进语文规范。语文是人类最重要的交际工具,进行交际的双方对所用的语文工具必须有相同的了解,否则交际就无法顺利进行。就这个意义说,如果语文缺少最基本的规范,它也就不能成为交际的工具。语文规范要有标准,语文规范的标准有不同的层次。最基本、使用最广泛的是约定俗成的规范标准。这是在交际社团成员间靠口耳相传来传承的。当社会生活发展了,进入了文明时代,交际的范围扩大了,交际的内容复杂了,单靠约定俗成的规范就不够用了,于是逐渐产生了成文的规范。成文的规范主要分为专家规范和政府规范两大类。专家规范是指语言文字学家提出的规范,这种规范通过学术著作,特别是语文辞书,面向社会,产生影响。政府规范是由国

---

① 胡明扬《现代汉语和现代汉语规范化》,《现代汉语讲座》第5至第7页,知识出版社1983年版。

家行政部门根据行政权限并且经过严格的程序而形成的规范。它有不同的层次。在中国层次最高的规范是由国家技术监督局发布的国家规范(GB),其次是业务主管部门发布的部委规范。政府规范标准和专家规范并不是对立的,在很大程度上是一致的。这两种规范要以政府规范标准为主,专家规范为辅,配合使用,规范语文的交际活动。新中国成立以来,正式发布实施的政府规范有130多项,对规范语文的社会应用发挥了积极的作用。

任何事物都有两面性,语文规范也有两面性。制订并推行语文规范的本来目的是要限制语文发展中的消极的东西,但是如果使用不当,有时它也会限制语文发展中的积极的东西。语文是动态的,但规范是静态的,是把发展的东西在某个时间、某个层面上固定下来。社会生活是不断发展的,由规范所固定的语文状态一旦落后于生活而又不能适时调整,就会成为发展的束缚,使语文与社会脱节。语文要有规范,但是规范不是至高无上的,它的使用具有相对性。规范必须和语文改革结合起来,脱离语文改革的语文规范,就是僵死的规范。多年来不少文学家抱怨,语文规范妨碍他们的文学创作,他们说"用规范的语文创作不出生动的艺术形象"。这种说法在一定程度上出于对语文规范的误解,不过它也反映出我们的语文规范有时候过死过严,脱离语文发展的实际情况。我们要明白,语文规范不是最终的目的,最终的目的是促进语文的丰富和发展。一个十分合乎规范但又是不丰富、不发展的汉语,不是我们理想的汉语。这个道理是十分明白的。不少学者提出语文规范要有刚性和柔性,刚性指说一不二,柔性指允许适当留有余地,以便适应不同条件下的交际需要。这种意见是很有道理的。规范型语文辞书和基础教育用的语文教材,要求有很高的规范性,不允许存在语文差错。至于人们的日常应用,一般的口语交际,往往做不到完全规范。规范要以人为本,要为使用者服务,而不是单纯的限制。规范是一种限制,但是不要过于繁琐,使群众无所措手足。一切过于繁琐的规范,不会有生命力,迟早要被使用者抛弃。

（三）语文教学和语文规范。提高全民的语文素质,培养全民的语文规范意识和使用规范化语文的习惯,主要靠语文教育。加强语文规范化的教学是提高全民的语文规范水平的治本之道。语文教学担负着多种任务,例如文学教育、人文性的教育等,但是无论如何不能削弱规范化的语文教育。学生通过中小学阶段的语文学习,要在语文知识和语文能力上达到规定的听说读写的水平,为进一步深造或参加工作准备条件。近年来中小学语文教学里的语言文字教学受到很大的削弱,出现了语文课不讲语文的现象。例如有的教师讲授《陈情表》,一改传统的教授文言文的方式,没有对文章进行字句的疏通,而是把重点放到了对学生进行"孝"的教育。有的教师讲授《漫话清高》,没有针对课文的论点、论据和论证对学生讲解写作方法,而把大部分时间让学生讨论是该"独善其身"还是该"兼济天下"。① 语文课不讲语法、不讲逻辑,退回到《马氏文通》出版前的状态。带来的后果是学生不懂语法、不懂逻辑,用词造句中出现大量语法逻辑错误。尤有甚者,我们有的语文教师也不知语法逻辑为何物,这样下去前景堪忧。这样的状况不改变,出台再多的规范性文件,进行再多的社会语文应用的检查评估,也不会提高全社会的语文应用水平。

四、文字改革、语文现代化和语言规划

"文字改革"、"语文现代化"和"语言规划"这三个术语与语文改革和语文规范密切相关,人们对这三个术语的理解也不完全一致,在这里对它们做一点解释。

---

① 《新课改谨防忽略语言基础教学》,《光明日报》2006 年 7 月 31 日。

(一)文字改革。在五四新文化运动中,学者开始使用"汉字改革"或者"文字改革"这个术语,主要指的是废弃汉字改用拼音文字。20世纪50年代的新中国,"文字改革"的内涵有所调整。当时确定的语文改革分为两步走的设想是:最终目标是实现拼音化,采用拼音文字;当前的任务是简化汉字、推广普通话、制订并推行《汉语拼音方案》。推广普通话是语言生活的改革,可是也被列入文字改革的任务之中,可见那时说的文字改革是包括语言改革在内的、广义的文字改革。把语文改革叫做文字改革,优点是突出了对汉字进行的改革,不足之处是容易忽略了语言的改革,而汉字改革里面的拼音化问题争论非常激烈,短时间内难于取得统一的认识。

(二)语文现代化。1978年举行的中共十一届三中全会,决定把全党的工作重点转移到社会主义现代化建设上来。在这之后,中国进入了改革开放的新时期。在这个大背景之下,语文界逐渐用"语文现代化"代替了以前的"文字改革"。"语文现代化"指的就是现代化时期、伴随着现代化进程而进行的语文改革,主要是指语文生活的现代化。现代化是世界发展的总趋势,语文现代化是现代语文发展的总趋势。[1] 语文现代化旗帜鲜明地指出了中国的语文改革与国家实现社会主义现代化的密切联系,通俗易懂,群众容易接受。

1980年出版了一种由倪海曙主编的语文改革丛刊,刊名就叫《语文现代化》。它的《发刊词》说:"文字改革就是语文现代化。也可以说,文字改革的最终目的是语文现代化,语文现代化的首要工作是文字改革。"1994年10月中国语文现代化学会在北京成立,这是经民政部批准的全国性的学术团体。2001年12月,北京大学汉语语言学研究中心、中国语文现代化学会和北京大学中文系在北京联合举办了"语

---

[1] 苏培成《中国语文现代化的回顾与展望》第2页,语文出版社2007年版。

文现代化和汉语拼音方案国际学术研讨会",扩大了语文现代化的影响。

"语文现代化"不是发生在个别国家的个别事例,而是带有世界性的语文改革运动。周有光说:"'语文现代化'这个说法在国际上早已通行。例如:1967年在马来西亚举行'亚洲语文现代化'国际学术会议,到会的有亚、欧、美等许多国家的学者;这时候中国还没有开放对外学术交流,所以中国没有人参加。后来,1983年在夏威夷举行'华语社区语文现代化和语言计划'国际学术会议,简称'华语现代化'国际会议;中国大陆参加者有六人(傅懋勣、刘涌泉、陈章太、范继淹、黄国营和我),台湾参加者有五人,此外有各国的学者。语文现代化不是中国一国所特有的工作,而是一种世界性的工作。这一点要使国内更多人知道,以利于中国的改革开放。"①

(三)语言规划。"'语言规划'(Language Planning)作为一门学科的名称,是语言学家威因里希在1957年首先提出来的,在我国则是近几年的事。"②《中国大百科全书·语言文字》卷"语言规划"条认为:语言规划是"国家或社会团体为了对语言进行管理而进行的各种工作的统称"。陈章太指出:"语言规划的基本含义是:政府或社会团体为了解决语言在社会交际中出现的问题,有目的、有计划、有组织地对语言文字及其使用进行干预与管理,使语言文字更好地为社会服务。"③可见语言规划所指的内容不限于语文改革,也包括语文规范等在内,大体近似我们常说的"语文工作"。如果说"文字改革"这个术语突出了文字,忽略了语言;那么"语言计划"这个术语突出了语言,忽略了文

---

① 周有光《我和语文现代化》,《周有光语文论集》第1卷第14页,上海文化出版社2002年版。
② 姚亚平《中国语言规划研究》第1页,商务印书馆2006年版。
③ 陈章太《语言规划研究》第2页,商务印书馆2005年版。

字。对西方的语文说,文字不占重要地位,突出语言是理所当然的;对中国来说则不然,汉字问题十分复杂,一直是语文改革的重点和难点。中国语文改革如果采用西方的传统,不讲汉字只讲语言,并不符合中国语文的特点,也不利于一般民众的理解和参与。在中国,语文改革不仅是学者和政府部门的事,而且是千百万民众十分关心的事,没有广大民众的积极参与,语文改革很难取得成功。"语言规划"作为国际性的学术术语在学者间使用完全没有问题,可是要用它来向广大民众解释语文改革和语文规范就显得比较生僻,民众不容易理解,这自然会影响民众的参与。周有光说:"'文字改革'或者'语言计划'这些说法有时容易发生误解。"①基于这种认识,我们在这本书里使用"语文工作"、"语文改革"和"语文规范"等术语,不使用"语言规划"这个说法。

第二节 当代中国语文工作的分期

现代中国的语文改革和语文规范,开始于清末的切音字运动,到了民国时期有了一定的发展。在"五四"新文化运动时期,语文改革出现了第一个高潮,知识界的先进人士提出要求实现国语统一和言文一致。民国政府制定并公布了注音字母和国语罗马字,1932年公布了《国音常用字汇》。上海文化界从苏联引进了拉丁化新文字,随后又发起了大众语运动和手头字运动。这些工作对于推动中国的语文改革和语文规范都起到了积极的作用,但是受到种种社会条件的限制,语文改革只取得了部分的成功。1931年,日本侵占我国东北,1937年发动卢沟桥事变侵占华北,我国全民奋起抵抗,语文工作配合抗战在艰难地前行。

---

① 周有光《我和语文现代化》,《周有光语文论集》第1卷第14页,上海文化出版社2002年版。

新中国建立后,在共产党和人民政府的坚强有力的推动下,语文改革和语文规范都取得了显著的成绩,我国人民的语文生活发生了历史性的大变化。近60年的语文工作可以分为三个时期:由1949年新中国成立到1976年"文革"结束是第一个时期,由1977年到2000年是第二个时期,由2001年到2007年是第三个时期。

一、以语文改革为主的时期(1949—1976)

新中国的建立开辟了中国历史的新纪元。我们扫荡了旧中国遗留下来的污泥浊水,要用自己的双手把中国建设成为繁荣、富强、民主的现代化的新中国。在这个伟大的历史性大变革的进程中,语言文字工作担负着时代赋予的重任。首先要完成自清末开始的语文改革,把旧中国落后的语文生活改变为基本适应新中国建设所需要的先进的语文生活。为了实现这个目标,党和国家提出了语文改革的三项任务,就是:简化汉字、推广普通话、制订并推广《汉语拼音方案》。1955年10月教育部和文改会召开了全国文字改革会议,人民政府先后公布并推行《第一批异体字整理表》、《汉字简化方案》、《普通话异读词三次审音总表初稿》、《汉语拼音方案》、《简化字总表》等重要文件,使语文改革取得了实质性的进展。与此同时,又大力推动汉语规范化,努力提高全民的语文水平。1951年6月6日《人民日报》发表了重要的社论《正确地使用祖国的语言,为语言的纯洁和健康而斗争!》,同一天在报上开始连载吕叔湘、朱德熙两位先生合写的《语法修辞讲话》。1955年10月中国科学院哲学社会科学部召开了"现代汉语规范问题学术会议",从学术上深入探讨了现代汉语的规范问题,为进一步开展现代汉语规范工作做了准备。经过这个时期的工作,我国人民的语文生活出现了新面貌,与新中国经济建设和文化建设的要求基本适应。语文工作取得的成果促进了教育的进步,促进了社会各项事业的发展。可惜的是随后发生的"文化大革命",使语文工作蒙受了很大的损失,虽然在局部也有一些进展,但是总的说来是破坏大于建设。

二、以语文规范为主的时期(1977—2000)

1978年中共十一届三中全会后,中国进入了改革开放的新时期。为了适应国家的政治、经济、文化等方面发生的深刻的变革,国家适时地调整了语文政策,语文工作进入了以语文规范为主的时期。1986年1月举行的全国语言文字工作会议,讨论并贯彻了中央提出的新时期语言文字工作的方针和任务。新时期语言文字工作的方针是:贯彻、执行国家关于语言文字工作的政策和法令,促进语言文字规范化、标准化,继续推动文字改革工作,使语言文字在社会主义现代化建设中更好地发挥作用。当前语言文字工作的第一项任务是做好现代汉语规范化工作,大力推广和积极普及普通话。为了贯彻新时期语言文字工作的方针,1986年10月国务院批准废止《第二次汉字简化方案(草案)》,并且重新发表《简化字总表》。为了大力推广普通话,调整了推普工作的方针,由"大力提倡,重点推行,逐步普及"调整为"大力推行,积极普及,逐步提高"。总结多年来推普的经验,形成了目标管理、量化评估,普通话水平测试和举办全国推广普通话宣传周三项推普措施。为了推动语文规范化,政府主管部门先后制订并且发布《现代汉语常用字表》、《现代汉语通用字表》、《普通话异读词审音表》、《汉语拼音正词法基本规则》、《标点符号用法》、《第一批异形词整理表》等规范。2000年全国人大常委会通过《国家通用语言文字法》,确定了普通话和规范汉字的法定地位,使语文工作进入了依法管理的新阶段。这个时期还积极开展了中文信息处理的研究,解决了计算机的汉字输入、输出、存储、加工等一系列的技术难题,并且紧跟网络技术发展的步伐,使中文进入了网络时代,极大地促进了国家的信息化、现代化建设。

三、实施国家语文发展战略的时期(2001—2007)

进入 20 世纪,我们的国家进入了经济建设、政治建设、文化建设、社会建设全面发展的新阶段。实行改革开放以来,我国的经济连续二十多年平均以每年 10% 的速度在增长,2006 年的全国 GDP 达到 20 万亿人民币。综合国力全面提高,成为世界无法忽视的力量。我们正在朝着中共十六大确立的全面建设小康社会的目标迈出坚实的步伐。中共十七大对我国的发展提出了新的更高要求,人均国内生产总值 2020 年要比 2000 年翻两番,确保到 2020 年实现全面建成小康社会。面对着这样的发展形势,我国的语文工作必须有相应的发展战略。中国要追赶先进国家,必须实现现代化。四个现代化实际都是科技现代化,而科技现代化必须以教育现代化为前提。教育要面向现代化、面向世界、面向未来。语文是教育的工具,因而语文的现代化成为教育现代化乃至整个国家现代化的基础。为了适应时代发展的需要,汉语要发展成为规范、丰富、发展的语言,汉字要发展成为规范、易学、便用的文字。要进一步发挥汉语拼音的作用,在汉字不便使用或不能使用的地方使用汉语拼音。要大力提高我国语言文字的信息网络化水平。要构建和谐的语文生活。同时要大力开展汉语的国际推广,促进国际文化交流。扩大汉语汉字在世界上的话语权,使它们成为有重要影响的语言文字。当前我国人民的语文生活极为活跃,语文改革和语文规范都面临着新形势。这种新形势要求语文工作者研究新情况,解决新问题,做出新贡献。语文工作者大有用武之地。

第二章　前奏(1892—1948)

第一节　时代呼唤语文改革

一、语文改革的开端

由于帝国主义的入侵和国内封建制度的腐败，在一百多年前的清末，中国陷入了深重的民族民主危机之中。为了挽救危亡，振兴中华，我国人民进行了艰苦卓绝的斗争。这个斗争贯穿到政治、经济、军事、文化等各个方面，其中也包括教育和语文。为了振兴中华，必须发展教育，一个教育落后、民智未开的国家，很难进行有成效的抗争；为了发展教育，必须改革当时十分落后的语文状况，因为语文是教育的基础。就是在这种认识的支配下，在晚清开始了语文改革运动。由此可见，这场语文改革运动的兴起是时代的需要，是广大民众革命意志的反映，而不是哪个个人的主观意愿，因而它具有强大的生命力。"由于社会变革意识的萌发和现代科学文化的启迪，改革不尚实用的语文的企求也就应运而生了。这一时期是中国社会大变革的转折期，也是中国传统语言学向着现代语言学发展的过渡阶段。主张变革当时语文应用现实的滞后状况以适应形势的发展，也是对于守旧、落后的语文观的否定，成为开启我国现代语言学思想的先河。"[①]

[①] 高天如《中国现代语言计划的理论和实践》第6页，复旦大学出版社1993年版。

在清末，我国的教育十分落后，语文生活也十分落后。文盲、半文盲占全国人口的80%以上，国民的大多数只有口语而没有书面语。在口语方面虽然有共同语，但是缺少明确的规范，而且流传狭窄，只在部分官吏和商人中使用。就大多数人来说，实际使用的是方言。汉语书面语自中古以来有文言和白话两个系统。文言文记录的是古代汉语，到了近代和口语严重脱节，但却占据了书面语的支配地位；而比较接近口语的白话文只在下层社会通行，不登大雅之堂，不被上流社会所承认。文言文脱离口语，脱离实际生活，要十年寒窗才能学会执笔为文，而它又束缚人们的思想，远离时代的发展。落后的教育和落后的语文生活，是旧中国贫穷落后的反映，反过来又成为加深贫穷落后的枷锁。为了改变这种落后的面貌，在清末出现了语文改革运动。这一运动的主要内容是：(1)设计并推行采用拼音制的"切音字"。(2)提倡接近口语的"现代白话文"。(3)推行作为共同语的"国语"。(4)提倡普通教育采用"简体字"。吕叔湘先生说：

一方面有不受时代拘束、不受地区限制的，也就是"超时空"的文言，一方面有活跃在各个地区的方言，这二者互相配合，满足了中国人民千百年来的语言生活的需要。这是有条件的，条件是全国只有地主阶级及其附庸阶层，也许占全国人口不到百分之一，有足够的时间和其他条件学习那艰难的文言，其余百分之九十九的老百姓只会说话，不会读书，不会写文字，其中也许有少数人认识不多的字，可以写个简单的信，记个简单的账。封建社会不变，这种情况不会变，也没有变的需要。

到了十九世纪中期，帝国主义来扣中国的大门，中国的知识分子做出了积极的反应。经过几十年，他们当中有一部分人认识到，欧美日本等国家的胜过中国，不仅仅在于船坚炮利，还在于文化教育的普及。他们也认识到,在文言加方言的局面之下是很难普及文化教育的。正是在这样的背景之下,在十九世纪末,二十世纪初,兴起了语文改革运动。这个语文改革运动有三个组成部分:针对言文不一致,有白话文运动;针对方言分歧有国语运动;针对汉字难学难用,有拼音字运动。赞成其中某一部分的,往往(但不是必然)也赞成其余的部分。

有一个虽然不在语文改革的主流之内,可是目前相当严重的问题,那就是汉字规范的问题。从历史上看,自有汉字以来就是一个字往往有几种写法。后来分别"正体"和"俗体",后者多数是简化字。简化字的产生是由于实际的需要,因为有很多汉字实在笔画太多,结构太复杂。①

进入了民国,先是军阀混战,随后是第二次国内战争,接着是抗日战争。战乱频仍,民不聊生。在那样困难的条件下,语文改革仍在艰难前行。这是语文改革初步发展的阶段,高潮是五四前后。陈独秀主编的《新青年》成为推动新文化运动的重要阵地。经过五四运动的洗礼,白话文开始取代文言文,成为书面语的正宗,这是汉语书面语的大变化。同时又兴起了国语运动,目标是实现"国语统一"。作为清末切音字运动的延续,1913年民国政府制订了注音字母,但一直拖延到1918年才公布推行;1928年又公布了国语罗马字,作为国语注音字母第二式。1933年引进了在苏联产生的北方话拉丁化新文字,在国统区和边区都开展过新文字运动,在许多地区得到推广。语文改革虽然取得了相当的成绩,但是要想有突破性的进展,在那样的社会条件下是不可能

---

① 吕叔湘《汉语文的特点和当前的语文问题》,《吕叔湘文集》第4卷第131页和第133页,商务印书馆1992年版。

的。正如王力先生所说的:"汉字改革必须有整个的政治思潮为后盾,否则永远没有成功的希望。""汉字改革的政策如果为某一政党所采用而努力宣传,则其成效要比几个书呆子的宣传远胜千百倍。"①

二、西学东渐与语文改革

在晚清至民国这个时期,中国思想界、学术界发生的最重要的事件就是西学东渐。1807年,伦敦会传教士马礼逊奉派东来,由澳门进入广州,成为基督教新教第一个来华的传教士,也是揭开西学东渐序幕的第一人。鸦片战争后,在不平等条约的保护下,传教士将活动基地从南洋迁到中国东南沿海的通商口岸,出版了数量可观的科学著作。这一时期,中国知识分子中出现了主动了解、吸收西学的趋向,开始参加译书的工作。第二次鸦片战争结束,《天津条约》(1858)、《北京条约》(1860)的签订,西方列强加强了对中国的政治侵略、经济掠夺和文化渗透。清政府的对内对外政策也有了调整,设立了总理各国事务衙门,创办了京师同文馆,开展了以学习西方坚船利炮、声光化电为内容的洋务运动。这个时期翻译的西方著作量多面广。据统计,自1860年到1899年的四十年间,共出版各种西书555种。上海成为译书的中心,西学的影响逐渐扩大到社会基层,很多人对西学已从疑忌变为信服。令人眼花缭乱的新学科、目不暇接的新名词,促使学术界、出版界加紧跟进。西方的语文应用、语文研究、语文教育等逐渐为国人所知晓,开阔了中国知识分子的眼界,成为中国语文改革的重要参照。

周有光先生指出:

> 1840年的鸦片战争冲破了闭关自守的清帝国的大门。西洋

---

① 王力《汉字改革》,《龙虫并雕斋文集》第2册第595页,中华书局1980年版。

传教士们在不平等条约的掩护下蜂拥进入我国。用拉丁字母拼写殖民地人民的语言作为传教的一种工具,这是传教士们在其他殖民地早已行之有效的办法。到了中国,他们如法炮制起来。鸦片战争以后半个世纪中间,我国各方言区的重要城市都有教会出版的方言罗马字《圣经》或者其他读物。方言教会罗马字后来对我国人民的汉字改革运动有不可否认的影响,但是它不是我们的文化革命,而是帝国主义的文化侵略。方言教会罗马字以及从明朝末年以来就有的西洋人为了学习和翻译汉语而设计的拉丁字母汉语译音,是汉字改革运动发生以前的历史前奏。

清朝在甲午(1894)战争中战败的前后,我国已经面临被瓜分的危机。这时候,在比较开明的知识分子中间盛传一种改良主义的维新思想,要求"法师西洋,自求富强",也就是逐步发展资本主义。维新思想是近代史上我国民主革命意识的最初萌芽。这时候开始发生的汉字改革要求是维新思想在文化史上的一种表现。1892年卢戆章提出他的"中国切音新字(厦腔)",这是我国人民自觉的汉字改革运动第一时期——切音字运动——的揭幕。从此以后,汉字改革运动者接踵而起,差不多年年都有新的个人方案提出来。结果,在辛亥(1911)革命以后产生了注音字母。

第一次世界大战以后,我国人民的革命斗争发展为新的高潮。1919年巴黎和平会议公然支持日本帝国主义者目的在吞并我国的侵略要求,激起了波涛汹涌的五四运动。五四运动是政治革命,同时也是文化革命。接着"文学革命"的口号,提出了"汉字革命"的口号。汉字改革运动于是进入第二时期——广义的拉丁化运动。1928年产生国语罗马字,1931年产生拉丁化新文字。国语罗马字和拉丁化新文字的尝试,积累了较深和较广的关于拼音化问题的认识和经验,终于在全国解放以后社会主义建设高潮中诞生了汉语拼音方案。①

中国社会面临的巨大危机产生了语文改革的需要,西方文化的输入为语文改革提供了理论和借鉴,这样在晚清作为社会改革一部分的语文改革就兴起来了。自那时到现在已经过去了一百多年,经过几代人的艰苦努力,开拓创新,中国语文的面貌发生了巨大的变化。

第二节　从切音字到注音字母

一、明清时期西洋人设计的拼音方案

(一)明代利玛窦和金尼阁的拼音方案。第一个创制用拉丁字母拼写汉语的方案的是意大利人利玛窦(Matteo Ricci,1552—1610),他是天主教耶稣会士,1583年来到中国。1605年(明万历三十三年)他在北京出版了《西字奇迹》一书,内有《信而步海疑而即沉》、《二徒闻实即舍空虚》、《淫色秽气自速天火》、《述文赠幼博程子》四篇文章。这四篇文章里的每个汉字的旁边都有利玛窦设计的拼音。《西字奇迹》一书收在明末程君房编的墨谱《程氏墨苑》中。1927年辅仁大学用王氏鸣晦庐藏本影印出版这四篇文章连同几幅木刻宗教画,取名《明季之欧化美术及罗马字注音》。1957年文字改革出版社据辅仁大学影印本重新影印出版,书名改为《明末罗马字注音文章》。罗常培根据这四篇文章里汉字与拼音的对译,整理出利玛窦的拼音方案,包括26个声母和44个韵母。②法国耶稣会士金尼阁(Nicolas Trigault,1577—1628)

---

① 周有光《汉字改革概论》,《周有光语文论集》第1卷第21至第22页,上海文化出版社2002年版。

② 罗常培《耶稣会士在音韵学上的贡献》,《罗常培语言学论文集》,商务印书馆2004年版。

1610年来华,1626年(明天启六年)在杭州出版了《西儒耳目资》。这是一本用拉丁字母给汉字注音的汉字字汇,用来帮助西洋人学习汉语和汉字。金尼阁的拼音方案是在利玛窦方案的基础上稍加修改而成的。利玛窦、金尼阁的方案合称"利金方案",是以官话读书音为标准音设计的汉语拼音方案。

这种新颖的拼音方法给中国学者以很大的启发。它促进了中国传统的音韵学研究方法的革新,为反切法开辟了一条"不期反而反,不期切而切"的简易途径。明末音韵学家方以智在《通雅》说:"字之纷也,即缘通与借耳。若事属一字,字各一义,如远西因事乃合音,因音而成字,不重不共,不尤愈乎?"清代学者杨选杞在《声韵同然集》里说:"辛卯(1651),糊口旧金吾吴期翁家。其犹子吴芸章一日出《西儒耳目资》以示予,予阅未终卷,顿悟切字有一定之理,因可为一定之法。"在二三百年间,利金方案只在外国传教士中使用,没有在中国人当中传播,但是它引起了汉字可以使用字母拼音的认识,逐渐形成了二百年后制造并推行拼音字母的潮流。

(二)清代西洋人的教会罗马字和汉语译音。1717年康熙下令实行海禁,禁止天主教在中国的活动。直到鸦片战争后海禁重开,西洋传教士和商人大批涌入中国,于是西洋人的教会罗马字和汉语译音也迅速发展起来。

(1)马礼逊方案。基督教新教第一个来中国的传教士是英国人马礼逊(Robert Morrison, 1782—1834)。1807年马礼逊到广州传教。1808年至1823年间他陆续把基督教《圣经》译成中文出版。1815年至1823年他出版了中文英文对照的《中文字典》,用他自己设计的官话拼音拼写汉语。他的字典还附录一种广州方言的拉丁字母音节表,这是方言教会罗马字的萌芽。接着在其他方言区也设计了方言的教会罗马字。通商口岸是教会罗马字的传播中心,这些口岸也恰好是东南沿海各方言区的代表城市。在鸦片战争后的半个世纪中间,这些城市都有了当地方言的教会罗马字。其中厦门的"话音字"1850年开始传播,仅在1921年就印刷出售五万册读物。直到新中国成立以前,大约还有十万人左右使用它。其他各地的方言教会罗马字,也在南方的通商口岸传播,主要用来传教。方言教会罗马字到了20世纪初就衰落了,但是它的传播说明了汉语可以使用拉丁字母来拼音。

(2)威妥玛方案。英国人威妥玛(Thomas F. Wade,1818—1895)是英国驻中国使馆的中文秘书。他用拉丁字母拟订了一套拼写北京读书音的拼音方案,人们称为威妥玛式。1867年他出版了用这个方案拼写的京音官话课本《语言自迩集》。他的方案起初是作为英国驻中国使馆人员学习汉语的工具,后来扩大了用途,成为音译中国地名、人名和事物名称的通用标准。威妥玛式比较接近英文,那时垄断我国的邮政、电报、海关、金融和国际贸易的主要是英国,所以接近英语的威妥玛式得到了广泛的传播。

威妥玛式用了许多附加符号,使用不便。例如用'号表示送气,p表示双唇不送气清塞音,p'表示双唇送气清塞音。为了书写和印刷的方便,附加符号常常省略不写,往往造成拼音的混乱。例如省去了'送气符号,结果是"张""常"不分,"居""瞿"不分。

(3)邮政式方案。西洋人汉语译音方案中,还有一个被称为邮政式的方案。清光绪年间,中国开始办理邮政和电报,实权都掌握在英国人于中,他们把英文里的中国地名译音作为邮政和电报上的书写标准。这些邮电地名,除个别方言拼音(如"厦门"拼成 Amoy)和习惯写法(如"广州"拼成 Canton)以外,一般都是官话拼音,称为邮政式。邮政式跟威妥玛式差别很小。例如威妥玛式不分尖团,邮政式区分尖团;威妥玛式韵头和韵尾的 u,邮政式都改为 w。邮政式后期写定的地名就完全采用了威妥玛式。

二、切音字运动的兴起

切音字运动指的是在 1892 至 1910 年间兴起的设计并推行拼音字母的运动。因为那时把拼音叫"切音",所以"切音字运动"也就是拼音字运动。黎锦熙说:"切音运动的动机,就在他们目击甲午(1894)那一次大战败,激发了爱国的天良,大家推究原因,觉得日本的民智早开,就在人人能读书识字,便归功于他们的五十一个假名;一方面又有几位到过西洋的,不但佩服他们文字教育之容易而普及,更震惊于他们'速记术'之神速,于是乎群起而创造切音新字。"①

切音字运动的兴起,是中西两种文化相接触、相比较的结果。清末第一个提出造切音字的是浙江学者宋恕,1891 年他在《六斋卑议》中首先提出"须造切音文字"的主张。1892 年福建同安的卢戆章出版了"中国切音新字"厦腔读本《一目了然初阶》,揭开了切音字运动的帷幕。康有为、梁启超、谭嗣同等维新运动的领袖人物都赞成推行切音字。康有为曾提出"凡文字之先必繁,其变也必简"的观点和"以字母取音,以简易之新文"来书写"中国名物"的设想,并亲自拟制过拼音方案。梁启超为沈学的《盛世元音》写序,赞成创制切音字,主张汉字和切音字并存。他说:"此后吾中土文字,于文质两统可不偏废,文与言合,而读书识字之智民可以日多矣。"谭嗣同在他的《仁学》中积极提倡切音字,提出"尽改象形为谐声"(即拼音)的主张。谭嗣同是中国近代史上第一个主张废除汉字改用拼音文字的人。

据倪海曙《清末汉语拼音运动编年史》的统计,从 1892 年到 1910 年全国各地提出的切音字方案有 28 种。从字母的形式看,有汉字笔画式 14 种,速记符号式 5 种,罗马字母式 5 种,数码式 2 种,自造符号式 1

---

① 黎锦熙《国语运动史纲》第 10 页,商务印书馆 1934 年版。

种,还有一个是康有为的方案(未见原稿);从音节的拼写方式看,声韵双拼制18种,音素制4种,音节制1种,不详的5种;从拼写的语音看,拼写官话音的10种,拼写方言音的9种,不详的9种。可见切音字运动的主流是拼写官话音的、声韵双拼的、汉字笔画式字母的方案。

　　切音字运动的倡导者所持的语文改革的观点,主要有以下几点:(1)富强由文字。卢戆章说:"窃谓国之富强,基于格致;格致之兴,基于男妇老幼皆好学识理。其所以能好学识理者,基于切音为字,则字母与切法习完,凡字无师能自读;基于字话一律,则读于口遂即达于心;又基于字画简易,则易于习认,亦即易于著笔,省费十余载之光阴,将此光阴专攻于算学、格致、化学,以及种种之实学,何患国不富强也哉!"(《〈中国第一快切音新字〉原序》)陈虬说:"现今我们大清国的病呢,是坐在'贫弱'两个字哪,只有富强是个对症的方儿。因此造出新字,当那富强药方的本草。"(《新字瓯文学堂开学演说》)(2)汉字繁难。卢戆章说:"中国字或者是当今普天之下之字之至难者。"(《〈中国第一快切音新字〉原序》)另一位切音字的倡导者田廷俊说:"文字之繁难,中国冠天下矣。"(《〈数目代字诀〉自序》)(3)文字是可以改革的。卢戆章说:"溯自黄帝时仓颉以象形、指事、会意、转注、形声、假借造成为字以来,至今已有4500余年之遥,字体代变。古时用云书鸟迹,降而用蝌蚪象形,又降而用篆隶八分,至汉改为八法,宋改为宋体字,皆趋易避难也。"(《〈中国第一快切音新字〉原序》)有人对卢戆章说:"子真撼树之蚍蜉也!汉字神圣,一点一画无非地义天经,岂后儒所能增减?"卢戆章一笑置之,因为他懂得文字是发展的。(4)切音字比汉字好学好用。卢戆章认为切音字有四大优点:一是容易学,"字母与切法习完,凡字无师能自读"。二是容易识,"字话一律,则读于口遂即达于心"。三是容易写,"字画简易,……亦即易于捉笔"。四是文字国际化,可以不"自异于万国"。(《〈中国第一快切音新字〉原序》)劳乃宣说:"是故今日欲救中国,非教育普及不可;欲教育普及,非有易识之字不可;欲为易识之字,非用拼音之法不可。"(《进呈〈简字谱录〉折》)(5)汉字和切音字并存并用。王照说:"今余私制此字母,纯为多数愚稚便利之计,非敢用之于读书临文。"(《〈官话合声字母〉原序》)劳乃宣说:"中国六书之旨,广大精微,万古不能磨灭。简字仅足为粗浅之用,其精深之义仍非用汉文不可。简字之于汉文,但能并行不悖,断不能稍有所碍。"(《进呈〈简字谱录〉折》)汉字高雅而切音字粗俗,这反映了切音字倡导者认识的局限。(6)主张"言文一致"和"统一语言"。梁启超说:"语言与文字离则通文者少,语言与文字合则通文者多。""盖文言相离之为害,起于秦汉以后。去古愈久,相离愈远,学文愈难,非自古而即然也。"(《〈沈氏音书〉序》)林辂存《上都察院书》说:"倘以卢戆章所创闽音字学新书,正以京师官音,颁行海内……不数年间书可同文,言可同音,而且妇孺皆能知书,文学音而大启,是即合四外为一心,联万方为一气也,岂不懿哉。"

切音字倡导者的功绩主要有两点:一是破除了汉字神圣论,建立了汉字工具论,汉字是交流思想的工具;二是引进了拼音文字作为评价汉字的参照。

三、切音字运动的代表人物及其方案

(一)卢戆章和他的《一目了然初阶》。卢戆章(1854—1928)字雪樵,福建同安古庄乡人。他是我国第一个创制拼音方案的人。他年青时曾去新加坡谋生,兼学英语。25岁回厦门,帮助英国传教士马约翰翻译《英华字典》。那时漳州、泉州一带传播基督教的西洋人,已经利用罗马字母创行一种"话音字",用15音(声母)拼切土音土语,刊行《圣经》。卢戆章对这种话音字专心增改,经过了十多年的努力最后确定了55个字母,形成了一个拼音方案,取名为"中国第一快切音新

字"。然后他用这套切音字编成了课本《一目了然初阶》，1892年在厦门自费出版。

卢戆章的方案所用的字母是罗马字母的变体，拼写的语言是厦门方言，音节结构是声韵双拼。他的方案虽然拼写的是方言，但是他主张"国语统一"。他认为："若以南京话为通行之正字，为各省之正音，则十九省语言文字既从一律，文话皆相通；中国虽大，犹如一家，非如向者之各守疆界，各操土音之对面无言也。"卢戆章不主张废除汉字，他只要求"切音字与汉字并列"。1898年卢戆章把他的方案呈交清政府审查，因为发生了戊戌变法而被搁置。1905年他到北京，这时王照的官话字母非常流行。于是他放弃了原方案，重新拟定了一个汉字笔画式的方案，写成了一部拼写京音的《中国切音新字》进呈清政府，但是清政府未予采用。卢戆章是现代汉字改革运动的揭幕人，在汉字改革的理论和实践方面都做出了重要的贡献。

（二）王照和他的《官话合声字母》。王照（1859—1933）字小航，号芦中穷士，又号水东。河北宁河人。他是位爱国知识分子，赞成变法维新。变法维新失败后，王照作为"戊戌党人"被革职拿办，逃亡日本。日本教育的普及，日本文中假名与汉字合用、减少识字困难，给他留下深刻的印象。1900年他秘密回国潜居天津，创制"官话字母"，著《官话合声字母》，署名"芦中穷士"。1901年由中国留日的学生在日本替他出版。1903年他冒险到北京创办"官话字母义塾"，传授官话字母。他因为尚在被通缉之中，无法出面，就由他的学生王璞担任教员代为传授，自己躲在屏风后面倾听。1904年为了避免被别人告密，他向清廷投案自首，入狱三个月后获释。王照推行他的方案，得到了天津翰林严修、桐城吴汝纶和北洋大臣、直隶总督袁世凯等的支持，有些地方还设立了"简字学堂"，在保定设立"拼音官话书报社"。在切音字运动中，他的官话字母推行得最有成绩。"各地私相传习，一人旬日而通，一家兼旬而遍,用以读书阅报,抒写议论,莫不欢欣鼓舞,顶礼祷祝。"①官话字母从1900年创制到1910年被清摄政王查禁,推行了10年,遍及13个省,编印书籍达6万余部,成立推行官话字母的团体达数十个。王照是切音字运动中有重要影响的人物。

"官话字母"用的是汉字笔画式字母,拼写的语言是官话,音节结构是声韵双拼、声介合母(把声母与介母合在一起)。王照对切音字的主张是:(1)拼写官话。他说:"语言必归划一,宜取京话。因北至黑龙江,西逾太行宛洛,南距扬子江,东溥于海,纵横数千里,百余兆人,皆解京话。""京话推广最便,故曰官话。官者公也,公用之话,自宜择其占幅员人数多者。"(2)拼写白话,不拼文言。他声明:"此字母专拼白话。""若以拼文话则读音有混淆误解之弊,是必不可。"(3)拼音方案可以"士民共用"。他说:"此字母虽为贫人及妇女不能读书者而设","然若读书人习之以备教人,且与下等人通书信亦甚便也。"(4)汉文和官话字母互为补充。他说:"汉文及俗话互有长短,不特吾国旧书终古不废,以后翻译西书用汉文俗话并行,互为补助,为益更多。"他认为拼音文字并不排斥汉文,更不能代替汉文,主张"勿因有捷法而轻视汉文",而应并行并用,互为补充。

(三)劳乃宣和他的《增订合声简字谱》。劳乃宣(1843—1921)字季瑄,号玉初,晚年号矩斋,又号韧叟。原籍浙江桐乡,生于河北广平外祖家,在江南长大。他1871年(同治十年)中进士,曾总理南洋公学和浙江大学堂。1905年开始在南方推行王照的官话字母,改称"合声简字"。他认为在南方推行京音的官话字母有困难,不合"言文一致"的原则。他主张南方人先学方言拼音,然后就能很容易地学会官话拼音。

---

① 韩德铭等《陈请资政院颁行官话简字说帖》,《清末文字改革文集》第119页,文字改革出版社1958年版。

在征得王照的同意后,他对官话字母作了增补,增加了拼写宁音(南京话)、吴音(苏州话)、闽广音(福州话、广州话)等方言的字母。他推行简字得到两江总督和江苏巡抚、安徽巡抚的支持,在江宁(南京)设立了"简字半日学堂"、"简字高等小学堂",先教宁音,后教京音。1910年在北京成立"简字研究会",改向社会宣传。1911年辛亥革命前夜,被委任为京师大学堂总监督兼学部副大臣。劳乃宣推行简字成绩显著,与王照南北呼应,一时形成了"南劳北王"的局面。

四、注音字母的议定和推行

(一)《审查采用音标试办国语教育案报告书》。1910年清政府查禁了官话字母,封闭了拼音官话书报社,堵塞了切音字传播的渠道,扼杀了切音字运动。王照于是就邀集支持者向资政院上书请愿,要求推行官话简字。资政院议员江谦以及保定、江宁、四川各地学界和京官等也向资政院请愿提出推行官话简字的要求,列名陈请者多达400余人。1910年11月26日资政院特设股员会开会,审议收到的陈请推行官话简字的提议。经过两次开会审查,最后通过了《审查采用音标试办国语教育案报告书》,《报告书》认为:"简字足以补汉字之缺,为范正音读拼合国语之用,亦复无疑。""谋国语教育,则不得不添造音标文字。"决议:一曰正名。简字当改名音标。盖称简字,则似对繁体之形字而言之。称推行简字,则令人疑形字六书之废而不用,且性质既属之拼音,而名义不足以表见。今改名音标,一以示为形字补助正音之用,一以示拼音性质,与六书形字之殊。二曰试办。请即以宣统三年为此项音标字试办之时期。三曰审择标准。查拼音字民间造者已有数种,不无互有优劣。应由学部审择修订一种,奏请钦定颁行。四曰规定用法。用法有二:一范正汉文读音,二拼合国语。"以上各节,本股员会一再讨论,意见相同。应请议长咨院议决,会同学部具奏,请旨饬下迅速筹备施行,实为有利无弊。"①这个议案虽获得通过,但是学部并没有会奏,成为一纸空文。

切音字倡导者设计并推行的"简字",目的是要在汉字之外另造一种"言文一致"的拼音文字,用来扫除文盲、普及白话教育。资政院《报告书》虽然把"简字"改称为"音标",但是用途还有"范正汉文读音"(汉字注音)与"拼合国语"(普通话拼音)两个。到了民国把"音标"改为"注音字母",用途缩减为只有标注国音,以便推行国语。这与切音字倡导者的初衷相去甚远。

（二）注音字母的议定。中华民国政府成立后,1912年7月10日教育部总长蔡元培在北京召开中央临时教育会议,8月7日通过"采用注音字母案"。12月教育部依此决议案,制订《读音统一会章程》。章程规定读音统一会的任务是:(1)审定一切字音为法定国音;(2)将所有国音均析为至单至纯之音素,核定所有音素总数;(3)采定字母,每一音素均以一字母表之。

1913年2月15日,读音统一会在北京举行。到会代表44人,选举吴敬恒为议长、王照为副议长。会议的第一步是审定国音。具体的做法是以李光地奉敕承修的《音韵阐微》里的常用字作为"备审字类",在开会前印发给会员,由会员用会议规定的记音字母注音。开审音会时投票表决,每省为一个表决权,获得多数票的读音就成为这个字的国定读音,也就是国音。经过一个多月的工作,一共审定了6500多字,又附审了近今俚俗通行及学术上如度量、理化等新字600多字。第二步就是核定音素,采定字母。会议征集及调查来的字母方案各式各样,有偏旁的、符号的、缩写的、罗马字母的、图画的,一时争议不休,难于做出决定。最后只得把审定国音时暂用的记音符号略加修正,形成为一套注

---

① 《清末文字改革文集》第134页至第135页,文字改革出版社1958年版。

音字母,包含38个字母。会议还议决了《国音推行方法》七条。5月22日读音统一会闭会。下面是《国音推行方法》:

一、请教育部通咨各省行政长官饬教育司从速设立"国音字母传习所",令各县派人学习。毕业回县,再由县立传习所,招人学习,以期推广。

一、请教育部将公定字母从速核定公布。

一、请教育部速备"国音留声机",以便传播于各省而免错误。

一、请教育部将初等小学"国文"一科改作"国语",或另添国语一门。

一、中学师范国文教员及小学教员,必以国音教授。

一、《国音汇编》(5月8日议决《国音字典》改名为《国音汇编》)颁布后,小学校课本应一律于汉字旁添注国音。

一、《国音汇编》颁布后,凡公布通告等件,一律于汉字旁添注国音。

注音字母明显地受到日本假名的影响。它的字母与假名一样,选用的是笔画简单的古汉字,在切音字各种方案中属于比较保守的一类,缺乏国际性。浊声母不另立音标,用在清声字母的右上角加撇号来表示,和假名相似。音节结构采用声母、韵母、介母的二拼制,这是对双拼的反切法做了改进。拼写的语音是读音统一会审定的国音,后来习惯叫做"老国音"。注音字母的用途仅限于标注汉字读音,不适合用于拼写汉语。

(三)注音字母的公布。注音字母方案通过后,教育部并没有及时公布,而是搁置了五个年头。"反对公布注音字母的不外几个理由:第一,有妨固有之汉字;第二,独用则必须变更文体;第三,用以注音,亦无法保障统一;第四,儿童多耗一番脑力。至于批评注音字母的本身,说它根本上就作得不好的,其反对更不用说。所以教育部的历届当局,总持慎重态度,不敢率尔公布,致惹麻烦。"①一直拖到1918年下半年,文学革命兴起,汉字改革的呼声高涨,教育部才予以公布。注音字母的方案原为38个字母,公布时增加一个ㄦ母,成为39个字母。从此,注音字母正式成为拼注汉字字音的工具。

民国七年(1918)11月23日,教育部公布注音字母。令文如下:

  教育部令第七五号
  查统一国语问题,前清学部中央会议业经议决。民国以来,本部鉴于统一国语,必先从统一读音入手,爰于元年特开读音统一会,讨论此事。经该会会员议定注音字母三十有九,以代反切之用,并由会员多数决定常用诸字之读音,呈请本部设法推行在案。四年,设立注音字母传习所,以资试办。迄今三载,流传浸广。本年全国高等师范校长会议议决于各高等师范学校附设国语讲习科,以专教注音字母及国语,养成国语教员为宗旨;该议决案已呈由本部采录令行各高等师范学校遵照办理。但此项字母,未经本部颁行,诚恐传习既广,或稍歧异,有乖统一之旨。为此特将注音字母三十九字正式公布,以便各省区传习推行。如实有须加修正之处,将来再行开会讨论,以期益臻完善此令。
  注音字母表
    声母二十四
  ㄍ (见一)古外切,与浍同。今读若格,发音务促。下同。
  ㄎ (溪一)苦浩切,气欲舒出有所碍也,读若克。

---

① 黎锦熙《国语运动史纲》第76页,商务印书馆1934年版。

兀　（疑）五忽切，兀高而上平也，读若愕。

丩　（见二）居尤切，延蔓也，读若基。

く　（溪二）本姑泫切，今苦泫切，古畎字，读若欺。

广　（娘）鱼俭切，因崖为屋也，读若腻。

ㄉ　（端）都劳切，即刀字，读若德。

ㄊ　（透）他骨切，义同突，读若特。

ㄋ　（泥）奴亥切，即乃字，读若讷。

ㄅ　（帮）布交切，义同包，读若薄。

ㄆ　（滂）普本切，小击也，读若泼。

冂　（明）莫狄切，覆也，读若墨。

匚　（敷）府良切，受物之器，读若弗。

万　（微）无贩切，同万，读若物。

卩　（精）子结切，古节字，读若资。

ㄑ　（清）亲吉切，即七字，读若疵。

厶　（心）相姿切，古私字，读若私。

业　（照）真而切，即之字，读若之。

彳　（穿）丑亦切，小步也，读若痴。

尸　（审）式之切，读若尸。

厂　（晓一）呼旰切，山侧之可居者，读若黑。

丅　（晓二）胡雅切，古下字，读若希。

ㄌ　（来）林直切，即力字，读若勒。

日　（日）人质切，读若入。

介母三

丨　於悉切，数之始也，读若衣。

乂　疑古切，古五字，读若乌。

凵　丘鱼切，饭器也，读若迂。

韵母十二

丫　於加切，物之歧头，读若阿。
ㄛ　呵本字，读若痾。
ㄝ　羊者切，即也字，读若也。
ㄟ　余之切，流也，读若危。
ㄞ　古亥字，读若哀。
ㄠ　於尧切，小也，读若傲，平声。
又　于救切，读若讴。
ㄢ　乎感切，嘾也，读若安。
ㄤ　乌光切，跛曲胫也，读若昂。
ㄣ　古隐字，读若恩。
ㄥ　古肱字，读若哼。
儿　而邻切，同人，读若儿。

浊音符号　于字母右上角作'。

四声点法　于字母四角作点，如右图：

阴平无符号

```
上    去

阳平    入
```

中华民国七年十一月二十三日　　　　教育总长　傅增湘

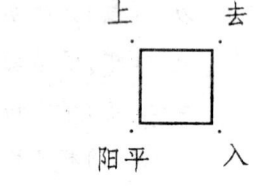

对于注音字母的争议，黎锦熙有如下的论述：

　　自从民国二年议决三十九字母，直到民国四年，方才着手试办传习所。当时传习的不过北京一隅之地，尚不及往年简字传播之广。直到民国七年，社会方面，渐有动机，政府也就将此字母公布。在这七年之中，所有此事之经过，以及各方面对于此事之批评，之怀疑，之阻碍，一言蔽之，不过是将前清光绪末年到宣统三年经过的情状，搬来覆演一番。试比较一看，所有主张之理由，疑难之解释,进行之计划,都不过二五和一十罢了。质而言之,如吴稚晖氏所说:“……自三十年以来,外人之著作勿论外,国人之从事于此事者,有数十家。任择一家而用之,二五犹之一十,均可合用。当日王小航、劳玉初两先生之所作,尤近适当。若早经政府社会合而欢迎,则今日普通教育,已久有利器。无如一事之创起,虽属毛细,必经千回百折,由于应当审慎者半,由于彼此未谋者亦半。此事言其简单,固简单已极;言其纷杂,而纷杂亦甚。在学问范围之内,旧则有古音学家、韵学家、等韵学家、词曲家,新则有发音学家、外国语言学家、符号创制家、通俗教育家等。彼此不同研究,遂亦不同见解。范围之外,普通一般人又有或神奇,或怪诞,或肤浅,或僭妄等之批评。……”在宣统三年以前的情况是如此,在民国元年以后的七年工夫也是如此![①]

(四)注音字母的修正。注音字母公布后,自1919—1932年间又进行了以下的修正:

1. 排定字母音类次序。1919年4月16日教育部公布《注音字母音类次序》,把39个字母按照发音部位排成以下次序:ㄅㄆㄇㄈㄪ(唇音),ㄉㄊㄋㄌ(舌尖中音),ㄍㄎㄫㄏ(舌根音),ㄐㄑㄬㄒ(舌面音),ㄓㄔㄕㄖ(舌尖后音),ㄗㄘㄙ(舌尖前音),ㄧㄨㄩ(介母),ㄚㄛㄝ(单韵母),ㄞㄟㄠㄡ(复韵母),ㄢㄣㄤㄥ(带声韵母),ㄦ(特殊韵母)。

2. 增加韵母ㄜ。1920年5月22日教育部国语统一筹备会的审音委员会认为ㄛ母兼标[o][ɤ]两音不便,决议增加ㄜ母,作为质、月、陌、职、缉等韵的韵母。这样做的结果,注音字母从39个增加为40个。

3. 韵母ㄦ兼作声母。1920年教育部国语统一筹备会临时大会决

---

① 黎锦熙《国语运动史纲》第81页,商务印书馆1934年版。

议,韵母ㄦ可以兼作声母,其位置在声母之末,凡译日本文ラ行,西文 R 母,概用ㄦ。

4. 改变标调方法。1922 年教育部公布《注音字母书法体式》,把原来在注音字母四角加点的标调方法改为在韵母上端加符号:阴平无号,重读或延长读时可用-,阳平用ˊ、上声用ˇ、去声用ˋ、入声用·(后不用)。

5. 改变拼音标准。1913 年读音统一会审定的国音,声母和韵母大都和北京音相同,但是保留了入声,区分尖团,带有人为杂凑的性质,不便推行。1923 年国语统一筹备会决定修改国音的标准,所有汉字的读音一概"以北京的普通读法为标准",修改后的国音,人们叫它"新国音"。自那时以后,注音字母就一律按北京音拼写了。

6. 万、广、兀列为闰余字母。因为改用了新国音,万、广、兀三个字母不再使用,字母总数变为 37 个。

7. 改变方案名称。1930 年 4 月 21 日,中国国民党中央执行委员会议决,改"注音字母"为"注音符号",认为这个方案的功用"仅适注音,不合造字,称为字母,徒滋歧误,所以应改称为'注音符号',以副名实"。

8. 添补"ㄭ"母。1932 年 1 月国民政府教育部"编订《国音常用字汇》特组会议"决定,为了便于解说音理增加"ㄭ"母,作为ㄓ、ㄔ、ㄕ、ㄖ、ㄗ、ㄘ、ㄙ这 7 个声母单独成音节时后面省略了的韵母。

(五)注音字母的功绩和不足。注音字母自 1918 年末公布推行到 1958 年初停止,在中国大陆推行了 40 年。40 年来,它在统一汉字读音、帮助识字、推行国语、普及拼音知识等方面起了很大的作用。字典和词典的注音几乎都采用了注音字母,它比反切好学好用,注音准确。利用注音字母推行国语,可以收到事半功倍的效果。二战后光复的台湾出版的《国语日报》用带有注音字母的汉字排印,一边读报一边就可以学习国语。日本投降后,台湾只用了十年多一点的时间就普及了国语,这和充分发挥注音字母的作用是分不开的。周恩来总理在《当前文字改革的任务》的报告中,高度评价了注音字母的作用。他说:"辛亥革命之后,产生了注音字母,这是中国第一套由国家正式公布并且在中小学校普遍推行过的拼音字母。注音字母对于识字教育和读音统一有过一定贡献。尽管今天看来,注音字母还有不少缺点(例如,作为各少数民族文字的共同基础和促进国际文化交流的工具,注音字母显然远不如拉丁字母),但是注音字母在历史上的功绩,我们应该加以肯定。对于近四十年来的拼音字母运动,注音字母也起了开创的作用。"

注音字母的不足主要有三个方面:(1)字母是汉字笔画式的,选自笔画简单的古汉字。这种字母有三个缺点:①不便于连写,不便于阅读。它只能用来给汉字注音,不能用来拼写汉语。鲁迅在《门外文谈》里说:注音字母"写起来会混杂,看起来要眼花"。②缺乏国际性,无法用于国际文化交流。③不能成为国内各少数民族文字的共同基础。(2)音节结构采用的是声介韵三拼。这虽然比双拼进了一步,但是并未完全脱离反切的束缚,没有做到音素化。三拼使拼音不够灵活,而且字母数量较多,多到37个,有的音节拼写出来的读音并不十分准确。(3)拼写的是读音统一会票决的"老国音",带有人为、杂凑的性质,难于推行。后来不得不加以修订,改为一概以北京的普通读法为标准的"新国音"。

第三节　白话文运动

晚清到民国时期汉语书面语的改革,包括两个方面的内容:一方面是提升白话文的社会地位,另一方面是加强白话文自身的建设。经过五四白话文运动的激烈的抗争,白话文逐渐取代了文言文,占据了书面语的主流地位,初步实现了言文一致。传统的书面语经历了"新文体"、"白话文"和"大众语"这三个阶段的蜕变,逐渐演变为现代白话文。

一、梁启超倡导"新文体"

在晚清,处于汉语书面语正统地位的文言文严重脱离口语,束缚思想,不能适应正在蓬勃兴起的新思想、新学术和新生活;而自唐宋以来在民间流传的白话文,仍旧被限制在通俗文学的范围之内,难登大雅之堂。随着开通民智、变法维新思潮的兴起,要求提高白话文地位、扩大白话文使用范围的文体革命便应运而生。提倡"诗界革命"的黄遵宪(1848—1905)在1868年写作的《杂感》一诗里写道:"我手写我口,古岂能拘牵? 即今流俗语,我若登简编。五千年后人,惊为古斓斑!""我手写我口"后来成了文体革命的口号。办白话报的先驱裘廷梁(1857—1944)在1898年发表《论白话为维新之本》,明确提出"崇白话而废文言"。他在1898年创办的《无锡白话报》,是现代报刊史上的第一份白话报。教育家陈荣衮(1862—1922)在1899年发表《论报章宜改用浅说》,呼吁报章文字的通俗化,要求"作报论者",以"浅说""输入文明",并明确提出:"大抵近日变法,以开民智为先,开民智莫如改革文言。不改文言,则四万九千九百分之人,日居于黑暗世界之中,是谓陆沉;若改文言,则四万九千九百分之人,日嬉游于琉璃世界中,是谓不夜。"在他们的影响下,杭州、上海、苏州、宁波、潮州等地也出现了白话报,同一个时期还出现了50多种白话教科书和1500多种白话小说。不过那时的白话基本上还是沿袭了古代章回小说的写法,没有新的语言和新的风格,直到梁启超(1873—1929)提倡"新文体"才开始显示出新的面貌。梁启超在晚清倡导诗界革命、小说界革命、文界革命。他在《清代学术概论》里谈到"新文体"时说:

> 启超夙不喜桐城派古文,幼年为文,学晚汉魏晋,颇尚矜炼,至是自解放,务为平易畅达,时杂以俚语韵语及外国语法,纵笔所至不检束,学者竞效之,号新文体。老辈则痛恨,诋为野狐。然其文条理明晰,笔锋常带情感,对于读者,别有一种魔力焉。

郑振铎在《中国文学研究》卷五里评论梁启超的"新文体"时说:

> 他的散文,平心论之,当然不是晶莹无疵的珠玉,当然不是最高贵的美文,却另自有他的价值。最大的价值,他能以他的"平易畅达,时杂以俚语韵语及外国语法"的作风,打倒了所谓恹恹无生气的桐城派的古文、六朝体的古文,使一般的少年们都能肆笔自如,畅所欲言,而不再受已僵死的散文套式与格调的拘束;可以说是前几年的文体改革的先导。在这一方面,他的功绩是可以与他的在近来学术界上所造的成绩同科的。黄遵宪在诗歌方面,曾做着这种同样的解放的工作,然梁氏的影响似为更大,这因散文的势力较诗歌为更大之故。至于他的散文的本身,却是时有芜句累语的;他的魔力足以迷惑少年人,一过了少年期,却未免要觉得他的文有些浅率。他批评龚自珍的文说:"初读定庵文集,若受电然,稍进乃厌其浅薄。"这种考语,许多批评者也曾给过梁氏他自己。

梁启超的"新文体"也叫"新民体"。钱基博在《梁启超》这篇文章里说:

> 初,启超为文治桐城;久之舍去,学晚汉、魏、晋,颇尚矜炼;至是酣放自恣,务为纵横轶荡,时时杂以俚语、韵语、排比语及外国语法,皆所不禁,更无论桐城家所禁约之语录语、魏、晋、六朝藻丽俳

语,诗歌中隽语,及《南》、《北》史佻巧语焉。此实文体之一大解放。学者竞喜效之,谓之"新民体";以创自启超所为之《新民丛报》也。老辈则痛恨,诋为"文妖"。然其文晰于事理,丰于情感。迄今六十岁以下四十岁以上之士夫,论政持学,殆无不为之默化潜移;可以相见启超文学感召力之伟大焉。

启超见世之学为新民体者,学其堆砌,学其排比,有其冗长,失其条畅,于是自为文章,乃力趋于洞爽轩辟。《国风报》已臻洁净,朴实说理,不似《新民丛报》之浑灏流转,挟泥沙俱下;然排比如故,冗长如故。

下面我们选取梁启超的《少年中国说》的前两段,以见"新文体"之一斑:

日本人之称我中国也,一则曰老大帝国,再则曰老大帝国。是语也,盖袭译欧西人之言也。呜呼!我中国其果老大矣乎?任公曰:恶,是何言!是何言!吾心目中有一少年中国在!

欲言吾国之老少,请先言人之老少。老年人常思既往,少年人常思将来。惟思既往也故生留恋心,惟思将来也故生希望心;惟留恋也故保守,惟希望也故进取;惟保守也故永旧,惟进取也故日新。惟思既往也,事事皆其所已经者,故惟知照例;惟思将来也,事事皆其所未经者,故常敢破格。老年人常多忧虑,少年人常好行乐。惟多忧也故灰心,惟行乐也故盛气;惟灰心也故怯懦,惟盛气也故豪壮;惟怯懦也故苟且,惟豪壮也故冒险。惟苟且也故能灭世界,惟冒险也故能造世界。老年人常厌事,少年人常喜事。惟厌事也,故常觉一切事无可为者;惟好事也,故常觉一切事无不可为者。老年人如夕照,少年人如朝阳;老年人如瘠牛,少年人如乳虎;老年人如僧,少年人如侠;老年人如字典,少年人如戏文;老年人如鸦片烟,少年人如波兰地酒;老年人如别行星之陨石,少年人如大洋海之珊瑚岛;老年人如埃及沙漠之金字塔,少年人如西伯利亚之铁路;老年人如秋后之柳,少年人如春前之草;老年人如死海之潴为泽,少年人如长江之初发源。此老年与少年性格不同之大略也。任公曰:人固有之,国亦宜然。

梁启超的"新文体",实际是"通俗的文言文"或"半文半白的白话文",并不是发展成熟的白话文,自然不能取代文言文的正统地位。梁启超虽然对传统古文多所贬抑,力主为文应"平易畅达",主张选用方言俚语,但他的文章终未能摆脱古汉语的成分和风格。他所使用的新文体,在语言上同当时活在人们口头上的自然语言,也还有相当的距离。

二、五四白话文运动

(一)白话文运动的经过。辛亥革命废除了帝制,建立了中华民国,但是中国社会的基本矛盾——人民大众和帝国主义、封建主义的矛盾并没有解决,新的革命高潮在酝酿。第一次世界大战结束后,在巴黎和会上中国外交的失败,激起了声势浩大的五四爱国民主运动。五四运动既是政治运动又是新文化运动,白话文运动是五四新文化运动的先导和标志。

白话文运动的重要阵地是陈独秀(1879—1942)主编的《新青年》(第1卷叫《青年杂志》),首先倡导这场革命的是胡适(1891—1962)和陈独秀。《新青年》第2卷第2号(1916年10月出版)发表了当时还在美国留学的胡适(1891—1962)写给陈独秀的信,信中提出了作为文学革命写作要点的"八事",这"八事"是:一曰不用典。二曰不用陈套语。

三曰不讲对仗(文当废骈,诗当废律)。四曰不避俗字俗语(不嫌以白话作诗词)。五曰须讲求文法之结构。六曰不作无病之呻吟。七曰不模仿古人语,语须有个我在。八曰须言之有物。《新青年》第2卷第5号(1917年1月出版)发表了胡适的《文学改良刍议》,把"八事"调整为:一曰须言之有物。二曰不模仿古人。三曰须讲求文法。四曰不作无病之呻吟。五曰务去烂调套语。六曰不用典。七曰不讲对仗。八曰不避俗字俗语。他指出:"今人犹有鄙夷白话小说为文学小道者,不知施耐庵、曹雪芹、吴趼人皆文学正宗,而骈文、律诗乃真小道耳。""以今世历史进化的眼光观之,则白话文学之为中国文学之正宗,又为将来文学必用之利器,可断言也。"陈独秀支持胡适的主张,并且在《新青年》第2卷第6号(1917年2月出版)上发表《文学革命论》,打起"文学革命"的大旗。他说:"文学革命之气运,酝酿已非一日,其首举义旗之急先锋,则为吾友胡适。余甘冒全国学究之敌,高张'文学革命军'大旗,以为吾友之声援。旗上大书吾革命军三大主义:曰推倒雕琢的、阿谀的贵族文学,建设平易的、抒情的国民文学;曰推倒陈腐的、铺张的古典文学,建设新鲜的、立诚的写实文学;曰推倒迂晦的、艰涩的山林文学,建设明了的、通俗的社会文学。"

继胡适、陈独秀之后,起来响应文学革命并积极主张推行"言文一致"的白话文的有钱玄同(1887—1939)、刘半农(1891—1934)等人。《新青年》第3卷第1号(1917年3月出版)发表了钱玄同致陈独秀的信,赞同胡适的《文学改良刍议》。钱玄同说:"白话中罕有用典者,胡君主张采用白话,不特以今人操今语于理为顺,即为驱除用典计,亦以用白话为宜。""语录以白话说理,词曲以白话为美文,此为文章之进化,实今后言文一致之起点。此等白话文章,其价值远在所谓'桐城派之文'、'江西派之诗'之上。此蒙所深信而不疑者也。至于小说为近代文学之正宗,此亦至确不易之论。""弟对于应用之文,以为非做到言文一致地步不可。"刘半农在《新青年》第3卷第3号(1917年5月出版)上发表《我之文学改良观》。文章说:"今既认定白话为文学之正宗与文章之进化,则将来之期望,非做到'言文合一'或'废文言而用白话'之地位不止。此种地位既非一蹴可几,则吾辈目下应为之事,惟有列文言与白话于对待之地,而同时于两方面力求进行之策。进行之策如何?曰,于文言一方面,则力求其浅显,使与白话相近;于白话一方面,除竭力发达其固有之优点外,更当使其吸收文言所具之优点,至文言之优点尽为白话所具,则文言必归于淘汰。而文学之名词,遂为白话所独据,固不仅正宗而已也。"钱玄同又在《新青年》第3卷第5号(1917年7月出版)上发表《论应用文亟宜改革》,列举应用文"改革之大纲十三事"。他说:"今后童子入学,读的是教科书,其中材料,不外乎历史上重大之事件,科学上切要之智识,以及共和国民对于国家之观念、政治法律之大概而已。即国文一科,虽可选读古人文章,亦必取其说理精粹、行文平易者。""惟选学妖孽所尊崇之六朝文,桐城谬种所尊崇之唐宋文,则实在不必选读。"为了制造公开论战的态势,钱玄同化名王敬轩给《新青年》的编者写了一封长信,申说反对白话文、维护文言文的种种理由;然后刘半农以《新青年》记者的身份写了批驳王敬轩的复信。两封信同时刊登在《新青年》第4卷第3号(1918年3月出版)上,上演了一出双簧戏。刘半农的信中虽然不无夸张、讥讽之辞,甚至还有全盘否定古文的历史价值的偏激观点,但是他坚持文体改革的主张,强调语言实用价值的观点,给了反对白话文的保守势力重重的一击。

为了实践自己的主张,《新青年》自第4卷第1号(1918年1月出版)起完全改用白话。第4卷第5号(1918年5月出版)刊登了鲁迅(1881—1936)的第一篇白话小说《狂人日记》,接着的是《孔乙己》、《药》,显示了白话文运动的实绩。胡适在这个时期创作了一些白话诗,在那时"是一种开风气的尝试",1920年结集出版取名为《尝试集》。《尝试集》在两年之中销售到一万部。下面是胡适写的白话诗《蝴蝶》(发表在《新青年》第2卷第6号,1917年2月出版。发表时题名《朋友》):

两个黄蝴蝶,双双飞上天。

不知为什么,一个忽飞还。

剩下那一个,孤单怪可怜;

也无心上天,天上太孤单。

这时白话文的声势不断高涨,1918年12月陈独秀、李大钊(1889—1927)创办了白话周刊《每周评论》,1919年1月北京大学的学生傅斯年、罗家伦等创办了白话月刊《新潮》。北京的《国民公报》、上海的《时事新报》等,也都是宣传、实践白话文的重要阵地。1919年4月间巴黎和会中国外交失败,5月4日北京学生3000多人,在天安门前集会,高呼"外争国权,内惩国贼"、"取消二十一条"、"拒绝和约签字"等口号,会后举行游行示威。影响迅速扩展,许多地方罢课罢市,示威游行,形成了全国范围的革命运动。这就是震惊中外的"五四"运动。随着运动的发展,白话文的声势迅猛提升。"《每周评论》式的白话小报,突然发生至四百余种之多。日报的附张,大都取消了旧式滥调的诗文或优伶娼妓的消息,改登新文艺和国语的译著;有名的几种副刊,如上海《时事新报》的《学灯》,《民国日报》的《觉悟》,以及北京的《晨报副刊》等,都是从那时候逐渐改良,逐渐增刊的。"[①]1920年以后,一些著名刊物如《东方杂志》、《小说月报》等也改用白话。

在报纸杂志上论政谈学的文章多用白话的同时,教育界改革语文教材的呼声也高涨起来。1919年国语统一筹备会举行第一次大会。

---

① 黎锦熙《国语运动史纲》第72页,商务印书馆1934年版。

刘复、周作人、胡适、朱希祖、钱玄同、马裕藻等提出《国语统一进行方法》的议案。议案的第三件事就是"改编小学课本",主张把小学的"国文读本"改作"国语读本","国民学校全用国语,不杂文言;高等小学酌加文言,仍以国语为主体。"议案获得通过,并组织委员会整理呈报教育部建议施行。

黎锦熙(1890—1978)在谈到五四前后知识分子书面语的变化时说:"1919年'五四'运动以前,我们这些知识分子也不是不写白话文,那只有三种场合:第一是办通俗白话报,这是教育性的,这显然是对另一阶级说话,要将就他们的语言,其实就是自己的语言,但对自己的阶层是决不会'写话'的。第二是写作或翻译白话小说,这是文艺性的,这也显然是对元明以来传统的旧白话作品的一种不严肃的摹仿。第三是在理论文中偶然流露一些'语录体'的白话词儿,这也是唐宋以来一种文化的传统,但不多见。'五四'以后,风气突变,不论教育性的书刊、文艺文和理论文,白话文都成了'正宗货'。又陆续出了大量的白话翻译品,吸收了许多外来语和欧化的造句法,新的语言形式和新的思想内容是互相随伴着而来的。"[①]

(二)文言与白话的论争。在白话文运动得到迅猛发展的同时,维护文言文、反对白话文的抗争也在激烈进行,代表人物是古文家林纾。林纾(1852—1924)原名琴玉,字琴南。早年参加资产阶级改良主义的政治活动。林纾依靠他人的口述用古文翻译了欧美小说170多种,其中不少是外国名著,颇有影响。他反对五四新文化运动,是守旧派的代表。1917年胡适的《文学改良刍议》和陈独秀的《文学革命论》发表后,林纾在同年2月8日的上海《民国日报》发表《论古文之不当废》,

---

[①] 黎锦熙《〈新著国语文法〉今序》,《黎锦熙语言学论文集》第350页,商务印书馆2004年版。

认为白话文可以提倡,但古文并不必因而废除。他说,拉丁文在古代可以说是西欧各国共同的书面语,法语、意大利语、西班牙语等各国语言文学产生后,这种典雅的拉丁语并没有被废除,仍然存在被应用。然后他说:"知腊丁不可废,则马班韩柳亦自有其不宜废者。吾识其理,乃不能道其所以然,此则嗜古者之痼也。"《新青年》第4卷第3号发表了刘半农批驳王敬轩的双簧信,信中所批驳的论点也就是林纾他们所坚持的观点。面对白话文运动不断发展的形势,林纾奋起反击。他在《文艺丛报》发表《论古文白话之相消长》,坚持古文高于白话,不知古文即不能为白话。他说:"废古文用白话者,亦正不知所谓古文也。""且古文一道,曲高而和少,宜宗白话者之不能知也。"

1919年2月和3月,他在《新申报》发表了文言小说《荆生》和《妖梦》,攻击新文化运动,发泄他的怨愤。《荆生》写伟丈夫荆生怒斥、痛打去孔子的田其美、行白话的莫狄、论《说文》的金心异。根据小说所述的身世、举止、言谈,"田其美"、"莫狄"、"金心异"分别影射陈独秀、胡适、钱玄同。《妖梦》采用和《荆生》同样的手法,以"元绪"影射蔡元培、"田恒"影射陈独秀、"秦二世"影射胡适。小说嘲弄白话学堂的校长元绪、教务长田恒、副教务长秦二世,并称他们为"鬼中之杰出者",是"士大夫甘为禽兽"。

林纾的复古言论,遭到坚持新文化运动的革新人士的有力回击。胡适在《新青年》第3卷第3号上发表的《寄陈独秀》里就林纾说的"吾识其理,乃不能道其所以然"批评道:"此正是古文家之大病。古文家作文,全由熟读他人之文,得其声调口吻,读之烂熟,久之亦能仿效,却实不明其'所以然'。此如留声机器,何尝不能全像留声之人之口吻声调?然终是一副机器,终不能'道其所以然'也。今试举一例以证之。林先生曰:'呜呼!有清往矣!论文者独数方姚,而攻蹠之者麻起,而方姚卒不之蹠。'此中'而方姚卒不之蹠'一句,不合文法,可谓'不通'。

所以者何？古文凡否定动词之止词，若系代名词，皆位于'不'字与动词之间。如'不我与'，'不吾知也'，'未之有也'，'未之前闻也'，皆是其例。然'踣'字乃是内动词，其下不当有止词，故可言'而方姚卒不踣'，亦可言'方姚卒不因之而踣'，却不可言'方姚卒不之踣'也。""林先生为古文大家，而其论'古文之不当废'，'乃不能道所以然'，则古文之当废也，不亦既明且显耶？"李大钊在1919年3月9日出版的《每周评论》上发表《新旧思潮之激战》，正告林纾："中国今日如果有真正觉悟的青年，断不怕你们那'伟丈夫'的摧残，也断不能摧残这些青年的精神。"鲁迅在《新青年》第6卷第5号(1919年5月出版)上发表了《随感录五十七·现在的屠杀者》说："做了人类想成仙；生在地上要上天；明明是现代人，吸着现代的空气，却偏要勒派朽腐的名教，僵死的语言，侮蔑尽现在，这都是'现在的屠杀者'。"刘半农在后来写给钱玄同的信中说："他(指林纾)要借重荆生，却是无论如何不能饶恕的。"当时对新文化运动持反对意见的除了林纾也还有另外一些人。例如严复在与友人的信中就说："革命时代，学说万千，然而施之人间，优者自存，劣者自败，虽千陈独秀、万胡适、钱玄同，岂能劫持其柄，则亦如春鸢秋虫，听其自鸣自止可耳。林琴南辈与之较论，亦可笑也。"

继林纾之后，《学衡》和《甲寅》这两种刊物成为反对白话文、维护文言文、宣传复古思想的主要阵地。《学衡》是综合性刊物，1922年1月创刊，1933年7月停刊。吴宓主编。内容主要是反对新文化运动和白话文运动，介绍西方的古典文学，所发表的文章都用文言文。主要撰稿者有梅光迪、胡先骕等。《甲寅》是政治性期刊，1914年5月在日本东京创刊，1915年5月改在上海出版，出至第10期停刊。1925年7月在北京复刊，改为周刊。1927年3月5日停刊。创刊当年为夏历甲寅年，故名《甲寅》。秋桐(章士钊)主编。内容主要是抨击袁世凯违反共和原则；提倡尊孔读经，反对五四新文化运动。

胡先骕曾在《东方杂志》发表《中国文学改良论》，后来又在《学衡》发表《评〈尝试集〉》等文。他认为"创造新文学，必以古文学为根基"，"白话不能全代文言"，主张在用文言的前提下改良文学，否定文体改革的言文一致的原则。《学衡》的其他撰稿人如梅光迪、吴宓等也持相同的观点。梅光迪著《评提倡新文化者》说："盖文学体裁不同，而各有所长，不可更代混淆，而有独立并存之价值，岂可尽弃他种体裁而独尊白话乎。"《甲寅》周刊一出台，就在广告上宣称"文字务求雅驯，白话恕不刊布"。它的主编章士钊撰文批评新文化新文学。在《评新文化运动》一文中，章士钊攻击白话文运动为"以鄙俗妄为之笔，窃高文美艺之名，以就下走圹之狂，隳载道行远之业"，是"欲进而反退，求文而得野，陷青年于大阱，颓国本于无形"。在《评新文学运动》一文中，他认为"文言贯乎数千百年，意无二致，人无不晓，俚言则时与地限之，二者有所移易，诵习往往难通。"对于《学衡》、《甲寅》所挑起的争论，鲁迅不失时机地写下了《估〈学衡〉》、《答 KS 君》、《再来一次》、《十四年的"读经"》等杂文，痛斥复古主义的荒谬，巩固并扩大了五四白话文运动的战果。鲁迅在《估〈学衡〉》中指出："诸公掊击新文化而张皇旧学问，倘不自相矛盾，倒也不失其为一种主张。可惜的是于旧学并无门径，并主张也还不配。倘使字句未通的人也算是国粹的知己，则国粹更要惭惶煞人！'衡'了一顿，仅仅'衡'出了自己的铢两来，于新文化无伤，于国粹也差得远。"茅盾在《文学界的反动运动》中说："不论是他们反对白话，主张文言的，或是主张到故纸堆里寻求文学的意义的，他们的根本观念同是复古。"成仿吾在《读章氏〈评新文学运动〉》中说："文言亦不过一种容器，……不仅不是绝对必要之物，而且假使我们理想的国语告成，文言直是不必要的累赘。我们在这过渡时期的人，处处受尽了这种二重人格的苦。使将来的青年可不再空费精力与光阴去苦记一些无用的文字与无用的句法，实是我们应当努力做到的一大事业。"

三、"文艺语言的大众化"和"大众语"的讨论

（一）文艺语言的大众化。五四白话文运动提升了白话文的社会地位,使白话文和人民大众接近了一步,但是那时的白话文发展还不成熟,主要还是在知识分子的圈子里生存,并没有完全进入普通民众。1930年鲁迅发表《文艺的大众化》一文,指出:"应该多有为大众设想的作家,竭力来作浅显易解的作品,使大家能懂,爱看,以挤掉一些陈腐的劳什子。"他认为"目下通行的白话文,也非大家能懂的文章"。1931年11月,中国左翼作家联盟执行委员会决议指出:"作品的文字组织,必须简明易解,必须用工人农民所听得懂以及他们接近的语言文字,在必要时容许使用方言。因此作家必须竭力排除知识分子式的句法,而去研究工农大众言语的表现法。"要实现文艺的大众化而没有语言的大众化,就只能是空话。大众文艺用语必须浅显易解,采用工农大众言语的表现法,力求通俗化。在语言问题上,瞿秋白发表了系统的见解,他还使用了"普通话"这个术语。在《普洛大众文艺的现实问题》一文里,他说:"不但普洛大众文艺,就是'非大众的普洛文艺',都不能够用'周朝话'写,都要反对用'骡子话'来写,而且也并非用'明朝话'来写。而要用现在人的普通话来写——有特别必要的时候,还要用现在人的土话来写(方言文学)。"①他所说的"普通话"并不是指民族共同语,而是指大城市和工厂里正在天天创造着的"俗话"。在《鬼门关以外的战争》一文中,瞿秋白在回答"现代普通话的新中国文是什么"的问题时说:"这种文字应该和言语一致,是说和什么言语一致呢?应当和普通话一致。普通话不一定是完全的北京官话。本来官话这个名词是官僚主义的。当然,更不是北京土话。"鲁迅在《门外文谈》里说:"现在在码

---

① 《文学》第1卷第1期。

头上,公共机关中,大学校里,确已有着一种好像普通话模样的东西,大家说话,既非'国语',又不是京话,各各带着乡音,乡调,却又不是方言,即使说的吃力,听的也吃力,然而总归说得出,听得懂。如果加以整理,帮它发达,也是大众语中的一支,说不定将来还简直是主力。"①鲁迅说的"普通话"大体也就是"各省通行之话"。

(二)与"文言复兴运动"的斗争。20世纪30年代,白话文的发展出现了半文半白和西化两种偏向。半文半白、不文不白的"非驴非马"的文体,脱离人民大众,老百姓看不懂;而白话文西化,也同样使白话文脱离人民大众,老百姓也还是看不懂。白话文的这两种不良偏向,使主张复兴文言的人以为有了可乘之机。在这个时期主张文言复兴的代表人物是汪懋祖和许梦因。1934年5月和6月,汪懋祖在《时代公论》上发表《禁习文言与强令读经》和《中小学文言运动》,提倡"尊孔读经",诋毁新文化运动。汪懋祖说:"所谓一字传神,最能描写文言之便利。""文言为语体之缩写,语言注重音义,而文言于音义之外,尚有形可察,例如说:'这一个学生或是那一个学生',文言只须'此生或彼生'即已明了,其省力为如何?此仅就工具言之,已无待辩论。"继汪懋祖之后,许梦因发表《文言复兴之自然性与必然性》、《告白话派青年》等文,认为"白话必不可为治学之工具,今用学术救国,急应恢复文言"。汪懋祖、许梦因的言论又一次挑起了文言与白话的论争。为了抵御"文言复兴"的错误思潮,许多进步的学者提出:坚持"言文一致"的白话文,就必须建设一种比白话还贴近口语的书面语,那就是"大众语"。

最先起来反驳"文言复兴"这种错误主张的是吴研因,接着上海《申报·自由谈》于1934年6月18日和19日发表陈子展的《文言——白话——大众语》和陈望道的《关于大众语文学的建设》。他们提出了

---

① 鲁迅《门外文谈》,《鲁迅全集》第6卷第80页,人民文学出版社1956年版。

"大众语"的口号,展开了关于"大众语"的辩论。仅在1934年的6月和7月,上海各报刊刊登有关大众语问题的辩论文章就有160多篇。陈子展说:"其实文言白话的论战早已分过胜负了,并不是林琴南章行严诸先生的文言文做得不好,他们赶不上古人;只因中国社会已经走到某种程度变革的路上,基础一动,旧文化全般动摇,文学革命只是其中的一种。这种大势所趋,自然还有许多回环曲折,可是站在没落下去的某方面无论个人或他所属的某一阶层,虽然还能够来几次挣扎,最后的胜利却不会归他们的,尽管也得佩服他们的勇敢。"针对汪懋祖的"一字传神",鲁迅发表了《此生或彼生》,指出这五个字可以有"这一个学生或是那一个学生"、"这一个秀才或那一个秀才(生员)"、"这一世或是未来的别一世"三种意思,因此"文言比起白话来,有时的确字数少,然而那意义也比较的含胡,……如果一径就用白话,即使多写了几个字,但对于读者,'其省力为何如'?""我就用主张文言的汪懋祖先生所举的文言的例子,证明了文言的不中用了。"陈望道发表《所谓一字传神》指出:"白话本身胜过文言的地方很多,已经有许多人说过。其实不曾说到的比已经说过的还要多。""现在单以所谓一字传神来说,也是只有白话中的有些现象可以当得起这四个字的赞语。例如动词的限定语便是一端。这类语言在文学描写上功用颇大,往往只要换去一字,便觉得动作所以能成或不能成的理由全然两样。比如同是说'不能吃':1.吃不得(因为东西不卫生);2.吃不了(因为东西太多);3.吃不来(因为东西太坏或者吃不惯);4.吃不起(因为太穷苦了);5.吃不下(因为肚里饱);6.吃不着(因为东西离得远)。这于白话是应手可得的传神的一字,文言如何? 文言能够这样以简单的一字传出这样复杂的意思吗?"胡适在1934年7月的《独立评论》上发表《所谓"中小学文言运动"》中指出:"若要使白话运动成功,我们必须根本改变社会上轻视白话的态度。""我们下手的方法,只有用全力用白话创造文学。白话文学的真美被社会公认之时,标准化的国语自然成立了。""文言复兴"论受到进步文化界的批判,仅支撑了三四个月就被迫销声匿迹了,接着就进入有关"大众语"的讨论。

(三)关于"大众语"的讨论。陈子展在《文言——白话——大众语》一文中说:"现在我以为要提出的是比白话更进一步,提倡大众语文学……目前的白话文学只是知识分子一个阶层的东西,还不是普通的大众所需要的……只因这种白话还不是大众的语言。"什么叫做"大众语"? 陈子展说:"所谓大众语,包括大众说得出,听得懂,看得明白的语言文字。标准的大众语,似乎还得靠将来大众语文学家的作品来规定。""大众"指的是一个什么样的范围呢? 陈子展说:"这里所谓大众,固然不妨广泛的说是国民的全体,可是主要分子还是占全民百分之八十以上的农民,以及手工业者,新式产业工人,小商人,店员,小贩等等。"陈望道在《关于大众语文学的建设》中对"大众语"的性质作了补充说明。他认为"子展先生只提出说、听、看三样来做标准,我想是不够的,写也一定要顾到"。要符合"大众说得出,听得懂,写得顺手,看得明白的条件,才能说是大众语"。后来在《大众语论》中,他对这个定义作了一点文字上的修饰,改为"大众语便是大众说得出,听得懂,写得顺手,看得明白的语言"。

这次论战,陈望道(1890—1977)发挥了重要的作用,为组织这次论战做了不少工作,同时也提出了一些很好的见解。除了上面已谈到的"大众语"定义之外,他还提出要做到普及大众语,"有三种统一必需都做到。(1)是语言和文字统一,这样笔头写的便是口头说的,不另学一种不必说的语言,自然省事省力,容易普遍。(2)是统一各地的土话,这里写的别的地方的人也看得下,这也是容易普遍的一个条件。(3)是统一形式和内容,不止语言形式接近大众,就是意识内容也接近大众,说的不是违反大众需要的话,也是容易普遍的一个条件。"①鲁迅赞同"大众语"的提法,他说:"在交通繁盛,言语混杂的地方,又有一种语文,是比较普通的东西,它已经采用着新字汇,我想,这就是'大众语'的雏形,它的字汇和语法,即可以输进穷乡僻壤去。""竭力将白话做得浅豁,使能懂的人增多,但精密的所谓'欧化'语文,仍应支持。"②经过这次讨论,大家认为要建设真正的大众语,就非要用拼音的新文字来写不可。这样,大众语运动又跟当时传入国内的北方话拉丁化新文字运动结合起来了。大众语的历史功绩或积极的成果主要有两点:一是彻底击败了复兴文言、废止白话的主张;二是强调语言要浅显易懂,比较明确地提出了要向人民群众学习语言。

经过"大众语"的讨论,现代白话文的发展方向进一步得到明确,同时人们也认识到现代白话文的发展还有很长的路要走。一方面是因为文言文并没有完全不用,一直到 20 世纪 40 年代末,文言文还占领着书面交流的很大一片领域。那时的报纸从通讯到社论,除《新华日报》等少数报纸外,用的还都是文言文。另一方面如何使白话文进一步得到丰富和发展,仍旧是一篇没有写完的大文章。吕叔湘说:"汉族人写文章,远的不说,从春秋战国算起,到本世纪初为止,二千几百年,基本上是一个格式,通称叫做文言。都二十世纪了,还按着二千年前老祖宗的模样写,实在混不下去了,于是来了个白话文运动,作为五四运动的一个组成部分。经过三十多年的斗争,白话文终于胜利了,取得了统治的地位。可是白话文原来只是用来写写小说什么的,一旦要它主持大局,照顾全面,免不了缺这少那,只好四面八方取经。无论是词汇,是语

---

① 陈望道《这一次文言和白话的论战》,《陈望道语文论集》第 230 页,上海教育出版社 1980 年版。

② 鲁迅《答曹聚仁先生信》,《鲁迅全集》第 6 卷第 58 至第 59 页,人民文学出版社 1956 年版。

法,都得实行'拿来主义',从外国语拿,从文言拿。文言有二千多年的历史,词汇丰富,成语、典故多,白话文在这方面取精用宏,确实得益不少。"①等到新中国成立以后,现代书面语里的文言文才完全废止,白话文的发展有了良好的外部环境。

四、新式标点符号的采用

(一)西方的标点符号传入中国。我国古代诵读典籍时讲究明句读(dòu)。什么是句读?大体上说语意已尽的地方是句,语意未尽而要有停顿的地方是读。郭店楚简已经用短横、墨块和钩识等标示句读。传世的典籍里少数有圈点符号,而多数是没有的,要由读书人在诵读时自己去加。胡适说:"国中古籍率无圈点,即有之矣,其所用符号,又不完备;或有圈而无点,有句而无逗。其圈点又不依文法构造,但截长为短,以便口齿而已。"②到了清末,随着西学东渐,西方的标点开始传入我国,引起了人们的注意。1904年严复在《英文汉诂》这部讲英语语法的书中,为了与英语的标点相配合,对书中的汉语语句也使用了西方的标点符号。1896年王炳耀在《拼音字谱》中构建了一个《句义表》,设计了十种标点符号。这是我国创造的第一个新式标点符号系统。五四运动前后,胡适、陈望道和《新青年》杂志的一批语文改革家大力提倡新式标点,对新式标点符号的制订和使用作出了重要的贡献。为了统一《新青年》使用的标点,钱玄同在1918年发表了《句读符号》一文,提出了标点符号的繁简二式。接着《新青年》废除了圈点符号、全面采用了新式标点。1919年《新青年》第7卷第1号公布了《本志所用标点符号和行款的说明》,列出了13种标点符号的用法。经过学者的研究与

---

① 吕叔湘《剪不断,理还乱》,《未晚斋语文漫谈》第86页,语文出版社1992年版。
② 胡适《论无文字符号之害》,《胡适学术文集·语言文字研究》第347页,中华书局1993年版。

刊物应用的实践,新式标点符号渐趋成熟。

(二)《请颁行新式标点符号议案》。1919年4月在国语统一筹备会第一次大会上,北大教授马裕藻、周作人、朱希祖、刘复、钱玄同和胡适六人提出了《请颁行新式标点符号议案》,获得通过。同年11月,胡适对《议案》做了修正,把所列的符号总名为"新式标点符号"。

1920年2月北洋政府教育部发布训令《通令采用新式标点符号文》,批准了这一议案。《训令》指出:议案内容"远仿古昔之成规,近采世界之通则,足资文字上辨析义蕴、辅助理解之用",并转发所属各校"俾备采用"。《请颁行新式标点符号议案(修正案)》分三个部分:(1)释名。解释"标点符号"的含义,说明符号名称的由来。(2)标点符号的种类和用法。分项说明12种符号的形式和用法(略去举例):

1. 句号(。或.)凡成文而意思已完足的,都是句。每句之末,须用句号。

2. 点号(、或,)

(甲)用来分开许多连用的同类词,或同类兼词。(合几词不成句,也不成分句的,名为兼词。)

(乙)凡外动词的止词,因为太长了,或因为要人重读他,所以移在句首时,必须用点号分开。

(丙)凡介词所管的司词,移在句首时,必须用点号分开。

(丁)主词太长了,或太复杂了,或要人重读他,都该用点号使他和表词分开。

(戊)用来分开夹注的词句。

(己)凡副词,副词的兼词,或副词的分句,应该读断时,须用点号分开。

(庚)用来分开几个不很长的平列分句。

3. 分号(;)

(甲)一句中若有几个很长的平列的兼词或分句,须用分号把他们分开。

(乙)两个独立的句子,在文法上没有联络,在意思上是联络的,可用分号分开。

(丙)几个互相依靠的分句,若是太长了,也应该用分号分开。

4. 冒号(:)

(甲)总结上文。

(乙)总起下文。

(1)其下文为列举的诸事。

(2)其下文为引语。

5. 问号(?)表示疑问。

6. 惊叹号(!)表示情感或愿望等。

7. 引号(『』「」)

(甲)表示引用的话的起结。

(乙)表示特别提出的词句。

8. 破折号(——)

(甲)表示忽转一个意思。

(乙)表示夹注。与()用法同。

(丙)表示总结上文几小段。与":"略同。

9. 删节号(……)表示删去或未完。

10. 夹注号(( )〔 〕)

11. 私名号(＿＿)凡人名,地名,朝代名,学派名,宗教名:一切私名都于名字的左边加一条直线。向来我们都用在右边,后来觉得不方便,故改到左边。横行便加在下边。

12. 书名号(～～)。凡书名或篇名都于字左边加一条曲线。

横行便加在下边。

13. 附则

（甲）句,点,分,冒,问,惊叹,六种符号,最好都放在字的下面。

（乙）每句之末,最好是空一格。

（丙）每段开端,必须低两格。

附录　旧式点句符号(略)

(3)理由。我们以为文字没有标点符号,便发生种种困难;有了符号的帮助,可使文字的效力格外完全,格外广大。

《议案》是我国第一套法定的标点符号系统,它的诞生提高了汉语书面语的表达力,适应了时代发展提出来的要求,但是推行并不顺畅。黎锦熙在《国语运动史纲》中说:"国语文和新式标点符号,自民七新文学运动和教部变法以来,在教育界、学术界似乎用不着还要宣传,但近年也受了行政界文字腐化的影响:语体文在公文和报纸上固然很少看见,连新式标点符号也多不能使用。标点符号案原分新旧两式,在民八(1919)已由教育部公布,一直到民十七(1928)十年之间,除国语会自办公文或由部转行照加标点外,一属部中口气,便予取消;教部且然,其他行政机关更不用说。民十七以来,中央党部和教育机关的公文,白话偶一有之,标点行用稍广;但各部会各地方官厅的新旧文牍老夫子仍是故步自封。"①

(三)《划一教育机关公文格式办法》。1930 年国民政府教育部颁布了《划一教育机关公文格式办法》(以下简称《办法》),规定:"公文句读,为免除误解,便于阅览起见,一律加用标点。"规定有 14 种标点:顿号(、)、逗号(,)、支号(;)、综号(:)、句号(。)、问号(?)、祈使或感

---

① 黎锦熙《国语运动史纲》第 387 页,商务印书馆 1934 年版。

叹号(!)、提引号(「 」)、复提引号(『 』)、省略号(……)、破折号(——)、专名号(＿＿)、书名号(﹏﹏)、括弧(( )或○)。并附有"公文标点行款举例"。

《办法》颁布后教育部等一些政府机关的公文、信函、布告、讲稿开始使用语体文和标点符号,但是全国仍不统一。往来公文中文言与白话夹杂,句读与标点混用。

(四)《标点办法举例及行文款式》。1933年7月行政院训令所属:"公文应采用简单标点,各部会定八月一日起实行,各部会附属机关定9月1日起实行。"并规定《简单标点办法》三条,规定七项符号,但院属各机关遵用时,颇感到专名号画道儿的麻烦,于是又略有增改,由国民政府文官处召开会议,决定一种《公文标点举例及行文款式》。1933年10月2日,国民政府发出训令第500号。全文如下:

  查公文标点办法,中央党部暨教育机关,行之已久,近复经该行政院酌加采用,通令所属,定期实行。本府为求全国各机关一律推行,以免彼此参差起见,经饬由文官处召集本府直辖各机关人员,会同商定,先采用行政院现行之七项符号。惟寻常习见专名,拟省略专名号,其文中相连之专名,可以顿号代之。又分段文中之末句下有空白处者,宜加用截号,以防加添字句。并由文官处函经该行政院同意,签呈核示前来,应准照办,着于明年一月一日起,一律实行。除分令外,合行抄发公文标点举例及行文款式,令仰查照,遵照办理,并转饬所属一体遵照办理。

  此令。

主　　席　林　森

行政院院长　汪兆铭

立法院院长　孙　科

司法院院长　居　正
考试院院长　戴传贤
检察院院长　于右任

附：标点办法举例及行文款式
公文采用简单标点办法

一、标点符号暂用左列各种，将来希望能逐渐采用教育部划一教育机关公文格式办法上规定之各种符号。

逗号　，

句号　。

提引号「」

复提引号『』

省略号（略）

专名号——

括弧（）

二、公文应就文稿意义，酌分段落，其分段写法及引用原文写法，悉依照教育部划一教育机关公文格式办法规定之式样，但使用符号，得暂以上面七种为限。

三、公文用语完全采用教育部划一教育机关公文格式办法之规定。

公文标点举例及行文款式

一、标点符号，暂用左列各种，仍期将来能逐渐采用教育部划一教育机关公文格式上规定之各种符号。

（一）逗号，用于意义未完之语尾。

（例）查社会教育经费，在全教育经费中，暂定应占百分之十至二十，自十八年预算年度起，一律实施一案，业经呈奉国民政府，于上年十月公布，并由本部分别函另遵行各在案。

（二）句号。用于意义已完之句末。

（例一）此令。

（例二）准予照办。

（例三）中华民国青年男女有受体育之义务，父母或监督人应负责督促之。

（三）提引号「」凡文中有所引用时，于引用文之首末适用之。

（例一）准　贵部兹开，「准浙江省政府效代电，请将派员承办箔类特税一案，立予撤销，相应咨请核复」等由。

（例二）查「学校学年学期及休假日期规程」前经呈奉钧院修正通过。

（四）复提引号『』凡引用文中另有所引用时，于另引文之首末适用之。

（例）案奉　钧府训令第一八二号内开，「案据本府文官处签呈称，『准中央执行委员会秘书处函开「顷据中央宣传部呈称，『查全国各学校教员编制之文学及社会科学讲义，影响学生思想行为，至为重大，（略）理合备文呈请鉴核施行』等情，经陈奉常务委员批准照办等因在案。相应据情录批，函请查照转陈办理为荷」等由，理合签呈鉴核』等情，据此，自应照办。除函复外，合行令仰该院查照办理，并转饬遵照，此令」等因。

（五）省略号（略）　凡文中有可省略语句时，用以表明之。

（例）全教文言的，仍就孜孜兀兀把十分之五的工夫用在「之乎也者」上，而放弃了应用科学，生活技能，（略）纯教语体的，儿童成绩虽佳，但也不能转学或升学于注重文言的学校。

（六）专名号——用于国名、人名、地名、机关名称，及其他各种专名之左旁，但专名之习见者可省略，文中如有相连之专名，可以顿号代之。

（例一）前据该部会呈奉令讨论章嘉呼图克图年俸,(略)

（例二）查此次各省市选出之国民会议代表,有江苏李作新,浙江王自强,山东陈有为,天津刘之桢等,均已于本月十二日来会报道。

（七）括弧( )凡文中有夹注词句,不与上下文气相连者适用之。

（例）除将原规程遵照加入总理逝世纪念(三月十二日)一项公布施行外,合行抄发规程全文,令仰遵照,并转饬所属一体遵照。

二、公文应就文稿意义酌量分段。其分段写法及引用原文写法,悉依照教育部划一教育机关公文格式办法规定之式样,今摘要略述如左。

（一）文在十行以上者,应酌量分段,其有意义自成段落者,虽不满十行,亦可分段,但每段末句下有空白处,应用「═」号截之,以防加添字句。

（二）首行低二格写,次行以下顶格写(分段者逐段皆如此)。

（三）对上级机关之直接称谓,均换行顶格写,如系间接称引,应视称引时对该机关之关系,或换行顶格写,或空一格写,或不空格写。对平行机关之直接称谓,亦应换行顶格写,如系间接称引,应视称引时对该机关之关系,或空一格写,或不空格写。

（四）分段写者,文尾「谨呈」「此致」「此令」「此批」等字,均作另一行低二格写。

（五）引用原文在两行以上者,应另作一段。其首行低五格写,次行以下低三格写,以清眉目。

（六）引用原文如因过长分为数段者,每段之写法与上款同。每段之首及末段之尾,均加提引号。

（七）引用文之分段者,如末段后仍用「等因」「等由」「等情」

「等语」等字样,应换行顶格写。

(八)引用文之内复有引用文层次繁多者,提引号与复提引号可反复应用。最外一层或可省略提引号。第二层用提引号,第三层用复提引号,第四层又用提引号,第五层又用复提引号,(略)以下仿此。

黎锦熙说:"于是全国各大小机关的公文,从民二十三(1934)一月一日起,都不得不照加新式标点符号,以求合乎法定的公文程式了。""像这样简单明了的标点,自应不学而能;但据调查,各地方机关的公文,有许多还是标点得一塌糊涂的!"①

这个时期有一件值得重视的进步,就是新式标点符号开始进入了大中小学校。它是和作文法结合在一起的。如1926年出版的夏丏尊、刘薰宇合著的《文章作法》,就说明了标点符号的作用。其次,它也和语法教学结合在一起。如黎锦熙著《新著国语文法》的最后一章就是《标点符号和结论》,把《请颁行新式标点符号议案》分节全录,并加以注释和增补。通过学校的教育,标点符号的使用逐步得到推广。

五、改革汉字文本排写款式的倡议

汉字文本的书写款式自古以来就是直排自右而左,到了清末切音字运动时期才开始有了变化。为了便于拼音字母的书写,有的切音字著作就把直排自右而左改为横排自左而右,如《一目了然初阶》中的汉字与切音字的对照部分。五四时期的语文改革家明确提出要改革汉字文本的排写款式,变直排为横排。钱玄同在《新青年》第3卷第3号上发表的"通信"里提出排写款式应改为横排。他说:"我固绝对主张汉

---

① 黎锦熙《国语运动史纲》第388页、390页,商务印书馆1934年版。

文须改用左行横迤,如西文写法也。人目系左右相并,而非上下相重,试立室中,横视左右,甚为省力,若纵视上下,则一仰一俯,颇为费力。以此例彼,知看横行较易于直行。且右手写字,正自左至右,均无论汉文西文,一字笔势,罕有自右至左者,然则汉文右行,其法实拙。若从西文写法,自左至右,横迤而出,则无一不便。我极希望今后新教科书,从小学起一律改用横写,不必专限于算学、理化、唱歌教本也。"陈独秀回信表示"极以为然"。接着钱玄同又在《新青年》第3卷第6号的"通信"栏建议《新青年》改为横排。他说:"独秀先生!我以前所说要把右行直下的汉文改用左行横迤,先生回答道,'极以为然'。现在我想,这个意思先生既然赞成,何妨把《新青年》从第4卷第1号起,就改用横式?""《新青年》杂志拿除旧布新做宗旨,则自己便须实行除旧布新。所有认做'合理'的新法,说了就做得到的,总宜赶紧实行去做,以为社会先导才是。这改直式为横式,虽然是形式上的事情,然而于看写二层,都极有便利,所以我总想先生早日实行。"钱玄同希望"早日实行",但是语文改革的进行一般都比较缓慢,因为它除了会遇到传统势力的阻挠,也还要有技术上的支持。陈望道在《新青年》第6卷第1号发表《横行与标点》,就改为横排的问题对"《新青年》诸子"提出了批评。他说:"我对于诸子,还要说诸子缺'诚恳'的精神,尚不足以讲'撤销他们的天经地义'。文字当横行,这已有实验心理学明明白白的昭告我们,诸子却仍纵书中文,使与横书西文错开;圈点与标点杂用,这是东人尾崎红叶的遗毒,诸子却有人仿他,而且前后互异,使浅识者莫明其妙——这不是缺'诚恳'的佐证么?"对陈望道的批评,钱玄同以《新青年》的"记者"的名义发表了他的看法,他说:"《新青年》杂志本以荡涤旧污,输入新知为目的。依同人的心理,自然最好是今日提倡,明日即有人实行。但理想与事实,往往不能符合,这是没有法想的。同人心中,决无'待其时而后行'之一念。像那横行问题,我个人的意见,以横行必较直行为好,在嵌入西文字句的文章里,尤以改写横行为宜,曾于本志3卷3号6号、5卷2号通信栏中屡论此事。独秀先生亦极以为然,原拟从本册(6卷1号)起改为横行。只因印刷方面发生许多困难的交涉,所以一时尚改不成,将来总是要想法的。"出版物改直排为横排要等新中国建立后才变为现实。

第四节 国语运动

一、国语运动的兴起

汉语是世界上使用人口多、地区分布广的语言,自古以来就存在着较大的方言分歧。为了满足不同方言间交际的需要,于是就产生了沟通不同方言的民族共同语。民族共同语是在一种方言的基础上形成的,它的地位高于各种方言。我国古代汉民族的经济、政治中心是在北方的中原地区,所以汉民族共同语就以中原地区的方言作为基础,以王朝京城所在地的语音作为标准语音。金、元、明、清各代,除明初一个短时期建都金陵(南京)以外,其他时期都建都北京。北京作为全国的政治、经济和文化中心,历时八百多年。由于经济、政治的集中,北京话的影响逐渐增大,地位日益重要。明清时期北京话逐渐传播到全国各地,成为沟通各方言区的共同语,叫做"官话"。不过那时的"官话"并没有明确的标准,而且主要在官吏和商人间使用。到了清末,在变法维新思潮的影响下出现了推广民族共同语的呼声。

1902年时任京师大学堂总教习的桐城派古文名家吴汝纶(1840—1903)到日本考察学制,而当时的日本经过明治维新得到了飞速的发展。下面是吴汝纶和日本官员伊泽修二关于国语的谈话:

伊泽氏又曰:"欲养成国民爱国心,须有以统一之。统一维何?语言是也。语言之不一,公同之不便,团体之多碍。种种为害,不可悉数。察贵国今日之时势,统一语言尤其亟亟者。"

吴汝纶答:"统一语言,诚哉其急。然学堂中科目已嫌其多,复增一科,其如之何?"

伊泽氏曰:"宁弃他科而增国语。前世纪人犹不知国语之为重,知其为重者犹今世纪之新发明,为其足以助团体之凝结,增长爱国心也。就欧罗巴各国而论,今日爱国心之最强者,莫若德意志。若然德意志本分多少小国,语言自不相同。斯时也,彼自彼,我自我,团体之不结,国势之零落,历史中犹历历如绘也。既而德王维廉起,知欲振国势,非统一联邦则不足以跻于盛壮,欲统一联邦非先一语言则不足以鼓其同气。方针既定,语言一致,国势亦日臻强盛。欧罗巴各国中爱国心之薄弱殆莫如墺大利、匈牙利之共同国。全国国种不一,自然语言不齐,莫知改良之方。政治风俗,在在见参互错综之状。甚至陆军不受政府之驾驭,骚乱之举,曷其有极。傍观者时切杞忧,谓墺匈之恐不国也。此皆语言不统一之国。一则由不统一以致统一,其强盛有如德国;一则本不统一而不知改为统一,其紊乱有如墺匈。合国成绩攸兮,似足为贵邦前车之鉴矣。"

吴汝纶答:"语言之急宜统一,诚深切著明矣。敝国知之者少,尚视为不急之务,尤热习之者大费时日也。"①

"国语"本来是中国古代一部分国叙述的记言史书,日本明治维新时借去表示民族共同语,到了晚清我们又从日本引进来代替了"官

---

① 吴汝纶《东游丛录》,《清末文字改革文集》第27页,文字改革出版社1958年版。

话"。吴汝纶看到日本推行国语（东京话）的成绩，深受感动。回国后写信给管学大臣张百熙，建议在学校教学王照的官话合声字母，推行以京话（北京话）为标准的国语，实现国语统一。下面是吴汝纶的《上张管学书》：

> 中国书文渊懿，幼童不能通晓，不似外国言文一致。若小学尽教国人，似宜为求捷速途径。近天津有省笔字书，自编修严范孙家传出。其法用支微鱼虞等字为母，益以喉音字十五，字母四十九，皆损笔写之略，如日本之假名字。妇孺学之，兼旬即能自拼字画，彼此通书。此音尽是京城声口，尤可使天下语音一律。今教育名家，率谓一国之民，不可使语言参差不通，此为国民团体最要之义。日本学校，必有国语读本。吾若效之，则省笔字不可不仿办矣。①

在这之后，要求推行国语的呼声逐渐高涨。1910年，资政院议员江谦等32人联名就清政府学部奏报中所提到的"国语教育事项"的说法提出质询，要求把"官话课本"正名为"国语读本"。他们提出的理由是："凡百创作，正名为先。官话之称，名义无当。话属之官，则农工商兵，非所宜习，非所以示普及之意、正统一之名。将来奏请颁布此项课本时，是否须改为国语读本以定名称。"1911年6月，清政府学部举行中央教育会议，议决了《统一国语办法案》，提出五项办法：（1）调查。设立"国语调查总会"，调查国语的语词、语法、音韵。（2）选择及编纂。采择雅正通行之语词、语法、音韵作为标准，据以编纂国语课本及语典、方言对照表等。（3）审定音声话之标准。各方发音至歧，宜以京音为主，宜以不废入声为主。话须正当雅驯，合乎名学，宜以官话为主。

---

① 《清末文字改革文集》第29页，文字改革出版社1958年版。

(4)定音标。音标之要则有五:音韵须准须备,拼音法须合公例,字画须简,形式须美,书写须便。又须兼备行楷两种。(5)传习。先由学部设立国语传习所,再由各省会设立,以次推及府厅州县。凡各学堂之教职员不能官话者,应一律轮替入所学习。各学堂学生,除酌添专授国语时刻外,其余各科亦须逐渐改用官话教授。上述这些办法还没来得及施行,武昌起义就爆发了,清王朝旋即覆灭。

二、从"老国音"到"新国音"

1912年中华民国成立,南京临时政府北迁。7月10日教育部在北京召开"临时教育会议",决定:实施国语教育,先从统一汉字读音做起;制订公布《读音统一会章程》,筹备召开读音统一会;通过《采用注音字母案》。会议的代表由各省选派。1913年2月15日,教育部在北京召开读音统一会,吴敬恒任议长,王照任副议长。读音统一会的任务是:(1)审定一切字音为法定国音。(2)将所有国音均析为至单至纯之音素,核定所有音素总数。(3)采定字母,每一音素均以一字表之。会议的结果是:(1)审定6500多个汉字的标准读音,由每省一票多数票决定。(2)拟定了一套记音用的注音字母。会议还议决《国音推行方法》共七条。1919年商务印书馆出版了吴敬恒(吴稚晖)编著的《国音字典》初印本,这本字典给汉字标注的字音就是读音统一会审定的国音。因为读音统一会审定的国音不是以某个具体地点的语音为标准,而是带有人为的杂凑性质,所以"全国就没有一个能完全照着《国音字典》说话的人!"[①]这样的国音自然难于推行。民国建立以来,北京语音的影响越来越大。读音统一会闭幕后,不断有人呼吁修改审定的国音,采用北京语音为标准音,于是掀起了国音与京音的论争。经过长达十

---

① 黎锦熙《国语运动史纲序》,《国语运动史纲》第22页,商务印书馆1934年版。

年的论争,读音统一会审定的国音终于发生了动摇。1923年国语统一筹备会组织了《国音字典》增修委员会。1924年国语统一筹备会讨论《国音字典》的增修问题,决定以北京语音为标准,但也要酌古准今增加"又读"。1925年国音字典增修委员会决定王璞、赵元任、钱玄同、黎锦熙、汪怡、白镇瀛六人负责按照北京语音修订国语的读音。国音标准的修改合乎语音学的原理,符合汉民族共同语语音发展的实际情况,给国语的推广带来了极大的便利。在国语运动中,人们习惯把1913年读音统一会审定的国音叫做"老国音",1924年决定的以北京语音为标准音的国音叫做"新国音"。

新国音与老国音的差别,主要有以下四点:(1)新国音不用声母万(v)、兀(ng)广(gn)。(2)新国音声母ㄗ、ㄘ、ㄙ(z、c、s)没有齐撮,就是不跟丨(i)、ㄩ(ü)相拼。把老国音里的尖音并入团音。(3)新国音把老国音里的韵母ㄛ(o)分别改为ㄜ(e)和ㄨㄛ(uo),但是ㄅㄆㄇㄈ后面的ㄨㄛ省为ㄛ。(4)新国音不保留入声,入声字根据北京的实际读法分别归入阴平、阳平、上声和去声。据统计,新国音与老国音拼法不同的音节约占音节总数的5%。

三、国语的推行

国语的推行主要靠三个组织,一个是由学者组织的民间团体国语研究会,另两个是政府机构国语统一筹备会和国语统一筹备委员会。下面分别做些介绍:

(一)国语研究会。为了推动"言文一致"和"国语统一",教育界的知名人士于1916年10月在北京组成了中华民国国语研究会。1917年召开第一次大会,选举蔡元培为正会长,张一麐为副会长。研究会的宗旨是:"研究本国语言,选定标准,以备教育界之采用"。任务是:(1)调查各省方言;(2)选定标准语;(3)编辑标准语的语法辞典;(4)

用标准语编辑国民学校教科书及参考书;(5)编辑国语刊物。国语研究会委托黎锦熙拟定了一个《国语研究调查之进行计划书》,详尽地规定了音韵、词类、语法三个方面的调查研究计划。1918年国语研究会积极宣传注音字母,呼吁教育部早日公布。在各方面的积极推动下,教育部终于在这年的11月23日公布了注音字母,这时距离注音字母的议定已经过了五年。国语统一运动和白话文学运动差不多是同时兴起、相辅相成的。1918年胡适在《新青年》第4卷第4号(1918年4月出版)发表了《建设的文学革命论》,提出"国语的文学,文学的国语"。胡适在文章里说:"我们所提倡的文学革命,只是要替中国创造一种国语的文学。有了国语的文学,方才可有文学的国语。有了文学的国语,我们的国语才可算得真正国语。"于是国语统一运动和文学革命运动这两大潮流合而为一,蓬勃地发展起来了。为了充分利用行政的力量来推行国语,国语研究会积极推动组织国语统一筹备会,在五四运动爆发的前夕终于取得了成功。

1926年1月1日,在北京中央公园举行国语研究会十周年纪念会,同时举行全国国语运动大会。大会的纪念歌如下:

> 十年的国语运动,
> 到今日才算成功。
> 今日的太阳升自东,
> 照着国音字母一片红。
> 瞎子的眼睛光明了,
> 聋子的耳朵也不再聋。
> 我们的国语宣传到民众,
> 十年的运动今日算成功。(其一)

>   十年的国语运动,
>   到今日还不算成功。
>   今日的太阳慢慢的升,
>   照着那国音字母淡淡的红。
>   快撞起那报晓的钟!
>   快唤醒那沉酣的梦!
>   我们的国语普及到民众,
>   十年的运动那才算成功!(其二)

"这个国语运动大会,虽然全国各都市及日本、南洋各埠华侨的国语界同时努力举行,同唱了这个聊以自慰且自勉的歌,(据上海方面报告,共计八十六处。)但就国语研究会说来,这一举可算是最后的'回光返照'了。"[①]

(二)国语统一筹备会。在国语研究会的推动下,1919年4月21日北洋政府教育部成立了国语统一筹备会,负责办理有关推行国语的行政方面的事务。教育部指定张一麐为会长,袁希涛、吴敬恒为副会长。会员中有由教育部指派的黎锦熙、陈懋治、沈颐、李步青、陆基、朱文熊、钱稻孙等,有由部辖学校推选的钱玄同、胡适、刘复、周作人、马裕藻等,还有由部中陆续聘请的赵元任、汪怡、蔡元培、白镇瀛、萧家霖、曾彝进等,先后共172人。国语统一筹备会下设汉字省体委员会、国语罗马字拼音研究委员会、审音委员会、国语辞典委员会和国语辞典编纂处等机构。

国语统一筹备会开展的工作,主要有:(1)修订注音字母。1918年注音字母公布后,国语统一筹备会对注音字母做了几次重要的修正。参见本章第二节第四段。(2)修改国音的标准,由"老国音"改变为"新

---

① 黎锦熙《国语运动史纲》第153至第155页,商务印书馆1934年版。

国音"。参见本节第二段。(3)改学校国文科为国语科。随着白话文运动的高涨,报刊上的学术论文许多都改用白话,国文改为国语已经是势在必行了。1920年1月教育部训令全国各国民学校初小四年间纯用语体文,科目名称由"国文"改为"国语"。1922年教育部批示同意高小"国文"改为"国语"。1923年6月全国教育会联合会拟订的《中小学各科课程纲要》规定:"小学及初中高中,一律定名为国语科。"初中读本第一年语体文约占四分之三,第二年占四分之二,第三年占四分之一。高中继续发展语体文的技术。(4)1923年组织国语罗马字拼音研究委员会,制订国语罗马字拼音法式。(5)出版书刊。国语统一筹备会先后出版了《国语月刊》、《国语周刊》等。(6)为了推动国语辞书的编辑和出版,1920年国语统一筹备会成立了国语辞典委员会,主持国语辞典的编纂工作。1923年改为国语辞典编纂处。1926年以后由于时局的变动,国语运动进入蛰伏期。1927年6月教育部决定国语统一筹备会保存名义、停止经费,国语统一筹备会的活动告一段落。

(三)国语统一筹备委员会。北伐结束,南北统一。1928年4月南京国民政府成立,同年秋季大学院改称教育部。1928年7月大学院将国语统一筹备会改组,定名为国语统一会。不久又奉教育部令,更名为国语统一筹备委员会,聘定吴敬恒为主席,钱玄同、黎锦熙、陈懋治、汪怡、沈颐、白镇瀛、魏建功7人为常务委员。蔡元培、张一麐、李石曾、李书华、李步青、胡适、刘复、周作人、陆基等31人为委员。国语统一筹备委员会所做的工作,主要有:(1)1928年将国语辞典编纂处改名为中国大辞典编纂处,下设搜集、调查、整理、纂著、统计五个部,分头开展工作。1932年出版了《国音常用字汇》,1937年出版了《国语辞典》。(2)1932年5月7日教育部公布《国音常用字汇》。教育部的布告说:"查《国音字典》一书,于民国九年经前教育部公布在案。迄今十余载,遗阙尚多。民国十七年,本部国语统一筹备委员会成立,重修《国音字典》，改编为《国音常用字汇》一书。兹据该会呈送前来，复经本部审查，认为适当，合亟公布，以用。"《国音常用字汇》全书收汉字12219字，采用新国音，用注音符号（即原"注音字母"）和国语罗马字注音。(3)推行国语罗马字。(4)培训。国语统一筹备委员会下属的国音字母讲习所举办过多次讲习班，传授国音字母，毕业学员170多人。(5)编辑《国语旬刊》、《国语周刊》、《国语专刊》等。审定《国音留声机片》并课本，审定《国音电报汇编》稿本等。(6)宣传。由教育部转请各机关书业报馆在各种印刷品上附印简易的《国音字母表》。各铁路局、邮政局将各站各埠地名加注两式国音字母。各机关名牌、各地市街名称一律加注音字母。(7)调查。调查工作有三个方面：一是国语史料的调查、征集、整理、陈列、统计、表彰等；二是方言的调查，制订了调查计划；三是普通教育的调查，包括学校教育和民众教育。

1935年国民政府将国语统一筹备委员会改组为国语推行委员会，吴敬恒任主任委员。抗战期间，国语推行委员会举办过国语师资培训班。

国语运动能在困难的条件下取得不少成果，有两个重要原因。一是发挥了一批权威学者包括语言学家的作用。国语运动中语言学家参加并且起主要作用的人数，比差不多同时的白话文运动、大众语运动要多。二是发挥行政部门的作用。读音统一会、国语统一筹备会、国语统一筹备委员会是隶属教育部的行政机构，是国语运动业务管理的中心。

第五节 国语罗马字和北方话拉丁化新文字

一、国语罗马字

（一）"汉字革命"的提出。在"文学革命"的口号提出之后不久，就展开了汉字改革的讨论,提出了"汉字革命"的口号。1918年钱玄同在《新青年》4卷4号上发表《中国今后之文字问题》,提出了"废孔学"、"废汉字"的主张。他说:"欲废孔学,不可不先废汉文;欲驱除一般人之幼稚的野蛮的顽固的思想,尤不可不先废汉文。"他甚至说:"欲使中国不亡,欲使中国民族为20世纪文明之民族,必以废孔学、灭道教为根本之解决;而废记载孔门学说及道教妖言之汉文,尤为根本解决之根本解决。"他提出:"废汉文之后","当采用文法简赅,发音整齐,语根精良之人为的文字ESPERANTO。"这是非常激进的言论,而且把汉语和汉字混为一谈,没有分清语言和文字的区别,对此陈独秀提出了不同的意见。陈独秀指出,语言和文字"此二者关系密切,而性质不同之问题",绝不能混淆,"仅废中国文字乎?抑并废中国言语乎"还值得研究,因此他提出了"先废汉文,且存汉语,而改用罗马字母书之"的意见。这个意见得到了《新青年》同人的支持,钱玄同也接受了陈独秀的意见。从1918年至1919年,展开讨论汉字改革的刊物,除《新青年》、《新潮》外,还有《东方杂志》、《学灯》、《国语月刊》等十种。五四运动后,对汉字改革的讨论逐渐深入。1923年《国语月刊》出版了特刊《汉字改革号》,使汉字改革的讨论达到高峰。钱玄同、黎锦熙、赵元任等都发表了长篇论文,对制定国语罗马字、开展国语罗马字运动在理论上和技术上进行了深入的研究。

钱玄同在《国语月刊·汉字改革号》上发表了《汉字革命》,全盘否定汉字。他批判清末切音字运动不主张废除汉字,是"灰色的革命",认为"惟有响响亮亮的说'汉字应该革命!'""如此,则汉字改革的事业才有成功的希望"。他宣言"汉字不革命,则教育决不能普及,国语决不能统一,国语的文学决不能充分的发展,全世界的人们公有的新道理、新学问、新知识决不能很便利、很自由地用国语写出。何以故?因汉字难识、难记、难写故;因僵死的汉字不足表示活泼的国语故;因汉字不是表示语音的利器故;因有汉字作梗,则新学、新理的原字难以输入于国语故。"他认为,"汉字的罪恶,如难识、难写,妨碍于教育的普及、知识的传播:这是有新思想的人们都知道的。""处处都足以证明这位'老寿星'的不合时宜,过不惯20世纪科学昌明时代的新生活。"因此,他认为不但要"谋汉字的根本改革",而且要谋"汉字之根本改革的根本改革"。"什么是'汉字之根本改革'?就是将汉字改用字母拼音,像现在的注音字母就是了。什么是'汉字之根本改革的根本改革'?就是拼音字母应该采用世界的字母——罗马字母式的字母。"

黎锦熙(1890—1978)发表《汉字革命军前进的一条大路》,强调"词类连书"对汉语拼音文字的重要性。他认为过去拼音文字的失败在于不知道实行词类连书。词类连书是汉字革命军通向拼音文字的一条大路,现在认清了这条前进的大路,就"应该大胆地倡言汉字革命,兴起汉字的革命军"。文章对词类连书作了详细的研究和分析。这是分词连写问题第一次得到比较系统的研究。

赵元任(1892—1982)发表《国语罗马字母的研究》,提出详细的"国语罗马字的草稿",特点是限用26个拉丁字母,声调用字母拼法上的变化表示,不造新字母,不加符号。这是比切音字时期和注音字母时期任何一个拉丁字母式方案都要完善的方案,这个"草稿"给后来拟订国语罗马字方案提供了基础。论文中提出了25条"凡是拟国语罗马字的应该注意的原则"。

《汉字改革号》中还有蔡元培的《汉字改革说》。他主张采用罗马字母(拉丁字母)。他强调说,如果用拼音文字,就不用注音字母,一定要用拉丁字母。

随着讨论的深入、具体,制订一个统一的罗马字母式方案的条件逐渐具备,汉字改革的主流也由汉字笔画式逐渐转为拉丁字母式。

(二)国语罗马字方案的议定。清末切音字运动的最后收获是

1913年议定的注音字母,但是注音字母的形式是笔画简单的古汉字,缺乏国际性,它除了给汉字注音以外,很难再有别的用途。五四时期提出要进行汉字革命,首先必须放弃注音字母,采用国际通用的罗马字母。字母形式的国际化大大地推进了拼音字母的创造,这在中国语文改革史上是一件大事。

1. 成立国语罗马字拼音研究委员会。1923年教育部国语统一筹备会召开第五次常年大会,钱玄同提出《请组织"国语罗马字委员会"案》,全文如下:

> 二十六个罗马字母,现在已成为世界通用的字母。英、法、意等文字本用罗马字母组成的不待论。德文虽别用Gothic字母,但他们的科学派的学者大都喜用罗马字母。俄文也别有它的字母,但是它的词儿若行诸国外,就非用罗马字母拼音不可。其他如印度文,如日本文,都各有它们自己的字母,但行诸国外,也非用罗马字母拼音不可。而日本现在新派学者且主张根本废弃汉字及假名,改用罗马字母拼日本语音,认为日本将来的新文字。看以上所举的例,可知自己固有字母的都有兼用罗马字母的倾向,这就可见罗马字母已成为世界通用的字母了。我们现在要做到国音统一和教育普及,都非靠注音字母不可;所以我们主张应该竭力将它推行,认它为目下识字辨音的适用工具,决不学那喜唱高调而不负责任的人们的口吻来抹杀它,推翻它。可是我们与德国的科学派的学者有同样的意见:就是我们固然愿意用注音字母,但同时我们又主张应该兼用罗马字母,将罗马字母作为国音字母的第二式。我们以为"国语罗马字"制成以后,至少有下列这几种用处:
>
> (ㄅ)可以适用"罗马字母打字机"和"罗马字母铅字"印国语的文章。

（ㄆ）对于向来用罗马字母拼合的中国人名,地名,拼音不对的可以更正,拼法分歧的可以划一。将来中国的外交部,邮务局,电报局,铁路等处可以不再用外国人所拼的声音不准确的中国人名,地名等等。

（ㄇ）国语文中遇着不能"音译"的外国词儿,可以直将原字写入,不必再用不准确的"音译"。

（ㄈ）便于书写。

所以我们希望本会组织一个"国语罗马字委员会",对于字母应该怎样配置,声韵应该怎样拼合,声调应该怎样表示,等等,除由会员悉心研究外,更征集各方面的意见,定出一种正确便用的"国语罗马字"来。

　　　　　　提案人,钱玄同。连署人,黎锦熙,黎锦晖,汪怡。

大会于8月29日决议组织国语罗马字拼音研究委员会,委员有钱玄同、黎锦熙、黎锦晖、赵元任、周辨明、林玉堂(语堂)、汪怡、叶谷虚、易作霖、朱文熊、张远荫11人。但是由于时局的变迁,委员会无法开展工作。1925年9月刘复发起组织"数人会",这个会本是在北京的几位音韵学者的联欢会,兼作讨论学理的聚谈。成员有刘复、赵元任、林语堂、汪怡、钱玄同、黎锦熙。除刘复外,其余的都是国语罗马字拼音研究委员会委员。这几个委员就利用了这个机会来议定国语罗马字。

2. 国语罗马字拼音法式的议定和公布。从1925年9月至1926年9月,"数人会"整整用了一年时间,开了22次讨论会,终于议决了《国语罗马字拼音法式》,简称《国语罗马字》。1926年9月14日正式召开国语罗马字拼音研究委员会会议,决议通过并提请教育部公布。11月9日由教育部所属国语统一筹备会公布。

教育部国语统一筹备会布告

本会于民国十二年开第五次大会时,据中华教育改进社函送国语字母组议决案一件,大意称本社为促进本国教育,增加国际谅解,以应时代需求计,承认国语拼音用罗马字母之便利与必要,应取外人在华及本国学者所制定之各种拼音制度比较审查,采取众长,融合为一种罗马字母拼音标准制,呈请教育部公布,与注音字母同时推行等因。比经大会议决:照章组织罗马字母拼音研究委员会,详加研讨。

该委员会成立迄今,已逾两载,其间搜罗材料,调查实况,凡现行制之缺点,新定制之较量,专家意见,则广事征求,国外学者,亦通函讨论,计开会二十余次,参稽试验,稿凡九易,乃于本年九月十四日召集全体委员,正式通过。先将重要各表稍缀注释,约举条例,印成《国语罗马字拼音法式》一小册。

查罗马字母比照华音,始于明末;如万历间西洋教士金尼阁,即著有《西儒耳目资》一书,《四库》著录,已存其目。其后二百年间,闭关为治,此种需要,不逮曩时。鸦片战后,海禁大开迄于今兹,交通日密,税关、邮局、公牍、报章,人名地名,必经西译,于是留华西人竞事规定,华音字典层出不穷;然其拼切法式迄未划一,其流行较广者,惟前驻华英使威妥玛(T. F. Wade)氏所定之威氏式(Wade's system)及今邮电所用之邮政式(Postal system),汇编词书,各成巨制,而学校、教会、铁路、报章,仍多自为风气。夫本国方音,随地而异,故香港译成 Hongkong(读若烘共),周姓歧作 Chow(读若抽)、Tseu(读若趋),此则或因习惯已久,或缘国语未通,果能标准国音,自可归于一致。

惟字母拼切根本法式,若复彼此殊术,益以为术至疏,似今情形,良多流弊,例如四声界限不明,则山西与陕西莫辨;平声阴阳相混,则唐山与汤山无殊;以 l(音勒)拼 i(音衣),黎李可成同姓;将 ang(音肮)缀 ch(音齿),昌章竟是一名:威妥玛诸人亦感及此,故或加符号以辨发音,或用数码以表声调;然书写既苦繁芜,印刷尤多障碍。至近人新制诸案,则多利用二十六字母中之不常用者,或参入国际音标,以资识别;然其不便,与前相等,而音节间横出异文,耳目俱困,尤难适用。

迩来东西文化,互为灌输,西文著述,称名愈广,人地而外,专名术语,亦多音译,则此事之关系重要,又不但日常生活,国际交通诸事而已。

且罗马字母,世界通用,辨认拼切,已成国民常识之一。自注音字母公布以来,全国小学固已通行,而略识西文之中流人士,与中等以上学生,以及通都大邑服务工商各界者,则多未免倦于补习;诚得国定之国语罗马字母与之对照而为其别体,则借所素习之工具,进而研习国音,可以不学而能,有无师自通之乐。是于国语统一前途,尤多裨益。

本会既以大会郑重之议决,复经委员会两年来努力之研讨,根据学理,斟酌事实,定此《国语罗马字拼音法式》,与注音字母两两对照,以为国音推行之助。此后增修《国音字典》,即依校订之国语标准音拼成罗马字,添记于注音字母之后,教育、交通、工商各界,如遇需用罗马字时,即以此种拼音法式为标准,以昭划一而便通行。特此布告。

中华民国十五年十一月九日

教育部国语统一筹备会

1928 年 9 月 26 日由国民政府大学院(教育部)正式公布。布告如下:

中华民国大学院第十七号布告

为布告事：查国语统一筹备会制定《国语罗马字拼音法式》，两年以来，精心研究，已多方试验，期于美善；其致力之勤劬，用意之周到，至堪嘉尚。兹经本院提出大学委员会讨论，认为该项《罗马字拼音法式》，足以唤起研究全国语音学者之注意，并发表意见，互相参证；且可作为国音字母第二式，以便一切注音之用，实于统一国语有甚大之助力。特予公布，俾利推广而收宏效。此布。

中华民国十七年九月二十六日，院长蔡元培

3. 国语罗马字方案。

国语罗马字拼音法式
（大学院公布的原文）

1. 声母

ㄅ	ㄆ	ㄇ	ㄈ	万*	b	p	m	f v*
ㄉ	ㄊ	ㄋ		ㄌ	d	t	n	l
ㄍ	ㄎ	兀*		ㄏ	g	k	ng*	h
ㄐ	ㄑ	广*		ㄒ	j	ch	gn*	sh
ㄓ	ㄔ		ㄕ	ㄖ	j	ch	sh	r
ㄗ	ㄘ		ㄙ	ㄙ'*	tz	ts	s	z*
ㄧ	ㄨ	ㄩ			y	w	y(u)	

2. 韵母（基本形式）

开	ㄭ	ㄙ'	ㄚ	ㄛ	ㄜ	ㄝ*	ㄞ	ㄟ	ㄠ	ㄡ	ㄢ	ㄣ	ㄤ	ㄥ	ㄨㄥ	ㄦ
齐	ㄧ		ㄧㄚ	ㄧㄛ*		ㄧㄝ	ㄧㄞ*		ㄧㄠ	ㄧㄡ	ㄧㄢ	ㄧㄣ	ㄧㄤ	ㄧㄥ	ㄩㄥ	
合	ㄨ		ㄨㄚ	ㄨㄛ			ㄨㄞ	ㄨㄟ			ㄨㄢ	ㄨㄣ	ㄨㄤ	ㄨㄥ		
撮	ㄩ					ㄩㄝ					ㄩㄢ	ㄩㄣ				

开	y	a	o	e	è*	ai	ei	au	ou	an	en	ang eng ong el
齐	i	ia	io*		ie	iai*		iau	iou	ian	in	iang ing iong

| 合 | u | ua | uo | | uai | uei | | uan | uen | uang | ueng |
| 撮 | iu | | | | | iue | | iuan | iun | | |

注一　表有*号者系今音不用或罕用之音。

注二　声母ㄐ,ㄑ,ㄒ仅有齐撮,ㄓ,ㄔ,ㄕ仅有开合,故可同用 j,ch,sh 三母而不混,以避字形过于繁细。

注三　丨,ㄨ,ㄩ本兼声韵两用,故国语罗马字亦列 y,w,y(u)。在上去齐撮韵字别无声母时须将第一字母改为 y 或 w,如 iee,-uay 独用时作 yee 也,way 外。但如改后形与他韵混或全无元音时则在第一字母前加 y 或 w,如 eu,-uh 独用时作 yeu 雨,wuh 雾(非 yu,wh)。

注四　注音字母对于"知,痴,诗,日,兹,此,四"等字未制韵母,今以 y 表之。

注五　"东,送"与"翁,瓮"等不同韵,故ㄨㄥ分为开口 ong 与合口 ueng 两韵。ㄩㄥ韵近齐齿,故亦归第二排。

3. 声调

阴平:(1)用"基本形式",如 hua 花,shan 山。本式包括轻声,象声字,助词,如 ma 吗,aia 阿呀。

(2)但声母为 m,n,l,r 者加 h,如 mhao 猫,lha 拉。

阳平:(3)开口韵在元音后加 r,如 char 茶,torng 同,parng 旁。

(4)韵母第一字母为 i,u 者改为 y,w,如 chyn 琴,hwang 黄,yuan 元;但 i,u 两字母为全韵时改为 yi,wu,如 pyi 皮,hwu 胡,wu 吴。

(5)声母为 m,n,l,r 者用"基本形式",如 ren 人,min 民,lian 连。

上声:(6)单元音双写,如 chii 起,faan 反,eel 耳。

(7)复韵母首末字母为 i,u 者改为 e,o,如 jea 假,goan 管,sheu 许,hae 海,hao 好;但既改头则不再改尾,如 neau 鸟,goai 拐。

(8)ei,ou,ie,uo 四韵准第(6)条,如 meei 美,koou 口,jiee 解,guoo 果。

去声:(9)韵尾为 -i,-u,-n,-ng,-l,或 -(无)者各改为 -y,-w,-nn,-nq,-ll,或 -h,如 tzay 在,yaw 要,bann 半,jenq 正,ell 二,chih 器。

【附记】

1. 在官话区域内仅长江下流有短促之入声。如欲表示入声时可用 -q 韵尾,如 tieq 铁,loq 洛。

2. 罗马字母之 v,x 二母,不作拼国音用,惟重字可用 x 代之,如 pianpian(偏偏)可作 pianx;隔一字重者可用 v 代,如 kann i kann(看一看)可写作 kann i v;重二字者可作 vx,例如 feyshin feyshin(费心费心)可作 feyshin vx。

3. 南京,杭州,北平新旧都城皆富于卷舌韵。国音也可采用,其拼法原则如下:

(1)韵尾之 i,n 音省去,例如"孩儿"(hair-erl)作 harl,"扇儿"(shann-erl)作 shall,"味儿"(wey-erl)作 well。

(2)(y),i,iu 三韵加 el,其余加 l,如"丝儿"(sy-erl)作 sel,今儿(jin-erl)作 jiel,鱼儿(yu-erl)作 yuel,明儿(ming-erl)作 mingl,后儿(hou-erl)作 howl。

4. 根据国语罗马字原则可拼各地之方音。如江浙间有 bh,dh,gh,dj,dz 等浊母,如 bhu 蒲,dji 其,dzy 慈。西安有 bf,pf 等声母,如 bfang 庄,pfu 初。广州有 m,p,t,k 韵尾,如 sam 三,lap 立,tzit 节,hork 学。

5. 如用西文次第读字母名称时,须依照国音读之。如下:

a　b　c　　d　　e　f　　g,　h　i　j　k　　l　　m　n,
ㄚ ㄅㄜ ㄙㄜ ㄉㄜ ㄜ ㄈㄜ ㄍㄜ ㄏㄜ ㄧ ㄓㄜ ㄎㄜ ㄌㄜ ㄇㄜ ㄋㄜ
o　p　　q,　r　s,　u　v　w,　x　y　z.
ㄛ ㄆㄜ ㄎㄨ ㄖㄇ ㄙ ㄊㄜ ㄨ ㄨㄜ ㄨㄛㄙㄇ ㄧㄜ ㄙ'

4. 国语罗马字的技术特点:(1)以北京语音为标准音,也适当照顾官话区的其他读音。(2)完全采用国际通用的 26 个罗马字母,不用新字母,字母也不用附加符号。适当采用字母的条件变读来弥补字母的不足,如用 j、ch、sh 代表现在汉语拼音的 j、q、x 和 zh、ch、sh 两组声母。(3)字母的用法既照顾到国际使用的习惯,又考虑汉语语音的特点。(4)用拼法的变化表示声调,有详细的拼调规则。(5)注重"词类连书"(分词连写)。国语罗马字作为拼音文字来设计,一开始就重视解决"词类连书"的问题。

(三)国语罗马字的推行。清末切音字运动的倡导者追求的目标是设计并推行一种新文字,用来普及教育。而 1913 年读音统一议定的注音字母并不具备文字的功能,只是一个"以代反切之用"的注音工具。1923 年钱玄同提出研制的国语罗马字,也只是"作为国音字母的第二式"。1926 年教育部国语统一筹备会公布国语罗马字的布告指出:国语罗马字"与注音字母两两对照,以为国音推行之助"。1928 年大学院公布国语罗马字时也指出:国语罗马字"可作为国音字母第二式,以便一切注音之用"。这一切都说明国语罗马字不是文字,只是注音的工具。它的主要用途是给汉字注音,帮助推行国语。1928年9月公布后,就开始做推行工作。当时正值土耳其政府颁布《新文字法》推行罗马化的文字改革,这对国语罗马字的推行起了鼓舞作用。当时的中国政府对推行国语罗马字并不热心,加上拼写规则比较烦琐、难学,妨碍了普及、传播。只出版了数量很少的课本、教材、字表、读物等,没有在学校和社会上广泛传习。课本只出了黎锦熙的《国语模范读本首册》(1928)和赵元任的《新国语留声片课本》(1935)两种。读物只出了赵元任的《最后五分钟》(1929)一种。此外还出了齐铁恨的《国语罗马字》(1930)、陆依言的《国语罗马字使用法》(1930)、黎维岳的《国语罗马字》(1930)、萧家霖的《国语罗马字入门》(1931)等传习用的小册子。不过字典注音都逐渐采用,与注音字母并列。1930年7月成立推行团体"国语罗马字促进会",主持者是萧家霖,创办《G. R.》(国语罗马字)周刊,还办了若干期暑期讲习班。1934年以后,国语罗马字的推行就走向低潮了,代之而起的是拉丁化新文字。

国语罗马字虽然社会影响并不很大,但是它的历史意义却很大。它表明汉语也可以用罗马字母来拼写,还意味着从明末以来,中外人士进行的罗马字拼音试验,开始踏上了一个比较成熟的新阶段。

二、北方话拉丁化新文字

(一)北方话拉丁化新文字的产生。拉丁化新文字简称"新文字"。它除了北方话的方案外还有其他方言的方案,但是北方话拉丁化新文字方案是它的代表,所以又简称"北拉"。

列宁说过:"拉丁化是东方的伟大革命。"苏联在十月革命后掀起了一个文字拉丁化运动。当时在苏联远东地区有十万名中国工人是文盲。为了尽快扫除这些文盲,莫斯科劳动者共产主义大学的中国问题研究所开始研究中国文字的拉丁化问题。1927年中国大革命失败后，中国共产党员到莫斯科的很多，于是在1928年就开始了创造拉丁化新文字的工作，主要参加者有瞿秋白、吴玉章、林伯渠、萧三以及苏联汉学家郭质生、莱赫捷、史萍青等。1929年2月，瞿秋白(1899—1935)在郭质生的协助下拟定了一个中文拉丁化方案，并在当年10月写成了《中国拉丁化字母》，在莫斯科出版。《中国拉丁化字母》的出版，引起了苏联学术界的注意。中国文字的拉丁化一时成为许多人关心、讨论的问题。1930年4月，列宁格勒苏联科学院东方学研究所中国研究室的汉学家龙果夫和瞿秋白、郭质生三人组成专门小组负责修订这个方案。不久瞿秋白回国，吴玉章、林伯渠等移居海参崴，修订方案的工作由列宁格勒苏联科学院东方学研究所组织的中文拉丁化委员会继续进行。委员会经过反复研究，并参考了中国过去产生的几种主要方案，最后在瞿秋白方案的基础上拟成《中国拉丁化新文字的原则和规则》。1931年5月，这个方案经全苏新字母中央委员会批准，并于同年9月26日在苏联海参崴召开中国新文字第一次代表大会。参加会议的除了各地的代表外，远东中国工人到会的有两千多人。经过几天的讨论，会议通过了《中国拉丁化新文字的原则和规则》。大会还通过决议，要求在1932年内用拉丁化新文字完全扫除远东华工中的文盲，为此还专门成立了远东边区新字母委员会作为执行机构。

(二)《中国拉丁化新文字的原则和规则》。

《中国拉丁化新文字的原则》共十三条，全文如下：

一、大会认为中国汉字是古代封建社会的产物，已变成了统治阶级压迫劳苦群众工具之一，实为广大人民识字的障碍，已不适合于现在的时代。

二、要根本废除象形文字，以纯粹的拼音文字来代替它。并反对用象形文字的笔画来拼音或注音。如日本的假名,朝鲜的拼音,中国的注音字母等等的改良办法。

三、要造成真正通俗化、劳动大众化的文字。

四、要采取合于现代科学要求的文字。

五、要注重国际化的意义。

六、大会认为要达到以上的目的,只有采用拉丁字母,使汉字拉丁化,才有可能。也只有这样才能发展形式是民族的,而内容是国际的社会主义的中国工人及劳动者的文化。

七、中国旧有的"文言",是中国统治阶级的言语,它和劳动群众的活泼言语是隔离的,学习文言的困难并不少于学习汉字本身。这种特权的言语,成了中国劳动群众普遍识字的"万里长城"。所以为实现中国汉字拉丁化的文字革命斗争,同时也是为接近于劳动群众,使劳动群众明白了解新的言文一致文学革命斗争。

八、代表大会反对那种对于拉丁化的自由派资产阶级的态度,说:拉丁化只是初级教育的工具,以后,仍是要教授汉字及文言文。大会认为拉丁化的中国文字和中国劳动群众的口头语,不仅有发表政治的、科学的、技术的思想之可能,而且也只有中国文字拉丁化,只有中国劳动群众口头语之书面的文字的形成,才能使他们的言文有发展的可能。

九、大会反对资产阶级的所谓"国语统一运动"。所以不能以某一个地方的口音作为全国的标准音。中国各地的发音,大概可以分为五大种类:(1)北方口音;(2)广东口音;(3)福建口音;(4)江浙一部分的口音;(5)湖南及江西的一部分口音。

这些地方的口音,都要使他们各有不同的拼法来发展各地的文化。因为现在住在苏联远东的中国工人,大多数是北方人,所以现在先用北方口音作标准来编辑教本和字典,以后再进行其他地方口音作标准的编辑工作。

十、大会认为有些不正确的说话,或翻译的意思不恰当,尤其是在苏联远东的工人,特别错误的厉害,而且有些腐旧的不好的意思。例如"合作社"叫做"官小铺";"交会费"叫做"打捐"等等。都必须在拉丁化的过程中,加以纠正和改进,来建设新的文字与文化。

十一、同时,大会认为只有拉丁化,才是国际革命的、政治的、科学的及技术的各种术语有机的贯输到中国言语中的一条容易的道路。大会在这方面反对两种倾向,即:反对不需要借用外国语的资产阶级民族主义的理论;同时反对那些认为即刻要把中国一切革命的、政治的、科学的及技术的术语,一律以国际的字来代替的"左"的主张。

十二、大会认为语言文字是随着社会的经济政治的发展而发展的。它当然要有人力的推动,但它也有必经的过程和步骤。因此实行新文字并不是立刻废除汉字,而是逐渐把新文字推行到大众生活中间去,到了适当的时候,才能取消汉字。所以那些认为中国文字的拉丁化一般是不可能的,或者说在现在不可能的观点,及那些认为在拉丁化文字未深入到群众之前,应该即刻把汉字一律废除的观点,都是不正确的。

十三、因为拉丁化的出发点,在于根据劳动者生活的言语,所以研究中国方言的工作,在文化政治的意义上,有第一等的重要。大会认为在各方面来研究中国的方言,广大地来发展这个研究工作,是非常必要的。

大会的代表们一致宣布为文化建设的突击队员,为中国文字革命而奋斗,为世界文化革命而奋斗。

《中国拉丁化新文字的规则》：

Ⅰ. 字母

中国字母,照中国所有的音完全采用拉丁字母,力求简单明了,并且不用许多符号,即使用符号,也只限于必需的。

因为中国有几个子音:——zh,ch,sh,rh,ng——是拉丁字母里所没有的,所以要用几个复合子音。至于几个正母音:—— a,o,e,i,u,y——拉丁字母是完全有的。中国还有许多复合母音:—— ai, ao, ei……和带鼻音的母音:—— an, ang, en, eng……拉丁字母也可以拼出来。

由这些规定作成下面的字母表。

字母表:

a	b	c	ch	d	e	f
g	i	j	k	l	m	n
ng	o	p	r	rh	s	sh
t	u	w	x	y	z	zh

字母有二十二个是子音,按照发音的部位列表如下:

b	p	m	f	w
d	t	n	l	r
g	k	ng	x	
zh	ch	sh	rh	
z	c	s	j	

字母有六个是母音,即:

a o e i u y

还有十五个复合母音,即:

ai ei ou ia iao ie iu ua

uo　ui　ei　yo　ye　uai　iou

还有十五个带鼻音的母音,即:

an　ang　en　eng　in　ing　un　ung

ian　iang　uan　uang　yn　yng　yan

Ⅱ. 拼音的规则

(一) g, k, x 在 a, o, e, u 的前面是硬音,而在 i, y 的前面,可以变为软音。例如:

"几个"gige,"喜欢"xixuan,"起来"kilai,"居"gy,"去"ky,"许"xy 等是。

(二) j 是 i 和 y 的半母音,w 是 u 的半母音。它们是用来分隔音段的。凡遇见前一个音段和后一个音段连接起来,而后一个音段的开始若是 i, y, u 的时候,那么, i 变成 ji, y 变成 jy, u 变成 wu。例如:"原因"写作 yanjin 而不写作 yanin,"关于"写作 guanjy 而不写作 guany,"队伍"写作 duiwu 而不写作 duiu。若是 a, o, e 的时候,那么,就在这两个音段中间加一个点(')。例如:"平安"ping'an,"皮袄"pi'ao 等。

(三) 中国有八个子音:——z, c, s, r, zh, ch, sh, rh——它们本身自然含有一个特别母音,故不必与母音拼合也能成一音段,而且也能独立成一个词。例如:"儿子"拼作 rz,"日子"拼作 rhz,"字"作 z,"次"作 c,"四"作 s,"二"作 ɪ,"纸"作 zh,"吃"作 ch,"是"作 sh,"日"作 rh 等是。

(四)"四声"的分别,只保存极必要的和极易混同的如"买卖","买"写作 maai,"卖"写作 mai,"哪儿?"写作 naar?,"那儿"写作 nar 等很少数一些字。

Ⅲ. 写法的规则

(一) 词儿连写——凡表示一个完整概念的词儿,不论它包含

几个音段,都要连写。比方:

  y 鱼, gou 狗, sind 新的, wenz 文字,
  zhmindi 殖民地, dadianxua 打电话,
  diguozhuji 帝国主义, ulunrhuxo 无论如何。

(二)词头连写——词头"被"(bei-),"所"(suo-),"有"(iou-),"无"(u-),"不"(bu-),等等要跟后边的本词连写。比方:

  beibosyod 被剥削的,   beijapod 被压迫的,
  sojoud 所有的,   sozhdaod 所知道的,
  iouzuzhd 有组织的,   iouxitungd 有系统的,
  ulid 无理的,   ujijid 无意义的,
  bukonengd 不可能的,   bukosjid 不可思议的。

(三)词尾连写——词尾一律要跟本词连写。

A. 名词词尾"儿"(-r),"子"(-z),"们"(-mn)要跟名词连写。比方:

  shr 事儿, xuar 花儿, iz 椅子, benz 本子,
  siaoxaiz 小孩子, xaizmn 孩子们, tungzhmn 同志们。

B. 表示位置或时间的词尾"里"(-li),"中"(-zhung),"上"(-shang),"下"(-xia),"前"(-cian),"后"(-xou)等等都要跟前面的本词连写。比方:

  shouli 手里,   zinxingzhung 进行中,
  lingdaoxia 领导下,   baozhshang 报纸上,
  menkou 门口,   xobian 河边,
  gietou 街头,   uniancian 五年前,
  dazhanxou 大战后。

(注)若这种词尾是多音段的,如"里面","以前","以后",

"底下"等等,就要分开写作独立的词。

  bianky limian 边区里面, iye ician 一月以前,

  lingdao zhxia 领导之下, iz dixia 椅子底下。

 C. 形容词词尾"的"(‑d)要跟本词连写。比方:

  banfunggiand shexui 半封建的社会,

  nid igian 你的意见, womnd shgie 我们的世界。

Ch. 副词词尾"地"(‑de)跟本词连写。比方:

  xaoxaode gan 好好地干, zigide gungzo 积极地工作,

  nulide shengchan 努力地生产。

 D. 动词词尾"了"(-liao),"啦"(-la),"着"(-zho),"过"(-go),"起来"(-kilai)等等都要跟动词连写。比方:

  ta laila 他来啦, zhanzho 站着,

  kaizhankilai 开展起来, paoxiaky 跑下去,

  cangiago 参加过, shuobushang 说不上,

  chdewan 吃得完, kanjikan 看一看。

 E. 数词词尾"个"(-go),"只""枝"(-zh),"份"(-fen),"种"(-zhung)等都要和数词或指示形容词(这、那)连写。比方:

  1go gungrhen 一个工人, nagian fangz 那间房子,

  3zhung taidu 三种态度, zhetou niu 这头牛,

  50gia feigi 五十架飞机, 300mu di 三百亩地。

 (四)界音法——一个词儿中,如果两个邻接音段之后一音段的开头是母音字母,那么在发音上就容易引起混淆,例如"皮袄",如果写做 piao,读的人就要念做"票","自由"如果写做 ziu,读的人就要念做"就";在这种情形下要用界音符号(')或用 j,w 两个字母把容易混淆的音段隔开,这叫做界音法,其法有五种:

A. 加界音符号——如果后一音段的开始是 a, e, o 就用界音符号(')隔开。比方:

pi'ao 皮袄,　　cin'aid 亲爱的,　　ping'an 平安,
ding'e 定额,　　tian'o 天鹅。

B. 用 j 代替 i——如果后一音段的开始是 i, 如 ia, iao, ie, iou, iu, ian, iang 七个音段(i, in, ing 除外), 就用 j 来代替 i, 使这七个音段变为 -ja, -jao, -je, -jou, -ju, -jan, -jang。比方:

uja 乌鸦,　　zhujaod 主要的,　　meijou 没有,
zju 自由,　　shanjang 山羊,　　banjeli 半夜里。

C. i 的前面加 j——如果后一音段是 i, in, ing 三个音段, 就在 i 的前面加一个 j, 使变成 -ji, -jin, -jing。比方:

iji 意义,　　zhuji 注意,　　liji 利益,　　mujin 母音,
yanjin 原因, gianjin 奸淫,　　dajing 答应, dianjing 电影。

Ch. y 前面加 j——如果后一音段的开始是 y, 而它的前面是子音字母, 就要在 y 之前加一个 j, 但若 y 前是母音则不加 j。比方:

guanjy 关于,　　duiy 对于,　　zhjyan 职员,
giaoyan 教员,　　sjye 四月,　　uyu 五月。

D. u 前面加 w——如果后一音段是 u, 就在 u 之前加一个 w, 使变做 wu, 但如 u 做第一音段时则不加 w。比方:

cowu 错误,　　xiawu 下午,　　rhenwu 任务,
ugo 五个,　　uki 武器,　　uchangiegi 无产阶级。

(五)单独的词类独立写——一切词类, 不管它是如何短, 只要它是独立的词类, 就要分开写。名词, 代名词, 动词, 形容词等实词必须独立写在一块, 是很明显的。

此外, 下面各种词类也必须独立写:

A. 副词要独立写——像 xen(很), zui(最), tai(太) 一类的副词要独立写。比方:

　　hen xao 很好,　　zui dad 最大的,

　　zui xoud douzheng 最后的斗争,

　　Ni paode tai kuaila 你跑得太快啦!

(注)但是像"最近"(意思即是"近来"),"最后"(例如:首先……,其次……,最后……)等意义不能分开的副词却要连写。如 zuigin 最近, zuixou 最后。

B. 前置词要独立写。比方:

　　zai zhozshang 在桌子上,　　dao giali ky 到家里去,

　　yng bi siez 用笔写字,　　　duiy womn 对于我们,

　　Bei fayan pangye‑la 被法院判决啦。

C. 后置词若是单音段的,就和与它有关的名词连写当作词尾,如 giali 家里, zhozshang 桌子上。若是双音段的,就要独立写。如 cheng waitou 城外头(参看第Ⅲ,(三)条 B 项)。

Ch. 表示所有的介词"的"(de)要独立写。比方:

　　zhungguo de sin wenz 中国的新文字,

　　wod pungju de shu 我的朋友的书。

D. 否定词"不"(bu),"没"(mei)要独立写。比方:

　　bu xao 不好,　　　mei lai 没来,

　　bu xui wang 不会亡, bu touxiang 不投降。

(注)但"不是","没有"两词要连写,作 bush, meijou;两重否定词"不得不","不可不"等也要连写。如 budebu, bukobu, bunengbu。

E. 数词要独立写。比方:

　　1 tian 一天,　　　8 siaosh 八小时,

san nian 三年, 5 go ren 五个人。

数目字要按照个、十、百、千、万等位分写。比方：一千二百三十四写作 1cian rbai sansh s，或写做 1234；百分之二十五写做 bai fenzh rsh u，或写作 25%。

F. 有些常用在一起的短语，如"就是"、"也是"、"都是"、"还有"、"只有"、"又有"等，因为它们是两个不同词类组成的，所以也应当分写。例如：

ziu sh; ie sh; xuan iou; zh iou。

（六）短横（-）的用法

A. 凡由声音相同或意义重复的音段组成的词儿，中间要用短横（-）连起来写。比方：

dang - dang - dang 当当当，

pudung - pudungde 扑通扑通地， xixi - xaxa 嘻嘻哈哈，

shsh - keke 时时刻刻， uyan - ugu 无缘无故。

B. 如果前后音段表示一种不可分的关系时也用短横连起来，比方：

U - Xan 武汉， gung - nung dazhung 工农大众，

Marx - Lieningzhuji 马克思列宁主义。

C. 表示次序的"第一个"，"第七课"，以及"每三个月"，"末一条"等也都用短横写做：di - igo, di - ciko, mei - 3go ye, mo - itiao。

Ch. 表示数字不确定时用短横。比方：

s - ugo rhen 四五个人， ci - bash gia feigi 七八十架飞机，

900 - 1000go xyosheng 九百至一千个学生。

D. 表示各种语气的句尾助词，要和前面的字用短横连起来写。比方：

Ni kuai ky‑ba! 你快去吧！ Ni chla fan‑lama? 你吃啦饭啦吗？

Kangzhan sh iding iao shengli‑d 抗战是一定要胜利的。

E. 用肯定词和否定词连在一起来发问时，中间要加短横。比方：

Sh‑bush? 是不是？　　Jou‑meijou? 有没有？

Xao‑buxao? 好不好？　　Koji‑bukoji? 可以不可以？

F. 一个词儿在一行的末尾写不完，必须把所剩的整个音段移到下一行去写时，要在隔开音段的地方加一个短横，表示这字还未写完。比方：

Sin wenz xen yngji xyo, ta sh zhungguo laodung‑
zhe de wenz

新文字很容易学，它是中国劳动者底文字。

（七）略语和缩写

A. 略语——有一些常用的词儿，为了说话时的便利，往往省略几个音段，造成略语。比方：

Zhung‑gung 中共，　zhweixui 执委会，

Solian（＝Sowiei Lianbang）苏联。

B. 缩写——为了书写时的便利，有些常用的词儿可以用一两个字母来代表，这叫做缩写。比方：

n,（＝nian）年，　　　d,d,（＝dengdeng）等等，

t‑zh（＝tungzh）同志，　s‑ng（＝siansheng）先生。

（八）大写字母

A. 一句话的开始要用大写字母。比方：

Icie gokyd shexui de lish sh giegi douzheng de lish.

一切过去的社会的历史是阶级斗争的历史。

B. 人名、地名和其他专有名称的第一个字母要大写。比方：
Liening 列宁，　　　Stalin 斯大林，
Zhungguo 中国，　　Rhben 日本。①

这是中国语文改革史上的十分重要的文件，其中许多观点是正确的，例如要在劳动群众中开展文化革命，要以劳动群众生活的言语为根据开展语言规范化的活动。文件中也有一些观点是不正确的，例如认为汉字是统治阶级压迫劳苦群众的工具，反对国语统一运动。

（三）拉丁化新文字的技术特点：（1）采用拉丁字母，从一开始就作为文字方案来设计。它扩大了汉语拼音文字的影响，扩大了拉丁字母的影响。（2）主张拼写方言，首先是北方话，因此就产生了拼写多种方言的拉丁化新文字。（3）不区别声调，只对几组极必要和极易混同的词语加以分化。这样设计固然可以减少难点，使学习变得容易，但是汉语的声调可以区别意义，不标声调削弱了它记录汉语的功能。（4）方案本身包括了音节拼写法和词儿连写（正词法）两部分，是一个比较完整的设计。（5）在理论上深受当时苏联语言学的影响，例如认为文字是上层建筑，反对国语统一运动等等。在学术上也有不正确的地方，例如认为声调是来源于重音。

（四）北方话拉丁化新文字的推行。

（1）在苏联的推行情况。中国文字拉丁化第一次代表大会以后，用新文字扫除华工中的文盲的工作就开始了。先是在远东地区中国工人中传习，后来又在撤退到苏联境内的东北抗日义勇军中传习。远东地区新字母委员会举办了许多期新文字学习班、补习班和短期学校，编

---

① 吴玉章《新文字与新文化运动》，《文字改革文集》第 58 至第 69 页，中国人民大学出版社 1978 年版。

辑出版了课本、教材、读物和工具书。在伯力创办了新文字六日报《Yngxu Sin Wenz》(《拥护新文字报》),汉字报纸《工人之路》开辟了新文字专页。据苏联科学院东方学研究所1933年统计,三年中出版的课本、读物、文法、词典共10万多册。

(2)拉丁化新文字传入中国。由于当时国民党政府的新闻封锁,对苏联在华工中推行新文字迟至1932年才有人做了简单的报道。1933年8月12日,中外出版公司出版的《国际每日文选》转载了世界语学者焦风(方善境)翻译介绍的萧三著《中国语书法之拉丁化》,引起世界语学者的注意。通过上海世界语工作者和苏联联系,才得到有关新文字的资料。该书在上海世界语协会机关刊物《世界》的附刊《言语科学》上陆续发表,引起了各方面人士的关注和讨论。1934年上海的文化界正在开展"大众语"的讨论,世界语工作者张庚、叶籁士等人先后在《中华日报》副刊《动向》上发表文章,介绍拉丁化新文字,主张"大众语写法拉丁化",认为新文字是书写大众语、向群众普及科学文化知识的最好工具。鲁迅大力支持拉丁化新文字。他说:"和提倡文言文的开倒车相反,是目前的大众语文的提倡,但也还没有碰到根本的问题:中国等于并没有文字。待到拉丁化的提议出现,这才抓住了解决问题的紧要关键。"[①]他还说:"这回的新文字却简易得远了,又是根据于实生活的,容易学,有用,可以用这对大家说话,听大家的话,明白道理,学得技艺,这才是劳苦大众自己的东西,首先的唯一的活路。"[②]由于拉丁化新文字简单易学,尽管国民党政府严加禁止,但它很快就在青年学生和青年职工中传播。

(3)在国统区的推行。1934年8月叶籁士等率先在上海成立中文

---

① 鲁迅《中国语文的新生》,《鲁迅全集》第6卷第89页,人民文学出版社1956年版。
② 鲁迅《关于新文字》,《鲁迅全集》第6卷第126页,人民文学出版社1956年版。

拉丁化研究会,出版介绍拉丁化新文字的书籍。接着,在北平、天津、太原、西安、开封,以及香港、澳门等地也先后成立了研究拉丁化新文字的团体,在海外华人中也成立了这样的团体。1935年12月陶行知等人发起成立全国性的新文字团体"中国新文字研究会",并逐步建立各地的分会。中国新文字研究会草拟了一份《我们对于推行新文字的意见》,征求各界人士签名。文化界知名人士蔡元培、鲁迅、郭沫若、邓初民、叶圣陶、茅盾、陈望道、柳亚子等681人签名支持。意见书中说:"中国已经到了生死关头,我们必须教育大众,组织起来解决困难。但这教育大众的工作,开始就遇着一个绝大难关。这个难关就是方块汉字,方块汉字难认,难识,难学。……中国大众所需要的新文字是拼音的新文字。这种新文字,现在已经出现了。当初是在海参崴的华侨,制造了拉丁化新文字,实验结果很好。他们的经验学理的结晶,便是北方话新文字方案。……我们觉得这种新文字值得向全国介绍。我们深望大家一齐来研究它,推行它,使它成为推进大众文化和民族解放运动的重要工具。"意见书中还提出了推行新文字的六项具体建议。这是拉丁化新文字运动的一份革命宣言。

抗日战争期间,上海是拉丁化新文字运动的中心。上海新文字研究会在机关、学校、工厂广泛建立"新文字学会分会"、"新文字小组",积极开办新文字讲习班、研究班、学习班、训练班等,培训了一批新文字师资和宣传骨干。1937年11月至1938年11月,上海新文字研究会倪海曙等人在40所难民收容所的3万难民中进行扫盲实验,取得显著成绩。倪海曙利用各种场合、各种活动,热情宣传和推广新文字。难民称颂他是"孤岛上文盲大众的救星"。语文学家陈望道当时也积极支持这项工作。

1938年3月5日,国民党中央宣传部发表关于拉丁化新文字的"令文",表面上说什么"中国字拉丁化运动如不妨碍或分散国人抗战之力量,在纯学术之立场上加以研究,或视为社会运动之一种工具,未尝不可。若仍有反动分子用此为宣传工具,则仍须严加取缔"。实际上是迫于全国人民的压力,不得不对他们长期严禁的拉丁化新文字运动给予"解禁"。陈望道在这一年的4月17日的《文汇报》副刊《世纪风》上发表了《纪念拉丁化的解禁》,文章说:"语言文字是一种最重要的团结工具。在最需要团结的现在,对于这种工具需要多方加以检查,多方加以改进,多方加以运用。""凡是切望中华民族加紧团结的人们,应当隆重纪念对于拉丁化的解禁!"

1937至1938年,随着抗日救亡运动的高涨,广州的拉丁化新文字运动成为华南地区拉丁化运动的中心。1937年4月,中国新文字研究会广州分会出版陈原编的《广州话新文字课本》、中山大学教育研究所编的《新文字研究》创刊。5月,广州新文字书店出版《广州话新文字检字》。1938年1月,广东新文字工作者协会成立,制定了《广州话拉丁化统一方案》。1938年年底,广州失陷,华南新文字运动中心转移到香港。

武汉失守后,国民党政府迁都重庆。1939年2月,教育部召开全国教育工作会议,上海语文教育学会寄去由陈望道起草的"请试验拉丁化以期早日扫除文盲"的提案,呼吁在国语区和方言区积极推行拉丁化新文字。1939年,第三次国民参政会在重庆召开,张一麐、黄炎培、邹韬奋等13人在会上提出"动员全国知识分子,扫除文盲,以利抗战建国"的提案。提案中说,要扫除文盲,则要用"适合现代生活的语文工具,即不费时、不费财、不费力的拉丁化新文字"。同年9月,在第四次国民参政会上,张一麐又强烈要求国民党政府用拉丁化新文字来扫除全国文盲。1940年3月,在第五次国民参政会上,张一麐、沈钧儒、任鸿隽、胡景伊、史良、陶行知、邹韬奋、董必武、黄炎培等参政员联名向教育部提出关于扫盲问题询问案一件,要求"召集有经验之新文字专家,开一讨论会,实验已往成绩,以达全民总动员之速效"。但教育部拒绝实验新文字,新文字运动在重庆无大发展。

在这个时期一些地方先后制定了方言拉丁化新文字方案,有上海话(后来改为江南话)、苏州话、无锡话、宁波话、温州话、福州话、厦门话、客家话、广州话、潮州话、广西话、湖北话、四川话共13种。其中以上海话新文字方案制定最早,在1936年2月公布推行。

(4)在边区的推行。以延安为中心的陕甘宁边区是当时中国人民抗战的重要根据地、革命的中心,新文字得到了共产党和边区政府的重视和广大人民群众的拥护。1938年1月成立"陕甘宁边区新文字促进会",出版新文字刊物《抗战到底》,举办讲习班。边区教育厅负责人徐特立亲自编写新文字课本,亲自教授新文字。1938年冬延安普遍设立"新文字冬学"。1940年1月,毛泽东发表《新民主主义论》,指出:"文字必须在一定条件下加以改革,言语必须接近民众,须知民众就是革命文化的无限源泉。"2月吴玉章在《中国文化》创刊号上发表《文学革命与文字革命》,4月他又在《中国文化》第2期开始连载《新文字与新文化运动》。他在文章中论述了文字产生的历史及其发展规律,指出汉字改革必须走拉丁化、国际化的道路;同时指出,研究汉字改革,制订拼音方案必须尊重语言的科学性、逻辑性、历史性;还指出文字改革不能操之过急,不能靠行政命令去实现,而必须长期不懈地努力,才能逐步实现。

1940年11月7日,陕甘宁边区新文字协会在延安中央礼堂召开成立大会。到会代表共一千多人,大会推举毛泽东、孙科、张一麐、沈钧儒、郭沫若、黄炎培组成名誉主席团,林伯渠、吴玉章、徐特立、谢觉哉、高岗、罗迈、萧三等17人组成主席团。在会上讲话的有吴玉章、林伯渠、徐特立,谢觉哉、高岗、罗迈、邓发等。大会通过了协会的《简章》,推举毛泽东、朱德、孙科、张一麐、沈钧儒、郭沫若、黄炎培7人为名誉理事;林伯渠、吴玉章、徐特立、董必武、谢觉哉、艾思奇、周扬、萧三、胡乔木、李维汉、李卓然、吕骥等45人为理事。1940年12月25日,陕甘宁边区政府颁发了《关于推行新文字的决定》,规定:(1)从1941年1月1日起,新文字跟汉字有同样的法律地位,一切上下公文、买卖账目、文书、单据等,用新文字写跟用汉字写同样有效。(2)从1941年1月1日起,政府的一切布告、法令,汉字和新文字两种并用。(3)从1941年1月1日起,各县给边区政府的公文,用新文字写的同样有效。1941年,在延安出版的《Sin Wenzi Bao》(《新文字报》)第一期上,发表了毛泽东的题字:"切实推行,愈广愈好";朱德也题了字:"大家适用的新文字努力推行到全国去"。

1941年5月1日,中国共产党边区中央局发布《陕甘宁边区施政纲领》,其中第14条规定:"要使边区的人民人人都识字,就必须积极推行边区过去消灭文盲的办法,就必须大力的推行新文字……"

1941年12月7日至9日,陕甘宁边区新文字协会在延安召开第一届年会。到会代表300余人。吴玉章在会上作了《新文字在切实推行中的经验和教训》的报告。报告中指出,推行新文字并不是一个局部的或一部分人的问题,也不是一个时期,几个年头的问题,因此"我们要切实的,虚心的来检讨自己的工作,从经验中得出教训来改正我们以前的缺点和错误,才能期望新文字推行无阻而切实有效"。报告中批评了新文字运动中存在的政治上过左的关门主义、学术上的宗派主义以及推行中的主观主义的错误,并明确了今后协会的任务。除陕甘宁边区外,其他解放区也推行新文字。在晋察冀边区,1941年6月成仿吾、何洛等发起成立新文字学会,后来扩大为"协会",姚依林任理事长。胶东地区的新文字运动由罗竹风领导,在小学教师中开展。鲁中南地区的新文字运动由倪康华、刘震领导。苏北地区以张雁为队长的"拉丁化播种队"积极开展新文字活动。1941年1月,中共中央华中局书记刘少奇(用胡服的名字)写信给张雁,支持在苏北开展新文字运动。信中说:"你们成立苏北拉丁化播种队,很好。开展苏北拉丁化新文字运动是需要的,也是可能的,望你们努力,但要注意克服前进中可能遇到的困难。"此外,新文字运动在新四军、八路军中也得到推行。1937年新四军军部成立,军长叶挺重视战士的文化教育,要求部队的文化工作者用新文字在战士中开展识字教育。

(5)解放战争时期的推行。1945年9月,上海《时代日报》副刊《语文周刊》创刊,先后发表了周建人、吕叔湘、郭绍虞、倪海曙等人宣传拼音文字优越性和必要性的文章。抗战胜利后的第一年,上海的《时代日报》副刊《语文周刊》发表了齐伦田、夏士良、史存直、林迭肯、俞敏、王孟萧、何思慈、杨仲和、余非常、企苏等人的新文字方案。面对这种情况,方仁麟发表了《拼音文字的字母问题》,对以上方案进行比较,总结出拉丁化新文字方案是比较好的方案的意见。接着,倪海曙发表《结束符号,建立文字》的文章,呼吁全国拼音文字工作者,结束符号争执,从事文字建设。

1946年7月,《时代日报》副刊《语文周刊》发表了二百封征求各界对中国文字拼音化意见的信。信上列出关于文字改革的十个问题,回信的结果是百分之百的人赞成文字改革,走拼音化的道路,百分之八十的人赞成拉丁化新文字方案。并对字母、词儿连写、推广工作等提出了改进意见。同时认为,文字改革后汉字还会存在,还有用处,不会消灭;当前改革的困难首先是没有政治条件,其次是方言分歧和拼音文字本身还不够成熟,还必须在实践中解决许多技术问题。大家十分赞成建立包括各种不同派别的拼音文字团体,建立和巩固文字改革统一战线。发表意见的有周建人、潘梓年、郭绍虞、安娥、林迭肯、辛丁、齐沧田、史存直等文化界人士。

1947年3月2日,支持新文字运动的中国语言学会在上海成立,叶圣陶、陈望道、章锡琛、郭绍虞、周予同、方光焘、魏建功任理事,郭沫若、郑振铎、马叙伦任监事。

1949年春,倪海曙编辑的《中国语文的新生——拉丁化中国字二十年论文集》和《鲁迅论语文改革》先后在上海出版。《中国语文的新生》收论文150篇,60多万字,16开本,582页。随后不久,吴玉章的《新文字与新文化运动》在北京华北大学重印出版。在纪念五四运动三十周年期间,胡愈之、陆志韦等纷纷撰文,呼吁在建立人民政权后,继续"完成五四以来没有完成的文字改革工作"。1949年7月,周建人,陈望道、倪海曙等68人在第一届中华全国文学艺术工作者代表大会上提出了关于推行拉丁化新文字的提案,要求文艺作品语言口语化,并尝试用拉丁化新文字来写作和翻译。8月,香港新文字学会在香港《文汇报》上发表了准备送交人民政治协商会议的提案《请设立拉丁化新文字实验机构,逐步完成中文拉丁化工作,以便提早扫除文盲,发展现代文化建设案》。提案中提出了6点建议,其中包括在全国推行北方话拉丁化新文字和建立全国的新文字实验机构,注意少数民族语文拉丁化,建立调查研究、出版、教育组织等建议。

随着中国人民革命战争取得全国性胜利和新中国即将诞生,人们预见到新中国的政治经济建设离不开广大工农群众的教育大普及。为了使文盲占绝大多数的基本群众迅速掌握文化,汉字改革问题提上了日程。

第六节 简体字运动

一、简体字运动的兴起

(一)明清时期的简体字。在中国古代社会中,冗余度很高的传统汉字被定为正体字,在仅占人口百分之几的官吏和士大夫阶层中使用;而广大民众的实用文字,包括账簿、契约、书信、通俗文艺等使用的文字,里面有许多群众自造的简体字。那时也有个别的士大夫提倡简体字。例如明末清初的黄宗羲,他把"議"写成"议","難"写成"难","當"写成"当"。他的朋友吕留良在诗里说他"俗字抄书从省笔",说他"喜用俗字抄书,云可省功夫一半"。清代经学家江永、孔广森也经常写简体字。但是因为社会条件不成熟,未能形成有一定声势的简体字运动。

(二)陆费逵提倡俗体字。鸦片战争后,中国一步步沦为殖民地半殖民地,爱国人士发出的发展教育、开通民智的呼声日益高涨。为了发展教育、开通民智,语文改革也逐渐引起人们的关注,改革的一项内容就是简化汉字。首先把简化汉字和普及教育联系起来的是出版家陆费逵(1886—1941),1909年他在《教育杂志》创刊号上发表题为《普通教育当采用俗体字》的文章,提出普通教育应当采用俗体字的主张,他所说的俗体字主要就是简体字。他认为采用俗体字有三点好处:"(1)此种字笔画简单,易习易记,其便利一也。(2)此种字除公牍考试外,无不用之。若采用于普通教育,事顺而易行,其便利二也。(3)余素主张此议,以为有利无害,不惟省学者脑力,添识字之人数,即写字刻字,亦较便也。"这篇文章发表后,有读者沈友卿著文表示反对,陆费逵又在1909年出版的《教育杂志》第3期发表《答沈君友卿论采用俗字》,把采用俗体字的主张说得更加透彻。1922年陆费逵在《国语月刊》第1卷第1期上发表《整理汉字的意见》,提出简化汉字的两种办法:(1)限定通俗字范围,大致在两千个汉字左右;(2)减少笔画,第一步用已有社会基础的简笔字,第二步把其他笔画多的字也改变字形,减少笔画。陆费逵能在正字法复古的清代明确提出简化汉字的主张,并且提出切实可行的办法,是具有远见的。

二、20 世纪 20、30 年代的简体字运动

20 世纪 20 年代,在国语罗马字运动兴起的同时,简体字运动也得到发展。1920 年,钱玄同在《新青年》第 7 卷第 3 号上发表《减省汉字笔画的提议》,提倡简体字。1922 年,国语统一筹备会召开第四次大会,讨论简体字问题,并组织成立了汉字省体委员会,正式着手简体字研究。会上,钱玄同提出《减省现行汉字的笔画案》,阐述了简化汉字的理由。他认为汉字的繁难,是"学术上、教育上之大障碍","改用拼音是治本的办法,减省现行汉字的笔画是'治标'的办法"。"但现行汉字在学术上、教育上的作梗,已经到了火烧眉毛的地步,不可不亟图补救的方法!我们决不能等拼音的新汉字成功了才来改革!所以治标的办法,实是目前最切要的办法。"他还提出了简体字构成的八种方法,就是:(1)全体删减,粗具匡廓,如壽作寿。(2)采用固有的草书,如爲作为。(3)将多笔画的字仅写它的一部分,如雖作虽。(4)将全字中多笔画的一部分用很简单的几笔替代,如劉作刘。(5)采用古体,如從作从。(6)将音符用少笔画的字,如遠作远。(7)别造一个简体,如響作响。(8)假借他字,如薑借姜。议案获得通过,简化汉字运动就逐渐发展起来了。1923 年胡适在《国语月刊·汉字改革号》的《卷头言》中说:"这二千年的中国的小百姓不但做了很惊人的文法革新,他们还做了一件同样惊人的革新事业:就是汉字形体上的大改革,就是'破体字'的创造与提倡。"他赞扬钱玄同、黎锦熙等提出的简化汉字的主张,认为"这虽不是彻底改革,但确然是很需要而且应该有的一桩过渡的改革"。

从 1927 到 1934 年,热心简体字运动的文字工作者曾经在《国语周刊》、《教育与民众》、《语丝》、《论语》、《太白》等 20 多种杂志和《京报》副刊、《申报》"自由谈"等 10 多种报纸上发表过提倡简体字的文章,并

写了不少专书。如 1928 年出版的胡怀琛著《简易字说》，从理论上探讨了简易字的问题，探讨了简易字汇的各种类型，并列出了字表。1930 年出版的刘复、李家瑞合编的《宋元以来俗字谱》，从宋元以来的 12 种民间刻本里收了俗字 1600 多个，其中大部分是简体字，为简体字运动提供了很有价值的资料。1930 年出版的卓定谋著的《章草考》，研究汉字的章草写法，对于简化汉字也有参考价值。

1932 年 5 月，商务印书馆出版了由教育部国语统一筹备委员会编的《国音常用字汇》，这部《字汇》采用以北京语音为标准的"新国音"，用注音符号和国语罗马字注音，书中收入了不少简体字。这对简体字的推行起到了重要的作用。1934 年出版的《论语》半月刊连载了徐则敏的《550 个俗字表》，所收俗字也比较合理。

1934 年 1 月 7 日，国语统一筹备委员会第 29 次常务委员会决议通过了钱玄同提出的《搜采固有而较适用的"简体字"案》。钱玄同认为："要普及简体字，先要规定简体字的写法；要规定简体字的写法，先要搜采固有而较适用的简体字做材料。有了这种材料，便可就其中选取最适用之一体定为标准的简体字；有了标准体，便可用其偏旁而为新的配合。这一配合，简体字便多多的增加了。"该提案提出固有简体字的六个来源：(1) 现在通行的俗体字；(2) 宋元以来小说等书中俗字；(3) 章草；(4) 行书和今草；(5)《说文》中笔画简少的异体；(6) 碑碣上的别字。议案获得通过，并决定委任钱玄同编制《简体字谱》。钱玄同于 1935 年 6 月中旬完成《简体字谱》，选录简体字 2400 多个。教育部组织简体字审核委员会就《简体字谱》原稿逐字审查，从中选用了 2300 多字，其中最适当而且便于铸造铜模的有 1230 多字。

1935 年 2 月 24 日《申报》和 1935 年 3 月 5 日《太白》第 1 卷第 12 期，刊登了《太白》主编陈望道联合上海的文字改革工作者所组织的手头字推行会撰写的《推行手头字缘起》和《手头字第一期字汇》（300

字)。"手头字"就是简体字。《推行手头字缘起》说:

> 我们日常有许多便当的字,手头上大家都这么写,可是书本上并不这么印,识一个字须得认两种以上的形体,何等不便。现在我们主张把"手头字"用到印刷上去,省掉读书人记忆几种字体的麻烦,使得文字比较容易识、容易写,更能够普及到大众。这种主张从前也有人提出过,可是他们没有实在做,所以没有什么影响。现在我们决定把"手头字"铸成铜模浇出铅字来,拿来排印书本。先选出手头常用的三百个字来作为第一期推行的字汇,以后再逐渐加添,直到"手头字"跟印刷体一样为止。希望关心文化的先生们,赞同我们的主张,并且尽量采用这个字汇。

在《推行手头字缘起》上签名表示支持的有文化界知名人士200多人。《论语》、《太白》、《世界知识》、《译文》等刊物率先把手头字应用到自己的刊物上引起了轰动,广大知识分子和社会有识之士都要求推行简体字。

三、国民政府公布《第一批简体字表》

在简体字运动日益发展的形势下,国民政府教育部于1935年8月21日公布了《第一批简体字表》,收简体字324个。这324个简体字是从前述的《简体字谱》里最适当而且便于铸造铜模的1230多字中挑选出来的。下面是教育部公布《第一批简体字表》的部令:

部令第11400号

我国文字,向苦繁难,数千年来,由图形文字,递改篆隶草书,以迄今之正体字,率皆由繁复而简单,由诘诎而径直,由奇诡而平易,演变之迹,历历可稽。惟所谓正体字者,虽较简于原来之古文篆隶,而认识书写,仍甚艰难。前人有见及此,于公私文书文字,往往改用简体,在章表经典,及通问书札中,简体字亦数见不鲜。明儒黄氏宗羲,对于应用简体字,主张尤力,有"可省工夫一半"之语。而社会一般民众,于正体字书籍,虽多不能阅读,但于用简体字刊行之小说,誊写之账单,辄能一目了然。可知简体文字,无论在文人学士,在一般民众间,均有深固之基础,广大之用途,已为显明之事实。

近年以来,政府与社会,虽渴望普及义务教育及民众教育,而效果仍未大著,其中原因固多,而字体繁复,亦为重大原因之一。于是谈教育普及者,多主择最通行之简体字,应用于教育,以资补救而利进行。在前大学院召集之第一次全国教育会议中,早经正式提议。近年学术界人士之研究文字改革者,并尝提出推行简体字计划,请予采行。本部以兹事体大,研究考虑,不厌求详,经将本问题提交前国语统一筹备委员会详加审议,同时征求其他专家意见。旋据前国语统一筹备委员会呈复,谓字体改简,于文化前途,实大有裨益,其他专家,亦谓全国教育,既须从速普及,则采用简体字,以谋普及之促进,实属刻不容缓。本部以需要既切,询谋复同,当经拟定推行简体字之原则三项,提请
行政院会议议决;并经院转呈
中央政治会议核准在案。该案奉
核准后,本部复委托前国语统一筹备委员会妥慎选择,并经规定:"(一)依述而不作之原则;(二)择社会上比较通行之简体字,最先采用;(三)原字笔画甚简者,不再求简。"等项,以为选定简体字标准。嗣据前国语统一筹备委员会依此标准,拟定《简体字表》呈送前来,复经本部郑重审核,将社会最通用之第一批《简体字表》,选编完成。

除关于教育方面推行简体字办法,业已由部遵照
中央核准案妥慎制定,令行省市教育行政机关转饬各学校及出版
机关遵照采用;暨关于文告公牍等方面,拟另由部呈请
行政院转呈
国民政府通令各机关采用外,合行抄同第一批《简体字表》,公布
周知。
此令。
计抄粘第一批《简体字表》。

部长　王世杰

1935年8月22日,国民政府教育部又公布了《各省市教育行政机构推行部颁简体字办法》,规定"凡小学,短期小学,民众学校各课本,儿童及民众读物,均应采用部颁简体字"。"自二十五年(1936年)七月起,凡新编之小学课本,短期小学课本及民众学校课本,不用部颁简体字者,不予审定。"

《第一批简体字表》的公布受到文化教育界的普遍欢迎。"有识之士深庆今后对普及教育方面,将增添一把利器,当能发挥更大的效用。他们在不同的岗位上广为宣传,在电台作广播,在教育圈内作学术演讲,在报刊杂志上发表专著,各报章也纷纷发表支持推行简体字的言论。例如雷震在中央广播电台主讲《简体字在识字运动上之意义》,黎锦熙在北平大学女子文理学院主讲《最近公布的简体字及注音汉字》,顾良杰发表《简体字在民众教育上的价值》,章荣发表《简字的价值及应用之试验研究》,天津《益世报》发表社论《简体字势在必行》等等。"[①]但是国民党上层的保守势力却极力反对。湖南省主席军阀何键

---

① 谢世涯《新中日简体字研究》第178页,语文出版社1989年版。

电请中央政府收回成命;太原存文会电请教育部切勿强制推行简体字;香港存文会也电请中央机关取消原有的通令;考试院院长戴季陶尤为愤慨,他甚至一把眼泪一把鼻涕地要求取消推行简体字。戴季陶在致王世杰、朱家骅的信里说:"以国家力量推行简俗字,这是自己摧残根本,其害比亡国尤甚。"①国民政府推行简体字原本就是迫于形势,没有多少热情。等到有许多要人出来反对,也就改变初衷。教育部于1936年2月5日奉行政院的命令,训令"简体字应暂缓推行"。表面说是"暂缓",但一直到1949年国民党政府垮台就再也不提此事。

四、简体字运动的发展

简体字虽然得不到国民政府的支持,但是因为它适应了社会的需要,所以它的发展并没有停止。学术界仍在积极地进行探讨研究,人民群众使用简体字的热情有增无减,简体字是不推而行。

1936年10月,燕京大学哈佛燕京学社出版了容庚编著的《简体字典》,收简体字4445个,收字很重视偏旁类推。容庚在字典出版之前就用这些简体字试写他的《颂斋吉金图录》,出版后又在燕京大学开设简体字课加以实验。1936年11月,北新书局出版了陈光垚的《常用简字表》,收简体字3150个,其中有些字采用了草体。1937年5月,国立北平研究院字体研究会发表了《简体字表》第一表,收简体字1700个,字表提出的"借用字"、"省去偏旁"、"改易偏旁"、"同韵代替"等简化方法以及它的编写体例,对当时的简体字运动和其后的汉字简化,都有一定的参考价值。

抗日战争时期全民投入抗战,人民群众欢迎易学易用的简体字。在解放区油印的书报刊物和手头书写的文章里大量采用简体字。在解

---

① 谢世涯《新中日简体字研究》第179页,语文出版社1989年版。

放战争时期,这些简体字随着解放战争的胜利而流行到全国各地,被称为"解放字"。下面这些"解放字"已经被《汉字简化方案》所吸收,成为新中国推行的简化字:"积、极、拥、护、卫、际、队、运、动、产、阶、歼、华、进、扩、舰、扫、态、胜、剧、牺、职、击、扰"等。①

回顾晚清和民国时期的简体字运动,简化是汉字发展的总趋势,但并不是所有的汉字越简越好;简体字应当尽量具备有理据性,但是不能无原则地去追求理据性,在简体字运动中应当贯彻"约定俗成"的原则。简体字运动应该有专家学者的参与,但更离不开政府的关注与支持。

---

① 倪海曙《中国的简化汉字》,《倪海曙语文论集》第238页,上海教育出版社1991年版。

第三章 起步(1949—1955)

第一节 确定方针,建立机构

语言文字是最重要的交际工具;做好语言文字工作,对发展经济、传承文明、维护国家统一和加强民族团结都具有重要的作用。新中国建立之初,语言文字工作就受到党和国家的高度重视。一批热爱语文工作、具有深厚学养的语言文字学家积极地投身到新中国的语文建设中来,发挥他们的聪明才智,为人民建功立业。1949年至1955年,是新中国语文工作的起步阶段。这一阶段的主要任务是确定方针、建立机构,努力推进语文改革和语文规范,为随后展开的各项建设事业提供良好的语文环境。

一、讨论文字改革的方针和步骤

进入1949年,中国人民解放战争即将取得全国性的胜利。中国共产党积极筹备召开中国人民政治协商会议,共商建国大计。在这样的形势下,全国各地语文专家、文字改革工作者纷纷写文章、出书刊,互相联络,呼吁团结合作,筹划在新的政治环境下恢复一度沉寂的文字改革事业。

1949年初,黎锦熙给吴玉章写信并当面和吴玉章交换对文字改革的看法。5月黎锦熙联合北平的华北大学、华北革命大学、北京大学、清华大学、燕京大学、北京师范大学等高等院校的语文研究专家向吴玉章建议成立文字改革研究会,恢复文字改革工作。吴玉章为此请示中共中央领导人刘少奇。刘少奇指示:"可以组织这一团体,但不能限于新文字,汉字简体字也应研究整理一下,以便大众应用,并告党外人士,我党中央对这一问题尚未考虑,党员所发表的意见均为个人意见。"

1949年7月2日,第一届中华全国文学艺术工作者代表大会开幕,出席会议的文改专家倪海曙等人提交了关于推行拉丁化新文字的提案。提案要求文艺作品的语言文字,应该肃清不必要的文言成分,不用那些难的、古的、生僻的汉字。笔头语应该尽量口语化,并尝试用拉丁化新文字来写,使人民文艺更能取得内容与形式的一致。在提案上联署的有陈望道、周建人、陈中凡、俞平伯等68人。1949年7月23日,全国教育工作者代表会议筹备会在北平开幕。吴玉章在开幕式上的讲话中谈到了汉字改革的问题,他认为"中国文字必须改造成为简易的、现代的、进步的文字"。

1949年8月25日,吴玉章写信给毛泽东主席,请示对当前文字改革工作的指导原则。吴玉章在信中提出三条原则:(1)根据文字应当力求科学化、国际化、大众化的原则,中国文字应改成拼音文字,并以改成罗马字的,也就是拉丁化的拼音为好,不要注音字母式拼音与日本假名式拼音。(2)各地方、各民族可以用拼音文字拼其方言或民族语,但同时要以比较普遍的、通行得最广的北方话作为标准,使全国语言有一个统一发展的方向。(3)整理各种汉字的简体字(约二千多可用的),作为目前通俗读本之用。至于大报纸和主要书籍文件,仍照旧用正体汉字。毛泽东将吴玉章的信转送给郭沫若、马叙伦、沈雁冰三人审议。郭沫若等三人在8月28日复信毛泽东,他们的意见主要有以下几点:(1)赞成中国文字改革走拉丁化的拼音方向,但实现拼音文字要有一个"很长的过程",因而在目前"重点试行新文字,条件尚未成熟"。(2)赞成少数民族文字拉丁化,但不赞成汉民族方言拉丁化。(3)认为统一的国语是推行中国拼音文字的先决条件。(4)主张成立机构,延请专家,深入研究汉字改革问题。(5)主张在整理简笔字的同时,用科学的方法统计日常用字,把其中笔画繁多的加以简化,并制成定式,以作普及教育印制通俗读物之用。8月29日,毛泽东复信吴玉章,并附郭沫若等三人的复信,请吴玉章与范文澜、成仿吾、黎锦熙对郭沫若等的意见进行座谈讨论,然后把集体意见转告他。郭沫若等人的意见对确定新中国文字改革的方针和步骤具有重要的意义。他们认为实现拼音文字要有一个"很长的过程",目前应先"整理和简化汉字",这对于纠正在文字改革中存在的急躁情绪起了积极的作用。①

1950年2月1日,刘少奇就文字改革问题写信给中宣部负责人陆定一、胡乔木。信中说:"中国的文字改革,尚无定案。但现在我们亚洲邻国蒙古、朝鲜、越南的文字改革均已成功,在某一方面来讲,他们的文字已较中国文字为进步,而且他们原来是学并用中文的。朝鲜的字母已有数百年的历史,日本字母历史亦有多年,据朝鲜大使李周渊说:全用朝鲜字母翻译各种著作均无困难。这是一件值得关注的事。我想我们的文字研究者应即研究他们的字母及文字改革经验,为此,并可派学生或研究工作者去这些国家学习,以便为我们的文字改革制订方案。此事,请你们提出一谈。"

二、建立中国文字改革协会

(一)筹建经过。1949年5月29日,吴玉章邀请黎锦熙、罗常培、胡愈之、叶圣陶、陆志韦、陈定民、叶丁易等在北京师范大学座谈文字改革问题。与会者认为:"中国文字必须改革,过去为使人民易于学习,曾有注音字母和制订有拉丁罗马字母拼音,但意见尚未一致,为制订统

---

① 王均主编《当代中国的文字改革》第55至56页,当代中国出版社1995年版。

一的改革方案,还需要再做详细讨论。"会上决定发起组织中国文字改革研究会。1949年8月7日,吴玉章、徐特立、黎锦熙、罗常培、萧三、叶圣陶、陆志韦、叶丁易、胡锡奎等举行中国文字改革研究会第二次发起人会议。会议决定把筹备建立的中国文字改革研究会改为中国文字改革协进会,会上拟定了《中国文字改革协进会章程草案》,还就拼音方案和连写方法交换了意见。同年8月28日,吴玉章等在华北大学举行了中国文字改革协进会第三次发起人会议,又新增胡乔木和聂真为发起人。1949年9月1日,毛泽东主席指定吴玉章、成仿吾、范文澜、马叙伦、郭沫若、沈雁冰等共同组织中国文字改革协会。10月6日,中国文字改革协进会筹备会在华北大学举行最后一次发起人会议,出席的有吴玉章、黎锦熙、罗常培、萧三、叶圣陶、陆志韦、叶丁易、胡锡奎等。会上决定将会名改为中国文字改革协会,并定于10月10日在北京举行成立大会。

  1949年10月10日,中国文字改革协会在北京成立。到会的有全国各地的语文工作者、华侨和少数民族代表以及各界来宾二百余人。吴玉章致开幕词,并报告了中国文字改革协会筹备经过、成立的意义以及目前的主要工作。在大会上讲话的还有徐特立、黎锦熙、罗常培等。大会通过了《中国文字改革协会章程》,并推选出理事78人。下面是吴玉章《在中国文字改革协会成立大会上的开幕词》:

  中国文字改革协会在中国人民政治协商会议胜利闭幕后召开,不仅庆幸我们文字改革工作者有了团结的好条件,而且庆幸我们有了团结的好方法。因为中国人民政协是人民民主统一战线的组织形式,也就是团结各方面各阶层民主人士的组织形式,它用协商的方法来协调各方面的意见,解决了许多重大问题,使我们建立中华人民共和国的任务很光荣地胜利完成,这是一个团结一切力量完成艰巨任务的最好方法。中国文字改革虽然比不上建立新国家的重大，但也是一个艰难而伟大的工作，因此我们必须学习人民政协这种精神来作我们的工作方法。

中国文字必须改革，这是多数研究中国文字和中国教育的人们共同意见。中国的文字，主要是汉字，有许多不合理的地方，以至太过繁杂，难认难写难记，这是中国教育普及、文化发展的一个严重障碍。由于这种情况，从清末以来就有不少的志士终身致力文字改革工作。但是在反动统治之下，文字改革工作是得不到鼓励的，许多文字改革工作者，只能闭户著书或只能孤军奋斗，未能通力合作切实进行，各种不同意见也很少机会充分商讨，因此不能集思广益，工作效能也就不大。

自从京津解放以后，各地文字改革工作者陆续来到北京。华大、革大、北京、清华、燕京、师大各大学研究文字改革工作者和初到京的各方人士商讨，成立一个全国性的中国文字改革协会，得到各方的同意，即于5月29日，由北京各大学代表及各方代表开第一次发起人会，然后曾陆续开过五次发起人会，交换了发起人各方面的意见，拟定了章程草案，发出了愿否参加本会为会员的信函，并决定于本日开成立大会，这就是本会筹备经过的大概情形。

本会的目的是在团结中国文字改革工作者，其宗旨是提倡中国文字改革，并且研究和试验中国文字改革的方法。团结的方面是很广的，不仅要团结用拼音文字来改革中国文字的人，就是整理汉字如规定简体字等的人，我们也一律要团结，但是同时要有一定的原则，才不致混乱无所依归，使工作缺少效果。

从前有过的简字、拼音和注音符号，如卢戆章、王照、劳乃宣、蔡璋等的假名系符号；蔡锡勇、王炳耀、陈振先等的速记系符号；章炳麟的篆文系符号；杨琼、李文治等的象数系符号；左赞平的意义系符号；其他还有马体乾、高鲲南等的符号。但是这些方案，在1913年读音统一会制定注音字母时都被否定了，注音字母把汉字标音的"反切"一变而为"拼音"法，这是中国音韵学史上一个大变革。但是它们的目的只是在注汉字的读音，并不想成为一种拼音文字。到1926年赵元任、钱玄同、黎锦熙才在国语罗马字拼音研究委员会拟定国语罗马字拼音法，这就使中国文字改革大大地进了一步。到了1931年拉丁化新文字出现，又使中国文字改革的工作得到了新的发展。自从中国拉丁化新文字在各地试行以来，颇有不少的成绩。由于中国文字改革工作是一个艰巨的工作，必须经过详细研究得到确定的结论，并由国家庞大的人力物力加以有系统的推行，才能有效，而这种客观上和主观上的条件，现在都还不成熟，所以无论哪一种方案的文字改革工作，现在都还不能大规模的发展。我们现在的任务，就在于加深对方案的研究，把国语罗马字、拉丁化新文字和其他改革方案的优点都吸收过来，把它们的缺点都去掉，以便求得一个完善的方案作为国家将来作大规模的文字改革工作的准备。

现在我们成立文字改革协会，目的就是有系统地研究和试验文字改革的办法，积极准备将来实际着手文字改革的条件。我们提议，中国文字改革协会在目前的主要的具体工作，应当是以下几项：

一、汉字改革的研究。我们应当继续研究汉字改革的各种方案，而以采用拉丁字母的拼音方案为研究的主要目标。汉字的整理和简化，也应当是我们研究的目标之一。

二、汉语和汉语统一问题的研究。我们应当继续进行汉语的综合研究和分区的调查研究，并研究以北方话为统一汉语的基础问题。

三、少数民族语言文字的研究。中国少数民族有些尚无文字，我们应当有系统地研究这些民族的语言,并进而研究他们的文字的改革和创造,帮助他们的语文教育的发展。

四、根据上述研究的结果,与政府协作进行可能的试验。

五、继续文字改革的宣传。使多数知识分子和多数人民认识文字改革的必要,了解我们研究文字改革的成果。

在战争尚未结束、全国工农业尚待恢复的今天,我们的工作无疑还要遇到许多困难。但是我们相信:只要我们团结一致,共同努力,在人民政府的赞助之下,在人民民主事业迅速发展的条件之下,我们的困难必能逐步克服,我们关于中国文字改革的伟大事业的目的必能在条件成熟时实现。

(二)开展的工作。1949 年 10 月 20 日,中国文字改革协会举行了第一次理事会,决定把研究拼音文字作为主要任务,并同意把北方话拉丁化新文字方案作为研究的底案。同时又认为目前如何使汉字简体化和标音化,也是一个极值得注意的问题。会上选出吴玉章、成仿吾、沈雁冰、胡乔木、胡愈之、林汉达、徐特立、陆志韦、郭沫若、马叙伦等 25 人为常务理事。12 月 4 日中国文字改革协会召开了常务理事会,选举吴玉章为常务理事会主席,黎锦熙、胡乔木为副主席。

1950 年 7 月 10 日,吴玉章召开中国文字改革协会干部会议,在会上他传达了毛主席的指示:文字改革应首先办"简体字",不能脱离实际,割断历史。

1951 年 5 月 8 日,中国文字改革协会编成《苗语拉丁化学习草案(黔东区)农民识字课本》。1951 年 6 月 5 日,中国文字改革协会出版了《中华人民共和国全国政治组织机构新文字字母、俄文字母拼音略号》。1951 年 11 月,文字改革协会和中国科学院语言研究所联合召开少数民族文字汇通方案及汉字注音问题座谈会。

中国文字改革协会还组织了对拉丁化汉语拼音文字方案进行研究。协会成立不到半年,就收到了来自全国各地的几百种汉语新文字方案。

三、建立中国文字改革研究委员会

(一)筹建经过。根据毛泽东主席要求教育部对常用字、简体字和一般文字改革问题多加研究的指示,1950年7月31日教育部邀请在京的语文研究者30多人座谈文字改革问题。与会者认为应该考虑建立专门研究文字改革的机构,以推进新中国的文字改革工作,提出了组织中国文字改革研究委员会的建议。①

1951年5月14日,教育部聘请林汉达、韦悫、胡愈之、马叙伦、黎锦熙、罗常培、陆志韦、俞敏、曹伯韩、郑之东等10人作为中国文字改革研究委员会筹备会委员,成立了中国文字改革研究委员会筹备会,马叙伦为主任委员。

1951年6月7日,中国文字改革研究委员会筹备会召开汉字注音、拼音问题座谈会。出席会议的有韦悫、林汉达、黎锦熙、魏建功、丁声树、周祖谟、蒋仲仁、陈定民、张照、王均、陈健中、曹伯韩、郑之东等20人。座谈会就汉字要不要注音,注音用什么符号等问题进行了讨论。与会者都赞成给汉字注音,但注音首先要定标准音,大部分人倾向以北京话为标准音。对于用什么符号注音,大部分人主张用拉丁化符号来注音。同年11月中央人民政府教育部调整机构,把文字改革研究工作从社会教育司分出,设立中国文字改革研究委员会秘书处,由林汉达兼任秘书主任,曹伯韩、郑之东为副秘书主任,专门负责进行文字改革问题的研究,并进行中国文字改革研究委员会的筹备工作。同年12

---

① 费锦昌主编《中国语文现代化百年记事》第133页,语文出版社1997年版。

月15日,教育部、中国文字改革研究委员会筹备会召开速成识字法座谈会,韦悫、黎锦熙、杜子劲、辛安亭、俞敏、祁建华、张凌光、杨述等人出席了座谈会。会上肯定了速成识字的方法,并讨论了一些与速成识字法有关的问题,如扩大推广范围、注音符号等问题。

1951年12月26日,周恩来总理指示在中央人民政府政务院文化教育委员会下设立中国文字改革研究委员会。经马叙伦、郭沫若、吴玉章、胡乔木共同商讨后,把会商情况及拟定的委员会名单上报毛泽东主席、周恩来总理,并得到批准。中央人民政府政务院文化教育委员会第31次委务会议,决议设立中国文字改革研究委员会,主任委员马叙伦,副主任委员吴玉章,委员丁西林、吴晓铃、林汉达、季羡林、胡乔木、韦悫、陆志韦、陈家康、叶恭绰、黎锦熙、魏建功、罗常培。委员会下设拼音方案组、汉字整理组、教学试验组、编辑出版组、秘书组。马叙伦为文字改革工作题词:"中国文字的改革是教育普及的基础,是新中国重要建设之一。"

1952年2月5日,中国文字改革研究委员会召开成立大会,会议由马叙伦(1884—1970)主持,致开幕词。中央人民政府政务院文化教育委员会主任郭沫若到会讲了话。吴玉章也讲了话。下面是郭沫若的《在中国文字改革研究委员会成立会上的讲话》:

> 今天中国文字改革研究委员会正式成立,这在文化建设上是一件重要的事情。我们为了展开工作,特聘请在京的语文专家作委员,并与京外专家取得联系,将来有来京的可以加聘。文字改革的工作,希望在马老、吴老的领导和各委员的努力下得到成功。
>
> 中国文字改革是一个长远的问题。从我国文字本身发展过程来看,由象形进到形声,是合乎世界各国文字发展的一般趋势,即走向拼音化的道路的。中国文字走向拼音化,在各方面都有方便。

如写口语、用打字机以及和外族、外国交流文化、吸收其语言等等。过去各语文专家对中国文字改革作过努力,毛主席对此很重视。因为文字改革是很重要的问题,所以应该采取慎重的态度。毛主席指示我们准备走拼音的道路,字母必须采取民族形式。在这个方针下,我们要团结一切语文工作者来进行工作。人民现在在经济上、政治上翻身,迫切需要学习文化,因之文字工具问题急需解决。再就国家建设来说,文字也是迫切需要改革的。新民主主义国家是工人阶级领导的,工人阶级必须具有高度的文化水平才能负担起领导国家走向经济建设高潮的重责。而要提高工农大众的文化水平,文字障碍必须消除。

最近有人民解放军的文化教员祁建华创造"速成识字法",主要是利用注音字母教汉字。在一百五十小时内可教会一千五百字到两千字,速度是很快的。"速成识字法"给我们指示一点,就是,注音字母在今天仍不失为一个可以利用的工具。

少数民族文字问题和汉字改革也有紧密的关联。有文字的一些少数民族多半需要改革,没有文字的则等着要制造,这都要以汉字改革为转移。如果拼音汉字能够制定出来,少数民族文字的改革和创制就会顺畅得多。以上种种都说明我们文字改革是十分迫切的,因此毛主席指示我们组织本会进行此项工作。

本会成立意义重大。我希望大家分工合作,努力从事,并希望早日获得重大成就。我自己对于文字无大研究,愿随大家一起学习。有一点可以指出来的,就是文字如果拼音,那么书写、印刷恐怕都不能直行,必须自左而右地横行。就生理现象说,眼睛的视界横看比直看要宽得多。根据实验,眼睛直着向上能看到五十五度,向下能看到六十五度,共一百二十度。横着向外能看到九十度,向内能看到六十度,两眼相加就是三百度;除去里面有五十度是重复的以外,可看到二百五十度。横的视野比直着要宽一倍以上。这样可以知道,文字横行是能减少目力的损耗的,并且现代科学论著多半已经是横写,因此我建议将来拼音化了的中国文字宜横写右行。

本会组织简则上说:"依工作的必要,得邀请有关机关和团体共同参加工作。"本会成立后,可以和科学院语言研究所等机关密切配合,尽量动员他们以及其他各方面的人力物力参加到本会工作中来。

我诚恳地希望顺利地完成这伟大的任务。

下面是马叙伦的《中国文字改革研究委员会成立会上的开幕词》:

中国文字有很长的历史。它属于象形体系,但从甲骨文中看到,象形文外已经有了形声字,这就证明它已向声符方面发展。因为象形文的本身有限制性,所以它的发展也受到限制。到现在,各方面已感到汉字不能适应新文化的需要和发展,因而提出了"文字改革"的要求。

文字的改革不是一件轻而易举的事。因为汉字沿用已久,马上废止汉字还有困难,事实上也决不是一下子能完全改过来的。因为文字改革是我国文化建设上的大事,我们去年曾向毛主席请示,主席给了我们指示,要我们研究这个问题。三四个月以前,主席又指示我们:文字必须改革,要走世界文字共同的拼音方向;形式应该是民族的、字母和方案要根据现有汉字来制定。我们根据主席的指示成立本会进行研究。其次鉴于汉字书写困难,主席指示必须加以整理简化,并指出印刷体当用楷书,手写体可用草书。又因汉字读音难记,需要注引,目前人民解放军里正在展开利用注音字母帮助识字的学习。注音字母作为通用注音的方案,有什么可以改进之处,也要我们讨论研究。

现在我们的会成立了,要负起这么一个革命的政治任务,怎样进行,请大家讨论。

下面是吴玉章的《在中国文字改革研究委员会成立会上的讲话》:

中国文字走向拼音化的改革工作,自来是乐于参加的。我在陕甘宁边区时试行过拉丁化新文字。这种新文字学起来是很容易的,只要两三个月就可以学会;但是在社会上普遍实行就很困难。这种难于实行的情形反映了当时我们的改革工作的方向和方法是有缺点的,但我们在过去对此则认识不足。我本着自我批评的精神来说,我过去对文字改革的认识有以下两方面的错误:(1)认为文字是社会上层建筑,并认为文字是有阶级性的。前年斯大林发表《论马克思主义在语言学中的问题》以后,我才认识到过去的意见是错误的。我在《新文字与新文化运动》一书里说"文字是文化的工具,它和其他艺术、宗教、文学等等一样是人类社会的上层建筑",这句话就错了。我并未读过马尔的书,但已有这样的和他一样的错误观点。(2)没有估计到民族特点和习惯,而把它抛开了。认为汉字可以立即用拼音文字来代替。这事实上是一种脱离实际的幻想。中国人没有拼音的习惯,以前念书的人少,懂得反切和音韵学的人更少。汉字已有悠久的历史,在文化生活上有深厚的基础,其改革必须是渐进的,而不应粗暴地从事。

前年6月毛主席同我说,他主张首先进行汉字的简化,搞文字改革不要脱离实际。当时我就觉得毛主席的指示是很对的。根据毛主席的指示,汉字拼音所用的字母也应该采取民族形式。我们应该打破非用拉丁字母或斯拉夫字母不可的思想。我们用的字母应当是和汉字比较接近的,并能正确地代表中国的音素的。

本委员会的工作是来研究和适当地进行中国文字的改革工作。在目前应着重研究汉字的简化,并改进和推行注音字母。我们应该踏踏实实地来完成这个工作。我们的民族人口有五万万,这工作是很重要的;只要集思广益,虚心商讨,也一定是能够完成的,希望各位同志努力!

会议决定以民族形式的拼音文字为中国文字改革的方向,并通过了委员会1952年的工作计划纲要:(1)研究并提出中国文字拼音化的方案(包括字母、拼写规则、汉字注音办法、常用词汇和词的书写规则)。(2)整理汉字并提出其简化方案(包括印刷体和书写体的简化方案、整理汉字的办法)。(3)研究并实验中国拼音文字的教学方法(包括办实验班和汉文中加用拼音文字的办法)。(4)出版书刊(包括出版以文字改革为中心的定期语文刊物和各种有关文字改革的书籍)。

中国文字改革研究委员会是新中国建立的第一个主管文字改革研究工作的国家机构,隶属于政务院文化教育委员会。马叙伦的开幕词里传达了毛主席关于文字改革的指示,就是:文字必须改革,要走世界文字共同的拼音方向;形式应该是民族的、字母和方案要根据现有汉字来制定。中国文字改革研究委员会成立后,中国文字改革协会宣告结束,协会秘书处并入中国文字改革研究委员会秘书处。

(二)开展的工作。1952年3月12日,政务院文化教育委员会主任郭沫若向毛泽东、刘少奇、周恩来等中央领导转呈中国文字改革研究委员会主任马叙伦、副主任吴玉章草拟的《关于中国文字改革研究委员会成立的报告》和《1952年工作计划纲要》。3月22日,毛泽东主席看了这份报告,批示"同意这个报告"。①

根据毛泽东主席关于制订汉语拼音文字方案的指示,中国文字改革研究委员会从1952年3月开始了以制订汉字笔画式拼音方案为主的研究工作。1952年8月26日,中国文字改革研究委员会召开第二次全体委员会议。马叙伦主持会议。他说:毛主席肯定文字要拼音化,要力求美观,毛主席倾向双拼,但不是最后指示;对汉字要进行有规律的简化,还要规定草书形式;拼音文字必须横写。吴玉章简单介绍了拼音方案组工作的情况,并将初拟的三种拼音方案提交会议讨论。韦悫谈了拼音方案组拟订方案的三个原则:(1)民族形式;(2)在注音字母的基础上进行必要修改;(3)音素化。会议经过讨论决定:(1)音节化和音素化两种方案的字母可以相同;(2)因为注音字母已有群众基础,尽量不改;(3)要改须有一定的根据和原则;(4)采用双拼法需要增加的字母,尽量找简单的汉字和偏旁。

10月23日,中国文字改革研究委员会拼音方案组召开会议,通过了一个汉语拼音字母表,其中声母24个,韵母37个。② 国文字改革研究委员会与中国科学院语言研究所合办《中国语文》,1952年7月创刊。吴玉章为《中国语文》创刊号的题词是:"广泛地征求意见,虚心地研讨学术,切实地解决问题,通俗地说明道理。力求真实,切戒浮夸。"

1953年3月25日,中国文字改革研究委员会召开第三次全体会议。在讨论中,大家认为这样的意见是可以作为本会研究的基本方向的,即是说,中国文字改革工作关系到几万万人,不可操切从事,要继续深入研究,多方征求意见。毛主席认为去年拟出的拼音字母,在拼音的方法上虽然简单了,但笔画还是太繁,有些比注音字母更难写。拼音文

---

① 费锦昌主编《中国语文现代化百年记事》第157页,语文出版社1997年版。
② 费锦昌主编《中国语文现代化百年记事》第165、166页,语文出版社1997年版。

字不必搞成复杂的方块形式,那样的体式不便于书写,尤其不便于连写。汉字就因为笔画方向乱,所以产生了草书,草书就是打破方块体式的。拼音文字无论如何要简单,要利用原有汉字的简单笔画和草体;笔势基本上要尽量向着一个方向("一边倒"),不要复杂。方案要多多征求意见加以改进;必须真正做到简单容易,才能推行。过去拟出的700个简体字还不够简。作简体字要多利用草体,找出简化规律,作成基本形体,有规律地进行简化。汉字的数量也必须大大简缩。只有从形体上和数量上同时精简,才算得上简化。马叙伦主任委员总结大家的意见说:"制造字母、改革文字,要为全国大多数人着想,要为儿童和后代子孙着想,必须力求简便。这是最高原则,我们必须一致遵守。大家所提的问题经拼音方案、汉字整理两组讨论后,我们再来讨论。"1954年7月15日,中国文字改革研究委员会召开了第四次全体委员会议,会上对拼音方案组提出的五套民族形式的拼音方案草案进行了讨论,但最终也无法确定一种令大家满意的方案。叶恭绰代表汉字整理组报告了汉字整理和简化工作进行的情况。会议对汉字整理工作进行了讨论,并授权韦悫、叶恭绰、丁西林、叶圣陶、魏建功、林汉达委员和曹伯韩组成七人小组,审核秘书处根据各位委员的书面意见整理而成的《印刷体简体字表》和《异体字统一写法表》。① 从上面的叙述中可以知道,中国文字改革研究委员会的工作主要是两个方面:(1)拟订民族形式的拼音方案;(2)对汉字进行整理和简化。

在试制民族形式的汉语拼音方案前后,1950年到1955年,全国各地工农兵、机关干部、学校师生和海外华侨共633人寄来了655个汉语拼音文字方案。

---

① 费锦昌主编《中国语文现代化百年记事》第188页,语文出版社1997年版。

四、设立中共中央文字问题委员会

1953年10月1日,中国共产党设立了中央文字问题委员会,并在中南海召开了第一次会议。设立这个委员会是为了协调党内对文字改革的不同意见,研讨文字改革工作上的重大原则和实行步骤,并向中央提供切实可行的意见。委员会共有委员34人,他们都是党内热心文字改革并对语言文字有研究的人士,如董必武、徐特立、吴玉章、谢觉哉、成仿吾、胡绳、聂真、胡锡奎、张照、郑之东等。胡乔木任主任,范文澜任副主任。

同年11月21日,委员会召开了第二次会议,研究了整理和简化汉字的问题。会议根据中国文字改革研究委员会一年多研究所得的材料向党中央写了请示报告,提出了可以首先实行的四项初步改革办法:(1)推行简体字;(2)统一异体字;(3)确定常用字,并对非常用字加注音;(4)极少数汉字改用拼音字母,先从最常用而又不易写的虚字做起。主张"集合人力以解决字母问题",并建议于1954年召开全国语文专家会议,把讨论结果报请中央批准并提交全国人民代表大会作原则的通过。

五、建立中国文字改革委员会

为了加强对文字改革工作的领导,把文字改革工作由研究阶段推向实施阶段,1954年10月,周恩来总理提议设立中国文字改革委员会,作为国务院的直属机构;并指示:拼音方案可以采用拉丁化,但是要能标出四声。10月8日,第一届全国人民代表大会常务委员会第二次会议根据周总理的提请,批准设立中国文字改革委员会,作为国务院的直属机构。11月10日,国务院发出通知,决定设立20个直属机关,主办各项专门业务,其中就包括中国文字改革委员会。11月20日,国务院任命吴玉章为中国文字改革委员会主任,胡愈之为副主任,吴玉章、胡愈之、韦悫、丁西林、叶恭绰为常务委员。1954年12月16日,国务院任命丁西林、王力、朱学范、吴玉章、吕叔湘、邵力子、季羡林、林汉达、胡乔木、胡愈之、马叙伦、韦悫、陆志韦、傅懋勣、叶恭绰、叶圣陶、叶籁士、董纯才、赵平生、黎锦熙、聂绀弩、魏建功、罗常培等23人为中国文字改革委员会委员。

　　1954年12月23日,中国文字改革委员会(简称"文改会")宣告成立,并举行第一次全体会议。原来的中国文字改革研究委员会即日起撤销。会上吴玉章主任代表常务委员会作了报告。报告首先简要地说明了提交会议讨论的《汉字简化方案草案》的产生经过。1952年,前中国文字改革研究委员会成立以后,除了研究拟订拼音文字方案以外,同时着手整理汉字的工作。经过多次讨论、修改,到1954年10月,拟出了简化方案的第五次稿。中国文字改革委员会成立以后,又把这第五次稿加以整理,编写下面三个字表:《798个汉字简化表》、《拟废除的400个异体字表》、《汉字偏旁手写简化表》,总称《汉字简化方案草案》。吴玉章说:《草案》即将交付全国讨论,这个工作必须做好,以引起各方面人士对文字改革工作的关心和兴趣,为今后继续整理汉字和推行拼音文字创造有利的条件。吴玉章还就中国文字改革委员会的性质作了说明。他说:"前中国文字改革研究委员会改组成为中国文字改革委员会,这不仅仅是名称的改变,而是机构性质的改变。过去基本上是研究机构,现在就不同了,不能仅仅做研究工作,而应该走到人民中间去,走到生活中间去,根据政府的政策,采取切实可行的步骤来推行各项文字改革的具体工作,把中国文字改革运动向前推进一步。"报告最后指出,机构的改变大大加重了我们的责任。1955年度的工作任务很大。要发动全国讨论《汉字简化方案草案》,要继续整理汉字,编订汉字标准字表;还要拟出拼音文字的初步方案,展开群众性的讨论,同时进行广泛的试验。此外,还要研究并推行标准音教学。要解决同音词问题,并规定词的连写规则,试编常用词汇,等等。要完成这些工作,必须跟有关部门、有关团体和有关人士保持密切的联系,争取各方面的合作和协助;要充分估计文字改革道路上的阻力和困难并努力加以克服,对于怀疑甚至反对文字改革的人,应该耐心地宣传说服,使他们逐渐地加入到文字改革运动的行列里来。吴玉章作了报告以后,叶恭绰和叶籁士两位委员分别就《汉字简化方案草案(初稿)》和《1955年工作计划大纲(草案)》作了说明。经过讨论后,会议一致修正通过了这两个草案。

1955年1月13日,国务院常务会议通过《中国文字改革委员会组织大纲》。大纲指出:中国文字改革委员会根据中华人民共和国国务院组织法第六条设立,为国务院直属机构之一;委员会的任务是制订汉语拼音方案和整理汉字以及其他有关的各项工作;委员会由主任、副主任、常务委员和委员组成,委员会组成人员由国务院任命;委员会下设拼音方案、汉字整理、方言调查、词汇研究、语文教学、技术指导、编辑出版、宣传推广等部。

新中国文字改革的方针,经过了近六年的讨论已经明确。这个方针是按照毛泽东主席的指示规定的,包括文字改革的目标和步骤。目标是拼音化方向,步骤是首先简化汉字,同时进行拼音化的准备工作。准备工作主要有两项,一是推广普通话,一是制订汉语拼音方案。为了切实推进文字改革各项工作,设立了直属国务院的中国文字改革委员会。

第二节　推进语文规范化

新中国成立之初,汉语文在应用上存在着许多严重的不规范现象。

这些不规范现象影响语文交际的正常进行和各项工作的顺利开展,给国家建设和社会生活带来许多不便,迫切需要加以解决。为了解决这个问题,党和政府采取有力的措施积极促进语文规范化,在比较短的时间内取得了明显的效果,使人耳目为之一新。

一、《人民日报》发表短评《请大家注意文法》

《学习》杂志1950年第2卷第5期发表了吕叔湘写的《读报札记》。文章对《人民日报》发表的有关救济上海失业工人的四个文件,从语法、修辞方面做了分析,指出存在的问题和修改的方法。吕先生说:"本文引的例子可以代表一般常见的文字,不是太经心的,也不是太草率的。就是这类例子告诉我们,一般的写作者,尤其是议论文的写作者,对于长句的运用还没有十分把握,还不能指挥如意,脉络分明,做到精密而又流畅的地步。"1950年5月21日《人民日报》发表短评《请大家注意文法》,短评从吕先生的《读报札记》谈起,号召人们"把文法上的一切错误,从我们所有发表的文字中逐步地,最后是彻底地消灭掉"。短评的全文如下:

> 吕叔湘先生在《学习》第2卷第5期上发表了《读报札记》(今日本报转载),对本报所刊登的某些文件和评论文字,从文法和修辞方面,提出了积极的批评。这是很有益的工作。我们对于吕先生的工作表示欢迎和感谢。
>
> 我们应该努力树立正确的文风。这种正确的文风的一个要素就是正确的文法。在报纸上刊登的文字,不但在内容上,而且在使用语言文字的方法上,随时随地都会使人民大众受到影响。因此,做编辑采访工作的人,给报纸写稿的人,就都要负起一个责任,使自己写出来的东西具有正确的文法。

讲究文法决不是所谓"咬文嚼字"。为了帮助引起大家的注意,我们愿将苏联航空工业部副部长雅可夫列夫所叙述的斯大林对于文法的见解介绍一下:

"斯大林不能容忍文理不通的现象。当他接到字句不通的文件时,他就气愤起来。

——真是文理不通的人!但是要责备他一下,他马上就会说他是工农出身,借以解释自己文盲的原因。这种解释是不正确的。这是不爱文化和粗心大意的缘故。特别在国防事业中,更不允许拿工农出身来解释自己教育程度的不足,来解释自己没有技术准备,粗鲁或不通事理。因为敌人绝不会因为我们的社会出身而向我们让步。正因为我们是工农,我们更应当在一切问题上都有周详充分的准备,毫不亚于敌人才对。"

雅可夫列夫接着描写他受斯大林的命令记录口授文件时的情形说:

"我知道他很注意这件事情,所以我紧张起全部脑力,竭力使文法没有丝毫错误。他一面口授,一面不时地来到我跟前,从我肩上看看写得怎样。他忽然站住,看看我写的以后,就握住我执铅笔的手,点了一个逗点。

还有一次,有一句我完全没有造好。斯大林说道:

——为什么您把这主词写在宾词后面呢?您把主词安置得有点不顺当吧!应当这样才对!——就马卜给改正了。

过了这回事情以后,我又极用心地温习了一次俄文文法。

斯大林同志认为正确地、通顺地表达出自己的思想是有很大意义的。

如果一个人不能把自己的意思通顺地、正确地表达出来,那他的思索也就同样是杂乱无章的。那他怎能办好被委托的事情呢?"

　　我们的语言文字,如果有不正确、不通顺的地方,那就表示了我们的思想在那些地方是不清楚的,是有混乱的。我们把不清楚的、混乱的思想,用不清楚的、混乱的语言文字,传达到人民大众中去,岂不是一种过失吗?

　　因此,我们不但要求报社自己的编辑、记者同志们,而且也要求报纸的一切投稿者和读者同志们,要求一切机关、团体的负责同志们,都来注意文法。应当努力用正确无误的语言文字来表达正确无误的思想;应当把文法上的一切错误,从我们所有发表的文字中逐步地,最后是彻底地消灭掉。

在新中国建立之初,党中央就提出《请大家注意文法》。今天在全球化和信息化的大环境下,我们更要注意文法,可是现在中小学语文教学几乎完全不讲文法,负责起草文件的人、经常写文章的人,许多也不懂文法,而且认为不注意文法无关宏旨,这种认识是不妥当的,应该对照这篇短评认真加以纠正。

二、中共中央发出《关于纠正电报、报告、指示、决定等文字缺点的指示》

　　1950年11月22日,毛泽东主席写信给胡乔木,要胡乔木起草一个指示,纠正写电报的缺点。信的全文如下:[①]

乔木同志:

　　请你负责用中央名义起草一个指示,纠正写电报的缺点,例

[①] 《毛泽东书信选读》第362页,中央文献出版社2003年版。

如:不要用子丑寅卯、东冬江支等字代替月、日,要写完全的月、日,例如十一月二十二日;署名一般要用完全的姓名,不要只写姓不写名,只在看报的人完全明了其人者允许写姓不写名,例如刘邓,陈饶等;地名、机关名一般必须写完全,只在极少数情况下允用京津沪汉等省称;还有文字结构必须学会合乎文法,禁止省略主词、宾词及其他必要的名词,形容词和副词要能区别其性质,等等。请你为主,起草一个初稿,再邀杨尚昆、李涛、齐燕铭、薛暮桥及其他你认为有必要邀请的同志开会一次或两次,加以修改充实,然后送交我阅。

毛泽东 十一月二十二日

根据毛主席的意见,胡乔木起草了有关的文件,经有关同志讨论修改后,由毛主席审阅定稿。全文如下:

中共中央关于纠正电报、报告、指示、决定等文字缺点的指示
(一九五一年二月一日)

现在党政军来往电报及其他报告、指示、决定等文件,写得好的,确实不少。这些电报或文件,写得清楚明确,生动活泼,使人便于阅读,发生极大效力。但同时尚有许多文电,在文字上存在着严重缺点,必须予以纠正。这些缺点之最常见者,有滥用省略、句法不全、交代不明、眉目不清、篇幅冗长五类。兹分别规定纠正办法如下:

(一)不许滥用省略。现在许多电报文件中,对人名、地名、年月日、机关名、事物名,滥用省略,使阅者很费记忆和猜想的工夫,有时简直莫名究竟。这种现象,应依以下规定予以纠正:

(甲)除对大家习知的中央某些负责同志,各中央局、中央分

局的某些负责同志,野战军(大军区)的司令员、政治委员,有时(不是一切时间,也不是多数时间)在电报上下款可以写姓不写名,或姓下加职衔,例如"毛主席"、"周总理"、"陈饶"、"彭习"等以外,一般情况,无论在电文中,或在上下款,须一律写姓名,不得只写姓不写名。必要时,还须在姓名之前加上职衔,例如"河北省人民政府主席杨秀峰",“苏南区党委书记陈丕显",“十九兵团司令员杨得志、政治委员李志民"。

(乙)地名一律用全名,例如"上海"、"福州"、"广州"、"重庆",不得写成"沪"、"榕"、"穗"、"渝","福建"不得写成"闽","湖南"不得写成"湘"。仅在两个以上著名城市或著名省份联写在一起使人一看就明白的时候,例如"京津"、"沪宁"、"豫鄂湘赣"、"粤桂边界"等,或者和其他文字结合在一起成为流行的特殊用语的时候,例如"沪东"、"皖北"、"津浦路"、"天兰路"等,始得用简称。

(丙)普通文电,均须注明月日。紧急文电,须注明月日时。正式公布文件,须注明年月日。凡月日时,概用普通数字,不得用地支和韵目。例如"二月一日十四时",不得省称"丑东未"。年份概用全数,不得省略。例如,"一九五一年"不得写成"五一年"。

(丁)机关名称,概用全名。例如,"东北局组织部及宣传部"不得省称"东北组宣","空军司令部"不得省称"空司","全国总工会"不得省称"全总"。

(戊)事物名称,除其省称确已为全国人民所普遍熟悉者,例如"中共"、"反帝",得于非正式场所使用外,其余,一律用全名。例如,"减租减息"、"生产救灾",不得省称"双减"、"生救"。"土匪特务"(指土匪与特务),或"特务匪徒"(指特务与匪类),不得省称"匪特"。在一切正式文电中,则应尽量避免省称。例如,马克思、恩格斯、列宁、斯大林,不得省称"马、恩、列、斯",美帝国主义不得省称"美帝"。

(己)凡有特别生僻的语词,其意义为多数阅者所不能了解者,应作必要的注释。

(二)必须遵守文法。电报文句虽应力求简洁,但不得违背文法。必要的主词、述词、宾词,必须完备无误。单句、复句,必须分清。代名词,必须紧跟所代的名词。形容词、副词词尾,尽可能分用"的"、"地"加以区别(形容词是形容名词的,例如"帝国主义是垂死的资本主义",故在名词之前用"的"字区别之。副词主要是形容动词的,例如"坚决地打倒帝国主义",故在动词之前以"地"字区别之)。如此,方能使条理分明,意义确定。至于信件和公布的文件,不但文字应当完全,标点亦须正确。为解决此一问题,《人民日报》不久将连载文法讲座,望全党予以注意。并望地方县委、县政府以上、军队师以上负责干部,至少有一人学会文法,以便负责修正文电字句。

(三)纠正交代不明的现象。

(甲)凡请示的电文,均须写明情况和自己的要求和意见(转发下级请示文电,亦应说明自己意见),并写明希望何机关或何人、于何时答复何项问题。凡答复的文电,均须写明系答复何机关、或何人、于何时提出的何项问题。凡指示的文电,对下级的要求,亦应规定明确。例如,应由何机关如何办理,或于何时报告办理情况等。总之,每件事都要交代六个"什么",即什么事、什么人、什么时候、什么地方、什么样子、什么原故。仅在绝对明了时,始可有所省略。

(乙)为了便于交代清楚,除了综合性的报告及指示以外,必须严格执行一事一报制度,禁止在一个文电中包括不相干的几件事,禁止用党内的文电来兼代党外的文电。

（丙）不论报告、请示或指示的文电,如为不但向着一人一机关,而且有兼告他人他机关之必要者,应于写明主管的人或机关之后,写"并告"二字,再接写他人或他机关,以明责任。

（丁）凡转发文电,须全文转发或摘要转发者,应将受件的人或机关、为什么转发此文电的道理、转发的人或机关及转发的时间,写在该转发文电的前面,而将该转发文电列在后面,以清眉目,并须将转发文电的上下款及年月日照旧保留,不可省略。

（戊）凡文电中引用他人他机关文电语句,首先须写明何人何机关于何时说的,然后写上引用的语句,在该语句前后作引号(方括弧),接着写上"等语"二字。如引用语句的内容不是意见而是事情的叙述,则接写"等情"二字。下面再写自己的意见,以清眉目。

（四）纠正眉目不清的现象。除简短者外,一切较长的文电,均应开门见山,首先提出要点,即于开端处,先用极简要文句说明全文的目的或结论(现在新闻学上称为"导语",亦即中国古人所谓"立片言以居要,乃一篇之警策"),唤起阅者注意,使阅者脑子里先得一个总概念,不得不继续看下去。然后,再作必要的解释。长的文电分为几段时,每段亦应采用此法。一个文电有几层意思或几项要求时,必须注意按照条理,分清层次,以数目字标明段落或项目。

（五）凡文电必须认真压缩。各级领导同志责任重大,事务繁剧。向领导同志或机关请示或作报告时,必须反对两种倾向,即应请示报告而不请示报告的倾向和不应请示报告而随便请示报告的倾向。在写请示文电或写报告时,必须注意文字的简明扼要,条理清楚,便于阅读。现在有很多文电,既嫌冗长,又嫌杂乱。其原因,是未经压缩,说有许多无须说的空话,或者没有分清条理,把杂乱无章的草稿随便往上送。其结果,使领导同志对这些文电很难看,或者就没有看,等于白写。今后一切向上级机关请示或报告情况和对下级发布指示的文电,所有起草或批阅文电的同志,必须以负责的精神,至再至三地分清条理,压缩文字,然后发出,否则应受批评。但压缩是指分清条理,去掉空话,并不是说可以省略必不可少的词类,可以违背文法,也不是说可以不顾文字的形象性和鲜明性。有些写得好的报告,虽然篇幅颇长,却能引人阅读,使人不厌其长。有些写得不好的报告,虽然篇幅不长,却使人难看。这里的区别就在是否有条理、是否说空话和是否合文法。

以上各项,望各级党委切实执行。

为了顺利执行这个指示,请各级负责同志将本指示印发各机关所有负责起草及批阅文电的同志,在适当的会议上做传达,并在党内刊物上予以登载。

为求确实生效起见,中央责成中央办公厅及各中央局办公机关,按照本指示所提出的各项标准,在1951年4月底,将本年度1月至4月份收受文电分别作第一次检查,对执行得好的机关予以通报表扬,对执行得不好的予以通报批评。以后每四个月作一次检查,1951年共作三次检查,年终一次为一年的总检查。每次均须写出总结,经中央审定,通报全党各主要领导机关。

中央认为此种文字缺点的纠正,将使我们同志的头脑趋于精密,工作效能有所提高,故须予以重视,对已存缺点认真地加以改革。在对同志进行教育时,应选择几篇大体上合于上述标准的文件,作为范例,使人们阅读,并有人给以讲解,这是进行教育时的一个有效的办法。

中共中央这个文件在发出的当时,有极强的现实性。例如滥用省称,曾经给工作带来延误,造成损失;不遵守文法在当时也是较为普遍存在的毛病。到了现在,虽然国家和社会的情况有了很大的变化,但是贯穿整个文件的基本精神仍有参考价值,依旧值得重视。

三、《人民日报》发表社论《正确地使用祖国的语言,为语言的纯洁和健康而斗争!》

《人民日报》决定于1951年6月6日开始连载吕叔湘、朱德熙合著的《语法修辞讲话》,同时刊载编者按和《正确地使用祖国的语言,为语言的纯洁和健康而斗争!》的重要社论。为了这件事,胡乔木写信给毛泽东主席,全文如下:

主席:
　　关于语法的讲座,拟于明日起连载。兹将《人民日报》编者按语和为此写的社论送上请审阅,并望今晚十二点前,交还付印。如今晚不能看好,或需将吕叔湘的文章送阅(该文已送来的第一部分有一万几千字,明日只发几千字,现在报社),则报社也可以延至星期六发表。另附列宁短文一篇拟同时见报。
　　敬礼

乔木　六月五日

毛主席修改了社论,并批示:"照发。毛泽东六月六日零时二十分。"

下面是1951年6月6日《人民日报》发表经毛泽东主席做了修改的社论,题目是《正确地使用祖国的语言,为语言的纯洁和健康而斗争!》:

语言的使用是社会经济政治文化生活的重要条件,是每人每天所离不了的。学习把语言用得正确,对于我们的思想的精确程度和工作效率的提高,都有极重要的意义,很可惜,我们还有许多同志不注意这个问题,在他们所用的语言中有很多含糊和混乱的地方,这是必须纠正的。为了帮助同志们纠正语言文字中的缺点,我们决定从今天起连载吕叔湘、朱德熙两先生的关于语法修辞的长篇讲话,希望读者注意。

我们的语言经历过多少千年的演变和考验,一般地说来,是丰富的,精练的。我国历史上的文化和思想界的领导人物一贯地重视语言的选择和使用,并且产生过许多善于使用语言的巨匠,如散文家孟子、庄子、荀子、司马迁、韩愈等,诗人屈原、李白、杜甫、白居易、关汉卿、王实甫等,小说家《水浒传》作者施耐庵、《三国志演义》作者罗贯中、《西游记》作者吴承恩、《儒林外史》作者吴敬梓、《红楼梦》作者曹雪芹等。他们的著作是保存我国历代语言(严格地说,是汉语)的宝库,特别是白话小说,现在仍旧在人民群众中保持着深刻的影响。我国现代语言保存了我国语言所固有的优点,又从国外吸收了必要的新的语汇成分和语法成分。因此我国现代语言是比古代语言更为严密,更富于表现力了。毛泽东同志和鲁迅先生,是使用这种活泼、丰富、优美的语言的模范。在他们的著作中,表现了我国现代语言的最熟练和最精确的用法,并给了我们在语言方面许多重要的指示。我们应当努力学习毛泽东同志和鲁迅先生,继续发扬我国语言的光辉传统。

但是,如果根据毛泽东同志和鲁迅先生关于语言问题的指示来检查目前的报纸、杂志、书籍上的文字以及党和政府机关的文件,就可以发现我们在语言方面存在着许多不能容忍的混乱状况。

先拿词汇来说。毛泽东同志告诉我们:"语言这东西,不是随便可以学好的,非下苦功不可。第一、要学人民的语言。人民的语言是很丰富的、生动活泼的、表现实际生活的。这种语言,我们很多人没有学到,所以我们在写文章做演说时没有几句生动活泼切实有力的话,只有死板板的几条筋,像瘪三一样,瘦得难看,不像一个健康的人。第二、要学外国语言,外国人民的语言并不是洋八股,中国人抄来的时候,把他的样子硬搬过来,就变成要死不活的洋八股了。我们不是硬搬外国语言,是要吸收外国语言中的好东西,于我们的工作适用的东西。……第三、我们还要学习古人的语言。现在民间的语言,大批的是由古人传下来的。古人的语言宝库还可以掘发,只要是还有生气的东西我们就应该吸收,用以丰富我们的文章、演说和讲话。当然我们坚决反对去用已经死了的古典,这是确定了的,但是好的合理的东西还应该吸收。"(见"反对党八股"一文)鲁迅先生的文学,正是实现了毛泽东同志这些原则的模范。鲁迅先生曾经特别指出要反对"生造除自己之外,谁也不懂的形容词之类"。对于毛泽东同志和鲁迅先生的这些指示,很多人没有认真执行,甚至根本没有记在心上。他们不但不加选择地滥用文言、土语和外来语,而且故意"创造"一些仅仅一个小圈子里面的人才能懂得的词。他们对于任何两个字以上的名称都任意加以不适当的省略。直到最近,我们还可以从地方机关的文件中看到"保反委员会"(中国人民保卫世界和平反对美国侵略委员会)、"抗援运动"(抗美援朝运动)、"建网工作"(建立宣传网工作)等等新造的略语,以及"美帝"(美帝国主义)、"双减"(减租减息)、"生救"(生产救灾)、"匪特"(土匪特务)等等老牌的略语。这种混乱现象大部分发生在报纸杂志的文章和党组织及政府机关的文件上,并且被这些文章和文件所推广,以致滥用省略成为通病。

更严重的是文理不通。毛泽东同志和鲁迅先生都是精于造句的大师。他们所写下的每一句话都有千锤百炼、一字不易的特点。毛泽东同志痛恨文理不通的现象,因为只有学会语法、修辞和逻辑,才能使思想成为有条理的和可以理解的东西。但是我们还只有很少的人注意到这个方面。我们的学校无论小学、中学或大学都没有正式的内容完备的语法课程。我们的干部无论从学校出身的或从工农出身的,都很少受过严格的语文训练。他们常常在正式的文字里,省略了不能省略的主语、谓语、宾语,使句子的意思不明确。他们常常使用组织错误的和不合理的句子。有着这种错误的句子甚至还出现在大量发行的报纸和杂志上。下面的例子是随便从报纸上摘引来的:"我们非要加紧抗美援朝才能保家卫国不可"(5月5日重庆《新华日报》第2版);"青年团东北委员会、东北学生联合会联合发表演说"(2月22日沈阳《劳动日报》第1版);"取得了某些收效"(2月24日《东北日报》第2版);"这五万万人,自古以来就是勤劳勇敢的"(5月25日西安《新青年报》第3版)。

以上四个例子的前一个有语法错误,后三个不合理。既然报纸上不时地出现这种情形,那就应当当作一种问题,采取严肃的办法加以解决,而不应当诿之于一般作者和编辑文化程度太低。让我们再一次引用苏联航空工程师、科学院通讯院士雅可大列大所转述的斯大林的话吧:

"斯大林不能容忍文理不通的现象。当他接到字句不通的文件时,他就气愤起来。

——真是文理不通的人!但若责备他一下,他马上就会说他是工农出身、借以解释自己文盲的原因。这种解释是不正确的。这是不爱文化和粗心大意的原因。特别在国防事业中更不允许拿工农出身来解释自己教育程度的不足,来解释自己没有技术准备、粗鲁或不通事理,因为敌人绝不会因我们的社会出身而向我们让步。正因为我们是工农,我们更应当在一切问题上都有周详完备的准备,毫不亚于敌人才对。"(见"论伟大而质朴的人"一文)

在整个的篇章结构上,我们许多同志的主要毛病是空话连篇,缺乏条理。毛泽东同志把空话连篇当作党八股八大罪状中的第一条,他说:"我们有些同志欢喜写长文章,但是没有东西,真是'懒婆娘的裹脚又长又臭'。为什么一定要写得那么长、又那么空空洞洞的呢?只有一种解释,就是下决心不要群众看。因为长而且空,群众见了就摇头,那里还肯看下去呢?只好去欺负幼稚的人,在他们中间散布坏影响,造成坏习惯。去年(按指1941年)6月23日,苏联进行那么大的战争,斯大林在7月3日发表了一篇演说,还只有我们《解放日报》一篇社论那样长。要是我们的老爷写起来,那就不得了,起码得有十万字。现在是全世界大战争时代,我们应该研究一下文章怎么写得短些,写得精粹些。延安虽然还没有战争,但军队天天在前方打仗,后方也唤工作忙,文章太长了,有谁来看呢?有些同志在前方也喜欢写长报告,他们辛辛苦苦地写了,送来了,其目的是要我们看的,可是怎么敢看呢?长而空不好,短而空就好么?也不好。我们应当禁绝一切空话。"鲁迅先生说:"写完后至少看两遍,竭力将可有可无的字、句、段删去,毫不可惜。"对于毛泽东同志和鲁迅先生的这些指示,我们同样有很多人没有执行。仍然有许多文章和文件是空话连篇、篇幅冗长的。有些文章和文件不但冗长,而且因为说了许多不必要的话,反而没有把事情说得明白。交代不明,眉目不清,也是常见的缺点。从这些文章和文件可以看出,有很多人没有用过功夫来研究毛泽东同志的著作和各种权威的文学和科学的著作,没有用研究这些著作来训练自己的思想,使自己的头脑趋于精密和有条理,所以就不能把存在于事物内部的条理正确地在文字上表现出来。

这种语言混乱现象的继续存在,在政治上是对于人民利益的损害,对于祖国的语言也是一种不可容忍的破坏。每一个人都有责任纠正这种现象,以建立正确地运用语言的严肃的文风。

应当指出:正确地运用语言来表现思想,在今天,在共产党所领导的各项工作中具有重大的政治意义。在国民党及其以前的时代,那些官僚政客们使用文字的范围和作用有限,所以他们文理不通,作出又长又臭的文章来,对于国计民生的影响也有限。而在共产党领导下的中国就完全不同了。党的组织和政府机关的每一个文件、每一个报告、每一种报纸、每一种出版物,都是为了向群众宣传真理、指示任务和方法而存在的。它们在群众中影响极大,因此必须使任何文件、报告、报纸和出版物都能用正确的语言来表现思想,使思想为群众所正确地掌握,才能产生正确的物质的力量。

我们是完全能够做到这一步的。我们的同志中,我们的党政军组织和人民、团体的工作人员中,我们的文学家教育家和新闻记者中,有许多是精通语法、会写文章、会写报告的人。这些人既然能够做到这一步,为什么我们大家不能做到呢?当然是能够的。中国语言的规律并不难学,帝国主义国家的某些所谓学者和中国的买办,在过去几十年来一贯地污蔑中国语言"没有规律"、"不科学",事实上是他们没有学通中国语言。我们应该坚决地反对这种污蔑。我们应该坚决地学好祖国的语言,为祖国语言的纯洁和健康而斗争!

这篇社论的发表在社会上引起了强烈的反响,促进汉语规范化受到人们的高度重视,成为全社会关注的事业,不久就出现了讲求语文应用和自觉地学习语法修辞的热潮。这篇社论的发表表明了党和政府把汉语规范化作为国家的重要语文政策、作为国家的语文教育和语文建设大事,列入了议事日程。

四、《人民日报》发表《语法修辞讲话》

1951年初,时任新闻总署署长的胡乔木同志,邀请吕叔湘撰写《语法修辞讲话》,"侧重在应用方面","帮助学习写文章的人解决一些实际问题:哪些格式是正确的,哪些格式是不正确的,某一格式怎样用是好的,怎样用是不好的"。吕叔湘提出与朱德熙合写。在1951年6月6日《人民日报》发表《正确地使用祖国的语言,为语言的纯洁和健康而斗争!》的社论的同时,开始连载吕叔湘(1904—1998)、朱德熙(1920—1992)合写的《语法修辞讲话》,到当年的12月15日全部刊登完毕,一共刊载46次。《语法修辞讲话》于1952年10月由开明书店出版了单行本,广泛发行。

在《人民日报》这样的党中央机关报上连载语言学讲座,在历史上是第一次,也是唯一的一次。《语法修辞讲话》这本著作就是为了纠正社会上在使用语言文字方面存在的混乱现象,它的内容通俗易懂,深入浅出,能够解决实际问题,因此在社会上产生了很大的影响。下面是《语法修辞讲话》的《引言》:

这个讲话共分六讲:(1)语法的基本知识,(2)词汇,(3)虚字,(4)结构,(5)表达,(6)标点。第一讲是个序论,以后几讲分几个方面进一步讨论。第一讲专为初学者说,已经有点语法知识的读者可以不看。可是也不妨看看,因为里面用的术语以及它们的意义也许跟他原来所了解的有点不同。并不是我们故意要立异,只是因为语法学者中间还缺少一个"共同纲领",我们不得不在这里头有所取舍。这个讲话的大纲是经过几度修改的。最初打算只讲语法。后来感觉目前写作中的许多问题都是修辞上的问题,决定在语法之后附带讲点修辞。等到安排材料的时候,又发现这样一个次序,先后难易之间不很妥当,才决定把这两部分参合起来,定为六讲,如上面所记目次。但是修辞部分只限于句子范围,并且以消极方面为主。这当然不够全面,但是和语法放在一块儿讲,恐怕以有这样一个界限为宜。

要让这个讲话联系实际,就免不了有所批评,有所批评就得有个标准。可是我们的语言正处在一个变动的阶段,知识分子的语言变动得快一点,多一点,工农大众的语言变动得慢一点,少一点,因此显得很分歧,很不容易定出一个标准。可是标准还是非有一个不可的。我们固然不应该也不可能采取深闭固拒的国粹主义的态度;可是我们也不能让盲目欧化或一味自我作古的人牵着我们的鼻子走。一般地说,我们应该拿现代汉语的语法规律做基础,适当地采取外国语的语法规律,用来增加我们语言的严密性。文言成分,在用汉字写文章的今天,固然还不容易完全避免,而且有时对于现代语的表现力也还有点贡献。但是这里也是很容易出偏差的;除了应用文言本身的规律来批判,还要考虑它跟整个语句调和不调和。我们的评论竭力求其不偏不倚,不武断;甚至有些地方只是提出问题,不下断语,让大伙儿来讨论,来解决。即使这样,恐怕还是难符合每个人的意思:也许有人以为太苛刻,也许有人以为还不够严格。我们欢迎读者指教。

因为这个讲话侧重在应用方面,所引的例子,错误的或有问题的要比正确的多得多,竟可以说是不成比例。这是因为表达一个意思,正确的格式屈指可数,而错误可以"百出"。比如说,一般句子都有主语,主语都和谓语配合,这是几句话就能说完,几个例子就能证明的,可是在这上头出毛病的很多,就不能不多举些例子。但是这样一来,很容易使初学的人畏首畏尾,提起笔来不敢写下去。这是不必的。只要写的时候留意一点,写了之后再检点一下,自然能减少错误。久而久之,成了习惯,也就不觉得拘束了。

还可能有一种和这个正相反的反应。看了我们的讲话之后,发现有些名家的文章里偶然也有类似这里所指摘的情形,于是就认为这些规律都是庸人自扰,没有理会的必要。这种想法也是错误的。古今中外的名作家,文章里有小毛病的,不乏其例。他们能够成为名作家总有可以叫人佩服的东西,有了这个东西,小小失于检点是不必太计较的,这就是古人所说"不以一眚掩大德"。我们要学习的是他们的"大德",不是他们的"一眚"。初学的人是不能拿名家的败笔来做自己的借口的。

我们的例句的来源,有一般书籍,有教科书,有报纸,有期刊,有文件,有文稿,有通信,有大、中学生的习作;我们没有详细注明出处,只用(书)(教)(报)(期)(件)(稿)(信)(作)标出来源的类别。所以采取这样的办法,一方面固然是为了省点篇幅,更重要的还是因为出版的书刊无穷,我们的见闻有限,要是注出书刊的名称,可能造成一种错误的印象,以为只有这些书刊的毛病最多,而实际上这些书刊也许还是水准较高的。这是指错误和有问题的方面。正确的例句,有些是从现成的文章里引来的,都只注作者,不记篇名;引文较多的作者,就只注个姓,如(毛)代表毛主席,(鲁)代表鲁迅。有些是极普通的格式,没有引证的必要,就自己拟一句,不注什么。

引来的文句,凡是不太长的,都引全句。但为篇幅所限,也为了不分散读者的注意力,有时候不得不删去或前或后的一部分;除非有必要,都没用"……"号。现在的文章里,句子都很长,往往可以分成好几句，我们节取的多半是可以独立的。其次，一个句子往往同时有几个地方有问题，我们不得不挑出一个来归在某一类问题里讨论，可是也许会使读者误会这个句子的其他部分没有问题。我们的办法是：书刊里的例句一概加括号作附带说明；文稿和习作就把无关紧要的错误改正，留主要的一个讨论。

现在书刊的校对工作还不够认真，特别是报纸；因此不免有些语句不是作者原来的模样。遇到这种疑似的情形，我们宁可不用那一句；难免还有失于鉴别因而引上去的，预先在这里向作者道歉。这句话特别适用于标点符号，因为简直无法决定责任在排字工友还是在作者。

最后，说几句可以说是题外也可以算是题内的话。说话和写文章是互相影响的。现在听人在集会里讲话，许多遣词造句欠妥的地方好像都跟时下文章相同，甚至变本加厉。听惯了这些话，写文章的时候也会不知不觉的在笔下流露。这真是"耳濡"和"目染"交相为用了。因此，我们想，写文章的人多推敲推敲，会减少许多人说话的毛病；而说话的人稍为留心一点，对于学着写文章的人也会有点好处。

1979年，中国青年出版社重印《语法修辞讲话》，作者写了《再版前言》，全文如下：

《语法修辞讲话》1951年在《人民日报》上发表，第二年出版单行本。在当时，在初学写作者中间普及语法修辞常识，减少遣词造句方面的毛病，这本书起过一定的作用。同时，它的缺点也渐渐被认识出来，因此，1954年以后就没有再印了。

这本书的缺点有"过"与"不及"两方面。"过"是说这里边有些论断过于拘泥,对读者施加不必要的限制。"不及"又有两点:一,只讲用词和造句,篇章段落完全没有触及;二,只从消极方面讲,如何如何不好,没有从积极方面讲,如何如何才好。这样,见小不见大,见反不见正,很容易把读者引上谨小慎微,不求有功但求无过的路上去,然而大家知道,这样写文章是不可能写好的。

这本书停止重印之后,相识的和不相识的朋友,不止一次向我们建议修改再版。我们终于没有动手修改,是因为经过认真考虑,认识到这不是小修小改可了,需要大修大改,最好是另起炉灶,重写一本,而我们两个当时都没有条件做这项工作。我们说,等等看吧,也许不久就有更好的书来代替。一等就是二十多年。语法修辞、作文指导之类的书出了好些,也都各有优点,各有用处,但是可以完全代替《语法修辞讲话》的好像还是没有。于是出版社又来商量,说是很多读者要求重印。我们想,现在已经有不少的书讲写文章的道理,从正面讲,从大处讲,那么,作为跟这些书相配合,把《语法修辞讲话》稍稍修改,重新出版,也许不至于再产生当初曾经有过的副作用吧。这样,就接受了出版社的建议。

修改的范围不大,主要是换掉一些例句。原来的例句大多数取自当时的报刊,现在有不少过时了。要彻底改变这种情况,显然是不可能,只能把少数非改不可的例句改掉。第一讲里的语法概要有不少的地方跟现在通行的体系不一致,为了避免牵动第二讲以后的用语,没有修改。例句之外,个别论点也有删改,总的说来不多,基本上还是原来的样子。这里边可能还有些议论失之于苛细,我们相信读者能够领会全书总的精神,而不以辞害意。

这个讲话当初在《人民日报》发表的时候,前边有一段引言,后来出单行本的时候扩充成一篇序。现在把原来的引言稍加修改,还印在这里。

此外要说明的还有两件小事情。一,为了使读者对于例句之为正为误能一望而知,从第二讲起,凡是正确的句子,在头上加"。"号为记。二,这次重印保留原来第二讲至第六讲的习题,供读者指摘并改正其中的错误,作为一种练习。要注意的是:一句里可能不止一处有问题,也可能有正文里没有讲到的,也可能有超出本讲范围的;一句句子可能有不止一种修改法。

本书的修订工作是由北京大学陆俭明和胡双宝两位同志担任的,我们在这里致以谢意。

吕叔湘　朱德熙　1978 年 6 月 15 日

龚千炎在《中国语法学史稿》一书里说:"《语法修辞讲话》虽然侧重应用方面,是匡谬正俗之作,但由于作者学识渊博,居高临下,所以能治语法、修辞、逻辑于一炉,并且阐述了一些基本的语法观点,总结了不少语言结构规律,真正做到了雅俗共赏,深入浅出。对于《讲话》,是不能以一般的通俗语法著作来看待的。""《语法修辞讲话》具有鲜明的时代特色,它既有学术性,又有群众性。它文笔流畅,语言活泼,内容丰富,不少群众因它而学得了语法修辞知识,也有一些青年因它而诱发兴趣,走上了研究语言学的道路。《讲话》培养了整整一代人,在中国语法学史上占有特殊的地位。"[①]

《人民日报》6 月 6 日社论和《语法修辞讲话》的发表在社会上引起强烈的反响,有力地推动了汉语规范化的深入发展。各级党组织、政府机关、人民团体都很重视这项工作,做了许多发动、宣传、组织等工作。广大的干部、职工、解放军指战员、中小学教师在自己的工作中感受到迫切需要学习语法修辞知识提高自己的语文运用的能力。这一切

[①] 龚千炎《中国语法学史稿》第 149、150 页,语文出版社 1987 年版。

汇成了群众性的学习语法修辞的高潮,语法知识得到了空前的普及。在《语法修辞讲话》发表之后不久,1952年《中国语文》创刊,在创刊号上开始连载由语言研究所语法小组集体编写的《语法讲话》。在这之后还出版了吕叔湘著《语法学习》(中国青年出版社1953年版)、张志公著《汉语语法常识》(中国青年出版社1953版)、曹伯韩著《语法初步》(工人出版社1952年版)、李荣编译的《北京口语语法》(中国青年出版社1952年版)等。书籍报刊的作者和编辑普遍重视用语造句规范,优秀的现代白话文著作越来越多。这些对现代汉语语法规范都具有重要的意义。语言研究所词典编辑室编辑的《现代汉语词典》,确定了现代汉语的词汇规范。普通话审音委员会发表的《普通话异读词三次审音总表初稿》,对现代汉语语音规范起了积极作用。

五、公布《标点符号用法》

1951年9月,中华人民共和国出版总署公布了《标点符号用法》,这是新中国颁布的第一个标点符号的方案。《标点符号用法》共有标点符号14种,每种标点的名称、形式及用法如下:

(1)句号(。)表示一句话完了之后的停顿。

(2)逗号(,)表示一句话中间的停顿。

(3)顿号(、)表示话中间并列的语汇(包括作用跟并列的语汇相仿佛的并列的短语、并列的分句)之间的停顿。又表示"序次语"之后的停顿。

(4)分号(;)表示一句话中间并列的分句之间的停顿。

(5)冒号(:)表示提示语之后的停顿。

(6)问号(?)表示一句问话完了之后的停顿。

(7)感叹号(!)表示一句感叹话完了之后的停顿。

(8)引号(「」『』)表示文中引用的部分。

(9)括号(( ))表示文中注释的部分。

(10)破折号(——)在文中表示底下有个注释性的部分。又表示意思的跃进。

(11)省略号(……)表示文中省略的部分。

(12)着重号(·用在文字的右边)表示文中特别重要的语句。

(13)专名号(——用在文字的左边)表示文中的人名、地名、团体名之类。

(14)书名号(～～用在文字的左边)表示文中的书名、篇名之类。

以上是对14种符号用法的说明,下面就符号位置的格式做了三点说明:(1)用符号应该注意书面的位置。在14种符号里,前面的7种符号可以用在文字的底下,也可以用在文字的右边。现在一般书刊、文件,用在文字的底下的居多。除了破折号和省略号可以放在一行的开头,引号的"『"、括号的"("可以放在一行的开头、不能放在一行的末了儿之外,其他符号一律不能放在一行的开头。(2)更好的格式。那前面的7种符号用在文字的底下的,一般都居正中。对于这一点,现在一部分印刷厂有所改进:特铸那些符号的模子,让它偏在文字底下的右侧。而且逗号、顿号、分号、冒号4种上下只占半个字的地位,句号、问号、感叹号3种仍占一个字的地位,但是位居右侧的上方。(3)横行文稿和标点符号。本篇的话全是就直行文稿说的。现在文稿横行书写的也不少,应该补说一下。文稿既然从左往右横行,除了着重号放在文字的底下,专名号改为横线、书名号改为横曲线也放在文字的底下之外,其他11种符号都放在文字的右边。在那11种里头,前面7种方向不改变。引号改成"『"和"』";括号改成"("和")";破折号改成横线;省略号改成横行的六个点子:方向都改变了。在横行文稿里,引号用"『"和"』"不很好看,有人就改用西文的引号'」"」和'」「」。那是跟文字的上方齐的,决不能放在一个字的地位的中心。

1951年10月5日,中央人民政府政务院发出《关于学习〈标点符号用法〉的指示》,《指示》全文如下:

政务院所属各委、部、会、院、署、行,各大行政区人民政府(军政委员会),各省、市、行政区及县、市人民政府,并转各报社及通讯社、各杂志社、各出版社、各学校(另抄致人民革命军事委员会、最高人民法院、最高人民检察署、中国人民政治协商会议全国委员会):

  目前全国各政府机关文件和各种出版物的稿件所使用的标点符号,混乱很多,往往有害文意的正确表达,并使领导机关在审阅这些稿件时,不得不费很多时间来作技术性的校正工作。造成此种现象的原因有二:一是缺乏标点符号用法的统一规定;二是处理文件稿件人员未曾注意学习此项用法。为了解决这个问题,中央人民政府出版总署已于9月间公布《标点符号用法》(已由政务院秘书厅发布,另见1951年9月26日《人民日报》第7版),作为统一的标准。务望全国各级人民政府机关处理文件人员、各报刊出版机关编辑人员、各学校语文教员和学生,一律加以学习,务使今后一切文件和出版物,均按该件规定,统一标点符号的使用。
  为了切实消灭乱打标点符号及其他文字混乱的现象,望各机关指定固定的文字秘书,各编辑部指定专职的文字编辑,专司订正一切稿件中文字混乱和标点符号混乱之责。这是健全的机关工作和编辑工作所必要的。

1951年公布施行的《标点符号用法》和在民国时期公布的同类文件相比,有几个显著的进步:(1)定义简明准确。(2)符号的命名更为科学。例如把"私名号"改为"专名号",把"删节号"改为"省略号"。

(3)举例全用典范的现代白话文。(4)"说明"通俗易懂。(5)对符号的位置和使用格式做了规定。(6)对横行文稿的标点形式和位置做了规定。

《标点符号用法》颁行后,报刊上发表了不少论文加以宣传,还出版了一批研究标点符号的著作。除了吕叔湘、朱德熙合著的《语法修辞讲话》第六讲《标点》外,影响较大的还有:周振甫著《怎样使用标点符号》(中国青年出版社1951年版)、徐世荣著《标点符号讲话》(大众出版社1952年版)、张拱贵著《标点符号的理论和实践》(东方书店1954年版)、王自强著《标点符号用法讲话》(新知识出版社1956年版)等。

六、关于民族共同语的讨论

为了推进汉语规范化工作,有必要从学术上对于有关规范化的问题展开深入的讨论。自1952年9月起,《中国语文》杂志陆续发表文章研究和讨论民族共同语和标准语问题,因为这个问题同现代汉语的规范化、汉字拼音化改革密切相关。讨论中有两种观点:一种观点强调要政府明令推行全民公认的标准语——北京话,从而使未来的全民族共同语快快长成。因为标准语必须是一种现有的活方言,不是凭空造出来的,也不是人工修改过的。这样,当地人马上就可以做教师。另一种观点认为:国语运动的结果,教师教的是北京话,学生学到的大都是普通话。由此证明:"以北京话为基础而吸收了更广大的方言因素的普通话是汉语演变的主流,是最自然的全民族的'共同语'。"

针对上述观点,《中国语文》1954年6月号发表了王力的《论汉族标准语》、周祖谟的《根据斯大林的学说论汉语标准语和方言问题》、周有光的《拼音文字与标准语》、拓牧(杜松寿)的《汉语拼音文字的标准语问题》等四篇文章,对于汉民族共同语和标准语的定义和原则,提出了比较能为多数人接受的意见:(1)地方方言(或区域方言)发展为民族共同语,必然有一个地点方言作为它的典型代表,民族共同语才能具体化。(2)标准语和共同语的含义并不完全相同。在汉语的演进中,担任着超越方言的公共语言工具的任务,并代表汉语共通性的发展趋向的语言叫做共同语(或叫共通语)。标准语是在民族共同语基础上经过加工的、规范化的民族共同语。它是人民口语的特别精练的、规范化了和统一了的表现形式,一般指书面语言,即现代文学语言——包括文艺作品、政论文章、科学技术、文件事务等所用语言。当然这种书面语言也可以用口头表达出来,如演讲、报告、广播、话剧之类所用的语言就是。文学语言就是在书面上有固定规范的、全民语言的加工形式。有了标准语,民族共同语就会更加统一、更加巩固,因此必须强调标准语的建立和推行。(3)汉族标准语应该拿北京话做基础,因为北京话基本上代表着现代汉语的文学语言。

民族共同语和标准语的讨论,对于 1955 年 10 月召开的全国文字改革会议和现代汉语规范问题学术会议明确普通话的定义起到了积极的作用。①

七、关于汉语规范化内涵的讨论

《中国语文》1955 年 8 月号发表了林焘的《关于汉语规范化问题》,10 月号发表了罗常培的《略论汉语规范化》,《人民日报》1955 年 10 月 12 日发表了王力的《论汉语规范化》。这些文章指出,汉语规范化不是突然产生的,而是汉语的历史发展的结果;同时,汉语的规范化也不是要求在平地上建造楼台,而只是要求在已有的基础上提高一步。这些文章指出,近代汉语的发展有两股潮流:一股是宋元以来白话文学

---

① 王均主编《当代中国的文字改革》第 345 页,当代中国出版社 1995 年版。

的产生和成长,一股是明清以来"官话"的逐渐渗入各个方言区。到了五四时代,两股潮流趋向合一。一方面白话文运动使白话取得了文学语言的地位;另一方面国语运动又使以北京话为代表的北方话取得民族共同语的地位。但这两个运动的成就不相等,国语运动远远落后于白话文运动。这些文章认为,汉语规范化不能强制,而应该因势利导,从语音、词汇、语法三个方面加以规范。

通过讨论,对于汉语规范化的必要性和重要意义、汉语规范化的对象和内容、规范化的原则等问题,有了比较明确和一致的认识。

一般认为,现代汉语指的是现代汉民族共同语,现代汉民族地方性语言叫做现代汉语方言,以区别于汉民族共同语。民族共同语的集中表现形式是文学语言。所谓文学语言指的是在口语基础上经过加工提炼的语言形式,包括社会科学和自然科学的各种著作,当然也包括文学艺术创作或著作。

现代汉语规范化的对象是普通话的文学语言,主要对象是书面语,但这并不意味着口语就可以忽视不管。文学语言的口头形式和书面形式,两者并非是绝对不同的东西,而是同一性质的两种表现形式。书面语是在口语的基础上加工提炼出来的,反过来它又巩固和指导着口语的发展,两者的联系密不可分,相辅相成。

语言是由语音、词汇、语法三要素组成的结构系统。规范化的内容当然就是现代汉语的语音、词汇和语法。文字是记录语言的符号系统,它是语言交际的辅助工具。如何记录语言和表现语言,这就牵涉到文字的运用问题。对于如何正确地使用文字去记录或表现语言也存在着规范和不规范的问题,因此也要列入规范化工作的范围。

与文字使用相关的是标点符号的规范问题。标点符号绝不是外在或附加的东西,它是文字运用的有机组成部分。就像口语中的语气、停顿等一样。很难想象,没有标点符号的帮助,文字怎么能够正确而充分地记录和表现语言的内容。所以标点符号的规范问题也在语言规范化工作之列。①

第三节　推进文字改革

一、研制并公布《常用字表》

（一）《常用汉字登记表》。1950年6月,教育部社会教育司开始研究常用字,所用的资料是三种字汇和五种课本。三种字汇是辛安亭编《群众急需字》、黄贵祥编《文盲字汇》和吴廉铭等编《中央基本教育小字典》。五种课本是《旅大工人识字课本》、《济南工人文化课本》、《华北民校识字课本》、《晋察冀识字课本》和《山东农民文化课本》。从这八种资料中选出常用字1589字。1950年8月14日召开第一次常用字研究座谈会,会议同意以1589字为基础进行增删。为了增加选字的客观性,又增加了七种统计资料。这七种资料是《六家字汇总计》、《陕甘宁边区群众报常用字》、《天津五百工人识字调查统计》、《华文打字机常用字》、《工人日报常用字盘》、《新华印刷厂常用字盘》和《华东渤海新华书店印刷厂常用字盘》。根据这些统计资料,参考专家的意见,并考虑各个字在生活语言上的实际需要,对1589字进行增删,选出1556字。其中的1017字是最常用字,其余539字是次等常用字。1950年9月15日把1017个最常用字编成《常用汉字登记表》,作为教育部召开的全国工农教育会议的参考资料。同年12月14日召开第二次常用字研究座谈会,会上就如何进一步增删常用字表交换了意见。会后用现行的九种报章杂志将近三万字材料对常用字进行检验,结果是

---

① 王均主编《当代中国的文字改革》第346页,当代中国出版社1995年版。

1017个最常用字的覆盖率是90%,1556个常用字的覆盖率是95%。

(二)《常用字表》。1951年春,教育部社会教育司文字组用第四野战军政治部编印的《三千常用字表》和林天钧编的《福建农民报常用字表》对《常用汉字登记表》进行核对,参考专家的意见进行增删,制订出《常用字表》初稿,包括一等常用字1010字,次等常用字490字,合计1500字。1951年5月14日,教育部设立中国文字改革研究委员会筹备会,筹备会继续进行常用字研究。8月筹备会把《常用字表》初稿和《常用字研究工作总报告》寄给专家征求意见。《常用字表》初稿采用了部分简体字和代用字,如"防"代"妨"、"里"代"裏"、"须"代"鬚"。专家认为简体字正在另行研究,常用字表暂时不必列入;代用办法也要另行研究,本表不必采用。根据专家的意见,对这两类字做了修改,另外还做了一些别的增删,总字数仍然是1500字。11月29日,中国文字改革研究委员会筹备会原则通过,1952年6月5日由教育部公布。1952年6月5日《人民日报》和1952年7月出版的《中国语文》杂志的创刊号都登载了《常用字表》。为了适应"速成识字法"教学的需要,文字组在1952年5月又选出了500个补充常用字。这500个补充常用字不是完全根据统计选定的,所以不列入正式字表。这次公布的《常用字表》主要是用来对文盲进行初步识字教育,同时也可用做编辑识字课本和通俗读物的参考。进行识字教育时先学这些常用字比无计划地任意学字效果要好。下面是教育部公布的《常用字表》,公布时用的是旧字形。

常 用 字 表

〔○前爲一等常用字，○後爲次等常用字〕

一畫至四畫 一又刀丁力了十七二八九人入巳大土干千工己下丈子才寸三也口山上小女久之文方斗六戶火心牙引五王元巳比不木太天夫互瓦支尺切井內中水止少日月午牛父公分及反斤片手毛升欠化仇今介○乙亡巾川士凡瓦匹孔什仍

五畫 永半必立主市右左石召未本布平正示古去世加功打可司民主央只田由四目且北出史另叫母印瓜白句包皮用外犯冬令台失生他代付○它玉末甘巧甲奶奴仗仙

六畫 安守字衣交充羊米次冰决江汗忙有在存老考百至死而共灰式耳扣列地再此早尖光因同回吃收肉向血自合各名如好任休件行全多成年危色先○池吉匠曲劣吐伍伏伙她奸朶朱竹州兇丟

七畫 言忘辛良完究初社沒冷快弟把批投抗找折村材尾局走防那改攻均形豆弄更求志吧呀吸吹別是困男里見助壯步位伯但低你何估住作希身坐災角告兵每免利私我努車○判汽沙序否吞扶技抓屎李夾克却即戒吵旱佈估伸似延妨妥肚肝含狂秀系

八畫 夜育府底店京定官空宗房放於油法河治注波泥況怕性剝並玩板林協抱抵拉抽武東來表奉雨刷到奇其或幸直者承妻靑取易明味呢呼門其些果肯虎花狀牀長依例供使往命念忽委妹姐始爸的肥股朋服迎近物狗非所制知的爸兒季爭受周○宜沿肩享拔抬拒招拖坡附阻刺居岸芽旺典忠尙固帖彼併征爬斧姑糾肺

九畫 洋派活染洗音帝亮度客穿室宣美首前爲軍恨祖神祖計按挑持拾政故封耐飛既研胡胚厚屋要南面革架勇建孩城相春甚英苦若削則界思星是昨品省背保便係侵俗待
很後律紅約急怎科秋香看重食段風負迫○疫突訂洞津恰炸拴眉某柔柱查垮巷耍降勁咬咱哈胃冒茁炭姨怒怨盆泉威拜缸紀牲俄

十畫 益差迷送烟被畝站討訓粉料流海酒消准旅效家容害席病旁高院除格根校捉砲破致配班原展退起弱恐烈套眞書哥夏馬孫恩員哭時財茶草荒桌鬥剛剝倍們倒借個候修拿爹追師臭息般能鬼留娘笑氣缺特敎紙級針租○案疲疹庭座扇悟悔凍浪涉瓶託訊袖畜逃桃桑索栽埋珠恥陣捐振捕挨匪閃骨蚊柴怏耕紛純紗値倡徒娛航胸射島乘倉雙

十一畫 婆凉混深清淺淨許設這情惜密寄競章商產望族部粗麻排推排接探掃理球現規務通連軟敎救蛋責專基陸陰都頂張習帶麥票黃區堅啦啊唱眼晚敗略野問國常堂帳將莊處郵偉偏停假做條得從術猪魚船造透紹細組終婚婦脫脚貨盛第動夠鳥參○寇宿牽率康訪淡添淚梁粒剪蓋啓捲探梯桶械梳屠副娶厠速執堆乾陳爽雪異畢累晨閉圈莫虛蛇偶袋偷健途斜猛猜甜移貪貧

十二畫 游溫減湖補訴就善着善富寒館童厤痛勞陽隊階極棉提換硬殘敢散場報期强雄越替喜童費登發惡雲買量黑華棄單間閉開最跑喊喝晴帽圓鄕創備復術結給結絕絲短程飯順進集衆然無等答筆幾須勝○評盜湯港渴割會賀項植棍揚握揮款欺嵌超趁壺煮尋森喪裁斯朝悲喂喉悶菌貼景暑掌飮稍稅稈稀筐筋筒策牌週焦犁貸象

十三畫 意義道迎逼誠試話該煤減福禍資新裏搖搶損碰碎塊勢遂想較幹頓勤預羣電暗暖照葉落敬萬業與睡罪過園嗎農裝號當歲跳

第三章　起步(1949—1955)　161

路跟愛亂解腦飽媽經傳傷感愁節會〇遊詳
詩煩煉痰塞準塗溝慌楊椏搬搞違逼填碗雷
零楚禁酬鼓隔過置圓歇賊腸腰僅催鼠嫂嫌
嫁鈴爺毀
十四畫　演漠滿誤語說認旗精麼廣實察慢槃齊
遠奪趕歌緊輕際盡劃搶閩圖對蓋獎銀銅
種稱管算像領態疑〇複腐辣寧慣慘滾漲漸
瞅聚需酸磁境摸監夢蒼罰舞鼻餅腿綱綠維
製
十五畫　養適敵調談論課誰請寬窮寫熱慶廠樣
模樓橫輪暫資熱趣增層鞋確彈影墨鬧數
賤餓餘鋪慣衛德衝範篇練編線盤樂靠〇廟
廢憐鄭潔褲遮憂慰播撲標欸穀醉醋閱暴髮
賭劇蝗瞎罷齒賞幣靠質稻稿稼鋤俊膠箱

五百個補充常用字

〔在1500常用字外，我們又選出了補充常用字500個，
合計2000字，供速成識字法突擊生字之用。〕

二畫至四畫　刁叉丸弔氏允仁勺勾
五畫　汁丙刊矛疋扔申乏禾幼冊
六畫　妄污刑托羽臣帆份企
七畫　牢沉灶抄抖扭拋止坑杏束匣玖邪屁忌忍
吼串伴佃佛妖妙妒姊谷皂肘
八畫　沽泡炒衫麥柒拆怕抹枝枕杠松杯析坦奈
亞臥帚阿孤兔垂昏侖叁版刮欣牧卸
九畫　亭扁姿施洲剃恢頁括拼括柳砍珍述型軌
屍屎哄咳盼虐俘悔促敘姻姪娃秒帥盾胎
胖勉
十畫　浮淨浸庫症疾疹衷肓空衰迷烘衿衾拿挈捌
挺捎挾挽柱核栗賞恭辱唇剛唉豈倦倘倶秘
秤秋矩耗翁烏狼狹釘納紋脈脂
十一畫　液淹淋旋覗毫掘捧授拾掀桿梅域逐斬
陷陪晝啞販荷崗患貫倒偽偵售笨符笛梨彩
釣逢
十二畫　湧渡測渣湊惰愉詞診詐註裕尊揩揑
描搜棒叔椅棗堡壹琴博裂粟貳惑粥喚喘
跌距晶著嵌紫傲堡舒傘毯猴絨絡脛腕智黍
甥貿筒
十三畫　溜滑梁棄慎誇煎搭塔塘頑載碑匯疊肅
嗅跨盟暈罩睜睛蜂葬辱肆債微媳矮筷綁綉
袋飾鉛鳴腫腥
十四畫　漏滴漆熄塵瘋瘦瘟蜜寡窩豪膏端敲獃
誘誌誓摔摘榨墊裁壽願魂僕覺歌嘔蒙慕慕
蒸蒜蓄夥嗎魷熏嫩衛網絡蝕
十五畫　潤潮澆潑潯摩瘡審慎諒撤撈撞撤撒
撕椿填萬碼鴉輛趟遭震歐豎賢劈噴踢踪踏
賠膚慮報漿徹徵緣緩鋒銳銷箭艙躺膝
十六畫　濃燒燃燙謂諜擇擔遼積融頸曆蕊蔬
蹄喘錠錦錐貓懇
十七畫　澀燭龍說謎糠糟醜戴翼隱嚇瞭購闊鷹
薪儲繁繼嬰
十八畫以上　鴻襖額擾覆戳鞭蠶獵爆爆顧驚篝
贈懲穩簾簿繼鏡臘釀譯飄譽鹹釋犧饒灌
襪魔驟驅覽攔纜聲攤驕贖臟戀聾罐聲鑰
鑰鑽鑼

二、研制《汉字简化方案草案》

（一）编成《第一批简体字表》。1950年8月9日，教育部社会教育司召开简体字的研究和选定工作座谈会，着手进行汉字简化工作。会议通过了选定简体字的四条原则：(1)整理选定已经通行的简体字，必要时根据已有简字的简化规律加以适当补充。(2)所选定补充的简体字，以楷书为主，间或采取行书、草书，但必须注意容易书写和便于印刷。(3)简体字的选定和补充，以最常用的汉字为限，不必为每一繁难的汉字制作简体。(4)简体字选定后，由教育部报请中央人民政府政务院公布实行。根据上述四条原则，教育部社会教育司于1950年9月15日编成了《常用汉字登记表》，共收常用汉字1017个，每个字下都选用了一个简体。《常用汉字登记表》中的1017个繁体字平均每字11画，简体字平均每字6.5画。简体字与繁体字相比，平均每字的笔画数减少了五分之二。

《常用汉字登记表》及简体字的选定原则于1950年9月底分送到各有关方面和语文工作者征求意见，后来收到了来自11个团体和52位语文工作者的意见。他们对简体字的选定原则提出的意见，主要有两点：(1)选定简体字应该遵循约定俗成的原则。《常用汉字登记表》中的许多简体是各家自创的，缺乏群众基础，这些字不能马上推行。应该把确实已经通行的简体字加以整理、确定，然后予以推行。(2)草书楷化的简体字确有它的优点，即弧形的笔势和笔画的连接，能使书写速度加快。但是弧形交叉和笔画的勾连，却使得汉字的字形差别减少，不仅增加初识字人认读和书写的困难，而且草书楷化的形体远不及正楷体那样结构匀称、美观。因此，草书楷化字体不适于印刷，只有少数楷化的草书简体可以采用。

根据这次征集的意见，教育部社会教育司重新考虑了选定简体字的原则,决定完全根据述而不作的精神选定简体字,并适当注意缩减通用汉字的数目,把异体或可以相互通用的字尽量合并。后经多次研究,于1951年编成了《第一批简体字表》,收录了比较通行的简体字555个。

(二)拟订《常用汉字简化表草案》。1952年2月5日,中国文字改革研究委员会成立,它承担继续研究整理简体字的任务。同年3月25日,中国文字改革研究委员会成立汉字整理组,并召开第一次会议。整理组的成员有叶恭绰、马叙伦、魏建功、季羡林、丁西林。会议决定以1951年教育部社会教育司拟订的《第一批简体字表》为基础,草拟简化汉字笔画和精简字数的方案。汉字整理组确定的拟订简化字方案的原则是:以采用普遍通行的简体字为主,用草书楷化的方法增补。1952年下半年,汉字整理组拟出《常用汉字简化表草案(第一稿)》,收比较通行的简体字700个,送毛泽东主席审阅。1953年3月25日,中国文字改革研究委员会举行第三次会议,传达毛主席的意见。毛主席指出:"过去拟出的700个简体字还不够简。作简体字要多利用草体,找出简化规律,作成基本形体,有规律地进行简化。汉字的数量也必须大大简缩。只有从形体上和数量上同时精简,才算得上简化。"[①](毛主席的这段话,在王均主编的《当代中国的文字改革》一书的第142页作:"过去拟出的700个简化字还不够简。作简体字要多利用草体,找出简化规律,作出基本形体,有规律地进行简化,汉字的数量也必须人人减缩,一个字可以代替好几个字,只有从形体上和数量上同时精简才算得上简化。")经过讨论,会议决定:汉字字形的简化工作,今后要和汉字字数的精简工作结合起来进行,变成全部通用汉字的整理。

---

① 《中国文字改革研究委员会第三次全体会议的讨论记录摘要》,《中国语文》1953年6月号第34页。

根据上述决议，汉字整理组开始进行整理全部通用汉字的工作。首先从数量上试行精简。后来发现精简字数的研究工作，特别是在字的选择上一时不容易得到全面的结果。同时，考虑到简体字的推行和异体字的整理又有迫切需要，于是便决定在 700 个简体字中首先选定普遍流行且没有争议的简体字，编成简体字表。经过反复研究比较，于 1953 年 11 月拟出《常用汉字简化表草案（第二稿）》，表中收入了在社会上广泛流行并且笔画较简的简体字 338 个。这一稿经中共中央文字问题委员会讨论，认为简化的字数太少，要求根据行草书和简体字的偏旁及其他部分，采取类推方法简化。汉字整理组又在中央教育部公布的 2000 常用字范围内，采用了简化偏旁类推简化同偏旁常用字的方法。简化过程中，对于那些除用行草笔画外没有其他十分简便写法的字，就根据行草写法收入到简体字表中，这样就扩大了简体字的数量。1954 年 2 月，汉字整理组拟定了《常用汉字简化表草案（第三稿）》，共收简体字 1634 个。为了进一步探讨《常用汉字简化表草案（第三稿）》的可行性，中国文字改革研究委员会于 1954 年 4 月将第三稿分送到北京的出版、新闻和教育等部门征求意见。根据征求到的意见，汉字整理组对《常用汉字简化表草案（第三稿）》加以修改，把印刷体和手写体分别处理，即把已经整理过的简体字作为印刷体，把那些根据草书笔画简化的字作为手写体。同时，对一些简化不够的字做必要的修改，对遗漏未简的笔画繁杂的常用字补充简化等，于是就形成了 1954 年 6 月的《常用汉字简化表草案（第四稿）》。这一稿包括印刷体 500 多个，手写体 1800 多个。这样做是为了使简体字的推行在印刷上不致引起太大的麻烦，书写上又能充分简便。[1]

---

[1] 《中国文字改革研究委员会第四次全体委员会议纪要》，《中国语文》1954 年 8 月号第 35 页。

1954年7月15日,中国文字改革研究委员会第四次全体委员会议经过讨论,原则通过《常用汉字简化表草案(第四稿)》。会议授权由韦悫、叶恭绰、丁西林、叶圣陶、魏建功、林汉达、曹伯韩组成的七人小组,审核秘书处根据各委员书面意见整理的印刷体简体字表和异体字统一写法表,然后作出简化的标准字表的初稿,经领导批准,公开征求各方意见。七人小组又推定叶恭绰、丁西林、魏建功三人从事具体工作。三人小组将整理范围由2000个常用字扩大到4120字。这4120字是参照商务印书馆出版的《简明字汇》(3500字)、小学教科书、工农教材的生字和几种字典、字汇共有的字选定的。他们把4000多个字按照不同情况分成三个简化字表:第一表是社会上已经广泛流行的简体字或同音代替字,共计674字;第二表是三人小组认为可能还有争议的简体字或同音代替字,共计104字;第三表是不必简化或暂不简化的字,共计3342字。另外,还把4120字以外的拟声字、姓名用字和地名用字中的简化字编入了附表。这就是1954年9月拟定的《常用汉字简化表草案(第五稿)》。

1954年10月,中国文字改革研究委员会就汉字整理问题向中央写了报告,并将《常用汉字简化表草案(第五稿)》作为报告的附件一同上报了中央。这个《报告》分三个部分:第一部分概述了整理简化工作的过程;第二部分叙述了汉字整理简化的原则;第三部分拟定了汉字简化的步骤。11月中共中央对这份报告做了批示,批示说"中央同意这个报告"。

(三)1954年11月,中共中央发出《关于讨论汉字简化方案的指示》。指示全文如下:

我国汉字有很多缺点,必须"在一定条件下加以改革"(见毛主席《新民主主义论》第十五节),而最初步的改革就是简化汉字笔画,使初学者容易书写,并使印刷体和通用的书写体尽量趋于接近和一致。中国文字改革委员会根据上述原则,经过多次的拟议、讨论和修改,现已拟定了一个汉字简化方案的草案,并向中央作了报告。中央同意这个报告,特将它转发各地,望各地党政负责人特别是宣传文教负责人加以阅读。根据中央指示,这个汉字简化方案草案将在个别报纸刊物上公布和试用,借以征求读者意见;同时文改会不久将与教育部联合向各省市教育厅局发出汉字简化方案草案,广泛征求意见,望告各教育厅局在收到后分发各高等学校、中等学校、城镇中的高级小学、大中城市的完全小学的语文教师以及其他有关的社会人士(具体范围将由文改会和教育部通知),并可有重点地召集一些座谈会,请他们在阅读后或座谈后对草案提出个人意见或集体意见,于1955年1月份内将意见寄交各省市教育厅局,以便各教育厅局于1955年2月份内将收到的意见初步整理后汇交北京中国文字改革委员会统一处理。又文改会准备于1955年5月份召开全国文字改革代表会议讨论通过此项草案,参加会议的代表人选亦望告各教育厅局注意研究推荐(代表的具体名额条件亦由文改会和教育部另行通知)。在部队方面和中央一级机关团体中征求意见和推派代表办法由文改会直接同总政治部和其他有关单位商定办理。

(四)拟订《汉字简化方案草案》。1954年11月30日,中国文字改革委员会常务委员会举行第一次会议。根据中央的批示的精神,在《常用汉字简化表草案(第五稿)》的基础上再作必要的修改,最后形成《汉字简化方案草案》。草案分为三个表:(1)《798个汉字简化表草案》;(2)《拟废除的400个异体字表草案》;(3)《汉字偏旁手写简化表草案》。第一表是汉字笔画的简化,第二表是汉字字数的简化,第三表是汉字写法的简化。

1955年1月7日,中国文字改革委员会、教育部、中国人民解放军总政治部、中华全国总工会发出联合通知,印发《汉字简化方案草案》30万份,要求各省市教育厅局、部队和工会组织讨论,征求意见。同年2月2日,中央一级主要报纸、刊物发表《汉字简化方案草案》。3月至4月,政协全国委员会根据周恩来总理的指示,举行关于汉字简化和改革问题的报告会。出席报告会的有全国政协常委、人大常委和中央各部委的负责人。此外,中央国家机关,主要是文化部、教育部、邮电部、新华社等与文字改革关系比较密切的部门,分别组织干部群众讨论了《汉字简化方案草案》。

1955年1月20日,中国文字改革委员会主任吴玉章在国务院全体会议上作了《关于整理汉字问题的报告》。报告分三个部分:一是整理工作的经过;二是整理简化的原则;三是逐步推行的步骤。报告回顾了《常用汉字简化表草案》从一稿到五稿的探讨与选定过程,在汉字的整理和简化过程中,一直遵循适当控制简化面和约定俗成的原则。在《常用汉字简化表草案(第五稿)》的基础上又进行了增删和修改,后将《798个汉字简化表草案》、《拟废除的400个异体字表草案》和《汉字偏旁手写简化表草案》合成为一个方案,即《汉字简化方案草案》。同年1月22日,中国文字改革委员会向中央国家机关、各民主党派、各高等院校发出通知:《征求对〈汉字简化方案草案〉的意见》。下面是《798个汉字简化表草案》:(下页表)

(五)胡乔木谈《汉字简化和改革的问题》。1955年3月15日,胡乔木在政协全国委员会举行的报告会上作了题为《汉字简化和改革的问题》专题报告。报告分为四个部分:

1.汉字简化有什么好处。简化汉字,首先是对已经存在的事实的承认。自从中国有文字那天,就有简体字的存在了。中国最早的文字

798個漢字簡化表草案

本表依照部首排列，□內是部首。每欄上行的字是原來通用的，今後擬簡化为下行的字，在印刷和書寫上一律使用。但是在書寫的時候，也可以按照"漢字偏旁手寫簡化表"，寫得更簡化一些。每欄上行的字，除翻印古籍外，擬一律作廢。

〔一〕	〔乙〕	亂	〔入〕	份	伙	佈	佔	佰	併	係	侯	候	倖	倆	個	倉	偉
並井	乾干	乱		分	火	布	占	伯	并	系	矣	矣	幸	俩	个	仓	伟
備	傘	傢	僂	傭	傷	僅	僑	偽	像	僕	僚	儈	儉	價	儀	儂	億	儒	儘
备	伞	家	偻	佣	伤	仅	侨	伪	象	仆	仃	佥	检	价	仪	侬	亿	仟	侭
優	償	〔兒〕	兔	〔入〕	兩	〔冫〕	冰	凍	瀆	鳳	〔刀〕	剋	剛	副	副	創	剗
优	偿		兔		两		冰	冻	渎	皇		克	刚	剧	付	创	刑
劃	劇	劍	劉	創	剌	〔力〕	勁	務	動	勞	勝	勢	勵	勤	〔匚〕	區	匯	〔十〕	協
划	剧	剑	刘	创	剂		劲	务	动	劳	胜	势	励	劝		区	汇		协
〔厂〕	厭	屬	〔厶〕	私	參	〔又〕	叢	〔口〕	啓	喬	喪	嗇	喻	嘍	嘗	嘔	嘰	嘯	嘗
	厌	厉		厶	参		从		启	乔	丧	啬	呛	喽	尝	呕	叽	啸	咚
噸	嚮	嚇	嚮	嚨	嚴	囉	囌	嘱	〔口〕	園	圍	圓	團	圖	〔土〕	堅	執	堂	報
吨	咀	吓	向	咙	严	罗	哒	嘱		园	围	元	团	昌		坚	执	堂	报
塊	場	塵	墊	墳	墾	壓	壞	壟	壤	壩	〔士〕	壯	壽	〔夕〕	夢	〔大〕	套	奪	寫
块	坊	尘	垫	坟	垦	压	坏	坌	址	坝		壮	寿		梦		奎	夺	写
奩	獎	奮	〔女〕	妝	妊	姦	婦	嬰	嬌	孫	學	〔宀〕	寃	寐	寢	寧	實	寫
区	奖	奋		妆	任	奸	妇	婴	娇	孙	学		冤	寐	寝	宁	实	写
寶	寵	〔寸〕	將	對	尋	導	〔尢〕	尷	〔尸〕	屍	層	屢	屬	〔山〕	崗	嶇	嶼	嶽	巒
宝	宠		将	对	寻	导		尴		尸	层	屡	属		冈	岖	屿	岳	峦
嚴	〔巾〕	帥	師	帳	幫	幣	織	〔干〕	幹	〔幺〕	幾	〔广〕	廟	廠	廢	龐	廬	應	〔弓〕
岩		帅	师	帐	帮	币	织		干		几		庙	厂	废	庞	庐	应	

張张	彆别	彌弥	彎弯	〔彳〕	後后	徑径	從从	復复	徧遍	徹彻	〔心〕	悵怅	惱恼	愛爱	態态	慘惨	慶庆	憂忧	憐怜
慾欲	慮虑	憑凭	憶忆	應应	懇恳	懷怀	懲惩	懸悬	懼惧	戀恋	〔戈〕	戰战	戲戏	〔手〕	招召	挖兜	捍扞	掛挂	拾舍
採采	捲卷	掃扫	搶抢	搗抠	搜挖	摺折	撈捞	撚捻	撲扑	撥拨	撩打	據据	撿捡	擇择	擅坛	擁拥	擋挡	擔担	擠挤
擰拧	擬拟	擊击	擴扩	擾扰	擺摆	攬揽	攀扳	攏拢	攙搀	攜携	攝摄	攢攒	攤摊	攪搅	〔支〕	數数	敵敌	敷敷	斂敛
〔斤〕	斷断	〔方〕	於于	〔日〕	時时	晉晋	晝昼	曆历	曬晒	會会	〔木〕	東东	條条	桿杆	棗枣	棧栈	棟栋	楓枫	
棄弃	業叶	榮荣	檜桧	樣样	標标	樓楼	樂乐	槳桨	樞枢	椿桩	橋桥	機机	樹树	橘桔	樸朴	檔档	檢检	檀坛	櫃柜
檸柠	櫺枱	檳槟	權权	櫳槓	〔欠〕	款欵	歐欧	歡欢	〔止〕	歲岁	歷历	歸归	〔歹〕	歿没	殘残	殮殓	殲歼	殯殡	殲歼
〔殳〕	殺杀	殼壳	毆殴	〔毛〕	氈毡	〔气〕	氣气	〔水〕	淺浅	淵渊	湧涌	滅灭	滄沧	滲渗	漚沤	漲涨	滬沪	漢汉	漆柒
滴卤	潑泼	漿浆	撈捞	潛潜	涼汀	澤泽	濃浓	潔洁	濁浊	澱淀	濟济	濱滨	濘泞	濤涛	濫滥	濕湿	澀涩	瀉泻	瀏浏
瀰涎	濾滤	瀋沈	瀘泸	灘滩	灑洒	灣湾	煞杀	熱热	燈灯	燉炖	勳勋	燃然	營营	燭烛	燦灿	爐炉	爐炉	〔爪〕	
為为	〔爻〕	爺爷	爾尔	〔爿〕	牀床	〔片〕	牆墙	〔牛〕	犢犊	牽牵	犧牺	犢犊	〔犬〕	猶犹	獅狮	猻狲	獨独	獲获	
獰狞	獵猎	獸兽	獻献	〔玉〕	瑪玛	瑞瑞	環环	瓊琼	瓏珑	〔瓦〕	甕瓮	〔生〕	產产	〔田〕	畝亩	異异	畫画	當当	疇畴
疆畺	壘垒	〔疋〕	疎迁	〔疒〕	疫疫	瘋疯	瘧疟	瘡疮	瘻瘘	療疗	癡痴	癢痒	癤疖	癥症	癩癞	癱瘫	〔癶〕	發发	
〔皮〕	皺皱	〔皿〕	監监	盡尽	盤盘	盧卢	眾众	眼眼	睜盯	矇蒙	〔矢〕	矯矫	〔石〕	砲炮	硃朱	硚碍	礦矿		

170　当代中国的语文改革和语文规范

礫砾	礬矾	(示)祇只	禍祸	禦御	禮礼	(禾)	稱称	種种	穀谷	穡穑	穢秽	穩稳	(穴)	窩窝	窪洼	窮穷	竇窦	竅窍
竈灶	竊窃	(竹)	第弟	答荅	等等	筆笔	箋笺	算筭	節节	篇萹	範范	篩筛	築筑	簽签	籤签	籌筹	籃篮	籠笼
籤签	籬篱	籮箩	(米)籲吁	粱梁	糠糠	糧粮	糰团	糶粜	糴籴	(糸)	經经	緊紧	網网	綱纲	線线	緯纬	練练	絡络
縣县	總总	縷缕	繃绷	縱纵	織织	縛缚	繡绣	繁繁	經经	繩绳	繪绘	繭茧	繳缴	繽缤	繼继	纏缠	纍累	續续	纔才
纖纤	纜缆	(缶)	罈坛	(网)	罷罢	羅罗	(羊)羲义	(羽)習习	(耒)	耰耧	(耳)聖圣	聘聘	聲声	聯联	聰聪	職职	職职
聽听	聾聋	(聿)	肅肃	(肉)	脈脉	胸胸	腎肾	脹胀	膽胆	腦脑	腫肿	膛膛	膚肤	膠胶	臉脸	膽胆	膿脓	臍脐	臘腊
臟脏	(臣)臨临	(臼)與与	興兴	舉举	舊旧	(舟)艙舱	艦舰	(艮)艱艰	(色)艷艳	(艸)	莒茑	莊庄	莖茎	蒡蒡	菓果
華华	萬万	葦苇	蓋盖	席席	蒼苍	蘿萝	蔴麻	薑姜	薦荐	薔蔷	蕭萧	薺荠	藍蓝	藏藏	薩萨	藥药	藝艺	蘇苏	蘆芦	蘋苹
蘿萝	(虍)	處处	號号	廎庐	虧亏	(虫)	蝸蜗	蠱虱	蝦虾	螢萤	蟬蝉	螻蝼	螳螳	蟲虫	蠟蜡	蟻蚁	蠅蝇	蠔蚝	蠟蜡
蠱蛊	蠶蚕	(血)衊蔑	(行)	術术	衝冲	衛卫	(衣)補补	裏里	褂褂	裝装	襃褒	檔档	襖袄	襪袜	襯衬	襬摆	襯衬
襲袭	(西)覆复	(見)親亲	覺觉	覽览	觀观	(角)觸触	(言)註注	註注	誤误	認认	諷讽	諱讳	謙谦	謂诣	嫗讴
證证	識识	訊讯	譯译	議议	譽誉	讒谗	護护	變变	讀读	讓让	讚赞	(豆)豈岂	豎竖	豐丰	(豕)貌貌	貓猫	(貝)蹟迹
貳贰	買买	賓宾	賬账	質质	寶宝	賢贤	賤贱	贊赞	贖赎	贓赃	(走)趕赶	趙赵	趨趋	(足)跡迹	踐践	邏迳	蹟迹
蹻跷	蹟跻	(身)軀躯	(車)輕轻	輪轮	輻辐	轟轰	轎轿	(辛)辦办	辭辞	(辰)農农	(辶)邏迳	這这	週周	運运

遊	過	達	違	遠	遞	逯	遷	適	選	遲	遼	還	邁	邊	遷	〔邑〕	郵	鄉	鄒
游	过	达	违	远	递	逊	迁	适	选	迟	辽	还	迈	边	迳		邮	乡	邹
鄭	鄧	〔酉〕	醖	醜	醫	釀	醱	〔釆〕	釋	〔里〕	釐	〔金〕	鋤	銲	鋼	錶	錢	錄	
郑	邓		酝	丑	医	酒	酝		释		厘		锄	钎	钢	表	钱	录	
鍋	鎖	鎔	鏟	鏇	鐔	鐮	鐺	鐵	鋪	鑄	鑒	鑠	鑰	鄉	鑷	鑽	鑿	〔長〕	長
锅	锁	熔	铲	铣	钟	钉	铛	铁	锈	铸	鉴	铄	钥	乡	镊	钻	凿		长
雙	開	閂	閣	關	閧	〔阜〕	陰	陳	陸	隊	陽	際	險	隨	隱	隴	陘	〔隹〕	雖
双	开	板	阁	关	阱		阴	陈	陆	队	阳	际	险	随	隐	陇	阵		虽
雙	雞	雛	雜	離	〔雨〕	雲	電	靈	〔革〕	鞏	鞦	韆	〔韋〕	韋	韌	〔音〕	韻	響	
双	鸡	雏	杂	离		云	电	灵		巩	秋	千		韦	韧		韵	响	
〔頁〕	頭	頸	頜	類	顯	〔風〕	風	颭	颶	颼	飄	〔飛〕	飛	〔食〕	餮	餐	饒	餚	
	头	颈	腭	类	显		风	飒	刮	飕	飘		飞		养	餐	饶	肴	
銀	饑	饞	〔馬〕	駒	驪	驛	驚	驗	驢	〔骨〕	骯	體	髒	〔髟〕	髯	鬚	〔門〕	閲	
银	饥	馋		驱	骄	驿	惊	验	驴		肮	体	脏		胡	须		阅	
〔邑〕	鬱	〔鳥〕	鳳	鶴	鶯	鷗	〔鹵〕	鹹	鹼	鹽	麗	〔麥〕	麵	〔麻〕	麻	糜	〔黑〕	點	
	郁		凤	鹤	莺	鸥		咸	碱	盐	丽		面		麻	糜		点	
黨	〔龜〕	鼇	鼓	鼕	〔齊〕	齋	〔齒〕	齠	齡	齦	齷	齲	〔龍〕	龍	龕	〔龜〕	龜		
党		鳌	鼓	咚	齐	斋		龆	龄	龈	龌	龋		龙	龛		龟		

＊上面798个字簡化後，原字作廢，只有"乾""繳"這兩个字是例外。"乾"用於"乾坤"
"乾隆"的時候仍舊作"乾"，"繳"用於"繳获"的時候仍舊作"繳"。

是甲骨文，但甲骨文的字就有好几种体的，它们有简的有繁的，繁体和简体之间的差别，比现在还大。虽然简体字的历史已经很久，但过去被压制着，得不到发展。第二，繁体字是很难学、很难记、很难写的。写简体字可以少花一些时间，无论对于文盲还是学者、老百姓还是大干部，都是欢迎的。第三，现在我们的字体很乱，印刷体与手写体就不一样。如果要省去麻烦，避免混乱，就应该使汉字简单化，就要按照国务院中国文字改革委员会提出的简化原则来整理汉字。总之，汉字简化是历史的趋势，为了减轻学习汉字的人的负担，必须简化汉字。

2. 汉字简化有什么坏处。第一种意见说，简化汉字破坏了汉字的传统。简化的确会使汉字的传统规律破坏,但这并不是现在才破坏的,而在很早就破坏了的,问题是维持规律好呢,还是为求方便好? 第二种意见认为,简化的汉字不美观,不庄严。字的好看不好看,完全是心理上的错觉,看熟了就好看,没有看熟就不好看。假如有两桶水,一桶是热水,一桶是冷水,把一只手放在热水里,另一只手放在冷水里,然后把两只手拿出来放在一桶温水里,这时候两只手的感觉是不一样的;一只手觉得这是冷水,另一只手觉得这是热水。我们感觉字的美观不美观,道理也一样。第三种意见认为现在公布的字都不认识,本来识字的人都要变成不识字了。这完全只是个别情形,如果认为增加很多负担,这是夸张。

3. 汉字的前途怎么样。汉字前途是不会灭亡的,大概到世界共产主义的时候也不会灭亡,也会有学者来研究,但是汉字在中国绝大部分人民中长期使用下去,就会造成很大的不便,所以经过一定的时间,汉字最后还是要走拼音方向的。原因很简单,即世界上几乎所有国家都用拼音文字,因为拼音文字比较科学合理。总之,汉字的前途,一、不会永远延续下去,一定要过渡到拼音文字;二、不会很快地过渡到拼音文字。

4. 我们现在应该做些什么工作。第一,希望大家对《汉字简化方案草案》很好地研究讨论,得到完满的结果,然后由国务院加以公布。第二,关于技术上的问题应该加以研究。第三,继续研究汉字的精简问题。第四,尽可能在小学教育里研究怎样应用注音教学汉字。第五,应该研究汉语的标准语和方言。第六,要研究汉语的语词。最后,还要研究拼音文字的方案,和如何过渡到拼音文字的方案。①

(六)对《汉字简化方案草案》的讨论。1955 年 6 月 18 日,吴玉章

---

① 胡乔木《汉字简化和改革的问题》,《胡乔木谈语言文字》第 74 至第 87 页,人民出版社 1999 年版。

给周总理的报告中说:"《汉字简化方案草案》在今年 1 月间发表,经过全国各地各界人士进行讨论座谈以后,现在极大部分意见已经集中到我会,并加以整理。根据这些意见,我会已对《汉字简化方案草案》作了初步修正。简化的汉字分成两部分,第一部分是准备正式采用的,第二部分将继续由群众讨论并试用,经过试用以后,再行开会通过,作为第二批公布。如此分批推行,准备二三年内,逐步做到大量汉字简化。从 5 月份起,首都和天津已有 40 余种报纸、杂志应读者要求,从《汉字简化方案草案》中挑选了 57 个最通行的简字先行试用,效果尚好。从 7 月份起,将再行增加 88 个简化字,先在报纸杂志上试用。"报告还请国务院在 7 月初成立汉字简化方案审订委员会,对修正的草案加以审订。

1955 年 7 月 13 日,经中共中央书记处同意,国务院成立了汉字简化方案审订委员会,董必武任主任委员,郭沫若、马叙伦、胡乔木任副主任委员,张奚若、沈雁冰、许广平、朱学范、邵力子、张修竹、项南、徐忻、老舍、曾昭抡、邓拓、傅彬然等 12 人为委员。

自 1955 年 1 月《汉字简化方案草案》发表至 7 月 23 日止,中国文字改革委员会收到群众来信或意见书共 5167 件。此外,各省市教育厅局和部队、工会都召开了专门讨论简化字的会议。中国人民解放军总政治部宣传部、各省市教育厅局及各省市工会分别汇总整理了本地区和本系统对《汉字简化方案草案》的意见。全国参加讨论的人数达 20 万,其中赞成《汉字简化方案草案》的人数达 97%。中国文字改革委员会根据各方面的意见,对《汉字简化方案草案》再次进行修订,于 1955 年 9 月拟出《汉字简化方案修正草案》,提交国务院汉字简化方案审订委员会审订。《汉字简化方案修正草案》删除了《汉字简化方案草案》中《拟废除的 400 个异体字表草案》和《汉字偏旁手写简化表草案》两部分内容,简化字由原草案的 798 字变成 512 字,另外增收了简化偏旁

56个。此外,单独整理了异体字,拟订了《第一批异体字整理表草案》。

从上面的介绍可以知道,《汉字简化方案草案》的拟订工作非常严肃认真,充分吸收了专家和群众的意见。

三、改革汉字文本的排写款式

在中国古代,汉字文本沿用秦汉简帛的书写款式,一般是直行右起。到19世纪末,随着与西方拼音文字的接触,逐渐出现了横行左起的款式。1892年卢戆章出版的切音字著作《一目了然初阶》(中国切音新字厦腔),书中的55篇汉字和切音字对照读物都是横行左起。五四时期的语文改革家都积极主张实行横行左起。钱玄同在1917年5月1日出版的《新青年》第3卷第3号通信栏讨论西文译名问题时,提出"汉文须改用左行横迤,如西文写法"的主张。1935年12月,中国新文字研究会发起《我们对于推行新文字的意见》签名运动时,在《签名书》内专门提到横排问题,主张汉字编印的书报都用横排。鲁迅说:"至于改作横行,那是当然的事。"[1]

新中国建立以后,汉字文本改直行右起为横行左起的问题引起广泛的关注。1952年2月5日,郭沫若在中国文字改革研究委员会成立大会上的讲话中谈到:"文字如果用拼音,那么书写、印刷恐怕都不能直行,必须自左至右地横行。""文字横排是能减少目力消耗的,并且现代科学论著多已经是横写,因此我建议将来拼音化了的中国文字宜横写右行。"1954年,胡愈之、叶圣陶等人相继发表文章,提倡汉字文本实行横排左起。

1955年1月1日,《光明日报》首先实行横排左起。《光明日报》在《为本报改成横排告读者》文章中指出:"我们认为现在中国报刊书籍

---

[1] 鲁迅《汉字和拉丁化》,《鲁迅全集》第5卷第449页,人民文学出版社1956年版。

的排版方式,应该跟着现代文化的发展和它的需要而改变,应该跟着人们生活习惯的改变而改变。中国文字的横排横写,是发展的趋势。"接着于1月3日,《光明日报》发表了胡愈之的文章《中国文字横排横写是和人民的生活习惯相符合的》。1955年10月召开的全国文字改革会议,决定进一步在全国所有的报刊、图书上推广横排。《全国文字改革会议决议》里提出:"建议中华人民共和国文化部和有关部门进一步推广报纸、杂志、图书的横排。建议国家机关、部队、学校、人民团体推广公文函件的横排、横写。"同年11月12日,中国人民解放军总政治部向全军发出了《关于在军队中推行简化汉字、推广普通话和实现语言规范的通知》,对报纸、杂志、图书和公文、函件的横排横写问题也提出了要求。同年11月21日,教育部发出《关于在各级学校推行简化字的通知》,要求各级教育行政部门和各级学校的公文、函件、出版物、印刷物等在逐步推广使用简化字的同时,"应该逐步地横排、横写。学生的作业本、试卷等也应该尽量横排横写。"

从1956年元旦开始,《人民日报》等中央一级的报纸全都改为横排。接着,全国的报刊书籍采用横排的越来越多。"全国性的报纸,自1956年元旦起全部改为横排,大多数省报已经或者正在准备改为横排。根据1955年年底的统计,全国372种期刊中,横排的有298种,占80.1%。1956年起,全国性的期刊,除了一两种仍用直排外,已经全部改用横排。一年来,图书采用横排的亦在逐渐增多。"[①]在这之后,全国的出版物逐渐地全面实行了横排。1966年1月《毛泽东选集》出版了横排本。1981年2月27日,国务院办公厅发布的《国家行政公文处理暂行办法》规定:国家行政公文的"文字一律从左至右横写、横排"。

[①] 吴玉章《中国文字改革的道路》,《文字改革文集》第109页,中国人民大学出版社1978年版。

汉字文本排写款式的变革,是合乎书写规律、符合现代科技发展要求的,也是中国语文改革的重要内容。关于汉字横排的作用和意义,周有光指出:"今天,横排已经成为普通的形式。今天的学生对那些反对横排的理由已经无法理解了。他们只懂得应当横排的理由:人的两只眼睛是横排的。横排方便'扫读',方便夹入阿拉伯数字和拉丁字母,方便数理化的演算和科技书籍的排印,跟全世界多数文字的排列一致。汉字横排是'五四'时代开始提倡的,到解放以后才全面实现。"①

四、精简汉字字数的研究

汉字字数太多,给汉字的学习和应用带来许多不便,也不便于汉字的机械处理和信息处理,因此适当限制和减少汉字的字数是整理汉字工作的重要内容。

《现代汉语通用字表》的研究是从1953年开始的。1953年3月25日,中国文字改革研究委员会召开第三次全体委员会议,会议根据毛泽东主席关于"汉字的数量也必须大大减缩"的指示,经过讨论研究决定:汉字形体的简化工作,今后要和汉字字数的精简工作结合起来进行,变成全部通用汉字的整理。中国文字改革研究委员会汉字整理组根据会议的决议,开始整理全部通用字,首先试行从数量上精简。

当时确定的精简汉字原则是:

(1)凡是几个字有一个共同的声旁,在现代汉语中读音基本上相同的(这主要是根据北京音说的,也参考重要方言和传统的读音),用这个共同的声符代替这几个字。例如"巴"代替"芭、笆、疤、爸";如果这几个字的共同声旁的读音已经和那些字不同了,

---

① 周有光《文改漫谈》,《语文风云》第21页,文字改革出版社1980年版。

就在它们中找一个较常用的代表字作为精简汉字,代替这几个字。例如"波"代替"玻、菠"(用"皮"代替是不行的)。

(2)凡是同音代替,尽可能用较常用的代替不甚常用的;用历史上本来有的或久已习惯代用的字代替其他的字;用笔画较简单的字代替笔画较多的字。例如"把"代替"靶","拔"代替"跋","际"代替"祭"(常用的代替不常用的);"板"代替"版"和"闆"(习惯上已代用);"户"代替"護","于"代替"籲"(以简代繁)。

(3)实行同音代用的时候,尽量照顾到历史上的读音关系。因此,尖音字和团音字不能互相代替;一个字因音义变化而有几个读音的,尽可能避免用它去代替别的字。例如尖音的"千"不能代替团音的"嵌";"长"不能代替"肠",以免 chángzi 被读为 zhǎngzi。

(4)凡是字的形状或意义比较近似,容易发生联想的,用笔画较少、意义范围较宽的一个字代替和它近似的字,例如"惠"代替"慧"(形义都相似),"播"代替"簸"(意义相近)。某些意义上分化出来的字,如果不是绝对必要也尽量用本字代替。例如"果"代替"菓"。但是,如果在构成词汇时有发生意义混淆的可能,就应注意避免。例如不能用"敬"代替"警",以免"警告"和"敬告"混用。

(5)凡是形体较简单,本身用处不多但又不可以精简掉的字,在不发生意义混淆范围内,也可以用它代替其他语源和形体、意义都没有什么关联的字。如"己"代替"既","丙"代替"饼","片"代替"骗"。

应用上述各条原则,如果有冲突的时候,采取其中较主要的一条或几条;总之以使精简汉字能便于广大人民写用为主要目的。此外,还规定了夹用拼音的原则。

汉字整理组经过搜集整理,于 1953 年 11 月拟出《7685 字分类表》。该表共分 12 个分表,即:

(1)古代文言用字 894 个——这部分字,除大中学文学读本和历史读本外,一般不用,可删。

(2)罕用字 482 个——这些字可以拼音化。

(3)拟声字(包括语助字、感叹字)86 个——可以拼音化。

(4)译音专用字 36 个——可以拼音化。

(5)联绵字 622 个——可以拼音化。

(6)异体字 1638 个(包括《学文化字典》中的别体字和简体字)——每组选用一个,其余删去。

(7)地名专用字 229 个——可以用同音或音近的字代替或拼音。

(8)姓氏专用字 106 个——拟保留常用的一部分,其余拼音。

(9)行业专用字 309 个——在文章里拼音化。

(10)学术专用字 64 个——同音代替或拼音。

(11)口语生僻字 340 个——拼音。

(12)一般用字 2829 个——一部分可用同音代替。

一般用字 2829 个中,有部分字还可以用同音代替的方法进行精简。经过合并,得出 1469 个汉字,拟定名为"精简汉字"。"为了试一试'精简汉字'的效用,秘书处做了一个实验,拿它来书写九篇不同体裁的文章(总字数 8451)。结果是:各篇有 16% 到 26% 的现行汉字被代替或拼音化了(总计 1562 字,占 8451 字的 18% 强),这个比率是并不高的。这样,通行汉字文章的基本面目还保持着,知识分子不会感到改变太多,无法识读。同时,由于汉字的总数减少了,文盲和儿童学习起来将比现在容易些。"①

《1469个精简汉字表》经过书写各种体裁文章的检验和征求意见,发现有以下一些问题:

(1)有些单音词用精简汉字来写或者用拼音,人们一下子不容易看懂,须更多地依靠上下文去猜。这样,对社会应用很不方便。

(2)有时候被精简字的原有含义还要起作用,这样就有可能形成误会。例如"除苗"代替"锄苗",就可能误为把苗除掉。

(3)用注音字母或者新的拼音字母书写文章中拼音部分,必须先使人学熟拼写法,不然一见读不出或读不准音。而在当时的情况下,没有一种拼音字母是群众普遍熟悉的,词儿连写大家也不会。

(4)写学术及行业专用词的字,全部被代替掉或者拼音化,有很大困难。例如把"溶液"写成"溶夜",人们不知是什么意思。

(5)对于哪些字被保存了,哪些字被精简掉了;什么字代替什么字,什么字又须用拼音,一般已识字的人需要花费时间记忆或翻查字表才能弄清,因此,产生抵触情绪。

上述种种困难和问题的存在,说明过急地推行精简汉字是不行的,应该加强研究,从长计议。②

---

① 《1953年汉字整理工作概况》,《中国语文》1954年2月号第32页。
② 王均主编《当代中国的文字改革》第178页至第179页,当代中国出版社1995年版。

第四节　召开全国文字改革会议

一、会议概述

为了总结新中国建立以来的文字改革工作,确定文字改革的方针,特别是要研究解决简化汉字和推广普通话这两个问题,教育部和中国文字改革委员会于1955年10月15日至23日在北京联合召开了全国文字改革会议。参加会议的有来自全国28个省、市、自治区和中央一级有关机关、人民团体和部队等的代表共207人。

中国文字改革委员会主任吴玉章致开幕词。国务院副总理陈毅就政治形势和文字改革、推广普通话问题作了讲话。陈毅指出:"在有几万万文盲的国家里,不可能建成社会主义社会,不可能有强大的工业建设。"因此,不能简单地从文字改革本身来看文字改革问题,"应该把它和完成三个五年计划和我国建成社会主义工业国家联系起来"。他要求把文字改革放在可靠的基础上。汉字简化要扎扎实实地搞,推行普通话要有步骤地进行,不能强迫人家讲普通话。中国科学院院长郭沫若以《为中国文字的根本改革铺平道路》为题在会议上讲了话,他特别就汉字的发展历史和改革道路作了科学的分析。文化部部长沈雁冰以《文化艺术工作者必须把自己的创造劳动和文字改革工作相结合》为题作了讲话。会议的主题报告是文改会主任吴玉章作的《文字必须在一定条件下加以改革》和教育部部长张奚若作的《大力推广以北京语音为标准音的普通话》。会议还听取了文改会汉字整理部主任叶恭绰作的《关于汉字简化工作》的报告。会议同意汉字简化的原则、步骤,即选定字形要尽量采用群众中已经通行的简化字,而推行步骤要采取逐步分批实施的方式。会议对《汉字简化方案修正草案》中的简化字进行了逐字讨论,决定对《汉字简化方案修正草案》中的 19 个简化字进行修改,取消 1 个简化偏旁。会议通过了《汉字简化方案修正草案》,这个《修正草案》共有简化字 515 字和简化偏旁 54 个。会议还通过了《第一批异体字整理表草案》,建议由新闻出版部门立即实施。文改会秘书长叶籁士代表文改会作了关于几年来进行汉语拼音方案研究工作的发言。他把拼音方案委员会提出的六种拼音方案草案的初稿(四种汉字笔画式,一种拉丁字母式,一种斯拉夫字母式)发给到会的代表。会议通过了提案审查委员会的《提案审查报告》和《全国文字改革会议决议》。中央宣传部副部长胡乔木作了总结性发言。张奚若致闭幕词。

二、吴玉章的报告《文字必须在一定条件下加以改革》

(一)报告阐述了汉字改革的必要性,汉字改革的方向和目标。报告说:"汉字在我国人民的悠久的文化历史中有过伟大的贡献,它对于我国社会生活的各方面有着深广的影响。""另一方面,我们不能不承认汉字是有严重缺点的。""从实用方面来说,汉字使用在书写、印刷、电报、打字、检字、索引上面,都要比拼音文字耗费更多的劳动力。""要是保持汉字的现状,不加以改革,就会严重地妨碍人民文化教育的普及和提高,对于国家工业化和整个国民经济的发展,也会有间接的不利的影响。""中国人民很早就要求把他们自己的文字改成更容易认、容易记、容易写、容易读。""尽管我们前辈的文字改革工作者曾经作过长时期的努力,并且有过卓越的贡献,但是在那个时代,要有领导、有组织、有计划、有步骤地解决中国文字改革问题,到底是不可能的。这只有在今天,当全国人民已经团结、组织起来,在人民掌握政权、国家完成统一的时候,才会有这样的可能。""文字改革现在不止是一种理想,而成为新中国文化建设事业的一个重要组成部分了。""我国人民已经有了文字改革的明确的方向和目标。毛主席在1951年指示我们：'文字必须改革,要走世界文字共同的拼音方向。'毛主席又指示我们,汉字的拼音化需要做许多准备工作;在实现拼音化以前,必须简化汉字,以利目前的应用,同时积极进行各项准备。这是文字改革的正确方针。我们这次会议所提出的两项议程,就是按照毛主席和中共中央指示的方针确定的。"

（二）报告阐述了汉字简化的目的和方针。报告说："汉字简化是为了逐步精简汉字的笔画和字数,以减少汉字在记认、书写、阅读和印刷中的困难。""在汉字简化工作中,我们采取的方针,是'约定俗成,稳步前进'。'约定俗成'也就是从群众中来到群众中去的方针。""我们不主张一次简化很多字,我们主张稳步前进。""这个《汉字简化方案》,经这次会议讨论通过后,我们拟请汉字简化方案审订委员会作最后审订,然后提请国务院公布。""这一次的方案并没有包括全部需要简化和可以简化的汉字,而只是其中的一部分。中国文字改革委员会将继续汉字简化的调查研究工作,经过一年或两年时间将再行提出新的简化字表。"

（三）报告阐述了推广普通话的意义和做法。报告说："汉族人民很久以来,就要求一种明确的统一的民族共同语,而且事实上在近几百年来,这种统一的民族共同语也逐步接近完成。""现在的问题,就是要依靠国家机关和其他社会力量因势利导,大力推广以北京语音为标准音的普通话。""推广普通话需要做很多繁重的工作,如调查研究全国方言,编辑各种教材,大力培养师资,进行广泛的宣传等等。这些是语言科学工作者和语言教育工作者的共同任务,同时也是文字改革工作者的重要任务。"

（四）报告号召大家团结起来,为完成文字改革的伟大任务而奋斗。报告说："简化汉字,推广普通话和积极准备文字拼音化,这些都是十分艰巨的工作。只有在中国共产党和中央人民政府的正确领导之下,积极动员群众,才能完成这些工作。""我们希望通过这一次全国文字改革会议,全国关心文字改革工作的专门家、学者和一切热心人士更紧密地团结起来,组织起来,在党和政府统一领导之下,积极工作,稳步前进,贡献我们每一个人的力量,为完成文字改革的伟大任务而共同奋斗。"

三、张奚若的报告《大力推广以北京语音为标准音的普通话》

(一)报告阐述了推广普通话的重要意义。报告的开头讲道:"中华人民共和国是一个高度统一的国家,无论在政治上、经济上、文化上和国防上,都已经实现了历史上所没有过的统一。全国人民在中国共产党和中央人民政府的统一领导之下,正在为共同的目标——建设社会主义而奋斗。随着国民经济的恢复、第一个五年计划的决定和执行,各方面的建设事业和生产斗争正在迅速地开展。人民的社会生活有了重大的改变,交通往来和交际日益频繁。在这样的情势之下,人民越来越感觉到有使用一种可以到处通行的人人能够接受的共同的语言也就是规范化的语言的需要,因为'语言既是交际的工具,同时也就是社会斗争和发展的工具'。汉民族占我国人口的90%以上,汉语是汉民族的语言,首先需要有一个统一的规范,也就是说,有一个标准。这是我国人民社会生活中间的一个迫切的重大的问题。"

(二)报告阐述了普通话的含义。报告说:"到现在,大多数人士已经有了共同的认识:汉语作为整个语言(包括语法和词汇)来说,它的规范应当以经过文学语言(书面语言)加工了的北方话为基础;汉语的发音,应当以北京语音为标准。这两点都是历史演变的自然结果。事实上,我们现在不能离开已经在全国流行的'白话'另外去寻找汉语的规范,也不能在北京语音以外去创造一种汉语正音的人工的标准。广播电台上每天说的话,就是这种普通话——用北京语音说的全国流行的普通话。大家也都同意,应该广泛地有系统地推广这种以北方话为基础方言、以北京语音为标准音的普通话——汉民族共同语。为简便起见,这种民族共同语也可以就叫普通话。"

(三)报告阐述了推广普通话的方针。报告说:"汉语方音差别很大,距离北京语音或近或远。我们推广北京语音,不能期望各地齐足并进,也不应有一蹴而致的急躁情绪。我们主张按照各个方言地区的语音情况,按照学习条件的便利不便利,采取'重点推行,逐步普及'的方针,展开推广的工作。""语音不能凭汉字来教学,必须使用拼音字母,作为正音的工具。在中国文字改革委员会汉语拼音文字方案没有发表以前,我们就暂用注音字母。""对学的人说,首先只要求他学会注音字母,能把注音字母当作'正音拐棍',依照注音(课本、读物、字典、字汇或字表上的注音)读出声、韵、调,一般准确。这是必要的基础。""对教的人说,要求当然要高些。除了发音准确以外,还要求尽可能掌握较有系统的语音知识,懂得北京语音跟方音的对应比较。方音的哪一类音,在北京语音里发哪一类音,这里头是有规律的。学的人掌握了这些规律,就不必一个一个音死学,而且正音也比较容易。""同样是教语音的人,我们也不作同等的要求。譬如师范学校教语音的教师,我们对他们的要求就要比较高些,因为他们是教师的教师。他们应该掌握北京语音的一切规律,熟悉各种变化,诵读和讲话十分自如。"

(四)报告提出了推广普通话的具体措施:(1)训练师资。要推广普通话,各地必须抓紧训练师资这个关键。教育部已经作出决定,从1955年秋季起分批训练全国小学的语文教师,使能担任小学的北京语音教学。(2)广播电台设置北京语音讲座。各省市教育行政部门跟各地人民广播电台合作,在广播节目内经常设置北京语音讲座,便利小学、中学语文教师的温习和进修,也便利其他教师和一般人的学习。(3)编制图书、教具。从速编印《正音字典》(较详备的)、《正音字汇》、《正音字表》(只收最常用的字)和《普通话词汇》(逐词注音),作为教学和个人自修的依据。(4)开始教学。从1956年秋季起,小学一年级结合语文课,初级中学一年级结合汉语课,教学北京语音。其余各年级也应该设法在语文课内补习注音字母,并结合语文课或文学课的生词教学和朗读练习,在语言实践中应用。(5)重点试验,总结经验。(6)制定奖励办法。(7)普遍展开宣传。

报告结尾强调指出:"推广普通话的教学,扩大它的传播,是一件大事。""教普通话,学普通话,都是为了祖国更进一步的统一和发展,为了建设社会主义这个光荣伟大的事业。如果大家都能有这样一个共同认识,我们的工作就一定能成功。"

四、胡乔木的总结发言

在全国文字改革会议的闭幕式上,胡乔木受会议主席团委托做了总结性的发言。谈了三个问题:第一,关于汉字的简化;第二,关于推广以北京语音为标准音的普通话;第三,关于汉字的根本改革的准备工作。

(一)关于汉字的简化。胡乔木指出:"汉字的简化工作还没有结束,还需要继续进行。""一次把汉字全部地简化,这是不适当的,是不可能的。""如果要把汉字一次简化的话,就要违反多数现在已经认识汉字的人的习惯,而这个习惯是需要承认的。""汉字的简化过程进行了几千年,而在最近的几十年,或者说十几年几年的当中,这个过程来得特别迅速。""汉字的简化很难、几乎是不可能有系统地完全按照一种观点提出来的'合理的'要求来进行。""在中国的文字,汉族的文字进行了彻底的根本改革以后,汉字还是要存在的。""总之,汉字需要继续简化,而且围绕着汉字的简化,汉字的改革,还需要对汉字做很多科学研究的工作。"

(二)关于推广普通话。胡乔木说:"语言的这样不统一,当然大大地妨害了我们的民族在政治上、经济上、文化上的统一。""语言这样的不统一,也使得语言本身的发展受到很大的障碍,语言本身也不能够顺利地发展。""对于文字改革,推广普通话也是一个迫切需要解决的问题。""普通话是以北方话做基础方言,以北京语音做标准音的这么一种话。""提出'以北京语音为标准音'这样的口号来,同'以北方话为基础方言'这样的描写,它的性质,它的意义是不一样的。并且这两个短语在另外一个方面也是不一样的。一个叫基础,一个叫标准,可见不是一样。""语音同语言的其他的因素比较起来有一种差别,语音要求一种标准,并且为着共同生活的便利,要求一个非常严格的统一的标准。""以北京语音为标准音,同样是一个历史发展的必然的结果。""北京音已经取得了全国公认的地位。""在推广普通话的时候,并不是要禁止方言的使用。方言是不能够禁止的,是不能够用任何行政的方法去消灭的。方言还是会继续说下去。现在的任务就是把普通话应用的范围扩大,同时也就是把方言的使用范围缩小。"

(三)关于汉字的根本改革的准备工作。胡乔木说:"我们的会议叫做文字改革会议,这已经在前提上承认汉字是必须要改革的。同时在这个会议上,大家也都承认汉字的根本改革要采取拼音的方法,要走上拼音文字的道路,只有这样,才能完成汉字的真正的彻底的改革。""为着改革,当然需要有一个拼音方案。""我们现在提出来要推广普通话,其中一个原因就是要给拼音文字准备条件。""现在我们的面前存在着这样一个尖锐的问题:一方面,大家要求文字改革,不但要求简化,而且要求进一步的改革;另外一方面,文字改革所需要的科学工作非常落后。""所以在这里,我们不得不迫切地向中国科学院语言研究所提出热烈的呼吁,希望科学院语言研究所和全中国的语言科学家能够在最近要举行的汉语规范会议上,把大规模有系统地开展语言科学工作的任务彻底加以解决。"①

五、《全国文字改革会议决议》

下面是《全国文字改革会议决议》的全文:

全国文字改革会议1955年10月15日至23日在首都举行,参加的有来自全国28个省、市、自治区和中央一级各机关、部队和人民团体的代表207人。会议听取和讨论了中国文字改革委员会吴玉章主任所作《文字必须在一定条件下加以改革》的报告和中华人民共和国教育部张奚若部长所作《大力推广以北京语音为标准音的普通话》的报告,一致表示同意。

会议讨论了中国文字改革委员会所提出的《汉字简化方案修正草案》和《第一批异体字整理表草案》,并听取和讨论了叶恭绰常务委员《关于汉字简化工作的报告》。会议对于《汉字简化方案修正草案》作了必要的修正补充以后,对于上述文件一致表示同意。

会议经过热烈的讨论以后,认识到汉字必须改革,汉字的根本改革要走世界文字共同的拼音方向;而在目前,逐步简化汉字并大力推广以北京语音为标准音的普通话——汉民族共同语,是适合全国人民的迫切要求和我国社会主义建设的需要的;特别是推广普通话,将为汉字的根本改革准备重要的条件。

会议决议:

---

① 胡乔木《在全国文字改革会议上的发言》,《胡乔木谈语言文字》第94至第135页,人民出版社1999年版。

(1)建议中国文字改革委员会把修正后的《汉字简化方案》提请国务院审定公布实行。

(2)要求各报刊和文化教育机关广泛宣传简化汉字;各级学校使用简化汉字;出版和印刷机关立即着手改铸铜模,迅速采用简化汉字,并按照异体字整理表在出版物上废除异体字。

(3)要求中国文字改革委员会继续简化汉字、整理异体字的工作,并继续向群众广泛征求意见,早日完成汉字的简化和整理工作。

(4)建议中华人民共和国教育部首先对全国各地小学、中学、各级师范学校分别作出指示,大力推广以北京语音为标准音的普通话;并且指示各地教育行政部门有计划地分批调训各级学校语文教师学习普通话。关于部队推行普通话办法,建议由中国人民解放军总政治部决定。

(5)建议在全国各省市设立推广普通话的工作委员会,组织社会力量,特别是广播电台和文化馆站,大力提倡学习和使用普通话。

(6)建议中国科学院和各有关高等学校合作,进行全国方言调查,编写普通话的教材和参考书,以便利各方言区人民学习普通话。

(7)建议中华人民共和国文化部和有关部门进一步推广报纸、杂志、图书的横排。建议国家机关、部队、学校、人民团体推广公文函件的横排、横写。

(8)建议中国文字改革委员会早日拟定汉语拼音文字方案草案,提交全国各界人士讨论并试用。

这份《决议》体现了会议取得的成果。《决议》说:"会议经过热烈的讨论以后,认识到汉字必须改革,汉字的根本改革要走世界文字共同的拼音方向;而在目前,逐步简化汉字并大力推广以北京语音为标准音普通话——汉民族共同语,是适合全国人民的迫切要求和我国社会主义建设的需要的;特别是推广普通话,将为汉字的根本改革准备重要的条件。"这就是说,我国文字改革的根本方向是走世界文字共同的拼音方向,目前要做的工作是简化汉字和推广普通话。会议对如何进行简化汉字和推广普通话的工作提出了建议,为会后开展这两项工作打下了基础。

第五节 召开现代汉语规范问题学术会议

一、会议概述

1955年10月25日至31日,中国科学院哲学社会科学部在北京召开了现代汉语规范问题学术会议。会议的主要任务是:(1)明确现代汉语规范化的必要性和可能性;(2)对汉语规范化的一些原则性问题进行讨论;(3)动员全国语文工作者共同进行汉语规范化的工作。参加会议的有北京和其他地方的语言研究工作者、语言教学工作者以及文学、翻译、戏剧、电影、曲艺、广播、新闻、出版、速记工作者共122人。参加会议的还有党和政府的负责人,以及苏联、波兰、罗马尼亚、朝鲜等国家的汉语学者。

会议由郭沫若、陈望道和罗常培担任开幕式的执行主席。在开幕式上罗常培宣布开会。中国科学院院长郭沫若致开幕词。国务院副总理陈毅做重要讲话。陈毅在讲话中指出,汉字改革、现代汉语规范化和在一部分少数民族地区实行拼音文字,是当前语言工作中的主要任务,专家们要经过反复讨论去制订实施方案。在这次会议上,专家们通过学术上的讨论,对现代汉语规范问题取得一致的意见。有了专家的一致,才有工作方案的一致,这样才便于全国各地去推行。他勉励语言学工作者互相商讨学习,以加强相互间的团结。他指出:专家要把自己的经验和知识传授给下一代,要用更多的时间和精力放在培养新生力量方面。中国科学院语言研究所吕叔湘副所长宣读了他和罗常培所长合作的《现代汉语规范问题》的报告。在开幕式后代表对这个报告进行了讨论。会议还听取了代表的学术发言,主要有陆志韦的《关于北京话语音系统的一些问题》、陆宗达的《关于语法规范化的问题》、郑奠的《现代汉语词汇规范问题》、丁声树和李荣的《汉语方言调查》等。闭幕式的执行主席是季羡林、黎锦熙和杨树达。在闭幕式上高等教育部周建人副部长讲了话,然后通过了会议《决议》。最后陈望道受主席团的委托做总结发言。胡乔木因事未能参加会议,他在会议闭幕的当天晚上和代表作了一次谈话,对汉语规范化的一些原则问题表示了意见。

二、罗常培、吕叔湘的报告《现代汉语规范问题》

罗常培、吕叔湘合写的《现代汉语规范问题》主题报告,全面阐述了现代汉语规范的一系列问题,是这次会议的重要学术成果。报告分为三个部分:

(一)为什么要在这个时候提出现代汉语的规范问题?报告指出:"这里所说的'现代汉语'不是泛指任何形式的汉语,而是指作为民族共同语、作为文学语言的汉语。语言的'规范'指的是某一语言在语音、词汇、语法各方面的标准。语言是人们用来交际思想的工具,必须要有一个共同的标准,才能使人们正确地互相了解。""我们正在飞跃地前进。在这样的情况下,我们所需要的作为交流思想的工具,作为使我们在一切活动范围中调整其共同工作的语言是什么样的一种语言呢?我们所需要的是一种高度发展的语言,我们所需要的是一个统一的、普及的、无论在它的书面形式或是口头形式上都具有明确的规范的汉民族共同语。只有这样的一种民族共同语才能够胜利地担当团结人民,发展文化,提高人民文化生活水平的重要任务。""在汉语近百年的发展中,已经逐渐形成一种民族共同语,这就是以北方话为基础方言的'普通话'。这种'普通话'最近几十年来得到广泛的传播。""但是,拿我们现在对于民族共同语的要求来衡量,则还是有所不足。这个不足,表现在两个方面:首先,民族共同语还不普及,还有很多人不会说普通话,只会说方言;其次,文学语言的规范还不是十分明确,十分精密。""共同的语言和规范化的语言是不可分割的,没有一定的规范就不可能做到真正的共同。""群众对于统一的、有规范的民族共同语的要求是有表示的。有些地方的区干部开会争取用普通话,因为许多'名词'用本地话是说不来的。有些地方的学生要求教师教普通话,因为他们有演话剧等等活动。""使民族共同语进一步规范化并且把它在广大群众中间推行开来的时机已经成熟了。"

(二)关于现代汉语的规范化有些什么原则性的问题需要解决?"第一个问题是,民族共同语是怎样形成的? 民族共同语和方言的关系如何? 这个问题的答案对于进行规范化的方针的制定是重要的。""民族共同语是在某一方言的基础上发展起来的,基础方言的地区总是在这个民族的文化上和政治上占重要位置的地区,基础方言本身也常常最能代表整个语言的发展趋势。""从历史上看,文学语言(白话)的方言基础显然比北京话大,要重新把它的语法和词汇限制在北京话范围之内,显然是不可能;我们只要求它内部一致,不混乱。另一方面,普通话在语音规范方面一直是拿北京话做标准,学得不到家就成为所谓'普通','普通'本身不成为一种标准。'普通话'就是'通语'的意思,其中'普通'二字本来不含什么消极的意义。""第二个问题是:语言规范化的对象和标准问题。""'语言规范化'的'语言'指的是民族共同语,民族共同语的集中表现是文学语言,文学语言的主要形式是书面形式,所以规范化的主要对象是书面语言。""什么样的词汇(词的形式和用法)和什么样的语法(语法格式和用法)应该被承认为现代汉语的规范?我们知道,语言的规范是随着文学语言的发展而逐渐形成的,因此,应该从现代文学语言的作品里找我们的规范。更明确一点可以这样说:现代汉语的规范就是现代的有代表性的作品里的一般用例。"

"第三个问题是关于语言规范化和语言发展及个人风格的问题。""语言有一定的稳固性,具体表现在确定的规范上;但是语言是发展的,所以语言的规范也不可能一成不变。二者并不冲突,如果我们把时间这个因素考虑进去的话。""兼收并蓄既不合于规范化的原则,就不得不要求他们钻研汉语发展的内部规律,用来做权衡取舍的根据。所有关心发展祖国语言的健康发展的人也都应该参加这类问题的研究和讨论,这对于规范的确定是会有帮助的。""语言规范化和文体多样化是不矛盾的,和个人风格也是不矛盾的。一种文学语言是一个复杂的整体。它有一个中心部分,这就是在任何场合都能用的成分(词汇和语法格式)。围绕这个中心的部分,有一系列用途有限制的部分:古语、外来语、俗语、方言、专门术语、会话体、论文体、公文体、翻译体,如此等等。这些成分在一定的场合是可以用的,甚至是非用不可的。这样,文学语言才能丰富多彩,才能更好地为人们服务。再从另一方面来看,使用语言的是人,人和机器不一样。同样的意思,让两个人说出来或写出来,词句不会完全相同,味道不会完全一样。这就是说,文学语言,尽管是有一定规范一定标准的语言,它的天地是宽大的,是可以让每一个人自由发展他的个性的。但是正如一切自由都有限制一样,语言的使用也不可能有绝对的自由。写文章和说话可以有种种自由,可是不能有'不通'的自由,这是语言作为人类社会交际工具不可避免地要产生的限制。"

"最后一个问题是语言规范化和语言学家的责任。""在规范化的工作中,语言学家不是无能为力,而是能起很大的作用的。""汉语规范化是符合汉族人民乃至全中国人民的利益的,因而已经形成一种强烈的要求。我们相信,所有的语言学家都会采取合作的态度,热情地负担起这个光荣的任务。"

(三)怎样进行规范化的工作?"为了促进汉语的规范化,有几方面的工作要做。""首先是宣传工作。必须改变社会的风气,要提倡在公共场合说普通话,要促使每一个写文章的人注意语言的纯洁和健康。尤其重要的是要在使用语言上有示范作用的同志们的中间取得认识上的一致。""其次,要有一些行政措施。""更重要的是要进行一系列的科学研究工作,这是语言学工作者的责任。首先要学习语言学理论。""此外,对于各国在语言规范上采取些什么措施,有些什么经验,也应该进行了解,以供参考。"报告举出了一些具体的研究项目:(1)普通话语音的研究;(2)语法研究;(3)修辞学和逻辑;(4)词典;(5)方言调查;(6)汉语史研究;(7)教材和教学法的研究。

于根元在《二十世纪的中国语言应用研究》一书里说:"罗常培、吕叔湘的报告《现代汉语规范问题》是大会的主要报告,是这次会议的最重要的文件,是这次大会最重要的成果。报告第一次全面阐述了现代汉语规范工作的意义,深入探讨了一系列原则性问题。报告特别提出:'语言规范是人们在语言实践中逐渐形成的,规范的模糊或分歧不是出于偶然,因而规范的整理也不能草率从事。武断和教条是不能解决问题的,需要的是虚心和谨慎,勤恳的调查,耐心的研究。'并且要求用发展的眼光来看待规范化。报告以巨大的理论价值和切实的指导作用,成为现代汉语规范的理论基石和丰碑。"[①]大会就上述报告进行了

---

① 于根元《二十世纪的中国语言应用研究》第 132 页,书海出版社 1996 年版。

分组讨论。对于汉语规范化的必要性和重要性、以北京语音为标准音、词汇和语法的规范、词典的编纂、翻译工作、普通话和方言的关系、文学风格和语言规范化等问题,进行了热烈的讨论。同时对于完成规范化这一任务的方法和步骤,都取得了比较明确的认识。

三、胡乔木的谈话

胡乔木在大会闭幕的当天晚上(10月31日晚)和代表作了一次谈话,对汉语规范化的一些原则表示了意见。下面是谈话的要点:

> 汉语方言分歧比其他同等重要的语言的方言分歧严重得多,这对我们民族是非常不利的。因此,汉语规范化工作就显得特别重要和迫切。
>
> 所谓规范化并不是强迫人们按照一种格式说话或写文章。规范不等于法则。语言的法则是客观存在的,但是语言学家的任务不仅在于发现法则,并且要依据所发现的法则建立标准,推行这个标准,来影响语言的发展。这就是实现规范化。
>
> 从汉语的发展来看,从汉民族的政治经济文化生活来看,普通话已经形成,我们应该去推广它。除北京语音以外,我们找不到其他地点的语音可以成为公认的标准音。用北京音作标准音是和以北方话为基础的普通话相联系的。我们不是把北京方言推行到全国,而是按照北京音系的语音来推行以北方话为基础的普通话。
>
> 推行普通话以后,方言是不会马上消失的。如果有人愿意说方言,没有人禁止他。但是方言的活动范围一定越来越小,为了民族的利益,为了民族文化的发展,我们欢迎这种趋势。
>
> 有人问:为什么我们支持少数民族语言的发展,而不提倡发展汉语的方言?我们说:方言跟少数民族语言不是一个问题。语言

是民族的特征,少数民族语言作为一个民族的语言是要发展的;一个民族要求一个语言,方言不能代表民族,因此它不能和民族语言相提并论。

方言在逐渐衰亡过程中仍然为一定地区的人民服务,我们用不着歧视它,但是不要扩大它的影响。地方戏的发展与方言没有必然的联系。地方戏只要能保持其音乐、艺术等方面的特殊色彩,它还是会存在的。现在扩大方言影响的不是地方戏,而是一部分作家,他们喜欢用大量的方言写作,这种作法对于民族文化的发展有阻碍的作用。[①]

四、《现代汉语规范问题学术会议决议》

下面是《现代汉语规范问题学术会议决议》的全文:

现代汉语规范问题学术会议,紧接着全国文字改革会议之后,由中国科学院哲学社会科学部召集,于1955年10月25日至31日在北京开会。出席会议的有北京和其他各地的语言研究工作者、语言教学工作者以及文学、翻译、戏剧、电影、曲艺、广播、新闻、出版、速记工作者的代表共122人。参加会议的还有苏联、波兰、罗马尼亚、朝鲜的语言学家7人。会议听取了中国科学院语言研究所所长罗常培、副所长吕叔湘作的《现代汉语规范问题》的报告,并就这个报告里所提出的问题进行了讨论。大家对于汉语规范化的重要性,对于完成这一任务的方法和步骤,都有了明确的认识,一致认为这次会议的召开是及时的,会议是成功的。

会议认为:为了充分地发挥语言在社会生活中的交际作用,使

---

① 《现代汉语规范问题学术会议文件汇编》第237页,科学出版社1956年版。

我国的社会主义建设能更加顺利地进行,为了提高人民文化生活的水平,为了给汉语拼音文字的实施准备条件,以及为了有效地发展民族间和国际间的联系和团结,都必须使汉民族共同语即普通话的规范进一步明确起来。会议经过讨论,对于普通话和规范化的涵义都得到了一致的认识:普通话以北方话为基础方言,以北京语音为标准音,是符合汉语的实际情况和历史发展的。规范化并不是限制语言的发展,而是根据语言发展的内部规律,把语言在其发展过程中所产生的一些分歧适当地加以整理,引导它向更加完善的方向加速发展。

会议认为:只有进行广泛深入的科学研究,才能把规范化的工作做好。确定普通话的语音规范是目前首要的工作,必须迅速进行研究,使普通话的使用和教学有更正确的依据。同时,为了使我们的文学语言更加正确、精密、纯洁、健康,现代汉语语法和词汇的科学研究工作也必须大力开展。在即将在全国范围内推广普通话的情况下,方言调查有特别重要的意义。汉语史的研究对于规范化的工作有指导作用,也应该予以充分的注意。语言教学必须放在科学的基础上,这方面也需要进行研究。这一切研究都必须在马克思主义语言理论的指导下进行,才能有良好的效果。我国的语言学工作者过去做了不少工作,取得了一定的成绩,但是为了更好地完成当前的任务,还必须加倍努力。

会议认为:由于我国语言研究工作基础较差,现在面临艰巨的任务,必须发掘潜在的力量,培养新生的力量。在高等学校学生中,在中学小学教师中,在各界人士中,有志于语言研究的人是很多的,必须鼓励他们,帮助他们进行工作,热诚地对待他们的研究成果。同时,为了更好地发挥现有的科学研究力量,必须加强团结,有计划地分工合作,充分地贯彻人尽其才的原则,保证科学工作者有进行科学研究的条件。

会议认为：汉语规范化必须获得各界人士的支持和合作，才能收到很好的效果。尤其是各级学校的教师、作家、翻译工作者、广播工作者、戏剧电影工作者，在普通话的推广上有过很大的功劳，今后在全国范围内有计划地推广普通话的情况下，必须加强语言的规范化，以期发挥更大的作用。

会议决定提出下列的具体建议：

1. 建议中国科学院聘请专家若干人，组成普通话审音委员会，研究并确定普通话常用词汇的语音。委员会应于一年内编成《普通话常用词正音词汇》。委员会可以接受广播电台和电影、戏剧部门的咨询，帮助解决正音上的问题。

2. 建议中国科学院会同有关部门聘请专家五人至七人，组成词典计划委员会。委员会的任务是：(1) 调查现有辞书机构的人员、资料和工作情况，作出合理改组的建议；(2) 拟订《现代汉语词典》的详细编纂计划；(3) 拟订其他种类的词典的计划要点，并作出由何处负责编辑的建议。委员会应于六个月内向中国科学院和有关部门提出报告。

3. 建议中国科学院、高等教育部、教育部迅速共同拟订在两年内完成汉语方言初步普查的计划。拟订计划时应该考虑到如何统一计划，分区进行，如何训练调查人员，并且应该考虑到此次普查以帮助推广普通话为目的，调查方法务求简便易行。为了适应目前的急迫需要，建议各省市大学和师范学院，在现有的条件下，在1956年暑假以前编出所在地区学习普通话的手册。

4. 建议中国科学院语言研究所和各高等学校以及各高等学校相互间加强语言研究工作上的联系，经常交换资料，交换关于研究工作的报道，由语言研究所汇编通讯。

5. 建议中国科学院语言研究所、各高等学校语文系科、各语文杂志社,通过报告会、讨论会、座谈会、研究小组等方式,把各地的语言工作者和有志于语言研究的人组织起来,有计划地进行工作。

6. 建议各出版社、杂志社、报社,以及广播、戏剧、电影部门加强稿件在语言方面的审查工作,并且在读者、观众和听众中广泛进行汉语规范化的宣传工作。

我们深信,在党和政府的领导下,动员全国人民的力量,汉语规范化的事业一定能够取得胜利。我们保证尽自己最大的力量为实现汉语规范化而奋斗。

第六节 宣传并落实三项语文工作

全国文字改革会议和现代汉语规范问题学术会议对新中国的语文工作进行了总结,并对下一个阶段的工作做了部署。全国文字改革会议是带有学术研讨性质的工作会议,讨论的是语文改革问题。会议除了重申汉字走拼音化道路的根本改革外,重点是研究两项急迫的改革任务,就是简化汉字和推广普通话。现代汉语规范问题学术会议是学术会议,讨论的是语文规范问题。语文改革和语文规范,都是语文工作的重要组成部分。

为了宣传贯彻这两个会议的精神,《人民日报》于 1955 年 10 月 26 日发表了社论,社论的题目是《为促进文字改革、推广普通话、实现汉语规范化而努力》。社论指出:"在占人口 90% 以上的汉民族中间,大力推广普通话,促进文字改革和语言规范化,已经成为我国当前的迫切任务。"这三项语文工作彼此有密切的联系,但是又各有侧重。全国文字改革会议讨论了推广普通话的问题,显然是把推广普通话归入文字改革的范围,可是《人民日报》的这篇社论又把推广普通话从文字改革里分离了出来,单独列为一项,与文字改革并列。

社论对这两次会议给予了很高的评价,指出"这两次会议标志着中国文字改革和汉语规范化工作的开端"。社论全面分析了文字改革工作:"毛泽东同志在1951年指示:文字改革要走世界文字共同的拼音方向;但在实现拼音化以前,首先必须简化汉字,以利目前的应用,同时进行拼音化的各项研究工作和准备工作。"接下去就讲解了简化汉字的各项政策,指出:"简化汉字是为广大人民群众迫切需要的。""会议也同意了中国文字改革委员会所提出的'约定俗成、稳步前进'的方针,和分次分批逐步简化的办法。"关于推广普通话和实现汉语规范化,社论说:"推广普通话和汉语规范化的工作是同文字改革的工作不可分离的。但是推广普通话和实现汉语的规范化决不只是为着文字改革。无论为了加强汉民族的政治、经济、文化的统一,为了顺利地进行社会主义的建设,为了充分地发挥语言在社会生活中的交际作用,以至为了有效地发展民族间和国际间的联系、团结工作,都必须使汉民族共同语的规范明确,并且推广到全民族的范围。这是完全符合全民族的当前迫切需要,也完全符合汉语历史发展的实际情况的。"

社论着重谈到为了贯彻两个会议的精神,我们要做的实际工作。首先要大力宣传推行普通话的重要性。"要促使每一个说话和写文章的人,特别是在语言使用上有示范作用的人,注意语言的纯洁和健康。"其次,要采取一些行政措施。社论最后号召:"改革汉字、推广普通话和实现汉语规范化的工作,是社会主义建设中重要的一环,是一个相当长期的工作。语言工作者,包括从事研究工作的和从事教学工作的,对于这一工作负有特别重大的责任,必须按照'全面规划、加强领导'的方针,订出切实的计划,认真地通力合作地加以执行。同时,每一个在使用语言文字方面有影响的人,尤其是知识分子,也都在这里边有一份工作可做,有一份责任要尽。只有把专门家的工作和群众的工作结合起来,才能早日完成这个光荣的任务。"

1955年10月24日,《光明日报》发表社论《文字改革工作的伟大开端》。社论指出,在国家发展的现阶段,汉字已经不能完全适应现代生活各个方面的需要,不能满足人民的要求。我国的文字必须改革,改革的方向是改用拼音文字,在实现拼音化之前,必须首先解决简化汉字和推广普通话两个迫切问题。社论认为,大力推广以北方话为基础方言、以北京语音为标准音的普通话——汉民族共同语,是一项基本的也是迫切的重要工作。

1955年10月26日,《中国青年报》发表社论《在文字改革中做好三件事》。社论号召青年要成为推动文字改革的一支积极活跃的力量。在当前简化汉字和推广普通话工作中,可以做好:(1)带头学会和带头使用简化字,并掀起学习普通话的热潮。(2)青年教师、广播员、演员和曲艺工作者们应该成为推广简化汉字和以北京语音为标准音的普通话的突击力量。(3)全体青年应该积极向群众做宣传工作。

1955年10月号的《中国语文》发表了韦悫写的《拥护第一次全国文字改革会议的决议,大力宣传文字改革的方针和步骤,积极推行简化字和以北京话为标准音的普通话》和罗常培写的《略论汉语规范化》。

为了贯彻全国文字改革会议的精神,教育部于1955年10月24日到26日召集参加全国文字改革会议的中小学、各级师范学校教师和教育行政干部代表举行座谈会。座谈会根据全国文字改革会议的决议,研究了推广普通话的方针和在学校中用普通话教学的步骤、要求,讨论了训练教师、编辑普通话教材等问题。教育部副部长董纯才作总结性发言。他号召各级各类学校要大力推广普通话教学,积极采用简化字。教育部决定在教育行政部门的公文往来中用简化字,并且推广横写横排。

1955年11月4日中国人民解放军总政治部发出《关于在军队中

推行汉字简化、推广普通话和实现现代汉语规范化的通知》。《通知》说:"今年10月,在我国首都接续召开了全国文字改革会议和现代汉语规范化问题学术会议。这是我国文字改革工作和语言规范化工作的一个重要开端。""中国人民解放军是保卫我国社会主义建设的坚强的武装力量。我们的兵员来自全国各地,我们的部队走遍全国各个角落,我们和全国人民亲密相处,部队首先学好做好,就可以影响和推动人民群众,使汉字简化、语音统一和语言规范化工作,在全国迅速地展开和传播。"通知要求军队的官兵认真学习中央的有关文件和规定,加强普通话训练,并有计划地组织教员或战士进行标准音的学习和训练。可以用注音字母作为辅助工具,进行标准音的练习和识字教育。而且还提出应当加强军语的研究和规范化工作。这个通知对军队的语言规范化工作起到了重要的作用。

《人民日报》1955年10月16日社论提出的三项语文工作,是促进文字改革、推广普通话和实现汉语规范化,而推广普通话列入了全国文字改革会议的议题。1956年1月27日中共中央发出的《关于文字改革工作问题的指示》和1958年1月10日周恩来总理所作的《当前文字改革的任务》的报告,阐明了文字改革的三项任务是简化汉字、推广普通话、制订和推行《汉语拼音方案》。在这之后,推广普通话不再和文字改革、汉语规范化并列,而是归入了文字改革的范围。由此可见,20世纪50年代,我国语文工作的重点是语文改革和语文规范两个方面,又以语文改革为主。实践证明这样处理完全正确。

第四章 高潮(1956—1959)

第一节 文字改革的三项任务

为了切实推动文字改革工作,1956年1月27日中共中央发出了《关于文字改革工作问题的指示》;1958年1月10日,周恩来总理作了《当前文字改革的任务》的重要报告;1958年2月3日,中国文字改革委员会主任吴玉章作了《关于当前文字改革工作和汉语拼音方案的报告》。这三篇文件是20世纪50年代我国文字改革的纲领,它具有重要的现实意义和深远的历史意义。

中共中央的指示和周总理的报告都阐明了当前文字改革的三项任务,就是:简化汉字,推广普通话,制订和推行《汉语拼音方案》。在1956年至1959年间,这三项任务都取得了实质性的进展,新中国语文改革出现了高潮。

一、中共中央发出《关于文字改革工作问题的指示》

1955年11月23日,文改会党组和教育部党组向中共中央提出了《关于全国文字改革会议的情况和目前文字改革工作的请示报告》。1956年1月27日,中共中央发出了《关于文字改革工作问题的指示》,批转了文改会党组和教育部党组的请示报告。中共中央《关于文字改革工作问题的指示》全文如下:

上海局、各省、市委、自治区党委,中央各部委,中央国家机关和人民团体党组,人民解放军总政治部:

现将中国文字改革委员会党组和教育部党组关于全国文字改革会议的情况和目前文字改革工作的请示报告发给你们。这个报告中关于我国文字改革的方针、关于汉字简化的原则和步骤、关于大力推广普通话和积极准备文字拼音化的各项措施的意见,中央认为都是正确的。希望各地有关部门在党内外加以宣传,并研究执行。除《人民日报》已经中央同意自1956年1月1日起改为横排外,关于这个报告中提出的其他事项,中央决定如下:

(一) 汉字简化方案即由国务院公布;其中的第一批230个简化汉字自公布的日子起正式推行,其余的285个简化汉字和54个简化偏旁即可陆续分批试用,同时交由各省市政协讨论,在两个月内将讨论结果报告国务院,以便根据多数意见对其中个别的字作一些必要的修正。

(二) 在全国汉族人民中大力推广以北京语音为标准音的普通话,是加强我国在政治、经济、国防、文化各方面的统一和发展的重要措施,是一个迫切的政治任务。教育部决定自1956年秋季起在全国中小学和师范学校开始教学普通话。军委总政治部亦已指示全军推广普通话。各地和各有关部门党的组织必须重视这个工作,加强对这个工作的领导和检查,使它能够迅速地顺利地开展。中央同意成立中央一级的推广普通话工作委员会,各省、市、自治区也应及早成立同样的机构(不设编制,其日常工作由教育厅、局负责)来号召和推动这个工作。

报告中提出的有关推广普通话的其他建议,由国务院指示有关部门切实执行。

(三) 为了推广普通话和辅助扫盲教育中的汉字注音,汉语拼音方案应该早日确定。中央认为,汉语拼音方案采用拉丁字母比较适宜。文字改革委员会现已拟定草案,提交全国政协和各省市自治区政协讨论,同时在报刊发表,征求各方意见,以便争取在今年4月修正确定,并在今年5月1日前后公布。

(四)为了在党内党外引起对文字改革应有的重视,为了加强和改进关于文字改革的宣传工作,并消除一部分人的怀疑和顾虑,中央决定在最近期间发布一个文字改革宣传提纲。这个提纲的草稿由中央宣传部会同文改会拟订后送中央审核。

本件和附件可在党刊发表。

中　央　一九五六年一月二十七日

中共中央的《指示》对汉字简化、推广普通话、制订《汉语拼音方案》这三项文字改革工作做了部署,表明中央十分重视这项工作,希望能取得切实的成果。关于制订《汉语拼音方案》的方面,指示特别强调:"中央认为,汉语拼音方案采用拉丁字母比较适宜。"这是因为在这之前,毛泽东主席已经明确表示同意以拉丁字母作为汉语拼音字母。

二、周恩来作《当前文字改革的任务》的报告

1958年1月10日,政协全国委员会在北京举行报告会,周恩来总理作了《当前文字改革的任务》的重要报告。报告明确地提出了当前文字改革的三项任务,就是:简化汉字,推广普通话,制订和推行《汉语拼音方案》;报告对这三项任务进行了系统全面的阐述。周总理的这个报告是新中国文字改革的重要文献,报告中提出的三项任务,是对1958年以前文字改革工作的总结,也是对1958年以后文字改革工作的部署。从1958年至1985年的文字改革历史就是执行三项任务的历史。

(一)简化汉字。报告首先简要总结了《汉字简化方案》的内容、推行简化字的必要性及推行的情况。周总理指出:"汉字简化既然符合广大人民的利益,我们知识分子就应该积极支持这个工作,而不是消极对待。我们应该从六亿人口出发来考虑文字改革的问题,而不是从个人的习惯和一时的方便来看这个问题。""我们站在广大人民的立场上,首先应该把汉字简化这项工作肯定下来。"报告接着说:"汉字简化工作所采取的方针'约定俗成,稳步前进'是正确的,已为两年来的经验所证明,但是在具体工作中还有考虑得不周到的地方。实践证明,少数简字在应用上还不够妥善,或者可能发生误解。这些少数简化得不恰当、在使用中证明有缺点的简字,应该另行规定它们的简体,或者保留原来的繁体。""目前社会上使用简字,还存在一些混乱现象。有些人任意自造简字,除了他自己认识以外,几乎没有别人认识,这种现象自然不好。这种滥用简字的现象,应该加以适当的控制。"

报告还说明了汉字简化工作实际上是对历史上流行的简字的整理和规范。"汉字字形演变的总的趋势是简化。由于汉字难写,人民群众不断创造了许多简字。""文字改革委员会的工作,无非是搜集、整理群众的创造,并且经过各方面的讨论加以推广罢了。同时,我们也采用了某些日本简化了的汉字。可见使用简字方面存在的一些混乱并不是汉字简化工作引起的,而《汉字简化方案》的制定,目的正在于把这个混乱引导到一个统一的规范。只有在汉字简化工作方面采取积极的措施,才能逐渐转变这种混乱现象。"

(二)推广普通话。报告首先强调了推广普通话的必要性。"我国汉民族的语言还存在着很严重的方言分歧。其中大量的是语音方面的问题。不同地区的人,如果各说各的方言,往往不容易互相了解。"报告接着总结了 1955 年 10 月全国文字改革会议以来,推广普通话收到的成效。"到 1957 年年底为止全国中小学和师范学校语文教师中已经有七十二万一千人受过普通话的语音训练。全国中小学校中,有很大一部分已经开始用普通话进行教学。全国收听中央广播电台举办的普通话语音教学广播讲座的在二百万人以上。"关于推普的政策,报告说:"推广以北京语音为标准的普通话,并非要求全体汉族人民都能说得像北京人一样,这样既不可能,也是不必要的。北京语音是个标准,有个标准就有了个方向,大家好向它看齐。但是在具体推广和教学工作中,对不同对象应有不同的要求。""我们推广普通话,是为的消除方言之间的隔阂,而不是禁止和消灭方言。……方言不能用行政命令来禁止,也不能用人为的办法来消灭。""要把六亿汉族人民的方言逐渐统一起来,这是一项艰巨的任务,必须作长期不懈的努力,才能实现。"

(三)制订和推行《汉语拼音方案》。报告首先指出:"《汉语拼音方案》是用来给汉字注音和推广普通话的,它并不是用来代替汉字的拼音文字。"报告分析了《汉语拼音方案》的用处:第一是给汉字注音;第二是可以用来拼写普通话,作为教学普通话的有效工具;第三是可以作为各少数民族创造和改革文字的共同基础;第四是可以帮助外国人学习汉语,以促进国际文化交流。此外,还可以用来音译外国的人名地名和科学技术术语,可以在对外的文件、书报中音译中国的人名地名,可以用来编索引,等等。报告接着总结了汉字注音的历史和采用拉丁字母为汉字注音的历史。"现在公布的《汉语拼音方案草案》,是在过去的直音、反切以及各种拼音方案的基础上发展出来的。从采用拉丁字母来说,它的历史渊源远则可以一直追溯到350多年以前,近则可以说是总结了60年来我国人民创制汉语拼音方案的经验。这个方案,比起历史上存在过的以及目前还在沿用的各种拉丁字母的拼音方案来,确实更加完善。"

报告还对使用拉丁字母会不会损害中国人民的民族感情这个敏感的问题做了精辟的阐述。报告说:"现在世界上有60多个国家采用拉丁字母来作为书写语言的符号。""它们接受了拉丁字母之后,都对它作了必要的调整或者加工,使它适应本民族语言的需要,因此都已经成为各个民族自己的字母了。另一方面,拉丁字母也因此确实可以说不是哪一个国家专有的字母,而是国际公用的符号。""我们采用了拉丁字母,经过我们的调整使它适应了汉语的需要之后,它已经成为我们自己的汉语拼音字母,已不再是古拉丁文的字母,更不是任何一个外国的字母了。""因此,这是不会使我们的爱国感情受到任何损害的。"

报告还就大家都关心的汉字的前途问题给以了明确的说明。报告说:"汉字在历史上有过不可磨灭的功绩,在这一点上我们大家的意见都是一致的。至于汉字的前途,它是不是千秋万岁永远不变呢?还是要变呢?它是向着汉字自己的形体变化呢?还是被拼音文字代替呢?它是为拉丁字母式的拼音文字所代替,还是为另一种形式的拼音文字所代替呢?这个问题我们现在还不忙作出结论。但是文字总是要变化的,拿汉字过去的变化就可以证明。""关于汉字的前途问题,大家有不同的意见,可以争鸣,我们在这里不打算多谈,因为这不属于当前文字改革任务的范围。"

报告最后说:"我们希望,当前文字改革的工作能够得到大家的支持。文字改革是关系到全国人民的一件大事,政府对它采取的步骤是很慎重的。我们愿意尽量听取各方面的意见,好集思广益,大家一起来努力做好这项工作。工作中如果有缺点,我们就改正——这是我们党和政府进行各项工作的方针,对于文字改革工作也是这样。关于文字改革,过去的宣传工作做得很差,因此有许多人还不了解,甚至有不少误解。希望大家来做宣传,消除这种误解。希望大家积极支持文字改革工作,促进这一工作而不要'促退'这一工作,好使中国文字能够稳步地而又积极地得到改革,以适应六亿人民摆脱文化落后状态的需要,以适应多、快、好、省地发展社会主义事业的需要。"

在周总理报告之后,胡乔木作了《〈汉语拼音方案(草案)〉的几点说明》的报告。报告讲了七个问题:(1)汉语能够拼音吗?汉语能够用字母拼出来吗?(2)注音字母既然能够把汉语的语音拼出来,何不就用注音字母呢?(3)为什么要采用拉丁字母,而不另外设计一种字母,使它更适合汉语的特点?(4)现在我们决定采取拉丁字母来作拼音方案的工具,我们为什么不在拉丁字母的基础上使这个方案完全合理?(5)为什么要用北京语音做标准音?(6)拼音方案除拼普通话以外,还有什么旁的用处吗?(7)这个方案好不好学?[①]

在这次报告会后,政协全国委员会派出6个宣传组到全国的15个大城市播放周总理讲话的录音,宣传《汉语拼音方案》。这6个宣传组和负责人是:华东组胡愈之,西北组魏建功,中南组王力,西南组叶圣陶,东北组韦悫,京津组罗常培、吕叔湘。

周总理的报告使得《汉语拼音方案》能够顺利地在全国人大会议上获得批准,有力地推动了全国文字改革工作的进行。直到现在,这篇讲话对推动中国语文改革事业的发展还有重要的参考价值。

三、吴玉章作《关于当前文字改革工作和汉语拼音方案的报告》

1958年2月3日,中国文字改革委员会主任吴玉章在第一届全国人民代表大会第五次会议上作了《关于当前文字改革工作和汉语拼音方案的报告》。报告分为两大部分。

(一)当前文字改革的任务和几年来的文字改革工作。报告指出:当前我国文字改革的任务,在汉民族说来,就是:(1)简化汉字,(2)

---

① 胡乔木报告的全文见《胡乔木谈语言文字》第187页至第203页,人民出版社1999年版。

推广普通话,(3)制订和推行《汉语拼音方案》。报告对这三方面的任务分别做了说明。关于简化汉字,报告汇报了《汉字简化方案》的制订经过和采用简化汉字可以得到的利益。报告说:"我们从广大人民利益的立场出发,应该肯定:汉字简化确实为亿万儿童和文盲办了一件好事,是搞好了而不是搞糟了。""从整个来说,为劳动人民的利益着想,为儿童和后代子孙的利益着想,汉字简化工作必须继续积极推进,使所有比较常用的、笔画较繁的字都能逐步得到简化。"关于推广普通话,报告指出:"自从1955年全国文字改革会议以来,推广普通话的工作已经收到一定的成效。""两年来的经验证明,只要领导重视,认真工作,尽管在方言和普通话差别较大的地区,像浙江、江苏、上海、福建、广东等地,推广普通话的工作也能收到显著的成效。""推广普通话并不是消灭方言。方言是会长期存在的,它不能用人为的方法来消灭。""推广普通话不应当,也不会损害我国宪法赋予的各兄弟民族使用和发展本民族语言的权利。""推广普通话是一项长期的群众性的工作,要求不能过高过急。""任何一个人,为了把自己的话说得更加接近普通话一些而作的任何努力,应该得到大家的承认和尊敬,因为他在认真进行一件严肃的工作。"关于制订和推行《汉语拼音方案》,"首先应该说明:《汉语拼音方案》不是汉语拼音文字。汉语拼音方案的主要用途是给汉字注音和拼写普通话,以帮助识字、统一读音和教学普通话,目的在于便利广人人民的学习和使用汉字,以及促进汉语的进一步统一,并非用来代替汉字。"

(二)《汉语拼音方案(草案)》的制订经过和它的用处。报告先说明了《汉语拼音方案(草案)》的制订经过,然后指出:"事实证明:这个草案是经过专家长期研究、各方反复讨论和多次修订的,它确实反映了参加讨论的大多数人的意见。应该说,政府对待这项工作的态度是认真负责的,所采取的步骤也是慎重的。"接着又谈到汉字注音的历史发展和采用拉丁字母的历史渊源。报告说:"从我国汉字注音的历史发展来看,这个《汉语拼音方案(草案)》是继承我国'直音''反切'、注音字母的传统,是在它们的基础上发展起来的。""可以说它是 300 多年来拼音字母运动的结晶,也是 60 年来中国人民创造拼音方案的经验总结。"报告接着列举了《汉语拼音方案》的七项用处:(1)用来给汉字注音,以提高教学汉字的效率。(2)用来帮助教学普通话。(3)用来作为我国少数民族创造文字的共同基础。(4)可以用来解决人名、地名和科学术语的翻译问题。(5)可以帮助外国人学习汉语,以促进国际文化交流。(6)可以解决编索引的问题。(7)语文工作者可以用拼音方案来继续进行有关汉字拼音化的各项研究和实验工作。"除了上述各项比较显著的用处以外,拼音字母在将来还可以用来解决电报、旗语以及工业产品的代号等问题。"报告最后说:"这个方案经过大会批准之后,我们希望它在全国范围内逐步推行。首先今年秋季的小学语文课本和北方话区的扫盲课本中应该就用来注音,好使千万儿童和文盲在识字上减少困难。我们希望各级机关、团体在一般干部中大力提倡利用拼音字母学习普通话,为社会上推广普通话作出榜样。拼音字母容易教,容易学,一般只要二三十小时就可以学会,会说普通话或者有拼音知识的人,学起来就更快。如果我们大力推行,在第二个五年计划期间内,让全国学生和多数青年都学会拼音字母,是完全可以做到的。这对于帮助识字、扫除文盲、统一读音、推广普通话都将起巨大的推动作用,对于提高我国人民文化水平和促进社会主义建设事业有很大的利益。希望各界人士共同加以积极的宣传和提倡!"报告最后说:"根据以上所说,可以看出,《汉语拼音方案》在我国是有长远的历史渊源的,是今天广大人民所迫切要求的。无论识字教育、普通话推广工作以及少数民族文字的创造,都在迫切地等待汉语拼音方案及早确定。这个方案经过专家们的长期研究,经过全国各方面人士的广泛讨论,又经过一年的审议和修订,它确实是比以往各种方案更为妥善,而且在今后的实践中,还可以求得进一步完善。为此,我们希望大会经过讨论以后,批准这个方案。"

第二节 简化汉字

一、《汉字简化方案》的公布

1956年1月28日,国务院全体会议第23次会议通过了《汉字简化方案》及《关于公布〈汉字简化方案〉的决议》。《关于公布〈汉字简化方案〉的决议》全文如下:

> 汉字简化方案,1955年1月由中国文字改革委员会提出草案,经全国文字学家、各省市学校的语文教师以及部队、工会的文教工作者约20万人参加讨论,提供意见,再经1955年10月全国文字改革会议通过,并由国务院汉字简化方案审订委员会审订完毕。
>
> 汉字简化方案分三部分。第一部分即汉字简化第一表所列简化汉字共230个,已经由大部分报纸杂志试用,应该从1956年2月1日起在全国印刷的和书写的文件上一律通用;除翻印古籍和有其他特殊原因的以外,原来的繁体字应该在印刷物上停止使用。第二部分即汉字简化第二表所列简化汉字285个和第三部分即汉字偏旁简化表所列简化偏旁54个,也都已经经过有关各方详细讨论,认为适当。现在为慎重起见,特先行公布试用,并责成各省市人民委员会负责邀集本省市政治协商委员会委员征求意见,在3月底以前报告国务院,以便根据多数意见再作某些必要的修正,然

后正式分批推行。

同年 1 月 31 日,《人民日报》刊载了国务院《关于公布〈汉字简化方案〉的决议》和《汉字简化方案》。

汉字简化方案

汉字简化第一表

这个表里有 230 个简化汉字,按注音字母音序排列。括弧里边的字是原来的繁体字。

罢(罷)	迈(邁)	灯(燈)	条(條)
卜(蔔)	霉(黴)	敌(敵)	听(聽)
备(備)	蒙(矇濛懞)	淀(澱)	团(團糰)
宝(寶)	弥(彌瀰)	点(點)	难(難)
报(報)	籛(籛)	电(電)	拟(擬)
办(辦)	庙(廟)	垫(墊)	乐(樂)
板(闆)	面(麵)	独(獨)	类(類)
帮(幫)	范(範)	夺(奪)	累(纍)
别(彆)	奋(奮)	对(對)	里(裏)
标(標)	丰(豐)	断(斷)	礼(禮)
表(錶)	妇(婦)	冬(鼕)	丽(麗)
边(邊)	复(復複覆)	东(東)	厉(厲)
宾(賓)	达(達)	动(動)	励(勵)
补(補)	斗(鬥)	态(態)	离(離)
辟(闢)	担(擔)	台(臺檯颱)	了(瞭)
朴(樸)	胆(膽)	头(頭)	刘(劉)
扑(撲)	当(當噹)	体(體)	帘(簾)
么(麼)	党(黨)	铁(鐵)	联(聯)

粮(糧)	怀(懷)	秋(鞦)	症(癥)
灵(靈)	坏(壞)	千(韆)	证(證)
罗(羅囉)	会(會)	迁(遷)	朱(硃)
乱(亂)	欢(歡)	区(區)	筑(築)
个(個)	环(環)	确(確)	准(準)
盖(蓋)	还(還)	权(權)	庄(莊)
干(乾幹)	几(幾)	劝(勸)	种(種)
赶(趕)	击(擊)	牺(犧)	众(眾)
谷(穀)	际(際)	系(係繫)	迟(遲)
刮(颳)	家(傢)	协(協)	丑(醜)
过(過)	价(價)	献(獻)	尝(嘗)
归(歸)	借(藉)	咸(鹹)	偿(償)
关(關)	旧(舊)	荦(犖)	厂(廠)
观(觀)	艰(艱)	向(嚮)	称(稱)
巩(鞏)	荐(薦)	响(響)	惩(懲)
克(剋)	歼(殲)	兴(興)	处(處)
开(開)	尽(盡儘)	选(選)	触(觸)
垦(墾)	姜(薑)	旋(鏇)	出(齣)
恳(懇)	举(舉)	只(祇隻)	冲(衝)
困(睏)	剧(劇)	致(緻)	虫(蟲)
号(號)	据(據)	制(製)	湿(濕)
后(後)	卷(捲)	执(執)	时(時)
护(護)	齐(齊)	这(這)	实(實)
画(畫)	气(氣)	折(摺)	势(勢)
划(劃)	窃(竊)	战(戰)	师(師)
伙(夥)	乔(喬)	征(徵)	舍(捨)

晒(曬)	蚕(蠶)	义(義)	袜(襪)
寿(壽)	从(從)	医(醫)	为(爲)
沈(瀋)	聪(聰)	压(壓)	伪(僞)
伤(傷)	洒(灑)	叶(葉)	万(萬)
声(聲)	扫(掃)	优(優)	余(餘)
帅(帥)	丧(喪)	犹(猶)	御(禦)
双(雙)	苏(蘇)	邮(郵)	吁(籲)
热(熱)	虽(雖)	养(養)	郁(鬱)
灶(竈)	随(隨)	痒(癢)	与(與)
总(總)	孙(孫)	样(樣)	远(遠)
辞(辭)	松(鬆)	蝇(蠅)	云(雲)
才(纔)	爱(愛)	应(應)	运(運)
参(參)	碍(礙)	务(務)	拥(擁)
惨(慘)	尔(爾)		

汉字简化第二表

这个表里有285个简化汉字,按注音字母音序排列。括弧里边的字是原来的繁体字。

坝(壩)	苹(蘋)	发(發髮)	麸(麩)
摆(擺襬)	仆(僕)	飞(飛)	带(帶)
笔(筆)	买(買)	矾(礬)	导(導)
币(幣)	卖(賣)	坟(墳)	单(單)
毕(畢)	麦(麥)	粪(糞)	邓(鄧)
毙(斃)	梦(夢)	风(風)	籴(糴)
盘(盤)	灭(滅)	凤(鳳)	递(遞)
凭(憑)	亩(畝)	肤(膚)	迭(疊)

第四章　高潮(1956—1959)　215

堕(墮)	兰(蘭)	庐(廬)	胡(鬍)
队(隊)	拦(攔)	疠(癘)	华(華)
吨(噸)	栏(欄)	卤(鹵滷)	获(獲穫)
摊(攤)	烂(爛)	录(錄)	回(迴)
滩(灘)	砾(礫)	陆(陸)	秽(穢)
瘫(癱)	历(曆歷)	龙(龍)	汇(匯彙)
坛(壇罎)	隶(隸)	虑(慮)	轰(轟)
叹(嘆)	篱(籬)	滤(濾)	饥(饑)
誊(謄)	猎(獵)	驴(驢)	鸡(鷄)
粜(糶)	疗(療)	沟(溝)	积(積)
厅(廳)	辽(遼)	构(構)	极(極)
涂(塗)	浏(瀏)	购(購)	继(繼)
图(圖)	炼(煉)	顾(顧)	夹(夾)
椭(橢)	练(練)	国(國)	阶(階)
恼(惱)	怜(憐)	龟(龜)	节(節)
脑(腦)	邻(鄰)	柜(櫃)	疖(癤)
锣(鑼)	临(臨)	广(廣)	洁(潔)
酿(釀)	两(兩)	夸(誇)	胶(膠)
宁(寧)	俩(倆)	扩(擴)	监(監)
农(農)	辆(輛)	块(塊)	舰(艦)
疟(瘧)	岭(嶺)	亏(虧)	鉴(鑒)
蜡(蠟)	龄(齡)	矿(礦)	硷(鹼)
腊(臘)	卢(盧)	合(閤)	拣(揀)
来(來)	泸(瀘)	汉(漢)	茧(繭)
垒(壘)	芦(蘆)	壶(壺)	紧(緊)
娄(婁嘍)	炉(爐)	沪(滬)	烬(燼)

仅(僅)	穷(窮)	烛(燭)	摄(攝)
进(進)	习(習)	浊(濁)	兽(獸)
将(將)	戏(戲)	专(專)	审(審)
奖(獎)	虾(蝦)	桩(樁)	渗(滲)
浆(漿)	吓(嚇)	壮(壯)	绳(繩)
桨(槳)	写(寫)	装(裝)	圣(聖)
酱(醬)	泻(瀉)	妆(妝)	胜(勝)
讲(講)	胁(脅)	状(狀)	术(術)
惊(驚)	亵(褻)	钟(鐘)	书(書)
竞(競)	显(顯)	肿(腫)	树(樹)
惧(懼)	宪(憲)	齿(齒)	属(屬)
启(啓)	县(縣)	彻(徹澈)	铄(鑠)
岂(豈)	象(像)	产(産)	扰(擾)
壳(殼)	乡(鄉)	缠(纏)	认(認)
窍(竅)	须(鬚)	㨆(擤)	让(讓)
牵(牽)	悬(懸)	谗(讒)	杂(雜)
纤(縴纖)	逊(遜)	馋(饞)	凿(鑿)
签(簽籤)	寻(尋)	忏(懺)	枣(棗)
亲(親)	滞(滯)	尘(塵)	脏(臟髒)
寝(寢)	质(質)	衬(襯)	赃(贓)
蔷(薔)	斋(齋)	长(長)	钻(鑽)
墙(牆)	赵(趙)	础(礎)	纵(縱)
枪(槍)	昼(晝)	刍(芻)	灿(燦)
庆(慶)	毡(氈)	疮(瘡)	仓(倉艙)
曲(麯)	郑(鄭)	适(適)	层(層)
琼(瓊)	嘱(囑)	杀(殺)	窜(竄)

丛(叢)	忆(憶)	严(嚴)	网(網)
啬(嗇)	亚(亞)	盐(鹽)	屿(嶼)
涩(澀)	哑(啞)	阴(陰)	誉(譽)
伞(傘)	业(業)	隐(隱)	跃(躍)
肃(肅)	爷(爺)	阳(陽)	园(園)
岁(歲)	尧(堯)	无(無)	渊(淵)
恶(惡噁)	钥(鑰)	雾(霧)	愿(願)
袄(襖)	药(藥)	洼(窪)	酝(醞)
肮(骯)	忧(憂)	韦(韋)	佣(傭)
儿(兒)	艳(艷)	卫(衛)	踊(踴)
艺(藝)	厌(厭)	稳(穩)	痈(癰)
亿(億)			

汉字偏旁简化表

这个表里有54个简化偏旁,按原偏旁的笔画简繁排列先后。括弧里边的是原来的偏旁。简化偏旁有*符号的,一般只作为左偏旁用;没有*符号的偏旁,不论在一个汉字的任何部位,一般都可以使用。

纟*(糸)	东(東)	㑥(易)	区(區)
见(見)	仑(侖)	呙(咼)	产(產)
讠*(言)	冈(岡)	马(馬)	专(專)
贝(貝)	戋(戔)	刍(芻)	发(發)
车(車)	𡿨(𡿧)	师(師)	单(單)
圣(聖)	韦(韋)	芇(𦬇)	几(幾)
钅*(金)	页(頁)	鱼(魚)	乔(喬)
长(長)	风(風)	乌(烏)	只(戠)
门(門)	饣*(食)	娄(婁)	尧(堯)

当(當)　　兴(興)　　寿(壽)　　卖(賣)
羊(羋)　　佥(僉)　　监(監)　　龙(龍)
会(會)　　农(農)　　临(臨)　　罗(羅)
肃(肅)　　宾(賓)　　齿(齒)　　䜌(䜌)
义(義)　　齐(齊)

二、《汉字简化方案》的推行和调整

（一）中国文字改革委员会根据国务院的决议，将《汉字简化方案》里的简化字分为四批推行。1956 年 2 月 1 日公布第一批推行的简化字 260 个（包括《汉字简化方案》第一表的 230 个简化字和《汉字简化方案》之外的 30 个偏旁类推简化字）；1956 年 6 月 1 日公布第二批推行的简化字 95 个；1958 年 5 月 10 日公布第三批推行的简化字 70 个；1959 年 7 月 15 日公布第四批推行的简化字 92 个。以上四批推行的简化字共 517 个，其中包括《汉字简化方案》未收入的 30 个偏旁类推简化字。至此，只剩下 28 个字尚未推行。这 28 个字是：

坝(壩)　仆(僕)　风(風)　迭(叠)　涂(塗)　椭(橢)　疟(瘧)
砾(礫)　篱(籬)　合(閤)　胡(鬍)　回(迴)　硷(鹼)　纤(縴纖)
曲(麯)　象(像)　须(鬚)　嘱(囑)　缠(纏)　忏(懺)　属(屬)
铄(鑠)　脏(臟髒)　灿(燦)　涩(澀)　肮(骯)　渊(淵)　愿(願)

（二）《汉字简化方案》的调整。《汉字简化方案》经过一段时间的推行试用，文改会对《汉字简化方案》里的三个简化偏旁做了调整，就是：钅(金)改为钅，鱼(魚)改为鱼，乌(鳥)改为鸟，乌改作鸟的简化字；还对三个简化字做了调整，就是："娄(婁嘍)"改为"娄(婁)"不兼"嘍"，"彻(徹澈)"改为"彻(徹)"不兼"澈"，"仓(倉艙)"改为"仓(倉艙)"不兼"艙"。

三、《汉字简化方案》的效果

推行《汉字简化方案》取得的效果是十分明显的。

减少了笔画数目。据陈光垚的统计,515 个简化汉字的笔画数是:

2 画,5 字,共 10 画
3 画,15 字,共 45 画
4 画,29 字,共 116 画
5 画,39 字,共 195 画
6 画,75 字,共 450 画
7 画,70 字,共 490 画
8 画,62 字,共 496 画
9 画,59 字,共 531 画
10 画,55 字,共 550 画
11 画,35 字,共 385 画
12 画,22 字,共 264 画
13 画,28 字,共 364 画
14 画,13 字,共 182 画
15 画, 3 字,共 45 画
16 画, 3 字,共 48 画
17 画, 1 字,共 17 画
18 画, 1 字,共 18 画

《汉字简化方案》内有繁体字 544 个,总笔画是 8745 画;归并简化成 515 个简化字,总笔画是 4206 画。平均每一个繁体字是 16.08 画,每一个简化字只有 8.16 画,与繁体字相比省去了一半的笔画。而且

《汉字简化方案》里的简化字还没有采用偏旁类推简化,如果采用了偏旁类推简化,每个简化字的平均笔画可能只有 6.5 画。①《汉字简化方案》的公布与推行,是文字改革的重要成果。1991 年 1 月 22 日,胡乔木在《汉字简化方案》公布 35 年纪念大会上的书面发言里说:"《汉字简化方案》已经公布、使用了 35 年。35 年来,这个方案在普及教育、提高国民文化水平,促进社会主义现代化建设等方面都发挥了积极的作用。实践证明,它是一个便于学习、应用的方案。""我们要巩固和发扬汉字简化的成果,使汉字能更好地为四化建设服务。"②

第三节 整理汉字

一、整理异体字

（一）异体和正体。异体是和正体(标准体、规范字)相对而言的。一个字(字种)如果有两个或两个以上的形体,标准体以外的其他形体就是异体。由于历史的原因,汉字中存在着许多异体字,这给学习和应用带来了不便。吕叔湘说:"异体字是汉字历史发展的产物,古书上的异体字也不可能一概取消。可是作为现代文字工具,异体字实在是有百弊而无一利,应当彻底整理一下。"③汉字在使用的过程中,有自发地淘汰异体的趋势。宋代编著的韵书《集韵》收了很多的异体字,这些异体字到现在绝大多数都已经不再使用,退出了流通流域。自发的淘汰比较缓慢,往往要用很长的时间,而且规范的标准有时也不够明确。这和信息时代对文字的要求不完全适应,因此要有人工干预。常见的人

---

① 陈光垚《简化汉字字体说明》第 54 页,中华书局 1956 年版。
② 《胡乔木谈语言文字》第 359、361 页,人民出版社 1999 年版。
③ 吕叔湘《语文常谈》第 28 页,三联书店 1980 年版。

工干预,包括语文专家的整理和政府主管部门组织语文专家进行的整理。整理异体字,就是从一组音义相同而形体不同的字中确定一个为标准体加以推行,把其他形体作为异体加以淘汰。

(二)丁西林著《对于整理汉字字形的几点意见》①归纳了异体字的类型,并提出异体字整理的原则。文章分五节:(1)形声字中"形"与"声"的骈枝。如:址=阯,坑=阬,秈=籼,鷄=雞,棕=椶,濱=浜。(2)字中成分的移位。如:羣=群,槩=概,鄰=隣,滙=匯。(3)简笔字与增笔字。前者如:灋法,爲為;后者如:益溢,尊樽罇。(4)"差不多"的错字。廁=厠,廈=厦,況=况,勞=劳。(5)结论。整理汉字的总原则,就是:"每一个字只能有一个规定的形式。如果现行的汉字中一个字有几种不同的写法,选择其中最通行的一个作为规定的形式,把其他的形式或删去,或归入备删之列。"

(三)《第一批异体字整理表》的制订和推行。1953 年 3 月 25 日中国文字改革研究委员会举行第三次会议,讨论汉字简化问题。会上传达了毛泽东主席的指示:"汉字的数量也必须大大简缩。只有从形体上和数量上同时精简,才算得上简化。"②而整理异体字是精简汉字字数的一个重要的方面。

整理异体字工作,开始是同拟订《汉字简化方案草案》结合进行的。1954 年 11 月 30 日拟订的《汉字简化方案草案》就包含了《拟废除的 400 个异体字表草案》这一部分内容。直到 1955 年 9 月拟出《汉字简化方案修正草案》时,才单独拟订了《第一批异体字整理表草案》,提交 1955 年 10 月召开的全国文字改革会议审议。会议一致通过了这个草案,并建议由新闻出版部门实施。整理异体字时确定选用字(规范

---

① 《中国语文》1952 年 10 月号第 5 至第 9 页。
② 《中国文字改革研究委员会第三次全体会议的讨论记录摘要》,《中国语文》1953 年 6 月号第 34 页。

字)的原则是从俗从简:从俗是指选择印刷上已有铜模而又符合一般手写习惯的字,从简是指选择笔画结构比较简单的字。异体字和简体字之间的界限,有时难以划清。20世纪50年代拟订《汉字简化方案草案》时,采取的办法是印刷厂有铜模的作为异体字,没有铜模的作为简体字。

1955年12月22日,文化部和中国文字改革委员会联合发布了《关于发布第一批异体字整理表的联合通知》,并发布了《第一批异体字整理表》。《联合通知》全文如下:

> 中国文字改革委员会根据全国文字改革会议讨论的意见,已经把第一批异体字整理完毕,我们现在随文发布,并且决定从1956年2月1日起在全国实施。从实施日起,全国出版的报纸、杂志、图书一律停止使用表中括弧内的异体字。但翻印古书须用原文原字的,可作例外。一般图书已经制成版的或全部中分册尚未出完的可不再修改,等重排再版时改正。机关、团体、企业、学校用的打字机字盘中的异体字应当逐步改正。商店原有牌号不受限制。停止使用的异体字中,有用作姓氏的,在报刊图书中可以保留原字,不加变更,但只限于作姓用。
>
> 中华人民共和国文化部
中国文字改革委员会

《第一批异体字整理表》(简称《一异表》)收异体字810组,每组最少2字,最多6字,合计1865字。经过整理,每组确定1个为标准字,其余作为异体淘汰,共淘汰1055个异体字。例如:庵[菴]、暗[闇晻]、鞍[鞌]。方括号内的是淘汰的异体字。异体字的整理提高了汉字文本的规范化程度,节省了制作铜模的人力、物力和财力,减轻了学习和使用汉字的负担,深受各界,特别是出版、教育界的欢迎。

(四)《第一批异体字整理表》的调整。《第一批异体字整理表》公布推行以后,进行了三次调整:

(1)1956年3月22日,文改会、文化部发出《修正第一批异体字整理表内"阪、挫"二字的通知》,规定:"阪"字用作日本地名"大阪"时仍用原字;删去"挫"字(也就是恢复"挫"为规范字)。

(2)1986年10月10日,文改会重新发表《简化字总表》,确认《简化字总表》收入的"䜣、谳、晔、誊、诃、鳅、紬、刬、鲙、诓、雠"共11个类推简化字为规范字,不再作为淘汰的异体字。

(3)1988年3月25日,国家语委和新闻出版署发布《现代汉语通用字表》,确认《现代汉语通用字表》里收入的"蒇、邱、於、澹、骼、彷、菰、溷、徼、薰、黏、桠、愣、晖、凋"共15个字为规范字,不再作为淘汰的异体字。

这三次调整共把28个已经淘汰的异体字恢复为规范字。从1055字中减去了这28个字,实际淘汰了1027个异体字。

(五)《第一批异体字整理表》存在的问题。高景成回顾当年制订《第一批异体字整理表》时的情形说:"在汉字简化的思想指导下,《一异表》的由来在理论和实际上都不是孤立的。""《异体字表》也包含一些不是音义全等的异体字,有的是以大包小,个别的甚至以小包大,有音义交叉、同音异义甚至于异音异义的字组等,或多或少地有了简化字的性质。"①

《第一批异体字整理表》存在的问题,主要有:(1)有讹误。把某些音义不同的字合并为一个异体字组。例如:"谄[諂]"。"諂"读 chǎn,

---

① 高景成《对〈第一批异体字整理表〉编制的认识体会》,《语文现代化论丛》第3辑第117页,语文出版社1997年版。

是谄媚、谄谀的谄的繁体字;而"謟"读 tāo。《尔雅·释诂下》:"謟,疑也。""謟"和"諂"音义不同。又如:"券［券］"。"券"读 quàn,是证券的券;而"券"读 juàn,是疲倦的倦的异体。"券"和"券"音义不同。把某些音同义不同的字合并为一个异体字组。例如:"雕［凋］"。"雕""凋"都读 diāo,但"雕"是猛禽名,"凋"指凋谢。(2)选用字的音义小于被淘汰的异体字的音义。这就是以小包大,以少包多。例如:"菇［菰］"。"菇"是蘑菇、香菇的菇;"菰"除了同"菇"外,还指茭白。又如:"丘［邱］"。"丘"指小土山、土堆;"邱"除了同"丘"外,还用作姓氏。(3)有些人名用字当作异体字被淘汰了,改为规范字,人们就不知道指的是哪个人。例如"沾［霑］",《红楼梦》的作者曹雪芹,名字叫曹霑,不能写作曹沾。又如"暗［闇］",国画大师于非闇,不能写作于非暗。(4)淘汰了一些文言死字,人们讥笑这种做法是"枪毙死人"。例如:"姻［婣］"里的"婣"、"吻［脗］"里的"脗"。

(六)《第二批异体字整理表(初稿)》和《异体字整理表(初稿)》。在《第一批异体字整理表》公布推行后,文改会便着手拟订《第二批异体字整理表》。1956 年 7 月拟出了《第二批异体字整理表草案(初稿)》,向北京各报社、出版社征求意见。征得的意见主要有:

(1)异体字是指一个字有两种以上写法而音义完全相同的,而"草案"初稿被淘汰的异体字中,有一些是有其他音义的,这部分字应该从"草案"初稿中删除。

(2)"草案"初稿被淘汰的异体字中,有相当一部分字是现代汉语罕用字,还有一些是死而未葬的字。既然现代汉语印刷物上很少见到,甚至根本见不到,就不应该收入。

(3)"草案"初稿被淘汰的异体字中,有一些在地名、姓氏中用。这类字可暂时不予处理,首先处理通用的字。

(4)对讹体字的处理,仍可按《第一批异体字整理表》的拟订原则,即一般人已不大能辨别且已通行的讹体,可以选用为正字,而那些并不通行的讹体,则不予选用。

(5)有些字有两种或两种以上的写法,音义完全相同,但字形差别极细微。这类字不要放在异体字整理表进行处理,建议放在字形整理中去解决。

根据上述意见,文改会对《第二批异体字整理表草案(初稿)》进行修改,于1956年10月拟出《第二批异体字整理表(初稿)》,收异体字595组,共计1361字,淘汰异体字766字。《第二批异体字整理表(初稿)》曾向教育、出版以及语言文字研究部门征求意见。各方面比较一致的意见是:《第二批异体字整理表(初稿)》中仍收入了不少罕用字和死字,另外还收入了不少音义不完全相同的字。同时,还对《第一批异体字整理表》中的部分字组提出了建议修改,如:背(揹)、并(竝)、淡(澹)、雕(凋)等。

文改会研究了上述意见,认为在拟订《第二批异体字整理表》之前,应首先对《第一批异体字整理表》中存在的问题进行研究调整,但总的原则是尽量少改。在上述指导思想下,于1957年1月27日拟出《关于修改〈第一批异体字整理表〉几点建议》,并决定将修改后的《第一批异体字整理表》与《第二批异体字整理表(初稿)》合并为《异体字整理表》。后经反复研究和多次修改,于1959年12月31日拟出《异体字整理表(初稿)》,收异体字1034组,合计2858字,淘汰异体字1789字。

拟订《异体字整理表(初稿)》的原则是:

(1)只整理出版物上常见的异体,生僻罕用的字和死字不予整理。

(2)整理的异体字仅限于一个字有两种以上写法而音义完全相同的。

(3)笔画上有微小差别的字放入字形整理中去解决,不列入异体字的整理范围。

(4)分化已成习惯,或在科技领域已分别规定了意义的异体字,如:燃/然,沙/砂等不予整理。

《异体字整理表(初稿)》,经广泛征求意见,根据征集的意见又进行了多次修改,于1963年4月19日拟出《关于修订〈异体字整理表(初稿)〉的若干规定》。《规定》有10条:

(1)根据简化汉字必须减少字数的精神,参考过去历来整理异体字所积累的经验,在原有工作的基础上进行修订。

(2)修订工作尽量要和汉字简化、难字注音以及标准字形等一系列的安排,密切结合,统筹兼顾,以免发生分歧。

(3)修订尺度应稍放宽,处理面积也扩大些,有些生僻而不常用的字,甚至有些死而未葬的字,也不应置之不理;免得出现临时刻制,增加印刷上和教学方面的困难和不必要的浪费。

(4)选用字采取从俗、从简、从正,过去向未明确,往往造成工作中自相矛盾,很难自圆其说。此次应该注意从俗;从简可移入新简化方案处理;从正可以不必考虑。

(5)偏旁左右上下互异的字,应取左右字,不取上下字,如:略(畧)、峰(峯)等;但左右字不常见的,仍用上下字,如岸(岍)。

(6)异体字应该是音义完全相同的,但在意义方面也有广义和狭义的区别,也有的字部分意义和甲字相同,另一意义又和乙字相同。关于这些,作如下处理:

①一个字有两个以上意义,其中一个意义有新选俗字的,而且这个新选俗字没有存在的必要,就作为异体字处理,如豆(荳)、果(菓)、麻(蔴)、席(蓆)等。

②甲乙两字通用,甲字含义较广,乙字含义较狭,而后者又包

括在前者范围内,乙字就应停止使用,如搜(蒐)、志(誌)等。

③少数字在某一场合是应停用的异体,在其他场合又不能停用,就举出词来解决,并在字下加符号,如旁薄(磅礴)。如有异体字两个以上的词,就按字重见。

④同一选用字和被停用字意义有所不同的,在括弧里逐一分别,以示区别,如"毁(燬)焚毁、(譭)毁谤"等。

⑤词语中有一个或部分字是异体的,仅举一对一的办法不容易看出问题,在字组后附以全名,如"耆(芪)黄耆""倍(棓)五倍子"等。如原属联绵字,即以一个联绵字为单位,如"科斗(蝌蚪)"、"仓庚(鶬鶊)"等。

(7)选用字和停用字之间的取舍标准,不必限制于有无铜模。

(8)在《汉字简化方案》中被简化的繁体字,不止一个而有异体的,重列表中一并停用。

(9)有下列情况之一者不作异体字论:

①分化已久,成为习惯,或在科技方面各有规定不同意义的异体字,如:然、燃、沙、砂、磁、瓷等。

②笔形上稍有分歧,如"温、溫"之类,另作字形规范化问题处理。

③在复合词或成语中用字分歧的,如"莫名其妙—莫明其妙"、"按部就班—按步就班"等。

(10)以上各项规定仅限于修订工作时的依据,将来整个表的说明,须另拟订。

根据上述规定,对已经处理的异体字和未处理的异体字进行了全面分析研究,在《异体字整理表(初稿)》的基础上,于1964年拟出《异体字整理总表》第一批字组、第二批字组和第三批字组,1965年6月拟出第四批字组和第五批字组。

1965年11月,文改会异体字整理组又拟出《异体字整理表》(修订稿),后因十年动乱,字表未能审订公布。

《第二批异体字整理表》迟迟未能定稿发布推行,有客观的原因,政治的动乱影响文化事业的开展,但同时也有学术方面的原因。整理异体字始终是和减少笔画、减少字数连在一起,对整理的范围难于取得一致的意见。鉴于人们对《第一批异体字整理表》的评价褒贬不一,虽然多次研究,统一认识,但是最终还难以定稿。①

二、改换生僻地名用字

我国幅员辽阔,地名繁多,仅县级以上的地名就有三千多个。如果加上村镇名称,就多得不可胜数。用来标记地名的字很多,其中有一部分生僻罕用,难写难认,如陕西盩厔的盩和厔、江西新淦的淦、青海亹源的亹。这些字从全国范围来说利用率很低,但是又不能不用,这给人们的社会交往和信息的传递造成了障碍。为了让地名用字容易认、容易读,最好是把这些生僻罕用的地名用字逐渐改为容易认的常用字。

1955年11月23日,教育部和文改会党组给中共中央写的《关于全国文字改革会议的情况和目前文字改革工作的请示报告》中提出:"我国地名用字中有许多生僻字(约略估计在三四百字以上),难认难写,除作地名外没有别的用处,但在报纸上和教科书上却非用不可,因而增加学习和使用上的负担。我们建议由内务部和文改会同这些有关地方人民委员会协商,请他们提出常用的同音字或简字来代替。我国少数民族的汉文名称所用的字亦有不少生僻或笔画繁复的,建议由民族事务委员会和文改会同本民族协商改用较简易的字。"1956年1月

---

① 王均主编《当代中国的文字改革》第168至第172页,当代中国出版社1995年版。

27日,中共中央批转了这个报告。

1956年6月8日,内务部、文改会联合发出征求对生僻地名字简化意见的函件。同年10月17日,文改会又发出《关于建议更改生僻地名字问题》给各省、市、自治区人民委员会的函件,提出更改生僻地名字的程序是:县以上地名用字的更改,由各省、市、自治区提出更改意见,报内务部和文改会组织成立的地名审改组审核同意后,再报请国务院审批;县以下地名用字的更改,由各省、市、自治区审批,审批后报内务部备案,同时抄送文改会。更改地名生僻字的原则是:

(1)凡不容易读出音来的生僻地名用字,改用读音明确的常用字。例如"盩厔"可改作"周至","鄠县"可改作"户县"等。

(2)有些生僻地名用字,是在后来加上不必要的形旁的,可省去形旁。例如"酆县"可作"丰县","嵊县"可作"乘县"等。

(3)有些生僻地名用字,原来是不大通用的异体字或者通借字,这些字可以改用音义相同或者相近的常用字。例如"忻县"可作"欣县","濬县"可作"浚县"等。

(4)为了使新旧地名用字在推行和使用上容易联想,在同音代替时,应尽可能使新的字形和原有字形相近似。例如"盱眙"可作"吁怡","秭归"可作"姊归"等。

(5)同音代替字最好要和原来的字同音、同调。例如"瑷珲"可作"爱辉"等。

(6)地方读音和书面读音不相符合的地名用字,可按地方读音更换新的同音字。例如"亹源"不作"娓源"而作"门源"等。

(7)某些地名用字,由于行政区域的变更,根据该地历史或地理上的条件,也可改用其他名称,不受上述原则限制。如山西的"崞县"不改作"郭县"而改称"原平县"之类。

(8)少数民族地区地名字的读音,可以根据当地的具体情况,按普通话音节作准确而通俗的译音定名。①

上述原则主要以县以上的地名为对象;但必要时,也可包括一些个别的自然地名和交通要道上的乡镇地名。

从 1955 年 3 月 30 日到 1964 年 8 月 29 日,经国务院批准,分 9 次更改了 35 个县以上地名里的生僻用字。如下:

1955 年 3 月 30 日批准	广　西	鬱林县改玉林县
1955 年 11 月 19 日批准	黑龙江	铁骊县改铁力县
		瑷珲县改爱辉县
1957 年 2 月 9 日批准	江　西	雩都县改于都县
		大庾县改大余县
		虔南县改全南县
		新淦县改新干县
		新喻县改新余县
		鄱阳县改波阳县
		寻邬县改寻乌县
1958 年 9 月 22 日批准	四　川	酆都县改丰都县
1959 年 1 月 3 日批准	贵　州	婺川县改务川县
		鳛水县改习水县
1959 年 4 月 30 日批准	青　海	亹源回族自治县改门源回族自治县
1959 年 6 月 16 日批准	四　川	石砫县改石柱县
		越嶲县改越西县

---

① 王均主编《当代中国的文字改革》第 172 至第 174 页,当代中国出版社 1995 年版。

		呷洛县改甘洛县
	新　疆	和阗专区改和田专区
		和阗县改和田县
		婼羌县改若羌县
1959年8月13日批准	新　疆	于阗县改于田县
1964年8月29日批准	陕　西	商雒专区改商洛专区
		盩厔县改周至县
		郿县改眉县
		醴泉县改礼泉县
		郃阳县改合阳县
		鄠县改户县
		雒南县改洛南县
		邠县改彬县
		鄜县改富县
		葭县改佳县
		沔县改勉县
		栒邑县改旬邑县
		洵阳县改旬阳县
		汧阳县改千阳县

这项工作因为"文革"开始而停止,没有做完。"文革"后期,文改工作逐渐恢复,继续改换生僻地名用字的问题提了出来。《光明日报》1974年11月25日发表李守善写的文章《一些地名用字必须简化更改》。文章认为"流传着'南不过盱眙,北不过茌平'的说法,意思是虽有相当文化程度的人,遇见这两个地名也不认识。高中学生把'盱眙'读成'于台','茌平'认作'茬平''任平',是常有的事"。"必须改换生僻地名用字,才能适合时代的需要。""文革"结束后,文改会于1982年

11月5日向全国各省、市、自治区发出《征集更改县以上地名及山河等名称中生僻字的通知》，准备继续推进这项工作。《通知》说："从1955年到1964年，经国务院批准，已有8个省区的35个县以上使用生僻字的地名改用了同音的常用字。此后，河北、山西、黑龙江、陕西、甘肃、新疆、江苏、安徽、浙江、河南、湖北、广东、西藏等13个省区又报来了更改所属县以上地名及山河等名称中使用的生僻字材料，由于十年动乱，该项工作没能继续进行。现在，我们准备继续进行这一工作，请你们提出所属县、市以上地名及山河等名称中生僻字改为常用字的意见，以便进一步整理和研究。"《通知》后附《更改县市以上地名及山河等名称中生僻字的原则意见》，内容是：

(1) 目前这一工作的重点是将县以上地名及山河等名称中的生僻难认的字改为常用字，如"盩厔县"改为"周至县"，"雩都县"改为"于都县"等。另外，有些用字容易读错、写错，或者虽然常用，但是笔画较多，结构复杂，也应予以更改。

(2) 选择的常用字应与原名称用字同音、同调，如"醴泉县"改为"礼泉县"，"和阗专区"改为"和田专区"等。

(3) 选择的常用字应与原名称用字的形体保持一定的联系，如"石砫县"改为"石柱县"，"洵阳县"改为"旬阳县"。

(4) 选择的常用字，其形体结构应便于分析和称说。如"葭县"的"葭"，上面是草字头，下面是"叚"不便称说，改为"佳"就容易分析和称说了。

《通知》下达后，陆续收到一些省、市、自治区的反馈意见，其中绝大多数认为县以上地名用字应保持稳定，现在不宜更改。再后，学术界有人提出地名负载着文化，是一种资源，应该加以保护，一般不宜改动。

地名在社会生产生活中是一时也离不开的,其中的生僻字,特别是那些只用作地名而没有其他用处的生僻字,应该改换。20世纪50、60年代进行的这项工作是必要的,也是成功的。工作中发生的问题不多,也不难解决。例如"鄱阳县"改为"波阳县",而"鄱阳县"临近的"鄱阳湖",和赖以得名的"鄱阳山"却没有改。原来统一的"鄱阳"现在变得不统一了。再者"波"本有 bō 和 pó 两读,把"鄱阳"改为"波阳"取的是 pó 的读音;后来异读词审音,"波"审定为 bō,这就造成了"波""鄱"不同音,使用不便。而鄱阳湖和鄱阳县的得名都来自县内的"鄱阳山",割断了联系并不方便。这是工作中发生的疏漏,不是原则有什么不妥。2003年12月17日,民政部批准"波阳县"恢复为"鄱阳县"。又如旧地名和新地名混合使用的问题。例如"醴泉县"改为"礼泉县"后,新旧两种写法在当地都有人使用。改用了新的地名,但是旧的书写习惯并不能立刻就退出流通领域。这是属于管理工作滞后,没有跟上的原因。地名常常负载着文化,不断升温的文化热使人们更加重视旧名称里面包含的文化因素。其实,许多地名在历史上都曾经有过多次的改变,追求文字应用的简易化是难以抗拒的,减少地名生僻字,获益的首先是当地的民众。

三、整理通用字

1955年中国文字改革委员会把继续整理汉字、编订汉字标准字表列入工作计划。一方面是制订通用汉字表,另一方面是确定汉字的标准字形,这两方面的工作分别进行。在前一个方面,经过一年多的工作,根据《学文化字典》、《新华字典》、《同音字典》、《辞海》、《标准电码本》及其他有关资料,于1956年8月拟出《通用汉字表草案(初稿)》。

《初稿》收通用汉字5390个,分为三部分:常用字1500字,次常用字2004字,不常用字1886字。《通用汉字表草案(初稿)》曾印发各界征求意见。根据征求来的意见,对初稿进行修改,于 1960 年 7 月拟订了《通用汉字表草案》,比《初稿》增加了 500 多字。《通用汉字表草案(初稿)》有八条《说明》,具有重要的学术价值。全文如下:

一、通用汉字是指一般书籍报纸杂志上共同使用来书写现代汉语普通话的汉字。选定通用汉字的目的是:规定并精简现代日常应用的汉字字数,一方面促成书面语的进一步规范化、通俗化,另一方面又减轻工人农民及一般青少年学习文化的困难;同时使打字、排字设备简单化,可以节约器材,提高工作效率;使汉字电报中的同音字减少,便于改用拼音电码等等。

二、本表基本上是根据《学文化字典》、《新华字典》、《同音字典》、《辞海》、《标准电码本》五种资料选择编辑的,还参考了从有关机关调查来的及公开征求来的资料。

三、本表所收的通用汉字共计 5390 字(一个字有两三个音的,只算一个字),分为常用字、次常用字、不常用字三部分,排成两表:第一表包含常用字 1500 字(字前加圆点)及次常用字 2004 个,并按照《汉字简化方案》(但偏旁一部分未简化)和《第一批异体字整理表》的规定,把被废除的字附在各个字的后面,用括弧标明,以备参考。第二表包括不常用字 1886 个,分为文言成分、姓名、史地、动植物、科学技术、其他(这一栏包括宗教、民族、方言、译音等等)六栏。两个表的字都按注音字母次序排列,用《汉语拼音方案(草案)》的字母注音。因为音义不同而数处重见的字,其音义次要的,加方括号。

四、本表选字标准:

(1)常用字,根据教育部公布的《常用字表》中的 1500 个常用字,按照《汉字简化方案》和《第一批异体字整理表》做了必要的调整。

(2)次常用字,以中国大词典编纂处所编的《3500个常用字表》为基础,并参考本会所编的《常用汉字拼音表》进行增删,凡是中级以上一般读物上不常见的字都不列入。

(3)不常用字:

甲、一般性的,如一般书报上常见的文言成语或单词(如贪婪、酗酒、为虎作伥、刚愎自用……)其中比较生僻的字列入这一类。但现代行文已经可以不用的字不收。方言字或较生僻的口语字已在书报上通行的(如垃圾、尴尬……)也列入这一类,但不大通行的不收。

乙、专门性的、包括科学技术以及人名地名的专用字。在地名方面本表所收的以县以上的行政区域名称及较重要的自然地理名称中的专用字为限,其余的暂不收入。在姓氏方面,只收较常见的专用字。在名字方面,凡是常见的人名字不属于常用字、次常用字、也不属于本表文言成分栏的,作为人名专用字列入不常用字(如荃、淑……),但生僻的人名字不收。一般科学技术必要的专用字,尽可能收入。但历史专用字太多,只收最著名的古人名字(如尧、舜、桀、纣……)和文物工作中常用的古物名。

五、通用汉字的用途:

(1)常用字可作为农村扫盲的基本字汇。

(2)常用字和次常用字可作为编辑小学和初中语文课本、通俗读物、青少年报刊、小型字典的基本字汇。同时供打字机和中文电传打字机电报机的应用。

(3)全部通用汉字可作为普通印刷、电码本的用字范围,也可以作为中型字典、一般报纸、杂志、图书和高中教科书的基本字汇。

六、本表对于通用汉字中的异体字已经作了全盘的整理,除《第一批异体字整理表》有规定的已列入本表外,其余的另编了《第二批异体字整理表(初稿)》。在字形上应简化而未简化的字,希望各方人士提供简化方法。一部分地名专用字(字形生僻的或笔画繁复的或读音特殊的)可以用同音代替等办法在字数上或字形上加以简化的,拟和有关部门联系征求当地人民意见,酌加调整。

七、本表公布以后,不列入本表的字只在下列的情况下可以在书面上使用:

(1)翻印古书、编辑大型字典以及出版研究文化遗产的书籍刊物,这种工作由专业的出版机构来担任(为了这个目的,表外字的铅字铜模应予保留)。

(2)在教科书、报纸、普通刊物及一般图书上,偶然用到一个冷僻的专门术语或人名地名或引用古书,必须出现"表外字"的时候,要尽可能用拼音字母或同音汉字注明读音。

(3)打电报的时候,在人名地名或其他用语中偶然遇到的表外字,可以用"作字法"处理(例如把"女"字和"官"字合起来作为"婠"字)。

八、本表的初稿在根据各方人士意见作必要的修改后,再经过一定的程序讨论通过,然后作为定稿,提请有关机构公布定期实施。在实施以后,按照实际情况,每隔一定期间仍应作一次必要的增删修订。

这个《通用汉字表(草案)》后来又进行过修改,但是没有完成。1957年中国文字改革委员会提出《汉字字形整理方案(草案)》,1959年12月文化部根据革新铅字字体座谈会的意见,委托文改会、教育部和科学院语言研究所推定专人成立"汉字字形整理组",在文改会提出的《汉字字形整理方案(草案)》的基础上进一步研究。1960年编印了

《通用汉字字形表(草案)》。根据各方面的意见,决定把《通用汉字表(草案)》和《汉字字形表(草案)》合并成《印刷通用汉字字形表》。

总之,20世纪50年代的中国文字改革研究委员会和中国文字改革委员会在汉字整理方面,对于现代汉字的使用情况作了初步摸底。当时的工作重点,是在简化汉字笔画、整理异体字和统一印刷汉字字形等方面。由于后来的国民经济遇到困难,特别是在"文革"期间,汉字整理工作不得不停顿下来了,研究资料也被搞得残缺不全。①

第四节 推广普通话

一、"普通话"名称的确立

汉民族的民族共同语,在春秋时期叫"雅言"。《论语·述而》:"子所雅言,诗、书、执礼,皆雅言也。"(孔夫子有用普通话的时候,读《诗》、读《书》、行礼,都用普通话)汉代叫"通语",见扬雄著的《方言》。明清时代叫"官话"。明代人张位在《问奇集》里说:"江南多患齿音不清,然此亦官话中乡音耳,若其各处土语更未易通也。"官话的"官"是共同的意思,不是官员的意思。到了清末,受日本的影响改叫"国语","国语"实际指的是汉民族的民族共同语。《国语》本来是中国古代一部历史著作的名字,日本人借了去表示民族共同语。民国时期开展的推广汉民族共同语的运动,就叫"国语运动"。在清末,"普通话"的名称也从日本传入了中国。切音字运动的先驱朱文熊(1882—1961)在他的《江苏新字母》(1906)一书中,把汉语分成"国文"(文言文)、"普通话"(各

---

① 陈明远《〈标准现代汉字表〉的定量工作》,《语文现代化》第五辑第58页,语文出版社1981年版。

省通行之话)和"俗语"(各地方言),并分别给了较科学的定义。20世纪30年代在文艺语言大众化的讨论中,瞿秋白、鲁迅等都使用了"普通话"这个术语,他们所谓的"普通话"指的是在五方杂处的城市里自然形成的一种互相听得懂的语言。普通话的"普通"是普遍通行的意思,不是普普通通、平平常常的意思。受到历史条件的局限,中国古代并没有给民族共同语一个十分明确的定义,民族共同语的使用范围也相当狭窄。

新中国建立后,国家推行民族平等、语言平等的政策。《中国人民政治协商会议共同纲领》规定:"各少数民族均有发展其语言文字、保持或改革其风俗习惯及宗教信仰的自由。"

以后历次的宪法都明确重申:"各民族都有使用和发展自己的语言文字的自由。"为了体现各民族的平等与相互尊重,为了避免少数民族误认为国家只推行汉语而歧视少数民族语言,所以在1955年10月召开的全国文字改革会议和现代汉语规范问题学术会议上,对规范的汉民族共同语的名称进行了认真的研究和讨论,决定把清末至民国时期的"国语"改名为"普通话",而且对"普通话"做了新的解释,赋予它科学的含义。

二、国务院发布《关于推广普通话的指示》

1955年10月,全国文字改革会议明确提出推广普通话的任务,并确定了普通话的标准,和"重点推行、逐步普及"的推广普通话的方针。1956年2月6日,国务院发出了《关于推广普通话的指示》。这个指示由胡乔木起草,1956年1月28日国务院全体会议通过,2月6日由周恩来总理签发,2月12日发表在《人民日报》上。《指示》全文如下:

汉语是我国的主要语言,也是世界上使用人数最多的语言,并且是世界上最发展的语言之一。语言是交际的工具,也是社会斗争和发展的工具。目前,汉语正在为我国人民所进行的伟大的社会主义建设事业服务。学好汉语,对于我国的社会主义事业的发展具有重大的意义。

由于历史的原因,汉语的发展现在还没有达到完全统一的地步。许多严重分歧的方言妨碍了不同地区的人们的交谈,造成社会主义建设事业中的许多不便。语言中的某些不统一和不合乎语法的现象不但存在在口头上,也存在在书面上。在书面语言中,甚至在出版物中,词汇上和语法上的混乱还相当严重。为了我国政治、经济、文化和国防的进一步发展的利益,必须有效地消除这些现象。

汉语统一的基础已经存在了,这就是以北京语音为标准音、以北方话为基础方言、以典范的现代白话文著作为语法规范的普通话。在文化教育系统中和人民生活各方面推广这种普通话,是促进汉语达到完全统一的主要方法。为此,国务院指示如下:

(一) 从1956年秋季起,除少数民族地区外,在全国小学和中等学校的语文课内一律开始教学普通话。到1960年,小学三年级以上的学生、中学和师范学校的学生都应该基本上会说普通话,小学和师范学校的各科教师都应该用普通话教学,中学和中等专业学校的教师也都应该基本上用普通话教学。各高等学校的语文教学中也应该增加普通话的内容。中等学校、高等学校的就要毕业的学生和高等学校的青年教师、助教,如果还不会说普通话,应该进行短期的补习,以便于工作。教育部和高等教育部应该分别定出大力加强各级学校汉语教学、促进汉语规范化的专门计划,报国务院批准施行。

(二) 中国人民解放军部队文化教育中的语文课和中国人民

解放军所属各级学校的语文课,都应该用普通话教学。战士入伍一年之内,各级军事学校学员入学一年之内,都应该学会使用普通话。各机关业余学校中的语文教学,也都应该以普通话为标准。

(三) 青年团的各地支部和工会的各地组织,都应该采用适当的和有效的方式,在青年中和工人中大力推广普通话。青年团员在学习和推广普通话方面应该起带头作用。工厂(首先是大工厂)中的文化补习学校、文化补习班和农村中的常年民校的高级班,都应该尽可能地、逐步地推广普通话的教学。

(四) 全国各地广播电台应该同各地的推广普通话工作委员会合作,举办普通话讲座。各个方言区域的广播站,在它们的日常播音节目中,必须适当地包括用普通话播音的节目,以便帮助当地的听众逐步地听懂普通话和学习说普通话。全国播音人员、全国电影演员、职业性的话剧演员和声乐(歌唱)演员,都必须受普通话的训练。在京戏和其他戏曲演员中,也应该逐步地推广普通话。

(五) 全国各报社、通讯社、杂志社和出版社的编辑人员,应该学习普通话和语法修辞常识,加强对稿件的文字编辑工作。文化部应该监督中央一级的和地方各级的出版机关指定专人负责,建立制度,训练干部,定出计划,分别在两年到五年内基本上消灭出版物上用词和造句方面的不应有的混乱现象。

(六) 全国铁路、交通、邮电事业中的服务人员,大城市和工矿区的商业企业中的服务人员,大城市和工矿区的卫生事业中的工作人员,大城市和工矿区的警察,司法机关中的工作人员,报社和通讯社的记者,文化馆站的工作人员,县级以上的机关团体的工作人员,都应该学习普通话。上述各有关机关应该分别情况,定出关于所属工作人员学习普通话的具体计划,并负责加以执行,使它们所属的一切经常接近各方面群众的工作人员在一定时期内都学会普通话。

（七）一切对外交际的翻译人员,除了特殊的需要以外,应该一律用普通话进行翻译。

（八）中国文字改革委员会应该在1956年上半年完成汉语拼音方案,以便于普通话的教学和汉字的注音。

（九）为了帮助普通话的教学,中国科学院语言研究所应该在1956年编好以确定语音规范为目的的普通话正音词典,在1958年编好以确定词汇规范为目的的中型的现代汉语词典,并且会同教育部和高等教育部,组织各地师范学院和大学语文系的力量,在1956年和1957年完成全国每一个县的方言的初步调查工作。各省教育厅应该在1956年内,根据各省方言的特点,编出指导本省人学习普通话的小册子。教育部和广播事业局应该大量灌制教学普通话的留音片。文化部应该在1956年内摄制宣传普通话和教学普通话的电影片。

（十）为了培养推广普通话工作的干部,教育部应该经常举办普通话语音研究班,训练各地中学和师范学校的语文教师和教育行政干部,各机关、团体、部队也应该派适当的干部参加受训。同样,各省、市和县的教育行政机关也应该普遍地举办普通话语音短期训练班,训练各地中小学和师范学校的语文教师,当地机关、团体、部队也应该派适当的干部参加学习。

（十一）国务院设推广普通话工作委员会,统一领导全国的推广普通话工作。它的日常工作,由中国文字改革委员会、教育部、高等教育部、文化部、中国科学院语言研究所分工进行:中国文字改革委员会负责整个工作的计划、指导和检查;教育部和高等教育部负责全国各级学校和业余学校的普通话教学的领导,普通话师资的训练和普通话教材的供应;文化部负责出版物上的语言规范化工作、有关普通话书刊的出版和留音片、电影片的生产;语言研究所负责普通话语音、词汇、语法的规范的研究和宣传。各省、市人民委员会都应该设立同样的委员会,并以各省、市的教育厅、局为日常工作机关。

(十二)各少数民族地区,应该在各地区的汉族人民中大力推广普通话。各少数民族学校中的汉语教学,应该以汉语普通话为标准。少数民族地区广播电台的汉语广播应该尽量使用普通话。各自治区人民委员会可以根据需要设立推广普通话工作委员会,以便统一领导在各自治区的说汉语的人民中推广普通话的工作。

国务院的《指示》是中国语文改革的重要文献,是新中国推广汉民族共同语的纲领。从学术层面说,《指示》中最值得注意的是对普通话定义的阐述。全国文字改革会议为汉民族共同语下的定义是以北方话为基础方言、以北京语音为标准音的普通话,这个定义在国务院的《关于推广普通话的指示》里得到了丰富和补充,变得更为科学、更为完善。《指示》说:"汉语统一的基础已经存在了,这就是以北京语音为标准音、以北方话为基础方言、以典范的现代白话文著作为语法规范的普通话。""以北京语音为标准音"说的是普通话的语音标准,是以北京语音的语音系统为标准。"以北方话为基础方言"确定了北方话在普通话里的地位,普通话的词汇和语法要以基础方言的词汇和语法为基础。"以典范的现代白话文著作为语法规范"是对普通话语法规范标准的进一步补充。《指示》为普通话规定的这个内涵揭示了普通话的本质特征,一直沿用到现在。

在国务院的《指示》发布以后,教育部、高等教育部、文化部、广播事业局、铁道部、交通部、邮电部、中国人民解放军总政治部、全国总工会、团中央等有关部门也相继发出通知和指示,推广普通话工作全面展开。

三、成立推广普通话的工作机构

(一)成立中央推广普通话工作委员会。1956年1月28日国务院全体会议第23次会议通过《关于公布〈汉字简化方案〉的决议》和《推广普通话的指示》,决定成立中央推广普通话工作委员会,并任命了组成人员。1956年2月2日,国务院发布《关于成立中央推广普通话工作委员会的通知》,全文如下:

> 1956年1月28日国务院全体会议第23次会议上议定成立中央推广普通话工作委员会,并且通过任命了它的组成人员,决定它的工作机关设在中国文字改革委员会。特此通知。
>
> 附件:中央推广普通话工作委员会名单一份
> 中央推广普通话工作委员会名单
> 主　任:陈　毅
> 副主任:郭沫若　康　生　吴玉章　陆定一　林　枫　张奚若
> 　　　　舒舍予
> 委　员:丁西林　丁声树　王　力　王芸生　叶恭绰　叶圣陶
> 　　　　叶籁士　朱学范　吕叔湘　刘　春　沈雁冰　吴冷西
> 　　　　邵力子　周有光　周建人　周　扬　周新武　罗常培
> 　　　　林汉达　胡乔木　胡愈之　胡　绳　胡耀邦　范长江
> 　　　　夏　衍　韦　悫　陈克寒　曾昭抡　梅　益　梅兰芳
> 　　　　黄松龄　董纯才　邓　拓　蔡　畅　黎锦熙　赖若愚
> 　　　　钱俊瑞　戴伯韬　萧　三　萧　华　谢觉哉　萨空了
> 　　　　魏建功

1956年3月12日,中央推广普通话工作委员会在北京举行第一次全体会议,宣告正式成立。会议由陈毅主持,听取了教育部副部长叶圣陶所做的《各省、市教育厅、局推广普通话工作初步总结》,修正并通过了《1956年上半年推广普通话工作计划纲要》。会议决定,中央推广普通话工作委员会不另外设立机构,由中国文字改革委员会负责推广普通话整个工作的计划、指导和检查。为了和有关部门联系,中国文字改革委员会设立普通话推广处。

(二)成立地方推广普通话工作委员会。1956年5月9日国务院发布《关于在各省(市)教育厅(局)设立普通话推广处(科)的通知》。《通知》说:"为了保证各省(市)有专人掌管并切实推动推广普通话和文字改革工作,各省(市)教育厅(局)应分别设立普通话推广处(科),由一位副厅长、副局长兼任处(科)长,其他工作人员可以在现有编制内调整解决。这个处(科)须在本年5月份内成立起来,并应在6月底以前定出本年工作计划。"

在国务院的《通知》发布之前,有些地市就已经成立了推广普通话工作委员会,在《通知》发布以后不久,除天津、新疆、内蒙古以外,其余24个省市都成立了推广普通话工作委员会。各级推普组织的相继成立,为推广普通话提供了有力的保证,加强了监督领导、组织协调。

四、确定推广普通话的工作方针

在1955年10月举行的全国文字改革会议上提出来的推普方针是"重点推行,逐步普及"。1957年6月25日到7月3日,教育部和文改会对推普的方针做了增补,改为"大力提倡,重点推行,逐步提高"。"大力提倡"就是要大力宣传国家推广普通话的方针、政策,宣传推广普通话的重要意义,让广大群众知道这项工作的必要性和急迫性。"重点推行"就是指推广普通话工作不能"一刀切",不要平均使用力量,要抓重点,要有先有后,有主有次。重点的确定,一看方言复杂的状况,二看客观实际的需求。从地区来说,南方方言区(广东、广西、湖南、福建、江西、浙江、江苏、安徽、上海等省、自治区、直辖市)是重点;从城乡来说,城市是重点;从部门来说,学校是重点;从对象来说,青少年是重点。社会上推广普通话,首先要抓好跟各地群众接触较多的部门(如商业、服务行业、铁路、交通、邮电部门),抓好"五大员",即营业员、服务员、售票员、列车员、广播员。另外还要抓好各级机关干部的工作用语。"逐步普及"有两层意思。一层是说中国地广人多,方言复杂,推广普通话是一项长期的艰巨的任务。这项工作不能操之过急,只能逐步普及。另一层意思就是要根据不同条件、不同对象、不同年龄,提出不同要求。

五、推广普通话工作逐步展开

(一)各部门对推广普通话提出了要求。1955 年 11 月 17 日教育部发出了《关于在中小学和各级师范学校大力推广普通话的指示》。《指示》中说:"语言是人们交流思想的工具,同时也是社会斗争和社会发展的工具。中华人民共和国已经实现了历史上所没有过的高度的统一,并且正在掀起社会主义建设和社会主义改造的热潮,因此,在占人口 90% 以上的汉民族中间大力推广普通话,已经成为我国当前的迫切任务。而在中、小学和各级师范学校用普通话教学,对于提高教学质量将起重大的积极作用。学生学会普通话,毕业以后从事各项建设工作就有了更好的交际工具,更便利于发挥自己的才能。"《指示》提出了 12 条规定,要求小学、中学、幼儿师范、初级师范和师范学校以及高等师范学校等都要用普通话进行教学,要求所有学生要在课堂内和课外活动时用普通话交流和表演。各类学校的语文教师必须参加普通话培训,学生可以定期举行普通话的相关比赛。对积极参加推普工作并有显著成绩的应给予奖励,对学校教师克服困难,用普通话教学并对提高教学质量有显著效果的也给予奖励。这是新中国成立以来教育部向各级学校发出的学习和推广标准语的第一个重要指示,为广大的教师和学生学习普通话提供了强有力的保证。

1955年11月25日,《光明日报》发表社论,题为《教师们应当成为推广普通话的积极分子》。《社论》号召全体教师要根据教育部的指示,用积极严肃的态度,有计划有步骤地来进行这项工作。学校教师,首先是语文科教师,必须教育学生初步地懂得文字改革、汉语规范化的道理和意义,学会使用规定的简体字,在书面语言的语法、修辞、逻辑方面逐步地受到有系统的规范化的教育,使他们不但在口头语言方面能够说普通话,同时在书面语言方面也能够写出通顺的文字。

1956年2月12日,《人民日报》发表了题为《努力推广普通话》的社论。2月15日,《光明日报》也发表了《大力推广普通话》的社论。2月16日,教育部和中国科学院语言研究所联合举办的第一期普通话语音研究班开学,参加学习的学员有106人。研究班每期学习半年结业。从1959年8月起,这个研究班改由教育部、文改会、语言研究所合办。到1960年上半年,普通话语音研究班一共办了九期,为全国各地培养了汉语方言调查和推广普通话工作骨干1666人,为全国的推普工作做出了重要的贡献。

1956年2月16日,中华全国总工会发出了《关于在职工中推广普通话的通知》,号召职工业余文化学校运用1956年2月9日发表的《汉语拼音方案(草案)》积极进行普通话教学,工会俱乐部组织普通话学习班和普通话学习小组,各级工会宣传部门必须利用广播、电影、图书馆等,在广大职工群众中进行推广普通话的宣传和教育工作。

1956年3月20日,高等教育部和教育部联合发出《关于汉语方言普查工作的指示》。《指示》规定调查方言的任务由各地综合大学和高等师范学校的中文系来主要负责,在1956年和1957年两年之内,把全国各地的汉语方言普查完毕。调查时以行政县为单位,以语音系统为主,词汇和语法系统为辅,以帮助人们推广普通话为目的。而且,希望各大学中文系能够开设"汉语方言学"课程。方言调查的材料可以直接运用到推广普通话的教学之中,这就更有利于方言区的人们尽快学好普通话。

1956年4月3日,中央广播事业局发出了《关于推广普通话的指示》。

1956年5月15日,高等教育部、教育部发出《关于在高等学校和中等专业学校推广普通话的联合通知》。《通知》指出,高等学校到1959年、中等专业学校到1960年,除年老和有特殊困难的教师外,要求一般教师能基本上用普通话进行教学。1956年本届毕业生,凡是不会说普通话的,在离校前都应该进行短期的补习。将在1957年和1958年毕业的学生,凡是不会说普通话的,要求在毕业时,基本上都会说普通话。其他不会说普通话的在校学生,高等学校的,一般最迟到1959年;中等专业学校的,一般最迟到1960年,应当基本上都会说普通话。

1956年8月27日,中华人民共和国交通部发布了《关于推广普通话的指示》。《指示》着重指出推广普通话的步骤和要求,"各级业余文化学校、业余专业学校、各高、中等院校、干部学校是推广普通话的基地,应逐步采用普通话进行教学,首先从语文科入手,然后推广到其他科";"对各单位在工作中与群众接触较多的职工,应尽先组织他们学会普通话";"除以上两类人员外,对机关干部、船员、装卸、搬运工作人员,也要有计划地组织他们练习普通话。"《指示》还强调了学习普通话语音的方法。

1957年8月21日,教育部发出《关于继续推广普通话的通知》。

《通知》要求各地要采取有效措施,在已有的基础上继续巩固已取得的成果,坚持普通话的学习与推广,不要半途而废。

(二)召开推广普通话工作汇报会。1956年5月28日,中央推广普通话工作委员会和中国文字改革委员会联合发出《请各地组织有关文字改革和推广普通话问题的报告会、讲演会的通知》。

1957年6月25日到7月3日,教育部和中国文字改革委员会在北京联合召开全国普通话推广工作汇报会,除新疆省外(因路程太远,交通不便)全国各省市的教育厅、局都有代表出席了会议。教育部副部长韦悫在会议开始时作了《普通话推广工作的情况和问题》的报告,会议结束时对各代表提出的问题和讨论内容又做了全面的分析和总结。总结时谈到了以下六个问题:(1)对普通话推广工作中的成绩、缺点和困难的估计;(2)明确提出了推广普通话的方针是"大力提倡,重点推行,逐步普及",讨论了对三者之间的关系的理解;(3)如何在学校中继续开展普通话的推广工作;(4)如何开展社会宣传和推广工作;(5)关于加强领导和健全机构的问题;(6)关于如何进行方言调查工作的问题。

根据会议统计,到会议召开时为止,全国已有60多万中、小学语文教师受过普通话语音训练,约占语文教师总数的三分之一;大多数小学、部分师范学校和中学的语文课已经开始用普通话教学;中央和多数省、市的广播电台举办了普通话语音讲座,收听人数约在200万人以上。已出版普通话教材和参考书约450万册,已灌制普通话教学留声片约138万张,大多数省、市进行了初步的方言调查。

1957年12月9日,中央推广普通话工作委员会召开第二次会议。会议由陈毅同志主持。会议通过了1958年推广普通话工作计划和举办全国普通话教学成绩观摩会计划草案。1958年3月20日,中央推广普通话工作委员会向各省市发出了《1958年推广普通话工作计划纲要》,同时中央推广普通话工作委员会和教育部也联合发出了《关于举办全国普通话教学成绩观摩会的通知》。

1958年7月25日,中央推广普通话工作委员会和教育部联合举办的全国普通话教学成绩观摩会在北京举行。参加观摩会的代表是由25个省、市、自治区选拔出来的在教学和推广普通话工作中有优秀成绩的教师、学生和教育行政工作者,共141人。中央推广普通话工作委员会副主任、中国文字改革委员会主任吴玉章致开幕词。教育部副部长韦悫和中央推广普通话工作委员会副主任舒舍予在会上号召代表们回去以后要更加努力做推广普通话的促进派和积极分子,以进一步促进汉语的统一。观摩会在7月31日闭幕。

1959年8月10日,中国文字改革委员会、教育部、中国共产主义青年团中央委员会在上海召开第二次普通话教学成绩观摩会。出席会议的有来自27个省、市、自治区的184名代表,观摩会在21日闭幕。中国文字改革委员会主任吴玉章在闭幕式上作了重要指示:(1)"大力提倡,重点推行,逐步普及"这一方针,对今后推广普通话工作仍是适用的。(2)应该充分发挥省、市、自治区推广普通话工作委员会的作用。在条件成熟的地区,也可以考虑成立文字改革协会。(3)各省、市、自治区应抓紧训练教师这一环节。(4)在北方话地区推行注音扫盲,已经进行了试点的,要注意巩固,并逐步推广。还没有进行试点的,应该首先进行试点,然后推广。

六、推广普通话取得的成绩和不足

国务院《关于推广普通话的指示》发布后,推广普通话工作进入了实施期,很快就出现了"大家来说普通话"的群众运动。"在1958年—1959年运动达到高峰的时候,在五方杂处的上海,商店里、电车上,以及其他各种场所,到处挂起'请说普通话'的标语;在方言复杂的福建大田县,农村里掀起了学说普通话的热潮;在北方话区小方言地点的山西万荣,人们说:这里是小北京。"①1958 年 2 月 3 日,文改会主任吴玉章在一届全国人大五次会议上作了《关于当前文字改革工作和汉语拼音方案的报告》。《报告》在谈到推普工作取得的成绩时说:"自从 1955 年全国文字改革会议以来,推广普通话的工作已经收到一定的成效。除了中央推广普通话工作委员会之外,在 22 个省市也已经设立了推广的机构。到 1957 年年底为止,全国受过普通话语音训练的中小学和师范学校教师已有 721600 人。从广播中学习过普通话和拼音字母的人已经有好几百万。从 1956 年秋季起,全国小学一年级开始教学普通话,中学和师范学校学生也在汉语课中学习了普通话。从许多方言区教学的结果看,成绩是巨大的,困难是完全可以克服的。为了便利教学,全国多数省市进行了方言的初步调查工作,根据调查的结果写成的帮助方言区群众学习普通话的手册已经出版多种。教育部、文字改革委员会和各省市编制的普通话教材、读物,销行约达 500 多万册。各种教学普通话用的留声片销行 100 多万张。教育部和科学院合办的普通话语音研究班,已经为各省市培养了 550 多名推广普通话的骨干。"

推广普通话工作和方言调查研究相互促进,使汉语方言调查研究工作有了较为可观的收获。詹伯慧在《四十年来汉语方言研究工作的回顾》中说道:(1) 从 1955 年起,用了不到三年时间,普查了 1849 个点的方言,约占全国县(市)2298 个点的 80%,编出了十多种《方言概况》和三百多种《学话手册》,在推普和汉语规范化中产生了显著的作用。(2) 结合"普查"干部的培训,汉语方言调查方法的探讨和普及,有了明显的进展,《方言调查字表》(1955)、《汉语方言调查简表》(1956)、《方言词汇调查手册》(1957)等先后出版,《汉语方言调查手册》(李荣)、

---

① 周有光《文改漫谈》,《语文风云》第 22 页,文字改革出版社 1980 年版。

《方言调查方法》(岑麒祥)等书也在1956—1957年相继问世。(3)袁家骅主编的《汉语方言概要》,1960年由文字改革出版社出版。此书为中国有史以来第一部系统、全面阐述汉语方言概貌的专著。(4)1960年7月科学出版社出版了昌黎县志编纂委员会、语言研究所合编的《昌黎方言志》,1960年江苏人民出版社出版了江苏省和上海市方言调查指导组编的《江苏省和上海市方言概况》。①

推广普通话的空前热潮,也促进了有关普通话的语音、词汇等方面的研究,并且达到了较高的学术水平。1956年初中国科学院语言研究所成立了普通话审音委员会,对北京话里存在的大量异读字进行了全面的分析和整理;1956年到1957年《中国语文》展开了北京音位的讨论,为《汉语拼音方案》的制订提供了理论参考;1956年科学出版社出版的陆志韦著《北京话单音词词汇》(修订版)是第一部从北京口语入手系统地研究北京话词汇的专著。

推广普通话工作也存在一些不足,主要是把推普工作看得过于简单,对推普的长期性和艰巨性认识不足,以为在较短的时间内就可以取得完全的成功。其实学习语言不是一件容易的事,推广普通话的成功在很大的程度上要有社会各方面条件的配合。首先是经济要有相当的发展,生产和商品的交换对普通话提出了实际的需要。其次是要和语文教育相配合,脱离语文教育单纯地突击普通话很难取得效果,即使一时取得一定的效果,也很难得到巩固。

在1959年到1961年,我国的国民经济遇到了严重的困难,推普工作也不得不暂时停止。到了十年"文革"时期,整个语文工作蒙受了重大损失,推普工作也无法正常进行。

---

① 于根元《二十世纪中国语言应用研究》第121页,书海出版社1996年版。

第五节　制订和推行《汉语拼音方案》

一、制订《汉语拼音方案》的背景

自清末开始的中国语文改革,从一开始就把制订拼音方案作为重要的内容。对于拼音方案的性质,人们有不同的定位。有的人把它作为拼音文字方案,而有的人则只作为代替反切的注音方案。主张作为拼音文字方案的又有不同的主张:有的主张用它来代替汉字,有的主张与汉字并存并用。民国政府1913年制订的注音字母,是注音的方案,不是文字方案。1928年公布的《国语罗马字拼音法式》,制订者是要把它作为文字,而大学院(教育部)公布的时候只承认它是"国音字母第二式"。

新中国建立之初,人民政府把扫除文盲作为建设新中国的重要工作。在"突击识字"等方法失败以后,把注意力转向汉字改革。1951年,毛泽东主席提出:"文字必须改革,要走世界文字共同的拼音方向。"这一指示的发布,加速了拼音文字方案的制订。审视已有的各种方案,注音字母本来就不适合作为文字,因为它"写起来会混杂,看起来要眼花"。① 国语罗马字用了国际通用的罗马字母,这是进步,但是字母标调规则苛细,难于推广;拉丁化新文字只拼方言、不拼国语,不标声调虽然简易,但是拼音不够严密,因此也不适合作为全国通用的拼音方案:于是中央决定集中力量研制新的汉语拼音方案。

---

① 鲁迅《门外文谈》,《鲁迅全集》第6卷第77页,人民文学出版社1956年版。

二、制订《汉语拼音方案》的经过

（一）提交全国文字改革会议的六种拼音方案。1949 年 10 月中国文字改革协会在北京成立，协会成立之后就开始制订拼音方案的研究。1952 年 2 月中国文字改革研究委员会成立，它的主要工作除了简化汉字之外，就是研究如何制订拼音方案。从 1952 年 2 月到 1954 年年底的近三年的时间内，主要进行了民族形式——即汉字笔画式的拼音方案的研究和拟订。1954 年 11 月国务院设立中国文字改革委员会。1955 年 2 月中国文字改革委员会设立拼音方案委员会，对拼音方案进行了更全面更系统的研究。委员有吴玉章、胡愈之、韦悫、丁西林、林汉达、罗常培、陆志韦、黎锦熙、王力、倪海曙、叶籁士，后来又增加了周有光、吕叔湘，一共 13 人。在全国文字改革会议开会的时候，由于对字母形式问题还没有作出最后结论，拼音方案委员会在会议上印发六种不同的方案初稿，向代表们征求意见。六种初稿之中，四种是汉字笔画式的，一种是斯拉夫字母式的，一种是拉丁字母式的。拼音方案委员会"决定把拉丁字母式方案作为国际通用字母类型的推荐方案"。据周有光的回忆，四种汉字笔画式的方案是：(1)以丁西林为首的设计，用全新的汉字笔画式音素字母。(2)以黎锦熙为首的设计，是改良注音字母而形成的音素字母。(3)以郑林曦为首的秘书组设计，是汉字笔画式音素字母，可以组合成为声韵双拼。(4)以吴玉章为首的民族形式的设计。① 其中拉丁字母式的方案称为《汉语拼音文字（拉丁字母式）草案初稿》（简称"初稿"）。初稿是《汉语拼音方案》的最初基础，它的特点主要是：(1)完全用现成的拉丁字母。采用拉丁字母的通用顺序（不用ㄅㄆㄇㄈ顺序），规定汉语的字母名称。(2)采用 4 组双字

---

① 周有光《旧事重提谈拼音》，《学思集》第 302 页，上海教育出版社 2006 年版。

母,就是 zh、ch、sh、ng。(3) 基本上做到"一音一母"(一个音素用一个字母代表),但是并非完全"一母一音"(一个字母只读一种音),仍有少数字母依一定的规律读两种音,以减少字母总数。g、k、h 在 l、ü 的前面变读 ㄐ、ㄑ、ㄒ,其他场合读 ㄍ、ㄎ、ㄏ。(4) 齐齿韵(i 或 i 开头)和合口韵(u 或 u 开头)各韵母作为独立音节的时候用 j、w 开头。撮口韵(y 或 y 开头)作为独立音节时候写法不变。(5) 以 a、o、e、y 开头的音节连接在其他音节后面的时候,如有混淆,用隔音符号(')隔开。例如:pi'ɑu(皮袄)。(6) 采用注音字母的调号作为调号。在举行全国文字改革会议的时候,拼音方案采用什么字母还没有定案,所以及早确定字母的形式就成为研制拼音方案的关键。

(二) 中共中央决定拼音字母采用拉丁字母。新中国建国之后,对于拼音方案采用什么字母,有过多次讨论。原中国文字改革委员会副主任叶籁士对这一讨论的过程曾经做过说明。他说:

> 解放初期,毛泽东同志曾经主张汉语拼音方案采用汉字笔画,即所谓民族形式字母。文改研究委员会曾经用了整整三年时间集中大部分力量研究、拟订过多种民族形式的方案,毛泽东同志看了都不满意。他要求民族形式的拼音字母比注音字母更简单。他认为注音字母笔画太繁,有些字母多到四笔;还说我们的拼音字母要胜过日本假名。在这段时间里,毛泽东同志研究了世界上各种字母产生和发展的历史。最后,他说民族形式字母不要搞了,还是采用拉丁字母。他说拉丁字母是世界最通行的字母,也比俄文字母或其他字母好看。多数国家所用的字母都不是本民族发明的。后来经过政治局讨论,中央作出了决定。我见到的正式的文字批示是在 1956 年 1 月 27 日作出的。那是对 1955 年冬文改会党组和教育部党组关于全国文字改革会议的情况和目前文字改革的请示

报告的批示。批示比较长,其中的第三条是关于《汉语拼音方案》的,批示说:"中央认为,汉语拼音方案采用拉丁字母比较适宜。"

1956年1月,中央召开知识分子问题会议。文改会主任吴玉章同志在会上做了关于文字改革的发言。后来毛泽东同志讲话,讲话中开头一段是这样说的:

"会上吴玉章同志讲到提倡文字改革,我很赞成。在将来采用拉丁字母,你们赞成不赞成呀?我看,在广大群众里头,问题不大。在知识分子里头,有些问题。中国怎么能用外国字母呢?但是,看起来还是以采取这种外国字母比较好。吴玉章同志在这方面说得很有理由,因为这种字母很少,只有二十几个,向一面写,简单明了。我们汉字在这方面实在比不上,比不上就比不上,不要以为汉字那么好。有几位教授跟我说,汉字是"世界万国"最好的一种文字,改革不得。假使拉丁字母是中国人发明的,大概就没有问题了。问题就出在外国人发明,中国人学习。但是,外国人发明,中国人学习的事情是早已有之的。例如,阿拉伯数字,我们不是久已通用了吗?拉丁字母出在罗马那个地方,为世界大多数国家所采用,我们用一下,是否就大有卖国嫌疑呢?我看不见得。凡是外国的好东西,对我们有用的东西,我们就是要学,就是要统统拿过来,并且加以消化,变成自己的东西。我们中国历史上汉朝就是这么做的,唐朝也是这么做的。汉朝和唐朝,都是我国历史上很有名、很强盛的朝代。他们不怕吸收外国的好东西,有好的东西就欢迎。只要态度和方法正确,学习外国的好东西,对自己是大有好处的。"

知识分子问题会议是在中南海怀仁堂举行的,我参加了这个会,我亲自听到了毛泽东同志的这个讲话。毛泽东同志主张民族形式字母的指示,曾在《中国语文》上公开发表,但是毛泽东同志的上述讲话当时没在报刊上发表,以致引起许多不必要的误解和纠纷。有些人还特别喜欢钻这个空子。

1955年那个时候,科学院聘请了一位苏联语言学专家Serdjuchenko来我国工作。他曾不止一次向我鼓吹汉语拼音方案采用俄文字母,理由是俄文字母有三十几个,比拉丁字母更能适应汉语的需要。他还向吴玉章同志提过这件事,企图对我们施加影响。

我们没有接受,我们拒绝了他的建议。①

1982年1月23日,胡乔木在《关于当前文字改革工作的讲话》里谈到了《汉语拼音方案》的字母形式问题。他说:

> 全国解放以后不久,毛主席就提出了制订《汉语拼音方案》的问题。当时他曾亲自写信给郭沫若、马叙伦、沈雁冰三位商谈这个问题。他们当时都是中央文教部门的负责人。中央领导经过了很长时间的考虑,并在全国范围内进行了大规模的讨论,提出了各种各样的方案,包括汉字形式的拼音方案。其中有代表性的方案都送给了毛主席和周总理,他们也研究了各种各样的方案。最初毛主席曾经主张过要采用民族形式即汉字形式的方案,吴玉章和丁西林先生都曾拟订过汉字形式的方案。可是经过反复的详细的考虑,一方面是文字改革委员会的多数委员不同意汉字形式的方案,另一方面,社会上很多人士也都倾向于采用罗马字母,毛主席和周总理这才下定决心,决定采用罗马字母即拉丁字母的汉语拼音方案,放弃汉字形式方案。这里有一个非常明显、非常有力的理由,

---

① 叶籁士《关于文字改革的几个问题》,《语文现代化》丛刊第五辑第59页,语文出版社1981年版。

就是这样的字母在世界上通行比较方便。采用其他形式的字母，很难取得各方面都能满意的、使用起来比较合理、比较可行的结果。①

（三）1956年2月文改会发表《汉语拼音方案（草案）》。中共中央决定拼音字母采用拉丁字母之后，加快了拟订拼音方案的步伐。文改会拼音方案委员会就以《汉语拼音文字（拉丁字母式）草案初稿》（简称"初稿"）为基础，修订成为《汉语拼音方案（草案）》（简称"原草案"），在1956年2月12日的《人民日报》上发表。同时还发表了《关于拟订〈汉语拼音方案（草案）〉的几点说明》。

这次发表的"原草案"与1955年10月的《汉语拼音文字（拉丁字母式）草案初稿》相比，名称上去掉了"文字"二字。周有光说："方案的名称从'拼音文字方案'改为'拼音方案'，删除'文字'二字。这在拼音方案委员会中没有引起争论。因为委员们都了解，叫它'文字'，它也不可能代替汉字；不叫它'文字'，它也有文字的性质。从一套字母到成为公认的文字，是一个历史发展过程。这不是几十年的事情，而是几百年的事情。日本使日语罗马字取得法定地位，结果至今也没有成为真正的通用文字。与其有文字之名而无文字之实，不如有文字之实而无文字之名。周总理在1958年1月10日《当前文字改革的任务》报告中申明，'汉语拼音方案是用来为汉字注音和推广普通话的，它并不是用来代替汉字的拼音文字'。这是切合实际的政策，避免无谓的争论。'拼音'不是'拼音文字'，它是汉字的助手。助手能做汉字不便做和不能做的一切工作。"②我们知道《汉语拼音方案（草案）》并没有规

---

① 《胡乔木谈语言文字》第278页，人民出版社1999年版。
② 周有光《回忆拼音方案的制订过程》，《新时代的新语文》第199页，三联书店1999年版。

定汉语拼音正词法,没有分词连写法、同音词分化法等内容,够不上拼音文字方案。直到现在还有人借拟订拼音方案时删去"文字"二字做文章,说汉语拼音化失败了,这并不符合事实。

《说明》解释了制订拼音方案的三个基本原则:(1)语音标准。为了统一汉语的语音,汉语拼音方案拼写的是以北京语音为标准音的普通话——汉民族共同语。在字典上、教科书上和其他读物上注的拼音字母,都用这种语音作标准。这个方案只要稍加补充和变通,也可以拼写汉语的各种方言和各少数民族的语言。(2)音节结构。采用音素化的音节结构。所谓音素就是语音的最小单位。每一个汉字相当于汉语里的一个音节。汉语的一个音节最少包含一个音素,一般地有两三个音素,最多有四个。在这个方案里,有几个音素就写几个字母。一个字母代表一个音素,一般不采取两个或三个音素合并起来用一个字母代表的办法。这样不但合乎科学原理,而且可以减少字母的数目,在拼法上也便于变化。(3)字母形式。采用国际通用的拉丁字母,加以必要的补充。

"原草案"的特点主要是:(1)为了严格实行"一音一符",采用了6个新字母。这6个新字母是 ʮ、ƨ、ɕ、ʂ、ŋ、ɿ。"初稿"里以新字母为代用式,到了"原草案"新字母成为正式字母。(2) ㄓ、ㄔ、ㄕ 的写法。最初多数主张用 zh、ch、sh,也有人提出用三个俄文字母,或者用其他拉丁字母,也有人主张造三个新字母。在全国文字改革会议前夜,大家同意用 zh、ch、sh 作为正式写法,用加腰带的 ƶ、ҫ、ʂ 作为代用式。到 1955年底,经过讨论,改为用带长脚的 ᵹ、ҫ、ʂ 为正式字母,zh、ch、sh 作为代用形式。(3)"知痴诗日资雌思"等七个音节要不要写出元音。多数主张写出这个元音,但是也有人不赞成写出。后来一致同意写出这个元音,但是不用独立的字母,只借用 i 的变体即小型的大写来表示。(4) ㄐ、ㄑ、ㄒ 的写法。有人主张用ɢ、ƽ、ɧ兼表ㄐ、ㄑ、ㄒ,有人主张用ㄓ、彳、尸兼表ㄐ、ㄑ、ㄒ,还有人主张用独立的三个字母来表示,最后决定用新字母ч表示ㄐ,用q、x表示ㄑ、ㄒ。(5)音节开头要不要j和w。有人主张不要j和w,不论在音节开头还是中间都用i和u。有人主张要有j、w和i、u的分别。后来一致同意要有j和w,因为如果不用j和w,就会有很多词的音节分隔不清。例如"礼物(liwu)"和"溜(liu)"就会混淆。(6)为了使群众容易了解,条文大大简化,去掉了字母名称、大写字母用法、音节表等,文字尽可能通俗化。

(四)1956年8月的"修正式"。草案的发表,引起了全国各方面的热烈讨论。人民政协全国委员会常务委员会在3月间召开了扩大会议进行讨论,会后又举行分组座谈。政协各地委员会中组织了讨论的有22个省、3个直辖市、两个自治区、26个省辖市、4个县和1个自治州,共计58个单位,参加的人数在1万以上。与拼音字母关系比较密切的,如邮电、铁道、海军、盲人教育等部门,也组织了不同规模的专门讨论。报纸和刊物,特别是语文刊物,发表了很多讨论文章。此外,从1956年2月草案发表到同年9月,中国文字改革委员会收到全国各地各方面人士以及海外华侨、留学生和外国汉学家关于草案的来信4300多件,其中一部分是集体来信。参加讨论和来信的人士中,绝大多数热烈支持汉语拼音化,同意采用拉丁字母作为汉语拼音的工具,不少人为草案的发表而欢呼,认为这是中国人民文化生活中的一大喜事。他们盼望拼音方案早日公布,及早推行。关于草案的技术方面,对大部分字母的安排没有争论,但是对于少数字母的运用,特别对于几个新字母,提了不少修正意见。1956年8月,拼音方案委员会整理和研究各方面提出的意见,写成《关于修正〈汉语拼音方案(草案)〉的初步意见》(简称"初步意见")公开发表,进一步征求社会各方面的意见。

"初步意见"对于"原草案"中没有争议或争议不大的大部分字母,建议维持原案,不加修改;对6个新字母准备放弃,放弃以后对相关的字母做了调整。在"初步意见"中把几个意见分歧较大的问题,整理为修正第一式和修正第二式,建议在下面两种修正方式中系统地选择一种:

(1) ㄓ、ㄔ、ㄕ的写法改为:

第一式:zh、ch、sh

第二式:j、ch、sh

(2) ㄐ、ㄑ、ㄒ的写法改为:

第一式:g、k、h 在元音 l、ㄩ之前变读

第二式:j、ch、sh 在元音 l、ㄩ之前变读

(3) l、ㄩ的写法改为:

第一式:i(j)、y(维持原案)

第二式:i (y)、ü(yü)

(4) "知痴诗日资雌私"的元音ㄭ的写法改为:

第一式:i(小写的 I 为代用式)

第二式:y

(5) ㄫ的写法改为:

第一式:ng(ŋ 为代用式)

第二式:ng

两种"修正式"发表以后,从 8 月底到 10 月底,文改会收到了 1602 件群众意见。其中赞成"修正第一式"的占 62.5%,赞成"原草案"的占 24.3%,赞成"修正第二式"的占 7.1%,主张采用其他方案的占 5.7%。文改会把"原草案"、"初步意见"连同两种"修正式",一并送请国务院审议。

(五)1957 年 11 月国务院全体会议通过《汉语拼音方案(草案)》。1956 年 10 月 10 日,国务院设立《汉语拼音方案》审订委员会,主任是郭沫若,副主任是张奚若、胡乔木。一年来,审订委员会召开了 5 次会议,多次座谈,并且邀请在北京的语言、教育、文艺、新闻、出版、科技、翻

译各界，以及部队和人民团体的代表 178 人举行座谈，同时向京外 39 个城市的 100 位语文工作者书面征求意见。

1956 年 11 月 12 日，审订委员会曾一度通过了"修正第一式"，后来又重新会同文改会研究修改 ㄐ、ㄑ、ㄒ 的写法。到 1957 年 10 月，审订委员会提出"修正草案"。经政协全国委员会常务委员会的扩大会议讨论，11 月 1 日由国务院全体会议第 60 次会议作为《汉语拼音方案（草案）》通过，并且决定提交全国人民代表大会讨论和批准。

"修正草案"修正的主要有以下各点：（1）ㄐ、ㄑ、ㄒ 改用专用字母 j、q、x 表示。这样，全部声母就没有条件变读。（2）y 除作为 i 开头各音节的韵头字母外，同时加在 ü 开头的各音节前面。yu（省略 ü 上两点）读 ㄩ，不读 ㄧㄡ。隔音符号只在 a、o、e 前面用到，ㄩ 前面不再用隔音符号。（3）au、iau 改写 ao、iao，避免手写体跟 an、ian 相混。ung、yng 改写 ong、iong（国语罗马字原来如此拼写）。（4）取消轻声符号；阳平调号由下而上，上声调号有尖角，恢复注音字母原用形式。（5）提出了字母名称。由于字母音值有了改变，名称跟"初稿"有如下的改变：j(ㄐㄧㄝ)、k(ㄎㄝ)、q(ㄑㄧㄡ)、x(ㄒㄧ)、y(ㄧㄚ)。（6）汉字注音需要缩短拼写时，zh、ch、sh、ng 可以省作 ẑ、ĉ、ŝ、ŋ，但是不作为正式字母。①

下面是国务院通过的《关于公布汉语拼音方案草案的决议》：

国务院关于公布汉语拼音方案草案的决议

（1957 年 11 月 1 日国务院全体会议第 60 次会议通过）

汉语拼音方案草案，经中国文字改革委员会提出后，两年来，

---

① 周有光《拼音字母的产生经过》，《汉语拼音 文化津梁》第 175 页，三联书店 2007 年版。

由中国人民政治协商会议全国委员会和地方协商委员会组织了广泛的讨论,并且由国务院组织汉语拼音方案审订委员会加以审核修订,最后又由中国人民政治协商会议全国委员会常务委员会召开扩大会议加以审议,现在由国务院全体会议通过,准备提请全国人民代表大会下次会议讨论和批准,并且决定登报公布,让全国人民事先知道。

应用汉语拼音方案为汉字注音来帮助识字和统一读音,对于改进学校语文教学,推广普通话,扫除文盲,都将起推进作用。对于少数民族制订文字和学习汉语方面,也有重大意义。因此,这个方案草案在提请全国人民代表大会讨论和批准之后,可以在师范、中小学校、成人补习学校,扫盲教育和出版等方面逐步推行,并在实践过程中继续求得完善化。具体办法,将由教育部、文化部及其他有关单位会同中国文字改革委员会分别拟定,报告国务院批准施行。

(六)1958年2月全国人大批准《汉语拼音方案》。1958年1月10日,周恩来总理在政协全国委员会举行的报告会上作了题为《当前文字改革的任务》的报告。(参阅本书本章的第一节)在周总理的报告之后,胡乔木发表了讲话,从七个方面对《汉语拼音方案(草案)》作了说明。①

1958年2月第一届全国人民代表大会举行第五次会议,会议的一项议程就是审议国务院提出的《汉语拼音方案》。3日,文改会主任吴玉章在会上作了《关于当前文字改革工作和汉语拼音方案的报告》。(参阅本书本章的第一节)2月11日大会通过了《关于〈汉语拼音方

---

① 见《胡乔木谈语言文字》第187至第203页,人民出版社1999年版。

案〉的决议》,至此,《汉语拼音方案》正式诞生。

全国人民代表大会关于汉语拼音方案的决议

(1958年2月11日第一届全国人民代表大会第五次会议通过)

  第一届全国人民代表大会第五次会议讨论了国务院周恩来总理提出的关于汉语拼音方案草案的议案,和中国文字改革委员会吴玉章主任关于当前文字改革和汉语拼音方案的报告,决定:(一)批准汉语拼音方案。(二)原则同意吴玉章主任关于当前文字改革和汉语拼音方案的报告,认为应该继续简化汉字,积极推广普通话;汉语拼音方案作为帮助学习汉字和推广普通话的工具,应该首先在师范、中、小学校进行教学,积累教学经验,同时在出版等方面逐步推行,并且在实践过程中继续求得方案的进一步完善。

下面是《汉语拼音方案》的全文:

汉语拼音方案
一 字母表

字母:	Aa	Bb	Cc	Dd	Ee	Ff	Gg
名称:	ㄚ	ㄅㄝ	ㄘㄝ	ㄉㄝ	ㄜ	ㄝㄈ	ㄍㄝ
	Hh	Ii	Jj	Kk	Ll	Mm	Nn
	ㄏㄚ	ㄧ	ㄐㄧㄝ	ㄎㄝ	ㄝㄌ	ㄝㄇ	ㄋㄝ
	Oo	Pp	Qq	Rr	Ss	Tt	
	ㄛ	ㄆㄝ	ㄑㄧㄡ	ㄚㄦ	ㄝㄙ	ㄊㄝ	
	Uu	Vv	Ww	Xx	Yy	Zz	
	ㄨ	ㄪㄝ	ㄨㄚ	ㄒㄧ	ㄧㄚ	ㄗㄝ	

V只用来拼写外来语、少数民族语言和方言。
字母的手写体依照拉丁字母的一般书写习惯。

二 声母表

b ㄅ 玻	p ㄆ 坡	m ㄇ 摸	f ㄈ 佛	d ㄉ 得	t ㄊ 特	n ㄋ 讷	l ㄌ 勒
g ㄍ 哥	k ㄎ 科	h ㄏ 喝		j ㄐ 基	q ㄑ 欺	x ㄒ 希	
zh ㄓ 知	ch ㄔ 蚩	sh ㄕ 诗	r ㄖ 日	z ㄗ 资	c ㄘ 雌	s ㄙ 思	

在给汉字注音的时候,为了使拼式简短,zh ch sh 可以省作 ẑ ĉ ŝ。

三 韵母表

	i ㄧ 衣	u ㄨ 乌	ü ㄩ 迂
a ㄚ 啊	ia ㄧㄚ 呀	ua ㄨㄚ 蛙	
o ㄛ 喔		uo ㄨㄛ 窝	
e ㄜ 鹅	ie ㄧㄝ 耶		üe ㄩㄝ 约
ai ㄞ 哀		uai ㄨㄞ 歪	
ei ㄟ 欸		uei ㄨㄟ 威	
ao ㄠ 熬	iao ㄧㄠ 腰		
ou ㄡ 欧	iou ㄧㄡ 忧		
an ㄢ 安	ian ㄧㄢ 烟	uan ㄨㄢ 弯	üan ㄩㄢ 冤
en ㄣ 恩	in ㄧㄣ 因	uen ㄨㄣ 温	ün ㄩㄣ 晕
ang ㄤ 昂	iang ㄧㄤ 央	uang ㄨㄤ 汪	
eng ㄥ 亨的韵母	ing ㄧㄥ 英	ueng ㄨㄥ 翁	
ong (ㄨㄥ) 轰的韵母	iong ㄩㄥ 雍		

（1）"知、蚩、诗、日、资、雌、思"等七个音节的韵母用i,即:知、蚩、诗、日、资、雌、思等字拼作 zhi,chi,shi,ri,zi,ci,si。

（2）韵母儿写成 er,用作韵尾的时候写成 r。例如:"儿童"拼作 ertong,"花儿"拼作 huar。

（3）韵母ㄝ单用的时候写成 ê。

（4）i 行的韵母,前面没有声母的时候,写成 yi(衣),ya(呀),ye(耶),yao(腰),you(忧),yan(烟),yin(因),yang(央),ying(英),yong(雍)。

u 行的韵母,前面没有声母的时候,写成 wu(乌),wa(蛙),wo(窝),wai(歪),wei(威),wan(弯),wen(温),wang(汪),weng(翁)。

ü 行的韵母,前面没有声母的时候,写成 yu(迂),yue(约),yuan(冤),yun(晕);ü 上两点省略。

ü 行的韵母跟声母 j,q,x 拼的时候,写成 ju(居),qu(区),xu(虚),ü 上的两点也省略;但是跟声母 n,l 拼的时候,仍然写成 nü(女),lü(吕)。

（5）iou,uei,uen 前面加声母的时候,写成 iu,ui,un。例如 niu(牛),gui(归),lun(论)。

（6）在给汉字注音的时候,为了使拼式简短,ng 可以省作 ŋ。

四　声调符号

阴平	阳平	上声	去声
ˉ	ˊ	ˇ	ˋ

声调符号标在音节的主要母音上。轻声不标。例如:

妈 mā　　麻 má　　马 mǎ　　骂 mà　　吗 ma
（阴平）　（阳平）　（上声）　（去声）　（轻声）

五　隔音符号

a,o,e 开头的音节连接在其他音节后面的时候,如果音节的界限发生混淆,用隔音符号(')隔开,例如:pi'ao(皮袄)。

(七)各种争论问题得到圆满的解决。《汉语拼音方案》从1955年春开始起草,中间经过一再修正,到1958年2月11日定案,经过了差不多三年时间。《汉语拼音方案》的诞生标志着制订过程中发生的各种争论问题最终得到了圆满解决。下面把主要的争论问题和最后解决的方案,做一综合的叙述:

1. 语音标准。为了统一汉语的语音,汉语拼音拼写的是以北京语音为标准音的普通话——现代汉民族共同语。有人主张在北京语音的基础上加进一些方言成分,例如加进入声、区分尖团(如"新"拼作 sin,"欣"拼作 xin)。作为语音的标准,必须是实际存在的语音系统,这样才便于推行。如果在北京音系里增加本来没有的入声、尖团,就变成了人为的杂凑组合,全国没有一个人实际说这样的语音,要推行这样的音极为困难。这种意见最终没有被接受。

2. 音节结构。汉语拼音采用音素化的音节结构。音素是最小的语音单位,汉语的一个音节最少包含一个音素,一般有两三个音素,最多有四个。有几个音素就写几个字母,一个字母代表一个音素,而不代表几个音素的组合,这就是音素化的音节结构。这样处理不但合乎科学原理,还可以减少字母的数目,在拼法上也便于变化。拉丁字母是音素字母,与音素制的音节拼法不可分开。有人主张采用反切式的声韵双拼,还有人主张采用注音字母式的声介韵三拼,但是这样的主张得不到多数人的认同,最后大家还是同意采用音素化的音节结构。

3. 字母形式。汉语拼音采用什么字母,理论上有无限的可能,但是真正的选择只有拉丁字母(也叫罗马字母)和汉字笔画式字母两种。

拉丁字母是国际上最通用的字母,也是科学技术上离不开的字母。为了便于国际交流,便于在科学技术上的使用,汉语拼音最终选择了拉丁字母。远在 1605 年(明朝万历三十三年)就产生了第一个外国人设计的用拉丁字母拼写汉语的方案,在 1892 年就有了中国人自己设计的拉丁字母式的拼音方案,随后又有了使用拉丁字母的国语罗马字和拉丁化新文字。这些方案使中国人逐渐熟悉了拉丁字母,扩大了拉丁字母的影响,积累了用拉丁字母拼写汉语的经验。

4. 字母安排诸问题。

(1) 字母不足的补充方法。普通话有 30 几个音素,而拉丁字母只有 26 个,字母数量不足。"原草案"设计了 6 个新字母,但是新字母难于得到多数人的认可,最终不得不放弃。拼音方案采用了三种办法解决字母不足的问题:第一,设计了 4 组双字母,就是 zh、ch、sh、ng,为了缩短拼式规定了双字母的代用式,就是 ẑ、ĉ、ŝ、ŋ。第二,采用两个加符字母,就是 ê 和 ü。ê 的使用频率极低,ü 在 j、q、x 的后面时上面的两点可以省略,这样减少了加符字母使用的麻烦。第三,使用少量的字母变读。字母 i,在 zh、ch、sh、r、z、c、s 的后边变读为 ï。字母 r 除了表示声母日外,还可以组合成 er 表示韵母儿,还可以表示儿化韵的韵尾-r。

(2) ㄅ、ㄉ、ㄍ 和 ㄆ、ㄊ、ㄎ 的表示。北京话的 ㄅ、ㄉ、ㄍ 和 ㄆ、ㄊ、ㄎ,是配对的不送气清塞音和送气清塞音。1908 年刘孟扬的《中国音标字书》、国语罗马字和拉丁化新文字都用 b、d、g 表示 ㄅ、ㄉ、ㄍ,用 p、t、k 表示 ㄆ、ㄊ、ㄎ。在许多西方语文中,塞音没有个送气与送气的分别,但是有浊音与清音的分别,习惯上用 b、d、g 表示浊音,用 p、t、k 表示清音。汉语拼音抛弃了西方语文的习惯,沿用了刘孟扬和国语罗马字和拉丁化新文字的传统,取得了成功。

(3) ㄓ、ㄔ、ㄕ 和 ㄗ、ㄘ、ㄙ 的表示。北京话的这两组声母,发音方法相同,发音部位不同:ㄓ、ㄔ、ㄕ 是舌尖后音,ㄗ、ㄘ、ㄙ 是舌尖前音。

在已有的拼音方案里对这两组声母有许多不同的设计。国语罗马字是 j、ch、sh 和 tz、ts、s，拉丁化新文字是 zh、ch、sh 和 z、c、s。曾经想用三个新字母代替双字母 zh、ch、sh，但是新字母不受欢迎，最后还是采用了拉丁化新文字的设计。

（4）ㄐ、ㄑ、ㄒ的表示。国语罗马字用 j、ch、sh(ㄓ、ㄔ、ㄕ)的变读来表示，拉丁化新文字用 g、k、x(ㄍ、ㄎ、ㄏ)的变读来表示。在1956年2月发表的"原草案"里用 g、k、h 的变读来表示。汉语拼音没有采用变读法，最后选用了3个专用字母 j、q、x。这样处理与拉丁字母在西方语文里的使用习惯不完全相合，但是也有道理可讲，而且还方便应用。

（5）ㄩ的表示。"原草案"用 y 表示ㄩ，用 j 表示半元音 I。后来 j 用来表示ㄐ，只得用 y 表示 I，这样ㄩ只得另想办法。因为字母数量不多，回旋的余地也有限，最后决定用带两点的 ü 表示ㄩ，规定 j、q、x 后面的 ü 省去两点。这样处理增加了拼写规则，可是腾出来了 j、q、x 3个专用字母。

（6）声调的表示。汉语是有声调的语言，拼音方案要能够表示声调。国语罗马字用变换字母的拼式表示声调，规则繁细，不便应用；拉丁化新文字基本不标调，规则虽然简单，同样也不便应用。拼音方案参考注音字母的办法，用符号标调（注音字母阴平不标调）。符号标调比较清晰，但是却处在字母组成的线性系列之外，书写、打字又增加了不便。

（7）y、w 的使用。为了使音节界限清楚，拼音方案除了使用隔音符号（'）外，还设计了 y、w 两个隔音字母。增加这种设计，使得汉语拼音不但能是用来注音，而且还可用来以拼写语言。

周有光说："关于汉语拼音方案的各个争论问题，通过方案的正式定案而得到了解决。这些争论大都只有相对的是非，没有绝对的是非。任何解决方法也只能做到利多于弊，而不能做到有利无弊。我们认为这些争论的解决是圆满的。在过去两年的争论过程当中,我们看到,在一个文化基础深厚的民族里,产生一个新的拼音方案特别困难。唯一可行的道路是集中历史上行之有效的各种方案的优点,加以系统化并作必要的改进,而不是自我作古,从头新创。凡是离开历史发展轨道的意见,都是不现实的。汉语拼音方案实际不是一个新创的方案,它的每一个字母的用法都是前人所尝试过的,现在不过是整理历史,从而推进历史。从历史发展的角度来看,它是百尺竿头更进一步。"①

三、《汉语拼音方案》的评价

《汉语拼音方案》产生的前后,许多专家学者从不同的角度对它做了分析,给予了很高的评价。

吴玉章、黎锦熙说:"跟历史上各种拉丁字母式的拼音方案(无论是国语罗马字或者拉丁化新文字)比较起来,现在这个汉语拼音方案草案确实是后来居上。这个草案继承了以前各种方案的优良传统,同时竭力避免了它们的缺点。草案以 b,d,g 表示清辅音'玻、得、哥',正是接受了国语罗马字和拉丁化新文字共同的优良传统。草案也继承了拉丁化新文字的另一个显著优点,即舌尖后音 zh,ch,sh(知、蚩、诗)和舌尖前音 z,c,s(资、雌、思)两两相对,系统整齐,同时又规定了它们的韵母。在标调办法上,草案避免了国语罗马字的条例过繁的缺点,而接受了注音字母的标调符号。总起来说,这个草案确实比 60 年来的任何一个方案都要更加完善。"②

罗常培说:"从 1605 年到现在,352 年间虽然经过一段低潮

---

① 周有光《方案的争论问题及其解决》,《汉语拼音 文化津梁》第 161 页,三联书店 2007 年版。
② 吴玉章、黎锦熙《六十年来中国人民创造汉语拼音字母的总结》,《人民日报》1957 年 12 月 11 日。

(1723—1892），其余的时间都在逐步演进着的。其间的推动者虽有外国教士、爱国人士、语文学者、革命先进的不同，他们所抱的目的也很分歧，但是都想创造一种拉丁字母的拼音方案，来帮助学习汉字或改革汉字，这却是一个共同点。现在公布的《汉语拼音方案草案》正是近300多年来拉丁字母拼音运动的结晶。"①

王力指出："这个方案的最大优点，即根本性的优点，就是采用了拉丁字母。在文字改革研究委员会时期以及文字改革委员会初期（1955年10月以前），曾经研究过用汉字笔画的形式（即所谓'民族形式'），后来困难很大，没有找到满意的方案，终于放弃了。我们走了这段弯路也是值得的，因为不是走到了尽头，还不能证明此路不通。汉字笔画方案的缺点很多，譬如说，拼音文字是要求横行连写的（主张直行的人恐怕很少），汉字笔画就不适宜于横行连写。曾经有人企图连写，连写得越好看，就越不像方块汉字；连写得越顺溜，就越像拉丁字母。后来闹成笑话，有人干脆用拉丁字母（稍加变化），硬说是由汉字简化成功的。这样，何不索性就用拉丁字母呢？"②

第六节　继续推进语文规范化

一、贯彻毛泽东主席关于反对党八股和改进文风的指示

1955年，毛泽东主席在《中国农村的社会主义高潮》中的《合作社的政治工作》一文前加了按语，又一次指出了我们写文章容易患的党八股气，号召我们向这种不健康的文风作斗争。下面是毛泽东主席写

---

① 罗常培《汉语拼音方案的历史渊源》，《人民日报》1957年12月18日。
② 王力《汉语拼音方案草案的优点》，《文字改革》杂志1958年1月号。

的按语:

> 这篇文章写得很好,值得向每个党和团的县委、区委和乡支部推荐,一切合作社都应当这样做。本文作者懂得党的路线,他说得完全中肯。文字也好,使人一看就懂,没有党八股气。在这里要请读者注意,我们的许多同志,在写文章的时候,十分爱好党八股,不生动,不形象,使人看了头痛。也不讲究文法和修辞,爱好一种半文言半白话的体裁,有时废话连篇,有时又尽量简古,好像他们是立志要让读者受苦似的。本书中所收的一百七十多篇文章,有不少篇是带有浓厚的党八股气的。经过几次修改,才使它们较为好读。虽然如此,还有少数作品仍然有些晦涩难懂。仅仅因为它们的内容重要,所以选录了。那一年能使我们少看一点令人头痛的党八股呢?这就要求我们的报纸和刊物的编辑同志注意这件事,向作者提出写生动和通顺的文章的要求,并且自己动手帮作者修改文章。

根据毛泽东的上述指示的精神,1956年7月1日《人民日报》发表《致读者》社论,其中谈到改进文风问题。文章说:"报纸是每天出版的,它每天都要用几万字去影响几百万读者,因此,报纸上的文字应该力求言之有物,言之成理,而且言之成章。古人说得好:言之无文,行而不远。实际上,文风不好,不但读者不愿意看,而且还会造成有害的风气,不利于思想文化,也不利于政治经济。""我们请求作者们在给我们稿件的时候,也务必注意到广大读者的呼声,尽量把文章写得有条理,有兴味,议论风生,文情并茂,万不要让读者看了想打瞌睡。"

1958年,毛泽东主席推荐《工作方法六十条(草案)》,其中的第三十七条是:

文章和文件都应当具有这样三种性质:准确性、鲜明性、生动性。准确性属于概念、判断和推理问题,这些都是逻辑问题。鲜明性和生动性,除了逻辑问题以外,还有词章问题。现在许多文件的缺点是:第一,概念不明确;第二,判断不恰当;第三,使用概念和判断进行推理的时候又缺乏逻辑性;第四,不讲究词章。看这种文件是一场大灾难,耗费精力又少有所得。一定要改变这种不良的风气。作经济工作的同志在起草文件的时候,不但要注意准确性,还要注意鲜明性和生动性。不要以为这只是语文教师的事情,大老爷用不着去管。重要的文件不要委托二把手、三把手写,要自己动手,或者合作起来做。

这里提出了文章应当具有准确性、鲜明性、生动性。

《新观察》杂志1958年第7期发表了《郭沫若同志关于文风问题答本刊记者问》。下面是答问的第一部分:

《新观察》记者问:您认为怎样才能使文章写得准确、鲜明、生动?

郭沫若答:文章是人写的,因此,首先是人的问题。古语说:"文如其人",这是说什么样的人,就写什么样的文章。文章要写得准确、鲜明、生动,首先要看写文章的人的思想、立场、作风怎样。你的思想正确、态度鲜明、作风正派,那么,你写的文章也就有一定的准确性和鲜明性。这是基本问题。

其次,是文章本身的技巧问题。写文章有一定的技巧。要使文章写得好,恐怕总得懂一点逻辑、文法和修辞。写文章的目的是给人家看的,不是给你自己看的,所以不能只有你自己懂,主要是要使人家懂。要把你的思想表达出来,传达给别人,你自己先要有准确的概念和见解,然后如实地表达出来。你所看到的客观事物,总要使得没有看到的人也浑如在眼前。而要做到这样,当然要懂得一点逻辑和文法,因为不合逻辑就不通,不合文法也就不通。

老实一点,是做到准确的好办法。不一定要苦心孤诣地去修饰。逻辑和文法,其实也就是老老实实的方法。我们平常讲话很少讲不通的话。这是因为讲话时老实,有什么就讲什么。可是写起文章来,苦心孤诣地一经营往往弄巧反拙。如果是老实地用最恰当的字眼把你所看到的、想到的写出来,就比较容易准确;一加不恰当的修饰,反而不准确了。现在一般的毛病是爱修饰,修饰得恰当当然好,修饰得不好可就糟糕了。(说到这里,郭老笑着对在座记录的两位女同志说:"比如女同志打扮得好的很漂亮,打扮得不好的就糟了。"引得哄堂大笑起来。)

要使文章生动,我想少用形容词是一个秘诀。现在有些文章有个毛病,就是爱堆砌形容词,而且总是爱用最高级的形容词。如形容一个人的美,就说"非常非常的美"或"极端极端的美"。又如"六万万人正以排山倒海、乘风破浪之势……"这样的句子,就有点不恰当。把山移开,海翻过来,那是多么大的形势,同"乘风破浪"不能相比。调和色彩。法国有个作家叫福楼拜,很讲究字眼,他写了文章要用钢琴来检查字眼,听听声音是否和谐。所以,在选择字眼方面恐怕要费点功夫。所谓锤炼,大概就是在这些地方力求准确、鲜明、生动,使人家更容易了解你的内容和概念。

文章写好后,要翻来覆去的推敲一下。"推敲"这两个字的出处大家都知道,原来是"僧推月下门",后来改成"僧敲月下门"。"敲"和"推"的动作本来不一样。再说寺门掩闭,恐怕敲的可能性多些,"敲"字的声音也更响亮一些。两下一比较,就可以看出"敲"的好处。所以文章写好后多推敲、琢磨是必要的。所谓千锤百炼,不一定要"锤"千次"炼"百次,但像毛主席说的看它个三次,总还是要的吧。我们有时候太着急,写好了连过目都不过,结果就出了差错。

这里说的准确、鲜明、生动,主要是指理论性、叙述体的文章,至于文艺性的文章如诗词之类,有时候要稍微不同一点。我不准备多说。

1958年3月4日,胡乔木就怎样写好文件在政协全国委员会举行的写文件方法座谈会上发表了讲话。讲话谈了四个问题:(1)对这个问题的看法、认识。(2)准确性、鲜明性、生动性的问题。(3)看条件:什么样文章,给什么人看,要求不同。(4)怎么办?用什么方法,可以比较快地达到目的。下面是有关准确性、鲜明性、生动性的部分摘要:

准确性、鲜明性、生动性的问题。《工作方法六十条》中提出了这个要求。

(一)准确性的问题:这个问题在《六十条》的三十七条中已有了说明。准确性包括两方面,一方面要看概念是不是明确,判断推理对不对;还有一方面是比较大范围的事实的判断,涉及根本立场、方针、方法。涉及简单的问题是形式逻辑,涉及到复杂的问题,就涉及到马克思主义的理论,涉及到历史唯物论、辩证法、阶级立场、社会主义立场等等。总之,写文章首先要讲辩证法,同时还要讲形式逻辑,两样东西并用。

(二)关于鲜明性,可以从两方面来说:1.观点和材料的统一。写文件与写小说剧本不同,鲜明性的要求不同,关键是观点要突出。写文章无论是对上、对下、对内、对外,都是为了宣传一个观点,观点是个判断,是推理来的,推理是从材料来的。所以,要鲜明首先要看观点和材料是否统一。2.只作到材料和观点统一还不够,观点还要突出,不突出即不能鲜明。街上马路旁边有很多广告,我们首先看到的广告总是突出的,或者是因为它特别大,地位突出,或者是因为它色彩鲜明,或者用的画引人注目,等等。一篇文章总的要求,要解决什么问题。如果你的论点想拿出来,又不想拿出来,吞吞吐吐,文章就不会鲜明。要把观点突出,要鲜明,除了要有布局、有背景外,还要有辩论。为使观点突出还要注意文字形式上的问题。一是标题。其次是导语,逻辑讲叫做论题。还有,末了的结论还要收得好。

(三)关于生动性。写小说容易生动,也可以写得不生动。写文件要生动,不生动人家不愿意看,但不能像普通文学作品那样办。要生动就是要在抽象的论述中加些不抽象的东西,可以增加生动性。典型选得好,一穿插就生动。文章尽管是讨论工作,但应该有感情,提倡什么、促进什么要有感情,反对什么,也要有感情。如果一篇文章较长,没有点问号和感叹号,就会枯燥一些,感情的变化就不大,就不大生动。最后,文字上要讲究些修辞,话要通俗,难懂的话要少用,非用不可时要加以解释。

接着,《中国语文》、《语文学习》等刊物开设《文风笔谈》专栏,发表了语言学家和其他方面专家有关文风问题的文章,文风问题引起了大家的关注,受到重视,随着也出现了不少文风好的文章。

二、审订普通话异读词的读音

《现代汉语规范问题学术会议决议》指出:"建议中国科学院聘请专家若干人,组成普通话审音委员会,探究并确定普通话常用词汇的语音。"普通话常用词汇读音里面存在的急需解决的问题是异读词的读音。异读词是指一个词有两个或两个以上的读音而所表示的意义和用法相同。普通话以北京语音为标准音,北京语音里存在着异读词,所以普通话里也存在着异读词。例如在北京语音里,"复杂"有人读 fùzá,有人读 fǔzá;"质量"有人读 zhìliàng,有人读 zhǐliàng。这样的词就是异读词。词语的读音要实现规范化,每个词只能有一种读法,不能有几种读法。异读词的存在使词语的读音缺乏明确的标准,影响了语音的规范化,给交际带来许多困扰,消除词语异读的办法是进行异读词的审音。所谓审音就是根据一定的标准,对异读词的几个读音做出取舍,从中确定一个读音为标准音加以推广,其余的读音作为异读淘汰不用。这是语音规范化里的重要的工作。

为了贯彻现代汉语规范问题学术会议的决议,中国科学院语言研究所于1956年1月组成了普通话审音委员会,开始对异读词进行审音。审音委员会共有委员15人,他们是:丁西林、丁声树、舒舍予、罗常培、吴文祺、吴晓铃、周有光、周祖谟、徐世荣、高名凯、陆志韦、陆宗达、欧阳予倩、齐越、魏建功。罗常培为召集人。审音委员会确定的异读词的审音原则是:

(一)审音以词为对象,不以字为对象。例如:"率"这个字有 lǜ、shuài 两个音,但是在"效率"这个词里,只念 lǜ,在"率领"这个词里,只念 shuài,所以"效率"的"率"和"率领"的"率"的不同读法不在审音范围之内。本表所收的都是异读词,像"脓""波浪"之类;"脓"有 nóng、néng 两种说法,"波浪"有 bōlàng、pōlàng 两种说法。这类词才是审音的对象。

(二)本表所收多音节的异读词有两种情况:
(1)某字在某个词里发生异读而在别的词里不发生异读,审音的时候,只审订有异读的词。例如"订"在"装订"这个词里有

dìng 和 dīng 两种说法,但是在"订单、预订"里只有 dìng 一种说法;本表只审订"装订"这个词的音,不牵涉到"订单、预订"的音。

(2)某字在许多不同的词里都同样有几种读法,本表只选了少数几个词加以审订,并没有把所有这一类异读词全部收进去。例如:"波浪、波澜、波涛、波动、波及、波折、波长、光波、电波……"这些词里的"波"都有 bō、pō 两种读法,本表只举"波浪、波涛、光波、电波"等几个词为例,其余"波澜、波动、波折、波及"等等可以类推。

(三)审音的标准,根据北京音系,可也并不是每一个字都照北京话的读法审订。本表所订的音大致根据以下几项原则:

(1)一个字的读音在北京话里非常通行而不合北京语音的一般发展规律的,这个音还是可以采用,但是同时也要考虑到这个音在北方方言里应用得是否广泛。例如在北京话里,"危"念 wēi,"期"念 qī,"帆"念 fān,这些音不合一般发展规律,但是采用了,因为在北京话里非常通行,北方方言也大致通行。可是像"酵"也念 xiào,"诊"也念 zhēn,这些不合规律的音就不采用,而把"酵"的音订为 jiào,"诊"的音订为 zhěn,因为这是符合一般发展规律并为北方方言所通用的。

(2)"开、齐、合、撮"的读法,原则上以符合语音发展规律的为准。例如:"淋"采用 lín 的音,不采用 lún 或 lǔn 的音。

(3)古代清音入声字在北京话的声调,凡是没有异读的,就采用北京已经通行的读法。凡是有异读的,假若其中有一个是阴平调,原则上采用阴平,例如:"息"xī,"击"jī。否则逐字考虑,采用比较通用的读法。

(四)每个词原则上暂订一个音,但是也有少数词保留了两个音,例如:"血"xiě、xuè。

普通话审音委员会根据上述审音原则,对现代汉语里的异读词分批进行了审订。1957年10月发表了《普通话异读词审音表初稿》,载《中国语文》1957年10月号。1959年7月发表了《普通话异读词审音表初稿(续)》,载《中国语文》1959年7月号。1962年12月发表了《普通话异读词审音表初稿(第三编)》,载《文字改革》1962年12月号。为了便于检查参考,审音委员会又把这三次发表的《审音表初稿》辑录在一起,共收异读词1800多条,题为《普通话异读词三次审音总表初稿》,1963年10月由文字改革出版社出版。《普通话异读词三次审音总表初稿》的出版,促进了现代汉语语音的规范,受到了有关各方面的欢迎。

普通话审音委员会从1956年11月开始审订本国地名的读音。审订的程序是把本国重要地名里面读音有疑问的选出了100多个,用通信的方式向当地进行了初步的调查。根据调查的结果订出了普通话的读音,由审音委员会审订通过。《中国语文》于1957年10月号在发表《普通话异读词审音表初稿》的同时,发表了《本国地名审音表初稿》。1962年12月发表的《普通话异读词审音表初稿(第三编)》内也包含了对地名的审订。1963年10月发表《普通话异读词三次审音总表初稿》时,把两次对地名的审订结果合在一起,并在前面附上了《说明》。《说明》如下:

(一)这里所收的地名以我国的县、市的名称为主(外国地名只收"老挝、秘鲁、法国、柏林"四条),逐条注明审音委员会审订的读音。

(二)我国地名的本地读音,如果在音系上跟北京音是相当的,一概以北京音为准。例如"郿县"的"郿",本地念 mí,北京念 méi,"略阳"的"略",本地念 luō,北京念 lüè,都是有规律的对应,所以本表照北京音把"郿县"订为 Méixiàn,"略阳"订为 Lüèyáng。这类地名,本表只选收了一部分,并未全部收入。

(三)凡地名某字在历史上有某种特殊念法而现在本地音和它相合的,一概"名从主人",不加改动。例如:"栎阳"念 Yüèyáng,不念 Lìyáng;"解虞"念 Xièyú,不念 Jièyú。

(四)凡地名某字在历史上有某种特殊念法,而现在本地音和它不合的,也按"名从主人"的原则,把本地实际的读法按照方言跟北京音的对应规律,订出普通话的读法。例如:"菏泽"订为 Hézé,"费县"订为 Fèixiàn。

(五)难认的地名,例如:"盩厔"Zhōuzhì,"涡阳"Guōyáng,本没有审订的必要。为了一般读者的便利,本表也收了一些这类地名,注上了读音。

三、编写《现代汉语词典》

《现代汉语规范问题学术会议决议》指出:"建议中国科学院会同有关部门聘请专家五人至七人,组成词典计划委员会。"委员会的任务之一是"拟订《现代汉语词典》的详细编纂计划"。1956年1月中国科学院组成词典计划委员会,由胡愈之、叶圣陶、黎锦熙、魏建功、王力、林汉达、吕叔湘、黄松龄、潘梓年九人组成,胡愈之为召集人。1956年2月6日国务院发出了《关于推广普通话的指示》,责成中国科学院语言研究所编辑以确定词汇规范为目的的中型现代汉语词典。为此中国科学院语言研究所成立了中型现代汉语词典编纂法研究组,郑奠任组长,孙德宣、邵荣芬等参加工作。同年5月研究组写成了《中型现代汉语词典编纂法(初稿)》,载《中国语文》1956年7—9期。《中型现代汉语词典编纂法(初稿)》包括序言、选词、注音、释义、编排。7月语言研究所部分人员和新华辞书社、中国大辞典编纂处共40人组成词典编辑室。语言所副所长吕叔湘兼任室主任和《现代汉语词典》主编,开始做编纂词典的资料准备。1957年继续收集资料,并开始讨论编写原则,初步拟订编写体例。1958年2月开始试编写,吕叔湘拟订编写细则。6月编写工作正式开始。9月《中国语文》发表《现代汉语词典》凡例和样稿,广泛征求意见。1959年4月初,经中宣部批准成立《现代汉语词典(试印本)》审订委员会。委员会有丁声树、黎锦熙、李荣、陆志韦、陆宗达、吕叔湘、石明远、王力、魏建功、叶籁士、叶圣陶、周定一、周浩然、周祖谟、朱文叔15人。到本年年底,完成定稿工作。吕叔湘撰写《前言》和《凡例》,中国科学院院长郭沫若题写书名。书稿分批交商务印书馆。1960年年初,吕叔湘拟订并修改附录、音译词附注的外文。5月,教育部向各省、市、自治区教育和高教厅局发文,指定全国149所高等学校和中等学校教师参与《现汉》的审订工作。年中以后,《现代汉语词典(试印本)》分为八册,由商务印书馆陆续印出,送审订单位审订。1961年年初,根据《现代汉语词典(试印本)》送审反馈回来的意见进行修订。3月,丁声树接任《现代汉语词典》主编和词典编辑室主任,对《现代汉语词典(试印本)》修改稿通读定稿。1963年年底,通读定稿工作结束,书稿交商务印书馆。1965年5月,《现代汉语词典(试用本)》送审稿分上下册由商务印书馆印出,分送有关方面审看。年底,根据征求来的意见对词典进行挖改。"文革"开始后,《现代汉语词典》的编写工作被迫停止。

四、拟订《暂拟汉语教学语法系统》

1953年12月,中央语文教学问题委员会给中共中央提出《关于改进中小学语文教学的报告》,《报告》建议中学语文实行语言和文学分科教学,1954年初中央决定采纳这个建议。为了实现分科教学,就要编写《文学》和《汉语》两种课本,1954年人民教育出版社(简称"人教社")成立相应的编辑室,确定课本的主编。《文学》课本的主编是张毕来,《汉语》课本的主编是张志公。《汉语》课本里语法占有很大的比重。为了编写《汉语》课本,就要制订一个语法体系。经过两年多的努力,多次讨论修改,最后形成了《暂拟汉语教学语法系统》(简称"暂拟系统")。1956 年 7 月在青岛举行了现代汉语语法问题座谈会,与会的专家经过讨论最后同意中学语法教学采用这个语法体系。会后根据这个系统编写了初中《汉语》课本第三、四、五册,也就是语法部分。《暂拟系统》和初中《汉语》课本,都是语法学家集体协作的产物,它集中了众人的智慧,动员了多方面的力量。1956 年秋季开始分科教学。为了给使用《汉语》课本从事语法教学的教师提供参考资料,张志公主编了《语法和语法教学》,系统介绍"暂拟汉语教学语法系统",1956 年由人民教育出版社出版。"虽然1958 年由于康生说文学教材最多能够反映小资产阶级的思想感情,文学教材受到批判,文学教学的基础动摇了,分科教学停止了,又恢复了语文课,但暂拟系统并没有废弃,一直用到 80 年代初。"[①]

《暂拟系统》是个综合的系统,它把《马氏文通》以来汉语语法研究的主要成果融汇在一起,构建了一个比较适合教学用的系统。它尽可能使这个系统的内容是一般人,特别是中学语文教师比较熟悉的。虽然它还存在许多不足,但是它在特定的历史条件下,向中学生讲解了汉语语法知识,并使语法知识通过学校走向社会。《汉语》课本停止使用后,人教社把课本的内容改编为《汉语知识》一书,向社会发行。《暂拟系统》属于传统语法,采用中心词分析方法。分为词法和句法两部分,词法部分主要讲词类,句法部分主要讲句子成分。

---

① 张志公《谈〈暂拟汉语教学语法系统〉》,《张志公自选集》下册第 542 页,北京大学出版社 1998 年版。

句子是由词构成的,句子成分是由词充当的。这些都是传统语法坚持的观点。

中学语文教学要讲授语法基本知识,让学生掌握汉语语法的规律,这是培养学生具有比较扎实的语文基础的不可缺少的一环。

第五章 调整(1960—1965)

第一节 语文工作的调整

《关于建国以来党的若干历史问题的决议》指出:"主要由于'大跃进'和'反右倾'的错误,加上当时自然灾害和苏联政府背信弃义地撕毁合同,我国国民经济在1959年到1961年发生严重困难,国家和人民遭到重大损失。1960年冬,党中央和毛泽东同志开始纠正农村工作中的左倾错误,并且决定对国民经济实行'调整、巩固、充实、提高'的方针,随即在刘少奇、周恩来、陈云、邓小平等同志的主持下,制定和执行了一系列正确的政策和果断的措施,这是这个历史阶段中的重要转变。"为了适应国民经济的调整,语文工作也进行了调整。

首先是精简机构。按照1961年7月22日国务院《关于调整现有18个临时性工作机构的通知》,汉字简化方案审订委员会和中央推广普通话工作委员会合并到中国文字改革委员会,它们的工作由中国文字改革委员会管理。汉语拼音方案审订委员会撤销。10月20日,教育部、中国文字改革委员会和中国科学院语言研究所联合发出通知,撤销普通话语音研究班的机构,但保留名义,以备二三年后有条件时考虑再办。文字改革出版社也被精简,只保留名义,印刷任务交商务印书馆。在精简机构的同时,语文工作由发展转为巩固成果和提高质量。社会上的推广普通话工作基本停止,学校的推普工作也收缩了,主要是进行普通话教学。

1963年,国民经济经过调整以后逐步得到恢复并且有了发展,语言文字工作也开始在一定程度上得到恢复。这年11月,在第二届全国人民代表大会第四次会议上,全国人大代表丁西林、叶圣陶、车向忱、陈望道、吴贻芳、林汉达、竺可桢、周建人、胡愈之、曾世英、黎锦熙等做了《继续促进文字改革工作》的联合发言。联合发言对简化汉字、推广普通话和推行《汉语拼音方案》的成绩给以了充分的肯定,要求进一步促进汉字的简化和规范化,希望不要乱造乱用简化字;对推普工作的艰巨性和长期性要有足够的认识,不能太性急;汉语拼音教学要从低年级到高年级,教好学好,预防回生。1964年,文字改革工作取得较大进展。这年2月17日,《人民日报》发表了吴玉章著《汉语拼音方案在各方面的应用》;5月3日,《人民日报》发表了郭沫若著《日本的汉字改革和文字机械化》。吴玉章的文章分析了汉语拼音应用的十个方面;郭沫若的文章从机械化、信息化方面讨论汉字的研究。这两篇文章的发表,对语言文字工作的承前启后、继续前进具有重要意义。

第二节 公布《简化字总表》

一、征求对简化字的意见

1961年12月27日,中国文字改革委员会向国务院文教办公室递交了《关于〈汉字简化方案〉推行情况的报告》。报告中说:"我们准备把从1956年到1961年公布推行和作了修改的简化字作成一张总表(其中包括已推行和作了修改的简化字649个,偏旁类推简化字1170个,共1819字),由我会和文化部、教育部联合发布,作为到1961年底为止推行的简化字的一个总结。这样做,可以使各项手写和印刷的简化字体有一个共同一致的准则,避免那些因为先后公布、推行、修改或类推错误而可能发生的分歧。"1962年1月13日,国务院文教办公室批示:同意中国文字改革委员会的报告。同年4月16日,中国文字改革委员会编成《简化汉字总表》。该表收集从1956年1月国务院公布《汉字简化方案》起到1961年年底止分批推行和修订补充的简化字1914个。《简化汉字总表》分为两个部分,第一部分是《简化字表》,第二部分是《偏旁简化字表》。《简化字表》包括《汉字简化方案》第一表所列230个简化字,以及根据第二表经修订补充的302个简化字,共计532个。《偏旁简化字表》又分作两部分,第一部分列116个简化偏旁,第二部分是用这116个简化偏旁类推出来的简化字,共计1382个。这些字是一般出版物上比较通用的字。在同一个月内,文改会、文化部、教育部联合向全国各省、市、自治区文化、教育厅(局)发布《简化汉字总表》。

国家推行简化汉字,一方面受到广大群众的欢迎,另一方面也收到一些不同意见。为了把简化汉字这件工作切实做好,周恩来总理于1962年5月20日当面向中国文字改革委员会负责同志指示:"简化字应当邀请各方面人士重新讨论;如有不同意见或反对意见,必须虚心接纳,即使国务院早已公布的简化字,如大家有意见,也可以考虑重新修改。"5月22日,文改会向周总理报告《简化汉字总表》制订经过及重新讨论这个《总表》的计划。《报告》说:"经周恩来总理指示后,我们认识到,《总表》在公布之前,没有经过各方面充分讨论,征求意见……这是不对的。因此,我们决定将《简化汉字总表》这本小册了暂时停发,并将《总表》提请各方面有关人士举行座谈,或书面征求意见。经过充分讨论以后,根据多数意见,进行一次修订,再行报请总理核示。"6月5日,文改会商同文化部、教育部向全国各省、市、自治区文化、教育厅(局)说明《简化汉字总表》尚须重新讨论修改,暂时不要转发,也不要登报。1962年6月13日,文改会副主任胡愈之向习仲勋副总理书面报告关于重新组织讨论《简化汉字总表》的事情。《报告》中说,文改会目前正在忙于办理机构及人事精简工作。组织讨论《简化汉字总表》的时间,是否可以推迟到文改会机构调整之后,再由新机构办理。6月14日习仲勋副总理对胡愈之的报告做了批示:"同意文改会机构调整后再组织座谈的意见。"①

二、明确可以用于类推简化的偏旁

1962年9月6日,文改会举行第八次全体委员会议,讨论汉字简化问题。会议指出,《汉字简化方案》公布六年多来,受到了群众的欢迎和拥护,但是也有小部分简化字,主要是一些同音代替的简化字和字形容易跟别的字相混的简化字,群众感到不便;简化偏旁如何使用才算正确,也一直不明确。根据周恩来总理的指示,要在广泛征求群众意见的基础上,对原方案进行总结修订。会议作出决议:召开座谈会,征求对《汉字简化方案》的意见;成立总结修订《汉字简化方案》小组。小组由丁西林主持,成员有叶圣陶、吕叔湘、林汉达、黎锦熙、魏建功、赵平生六位委员。会后,小组便以座谈、通信、访问等方式,组织关于简化字问题的讨论和调查。同时还访问了董必武、郭沫若、胡乔木、周扬,以及北京市部分工人、农民、商业工作者和教师,听取他们的意见。

1962年11月7日,修订简化汉字七人小组举行会议,提出《对〈汉字简化方案〉的修改意见(初稿)》。11月9日,文改会副主任叶籁士向周总理书面报告简化汉字讨论、修订情况及今后计划。《报告》中说:(1)原准备争取在11月15日完成简化汉字的修订工作,现在看来要推迟至11月底。(2)将在《人民日报》发表《反对乱造乱用简化字》的文章。(3)将《对〈汉字简化方案〉的修改意见(初稿)》发给上次参

---

① 费锦昌主编《中国语文现代化百年记事》第281页、282页,语文出版社1997年版。

加政协讨论的人士,再一次书面征求意见。同时召开中央各部门负责同志、新闻出版以及教师座谈会,听取他们对《修改意见(初稿)》的意见。根据各方面意见,七人小组再一次讨论修改,编制成准备公布的《简化汉字总表》。(4)草拟供公布用的《关于修改简化汉字的说明》,召开文改会全体委员会议讨论通过。(5)草拟国务院的《命令》,一并送请周总理审核。(6)组织文改会委员、专家写文章,提倡写规范的简化字,反对乱造乱用简化字。11月10日,周总理在上述报告上批示:同意照此安排,修改意见待收到文件后再复。

1962年11月17日,《人民日报》发表《反对滥造滥用简化字》。编者按说:本报最近收到有关简化汉字的读者来信270多封,绝大多数来信反对任意滥造滥用简化字,主张根据国务院公布的《汉字简化方案》统一简化字的用法,以消除目前在使用简化字方面存在的一些混乱分歧现象。[①]

1962年11月30日,文改会副主任叶籁士通过教育部向中共中央宣传部报告简化字讨论情况及各方面提出的意见和问题。《报告》中说,简化字讨论中各方面的主要意见如下:(1)对于汉字简化没有根本反对或者主张大量收回的意见。对国务院公布的方案以外的滥造滥用颇表不满,希望政府加以制止。(2)对原方案尽可能少改动。《修改意见》修改得太多了。(3)要不要补充新的简化字,小学和扫盲教师主张多增加一些,中学教师主张少增加一些。高级知识分子希望汉字简化工作稳定一个时期。(4)对于偏旁类推,高级知识分子和小学教师都说好。在讨论中遇到两个主要问题:(1)文言文和古书中用不用简化字的问题。(2)简化方法从形好,还是从声好。

1962年12月15日,修订简化汉字七人小组主持人丁西林提出

[①] 费锦昌主编《中国语文现代化百年记事》第285页、286页,语文出版社1997年版。

《简化汉字的原则和对修改原方案的意见》,印发给文改会各位委员。主要内容是:(1)规定一切简化的字和原繁体字并存。规定在现代刊物和教科书上引用古书上的文言时,一般也用简化字,对中小学的学生不教繁体字。(2)规定简化繁体字的原则。首先是"约定俗成",其次是尽量保留原字的轮廓。(3)不要多造即使标音准确的新形声字。(4)少改已经公布推行的原方案中的字。(5)承认汉字有楷书和行书(草书是另一问题)两体,规定两体并用,印刷上用楷书,手写时可以用行书。(6)规定类推简化原则。(7)在新方案中增加少数新简化字。①

进入1963年,文改会修订简化汉字七人小组举行多次会议,研究修订《汉字简化方案》。2月9日,文改会以叶籁士的名义向周总理呈报《关于〈汉字简化方案〉修订工作的报告》。《报告》说:《汉字简化方案》已经讨论修订完毕,目前正在做文字加工,起草给总理及中央的报告。《报告》中汇报了修订工作的三条原则:(1)对原方案尽量少作改动。(2)对于哪些简化字可作偏旁类推,哪些不能类推,作出明确规定,以防止混乱。(3)不增加新简字。2月24日,周总理批复:原则同意,请先提交文改会全体会议讨论,通过后再交我阅。

1963年3月3日,文改会草拟《国务院命令(草稿)》和《简化汉字修订方案(草案)》。《国务院命令(草稿)》指出,1956年公布的《汉字简化方案》,经过七年多的实践证明,受到全国人民,特别是广大工农兵群众和青少年、儿童的欢迎。在实践过程中,也发现少数简化字还有容易读错写错,或者在某种情况下意义不明确的情况;原方案没有规定哪些字无论单用或者作偏旁都简化,哪些字只在单用时简化,哪些字只在作偏旁时简化;此外,原方案注意了汉字需要简化的一面,对于汉字需要规范化的一面注意不够,对于纠正乱造简化字的倾向和防止发生

---

① 费锦昌主编《中国语文现代化百年记事》第287页,语文出版社1997年版。

读错字写错字的情况,没有起应有的和可能有的作用。《国务院命令(草稿)》指出,这次修订只在1956年《汉字简化方案》的范围内进行,对于各地群众要求增补的简化字,留待以后适当时机处理。《国务院命令(草稿)》还就有关汉字简化和规范化的重要事项作了如下规定:(1)除供专家使用的古籍、高等学校中国古代语言文字、文学、历史、哲学各科的教学用书和其他某些适应特殊需要的书籍以外,一般出版物一律通用简化字。(2)简化汉字由于刻铸各号各体字模需要相当时间,在一般出版物上仍将陆续推行,但是字典词典、中小学教材、扫盲教材、青少年课外读物和通俗书报应尽早全部使用。(3)群众自造的简化字,凡是未经中国文字改革委员会采用和国务院批准的,一律不得在出版物中应用,不得在县级以上的国家机关的布告和省级以上的国家机关的公文中应用,不得在各级学校试卷和作业中应用。(4)为了树立现代汉字的明确规范,责成中国文字改革委员会、中国科学院语言研究所、文化部和教育部搜集目前通用的汉字,审订每个字的形体,使一个字只有一种正式的写法,不同的字不相混淆,编成字表公布;并责成他们编辑《标准字典》,作为正字正音的标准。《简化汉字修订方案(草案)》包括修订说明和三个表。"修订说明"指出:(1)原方案有少数简化字做了修改。这些修改一般是尽量减少同音代替,尽量接近繁体字的原字形和原系统,便于互相对照,尽量避免可能发生的意义混淆、读错和写错,和尽量照顾过去汉字简化的习惯。(2)《简化汉字修订方案(草案)》把简化字分列两表。第一表的字只在单用时简化,第二表的字无论单用或作偏旁都简化。简化偏旁表所列简体限于作偏旁时使用。(3)为了防止和纠正乱造简化字的现象,先列繁体,次列简体,在必要时加注简单的说明。这些说明和方案本身同样有效。《简化汉字修订方案(草案)》的"简化字第一表"收录303字(不能当作偏旁类推出别的简化字),"简化字第二表"收录131字(能当作偏旁类推出别的简化字),"简化偏旁表"收录32个简化偏旁(只限于作字的偏旁)。

3月31日,文改会再次以叶籁士的名义向周总理报告有关修订简化汉字的工作情况。报告中说,上次送审的命令和修订方案,又做了一些小的改正。随报告送审的文件有:《国务院命令(草案)》、《简化汉字修订方案(草案)》、《关于修订简化汉字的报告(草稿)》。自4月至6月文改会又召开多次座谈会,讨论汉字简化问题。10月28日文改会给周总理写了《关于简化字问题的请示》报告。报告说:如果《简化汉字修订方案(草案)》中央一时还不能讨论,拟请总理考虑,可否将其中一部分字,即"可以类推简化的字",先行批准。12月25日,文改会就简化汉字问题,向国务院呈报《关于类推简化原则的请示》,《请示》说:类推简化的原则问题需要及早解决,也可以提前解决。拟请国务院批准《请示》中提出的类推简化原则,以便据此作出可以类推简化的字表,分发新闻出版部门遵照执行,以统一简字规范。

1964年1月7日,中国文字改革委员会向国务院呈交了《关于简化字问题的请示》,全文如下:

> 遵照总理的指示,为了修订简化字,我们从1962年9月开始,采取座谈、通信、访问等方式,组织了关于简化字问题的讨论和调查。其中包括政协召集的大小会议共9次,参加者300余人;教师座谈会6次,参加者有中小学教师、工农业余教师和部队文化教员共100余人;新闻出版界座谈会1次,参加者20余人;中央一级机关负责干部座谈会1次,参加者10余人。经过通信方法,征集了各省、市宣传部、教育厅、局负责同志,各省、市教育界人士、语文教育专家、文字学家、书法家等的意见100多份,其中包括上海市有关方面召集的两次大型座谈会的意见。此外,我们还访问了北京市的一部分工人、农民、商业工作者和教师,征求了他们的意见。

在各方人士的意见中,教师根据多年教学经验所提供的意见,对我们帮助最大,在修订过程中曾经同他们反复商讨。经过反复研究和仔细推敲,最后拟具修订方案草案,送请总理审批。后因总理出国以前事忙,不及审批。

由于目前学校教科书及若干词典急待排印,各新闻出版等有关单位都要求简化字有个明确规定,以免混乱。为此我们拟通知各有关方面,在修订方案未公布前,使用简化字仍以1956年国务院公布的原方案为准,其中尚未推行的28个字,亦仍照原方案简化。但简化汉字中的类推部分,由于原方案交代不够明确,目前出版物上存在分歧混乱现象。例如"過"已简化为"过",但用"過"作偏旁的"撾"字,一部分出版物已简化为"挝",而另一部分出版物仍用"撾"。又如"馬"作偏旁已简化为"马",但"馬"本字有的出版物作"马",有的仍用"馬"。

在去年简化字修订过程中,我们确定了类推简化的原则:凡原方案所有已简化的汉字,用作偏旁时应同样简化;原方案偏旁简化表中所列偏旁,独立成字时也应同样简化。因为只有这样,才能尽量保持汉字的原有的系统,便于繁简两体互相对照,因而也便于教学。1962年2月间,根据这个原则拟定的修订方案初稿,曾送总理审核,总理批示"原则同意"。在前述简化字的广泛讨论过程中,这个原则得到大家的赞同,没有人提出反对意见。而教师和出版界尤其迫切要求及早明确这个原则。因为如果没有这个原则,许多汉字有不同写法,没有一个明确的标准,在教学上困难很大。据北京市小学教师反映,目前课本上"華"已简化为"华",但"河水嘩嘩地流"的"嘩"仍用繁体,学生问教师,这个字为什么不简化,教师无法回答。由于今年秋季用的课本,二三月间即将付印;中华书局的《辞海》,科学院语言研究所的《现代汉语词典》,也都将付排,各方面都希望关于类推的原则及早确定。

这个问题经过各方面人士的讨论和广泛征求意见,大家的认识是一致的,总理并已在原则上同意。为此,拟请国务院批准上述类推简化的原则,以便由中国文字改革委员会拟定具体办法通知新闻出版等有关单位遵照执行。

1964年2月4日,国务院发出《关于同意中国文字改革委员会简化字问题的请示的通知》,全文如下:

1964年1月7日报告收悉。同意你会在报告中提出的意见:《汉字简化方案》中所列的简化字,用作偏旁时,应同样简化;《汉字简化方案》的偏旁简化表中所列的偏旁,除了4个偏旁(纟、讠、钅、饣)外,其余偏旁独立成字时,也应同样简化。你会应将上述可以用作偏旁的简化字和可以独立成字的偏旁,分别作成字表,会同有关部门下达执行。

1964年3月7日,中国文字改革委员会、文化部、教育部发出《关于简化字的联合通知》,全文如下:

根据国务院1964年2月4日关于简化字给中国文字改革委员会的批示:"同意你会在报告中提出的意见:《汉字简化方案》中所列的简化字,用作偏旁时,应同样简化;《汉字简化方案》的偏旁简化表中所列的偏旁,除了四个偏旁(讠、饣、纟、钅)外,其余偏旁独立成字时,也应同样简化。你会应将上述可以用作偏旁的简化字和可以独立成字的偏旁,分别作成字表,会同有关部门下达执行",现特将这两类字分别列表通知如下:

一、下列92个字已经简化，作偏旁时应该同样简化。例如，"爲"已简化作"为"，"鬼媽"同样简化作"伪妈"。

愛爱	罷罢	備备	筆笔	畢毕	邊边	參参	倉仓	嘗尝
蟲虫	從从	竄窜	達达	帶带	黨党	動动	斷断	對对
隊队	爾尔	豐丰	廣广	歸归	龜龟	國国	過过	華华
畫画	匯汇	夾夹	薦荐	將将	節节	盡尽	進进	舉举
殼壳	來来	樂乐	離离	歷历	麗丽	兩两	靈灵	劉刘
盧卢	虜虏	鹵卤	錄录	慮虑	買买	麥麦	黽黾	難难
聶聂	寧宁	豈岂	氣气	遷迁	親亲	窮穷	嗇啬	殺杀
審审	聖圣	時时	屬属	雙双	歲岁	孫孙	條条	萬万
爲为	烏乌	無无	獻献	鄉乡	寫写	尋寻	亞亚	嚴严
厭厌	業业	藝艺	陰阴	隱隐	猶犹	與与	雲云	鄭郑
執执	質质							

二、下列40个偏旁已经简化，独立成字时应该同样简化（言食糸金一般只作左旁时简化，独立成字时不简化）。例如，"魚"作偏旁已简化作"鱼"旁，独立成字时同样简化作"鱼"。

貝贝	賓宾	產产	長长	車车	齒齿	芻刍	單单	當当
東东	發发	風风	岡冈	會会	幾几	戔戋	監监	見见
龍龙	婁娄	侖仑	羅罗	馬马	賣卖	門门	鳥鸟	農农
齊齐	僉佥	喬乔	區区	師师	壽寿	肅肃	韋韦	堯尧
頁页	義义	魚鱼	專专					

三、在一般通用字范围内，根据上述一、二两项规定类推出来的简化字，将收入中国文字改革委员会编印的《简化字总表》中。

1964年5月11日，《人民日报》刊载了中国文字改革委员会、文化部《关于简化汉字一些问题的说明》，全文如下：

关于简化汉字一些问题的说明

（一）关于繁简并用问题。书报刊物上的繁简并用是由于两种原因造成的：一种是在印刷设备上，简化字模未能全部替换掉繁体字模，因此才有这种出版物用了简体而那种没有用，或者同一出版物中正文和标题繁简不一致的现象。这虽然由于每个铅字有各种字体和字号，全盘更换需要一定时间，但是主要还是由于对这项工作抓得不紧所致。我们准备积极推动尚未全部更换成简化字字模的印刷厂能尽早更换。小学课本和主要报刊用的字模，将尽先供应，使它们能够及早使用。

另一种原因是《汉字简化方案》中关于简化偏旁的使用范围交代得还不够明确，因而在印刷上出现不少分歧。为了改变这种情况，中国文字改革委员会、中华人民共和国文化部、教育部遵照国务院的指示，于1964年3月7日发出了联合通知，规定：①"爱罢备笔毕边参仓尝虫从窜达带党动断对队尔丰广归龟国过华画汇夹荐将节尽进举壳来乐离历丽两灵刘卢虏卤录虑买麦黾难聂宁岂气迁亲穷啬杀审圣时属双岁孙条万为乌无献乡写寻亚严厌业艺阴隐犹与云郑执质"等92个简化字作偏旁时应该同样简化，如"過"已简作"过"，"擱"同样简化作"挝"，"劉"已简作"刘"，"瀏"同样简化作"浏"；②"贝宾产长车齿刍单当东发风冈会几戋监见龙娄仑罗马卖门鸟农齐金乔区师寿肃韦尧页义鱼专"等40个简化偏旁独立成字时也应该同样简化；③由中国文字改革委员会编印《简化字总表》，把在一般通用的汉字范围内应该简化的字全部收入，大量印行，使简化字的使用有个明确的标准，既便于读者查检使用，又可防止随意乱简。《总表》现在编制中，预计五月份可以出版。

（二）关于铅字字形的统一。现行印刷字体因袭明代出版所用"宋体"，很多字和一般手写楷体不一致，例如眞真、直直、角角、青青、羽羽、益益、俞俞、黃黄、辶辶、示礻。这就给识字教学增加了许多完全不必要的负担。近两年来文化部和有关部门共同研究商讨，进行铅字字形的整理，使铅字字形尽量与手写楷体一致，尽量做到减少学习负担和书写便利，并且已经作出一个统一的规定。今后全国各字模所和印刷厂都将根据统一的字形刻制字模，字形分歧、无所适从的现象是可以逐步消除的。

（三）关于简化字与原有字混淆和繁难常用字的简化问题。为了使汉字字数和笔画都能简化，《汉字简化方案》中采取了用较简的字代替过于繁难的字的办法。这种办法并非新创，早在中国开始有文字的时候就已经采用，以后一直也没有停止过。几百年来久已通行的简化字中，有一部分就是采用这种办法简化而成的，例如以"才"代"纔"，以"谷"代"穀"等。"麽"，宋元以来就刻作"么"。《汉字简化方案草案》本来采用"広"字，后来经群众讨论，根据大多数人的要求改为"么"。读 yāo 而作小解的那个字，本来应该写作"幺"，么专作麽的简体，两者可以分开，不致混淆。至于以"郁""吁"作"鬱""籲"的简化字，因为各可构成的词不同，如忧郁、郁郁不乐、呼吁、吁请等等，不会引起意义混淆。郁鬱两字按普通话是同音的，呼吁的吁和长吁短叹的吁是一字两读，这种情况在汉字中也是常见的。把鬱籲两个繁杂难写的精简掉，毕竟利大于弊。关于字典应该收入简化字的问题，据我们所知，近年出版的字典，如《新华字典》等，都已经收录这些简化字，并作了正确的注解。

此外，八年来的实践表明，《汉字简化方案》中也有个别的简化字有考虑修订的必要。中国文字改革委员会已经广泛征求了各方面人士对于这个问题的意见，准备在不久的将来经过一定的程序作适当的修订。

（四）关于增加简化汉字问题。1956年公布的《汉字简化方案》本来没有完全收录已在群众中通用的简化字，近年来又产生了一批新的简化字，其中有一些是合理的、适用的，已在全国广泛流行，但是也有一些简化得不合理，或者不适宜于推广。中国文字改革委员会收到许多群众来信要求继续公布新简化字，因此正在就这个问题进行认真研究，准备在适当时机将已在群众中通用的、合理的新简化字加以选择整理，报请政府审查处理。希望各方面的读者把有关这方面的建议和意见尽量告诉中国文字改革委员会，同时希望各方面人士在正式的出版物、文件中，不要使用不合规定的简化字，以免人家看不懂，以免被误认为是政府公布的简化字，而引起对汉字简化工作的怀疑和不满。

三、编印《简化字总表》

中国文字改革委员会根据国务院的批示精神和联合通知的规定，于1964年5月编印了《简化字总表》。《简化字总表》的前面有《说明》，全文如下：

1. 本表收录1956年国务院公布的《汉字简化方案》中的全部简化字。关于简化偏旁的应用范围，本表遵照1956年方案中的规定以及1964年3月7日中国文字改革委员会、文化部、教育部《关于简化字的联合通知》的规定，用简化字和简化偏旁作为偏旁得出来的简化字，也收录本表内（本表所说的偏旁，不限于左旁和右旁，也包括字的上部下部内部外部，总之指一个字的可以分出来的组成部分而言。这个组成部分在一个字里可以是笔画较少的,也可以是笔画较多的。例如"摆"字,"扌"固然是偏旁,但是"罢"也作偏旁)。

2.总表分成三个表。表内所有简化字和简化偏旁后面,都在括弧里列入原来的繁体。

第一表所收的是352个不作偏旁用的简化字。这些字的繁体一般都不作别的字的偏旁。个别能作别的字的偏旁,也不依简化字简化。如"習"简化作"习",但"褶"不简化作"衤"。

第二表所收的是:一、132个可作偏旁用的简化字和二、14个简化偏旁。

第一项所列繁体字,无论单独用或者作别的字的偏旁用,同样简化。第二项的简化偏旁,不论在一个字的任何部位,都可以使用,其中"讠、饣、纟、钅"一般只能用于左偏旁。这些简化偏旁一般都不能单独使用。

在《汉字简化方案》中已另行简化的繁体字,不能再适用上述简化原则。例如"戰"、"過"、"誇",按《汉字简化方案》已简化作"战"、"过"、"夸",因此不能按"单"、"呙"、"讠"作为偏旁简化作"戦、過、誇"。

除本表所列的146个简化字和简化偏旁外,不得任意将某一简化字的部分结构当作简化偏旁使用。例如"陽"按《汉字简化方案》作"阳",但不得任意将"日"当作"昜"的简化偏旁。如"楊"应按简化偏旁"昜(易)"简化作"杨",不得简化作"桕"。

第三表所收的是应用第二表的简化字和简化偏旁作为偏旁得出来的简化字。汉字总数很多,这个表不必尽列。例如有"车"旁的字,如果尽量地列,就可以列出一二百个,其中有许多是很生僻的字,不大用得到。现在为了适应一般的需要,第三表所列的简化字的范围，基本上以《新华字典》(1962年第三版，只收汉字八千个左右)为标准。未收入第三表的字，凡用第二表的简化字或简化偏旁作为偏旁的，一般应该同样简化。

3. 此外，在1955年文化部和中国文字改革委员会发布的《第一批异体字整理表》中，有些被淘汰的异体字和被选用的正体字繁简不同，一般人习惯把这些笔画少的正体字看作简化字。为了便于检查，本表把这些字列为一表，作为附录。

4. 一部分简化字，有特殊情形，需要加适当的注解。例如"干"是"乾"(gān)的简化字，但是"乾坤"的"乾"(qián)并不简化；又如"吁"是"籲"(yù)的简化字，但是"长吁短叹"的"吁"仍旧读xū；这种一字两读的情形，在汉字里本来常有，如果不注出来，就容易引起误会。又如以"余"代"餘"，以"复"代"覆"，虽然群众已经习惯了，而在某些情况下却不适宜，需要区别。又如"么"和"幺"有什么不同，"马"字究竟几笔，等等。诸如此类可能发生疑难的地方，都在页末加了脚注。

1964年5月

《简化字总表》肯定了《汉字简化方案》中尚未推行的28个简化字作为规范字正式推行(字表见第四章第二节)。《汉字简化方案》中的简化偏旁钅(金)、鱼(魚)、鸟(鳥)在四批推行时修改为钅(金)、鱼(魚)、鸟(鳥)。《汉字简化方案》中的仓(倉艙)、娄(婁嘍)、彻(徹澈)，在四批推行时修改为仓(倉)、娄(婁)、彻(徹)。《简化字总表》肯定了以上的修改，又增加了简化字"鸟"(鳥)，并规定"岛、枭"等原从"鳥"的字按简化偏旁"鸟"(鳥)类惟简化。此外，《简化字总表》还为迭(叠)、复(覆)、干(乾)、伙(夥)、借(藉)、么(麼)、象(像)、余(餘)、折(摺)、征(徵)等10个简化字加了脚注，注明在意义产生混淆时仍用原繁体字。对"适"(適)、"宁"(寧)两个简化字增加了注释。说明"適"简作"适"后,"适"读 kuò 时写作"逋","寧"简作"宁"后,"宁"读 zhù 时写作"㝉"。

《简化字总表》第一表收简化字 352 个,第二表收简化字 132 个(另有简化偏旁 14 个),第三表收简化字 1754 个,三个字表合计收简化字 2238 字。其中"须"、"签"二字各出现两次(在第一表和第三表),应该减去 2 字,所以实际有简化字 2236 个。"《简化字总表》收入的 2236 个简化字,其总笔画数为 23050 画,平均每字 10.3 画;被简化的 2264 个繁体字,其总笔画数为 36291 画,平均每字 15.6 画。简化字比繁体字平均每字减少 5.3 画。简化字结构的清晰和笔画的减少,给人们的认读和书写确实带来不少方便。"①

根据《简化字总表》,有两千多个通用字在不同程度上得到了简化,其中包括许多笔画繁多的常用字减少了笔画。用两千个常用字作统计,结果如下(简化后变为 1967 字):

	1—10 画	11—20 画	21 画以上
简化前	917	1030	53
简化后	1395	570	2

有人误以为《简化字总表》是在《汉字简化方案》之后公布的另一批简化字,不是的;它是对《汉字简化方案》的进一步完善,它明确了哪些偏旁可以类推,哪些偏旁不能类推,从而使应用偏旁类推时避免产生分歧。就这个意义,可以认为《简化字总表》是《汉字简化方案》的完善化。总之,《简化字总表》的编写和出版,为使用简化字确立了明确的、统一的规范,对消除使用简化字方面的混乱现象及避免乱造不规范的

---

① 傅永和《汉字的整理和简化》,《新时期的语言文字工作》第 92 页,语文出版社 1987 年版。

简化字,起到了积极的作用。

汉字简化也有它的不足,这主要有三点。第一,有的字繁简对应比较复杂,给由简化字转换为繁体字增加了难度。个体简化使汉字的系统性有所削弱。按照类推的原则,"樂"简化为"乐",于是"爍、鑠、礫"等就简化为"烁、铄、砾",可是"藥"却简化为"药"。还有一个简化字和两三个繁体字对应的,如"系"和"係、繫"对应,"复"和"復、複"对应,"蒙"和"矇、濛、懞"对应。同音代替也有类似的问题。这些问题的出现是有原因的,或者是不得已的,但是,给学繁体字的人带来麻烦。第二,也有欲简反繁的现象。如"農"简化为"农","农"不易称说。"楊"简化为"杨",增加了新的部件"㧘"。"來"简化为"来",只少了一笔,可是"来"很容易和"耒"相混,增加了形近字。第三,有的简化字可能会造成意义混淆。如,"像"简化为"象","塑象"不知塑的是大象,还是人像。又如,以"里"代替"裏","海里"既可指计算单位,又可以指海的里边。

第三节　公布《印刷通用汉字字形表》

一、铅字字形的分歧

新中国成立之初,印刷用的铅字字形沿袭旧中国使用的字形,存在许多不统一的现象。这主要表现在两个方面。一方面是许多铅字的宋体和楷体不一致,表现在:(1)笔画有多有少,(2)笔画的写法不同。例如:眞真、値值、靑青、黃黄、虛虚、郞郎、兪俞。普通的宋体铅字是因承宋元明清的雕版书而来的。有不少字的偏旁点画采用了接近于隶书的写法。如"礻"旁作"示","青"字作"靑","羽"字作"羽"。至于横画细、竖画粗的笔法是明代万历以后木刻本的普通格式,清代相承不改。

现代应用的铅字字形就是根据清代的一般刻本来制造的。至于楷体铅字，它是最接近现代手写楷书的了，可是也有些字和社会上相沿成习的写法不合。例如"并"作"幷"，"既"作"既"都是。这些又不免受了旧日讲字学书籍的影响。另外还有一种情况是同一种字体的同一个字在不同的书籍报刊上有时也出现不同的写法。这是因为字模制造有先后，新制造的就可能和旧制造的稍有出入。同时，制造字模的工厂不止一处两处，制出来的铅字字体也可能稍有差异。因此，印出书来就不完全一致。例如：駡骂、霸覇、决决、况况、面面。

从识字和写字两方面来看，印刷铅字字形不统一给学生带来很多的困难。在识字方面，同一个字在不同读物里所印的字形不一样，是一是二，初学的人就很难分辨。小学生有时看到一个字，明明是学过的，可是不敢认，因为字形和他所熟悉的楷体不同。例如"巨"字宋体铅字作"苣"，"卧"字宋体铅字作"臥"。查查字典看，字典是用楷体铅字印的，"苣""臥"两个字形根本找不到。这就成了疑问了。只有去问老师才能解决。学生在阅读时经常遇到这种问题，为此，不知花费了多少时间和精力。在写字方面，也是如此。因为铅字字形和楷体不同，学生也常常产生疑惑。例如宋体铅字的"內""尙""戶""溫"等和手写楷体都不一样，到底应当怎样写才对呢，在学生的心里总是一个疑问。当然这对读书多年的人不算什么问题，可是我们必须想到印刷的字形不一致给数以千万计的初学汉字的人所带来的困难有多么大。

再从汉字的排检来看，由于铅字字形不同，笔画的多少有时也不一样，在排检的时候就出现很多麻烦。我们出版的书籍往往要有一个索引或检字表。在编排索引的时候，每一个条目能按音序来排列固然很好，不过有时还不能不按字的笔画多少来排列。如果一个索引是按字的笔画多少来排列的，那就牵涉到铅字字形的问题。无论是用宋体铅字或用楷体铅字都和手写体不完全相同，应用索引的人在查检的时候都会遇到一些问题。例如"郎"字手写体是 8 画,而宋体铅字"郎"左边从"良",是 9 画。笔画的数目就有了分歧。同样,与"良"字有关的字,如"朗、廊、螂、榔"等字,宋体铅字也都照样多一画。那么,编索引的人是按照手写体的笔画数来排呢,还是按照铅字的笔画数来排呢?比如把"郎"字排入 8 画,而铅字明明是 9 画;如果排入 9 画,同字形结合了,但又明明知道会给查检的人造成困难。怎样做都不妥当。

如此看来,为了减轻汉字在记认、书写和排检上的困难,为了便利于排检,就有必要整理铅字的字形,使印刷用的汉字在字形上有一致的规范。①

二、研制并推行《印刷通用汉字字形表》

为了消除印刷铅字字形的混乱,1955 年中国文字改革委员会成立了标准字形研究组,开始研究统一印刷铅字的字形。1956 年 9 月研究组设计出字形卡片 540 张,编成了《标准字形方案(草案)》。该草案于同年 12 月向中央一级出版社、报社征求意见。1957 年,根据各方面的意见进行修改,并且改名为《汉字字形整理方案(草案)》。《草案》经过多次修改,于 1959 年初初步定稿。1959 年 12 月 1 日,文化部召开革新铅字字体座谈会。会议认为,汉字字形的现存分歧有整理统一的必要,并决定委托中国文字改革委员会、教育部和中国科学院语言研究所指派专人组成汉字字形整理组,对汉字字形加以整理。字形整理组以中国文字改革委员会原先拟定的《汉字字形整理方案(草案)》为基础,选取了印刷现代书报用的 6043 个通用汉字,逐字进行分析研究,对每个字的笔画和结构作出规定,于 1960 年 5 月形成《通用汉字字形表(草案)》。在这个时期,文改会还进行了通用字表的研究,于 1956 年 8

---

① 周祖谟《汉字铅字字形规范化的重要意义》,《光明日报》1965 年 8 月 4 日。

月拟订了《通用汉字表(草案)》。1960年9月9日,文改会、教育部、中国科学院和文化部联合发文征求对《通用汉字字形表(草案)》的意见。各方意见认为,整理汉字字形的工作,应该与研究制订现代汉语通用字表的工作结合进行,于是把研制《通用汉字字形表(草案)》和研制《通用汉字表(草案)》这两项工作合在了一起。从随后的实际工作看,研究的重点是在确定通用汉字的字形规范,首先是统一铅字的字形,但同时也兼顾到字量。

1962年3月,文化部再次召集文改会、教育部和中国科学院语言研究所举行联席会议决定成立汉字字形整理组,负责汉字字形整理工作;还决定把整理字形的工作确定在印刷通用汉字的范围内,并改名为《印刷通用汉字字形表》(简称《字形表》)。汉字字形整理组确定的整理字形的原则是:(1)宋体楷化。(2)字形结构和笔势尽量服从横写的需要。(3)折笔尽量改为直笔。(4)连结个别笔画结构。(5)精简偏旁的数量。(6)按读音分化原有部件。字形整理工作以便于学习和使用为目的,不拘泥于历代正字法规定的正体。1964年5月,字形整理组拟出《印刷通用汉字字形表》,收印刷通用汉字6196字的字形(宋体),规定了每个字的标准字形,包括笔画数、笔画形状、结构方式和笔顺。经过这次整理,汉字字形有了一些变动,建立了新的字形规范。

1965年1月30日,经国务院同意,文化部和文改会发布《关于统一汉字铅字字形的联合通知》。《通知》全文如下:

> 我国印刷用铅字字形不统一,同一个字,在报纸、杂志、图书上出现几种不同的笔画结构。为了便利阅读,需要统一铅字字形。1962年3月间,文化部、中国文字改革委员会、教育部、中国科学院语言研究所为了统一铅字字形,共同成立了汉字字形整理组,就印刷通用字范围内的铅字字形加以整理,确定每一个字的一定的

笔画结构和笔数,以便用作统一铅字字形的范本。汉字字形整理组经过反复研究,于1964年5月间编成《印刷通用汉字字形表》。此项字形表,包含印刷通用的宋体字6196个(不包括排印古籍及其他专门用字)。

为了使汉字印刷体的字形趋于统一,笔画结构力求与手写楷书一致,以减少初学者阅读和书写的困难。我们现在把汉字字形整理组所编的《印刷通用汉字字形表》印制成样本,随文送去,请各地逐步推行。各地字模制造单位,应即大力组织力量,以该表为范本,有计划、有步骤地尽早刻制各种印刷字体的新的铅字字模,供应各地需要。报纸、杂志、图书出版、印刷方面可视需要和字模供应情况逐步加以采用。采用后,书写报纸、杂志标题和图书封面的美术字,亦应以该本为范本,以求一致。在新的铅字字模尚未制成和供应以前,报纸、杂志、图书可以仍旧用旧的铅字字模。翻印古籍和有其他特殊需要者,可以不受范本限制。

本通知及《印刷通用汉字字形表》请各省、市、自治区文化局、出版局转发当地各报社、杂志社、出版社、印刷厂、字模厂。

汉字字形整理组为《印刷通用汉字字形表》写的《说明》全文如下:

一、编制本表的目的,是为了统一铅字字形提供一个范本。本表所列的是一般书报上的通用字体(即"宋体")的字形;刻制其他字体(例如楷体、仿宋体、黑体)也应当参考本表。

二、本表只收印刷通用汉字6196个,是根据北京、上海主要印刷厂排字车间的统计资料编成的。至于排印古籍和科技书籍的,以及人名地名里的罕用字的字形,有待以后逐步整理,另行公布。

三、本表所收的简化字,一律依照中国文字改革委员会根据国务院公布的《汉字简化方案》和1964年3月7日中国文字改革委员会、文化部、教育部《关于简化汉字的联合通知》编印的《简化字总表》。这些简化字的繁体,本表加上括号,附在简化字后面。以下15个繁体字(都在右上角加注了＊号)虽然已经简化,但是作为人名地名及引用文言文的时候仍有需要,因此,还收在本表里。这15个繁体字是"藉、乾、摺、夥、徵、覆、馀、隻、像、準、瞭、锺、鬱、叠、麽"。其中"馀""锺"两字用简化偏旁。

四、整理字形的标准是:同一个宋体字有不同笔画或不同结构的,选择一个便于辨认、便于书写的形体;同一个字宋体和手写楷书笔画结构不同的,宋体尽可能接近手写楷书;不完全根据文字学的传统。按此标准,对有些字形作如下处理:

1.长方点、斜方点、横点、竖点、撇点改作侧点,如:

安(安)、佳(佳)、言(言)、匀(匀)、冬(冬)、今(今)、氐(氐)、令(令)、户(戶)。

2.减少笔数,如:

朗(朗)、郎(郎)、吕(呂)、宫(宮)、印(印)、奂(奐)、争(爭)、盗(盜)、奥(奧)。

3.连笔,如:

羌(羌)、养(養)、差(差)、着(着)、鬼(鬼)、骨(骨)、咼(咼)、及(及)、象(象)、牙(牙)、舛(舛)、瓦(瓦)、比(比)、以(以)。

4.其他

拔(拔)、跋(跋)、祓(祓)、呈(呈)、禹(禹)、禺(禺)、离(离)、丑(丑)、丰(丰)、耒(耒)、邦(邦)、彦(彦)、兑(兌)、曾(曾)、平(平)、半(半)、尚(尚)、肖(肖)、爱(爱)、舀(舀)、摇(摇)、遥(遥)、反(反)、吴(吳)、黾(黾)、巨(巨)、匹(匹)、羽(羽)、角(角)、感(感)、惑(惑)、盛(盛)、鼬(鼬)、鼯(鼯)。

五、本表按字的笔数排列,同笔数的字以笔顺"横、竖、撇、点、折"为序。过去汉字笔数计算方法往往不一致,今后以本表所列的笔数为准,以求一致。

汉字字形整理组　1964 年 5 月

文化部、文改会发出《关于统一汉字铅字字形的联合通知》后,《印刷通用汉字字形表》并没有向社会公布,而是由文化部、文改会印制成样本,经由各地的文化局、出版局转发给当地的报社、杂志社、出版社、印刷厂、字模厂,由这些部门逐步推行。因此不在出版印刷部门工作的人,不容易见到这份字表。直到"文革"结束后,《文字改革》杂志在 1983 年全年分期连载《字形表》,1986 年文字改革出版社又出版了单行本,这样这份字表才在社会上得到广泛传播。

《字形表》公布后,表内所提供的字形就成为通用汉字铅字字形的规范,印刷出版业习惯上把这种字形叫做"新字形",也叫"人民体";和它相对的是以前使用的印刷铅字字形,就叫做"旧字形"。许多语文辞书里都附有《新旧字形对照表》,其中的"新字形"就是《字形表》确定的字形。读者通过《新旧字形对照表》可以很方便地了解新旧字形的主要差别。从 1965 年到现在,新字形在各种印刷品上得到全面的使用。在信息处理中也使用了新字形。GB2312–80《信息交换用汉字编码字符集·基本集》里的字形是新字形。1988 年国家语委等部门发布的《现代汉语常用字表》和《现代汉语通用字表》里的字形是新字形。新版古籍除了少数影印的以外,用的也是新字形。

三、《印刷通用汉字字形表》的研究

《印刷通用汉字字形表》公布以后,许多语文工作者写文章对它进

行研究和评介。张朋著《读〈印刷通用汉字字形表〉》[1]，认为"《字形表》突出的优点是统一和简易"。"在统一方面，首先是把同字而有不同字形的加以统一。""在简易方面，有的精简了笔画，有的改换了笔形，达到了既便于认，又便于写。"郑林曦著《统一印刷字形，建立现代正字法》[2]。全文分三个部分：（1）字形不统一，不利于文教工作。(2)字形分歧有哪一些，是怎样形成的？（3）打破旧正字法，建立现代正字法。文章详细分析了字形分歧从何而来。作者说："清末制作现代的铜模铅字的时候，《康熙字典》已经成为字书中的权威，当然只好遵照它的字形和部首来刻字形、排字架。沿用到今天已经100多年。人们为'宋体'之名所误，没有认真考查，竟然以为老宋体是汉字字形的正统，拒绝按照应用了1800年的楷书和真正宋版书上的字形，来用较进步的一种正字法观点订正印刷字形。这实则是一种不应有的错误。"关于整理和统一印刷通用汉字字形的原则，作者认为有五条：(1)印刷字形的统一，必须为工农兵大众服务。(2)印刷字形的结构和笔画，基本上应当和现行手写楷书一致。(3)字形的选定，要以简易通俗为正，不能复古、从繁、不通俗。(4)继续整理汉字，减少通用字的数目。(5)字形的选择，应当根据用辩证发展观点讲的文字学，不应当拘守于复古保守、不利于人民的文字学。周祖谟著《汉字铅字字形规范化的重要意义》[3]。文章说："印刷铅字在字形上有分歧是由来已久的事了，可是在今天，这对于我国社会主义文化教育事业的发展是不利的。""统一汉字铅字字形是对人人有益的。这件事本身就是一项重要的文化建设工作。""另外，铅字字形规范的确定，不仅消除了铅字字形本身的分歧，而且还可以带动手写楷书的规范化。"

---

[1]　《光明日报》1965年4月1日。
[2]　《光明日报》1965年4月14日。
[3]　《光明日报》1965年8月4日。

"文革"结束后,语文工作的重点移向规范化和标准化。《印刷通用汉字字形表》受到了广泛的重视,许多语文专家对它进行了研究,取得了许多成果。费锦昌发表了《字形规范化的必要性和基本原则》①,对《字形表》整理字形的原则做了比较详细的分析,可以认为是对《字形表》"说明"的重要补充。下面是费文的有关部分:

字形整理工作以便于学习和使用为目的,坚持从简、从俗,不拘泥于从古、从正(历代正字法规定的正体),按照合理化、系统化的要求,对 6196 个通用汉字在印刷物中已经存在的一字多形现象进行全面整理。整理工作的具体原则是:

1. 同一个宋体字有不同笔画或不同结构的,选择一个便于辨认、便于书写的形体。这项标准的具体化,首要的一点就是字形结构和笔势都要尽可能服从横写的要求。如:

(1)同一个字既有上下结构,又有左右结构的,取左右结构。例如:不取"羣",取"群";不取"畧",取"略"。

(2)把部分左右结构的包孕字改为左右结构的非包孕字。例如:把"嘿"改为"默",把"醮"改为"醮"。

(3)改变部分不便于横写的笔画。例如:把自右至左书写的平撇改为自左至右书写的横笔("丰"改为"丰","耒"改为"耒");把笔势向左的竖撇改为竖("非"改为"非","蚩"改为"蚩");把笔势向左的重撇改为点、提("羽"改为"羽","弱"改为"弱"),等等。

2. 同一个字宋体和手写楷体笔画结构不同的,宋体尽可能接近手写楷体,使阅读和书写的字形统一起来。例如:不取"敎",取"教";不取"益",取"益";把"爻""乂""夂""文""交""更""史"

---

① 《文字改革》1983 年第 1 期。

等的"乀"笔左端的小折统统去掉。

3.不拘泥于文字学的传统,而是从现代汉字书写和阅读的实际需要出发。如:

(1)减少折笔,使它们直化。例如:"直"改为"直","吴"改为"吴"(口天吴)。

(2)尽量减少可有可无的笔画,以提高字形的清晰度。在现代汉字中,有时多一笔少一笔,有分辨音义的作用,如"刀"和"刃";有时则不起这样的作用,这一类笔画就可以去掉。例如把"者"(日上有一点)改为"者",把"吕"改为"吕"。为了减少笔画,还把部分分离的笔画连成一笔。例如"研",右边是"幵",6笔,现改为"开",4笔;"成",内中是"丁"(声符),两笔,现改为"丁",1笔。

(3)精简部件的数量,为学习、书写汉字和文字工作机械化减少困难。例如:把《康熙字典》中的"月"("二"同右边竖笔不连,"月亮"的"月")、"月"("二"同左右两边的笔画均不连,古"帽"字)、"月"("二"同左右两边的笔画均相连,"鹏"字左边的部件就是)、"丹"("丹"字的省写,"青"字下边的部件就是)、"月"("肉"字的变体,"肥"字左边的部件就是)、"月"("舟"字的省写,"前"字左下的部件就是)合并为一个部件"月(月)"。

(4)适当采用按音分化的原则,以减少误读。例如:以"间""闬""闲"为声旁的字,字音与声旁之间的对应关系比较混乱,现在统一规定为,读 jian 音的从"间"("简""涧""锏""裥"),读 xian 音的从"闲"("娴""鹇""痫")。

陈天泉著《〈印刷通用汉字字形表〉浅议》①。文章说:"《字形表》

---

① 《文字改革》1984 年第 3 期。

从现代汉字角度出发整理一些汉字的形体结构,不为传统'六书'观点所约束。旧印刷字的形体结构跟手写字体颇有差异之处。其差异处在于旧印刷字形多保留'六书'意味,笔画一般较繁;手写字形多不为'六书'体例所约束,笔画一般较简。《字形表》采取了向前看的现实主义态度。它所公布的标准字形多数接近手写字体。"李义琳、林仲湘、利来友著《现代汉字的新旧字形问题》(载《语言文字应用》1997年第3期)。作者比较了五部字典辞书的《新旧字形对照表》,发现各表所列新旧字形组数不一,所取构字部件的大小、概括性的强弱互不一致。《对照表》中还有几组与异体字有纠缠的新旧字形。作者用《现代汉语通用字表》的7000字和《康熙字典》、《中文大字典》和《汉语词典》逐一对照,发现有新旧字形差别的有2965字,占通用字的42.4%。若将差别过于细微的字也统计在内就超过50%。"新旧字形也是文字规范化、标准化中的一个重要问题,至今还没有一份全面的、权威的《新旧字形对照表》。从文字规范化的要求看,这样的《对照表》是十分需要的。"

李义琳、林仲湘著《〈现代汉语词典〉修订本的字形处理》(载《语文建设》1997年第5期)。作者认为:"正体字与异体字、新字形与旧字形虽然都是指字形方面,但新字形并不等于正体字,异体字也非就是旧字形,正体字可能有旧字形,异体字也会有新字形,它们是属于不同层面上的问题。""新旧字形大都可以在一连串同部件字中普遍类推,而异体字一半是不可类推的。""总的看,异体字和旧字形界线是分明的。"这些观点无疑都是正确的。

进入21世纪,为了研制《规范汉字表》,2002年8月教育部语言文字信息管理司和语言文字应用研究所在烟台师院(后改为鲁东大学)召开了汉字字形讨论会,新旧字形是讨论的重点。会后由厉兵编辑成《汉字字形研究》论文集,商务印书馆于2004年出版。这本论文集中有关新旧字形的论文,代表了比较新的研究成果。

《字形表》的公布及推行,基本上解决了印刷用字字形的不统一问题。它不但确定了每个字的笔画结构,同时也确定了每个字的笔画数和笔顺,使现代汉字的"定形"工作前进了一大步,提高了字形的规范化程度。作用是积极的,效果是好的。这次的字形整理涉及的字数很多,实际上已经超出了解决字形不统一的范围,在相当程度上可以看做是对通用汉字字形的全面整理。从40多年的应用实践看,《字形表》也存在一些不足。由于采用从俗从简的原则,有些字的构字理据有所削弱。例如:"羡、盗"里的"次"本来是三点水的"冫",用作意符。改为两点水的"冫",就成了记号。有的连笔如"象""鬼"等,增加了构字部件,不便于字形分析。有的改动也看不出有什么必要,如"丢"字的第一笔由横改为撇,还不如原来的横,可以解释为"一""去"不回。《字形表》里也有些矛盾的地方。例如"辱"是上下结构,而"褥蓐溽缛"里的"辱"却是左上包围结构。"美"里面"大"的横比上面羊头里的横短,可是在"羹"里,"大"的横比羊头里的横长。"敝"字的第五笔是横折钩,"弊憋"里的敝的第五笔也是横折钩,可是"蹩鳖"里的敝的第五笔却不带钩。从笔形归类说,字形表把竖钩归到竖,沿袭了传统的做法;这样处理对汉字的教学和应用并不方便。小学生问:"明明有钩,怎么算竖呢?"竖钩归竖,还造成了土旁字和提手旁的字混在了一起。如《字形表》8画的"坏拓拢拔坪抨拣拈垆坦担押坤抻抽"。

第四节　整理汉字查字法

一、汉字查字法的整理原则

一种文字系统包含有数量不等的基本单位。为了便于排检,就要为这些基本单位建立序列,使每个基本单位在这个序列里都有固定的位置。字母文字的基本单位是字母,字母数量有限,一般只有二三十个,字母表规定了字母的序列。汉字的基本单位是一个个的单字,字数繁多,结构复杂。自古以来有多种排检法,但是没有一种十分方便、快捷的序列,这就给汉字的排检带来许多困难。为了提高汉字的应用效率,要建立科学的排检法。讨论字序可以有两个角度,从安排汉字单字的字序说叫编排法,从汉字系列里找到要找的单字叫做查检法,两者合在一起叫排检法。科学、合用的排检法,对提高汉字应用的效率至关重要。汉字传统的查字法,不但种类繁多,而且规则复杂,应用不便。新中国建立以后,整理查字法,改进查字法,建立统一、实用的查字法,提上了日程。

1961年11月,文化部、教育部、中国文字改革委员会和中国科学院语言研究所,联合成立汉字查字法整理工作组。成员是文化部的胡愈之、教育部的叶圣陶、文改会的丁西林和语言所的丁声树。工作组邀请有关方面的专家成立研究小组,召开座谈会,审核各类查字法方案。工作组商定的查字法的整理原则是:(1)选择查字法方案的标准,首先应当是便于检索,易于学会。(2)既要照顾多数人的查字习惯以改进通用的方案,又要综合群众提出的各种建议,拟订更为合理的方案。(3)整理查字法方案必须广泛征求各方面意见。(4)最后应该提出几种方案,同时推行,并容许自由选用。

汉字查字法整理工作组先后征集到专家和群众提出的查字法方案170件,意见144件。经过全面和认真的研究,并反复进行修改,于1964年4月提出四种草案,推荐给文化、教育和出版界试用。这四种草案是:《拼音字母查字法》、《部首查字法》、《四角号码查字法》和《笔形查字法》。

1965年,中国文字改革委员会以(65)文办字第十四号文给国务院文教办公室写了《关于试行几种汉字查字法的意见》的报告。1965年10月13日,国务院文教办公室批示:"报告中提到准备把'部首查字法'、'四角号码查字法'、'笔形查字法'和'拼音字母查字法'四个草案在报刊上发表,推荐给各方面试用的问题,我们的意见,在四个方案中,'四角号码查字法'和'拼音字母查字法'现在已经在群众中比较广泛地使用,可不必再行试用。至于准备推荐的'部首查字法'(即新编《辞海》部首查字法)因它跟现在使用的部首查字法有所不同;'笔形查字法'则是一种未经使用的新方案,这两种方案可由文化部会同教育部邀请有关单位商定在若干小学三、四年级学生中小范围内试行,根据试用结果,然后进一步研究是否推行此两种查字法和如何改进汉字的查字法。"10月30日,汉字查字法整理工作组召开关于查字法问题会议,讨论遵照国务院文教办公室批示,部首查字法和笔形查字法如何试用的问题。出席会议的有文化部胡愈之、段太林,教育部任莲溪、齐泳冬,中国科学院语言研究所丁声树,中国文字改革委员会丁西林、赵平生,商务印书馆吴泽炎。讨论决定,两种新查字法草案先在北京市若干小学校内三、四年级学生中小范围试用。也可将范围酌量扩大,在初中及农村小学加以试用。[①] 后因十年动乱,这项工作没有能够进行。

二、汉字查字法整理工作组推荐的四种草案

(一)《拼音字母查字法(草案)》

1964年汉字查字法整理工作组推荐的《拼音字母查字法(草案)》,内容如下:

一、这个查字法是按拼音字母顺序检查汉字的。

---

① 费锦昌主编《中国语文现代化百年记事》第317页,语文出版社1997年版。

二、这里说的拼音字母顺序,是《汉语拼音方案》字母表 a、b、c、d、e、f、g、h、i、j、k、l、m、n、o、p、q、r、s、t、u、v、w、x、y、z 的顺序。ê 排在 e 后,如"ê"(欸)排在"è"(饿)后"ēi"(诶)前。ü 排在 u 后,如"nǚ"(女)排在"nù"(怒)后"nuǎn"(暖)前。ch、sh、zh 声母和 ng 韵尾都按单字母顺序排列。ch、ng、sh、zh 分别跟 c、n、s、z 排在一起,如"chā"(插)排在"cèng"(蹭)后,"chuò"(辍)排在"cī"(疵)前。

三、声韵母相同的字按照声调阴平、阳平、上声、去声、轻声的顺序排列。例如巴(bā)、拔(bá)、把(bǎ)、爸(bà)、吧(ba)。

四、读音(声母、韵母、声调)完全相同的字,按照起笔笔形横(一)、直(丨)、撇(丿)、点(丶)、正折(𠃍)、反折(𠃊)的顺序排列。例如:芭捌八笆粑巴。

五、这个查字法是用来检查单个汉字的。如兼排多音词,应以单字的次第为纲,把多音词分别排在单字的下面。第一个字相同的多音词,按第二个字的音序排列次序,第二个字也相同的,按第三个字的音序排列。依此类推。例如:

红　　　hóng
红榜　　hóngbǎng
红茶　　hóngchá
红军　　hóngjūn
红旗　　hóngqí
红色　　hóngsè
红松　　hóngsōng

"拼音字母查字法"属于音序法,是对传统韵书的查字法的发展和改进。民国时期曾产生注音字母查字法,就是按照ㄅ、ㄆ、ㄇ、ㄈ、ㄉ、

ㄜ、ㄋ、ㄌ的顺序建立的查字法。1958年产生了汉语拼音以后,注音字母查字法很快就改为拼音字母查字法。拉丁字母有国际通用的字母表,《汉语拼音方案》产生以后,拉丁字母字母表也就成为汉语拼音字母表。需要补充的是加符字母 ê、ü 和双字母 ch、sh、zh、ng 在字母表里的位置,对此《拼音字母查字法(草案)》做了规定。声母韵母相同的字按照声调阴平、阳平、上声、去声、轻声的顺序排列,这也没有问题。单字在排序方面需要讨论的只有一个同音字排序的问题。《拼音字母查字法(草案)》的第四条对此做了规定,引入了笔形序,就是按起笔的笔形横、直、撇、点、正折、反折的顺序排列。汉人使用汉字序列的习惯,首先是看整字笔画数的多少,少的在前,多的在后,而上述的规定不符合这种习惯,因而难于推行。在 20 年前,我们就建议:"声韵调相同的,按笔画多少排列,笔画少的在前,笔画多的在后。笔画数相同的,按起笔笔形排列,以横、竖、撇、点、折为序。起笔笔形相同的,按第二笔笔形排列,依次类推。"①这个建议已经为许多辞书所采用。《现代汉语词典》1996 年以前各版排列同音字是先把音符相同的字排列在一起,修订第三版改变为按照整字的笔画数排列。下面以 duò 音节为例:

1996 年前各版的次序:惰杕驮柮铞舵垛剁跥堕

1996 年版开始的次序:驮杕剁铞垛柮桗舵堕惰媠跥

《拼音字母查字法》有许多优点,它已经成为查字法的主流。周有光说:"'音序法'的优点是:字母反映自然语言,易学、易记、易查,而且全世界顺序一致,中外文可以统一排列。缺点是:同音节的'同音汉字'太多,需要以'语词、词组、成语'为拼写和序列的单位,然后能显出它的优点。在中国大陆,拼音字母'音序法'的应用,从 80 年代开始,有水到渠成之势。由《现代汉语词典》带头,各种现代汉语的辞书都采

---

① 苏培成、费锦昌《文字工作者实用语文手册》,中国国际广播出版社 1988 年版。

用了'音序法',而且'正文'都按照'音序法'排列。特别值得注意的是,大型辞书采用'音序法'排列正文,开创了大型辞书体例的现代化,被称为辞书的'检索革命'。例如:七十多卷的《中国大百科全书》,每条条目都注上拼音,按照'音序法'(音节/汉字)排列正文。这一改革大大方便了检查。""在语文现代化的前进中,汉语拼音'音序法'正在成为汉字序列法的主流。各种'形序法'都退而作为辅助的'索引'。这是现代汉字检索技术的一大进步。"①

(二)《部首查字法(草案)》

1964年汉字查字法整理工作组推荐的《部首查字法(草案)》,内容如下:

一、依据字形定部。一般采取字的上、下、左、右、外等部位作部首;其次是中座和左上角。按照以上七种部位都无从确定部首的,列入余类。

二、部首共250个,按笔画画数排列,同画数的按一(横)丨(竖)丿(撇)、(点)一(折)五种笔形顺序排列。另有余类,排在最后。

三、查字的方法,规定如下:

(一)部首的一般位置在字的上、下、左、右、外。

今(人部)　啬(十部)　厥(厂部)　奉(夹部)

——部首在上

忍(心部)　眉(目部)　且(一部)　盘(皿部)

——部首在下

矜(矛部)　题(是部)　临(丨部)　臧(爿部)

---

① 周有光《汉语拼音方案基础知识》第83页,语文出版社1995年版。

——部首在左

新(斤部)　昶(日部)　欧(欠部)　馗(首部)

——部首在右

固(口部)　威(戊部)　巨(匚部)　同(冂部)

——部首在外

(二)一般位置没有部首的,查中座;中座没有部首的,查左上角。

夹(大部)　串(丨部)　办(力部)　世(一部)

——中座

疑(匕部)　聽(耳部)　整(束部)　嗣(口部)

——左上角

(三)一个字具有几个部首的,按照下列次序确定部首:

①上、下都有部首的,取上,不取下。

含(查人部,不查口部)　蹩(查厂部,不查足部)

思(查田部,不查心部)　犛(查犛部,不查牛部)

②左、右都有部首的,取左,不取右。

相(查木部,不查目部)　划(查戈部,不查刂部)

魁(查鬼部,不查斗部)　鸿(查水部,不查鸟部)

③内、外都有部首的,取外,不取内。

闷(查门部,不查心部)　医(查匚部,不查矢部)

句(查勹部,不查口部)　囚(查口部,不查人部)

④中座、左上角都有部首的,取中座,不取左上角。

坐(查土部,不查人部)　半(查丨部,不查丶部)

⑤下、左上角或右、左上角都有部首的,取下、取右,不取左上角。

渠(查木部,不查氵部)　帑(查巾部,不查女部)

楚（查疋部，不查木部）　——取下，不取左上角
肆（查聿部，不查匕部）　隸（查隶部，不查木部）
凯（查几部，不查山部）　——取右，不取左上角。

⑥在同一部位有多笔和少笔几种部首互相叠合的，取多笔部首，不取少笔部首。

章竟意——部首有丶亠立音，查音部。
磨糜麾——部首有丶亠广麻，查麻部。

⑦单笔部首（取一丨丿丶乛乙）和复笔部首都有的，取复笔部首，不取单笔部首。

吾（口部）——上下都有部首，一是单笔部首，口是复笔部首，查口部，不查一部
旧（日部）——左右都有部首，丨是单笔部首，日是复笔部首，查日部，不查丨部

（四）部首无从采取或所在位置不合规定的，查余类。

长东农曲——部首无从采取，查余类。
壽臌齾囊——部首不在上、下、左、右、外、中坐、左上角，查余类。

成书于公元100年的许慎著《说文解字》首创部首法。《说文》建立的部首法本来是对汉字的分类，并不是为了检索，后世逐渐演变为一种排检法。用部首法来查字，关键是要找准部首。《说文》在原则上是把意符作为部首，叫做据义定部。随着篆书演变为隶书和楷书，有些字的结构发生了变化，据义定部遇到了困难，不得不做出改进。明代梅膺祚编纂《字汇》，提出了"论其形不论其义"的主张，把那些据义定部有困难的字改变为据形定部，为其后的《康熙字典》等辞书所沿用。例如"兵"字，小篆是从廾持斤的会意字，《说文》就归入廾部。到了楷书，

"兵"分不出斤和廾。《康熙字典》无法把"兵"归入廾部,只得据形定部归入八部。这样改动的结果,《字汇》《康熙字典》的部首就成了以据义定部为主夹用据形定部的混合体。一个字是据义定部还是据形定部,没有明显的标志,这就给查字的人带来极大的困难。据义定部要求查字的人先要了解字义,而据形定部没有这种要求,查字的人单纯根据字形就可以确定字的部首。据义定部适合对汉字有一定研究的人来使用,而据形定部适合对汉字的字义没有了解的普通读者的使用。由此可见,部首查字法改进的方向就是由据义定部改为据形定部。

曹乃木说:"1962年新编《辞海》创制了250部的部首,将黎锦熙所设计的'新部首'中的'类、夯、戈、燚、乂、阜、聿'等也立为部首。特别在归部问题上采取了'定位'办法,一字之中含有不止一个部首时,按'取上不取下,取左不取右'等几条规则归部。如'鸿'归氵部不归鸟部,'案'归宀部不归木部,'思'归田部不归心部。这与旧部首相比有了较大改进。1964年,这一部首曾得到当时的文化部、教育部、文字改革委员会、科学院语言研究所共同组成的查字法整理小组的肯定,被作为推荐的一种查字法,建议推广使用。"①

一个完整的部首法方案包括立部与归部两部分。《部首查字法(草案)》设立的250部,也就是1962年《辞海》的250部。这个部首表与传统的214部相比,调整如下:

(1)删去部首8个:亅二爻向用舛飞鬯

(2)合并部首6个(如"行"并入"彳"):人(入) 匚(匸) 土(士) 彳(行) 夂(夊) 日(曰)

(3)分立部首10个(如"手"分出"扌"):人—亻 刀—刂 犬—犭 支—攵 手—扌 火—灬 心—忄 水—氵 示—礻 衣—衤

---

① 曹乃木《部首查字法的历史演进》,《语文建设》1993年第2期第31页。

(4)新改部首10个(如"网"改为"罒"):阝(阜) 阝(邑) 艹(艸) 辶(辵) 耂(老) 旡(无) 肀(聿丨) 罒(网) 覀(西) 镸(长)

(5)新增部首40个:㇇ 丆 𠂉 厂 乂 𠃌 兀 丸 亡 王 龶 天 廿 不 冋 中 尺 夆 去 艿 戌 业 龸 申 由 民 戋 亚 朿 光 自 亦 羊 朿 卵 兞 阜 虎 是 黹

据形定部的《部首查字法(草案)》是经过了长时间的认真的研究,制卡、排表、分析、调整,多方面听取意见,最后才形成了方案。它既有理论的支持,又有事实作为依据,所以发布后受到学术界的肯定。谢自立说:"(《部首查字法(草案)》)的一个最根本的改革就是彻底破除了'从义归部'的旧传统,完全依据字形定部。""这样就使得每一个单字基本上做到见字明部,不明字义的一般读者得以避免在运用旧部首查字法时,因为部首位置不固定而带来的那种难以断定部首的苦恼。此外,它对部首与部首之间以及一个部首内部各统属字之间的排次也做了进一步的规定,即先按笔画多少为序,在笔画相同的情况下,再按起笔笔形横、竖、撇、点、折的顺序排列。这个新部首查字法虽然有它很大的优点,但也不是十全十美的。例如部首的总数反而有所增加;其中也有一些冷僻部首像'戋'部、'肀'部、'黹'部难以使人习惯和记忆;还有一些部首如'镸'部和'髟'部,根据规定的取部次序似无分立的必要;不少部首,像'𠂉'部、'丆'部,只是个偏旁,没有本字,不便称说;各部首内部统属字不均匀的情况依然存在,以1979年版《辞海》所收字而论,统属字在10个以下的有94个,约占部首总数的38%,其中5个以下的36个,'里'部除本字外,只有一个'野'字,'龟'部除本字外,没有任何统属字等等,这些都还有待进一步研究改进。"① 程养之说:"《辞海》这么大胆地改革部首,引人注目,赞同的读者多,认为'依据字形定

---

① 谢自立《汉字查字法说略》,《语文研究》1980年第1期。

部',归部有个规律,容易查,好掌握,仅对少数字如'蠱'字归一部,'来'字归米部,持有不同意见,觉得有些别扭。但也有部分读者,特别是熟悉老部首的读者,表示摇头,认为改动部首太过头了,难于接受,少数字的部首还比不上老部首好查。"①

我们认为,《部首查字法(草案)》包括立部和归部两部分,是个全新的、完整的部首查字法方案。新《辞海》采用了这个方案,把部首法的改革付诸实践并且坚持至今,是不容易的,也是成功的。在立部与归部上存在的一些不足,一方面是因为还缺少经验,另一方面是当时对汉字字形研究得还不够充分,可以利用的成果还不多。由据义定部到据形定部是部首法的重要发展,至于还存在某些不足之处、需要继续研究改进,这是一切新的尝试都难以避免的。

(三)《四角号码查字法(草案)》

1964年汉字查字法整理工作组推荐的《四角号码查字法(草案)》,内容如下:

《四角号码查字法》是王云五发明的。王云五(1888—1979),广东香山(今中山)人,号岫庐。1921年由胡适引荐出任上海商务印书馆编译所所长。自1925年前后开始研究查字法,经过几年的研究试验、改进,创制了四角号码检字法。胡适在1926年4月作《四角号码检字法序》,1930年2月又写了《后记》,介绍王云五研究四角号码检字法的经过,对这种检字法给予了充分的肯定。他举出了六点胜过前人之处:(1)不用部首。(2)不消计算全个字的笔画数,只消计算四角。(3)不问笔数。(4)号码只是每一角的笔画的代表,不是每类笔画的总数;我们认笔画时,同时即是记号码。(5)每个字有一个号码,号码的排列有天然的顺序,绝对不可颠倒,丝毫不用瞎猜。(6)为减少同码字,在四

---

① 程荣之《汉字部首亟应统一》,《语文建设》1990年第6期。

《四角号码查字法》(草案)

一、笔形和代号

查字法分笔形为十种,用 0 到 9 十个号码代表,如下:

笔名		号码	笔形	字例	说明
复笔	头	0	亠	主病广言	点和横相结合
单笔	横	1	一	天土	横
			ノ 一 ㇏	活培织兄风	挑、横上钩和斜右钩
	垂	2	丨	旧山	直
			ノ 亅	千顺力则	撇和直左钩
	点	3	丶 丶	宝社军外去亦	点
			㇏	造瓜	捺
复笔	叉	4	十	古草	两笔交叉
			扌 弋 乂 孑	对式度猪	
	串	5	丰	青本	一笔穿过两笔或两笔以上
			扌 戈 丰	打戎暴申史	
	方	6	囗	另扣国甲田曲	四角整齐的方形
			口 口	目四	
	角	7	㇕ 𠃍 L	刀写亡表	一笔的转折
			「 厂 」	阳央叉雪	两笔笔头相接所成的角形
	八	8	八	分共	八字形
			人 入 丷 儿	余央衾羊宇	八字形的变形
	小	9	小	尖宗	小字形
			忄 ㇇ 丬 灬	快本录当兴组	小字形的变形

二、查字方法

(一) 取角顺序　每字按①左上角、②右上角、③左下角、④右下角的次序取四个角的号码。

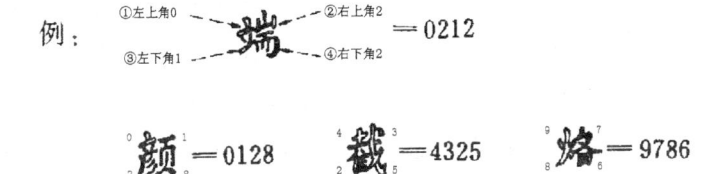

例：端 = 0212（①左上角0　②右上角2　③左下角1　④右下角2）

颜 = 0128　　截 = 4325　　烙 = 9786

(二) 取角方法

① 一笔可以分角取号。

例：以　乱　七　习　乙　凡

② 一笔的上下两段和别笔构成两种笔形的，分两角取号。

例：水　犬　本　美　火　米

③ 下角笔形偏在一角的，按实际位置取号，缺角作0。

例：产　广　亏　飞　弓　妒

但"弓亏"等字用作偏旁时，取2作整个字的左下角号码。

位数后加一小数。① 由于四角号码检字法具有上述的优点，再加上商务印书馆的大力推行，很快就在社会上流传开来，一时成为最有影响的查字法。民国时期商务印书馆出版的《王云五大辞典》《王云五小辞典》《王云五新词典》《王云五小字汇》，都按四角号码检字法排检，还有《佩文韵府》《康熙字典》等大型工具书都附有四角号码索引。徐祖友认为："四角号码检字法的产生，冲破了传统的汉字部首检字法的藩篱，另开了汉字查检法的新生面。""四角号码检字法只取汉字的四角，完全摆脱了字义的束缚，彻底贯彻以字形为查字的唯一依据的原则，使查字的原则单一化，这可作为四角号码法的根本长处。""四角号码法在学习掌握的初始阶段，固然要相对多花一些时间，但一旦能熟练运用，确要比其他方法便捷。"②

1964年汉字查字法整理工作组推荐的《四角号码查字法（草案）》，对原来的《四角号码检字法》的规定做了若干修改。改动前的称为旧《四角号码检字法》，改动后的称作新《四角号码查字法》。主要的修改项目有：

1. 原规定"每笔用过后，如再充他角，都作0"，现规定一笔的上下两段和别笔构成两种笔形的，分两角取号，如"大"字形下角号码原作03，现一律改作80。同样"泰""水"字下角笔形原作13、23，也一律改作90。

2. 原规定"由整个口门鬥行"笔形所成的字，它们的第3、4两角改取内部的笔形。现将外围是"行"的一类字，改照一般规则取号，如"行衔"二字下角号码原分别作22、70，现一律改作22。

---

① 《胡适学术文集·语言文字研究》第71至第72页，中华书局1993年版。
② 徐祖友《王云五与四角号码检字法》，《辞书研究》1990年第6期第132至133页。

3. 原规定"字的上部或下部,只有一笔或一复笔时,无论在何地位,都作左角,它的右角作 0"。现改为"下角笔形偏在一角的,按实际位置取号,缺角作 0"。如"气"字下角原作 10,现改作 01。

4. 原规定"撇为下面它笔所托时,取它笔作下角",现改为"当中起笔的撇,下角有他笔的,取他笔作下角;但左边起笔的撇,取撇笔作角"。如"复辟"二字下角原作 24、64,现改作 40、24。

5. 原"附角号码"改称"附号"。取消"附号"的笔形须"露锋芒"的条件,一律取右下角之上一个笔形为附号。如"工"字的附号原作 0,现改作 2。

6. 字形改照《印刷通用汉字字形表》规定的为准。①

《四角号码查字法》是好学好用、方便快捷的查字法,可惜最近几十年来逐渐被人遗忘,用它来编制的工具书很少,使用它的人也很少,成为明日黄花。

(四)《笔形查字法(草案)》

1964 年汉字查字法整理工作组推荐的《笔形查字法(草案)》,内容如下:

程养之说:"1964 年 11 月汉字查字法整理工作组推荐试用的四种方案之三——笔形查字法,就是丁西林、黎锦熙、李金铠等几位按七种笔形(即五种笔形之外,增加'反折[乚]'和'方[冂]'两种笔形)设计的,但迄今尚无词典采用,仅有香港的计算机制造厂商曾把李金铠教授创造的汉字笔形编码用于计算机输入汉字,颇感便利。不过仍有少量同码字同时出现,须另击键选择解决同码字也是其他编码法中所存在

---

① 《现代汉语词典》的"四角号码检字表",商务印书馆 1975 年 9 月版。

《笔形查字法》(草案)

一、笔形：把汉字的笔画分成七种笔形，名称次序如下表：

笔形	(一)	(丨)	(丿)	(丶)	(⁊)	(乚)	(回)
名称	横	竖	撇	点	正折	反折	方
次序号码	1	2	3	4	5	6	7
特征	一	丨	丿	丶	⁊	乚	□

折笔以第一折为准，例如 乙乙 都作正折（⁊），
𠃍𠃍 都作反折（乚）。

二、字形：把汉字的字形分成单结构的和多结构的两类。

单结构字——字的笔画相交、相连：

夫　又　厂　几

或者单笔与其他笔画相配相从。

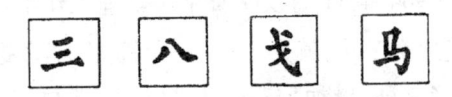

三　八　戈　马

多结构字——由几个结构合成。

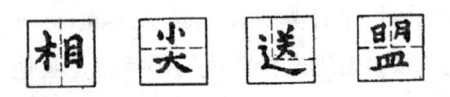

相　尖　送　盟

三、查字
① 查单结构字：取最高的三笔，按三笔的笔形或号

码查字。取笔次序以笔画的起点为准——先高后低，同高的先左后右；

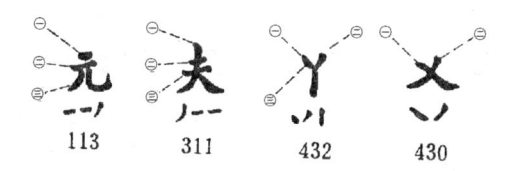

元 夫 丫 乂
113 311 432 430

起点相接的看终点的高低，终点又同高的再看终点的左右。

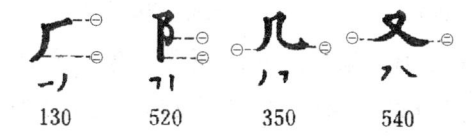

厂 阝 几 又
130 520 350 540

② 查多结构字，先查字中的第一结构（即"偏旁"）。结构在字中的次序——先左后右，先上后下，先外后内。

相　尖　送　皿

偏旁"木"　偏旁"小"　偏旁"辶"　偏旁"曰"

偏旁查法与单结构字同。

查到字的偏旁后，再以同样方法按字的第二结构查字。

江　湖　海　泽

偏旁"氵"　偏旁"氵"　偏旁"氵"　偏旁"氵"
第二结构"工"　第二结构"古"　第二结构"宀"　第二结构"又"

前三笔笔形相同的结构，按第四笔排列次序。

的难题。"①李金铠发展了"笔形查字法"成为"笔形编码法",在汉字键盘输入中有一定的影响。李金铠逝世后,推行转入沉寂。

第五节 《汉语拼音方案》的应用

《汉语拼音方案》自1958年2月11日由第一届全国人大第五次会议通过以来,进入了推行阶段。开始推行时,语文工作者和广大民众热情十分高涨,可是不久国民经济遇到了严重困难,语文工作做出调整,推行汉语拼音不得不放慢了步伐。等到1962年国民经济开始有了好转,推行汉语拼音也有了新的进展,而阶级斗争的调子又高了起来,不久就开始了长达十年的"文化大革命",汉语拼音的推行又不能正常进行。就是在这样的困难环境中,汉语拼音的推行仍旧取得了许多进展,显示出它具有的强大的生命力。吴玉章著《汉语拼音方案在各方面的应用》②,从十个方面总结了《汉语拼音方案》推行六年来取得的成绩。下面我们扼要介绍吴玉章的文章,因为吴玉章的文章没有谈到汉语拼音在注音识字扫盲和推广普通话方面的应用,对这两个方面我们稍加补充。

一、给汉字注音

给汉字注音是汉语拼音的最基本的用途。从1958年秋季开始,小学语文课本采用汉语拼音给汉字注音,代替了注音字母。中学语文课本里的生字,也用汉语拼音来注音。由于汉语拼音好学好用,用它给生字注音后,减少了认字的困难,提高了识字的效率。1958年以后出版

---

① 程养之《关于统一排检法的探讨》,《辞书研究》1995年第5期第128页。
② 《人民日报》1964年2月17日,《文字改革》杂志1964年第3期。

的汉语字典和词典,也都用汉语拼音来注音,这对读音的统一和普通话的推广有很大好处。

1958年3月13日,教育部发出《关于在中小学和各级师范学校教学拼音字母的通知》。《通知》要求:"初级中学一年级,原则上应该从1958年秋季起教学拼音字母,学好语文课中的语音部分。其他年级以及高级中学和工农中学学生也应该补学拼音字母。""从1958年秋季起,小学一年级应该尽可能教学拼音字母,利用拼音字母帮助识字,学习普通话。""如果教师确实没有条件教学拼音字母的,也可以暂时不教。但应积极学习,准备条件,争取于1959年秋季起开始教学。""为了保证顺利地进行拼音字母的教学,中、小学一年级语文教师和师范学校的全体语文教师,应该于1958年秋季开学前,进行一次拼音字母的学习。"从1958年秋季起,全国小学普遍开展了汉语拼音的教学。仅一年时间,全国就有5000万小学生学习了汉语拼音。

1961年11月1日,《人民日报》开始用汉语拼音给难字注音。同一天《光明日报》开辟了难字注音笔谈,发表了黎锦熙的《对于难字注音的意见》、朱学范的《难字注音是件好事》、张志公的《难字注音和语言教育》。不久《中国青年报》和其他一些报纸刊物、一部分少儿读物和通俗读物,也这样做了,受到了读者的欢迎。难字注音是我国的传统,不过过去用直音或反切,现在改用汉语拼音,比直音和反切更准确更方便。汉字字数繁多,通用字就有7000字,其中有不少难认或者容易读错的字,实行难字注音不但对识字不多的群众和少年儿童有帮助,就是对识字较多的知识分子,也提供了方便。

二、用于注音识字

在进行小学拼音教学的同时,全国各地开展了注音扫盲工作。利用拼音,学习汉字;先学拼音,后学汉字;识了汉字,不丢拼音。一行拼音,一行汉字,拼汉并行,两两对照。能识汉字,就看汉字;不识汉字,就看拼音。拼音中可以夹汉字,汉字中可以夹拼音。最后,既能看拼音,又能看汉字。先是在山西、山东、黑龙江、河北、河南、安徽、湖北等北方官话区进行试点,后来又扩展到福建、浙江等南方方言区。中共山西省委就推广万荣县注音识字经验向中央的报告中称:"利用拼音字母扫盲,一般用 20 至 30 个小时的拼音教学,就可以学会汉语拼音方案。再经过大约 120 到 150 个小时的阅读和写作的教学,就可以识字 1500 个,达到扫盲的标准。而且在掌握了汉语拼音这个工具达到扫盲标准之后,就可以不受识字数目的限制,大量阅读注音读物,练习写作,就可以无师自学,举一反三,互教互学,从而使群众性的学习运动更加容易广泛地、持久地开展起来。"运用拼音字母帮助识字,提高群众的文化修养,乃至通过拼音字母帮助小学生提前发展听说读写能力,确是一种非常有益的探索和尝试,为形成后来的"注音识字、提前读写"的语文教学模式,积累了可贵的经验。

1959 年 12 月 27 日,山西省教育厅和共青团山西省委在万荣县联合召开了"山西省推行注音扫盲和推广普通话万荣现场会议"。文改会吴玉章主任给会议发了祝贺电报。参加会议的有山西各专区、各县的代表,山东、黑龙江、四川、内蒙古等 14 个省、自治区的代表。中国文字改革委员会副主任叶籁士和全国妇联有关负责人到会并讲了话。代表们一致认为万荣县在注音扫盲工作中的经验比较完整、突出,是全国注音扫盲的一面红旗。

1960 年 4 月 22 日,中共中央发出《关于推广注音识字的指示》。《指示》指出:"山西省万荣县注音识字的经验是我国文化革命中一项很重要的创造,应当在全国迅速推广。山西省万荣县在两个月内消灭青壮年文盲的经验,解决了扫盲运动中的两个大问题,一个是消灭了扫过盲又大量回生的现象,一个是保证了认识一千多字的农民可以无师自通地大量阅读注音书报,在自习中不断增加识字的数量。这就大大便利和加快了业余教育的工作,并且使农村读书成风,真正表现出了农村文化高潮到来的气象。""全国绝大多数省区(即是说,除若干少数民族地区和某些方言地区以外)也都可以而且应当普遍推广这一经验。只要各省市区党委下定决心,抓紧时机,在今年秋前试点和训练师资,准备教材和注音读物,在秋后就可以大规模地推广,就有可能用跟山西相同或相近的速度扫除文盲。"

1960年5月11日,《人民日报》发表《大力推广注音识字,争取提前扫除文盲》的社论。社论总结了注音识字的五大优越性:第一是消灭了扫盲过后大量回生的现象;第二是加快了扫盲和业余教育的速度;第三是解决了早期阅读和早期写作的问题;第四是便于工农群众利用劳动间隙分散自学;第五是群众掌握了拼音字母,就为推广普通话创造了极为有利的条件。

1960年5月14日,国务院业余教育委员会、教育部、中华全国总工会、中国共产主义青年团中央委员会发出《关于在业余初等学校推广注音识字的联合通知》。1960年6月4日,中国人民解放军总政治部发出《关于在全军中学习拼音字母和推广普通话的指示》。

三、推广普通话

学习普通话本来是口耳之学,有了拼音字母就变口耳之学为口耳眼手并用。多官能并用可以加深印象,提高学习效率。拼音字母使我们能够:(1)加强对普通话语音的分析和了解。(2)把普通话听着写下来,避免遗忘。(3)看着普通话可以读出来,随时练习。(4)按照拼写改正发音。(5)依靠拼音读物可以自学普通话。

普通话教育以正音教育为中心,因为汉语各方言和普通话的差别在语音上最突出。普通话教育、汉语拼音教育和识字教育三者可以结合起来。汉语拼音的教育就是规范化的普通话教育。汉字注音和普通话拼音的目的固然不完全相同,但是结合起来好处很大。汉字注音的目的主要是学习汉字。根据汉字注音能够读出统一的标准字音,这就是学习普通话的基础。普通话拼音的目的主要是学习规范化的普通话,它应当以规范化的口语为根据。普通话拼音应当按词连写,使拼写法反映语言的结构和特点,不应当把同一个词的各个音节分开。

梁思成说:"拼音字母对统一全国语言作用很大。就以我来说,尽管我在北京已经住了 50 多年,我的北京话还是不大好,特别是资雌思和知痴诗这两组音常常搞不清。现在有了拼音字母,就好办了,我或多或少地能分清了,如我过去总把迟到说成 cidao,现在会说准确的北京音 chidao 了。对老北京尚且有帮助,对其他地区的人,帮助就更大了。拼音字母在统一祖国语言方面起很大作用,我十分拥护。"[①]这种经验很有代表性。

四、帮助少数民族创造和改革文字

我国是多民族、多语言、多文字的统一国家。有本族文字的民族有 23 个(包括汉族,不包括京族和俄罗斯族),使用现行文字 31 种,分为 5 个系统:(1)汉字系统 3 种(汉文、彝文、谚文)。(2)回鹘字母系统 3 种(蒙文、新疆蒙文、锡伯文)。(3)印度字母系统 5 种(藏文、傣文 4 种)。(4)阿拉伯字母系统 3 种(维吾尔文、哈萨克文、柯尔克孜文)。(5)罗马(拉丁)字母系统 17 种。没有本民族文字而使用他族文字的有 31 个民族:(1)使用藏文的有两个:门巴族、珞巴族。(2)使用蒙文的有两个:达斡尔族、鄂温克族。(3)使用傣文的有 3 个:阿昌族、德昂族、布朗族。(4)使用维吾尔文的有 3 个:乌孜别克族、塔塔尔族、塔吉

---

① 《汉字改革座谈会纪要》,《光明日报》1964 年 5 月 27 日。

克族。(5)其他没有文字的民族使用汉字。① 新中国建立后,许多少数民族提出了创制和改革文字的要求。少数民族创制和改革文字,首先遇到的问题就是采用什么字母。这个问题在《汉语拼音方案》公布后得到了解决。

根据国务院全体会议第 63 次会议通过的《关于少数民族文字方案设计字母的几项原则》的规定,少数民族创造文字应该以拉丁字母为基础;原有文字进行改革、采用新的字母系统的时候,也应该尽可能以拉丁字母为基础;在字母的读音和用法上应该尽量跟《汉语拼音方案》取得一致。依据上述原则,在中央民族事务委员会与中国科学院的帮助和指导下,经过许多少数民族语文工作者的努力,到 1958 年为止,已经为壮、苗、彝、侗、布依、黎、哈尼、傈僳、纳西、佤等 10 个民族创制了以拉丁字母为基础的新文字,帮助景颇族和拉祜族设计了以拉丁字母为基础的文字改革方案。1959 年帮助新疆的维吾尔族和哈萨克族拟订了拉丁字母式的新文字方案,国务院于 1964 年 10 月 23 日批准,新疆维吾尔自治区人民委员会于 1965 年 1 月 1 日公布推行。"文革"时期新文字受到批评,1982 年放弃新文字,恢复老维文和老哈文。以上创制和改革文字的 14 个民族,他们的新文字都是采用拉丁字母,都是在《汉语拼音方案》的共同基础上,适应本民族语言的需要做了必要的补充和调整。

这些少数民族文字的创制和改革,不但为促进这些民族的文化的发展创造了有利条件,而且为汉族和少数民族之间以及少数民族相互之间的文化交流和加强团结,创造了有利的条件。多年来少数民族地区语文教学的经验表明:少数民族依靠汉语拼音字母学习汉语,比直接学习汉字效果要好;掌握了本民族的新文字之后,可以很快学会汉语拼

---

① 周有光《中国语文纵横谈》第 6 至第 7 页,人民教育出版社 1992 年版。

音字母,然后再用汉语拼音字母注音、民族文字注义的办法学习汉字,可以使教学质量显著提高。同时,这些民族文字的创制和改革,也便利了汉族人民学习这些民族文字。

五、帮助外国人学习汉语

外国人学习汉语遇到的最大困难就是汉字。《汉语拼音方案》公布后,我们利用汉语拼音对留学生教学汉语汉字,收到了良好的效果。国外也有许多学校,采用汉语拼音字母作为教学汉语的工具。外国人学习汉语,首先要学语音。汉字音形脱节,难写难认,一个汉字就是一个音节,不便进行音素分析,所以利用汉字进行语音教学极为困难。汉语拼音字母是音素字母,用它来分析汉语语音、为汉字注音,声韵调一目了然,十分方便。利用汉语拼音进行语音教学,教学时间比以前短,教学效果比以前好。根据北京语言学院二系的经验,学生学完语音,不但能基本掌握全部声母、韵母和声调,还能学到50句日常用语,其中包括100多个拼音词和80多个汉字。《汉语拼音方案》的使用为进一步改进教学方法提供了有利条件。如果先学汉字再学说话,老师一个一个地教,学生一个一个地记,学生忙着学汉字,哪有精力联系听和说?结果只能是突出汉字,张口困难,挫伤学习的积极性。借助汉语拼音学汉语,通过语流学语音学说话,避开汉字这个拦路虎,没有汉语拼音是不行的。另外,汉语拼音还是突破汉字关的有效手段。外国学生学汉字,既要记音,又要记形,还要记住意思,难点集中。现在有了汉语拼音,用拼音字母标音,一看就能读出来,用外文注义,一看就懂了意思,剩下的就是字形了。这样分散了难点,学习汉字就不觉得那么困难了。学生学会了汉语拼音,还可以用来作为自学的有力助手,复习旧课、预习新课、阅读课外读物、查字典、记笔记,容易得多。

中国文字改革委员会编印的《汉语拼音报》和汉字与拼音对照的

读物,包括毛主席著作的单行本,销行国外,作为学习汉语的教材和读物,受到国外读者的欢迎。我国出版的英文月刊《中国建设》,每期有"中文月课"一栏,应用汉语拼音教国外读者自学汉语,反应极为热烈。中央人民广播电台对日本广播中,增加了"中国语基础讲座"的节目,用汉语拼音教学汉语,很受日本听众的欢迎。这一方面反映了外国读者要求学习汉语的热忱,另一方面也证明了汉语拼音字母的效用。

六、设计汉语手指字母

聋哑人一般只聋不哑。他们失去了听觉,可是并没有丧失发音和说话的能力。只因听不到声音,学不到语言,因而不会说话。他们不能听话,但是可以阅读文字,可以用"看口形,学说话"的方法,学习发音和说话。当然,这比健全的人困难得多。聋哑人还需要手语,手语包括手势语和由手指字母构成的手指语。手势是不依靠语音的姿态和表情。手指字母是用指式表示拼音字母,也就是依靠语音的手语。中国的聋哑人教育,过去主要利用手势语。19世纪末,美国女传教士梅耐德(Mrs. A. T. Mills)设计了最早的汉语手指符号,在山东烟台(芝罘)聋哑学校教给聋哑孩子。1918年注音字母公布后,很快就有人根据注音字母设计了指式。1930年前后,上海聋哑学校对注音字母指式作了改进。

《汉语拼音方案》公布后,中国聋哑人福利会在1958年组织聋人手语改革委员会,根据汉语拼音字母拟订《汉语手指字母方案(草案)》,1959年2月内务部和教育部联合发布试行。几年来的实践证明,这套特殊语文工具的设计基本上是成功的。中国盲人聋哑人协会根据各地试行的经验和手指字母指式清晰性实验的结果,对《手指字母方案(草案)》反复地进行了讨论和修改,于1963年11月1日在聋人手语改革委员会上一致通过。1963年12月29日,内务部、教育部、中国文字改革委员会发出《关于公布"汉语手指字母方案"的联合通知》,《通知》要求"各地民政、教育部门要督促聋哑学校、聋哑人业余文化学校,一律按公布的方案进行手指字母教学,并做好宣传和推行工作"。

A	B	C	D	E	F
G	H	I	J	K	L
M	N	O	P	Q	R
S	T	U	V	W	X
Y	Z	ZH	CH	SH	NG

汉语手指字母(见本页图)有 30 个字母指式,代表 26 个字母和 4 个双字母。汉语手指字母规定了各种不同的指式来代表各个字母,几个指式结合就成为一个词。它既可作为聋哑儿童学习发音和认字的辅助工具,又可掺用在聋哑人手势语中间表达抽象的词语。汉语手指字母完全用一只右手打出,但是在必要的时候也可以用左手代替(方向作对应的改变)。现在各国并没有一种国际通用的字母指式,可是模拟拉丁字母图形的指式彼此往往相同。《汉语手指字母方案》的指式有一半以上是跟好些国家的指式相同的。选择指式的原则是:简单、清楚、形象、通俗。多数手指字母是大写拉丁字母图形的模拟,例如用手

做一个圆圈代表 O;有的是会意指式,如大拇指代表 A;有的是数目指式,如五个指头代表 U。各国的手指字母各自不同,但是模拟字母图形的指式大致相同。汉语手指字母有一半左右跟多数国家的指式相同。

1974 年又设计汉语手指音节,作为手指字母的教学补充。方法是右手表示声母,左手表示韵母,两手同时打出,汉语音节就都能完整而且稳定地表示出来。

七、改进盲字

盲人学汉字有很大困难,但是可以利用由小凸点组成的拼音盲字,用手指摸读。盲文符号是法国盲人布莱叶于 1829 年设计的,用 6 个凸点及其变化组成,叫做布莱叶盲字。布莱叶盲字在 19 世纪晚期传入我国。1919 年由基督教会用 54 个盲字符号作字母,声韵双拼。这种盲字叫做"心目克明"盲字。解放后重新拟订盲字,叫做"新盲字",1953 年开始推行。"新盲字"一共用 52 个声韵符号(声调、标点在外),其中有 18 个声母,6 个单韵母,28 个复韵母。声韵双拼。这是汉语盲文的初步改进。《汉语拼音方案》公布以后,中国盲人福利会(后改组为中国盲人聋哑人协会)在 1958 年成立了盲字研究委员会,根据《汉语拼音方案》拟订了《汉语拼音盲字方案(草案)》,1960 年又加以修正。这个《方案》的特点是:(1)国际化,全部采用国际通用的拉丁字母盲文符号。(2)音素拼音和声韵双拼并用。盲人应用汉语拼音盲字,除了能读书写字、学习文化和技术外,还能够利用普通的拉丁字母打字机打出汉语拼音,同明眼人通信。由于汉语拼音盲字符号与国际通用的盲字符号一致,也便于采用国际通用的数理化盲字符号,并为盲人学习外语盲文提供了有利条件。《汉语拼音盲字方案(草案)》还规定了声韵双拼的简化形式,供一般使用。

八、用于电报拼音化

我国在 1880 年(清光绪六年)创办电报局,采用丹麦人编订的四码电报,用四个数字代表一个汉字,例如 0022 0948 代表"中国"。用四码电报传送汉字一般要经过两道翻译,发报前先把汉字译成数码,收报后再将数码译成汉字。这种方法速度既慢,又容易出错,是很不方便的。因此,清末以来一直有人研究提倡电报拼音化。

1925 年,东北的四洮铁路创办注音字母电报。由于方便实用,很快就推广到东北全部铁路。1931 年九一八事变后,日本人长期占领东北,把东北的铁路电报从中文的"注音字母电报"改为日文的"假名字母电报"。1945 年日本战败投降后,东北铁路电报从日文的假名字母电报恢复为中文的注音字母电报。东北解放后,又从注音字母电报改为北方话拉丁化新文字电报。《汉语拼音方案》公布后,又改为汉语拼音电报。"文革"中,铁道部一度并入交通部,交通部废除了东北铁路的汉语拼音电报,改回四码电报。电报拼音化在中国铁路上于是中断。

1958 年国庆节,邮电部开办国内汉语拼音电报业务,群众可以把自己写好的拼音电报稿交给电报局发出去,开始了电报拼音化的新纪元。邮电部说明开办国内汉语拼音电报的意义是:"减少译电手续、节省人力、缩短电报处理所需时间、便于电报生产过程的机械化、有利于用户直接使用电报通信,这是我国电报通信工作中具有历史意义的创举。"但是由于汉语拼音知识尚未普及,实际收发的拼音电报不多。铁路电报是"专业电报",邮电部开办的国内汉语拼音电报是"群众电报"。铁路电报的专业人员是经过汉语拼音培训的,所以能够使用拼音电报;而群众的拼音知识,还没有专门培训,所以难于普及。

汉语拼音电报传信速度比四码快。在直接传送字母的电传机上,可以节省三分之一的时间;在传送点画信号或声响信号的电报机上,可以节省二分之一到四分之一的时间。

汉语拼音电报在技术上还有一个问题,即同音汉字在拼音中如何区分,尚待研究解决。铁路电报一般采取掺用少数四码来区别。根据东北的经验,大约掺用百分之五的四码就可以解决问题。

九、用于视觉通信

视觉通信技术包括旗语(手旗和挂旗)和灯语(灯光)。"手旗"用两手执旗,变化举旗的方位,代表不同的字母,传达语言给对方。"挂旗"用一串色彩和形状不同的旗帜代表不同的字母或语句。"灯语"用明暗和长短的灯光变化代表不同的字母,主要在夜间使用。这些通信技术主要在船舶和舰艇上使用,它的使用范围以目力和望远镜的能见距离为限。天气良好时,手旗的通信距离可以达到1.85公里(等于1海里)。

汉字不能用于视觉通信。我国旧海军一向应用英文,这是极不合理的。新中国建立后,海军曾一度使用拉丁化新文字。《汉语拼音方案》公布后,除某些有关国际通用的信号外,已经一律改用汉语拼音字母。近来,汉语拼音旗语的应用已推广到渔船上,获得良好效果。过去渔船之间用喊话联络,风浪很大,喊话听不见,只好把渔船开来开去,靠近喊话,浪费时间,丧失捕鱼时机。应用汉语拼音旗语之后,增强了联络,节约了时间,有利于生产。

视觉通信当然可以用更先进的方法和设备,例如使用无线电话,但是在许多情况下,传统的旗语和灯语仍旧是方便而经济的方法。新的方法不一定完全代替旧的方法,汉语拼音始终是简便实用的通信方法。

十、用作代号和缩写

代号和缩写是利用字母代表事物或者概念的表达法,它方便理解,方便记忆，节约书写空间和书写时间，节约物资和精力。它对于科学和技术的学习、研究和应用都是不可缺少的，在科学技术和生产部门得到广泛的使用。代号和缩写不完全用拉丁字母，可是拉丁字母最常用。

代号和缩写有两类，一类是国际通用的，一类是各国自定的。在《汉语拼音方案》公布前，除使用国际通用的代号缩写以外，我们只能借用别国的、以外语为基础的代号和缩写，这是不得已的。《汉语拼音方案》公布后，国际通用的代号缩写，如化学元素的符号等，我们自然应该继续使用，不成问题。至于各国自定的代号缩写应该以汉语为基础、以汉语拼音字母为符号，制订一套我国自己的代号缩写。例如气象学、海洋学、地质学上借用英文的 E. W. S. N. 代表东西南北。这不是国际通用的符号，因为德以 O 代表东，而法文以 O 代表西。竺可桢主张以汉语拼音字母的 D. X. N. B. 作为东西南北的代号，东北就是 DB，西南就是 XN，符合汉语习惯，比用英文的 NE（北东）、SW（南西），对我们来说合理得多。

以汉语为基础、用汉语拼音字母自定的代号和缩写，已经逐步投入应用。工业部门应用汉语拼音字母规定机器、图样、文件等等的代号。例如用 N 代表农业机械，F 代表纺织设备，K 代表矿山机械，XT 代表系统图，MX 代表明细。又如铁路系统应用汉语拼音字母作车辆的标记，如 C 代表敞车，P 代表棚车，RW 代表软卧车，YZ 代表硬座车等。

电报局过去相互之间在机上会话和业务公电沿用英文专业术语。1958 年邮电部编订《汉语拼音通报用字（草案）》，规定汉语拼音缩写近 400 个，代替英文缩写。例如"按照"原用英文缩写 acdg，取 according 中的四个字母，现在改用汉语拼音缩写 azh，取 anzhao 的第一字母和声母。邮电部从 1958 年起就用汉语拼音字母拼写电信局地名，废除过去外国人搞的邮电地名，同时用汉语拼音字母作地名的简拼。如 JS 代表江苏，FJ 代表福建，GD 代表广东，SC 代表四川等。

铁道部和邮电部还用汉语拼音字母的缩写代替过去借用英语的"机上通报用语"。铁道部规定了汉语拼音字母的"机上通报用语的缩语"。如 NS 是"你是谁"的缩语,BDG 是"请双工变单工通报"的缩语,都是以汉语为基础的缩写。

十一、用于序列索引

字典词典是人们学习语文、从事各种工作不可缺少的工具。字典词典里的条目如何排列,是个序列问题。过去一般都按部首或笔画编排,检索不很方便。使用部首法编排的字典词典查字,首先需确定要查的字的部首,而有些字的部首难于确定。如"民"在氏部,"承"在手部,一般人都难于理解,让小学生掌握尤其困难。按笔画编排的字典,由于许多字的笔画数各人数起来不尽相同,而且同笔数的字又太多,查起来也很麻烦。《汉语拼音方案》公布后,汉语字典词典里的条目按汉字读音的拼音字母顺序排列,如《新华字典》、《学生字典》、《汉法词典》、《汉德词典》、《汉英科技常用词汇》等等。这种编排法比其他方法要好。凡是知道字音而不知字形,或者知道音和形而不知意义,都能快速查到。这些字典词典都另附部首或笔画索引,没有学过汉语拼音字母的人,或者要查不知道读音的字,可以通过索引查到要查的字。

很多事物,例如人名、地名、图书、资料、档案、产品等等,都需要按合理的顺序排列,才便于检查。如果排列得不够合理,不能 索即得,就会浪费时间,影响工作效率。汉字本身没有严格的内在序列,具有相当大的无序性。为了便于排检,人们设计了各种外加的序列,如按部首或笔画等,但都不够简单明确,不便于快速检查。拉丁字母顺序 A、B、C、D……是世界各国通用的序列,简单明确,极便检索。可是在《汉语拼音方案》公布前,拉丁字母这套序列我们无法利用。《汉语拼音方案》公布后,我们就可以方便地使用拉丁字母的序列,这就为各种索引的编排和应用开辟了方便的道路。人名录地名录就可以按人名地名读音的汉语拼音字母顺序排列,产品目录可以按产品名称发音的汉语拼音字母顺序排列。图书馆、医院、企业单位,都可以采用汉语拼音字母编制序列索引。北京协和医院的病历卡片,按病人姓名的汉语拼音字母顺序排列,在一百几十万份病历中找出所需要的病历,一般不到一分钟。人民出版社出版的《列宁全集索引》(第1卷至35卷,上册),其中条目按汉语拼音字母顺序排列,不用查部首,不用数笔画,简便易查,读者称便。外国出版的图书,卷末常常附有索引,查起来很方便。我国由于汉字不易检查,一般书籍都不附索引,翻译外国著作时,也往往把索引删去不译。这种情况在有了汉语拼音字母以后应该而且可以改进了。序列索引是各行各业每天都要使用的,这方面的改进可以节省许多时间,提高工作效率,因此不是一件小事。

十二、用于少数民族语地名的音译转写

1965年5月12日,国家测绘总局、中国文字改革委员会公布《少数民族语地名的汉语拼音字母音译转写法(草案)》①。《草案》分三部分:1.总则。包括四条:(1)少数民族语地名汉语拼音字母音译转写法的用途。(2)音译转写法限用《汉语拼音方案》中的26个字母、附加符号和一个隔音符号。(3)情况特殊的地名的处理办法。(4)现在先拟订维吾尔语、蒙古语、藏语(拉萨话)地名的音译转写法。2.几种少数民族语地名的汉语拼音字母音译转写法。包括维吾尔语、蒙古语和藏语。3.说明。指出"汉字代表音节,长于表意,拙于表音。加以方言的影响,因此音译地名的汉字读音跟当地原音往往出入很大。汉语拼音字母代表音素,可以灵活拼音,表音的准确性较高。"1976年6月,国家

---

① 《文字改革》杂志1965年5月号。

测绘总局、中国文字改革委员会修订发布《少数民族语地名汉语拼音字母音译转写法》。见本书第六章第二节。

第六节 语文改革的新探索

一、郭沫若发表《日本的汉字改革和文字机械化》

20世纪50年代确定并推行的文字改革三项任务——简化汉字、推广普通话、制订并推行《汉语拼音方案》,是清末和民国文字改革运动的延续和发展。到了60年代,这三项任务已经取得了决定性的成果。中国的语文改革下一步应该向何处去,这个问题已经提上了日程。可是那时的中国,处于封闭状态,对于国际新语文运动所知甚少,语言文字的研究处于沉寂状态。在这种情况下,《人民日报》1964年5月3日发表了郭沫若的文章《日本的汉字改革和文字机械化》,带来了日本语文改革的新情况和新认识,使人耳目一新,在语言文字学界和社会都引起了较大的反响,可是那时的中国,正在推行"以阶级斗争为纲"的方针,严重阻碍了学术探讨的开展。但是语文生活总是要前进的,郭文传递的新信息,对推动语文改革的前进具有重要的意义。《日本的汉字改革和文字机械化》要点如下:

(一)限制和减少字数。文章说:"日本所使用的汉字数量,以前和我国是差不多的。这样大量汉字的使用仍然会造成社会生活中的很大困难。加以日本所使用的汉字,依语词性质的不同,一个字可以有好几种的读法,这就使困难更加增大了。""1946年11月16日,日本政府根据'国语审议会'的建议,公布了《当用汉字表》,共1850个汉字。所谓'当用'者,据说是当前使用之意,将来随着形势的进展还可以作适当的改变。公布'当用汉字'时,日本政府在公令中说:'从来我国所用汉字,为数极多,而且用法复杂,因此在教育上和社会生活上,有很多不便。限制汉字,大大有助于国民生活效率的增进和文化水平的提高.'这里所谓'生活效率'应该是生产效率。日本在战败后,战争创伤恢复得很快,看来这汉字的改革是发生了一定的作用的。""以1850个'当用汉字'作为'法令、公文、新闻、杂志以及一般社会使用汉字的范围'。凡是这些汉字所不能表达的语词,都用假名书写。代名词、副词、接续词、感叹词、助动词、助词等均用假名书写。"

接着,在1951年"日本政府又公布了《人名用汉字别表》,收罗了92个汉字,专门供给人们取名之用。这不用说也是限制人们取名时任意采用生僻字眼的用意。""更有明文规定,为新生儿童取名时,只能在'当用汉字'和'人名用汉字'中选择。""就这样严格限制汉字的结果,使日本一般所使用的汉字数量减少了六分之五以上。这不能不算是日本使用汉字1600多年以来的一项惊人的改革。"

"在公布了《当用汉字》一年多以后,日本政府在1948年(昭和二十三年)2月16日又公布了《当用汉字别表》,对于在中小学中的汉字教学工作又作了进一步的改革。他们进一步限制了中小学教育中汉字使用的范围,即限制为881个字,'以减轻国民教育中汉字学习的负担,谋求教育内容的提高.'这也不能不说是一项果断的措施。"而"我国小学语文课本的汉字生字在3500字左右,加上各科用字,可能接近4000个"。文章认为:"日本小学课本的编制,开头全用假名,继后逐渐在假名中间掺入少许汉字。这样就减轻了儿童学习汉字的困难,并培养了儿童用文字表示语言的能力。汉字就不会成为'拦路虎'了。这个经验,似乎是值得我们重视的。"

(二)整理字体和简化笔画。文章说:"日本政府在规定了881个'教育汉字'之后的第二年,即1949年(昭和二十四年)1月28日,又公布了《当用汉字字体表》。日本政府在公令中说:'汉字使用上的复杂性,不仅在于字数甚多、读法分歧,而且也在于字体不统一和笔画复杂。因此,为了贯彻制定当用汉字的本意,有必要进一步整理汉字字体,确定它的标准。'他们在制定这个表的时候,考虑到了淘汰异体字、采用简体字、整理字形等步骤,而且还考虑到了书写习惯和学习难易的问题,使印刷字体尽量和书写字体一致。有不少汉字的字形都作了相应的整理。""日本采用简体字也以社会习惯为依据,和我们的汉字简化原则大抵相同。"

（三）日本文的罗马字化。"最根本的改革应该是日本文的罗马字化(即拉丁化),这种运动在日本已有相当长远的历史了。""日本的国语是统一的,罗马字的方案也统一了,看来在日本文罗马字化的历程中,日本政府已经迈出了实践的步骤了。值得注意的是,在1961年7月底,日本的一部分实业家组织了一个'实务用字研究协会'。……他们认为：目前的世界变化迅速,超音速的喷气式飞机在飞翔,每秒几千次加减运算的电子计算机在运用,征服宇宙的梦想在着着实现,在这样的情势之下,日本的现行文字(汉字与假名的混合体),应用不便,效率太低,缺乏国际性,会使日本的进步远远落后于世界的先进水平。据他们的实际经验,认为日文打字和英文打字的效率是十与一之比,也就是说,要十个日本人的工作才抵得上一个欧美人的工作。看来,他们的目的是在通过日文的罗马字化以促进事业的效率化。"

（四）文字工作的机械化。文章首先指出,"文字工作的机械化、自动化和高速化,是现代文化生活中的一个突出的过程。""文字工作的机械化,要求文字的符号单元不宜过多,拼音文字是很适合这个标准的。汉字的单元太多,虽然也可以制成各种汉字机器,但使用很不灵便、效率过低而成本也过高。为了解决汉字在机械化上的困难,日本人正在制造大量的各种全用假名的文字机器和一部分使用罗马字的文字机器。他们充分利用这些机器来书写和传递,已经初步走上了文字工作的机械化、自动化和高速化的道路。"

"打字机的使用,在文化史中,应该是继纸张和印刷术之后的第三种重要文化工具的发明。""汉字打字机,单是字模(包括常用的和备用的)就有 7000 多个。体积大,不便携带。技术复杂,一般人不能使用。而且速度很慢,有时还不如手写。这和字母打字机是不能比拟的。""在普通打字机之外,近年还发明了打字电报机,又名电传打字机或电传机。它的速度更快,你可以在甲地按字键,而使在遥远的乙地自动打出文字来。你还可以利用穿孔带,自动地发报和转报。这在工业化的国家中已经是应用最普遍的电报设备了。""电传机的穿孔带或者穿孔卡片,在它上面代表字母或数字的符孔,不仅可以用来控制电传机,而且还可以操纵电子计算机。一系列的文字和数字的工作机器,联合起来,自动操作,使资料、文书和账务的处理工作,发生了巨大的变革,达到了难以想象的准确、迅速和集中的水平。""这种机械化的新方式,把办公室的工作效率,不知道提高了多少倍!""我们要迎头赶上去,汉字的使用不能不说是一个大问题。"

(五)"他山之石,可以攻玉"。这是文章的结论部分,也是作者写作本文的目的所在。文章分析了汉字数量多、难于记忆、不利于扫盲、不利于提高民众的文化水平的基本情况之后,指出,"毫无疑问,汉字必须继续加以整理,以减轻初学者的负担,并以便利一般的应用"。"首先应该大力压缩通用汉字的数量。凡是异体字应该彻底整理。写文章的人,请尽量做到口语化吧,要做到人人能听懂。""在汉字数量的压缩之外,我看继续简化汉字也是大势所趋。""汉语拼音字母和以北京话为标准的普通话,应该继续大力加以推广。这是全国人民代表大会的决议,国务院早有法令下达,我们是应该坚决贯彻执行的。""在汉语中夹用拉丁字母,在没有看惯时可能感觉着不顺眼,可能有人认为这样会破坏汉文的纯洁性。但这种混合使用法看来是势所难免的。"

关于汉字的前途,作者满怀深情地写道:"优美而富有独创性的汉字,是永远不会废弃的。即使将来中国的语文由法定的拼音字母来完全表达,汉字也决不会灭亡,我们将有专业的人来承担汉字的传统。""因此,对于汉字的改革,我们似乎用不着作过多的担心。"

郭沫若的文章介绍了日本文字改革的成功经验,特别是日本文罗马字化和文字工作机械化的前景,开阔了我们的眼界,对我们有很强的借鉴作用。中日两国都用汉字,只不过日本在汉字之外还用假名。文章中谈到的几个方面,在我国也有学者在关注在研究,但是在总体认识上还很不够。郭沫若的文章的发表提供了一个契机,理应唤起国内主管方面、学术研究方面的注意,推动中国语文改革的发展。可惜的是那时的中国,正在大搞阶级斗争,语文改革也无法展开深入的讨论,政府也没有投入力量,学者的许多好的建议,也无法进行试验和推行,坐失良机,使我们语文改革工作在十多年的时间内没有什么进展。

二、减少汉字字数的尝试

汉字是语素文字,语素文字因为记录的是语言里的语素,字数一定很多。字数繁多不但学习费时费力,而且在实现机械化方面遇到了很大的困难。早在民国时期,国内有的学者就看到这个问题的重要性,在限制和减少汉字字数方面做过一些探讨。新中国建立后,毛泽东主席指示"汉字的数量也必须大大简缩",中国文字改革研究委员会曾于1953年11月拟订《1469个精简汉字表》进行实验,但是没有成功。郭沫若的文章《日本的汉字改革和文字机械化》的发表,再一次把这个问题提上了议事日程。

林汉达著《一万个通用汉字能不能砍去一半?》[①],作者认为经过努

---

① 《光明日报》1964年6月24日。

力这个目标是可以做到的。具体的办法,他提了六条:(1)整理和停止使用异体字,估计在《第一批异体字整理表》之外,还可以精简去千把个异体字。(2)整理和停止使用不必要的同音同义字,如保留"疙瘩"去掉"疙塔、纥縫、咯哒"。(3)简化古今人名用字。(4)简化地名用字。(5)淘汰古文言性的死字和一部分罕用字。(6)专用的拟声字和译音字可以减少一些。作者提出的这些办法,既不改变汉字作为语素文字的性质,又可以压缩通用汉字的数量。这些意见值得重视。

周有光著《限制和减少现代汉语用字》[①]。作者认为日本之所以能大刀阔斧地限制和减少用字,"因为日本有假名字母,而假名字母早就走进文字中间,跟汉字掺合运用,成为文字的构成部分"。最需要在汉字中间夹用字母的有两类书籍,一类是儿童读物,另一类是科技著作。"在这两类读物中把汉字夹用字母的写法进一步推广,这是目前可以做而且做来并不费力的事情。""如果第一步把通用汉字压缩为 6000,第二步压缩为 4000,学习汉字的负担就可以适合一部分机械化的要求,文字工作的效率就可以在一定程度上提高。"在汉字中夹用假名,在日本可以实现;在汉字中夹用拼音,在中国——汉字的故乡至今还难于实现。除了技术障碍以外,主要的还是心理障碍。汉字是祖宗传下来的宝贝,拉丁字母是从国外引进来的洋货,两者属于不同的体系,格格不入,无法融合。这个思想障碍不破除,就不能实现汉字中夹用拼音,就无法大量地减少汉字的字数。

龚书潮著《关于精简通用汉字的几点建议》[②]。作者赞成林汉达的建议,并且提出了五点办法:(1)去掉某些形声字的形旁,"这个法子,特别适用于动植物名称的用字上。举例如下:鱼旁的鲢、鳗、鲟、鳜、鳢、

---

① 《光明日报》1964 年 7 月 22 日。
② 《光明日报》1964 年 8 月 5 日。

鳟、鳕、鳅、鲥、鳇、鳊、鲳等等。"(2)整理、精简联绵字,如"彷徨"写成"旁皇","蚯蚓"写成"丘引"。(3)用同音代替的办法精简地名用字。"蕲春县"可改为"旗春县","黟山"可改为"依山","蠡县"可改为"丽县"。(4)直接用拼音字母转译科技专名,淘汰科技专用的怪字。(5)生僻难认或笔画繁杂的姓氏专用字,能不能设法简化。"龔"字23笔,简成"龚"也还有11笔,索性把它写成"工"就只剩3笔,岂不省掉许多麻烦?

何金松著《论同音字分类合并》①。作者认为:"由一个语音所统率的一群形义不同的字叫同音字,然后依照形义的联系将它们分类,在每一类中选一个笔画最少的字作代表,把其余的字去掉,这就叫同音字分类合并。"例如,读 lì 的有40个字,依照形义联系可以分为16类,用"利"代表"利俐猁莉痢";用"立"代表"立粒笠";用"戾"代表"戾唳";用"丽"代表"丽俪郦"等,40个汉字可以减少24个。这样做不会导致书面语言的混乱。因为,第一,"这种假借现象早在两三千年前就出现了"。第二,"以纯粹同音假借而论,现代汉语中更有大量事实存在"。第三,以"立粒笠"一组为例,"一粒粮食"写成"一立粮食",意义十分清楚。

何文发表后引起了争论。林涛发表《精简通用汉字不能光靠同音合并》②,认为何文"抹杀了常用字和罕用字的区别这一客观事实","显然是脱离现在汉字使用的实际"。用这种字写出来的东西,"要比旧式的注音字母更不好念,因为注音字母只代表声音,字母本身的形式不代表任何意义,而汉字正因为字形清楚,容易使读者'望文生义',而读者看了同音字分类合并的代表字,望文所生的义又不是该汉字的音所代表的义。这样,汉字的字形和字义在阅读中反倒起了抑制作用"。

---

① 《光明日报》1964年11月25日。
② 《光明日报》1964年12月9日。

"同音字分类合并,必须在两个先决条件下才能试行,而试行的结果,必然又把它否定。因为这样的文字远不如注音字母,更不必说拼音文字了。"这两个先决条件,一个是必须实行词儿连写、词间分写;另一个是文字必须口语化,要读得出来听得懂才行。

叶楚强发表《压缩通用汉字的几个原则性问题——向何金松同志请教》①,认为何文中的基本观点有些近于空谈。作者提出了五点看法:(1)不能主观地确定压缩通用汉字的字数。(2)不能采用使汉字难于理解的方式去压缩通用汉字。(3)不能采用使汉字难于阅读的方法去压缩通用汉字。(4)不能离开汉字的形音义的实际去压缩通用汉字。(5)压缩通用汉字只是汉字整理工作中的一个重要方面,"压缩通用汉字虽然大大有助于学习和应用,但也不足解决汉字中所存在的全部问题"。

吴辉著《同音代替是精简汉字的重要方法》②,认为"应当把人们容易接受的字先用同音代替,然后再逐步推广"。目前可以先将以下几类字用同音字代替:(1)同音同调的形声字,声旁相同、又没有必要用不同形旁区别的,可以合并,取消形旁而取声旁,或选用其中一个笔画较简单的字代替其他字。例如,以"板"代"版",以"邦"代"帮"。(2)笔画繁难的字可以用一个笔画较少的同音字代替,容易读错的字可以用一个不容易读错的同音字代替。例如过去已推行的以"板"代"闆",以"丑"代"醜"。

叶楚强著《精简汉字字数的根据和方法》③。这篇文章对减少汉字字数从理论上进行了探讨,提出了许多很有价值的意见。文章首先论证了精简汉字字数的基本性质。"从记写汉语的角度看,精简汉字字

---

① 《光明日报》1964 年 12 月 23 日。
② 《光明日报》1964 年 12 月 23 日。
③ 《光明日报》1965 年 5 月 12 日。

数,也就是对汉字记号和汉语单音节词和词素之间的对应关系进行某种调整和改进,是从量的方面(即字数方面)进行精简,以提高汉字的表音和表意功能,从而使汉字比较便于学习和应用。""精简汉字字数,也就是要把大量的记写非通用性词素的专用字精简掉。"文章提出了几条途径:(1)为记写死词素的专用的死字送葬。(2)对专名词素的专用字大加精简。(3)对类属词素的专用字大加精简。(4)对记录同一个词素及其变体的同音同义字大加精简。(5)异体字要全部废除。

"文革"结束后,郑林曦出版了《精简汉字字数的理论和实践》(中国社会科学出版社 1982 年版)。作者说:"我们坚定相信汉字的数量是有必要也有可能减少的。""我们逐渐看清楚在我们面前有一条切实可行的精简汉字字数的道路。"关于具体做法,作者提出了以下八点:(1)科学地研制现代通用汉字表,作为进一步精简汉字的基数。(2)继续整理异体字,分门别类处理专用字。(3)联系字形、字义进行有限制的同音代替。(4)规定标音字,用于统一记写译音字、方言字、象声字、感叹词用字、语气助词用字等。(5)对文言古语用字,分别情况作不同处理。(6)改进科学技术的命名和译名工作。(7)提倡用普通话写作,少搞方言文艺,不为记写方言而造新字、复活死字。(8)逐步适当地夹用汉语拼音。文章最后指出:"根据过去几十年实践的经验看来,精简汉字字数大概不可能由某些机构或个人预先定出一个数目作目标,或者提出一张字表限制大家在表的范围内用字。从实际出发,作客观的估计,大概只可能提出几条切实可行的办法,经过宣传,取得人民群众的同意和支持,依靠群众的力量,从易于做到的开始,一步一步地去精简,最后达到现代通用汉字总数的确实减少。"[①]

[①] 郑林曦《精简汉字字数的理论和实践》第 95 至第 98 页,中国社会科学出版社 1982 年版。

上面我们概略地介绍了这一时期限制和减少汉字字数研究的情况。在"文革"时期,减少汉字字数的尝试没有进展。改革开放以来,社会思潮不断改变,对汉字的认识和评价也呈现出不同的趋势。汉字字数繁多,在有些人的眼里似乎也变成了优点,电脑的容量不断扩大,字数再多也不成为什么问题。限制和减少汉字字数的研究似乎也没有必要。学者的研究得不到实践的检验,得不到社会的强有力的支持。实际情况真的是这样吗?从学术层面说,全汉字的研究已经提上了日程,这是十分必要的。可是作为记录汉语的书面符号,作为人们交际的一日也不可或缺的工具,到底要用多少字?字是多一点好,还是少一点好?这不完全是随着个人的好恶能够决定的,要有个科学的客观依据。作为语素文字的汉字,在精简字数时不能超出语素文字所需要的最低的限度。如果破坏了汉字的语素文字的基本性质,它就必然不能很好地履行自身承担的任务。不过也要看到,目前的汉字应用中,由于古今不分,死活混淆,确实也存在很大的可以减少字数的空间。电脑效能的提高,带来的应该是人脑劳动强度的降低,不能相反,使人脑要比不用电脑时花费更多的努力。

三、整理汉字的建议

(一)规定偏旁部件的名称的讨论。1965年下半年到1966年上半年,文改刊物开展了"关于规定汉字偏旁部件名称的讨论",讨论中一共发表了19篇文章。讨论是由吴建一的文章《偏旁所处部位及其名称》[①]开始的。文章说:"如果做到以下两点,对于小学以及成人的识字教学,会有很大好处。(1)所有常用而又不能独立成字的偏旁部首,都给它们规定统一的、通俗的、便于称说的名称。例如,'⺌'叫学字头,

---

① 《光明日报》1965年8月4日。

'囟'叫脑字旁。(2)偏旁在字中所处的各种部位,上下左右内外等等,都给它们规定统一的名称。"作者认为:"应用这一套名称,来描写汉字的结构就比较方便了。"例如:"亚"字是一字头,业字底;"庙"字是广字头底下一个由字,等等。接着,文之初(倪海曙)发表《汉字部件应该规定名称》[1],认为吴建一的建议,"是非常切合实际的,肯定对于当前的识字教学大有好处",并希望就这个问题展开讨论。随后,《光明日报》在1965年9月15日开始了"关于统一偏旁部首名称问题的讨论"。《文字改革》月刊在1965年11月号发表短论,题目是《需要给偏旁部件规定统一的通俗名称》,表示支持对这个问题的讨论。1966年4月号的《文字改革》月刊,以"编者按"的形式对这次讨论做了小结,并发表了倪海曙、凌远征合写的《先把部首的名称定下来》,准备集中力量讨论部首的名称,可是不久"文化大革命"开始,讨论就此中断。

关于部件名称,讨论中提出的主要论点有:(1)从俗:尽量采用群众中流行的名称。(2)从少:不求一次解决,首先给小学教科书中的3000多字规定偏旁部件名称。(3)同一个偏旁部件有不同字形的,应该在名称上加以区别,例如"鸟"和"鳥"、"水"和"氺"等。(4)同一个偏旁部件的简体和繁体同时用的,也应该在名称上表明,例如"东"和"柬"。

关于部位名称,吴建一提出了五个名称:上下结构的上部、左上部和右上部,一律叫做"头";上下结构的下部,一律叫做"底";左右结构的左边、右边,一律叫做"旁";内外结构的外部,三面或四面包起来的,一律叫做"框";内外结构的内部,一律叫做"心"。文之初补充了"边""腰""角"三种:左右结构的左叫"旁",右叫"边";左中右结构和上中下结构里横在中间的叫"腰";"角"补"头"和"底"的不足,可以规定单一的部件叫"头"和"底",由两个部件左右合成的,可以分开叫"角"。

---

[1] 《光明日报》1965年9月1日。

后来形成了一个十六字诀,就是:上"头"下"底",左"旁"右"边",内"心"外"框",中"腰"四"角"。

讨论中提出的问题和建议可以归纳为五点:(1)如何区分全部字形的名称和部分字形的名称?例如在"龛"中,"合字头"指"合";在"命"中"合字头"指"人"。有人建议,全部字形叫"×字×",部分字形叫"×的×"。例如"龛"中的"合"就叫"合字头","命"中的"人"就叫"合的头"。(2)部分字形的名称在分析这个名称的本字时,如何称说?例如"⺍"叫"学字头(或学的头)",在分析"学"字的结构时如何称说?有人提出灵活运用的原则。分析"觉"字时,称"学字头";分析"学"字时,就称"觉字头"。(3)同音异形的部件名称如何区别?例如说"木字旁、公字边(松)",听的人可能写作"杠";说"口字头、巴字底(邑)",听的人可能写作"只"。讨论中提出三点建议:第一,保留约定俗成的一个,给另外的重起新名。例如"金""斤",称"金"为"金字×",称"斤"为"重斤×";"木""目",称"木"为"木字×",称"目"为"眼目×"。第二,保留构字能力较强的一个,给另外的重新起名。例如"手""首",称"手"为"手字×",称"首"为"头首×"。第三,可以加例词来区别。例如把"金"称为"金子的金字×",把"巾"称为"毛巾的巾字×",把"斤"称为"斤两的斤字×"。(4)为了便于分析字形,许多小学教师建议:语文课本的编者应尽量把与偏旁名称有关的字编在这一偏旁组成的字的最前头。例如在出现用"青"(青字头)"夂"(冬字头)作为偏旁部件的字之前,最好先出现"青""冬"。(5)建议在讨论的基础上,编出一本《汉字偏旁部件名称表(初稿)》,供各地试用。通过试用,逐步给常见的偏旁部件规定出统一的、通俗的、便于称说的名称来。[①]

[①] 费锦昌《关于规定偏旁部件名称问题的讨论》,《语文现代化》丛刊第 1 辑第 231 至第 232 页,知识出版社 1980 年版。

(二)改换生僻地名用字的建议。郭沫若在《日本的汉字改革和文字机械化》中说:"应该大力压缩通用汉字的数量。""好些生僻字眼的地名,请把它们改换成同音的常用字。如酆源已改为门源,酆都已改为丰都,雩都已改为于都,鳛水已改为习水,越嶲已改为越西,和阗已改为和田,鄱阳已改为波阳,……大家都感到方便。"这篇文章发表后,继续改换生僻地名用字的提议获得了广泛的支持,陆续有一些研究文章发表。

李东著《改换生僻地名字会不会妨碍我们研究历史》[1]。文章说:"现在有许多城市,如北京、南京、重庆、开封、上海等,在历史上都另有名字。拿我们的首都北京来说,秦汉时期为'右北平',晋和隋为'北平',唐属'河北道',辽改为'南京',宋为'燕山府',金为'中都',元为'大都',明初改为'北平府',后来称为'北京',国民党改为'北平'。中华人民共和国成立,决定北京为首都。一般人只知道'北平'改为'北京',研究历史的人才去查考右北平、南京、燕山府、中都、大都等等各时代不同的名称。""许多地名在历史上都经过多次的改变,中华人民共和国成立以来,也有不少地名改变了,这些改变都没有妨碍我们研究历史。"

徐州三中语文高一备课组著《必须改换》[2],明确表示:"我们完全拥护《改换生僻地名用字的建议》,希望早日公布施行。同时,还希望继续做这个工作,扩大范围,把那些读音与字形对不起头的地名用字,也加以改换。"

糜华菱著《受过高等教育的人也不认识》[3],对改换生僻地名用字提出四点建议:(1)改换的常用同音字最好以当地读音为准。(2)改用

---

[1] 《光明日报》1964年10月28日。
[2] 《光明日报》1964年10月28日。
[3] 《光明日报》1964年10月28日。

的字要尽可能是最常见的字。(3)改后要避免与其他地名雷同。(4)要照顾到与其他地名的关系。

徐惠康著《从地图工作看生僻地名字》[1],认为:"改换生僻字,从地图的角度出发,应当是一项迫切的任务。""改换地名生僻用字,应从全国考虑。""如河北省的蓟县,当地和省内人们对这个地名是熟悉的,在实际使用中,人们并没有把蓟字改换,但从全国着想,这却是一个生僻字,是应把它改换的。"

刘寅年著《从地图编制角度谈生僻地名字问题》[2],认为"生僻地名字的改换,不仅仅为我们制图工作解决了问题,而更重要的是对广大人民群众的生产活动、经济和文化生活,提供了便利条件。""即使说某些与所谓'重要历史'有联系的生僻地名,由于用字的改变,使研究历史的人多费些事,但比起生僻地名给广大人民群众在现实生活中所造成的不便和困难,又怎能相比较呢?"

晓云著《需要进一步改换生僻地名用字》[3]。文章说:"我国地名,有许多从山水得名。""因此,山水名称如果是生僻字,由它们得名的地名也就是生僻字,使用是不方便的。""现在既然可以用常用字代替地名生僻字,最好结合考虑,顺便把山水名称也改换过来。""在行政区划变动,合并、设置县的时候,都要注意采用常用字,避免生僻字或群众不熟悉的名称。如云南省昆阳县与晋宁县合并,采用原来县名之一,称为晋,1960年才呈请改为通海县。"

---

[1] 《光明日报》1964年11月25日。
[2] 《光明日报》1965年1月20日。
[3] 《光明日报》1965年5月26日。

第六章 挫折(1966—1976)

第一节 语言文字工作遭受了重大损失

1966年,毛泽东主席发动了"文化大革命"。《关于建国以来党的若干历史问题的决议》指出:"1966年5月至1976年10月的'文化大革命',使党、国家和人民遭到建国以来最严重的挫折和损失。""历史已经判明,'文化大革命'是一场由领导者错误发动,被反革命集团利用,给党、国家和各族人民带来严重灾难的内乱。"在"文革"期间,语文工作与其他工作一样经受了挫折,损失极为严重。

"文化大革命"刚刚开始,语言文字工作便陷入了混乱和倒退的局面。从1966年6月2日起《人民日报》取消了报头的汉语拼音,其他报刊也先后取消了汉语拼音拼注的报刊名称。7月《文字改革》杂志和上海《汉语拼音小报》停刊。8月4日《光明日报》的《文字改革》专刊停刊。"文革"中,中国文字改革委员会被迫停止工作,许多委员和专家受到迫害。许多语言文字学家被打成"反动学术权威"。1966年12月12日,中国文字改革的先驱、中国文字改革委员会主任吴玉章逝世。邵力子、叶恭绰、马叙伦、陆志韦、林汉达、丁西林等人在"文革"中相继去世。1969年,文改会的全体干部下放到宁夏平罗五七干校劳动,文改会的机构被撤销。新中国建立以来语文工作取得的成绩被否定,语文规范被破坏。

语言文字的科学研究被迫停止,文字改革的宣传充满了大批判的喧嚣。北京有份大报在1973年5月发表的"读鲁迅的《门外文谈》"的文章里说,"而今,靠唯心史观护命,妄图与无产阶级拼死较量的刘少奇一类骗子,也未能逃脱自取灭亡的可耻下场"。

由于学校停课闹革命,一代青年无法接受正规的语文教育,他们的语文知识贫乏,语文应用能力下降。随着"文化大革命"的发展,语言文字的社会应用越来越混乱。滥用繁体字和异体字,乱造简化字,随便写错别字的现象越来越严重,汉语拼音的使用也越来越不规范。这种混乱现象不但出现在广告、布告、商标、路牌名、站牌名等城镇街头应用场合,而且还出现在报纸、杂志、图书、教材以及电影字幕等出版印刷物上,引起了社会各界和广大群众的强烈不满,也引起了对中国友好的国外人士的困惑。人民群众纷纷写信给国家职能部门,要求纠正这种混乱现象,但是在"文化大革命"那种特殊的历史时期,这是很难做到的。

第二节　艰难地推进

"文化大革命"的前五年,语言文字工作完全停顿;后五年,在政治局势稍有稳定的间隙,语言文字工作有了局部的恢复。

一、恢复文字改革工作机构

1972年春,按照周恩来总理的指示,郭沫若找到了从五七干校回北京探亲的文改会副主任叶籁士,决定从五七干校调回部分干部,恢复文字改革工作机构。1972年3月,在中国科学院设置了文字改革办公室,由叶籁士负责。1973年4月,中国文字改革办公室划归国务院科教组领导。1973年7月,周恩来总理在国务院科教组的请示报告上批示,同意恢复"中国文字改革委员会"名称,仍然归国务院科教组管辖。1975年9月,国务院调整直属机构,确定中国文字改革委员会仍为国务院直属机构,由教育部代管。

周恩来总理在1971年、1972年多次讲到中国文字改革问题。如1971年,周总理在外交部的一个文件上,批示同意用汉语拼音编印中国地图,以应国内外需要。1972年10月14日,在同美籍华人李政道谈话时,周恩来说:第一,要推广普通话,否则搞拉丁化不行;第二,要把简化字规范化。

在周恩来、郭沫若等领导同志的支持下,中国文字改革委员会对语文工作的现状和问题展开了调查研究,征求群众意见,着手新简化字的收集、整理,继续推广普通话,推行《汉语拼音方案》,研究改进汉语拼音教学。语文工作开始了局部恢复。

二、拟订《第二次汉字简化方案(草案)》

1956年公布的《汉字简化方案》,推行以来受到群众的欢迎,但是还有许多常用字笔画繁多,难学难写,由于一时找不到合适的简化形式,没有得到简化。群众迫切要求对这样的字进行简化,并且给这些字创造了简化写法,如把"餐、赛、藏、漆、器"简化为"歺、宐、艹、氵、口"。这些字在社会上很快就流行开了。

1960年4月22日,中共中央发出了《关于推广注音识字的指示》。《指示》中说:"为了加速扫盲和减轻儿童学习负担,现有的汉字还必须再简化一批,使每一个字尽可能不到十笔或不超过十笔,尽可能有简单明了的规律,使难写难认难记、容易写错认错记错的字逐渐淘汰。"为了贯彻这个指示,教育部、文化部、中国文字改革委员会于1960年6月4日联合向各省、市、自治区教育厅(局)、文化(出版)局发出《关于征集新简化字的通知》。《通知》中提出了几条选用简化字的原则意见:(1)首先应该尽量利用汉字结构的形声原则。(2)在使用时绝不引起意义混淆的条件下,也可以考虑采用同音代替。(3)以上两种简化方法不能适用的时候,可以酌量采用下列办法:用原字的一部分,会意字,轮廓字,草书楷化。《通知》还指出,为了减轻儿童和成人的学习负担,地名用的生僻字(包括少数民族和少数民族地名的译音汉字)应该一并加以简化。按照《通知》的要求,各地着手搜集并陆续上报了一些新简化字。"文革"开始后,这项工作陷于停顿。

1972年第4期《红旗》杂志发表了郭沫若的通信《怎样看待群众中新流行的简化字?》。文章指出:"民间对汉字纷纷简化,这正表明汉字必须简化,也正表明文字必须改革。这是时代潮流,不应禁止,也不能禁止。""从事文改工作的人,应该经常注意民间的简化汉字,吸收其可取者而随时加以推广。国务院所颁布的简化汉字,是应该随时增加的。当然,报纸刊物上的用字,小学生的学字,仍应以正式公布的简化字为标准。"郭沫若的文章发表以后,广大职工、教师、知识青年纷纷写信表示拥护。他们要求整理和再公布一批简化字,继续做好文字改革工作。

1972年7月开始,文改办公室着手拟订《第二次汉字简化方案(草案)》(以下简称《二简(草案)》)。《二简(草案)》是在4500个常用字范围内进行的。这一次选取简化字主要根据以下三种材料:(1)1960年各省、市、自治区以及部队系统推荐的简化字资料;(2)1956年《汉字简化方案》公布以来群众来信中推荐的新简化字资料;(3)1972年向各省、市、自治区征集的新简化字资料。拟订的原则是:(1)主要选用群众中流行的简化字;同时根据群众简化汉字的规律,适当拟制一些新简化字。(2)从有利于目前的应用出发,着重简化比较常用的字。(3)在简化汉字形体的同时,精简汉字的数量。(4)要尽量使汉字的非字部件变成常用字,以使汉字便于分解,易于称说。《二简(草案)》在北京、上海、广东等地向工厂、农村、部队、邮电、出版、教育部门广泛征求意见,经过反复修改,于1975年5月15日定稿,上报国务院。它包括两个字表,第一表收109字,第二表收303字,合计412字。"当时把持文改大权的张春桥,把方案(草案)扣压两个月之久,以后竟以文字改革的'历史发展,我不太清楚'为借口,推给正在身患重病的周总理。"[1]周总理作了批示。1975年9月15日,国务院办公室传达周总理对《二简(草案)》及对文字改革工作的意见:"此事(简化汉字)主席说了这么长时间了,为什么这一次才这么一点？……汉字简化方案让群众讨论提意见,这一条好。"并指出:"现在普通话普及问题没有过去提得那么多了。不学普通话,拼音怎么能准确呢？"根据周总理的指示,文改会对《二简(草案)》进行了修订,增加了简化字和简化偏旁的数量,再次向有关部门和地区征求意见。

三、恢复推广普通话

1972年,各地陆续恢复推广普通话工作。福建省在1972年12月29日发出《关于进一步推广普通话的通知》。1958年被誉为"推广普通话的一面红旗"的福建省大田县,在70年代初恢复了推普工作。上海市在1973年12月召开了中、小学普通话教学经验交流及成绩观摩会,1974年、1975年和1976年也召开了这种全市性的观摩会,并多次举办了推广普通话骨干教师学习班。湖北省教育部门在1974年对近百名教师进行了普通话培训。

1973年12月20日至26日,中国文字改革委员会邀请出席上海市中、小学普通话教学经验交流及成绩观摩会的江苏、浙江、福建、广东、广西、江西、湖南、安徽、山西等九个省、自治区和上海市的代表,在上海举行了推广普通话工作座谈会。

---

[1] 闻宣《敬爱的周总理率领我们战斗》,《光明日报》1977年1月13日。

四、进行汉语拼音基本式教学试验

随着学校教学工作的逐步恢复,有的地方开始了汉语拼音教学的改革试验。《汉语拼音方案》公布以来,学校的拼音教学存在一些问题,主要是教学内容较多、难点比较集中,小学一年级学生不能很快掌握汉语拼音,有的师生把拼音教学当成负担。为了解决这个问题,文字改革办公室在1973年春提出了"汉语拼音基本式教学",在河南、北京、上海、黑龙江省拜泉县的部分小学进行试验。1973年10月,中国文字改革委员会在河南郑州召开汉语拼音基本式教学座谈会,座谈会上参加试验的干部和教师认为:采用基本式教学,教师好教,学生好学,既减轻了学生负担,又提高了教学质量;师资容易培训,有利于普及小学教育,有利于扫除文盲,特别适宜在农村推广;可以提前发挥汉语拼音的积极作用,小学低年级的识字速度可以适当加快,识字数量可以适当增加,阅读和写话教学也可以适当提前。会后,中国文字改革委员会的《文改简报》上发表了由叶籁士执笔的《七岁娃娃能自学》一文,引起了各界注意。1974年11月和12月,中国文字改革委员会先后在河南开封、江苏吴县和山西太原召开了汉语拼音基本式教学座谈会,1977年7月28日又在安徽黄山召开汉语拼音基本式教学座谈会。到1978年止,全国有二十多个省、市、自治区在不同范围内进行了试验。

汉语拼音基本式教学就是把《汉语拼音方案》的教学分为两步。第一步对刚入学的儿童,先教方案规定的最基本的内容(不教 y、w 以及它们的拼写规则,不教 iou、uei、uen 及 ü 上两点的省写规则),使学生入学后四周左右就能大体上掌握汉语拼音。第二步在二年级上学期或下学期开始,再教拼写规则。具体的教学内容:

第一步:

(1)声母21个。即:b、p、m、f、d、t、n、l、g、k、h、j、q、x、zh、ch、sh、

r、z、c、s。

(2) 韵母 21 个。包括单韵母 7 个,即:a、o、e、i、u、ü、er。复韵母 6 个,即:ai、ei、ao、ou、ie、üe。鼻韵母 8 个,即:an、en、in、ün、ang、eng、ing、ong。

(3) 声调。一声(ˉ)、二声(ˊ)、三声(ˇ)、四声(ˋ)、轻声。

(4) 整体认读的音节 7 个,即:zhi、chi、shi、ri、zi、ci、si。

(5) 拼音(类型举例)

①声母 + 韵母:b + a—ba,d + ou—dou,j + in—jin

②韵母 + 韵母:i + a—ia,u + ai—uai,ü + an—üan

③声母 + 介音 + 韵母:j + i + ao—jiao,g + u + ei—guei,q + ü + an—qüan。

第二步:

(1) y、w 及其拼写规则,

(2) iou、uei、uen 和 ü 上两点的省写规则。

采用基本式教学走第一步时,普通话的 400 个音节中有 67 个音节和《汉语拼音方案》规定的拼写形式不同,约占全部音节的 17%。例如"呀、歪、月、捐、全、群、丢、推、问"这九个音节,《汉语拼音方案》规定拼为 ya、wai、yue、juan、quan、qun、diu、tui、wen,而基本式却拼为 ia、uai、üe、jüan、qüan、qün、diou、tuei、wuen。

这样做的好处是由浅入深,难点分散,符合儿童的认识规律,能帮助他们较快地掌握汉语拼音,提前发挥汉语拼音在语文教学中的作用,但是这种教学法的致命弱点是无法回归原方案。《汉语拼音方案》是一个完整的知识体系,为了方便教学而人为地割裂为难易不同的两个部分。小孩子学知识先入为主,第一步学会了,再回归原方案就很困难。如果不能回归原方案,学生学到的就不是一个完整的知识体系,或者说学生学到的是不正确的知识,而这种错误的认识又很难纠正。这个问题在推行时虽然早已发现,但是在"文化大革命"时期,基本式教学试验被作为"新生事物"得到了充分肯定,不容许发表不同意见。

"文革"结束后,1978年秋季使用的人民教育出版社编辑的新的小学语文教材,在汉语拼音部分,放弃了基本式教学,恢复了1963年采用的声介合母教学法。要点是:把 y、w 作为声母教,只教 iou、uei、uen 的省略形式 iu、ui、un,有介音的音节采用声介合母和韵母连读法,增加15个整体记认的音节。实践证明,这种教学法完全符合汉语拼音的规定,又便于教师教和学生学,对提高汉语拼音教学效率比较有利。

五、恢复《文字改革》专刊

1973年3月,毛泽东、周恩来在《文字改革简报》复刊第2期上批示,同意恢复《光明日报》的《文字改革》专刊。同年5月10日《文字改革》专刊复刊,这是"文革"中《光明日报》恢复的第一个专刊。专刊第1期发表了署名闻宣写的《积极而稳步地进行文字改革》。文章中引用了毛泽东关于文字改革的指示,指出:"毛主席的指示是我国文字改革工作的指导方针,既反映了我国文字发展的客观规律,又表达了人民群众长期以来要求改革汉字的迫切愿望。"文章还具体论述了文字改革的几项任务:继续简化和整理汉字是当前广大群众的迫切要求,简化汉字工作要坚持群众路线,实行"从群众中来,到群众中去"的原则;推广普通话,就是推广以北京语音为标准音、以北方话为基础方言、以典范的现代白话文著作为语法规范的普通话,对我们这样一个地广人众、方言复杂的国家来说,是一项重大的战略性任务;推行汉语拼音字母,首先要认真做好小学的汉语拼音教学工作,要进一步加强和扩大汉语拼音字母在各方面的应用。推广普通话,以统一语音;推行拼音字母,以普及拼音知识——这两项工作都是为实现拼音化铺平道路的,我们必须坚定不移地认真做好。上述的观点反映了那个时候对文字改革的看法。

《光明日报》恢复《文字改革》专刊,受到社会各界,特别是各类学校师生的欢迎。上海、天津、福建等地召开座谈会,许多人积极提出建议,要求加强文字改革的宣传,总结交流经验,努力把这一为人民群众造福的工作认真做好。《人民日报》于1973年7月6日也开始以整版的篇幅宣传报道文字改革工作。1974年7月和10月,山西省运城地区和福建师范大学中文系也分别出版了铅印的《汉语拼音报》。

六、恢复推行汉语拼音

举办汉语拼音广播讲座。1974年3月15日至4月3日,中国文字改革委员会和中央人民广播电台联合举办汉语拼音广播讲座。讲座适应了广大群众学习汉语拼音的需要,对人们识字、学习文化、学讲普通话有积极作用,因而受到普遍欢迎。这期讲座所用教材,在北京先后共印130万册,在上海、天津、浙江三地共印近80万册,还有一些省市自己组织了内部印刷。讲座结束后,应听众要求,北京、上海、天津、湖北、宁夏、浙江、山东等省、市、自治区的广播电台曾重新播放。

1974年6月,地图出版社出版了汉语拼音版的《中华人民共和国地图》,内附汉字—汉语拼音—英文地名对照索引。

七、中文成为联合国大会和安理会的工作语文

1945年签订的《联合国宪章》,其中第111条规定"中、法、俄、英、西文各文本同样有效",这就是联合国5种正式语文,1973年又加上了阿拉伯文,正式语文一共6种。联合国成立初期,工作语文只有英、法两种。1948年增加西班牙文,1963年增加俄文。1971年我国恢复在联合国的席位时,中文还不是工作语文,会上没有中文的同声传译。

中国代表团于1973年第28届联合国大会提出了将中文列为联合

国大会和安理会工作语文的建议。联合国大会就此通过第3189号决议,将中文列为联合国大会的工作语文,并认为宜将中文列为安理会的工作语文。1974年1月17日,联合国安全理事会举行的1974年第一次会议通过决议,把中文列为安理会工作语文。

八、研制《汉字频度表》

1974年8月9日,四机部、一机部、中国科学院、国家出版局和新华通讯社,联名向国家计划委员会提出《关于研制汉字信息处理系统工程的请示报告》。同年9月,国家计委下文,批准由四机部组织领导,开始研制工作。由于是在1974年8月启动,所以称为"七四八工程"。研究汉字信息处理系统,就要弄清汉字的属性和频率,以便编制出供信息处理用的汉字字集。为此,七四八工程设立一个子项目,就是研制《信息处理用标准汉字表》。国家出版局1975年3月28日发出《关于汉字信息处理系统工程文字标准编码及有关协作项目科研计划任务的通知》,这个子项目由北京新华印刷厂负责,目的是找出汉字的使用规律,为七四八工程的研制提供参考数据。

北京新华印刷厂先后组织北京市的印刷单位和中学共19个单位,约2000多人参加工作。统计组把搜集到的1973年到1975年间3亿多字的出版物,分为政治理论、新闻通讯、科学技术和文学艺术四类,从中选出2160万字作为语料,用人工进行字频统计。经过两年多的努力,在1976年年中完成统计工作,得到了6374个不同的单字。1977年10月以北京新华印刷厂的名义印出《汉字频度表》一书,供内部参考试用。《汉字频度表》包括五个表:《政治理论频度表》、《新闻通讯频度表》、《科学技术频度表》、《文学艺术频度表》和《综合频度表》。《综合频度表》是前四个频度表的综合表。这次字频统计所用的语料数量大,参加统计的人数多,得到的结果有重要价值,成为研制《信息交换用汉字编码字符集·基本集》的重要依据。这次工作也有一些不足。主要是受当时政治环境影响,样本的选取有缺点,所谓"批林""批孔"的文章偏多,科技语料偏多,而文艺作品偏少。结果是"刘、彪、孔、儒"等字以及科技用字出现的次数增多,而有些通用字却没有统计到,如"箫、誉、捐、鼾"等。再加上是用人工统计,工作量太大,经验也不足,统计的结果有较大的误差。由于《汉字频度表》是按单字频度排列的,不便检索,后来由中国文字改革委员会的郑林曦、高景成等人又用了两年多的时间进行校对,编成了《按字音查汉字频度表》,1980年8月作为内部资料出版。

1984年初,原统计组的成员花了一年多的时间对原始统计数据用电脑重新计算,提高了统计的准确性,又增加了一些统计内容。这次复核的结果,由贝贵琴、张学涛汇编为《汉字频度统计——速成识读优选表》,收5991个不同的单字。1988年4月由电子工业出版社出版。

九、修订公布《少数民族语地名汉语拼音字母音译转写法》

1965年5月12日,国家测绘总局、中国文字改革委员会公布了《少数民族语地名的汉语拼音字母音译转写法(草案)》。经过几年的应用和广泛征求意见,国家测绘总局、中国文字改革委员会于1976年6月修订公布了《少数民族语地名汉语拼音字母音译转写法》。这项工作是在中国科学院少数民族语言研究所和中央民族学院语文系等单位的专家大力协助下完成的。下面是1976年6月修订公布的《少数民族语地名汉语拼音字母音译转写法》的全文:

总则

第一条 少数民族语地名汉语拼音字母音译转写法的主要用

途：

(1) 作为用汉语拼音字母拼写少数民族语地名的标准；

(2) 作为地图测绘工作中调查记录少数民族语地名的记音工具；

(3) 作为汉字音译少数民族语地名定音和选字的主要依据；

(4) 为按照字母顺序统一编排我国地名资料和索引提供便利条件。

第二条 音译转写法限用《汉语拼音方案》中的26个字母，两个有附加符号的字母和一个隔音符号，为了使转写和记音比较准确，音节结构可以不受汉语普通话音节形式的限制，隔音符号可以在各种容易混淆的场合应用，记音的时候附加符号可以加在特定的字母上面代表特殊语音。

少数民族文字用拉丁字母的，音译转写以其文字为依据。跟《汉语拼音方案》中读音和用法相同或相近的字母，一律照写；不同或不相近的字母分别规定转写方式，文字不用拉丁字母的，根据文字的读音采用相应的汉语拼音字母表示。没有文字的，根据通用语音标记。

第三条 特殊的地名参照下列办法处理：

(1) 惯用的汉字译名如果是一部分音译，一部分意译，其音译部分根据音译转写法拼写，意译部分按照汉字读音拼写。

(2) 惯用的汉字译名如果是节译，可以斟酌具体情况，有的按照原名全称音译转写，有的按照节译的汉字读音拼写。

(3) 汉字译名如果原先来自少数民族语，后来变成汉语形式并且已经通用，可以按照汉字读音拼写，必要时括注音译转写的原名。

(4) 其他特殊情况具体斟酌处理。

几种音译转写法

先制订几种少数民族语地名的音译转写法。

(一)维吾尔语(略)

(二)蒙古语(略)

(三)藏语(略)

正确地拼写少数民族语地名,不仅是一项科学工作,也是一项政策性很强的行政工作。我国是一个统一的多民族国家,有着成千上万的少数民族语地名。如果用方块的表意汉字来音译少数民族语地名,很难准确。例如,蒙古语"河"(gol),译为汉字时,就有"郭勒"(锡林郭勒盟)、"郭楞"(巴音郭楞蒙古自治州),还有"果洛"、"果力"、"高力"、"高洛"、"格鲁"、"古耳"等多种译法。如果根据不准确的汉字音译,再转写成其他民族语或外语时,就同原地名的实际读音相差很远,甚至弄得面目全非。采用"音译转写法"就可以克服这种混乱现象,使少数民族语地名音译转写比较科学,有助于地名的标准化。

第七章　拨乱反正(1977—1985)

第一节　批判"四人帮"在语言文字方面的错误言论

1976年10月,党中央政治局执行党和人民的意志,粉碎了江青反革命集团,结束了"文化大革命"这场灾难。1977年8月召开了中国共产党第十一次全国代表大会,宣布"文化大革命"结束,提出要"动员党内外、国内外一切积极因素,团结一切可以团结的力量,为在本世纪内把我国建设成为伟大的社会主义现代化强国而奋斗"。1978年12月召开了党的十一届三中全会,果断地停止使用"以阶级斗争为纲"的口号,把工作重点转移到社会主义现代化建设上来,实施改革开放。在这样的政治形势下,语言文字工作者批判了"四人帮"在语言文字方面散布的错误言论,使语言文字工作回到正确的路线上来。

一、出版《文字改革通讯》

为了适应粉碎"四人帮"以后的新形势,促进文字改革工作的发展,迎接革命和建设新高潮的到来,中国文字改革委员会在1977年9月出版了内部刊物《文字改革通讯》。在试刊第1期上发表的《告读者》中说:"在全党、全军、全国各族人民高举毛主席的伟大旗帜,坚决贯彻执行党的十一大路线,掀起社会主义革命和建设新高潮的大好形势下,文字改革战线的内部刊物——《文字改革通讯》与读者见面了。"
"《文字改革通讯》一定要发扬党的实事求是,群众路线的优良传统和作风,密切联系群众,积极贯彻执行华主席在党的十一大政治报告中强调指出的:'社会主义文化要繁荣发展,必须认真贯彻执行百花齐放、百家争鸣的方针,古为今用、洋为中用的方针,推陈出新的方针。'调动一切积极因素,促进党的文字改革工作大干快上,为把我国建设成为社会主义的现代化强国,作出应有的贡献。"这篇《告读者》带有那个时期特定的政治色彩,这是难于避免的,但是它毕竟是"文革"后恢复的第一份有关文字改革的刊物。《文字改革通讯》1977年出版试刊两期,1978年出版8期,1979年出版9期,共出版19期后停刊。《文字改革通讯》在试刊第1期上就发表了揭批"四人帮"破坏文字改革的罪行的文章。在其后的各期中发表了一批文章,对文字改革领域的拨乱反正起到了积极作用。

1977年1月,《人民日报》报头和《红旗》杂志封面率先恢复了汉语拼音注音。中央和省一级报纸的报头以及许多杂志的封面也都相继恢复了汉语拼音注音。2月,汉语拼音版《中华人民共和国分省地图集》由地图出版社编制、出版。

二、批判"两个估计"

为了批判"四人帮"破坏语言文字工作的罪行,从思想上、理论上分清是非,并为制订全国语言学科发展规划做好准备,中国社会科学院《中国语文》编辑部于1978年4月14日至20日在苏州召开了全国语言工作者批判"两个估计"、商讨语言学科发展规划座谈会。社科院语言所所长、《中国语文》杂志主编吕叔湘主持了会议。会上宣读了中国社会科学院院长胡乔木的书面讲话,讲话全文如下:

同志们：

《中国语文》编辑部召开的批判"两个估计"，商讨语言科学发展规划的全国性的座谈会，已经胜利开幕并正在顺利进行。这是我国语言学界的一件令人庆幸的大事。我谨代表中国社会科学院向由全国各地到会的语言学者表示热烈的欢迎和敬意，对座谈会的举行表示热烈的祝贺。这一祝贺是来得太迟了，这一点使我非常抱歉。

语言学是一门十分重要的科学。毛主席一向很重视对于语言和语言学问题的研究，做过一系列重要指示。现代语言学的发展正在同哲学、逻辑学、社会学、历史学、人类学、教育学、文学、心理学、生理学、声学以至计算数学发生愈来愈密切的联系，围绕语言学正在兴起许多有广大前途的边缘科学。只有极端愚蠢、极端反动的"四人帮"之流才会否认它的意义，反对对它的研究，由于这伙反革命黑帮的摧残，我国的语言学研究是大大地落后了。在以华主席为首的党中央粉碎了"四人帮"，特别是华主席在五届人大报告中号召积极开展语言学的研究，制订全国规划，和在科学大会上号召极大地提高整个中华民族的科学文化水平以后，语言学界正面临一个新的形势。极多的工作——从普通语言学的研究，语言学各个分支的研究，直到语言学各方面应用的研究，包括各种语言辞书的编纂，语文教育的改革，文字应用技术和文字改革的研究——等待我们去开展，困难只在于人手太少，工作条件也有许多不便。这次座谈会的主要任务，正在于谋求组织有效的分工协作，制定既必须着手又有条件实现、既有远大目标又有切实步骤的规划，使我们的工作能在全国范围内进行得更多些，更快些，更好些，更省些，尽可能减少时间的损失和人力物力的浪费。我国的语言学研究，比起社会科学的某些其他领域，还是有些基础的。希望经过这次座谈会的讨论和推动,语言学的研究能在马克思列宁主义毛泽东思想的指导下,在社会科学和自然科学最新成就的基础上,逐步进入一个前所未有的繁荣兴旺的阶段。

胡乔木
一九七八年四月十六日

"两个估计"是从姚文元修改、张春桥定稿的 1971 年《全国教育工作会议纪要》里提出来的,指的是:文化大革命前十七年教育战线是资产阶级专了无产阶级的政,是"黑线专政";知识分子的大多数世界观基本上是资产阶级的,是资产阶级知识分子。1977 年 9 月 19 日,邓小平发表了同教育部主要负责同志的谈话《教育战线的拨乱反正问题》[①]以后,教育部即以大批判组的名义发表题为《教育战线的一场大论战》的文章[②],开始对"四人帮"炮制的"两个估计"进行批判。

会议认为"四人帮"一伙,出于反革命的政治需要,别有用心地抛出"两个估计",破坏党的文化教育事业和其他各项工作,全盘否定"文化大革命"前十七年语文工作的成就,对语文工作进行破坏。"四人帮"横行时期,语言研究和语言教学机构被撤销了,语文工作者队伍被解散了,大学语言专业和语言学课程被砍掉了,中学语文知识不教了,语文图书、资料和文稿被大批抄没、焚毁了。其结果是:语文水平普遍下降,语文运用相当混乱,在一定程度上影响了社会主义革命和社会主义建设。"四人帮"摧残语文工作的罪行真是罄竹难书,令人发指!

在批判"两个估计"、分清思想是非和理论是非的基础上,代表们对今后的语言文字工作充分交换了意见,认真讨论了制订语言学科学

---

① 《邓小平文选》第 2 卷第 66 至第 71 页,人民出版社 1983 年版。
② 《红旗》杂志 1977 年第 12 期,又载《人民日报》1977 年 11 月 18 日。

发展规划的种种设想。大家认为,我们制订规划,一要根据实现四个现代化的需要,要从极大地提高中华民族的科学文化水平出发,二要考虑国内外本门学科发展的具体情况,三要从我们的实际水平和实际条件出发,充分发挥我们的长处,正确认识我们的不足。规划既要有远大目标,又要切实可行,还要有具体措施。

三、《中国语文》复刊

1978年5月《中国语文》复刊。《中国语文》杂志是在语言学界有重要影响的学术刊物,它的复刊标志着语文工作拨乱反正迈出了实质性的步伐。在复刊号上发表了《语文工作要抓纲快上》的社论。社论首先对"四人帮"散布的"语文无用"论进行了批判。它说:"语言文字是人类社会最重要的交际工具,人们利用它交流思想,达到相互了解。语言文字还是普及文化教育的工具,是各门学科的基础。无论是学习社会科学还是学习自然科学,都需要具有一定的运用语言文字的能力。"社论接着阐明了新中国建立以来,语文工作取得的成绩,说:"在语文战线上,毛主席的革命路线始终占主导地位。'四人帮'一伙出于反革命的政治需要,妄图全盘否定文化大革命前十七年语文工作的成就。他们肆意歪曲党的语文工作的方针、政策,在理论上制造混乱,破坏甚至取消语言文字的教学和研究,严重损害了祖国语言的纯洁和健康。他们为了达到反对我们敬爱的周总理的罪恶目的,对内部发行的《现代汉语词典(试用本)》进行了公开围剿。他们为了搞影射史学,肆意歪曲词义,大搞反动的实用主义。他们采取卑鄙的手法,干扰破坏文字改革工作。他们否定党的民族工作,破坏党的民族政策,诬蔑少数民族的语言文字为'四旧'、'恶习',严重破坏少数民族语文的研究。他们的'帮八股'流毒深远,至今还没有很好肃清。"社论指出揭批"四人帮"要分清是非、解放思想:"我们要以揭批'四人帮'为纲,进一步分清是非,解放思想。由于'四人帮'的破坏,语文工作的一些领域是非不分,香臭莫辨。像'语言有阶级性'的谬论及其变种,远远没有批透,严重影响语言学理论的研究、辞书的编纂及其他一些工作的开展。在语言和语言学理论的研究中,究竟什么叫'封资修'、'大洋古',什么叫'三脱离',在一些地区和单位还不是那么清楚,以至一些同志至今心有余悸。对传统语言学中的一些学者和著作,必须推倒所谓儒法斗争的虚构,重新给以评价。在文风上肃清'帮八股'的流毒,更是一个艰巨的任务。在文字改革和民族语文的研究中,也都有不少问题亟待澄清。"社论最后对语文工作者发出号召:"我们要完整地、准确地领会毛主席关于语文工作的论述,用马列主义、毛泽东思想指导语文工作。要加强语言理论的研究,兴无灭资,走我国自己的语文学科的发展道路。要大力促进汉字改革、推广普通话、汉语规范化的工作。围绕当前文字改革的三项任务,要切实做好宣传,积极开展研究和实践活动。汉语规范化仍然是汉语研究的重要任务。要对现代汉语、近代汉语、古代汉语、汉语方言、汉语史进行研究。要积极开展少数民族语言文字的研究。要进行应用语言学、数理语言学、比较语言学、语文教学等方面的研究。要安排好高等院校语言课程的教学,抓紧、抓好教材编写工作。要努力提高中小学语文教学的质量,总结出一套科学的教学方法,不断提高学生阅读和写作的能力。要认真总结经验,切实做好各类辞书的编写工作。要重视文风问题,认真改进文风,彻底肃清'帮八股'的流毒。要特别抓紧一些薄弱环节,填补空白部门,建立和发展新兴的语言学科。"

《中国语文》复刊后,除了发表学术研究的论文外,在一个时期集中发表了一批批判"四人帮"在语文方面散布的错误言论的文章,这对分清是非、解放思想发挥了积极的作用。例如:

(1)闻进著《努力做好文字改革工作》[1]。经过十年"文化大革命",我国的文字改革应该做什么、怎么做,在许多人的心目中不够明确。闻进的这篇文章利用揭批"四人帮"的时机,重申文字改革工作是无产阶级革命事业的组成部分。文字改革的三项任务——简化汉字、推广普通话、推行《汉语拼音方案》,是社会主义革命和社会主义建设事业的需要。当前的文字改革工作是继续贯彻执行三项任务,加快文字改革的步伐,把文字改革工作做得更好。

(2)陈原著《划清词典工作中的若干是非界限》[2]。分清词典工作中的路线是非、思想是非、理论是非,肃清"四人帮"的流毒和影响,是词典工作者的重大政治任务。陈原的文章从八个方面论述了词典工作中的是非界限。这八个方面是:①划清词典和政论的界限。②划清客观态度和客观主义的界限。③划清相对稳定性和"反对新生事物"的界限。④划清"古为今用、洋为中用"和"封、资、修大杂烩"的界限。⑤划清"百花齐放、百家争鸣"和"回潮、复辟"的界限。⑥划清辩证法和形而上学的界限。⑦划清革命的文风和帮八股、烦琐哲学的界限。⑧划清群众路线和弄虚作假"三结合"的界限。

(3)王伯熙著《"四人帮"的文风及其影响》[3]。文章认为,帮八股有两点突出的表现:一是堆砌貌似"革命"的词句、"闪光"的语言、漂亮的口号,作为偷运反动思想的伪装;二是把文章写得若明若暗,话讲得不阴不阳,从而施展指桑骂槐、影射攻击的鬼蜮伎俩。帮八股的影响有以下几点:一是吹牛皮,说假话。二是照搬照抄,落入"帮"套。三是滥用语录,转载成风。四是穿靴戴帽。文章认为,不能低估了帮八股对我们党的优良文风所造成的严重破坏。我们必须继续努力,尽快肃清帮

---

[1] 《中国语文》1978 年第 1 期。
[2] 《中国语文》1978 年第 1 期。
[3] 《中国语文》1978 年第 1 期。

八股的流毒,使文风焕然一新,才能跟上革命的前进步伐,正确地反映我们伟大的新时代。

(4)陈章太著《党的语文工作不容破坏》①。文章认为,林彪、"四人帮"破坏语文工作,主要用的两根大棒,一根是所谓"语文无用"论。他们反对无产阶级革命导师关于要重视语文,学习语文,加强语文工作的教导,同时不顾语言文字及语文工作在人类社会中的实际作用,胡说什么"中国人怎么还学中国语言"等。语言文字是一种工具,是学习科学文化的基础,它和社会有着密不可分的关系。为了适应社会发展和科学文化发展的需要,必须加强语言文字各个分支的研究,加强语文教学,注意语文在各方面的应用。另一根大棒是所谓"语言有阶级性"论。毛主席在《打退资产阶级右派的进攻》一文里说:"大字报是没有阶级性的,等于语言没有阶级性一样。白话没有阶级性,我们这些人演说讲白话,蒋介石也讲白话。……无产阶级讲白话,资产阶级也讲白话。"毛主席的这一段话是批判林彪、"四人帮"一伙散布的"语言有阶级性"论的有力武器。

(5)许宝华、颜逸明著《进一步促进汉语规范化》②。文章认为,为了进一步促进汉语的规范化,首先要广为宣传,提高人们对汉语规范化意义的认识;第二,要贯彻执行好当前文字改革的三项任务;第三,要全面、深入地描写、研究现代汉语;第四,要编写各种类型的现代汉语词典。汉语规范化是一项十分细致的工作,一个词语的取舍,一个字音的审定,一项计划的制订,都必须经过充分的调查,以大量的客观情况和语言事实作依据,才能得出符合实际的结论,所以要大兴调查研究之风。

---

① 《中国语文》1978年第2期。
② 《中国语文》1978年第2期。

四、《文字改革》复刊

1982年7月,《文字改革》杂志复刊。《复刊告读者》里面说:"复刊后的《文字改革》,作为中国文字改革委员会的机关刊物,它的任务是宣传国家的文字改革方针、政策,交流文字改革的工作经验和介绍文改方面的科研成果,探讨文改事业在理论和实践中遇到的各种问题,普及有关的语文知识和科学技术知识;同时也向读者提供必要的参考资料,报道有关文改工作的国内外动态。"在复刊号上发表了编辑部文章《把文字改革的火焰继续燃烧下去》,文章详细报道了胡乔木1982年1月23日关于文字改革问题的重要讲话,还有董纯才的《〈汉语拼音方案〉的制订和推行》、徐世荣的《"国家推行全国通用的普通话"》、刘涌泉的《科技革命和汉字改革》等。

1986年,《文字改革》杂志改名为《语文建设》。

第二节 在恢复中前进

一、发表和修订《第二次汉字简化方案(草案)》

(一)发表《第二次汉字简化方案(草案)》。1977年5月20日,中国文字改革委员会将《关于〈第二次汉字简化方案(草案)〉的请示报告》送国务院审批。《报告》中说,我们在拟订这个草案时着重考虑了以下几点:(1)主要选用的是群众中流行的简化字;同时根据群众简化汉字的规律,适当拟制了一些新简化字。(2)从有利于目前的应用出发,着重简化比较常用的汉字。(3)在简化汉字形体的同时精简汉字的数量。国务院于同年10月31日将这个报告批转各省、市、自治区和国务院各部委、解放军总政治部。国务院在批示中指出:"我国文字改革的当前任务是简化汉字、推广普通话和推行《汉语拼音方案》。"《第二次汉字简化方案(草案)》可在《人民日报》以及省、市、自治区一级报纸上按照规定日期同时发表,征求广大工农兵群众和各方面人士的意见。其中第一表的字,已在群众中广泛流行,自《草案》发表之日起,即在图书报刊上先行试用,在试用中征求意见。关于《草案》征求意见的工作,中央有关部门和各方面人士由中国文字改革委员会负责;各地工农群众和各方面人士由各省、市、自治区革命委员会负责;军队系统由总政治部负责,于半年内将意见汇总报告中国文字改革委员会。中国文字改革委员会再根据这些意见提出修订草案,报国务院审定公布。""普通话是社会主义革命和社会主义建设的需要,是国家的统一、人民的团结的需要,必须大力推广,逐步普及;汉语拼音是工农兵群众以及中小学生学习文化、学习普通话的有效工具,是我国文字拼音化的基础,要大力宣传,积极推广。"

为了贯彻落实国务院的批示,教育部和中国文字改革委员会于1977年11月25日至30日在北京召开有全国各省、市、自治区,解放军总政治部和中央、国务院有关部门的代表参加的讨论《第二次汉字简化方案(草案)》(简称《二简(草案)》)工作座谈会,就全国讨论《第二次汉字简化方案(草案)》的工作,进行了研究安排。教育部部长刘西尧、文改会负责人周天行在会上讲了话。12月1日,文改会发出了《关于组织讨论〈第二次汉字简化方案(草案)〉工作的意见》,建议各省、市、自治区成立一个临时领导机构,负责组织本地区《二简(草案)》的宣传、征求意见和修订工作。

1977年12月20日,《人民日报》、《光明日报》、《解放军报》及各省、市、自治区一级报纸发表了中国文字改革委员会拟订的《第二次汉字简化方案(草案)》,广泛征求意见。在同一天,《人民日报》发表《加快文字改革工作的步伐》的社论,《光明日报》发表《符合群众愿望的一件大事》的社论。《二简(草案)》分为两个字表。第一表收简化字193个,其中不作简化偏旁的简化字172个,可作简化偏旁的简化字21个;类推出来的简化字55个。以上两项合计共248个。第二表收简化字269个,其中不作简化偏旁的简化字245个,可作简化偏旁的简化字24个;此外,不能单独成字的简化偏旁16个。根据24个可作简化偏旁的简化字和16个不能单独成字的简化偏旁,类推出来的简化字336个。以上两项合计共605个。这个草案共收简化字853个,简化偏旁61个。在精简汉字数量方面,草案精简了263个字。

为了组织征求意见的工作和开展文字改革的各项活动,在1978年和1979年,大多数省、市都成立了文字改革领导机构:上海市、广东省、湖南省成立了文字改革委员会;湖北省、河南省、云南省、青海省、黑龙江省、广西壮族自治区、贵州省成立了文字改革领导小组或文字改革办公室;河北省、四川省、安徽省、辽宁省、陕西省、福建省成立了文字改革临时领导小组;北京市、天津市、宁夏回族自治区、山东省、江苏省、山西省、江西省、浙江省、吉林省、新疆维吾尔自治区、西藏自治区都指定了有关部门负责文字改革工作。各地积极开展了对《二简(草案)》的讨论和征求意见的工作。

1978年1月9日,中国人民解放军总政治部向全军发出《关于征求对〈第二次汉字简化方案(草案)〉意见的通知》。1978年3月2日,教育部发出《关于学校试用简化字的通知》。《通知》要求全国统编的中小学各科教材,自1978年秋起一律试用《第二次汉字简化方案(草案)》第一表的简化字。各省、市、自治区1978年秋季自编的教材,也应全部试用《草案》第一表的简化字。

就在这时,对《二简(草案)》批评的声音也开始出现。1978年3月4日,胡愈之、王芸生、王力、周有光等23位人大代表、政协委员联名写信给第五届全国人大第一次会议秘书处和第五届全国政协秘书处,建议五届人大和五届政协的主要文件不采用《二简(草案)》第一表的简化字,建议被采纳。

在此之后,社会对《二简(草案)》的试用出现了分歧,报刊有的试用、有的不试用或两种字体并用。这就使得学校的汉字教学和简化字的使用出现了混乱,教育部于1978年4月17日发出《关于学校使用简化字的补充通知》。《补充通知》说:"根据中央领导同志最近关于简化字问题的指示精神和有关方面反映的意见,我部除于4月7日发出电话通知外,现就学校试用简化字的问题补充通知如下:一、《第二次汉字简化方案(草案)》第一表的字,正在试用并征求意见。今秋供应的教材,凡未发排的,不再使用新简化字。使用了新简化字的教材,已排印和已打成纸型的,为了不耽误使用新教材的时间,可不再改动,但仍用原字进行教学。再版时改用原字。各地区要组织印发《草案》第一表原字和简化字的对照表,供师生查阅。二、各地教育部门和各级各类学校,要认真组织师生员工积极参加《第二次汉字简化方案(草案)》的讨论,提出修改意见。学生作业、作文、试卷中书写了报刊上已试用的新简化字,可不作错别字处理和扣分,但应教会他们认识和使用原字。三、今后各地区、各级各类学校编写教学大纲、课本、教学参考书和组织教学工作,请按本通知精神安排。"

1978年7月,中共中央宣传部根据新华社《关于不再使用新简化字的请示》,通知《人民日报》、新华社、《红旗》杂志、《解放军报》以及有关的出版社,停止试用新简化字。8月以后,全国的图书、报刊不再试用《二简(草案)》第一表的简化字。中国文字改革委员会根据各地区有关方面提出的意见,开始准备《第二次汉字简化方案(草案)》的修订工作。

从1977年12月20日《二简(草案)》发表到1979年1月的这一段时间内,各地、各方面对《二简(草案)》展开了广泛的讨论,25个省、市、自治区以及解放军总政治部将讨论的综合报告送交中国文字改革委员会。中国文字改革委员会还收到各地群众的一万多封来信。广大群众和各方面人士对《二简(草案)》提出了许多批评和改进意见,归纳起来,主要有以下几点:(1)有规律地简化做得不够,应该在通盘考虑、统筹安排的基础上合理简化。(2)有些同音代替字不同程度地引起了意义上的混淆,特别是贬义字代替褒义字更为不妥。如,以"刁"代"雕",在"刁像、群刁"等词语中就含有贬义了。其中还有少数不同音而代替的,造成了多音多义字。采用同音代替的方法,应该以同音相代而且意义上不致引起歧义为条件。(3)增加了形近易混字。如"忈(感)"与"忈(愚)"、"专(青)"与"专(專)"等。(4)再次简化了1956年《汉字简化方案》中已经简化过的字,如帮、属、稳、愿等,已经简化过的字,如果没有十分必要,不要再次简化,以免使人无所适从。(5)简化了一些笔画较少、结构并不复杂的字和一些比较生僻罕用的字。常用字中笔画不算很多、结构也不复杂的可不必简化;一些很少使用的生僻字,尽管其笔画和结构都较复杂,也不要急于简化,应着重简化那些笔画繁多、结构复杂,或容易读错、写错的常用字。此外,还对拟订和发表《二简(草案)》的工作提出了批评,认为《二简(草案)》发表前,征求语言文字专家及各方面人士的意见不够;发表后对一表简化字的试用要求过急,试用范围考虑不周,在一定程度上造成了阅读的困难。①

(二)修订《第二次汉字简化方案(草案)》。1980年6月27日经过调整充实后的中国文字改革委员会举行主任会议,会议决定组成《第二次汉字简化方案(草案)》修订委员会,委员会由王力、叶籁士、叶圣陶、吕叔湘、王竹溪、陈翰伯、张志公、周有光、倪海曙、钱伟长、马大猷等11人组成,王力、叶籁士主持修订委员会的工作。修订委员会根据

---

① 王均主编《当代中国的文字改革》第156至第157页,当代中国出版社1995年版。

约定俗成和合理简化两条原则对《二简(草案)》进行修订。修订的具体要求是:(1)不能片面地强调笔画的减少,要尽量做到减少罕用部件,简化后不增加新的部件。(2)尽量避免产生新的形近字。(3)照顾到简化字与原字字形上的联系,以减轻识字的人认读和记忆简化字的负担。(4)尽可能使一些不能独立成字、无法称说的偏旁或笔画结构独立成字,从而使包含这一偏旁或笔画结构的汉字便于分解和称说。(5)采用形声结构的简化字时,声旁力求表音准确。(6)同音代替的字,选用字与被代替的字要求同音,不搞异音代替。代替后,要求表义明确,不产生歧义。

修订委员会经过一年多的工作,对《二简(草案)》里的字逐字进行了讨论,反复作了比较,于1981年8月拟出了《第二次汉字简化方案(修订草案)》。《修订草案》分为两个字表,第一表收不作简化偏旁用的简化字91个,第二表收可作简化偏旁用的简化字20个,合计111个。1981年9月16日文改会召开全体委员会议,会议通过了《第二次汉字简化方案(修订草案)》;并且决定把《修订草案》印发全国征求意见。会后把《修订草案》印发了10万份,开始在全国政协、教育、邮电、出版和部队系统重点征求意见。经过两个月的讨论,收回意见书81888份。其中同意人数在8万以上的字有17个,同意人数在7万到8万之间的字有87个,同意人数在6万到7万之间的字有7个。《修订草案》中的111个字同意票数都在半数以上。各方面人士还提出,《修订草案》收的简化字少了,建议将一些非常通行而又简化得合理的字补收到《修订草案》中去。

1982年1月23日,中国文字改革委员会召开主任会议,胡乔木在会上就当前的文字改革工作发表讲话,号召让"文字改革的火焰继续燃烧下去"。对汉字的整理和简化工作,他提出了15条原则。胡乔木的讲话见本书本章第三节第一段"胡乔木谈文字改革"。

1982年3月23日,中国文字改革委员会召开第八次主任会议。根据胡乔木讲话精神,会议决定,要对1956年公布的《汉字简化方案》中简得不合理,特别是容易产生歧义的简化字进行必要的调整。调整时本着能不改的就不改、尽量少改的原则进行。鉴于此次修订涉及已经公布的《汉字简化方案》,因此《第二次汉字简化方案(修订草案)》改名为《增订汉字简化方案》。修订委员会根据第八次主任会议的决议,分析、研究《汉字简化方案》中的简化字,逐字检验这些简化字在使用中是否会产生意义混淆。经过反复研究,决定调整《汉字简化方案》中的6个简化字,《第二次汉字简化方案(修订草案)》的111个简化字不动。

1984年11月2日,文改会召开主任扩大会议,会议就《增订汉字简化方案》问题和近期的工作进行了讨论。会议认为:《第二次汉字简化方案(草案)》从1977年公开征求意见到现在已经七年,此事应该有个交代,正式确定下来,免得人们等待。争取年底将修订方案上报国务院审批。1984年12月,文改会主任会议决定:由于《汉字简化方案》中的简化字已推行近三十年,群众早已习惯,而且已被新加坡、马来西亚等国采用。根据多数人的意见,现在不宜改动。

1985年1月29日,文改会给胡乔木写报告。报告中说:"我们将《增订汉字简化方案(征求意见稿)》中调整一简的6个简化字删除了,只保留了经全国讨论通过的111个简化字。为了争取时间,我们准备把这111个简化字,拿到全国人大常委和政协常委中征求意见,待意见汇总后,根据您对简化汉字问题的多次指示精神,召开修订委员会会议,进一步对《增订汉字简化方案》进行修改,然后报请国务院审批。"同年2月1日胡乔木批示同意。此后,人大、政协相继召开了不同规模的座谈会,座谈会上对要不要公布一批新简化字的意见不尽一致。有的主张《第二次汉字简化方案(草案)》应尽快修订、定案公布;有的主张延缓公布时间,认为不宜急于公布。

二、出版《现代汉语词典》

根据国务院《关于推广普通话的指示》,中国科学院语言研究所在1956年组成了词典编辑室负责编写《现代汉语词典》。1960年印出《现代汉语词典(试印本)》,1965年印出《现代汉语词典(试用本)》送审稿,分送有关方面审读。"文革"开始后,编写工作被迫停止,词典编辑室的人员随语言研究所下放河南息县五七干校劳动。

1972年国务院科教组领导指示,要修订出版《现代汉语词典》以应急需。1972年7月词典编辑室人员回到北京。1973年决定利用《现代汉语词典(试用本)》送审稿本原纸型印出一定数量,以便广泛征求修订意见,同时也可以部分满足社会的急需。1973年5月,出版了《现代汉语词典(试用本)》16开本3万册,内部发行。9月出版《现代汉语词典(试用本)》缩印本12万册,内部发行,同时准备进行修订。1974年春,"四人帮"借"批林批孔"对《现代汉语词典》大肆攻击,攻击《现代汉语词典》"尊儒反法"、"大肆颂扬孔孟之道",把矛头指向周总理和国务院其他负责同志。已经印出的《现代汉语词典(试用本)》被封存,停止销售。1975年,先后有部分工人和解放军来到语言研究所,组成"三结合修订组"对《现代汉语词典(试用本)》进行修订。"四人帮"被粉碎后,1977年春参加"三结合修订组"的工人、解放军离开语言所,语言所的业务人员开始修订《现代汉语词典》。1978年12月出版第1版,1983年出版第2版,1996年出版第3版,2002年出版第4版,2005年出版第5版。

《现代汉语词典》是新中国成立后出版的一部十分重要的现代汉语词典。它的前期主编是吕叔湘,后期主编是丁声树,他们都是著名的语言学家。《现代汉语词典》凝聚了他们的心血和智慧,它的成就是与这两位大师的名字紧密联系在一起的。此外,"《现代汉语词典》之所以取得成功,成为国内外同类书中比较杰出的一部,很重要的一点是:它是从现代汉语的语言事实出发,运用先进的语言学理论作为指导而编写出来的。当它问世之后,又对现代汉语的规范化、对人民群众的语言实践,起着一定的指导作用。这部词典的成功经验是很值得重视的。"①《现代汉语词典》出版后,受到社会的重视和国内外读者的欢迎,曾荣获国家图书奖、国家辞书奖、吴玉章人文社会科学奖。

它的学术成就主要表现在:

(1)它是第一部以推广普通话、促进汉语规范化为宗旨的现代汉语中型词典。因此对于字形、词形、注音、释义、用法和举例,都要求准确和科学,做到规范化。这对推广普通话、促进现代汉语规范化,起到了积极作用。这一点是新中国成立以后出版的其他字典、词典所不及的。

(2)它是综合性语文词典,以中等文化水平以上的读者为对象,所收字头10000多个,词条56000多条。除了普通话词语外,还收有常见的方言词语、习见的专门术语,用于人名、地名、姓氏方面的字和少数现代不很常用的字,还有书面上常见的古汉语词和一些旧词语。

(3)它在释义方面尽可能做到准确、科学、精练,特别注意用定义式释义法来解释词义,以揭示词义的本质,同时注意具体的用法。

(4)它的字头是按汉语拼音的音序排列的,这是比较科学、合理的排检法。同时还附有部首检字表或四角号码检字表,方便读者查阅。

三、成立全国高等院校文字改革学会

1978年在云南昆明举行的现代汉语教材协作会议上,有些代表建

---

① 胡绳《在〈现代汉语词典〉学术研讨会上的发言》,《〈现代汉语词典〉学术研讨会论文集》第3页,商务印书馆2004年版。

议协作编写高等院校文字改革教材。这个建议得到了中国文字改革委员会的支持。1978年10月8日,由河北大学中文系邀请的辽宁大学、内蒙古师院、河北师大、河北师院、北京师院、郑州大学、山东大学、南开大学、西北大学、西南师院、湘潭大学共11所院校的代表在河北保定召开了第一次文字改革教材协作编写会议。中国文字改革委员会研究员周有光、倪海曙应邀出席会议。会上讨论和决定了教材的编写大纲,由河北大学、郑州大学、河北师范大学、北京师范学院、西南师范学院和河北师范学院等6所院校承担编写任务。1979年5月6日至14日,在上海举行了高等院校文字改革教材第二次协作编写会议。参加会议的有来自17个省市的28所高等院校和8个科研、出版单位的代表共67人。老一辈语文工作者和文字改革工作者王力、叶籁士、吴文祺、张世禄、周有光、倪海曙、史存直、殷焕先、罗竹风、黄典诚等出席了会议。这次会议不仅讨论了教材初稿,还座谈了怎样在大专院校开展文字改革的教学和科研工作,提出了组织高等院校文字改革研究会的建议。经过充分协商,成立了高等院校文字改革研究会的筹备组,负责起草倡议书和章程草案。倪海曙直接指导了筹备工作。

1979年9月20日,由曹余章、许宝华、颜逸明、杨春霖、张静等57人发起,胡愈之、吕叔湘、王力、叶籁士等14人赞助,提出了《成立高等院校文字改革研究会倡议书》。《倡议书》着重指出:"高等院校既是教学的中心,又是科研的中心,培养文字改革的骨干力量,进行文字改革的科学研究,这是高等院校义不容辞的责任。高等院校大多有语言文字学方面的课程,拥有比较多的语言文字教学和科研的专业工作者和青年学生,这是文字改革的一支重要方面军。高等院校有各种学科,有各方面的人才、各方面的设备,又有丰富的图书资料,具有研究文字改革各种边缘学科问题的特殊条件。因此,广泛组织高等院校热心文字改革的师生投入文改工作,充分调动高等院校文改工作者的积极性,就是当前加快文字改革步伐的有力保证。"《倡议书》倡议:"成立一个全国性的高等院校文字改革研究会,并在各院校成立分会或研究小组。高等院校文字改革研究会是群众性的组织,它将协助政府文改机构开展有关文改的各种活动"。《倡议书》"希望这个研究会能够得到各高等院校和科研单位热心文字改革的同志的支持和帮助,并希望各高等院校和科研单位积极参加这个组织,共同开展活动,迎接我国文字改革新高潮的早日到来"。

在筹建高等院校文字改革研究会期间,高等院校文字改革研究会筹备组编辑出版了《语文现代化》丛刊,1980年2月由知识出版社出版了创刊号。它是期刊化的图书、图书化的期刊。它特别重视学术性、资料性、实验性,刊登普通话、语文规范化、拼音化、汉语拼音正词法、现代汉字的整理等方面的研究成果,提供参考资料和进行科学实验。《语文现代化》丛刊自1980年2月至1990年12月共出版了10期,产生了很好的影响。

经过两年的积极筹备,全国高等院校文字改革学会于1981年7月13日至20日在哈尔滨举行成立大会。叶圣陶为大会题了词:"做好文字改革的科学研究工作。"出席大会的有25个省、市、自治区90所高等院校文字改革组织的代表,各高等学校以及中央和各省、市、自治区文字改革领导机构的负责人,语文学术界和文字改革的老前辈与科技、新闻、出版单位的代表,共164人。中国文字改革委员会秘书长倪海曙主持会议。中国文字改革委员会副主任、中国语言学会名誉会长王力教授致开幕词。下面是开幕词的全文:

全国高等院校文字改革学会,经过两年多的筹备,今天举行成立大会。这个学会的成立,在我国文字改革运动史上是一个创举。

文字改革是我国社会发展的需要。汉字在3000年间一直是适合我国文化生活的文字工具。到了鸦片战争和甲午战争以后,历史变化了。近代的和现代的文化生活要求文字工具更加有效,于是开始了文字改革运动。

90年来的文字改革运动是在摸索和尝试的实践中前进的。从切音字运动到广义的拉丁化运动,从"注音字母"到"国语罗马字"到《汉语拼音方案》,这是文字改革运动的主要里程碑。我们这个学会的任务是研究文字改革各方面的问题,丰富文字改革的理论,提高文字改革的技术,深入文字改革的实践。团结全国高等院校担任语文和文改课程的教师们,和各系科各专业研究文改问题的教师们、同学们,组成一支前所未有的文改大军,一定会发挥前所未有的巨大的智慧和力量。

在筹备期间,学会已经创办了《语文现代化》丛刊,已经提出了文字改革科研规划项目的初步设想,许多会员已经进行了有意义的学术研究。我们是先有学术活动,然后成立学会;在学会成立以后,将以更有组织和更有系统的努力进行文改学术的探讨、实验和研究。

文字改革运动虽然已经有90年的历史,可是群众中间还存在着不少误解,既有误解的反对,又有误解的赞成。误解是事物发展中不可避免的现象。在文改运动的进一步发展中,误解会自然地转化为理解。

现在我们生活在社会主义现代化建设的历史洪流中。这个历史洪流要求进步,需要知识,重视效率。文字改革运动是促进进步、促进知识、促进效率的语文现代化运动。同志们!让我们团结起来,共同努力,在语文现代化的各项工作中,为社会主义现代化建设做出贡献来。

经过大会发言和分组讨论,与会代表就汉字简化、拼音化方向和进一步推广普通话、推行《汉语拼音方案》等问题进行了充分的研究和探讨。会议还讨论通过了学会的宣言、章程、科研项目和1981年至1984年工作规划。会议选出了53名理事,组成理事会。理事会第一次会议选举出常务理事15人,聘请成仿吾、胡愈之、萧三、叶圣陶、周建人、蒋南翔、董纯才、吕叔湘等45人为顾问,王力为名誉会长,推举倪海曙为学会会长,丁义诚、宋学、王宗柏、吴积才、武占坤、许宝华、颜逸明、张静为副会长。宋学兼秘书长,李楠、马国凡、颜逸明为副秘书长。

学会的成立宣言指出:"我们的文字必须改革,要走世界文字共同的拼音方向。""在我国现代的历史潮流中,高等院校的教师和学生站在前头。五四运动和历次爱国运动都是如此。在社会主义现代化建设的进军中,在语文现代化运动中,我们同样要做时代的先锋。""我们重视传统文化,因此也重视承载传统文化的汉字。但是我们更加重视创造今天和明天的现代文化,更加重视创造适合于承载现代文化的汉语拼音文字。""在汉字存在的同时,可以创造汉语拼音文字,用来弥补汉字之不足,担当汉字所不能。两种文字并存并用,各得其所,各尽其长,在相辅相成之中自然一消一长。最后,汉语拼音文字可能成为一般通用文字,而汉字依然是传统文化的文字。""今天我们所要努力的,就是要使'汉语拼音'发展成为切合实用的'汉语拼音文字',当然,还需要进行长期的艰巨的工作。我们下决心担负起这样一个光荣的历史任务。""从汉语拼音到汉语拼音文字,是一个积累和发展的过程。这个过程是快是慢,决定于努力:教育的努力,多边缘科学研究的努力。"

《章程》规定:学会定名为"全国高等院校文字改革学会",简称"高校文改学会"。它"是全国高等院校文改教学、科研群众性学术团体的联合组织"。"凡参加本会的高等院校文改教学科研团体,它的成员即是本会会员。本会不个别地发展会员。""本会的宗旨是团结全国高等院校文改科研力量,在中国文字改革委员会的指导下,分担文改规划所规定的科研、推广和培训任务,特别是在文改科研方面起主要的作用。""本会要积极发展学术研究活动,认真贯彻执行党和国家的文改方针、政策、任务和方案,以推进我国的文改工作。"

高校文改学会成立后开展了许多工作:组织编写高等院校文字改革教材并培训教师,支持、指导了黑龙江省开展小学"注音识字,提前读写"的语文教学改革实验,帮助总结推广了这项实验的经验。高校文改学会1983年4月7日在庐山举行了学术讨论会及一届二次理事会,王力、叶籁士、倪海曙、曾世英等62人出席了会议。会议就推广普通话和推行《汉语拼音方案》的问题进行了讨论。会上由学会副会长丁义诚汇报了黑龙江省小学语文"注音识字,提前读写"的实验情况;还邀请了湖北省文字改革办公室主任李仲英到会详细介绍了湖北省师范院校普通话教学成绩观摩会的情况。1988年2月倪海曙去世,学会的活动逐渐减少。1990年12月,《语文现代化》论丛第10辑出版后,学会的活动停止。

四、"国家推广全国通用的普通话"写入了《宪法》

(一)把推广普通话写入新《宪法》。1982年12月4日,第五届全国人民代表大会第五次会议通过了新的《中华人民共和国宪法》。新《宪法》第十九条第五款是:"国家推广全国通用的普通话。"这是以前几部宪法所没有的。把"国家推广全国通用的普通话"写进宪法,是我国人民社会文化生活中的大事。宪法是国家的根本大法,写上这一条,推广普通话就成为法定的工作,成为庄严的法律。这充分表明,在全面开创社会主义现代化建设新局面的形势下,我国迫切地需要推广普通话,表明党和国家有决心、有信心,促进汉民族共同语的规范化、标准化。通过语言的统一,体现国家的统一、人民的团结、文明的发展。这同时也体现了党和政府对推广普通话工作的高度重视。

同年12月21日,教育部、文改会、解放军总政治部、共青团中央、全国总工会、全国妇联、公安部、商业部、铁道部、交通部、邮电部、城乡建设环境保护部、文化部、广播电视部、国家旅游局等15个单位联合发出《大家都来说普通话倡议书》。《倡议书》指出:"现在,五届全国人大五次会议通过的新宪法已经载明'国家推广全国通用的普通话'的条款。全国人民正认真贯彻中共十二大精神,学习和执行新宪法,沿着中共十二大指引的方向,满腔热情地从事伟大的社会主义建设。大力推广普通话,消除方言隔阂,已成为更加迫切的任务。它是关系到国家的统一、人民的团结、社会的进步的大事;是建设社会主义物质文明和精神文明、建设社会主义的民主和法制必不可少的措施。……因此,希望各地、各级领导部门都来关心推广普通话工作,各行各业的同志们,特别是青少年,都来学习普通话、说普通话,做推广普通话的促进派。"《倡议书》还提出了9条具体倡议。12月23日,《人民日报》和《光明日报》等报刊都发表了这个《倡议书》,并配发了评论员文章。《人民日报》评论员文章的题目是《做推广普通话的促进派》,《光明日报》评论员文章的题目是《全国师生都要做大力推广普通话的模范》。

普通话是现代的汉民族共同语,是全国通用的语言。首先应该在汉族人民中大力推广,加速推广、普及普通话的步伐。其次,也可以而且应该对各少数民族人民学习和使用普通话给予积极的支持和帮助。这是各兄弟民族之间互相团结、互相学习的需要,是完全符合我国各族人民的共同利益的。同时,我们十分尊重各兄弟民族使用和发展本民族语言的权利。这一点是写进了宪法的,是有法律保障的。《宪法》第四条规定:"各民族都有使用和发展自己的语言文字的自由。"可见国家的语言政策完全代表了全国各族人民的共同利益。

(二)教育部发出《关于加强学校普通话和汉语拼音教学的通知》。

1978年5月18日至25日,文改会在江苏省吴县召开了南方方言区推广普通话工作座谈会,上海、江苏、安徽、浙江、福建、江西、湖南、广东、广西等9个省、市、自治区教育部门的代表以及社科院语言研究所的代表参加了座谈会。与会代表回顾了过去的推普工作,一致认为20多年来全国推广普通话取得了显著的成绩;粉碎"四人帮"之后,全国形势有很大的变化,需要加快推广普通话工作的步伐,为提高人民的科学文化水平、实现社会主义现代化做出应有贡献。会议期间,代表们认真讨论了教育部《关于加强推广普通话和汉语拼音教学的意见(征求意见稿)》;建议积极创造条件,早日召开第五次全国普通话教学成绩观摩会,交流各地的经验,更好地推动工作。

1978年8月26日,教育部发出《关于加强学校普通话和汉语拼音教学的通知》。《通知》指出:"学校是推广普通话和教学汉语拼音的重要基地,广大师生是普及普通话和推行汉语拼音的重要力量。""必须继续贯彻'大力提倡,重点推行,逐步普及'的方针。"要做到学校与社会相结合,教学与日常工作相结合,普及与提高相结合。《通知》还要求各省、市、自治区教育部门要设专人专管推广普通话工作,地县也要有人兼管。为了帮助各地培养推广普通话的骨干,教育部与中国文字改革委员会要继续举办普通话语音研究班。

教育部的这个《通知》发出后,上海、广东、湖北、黑龙江、河南、安徽、辽宁、山西等省、市都成立了文字改革机构。上海市教育局于9月15日召开了推广普通话工作会议。安徽、河南、福建、天津、黑龙江、云南、陕西等省、市的教育部门都转发了教育部的这个《通知》,积极推动地方上的工作。许多省市相继召开了普通话教学成绩观摩会,交流经验。

教育部在《关于加强学校普通话和汉语拼音教学的通知》中,还强调了师资培训的重要性,并决定恢复研究班,改名为"普通话研究班",

仍由教育部、中国文字改革委员会、语言研究所合办。从1980年10月到1985年4月先后举办了六期。另外，还举办了两期推广普通话干部训练班。

1979年4月22日至28日，文改会和教育部在杭州联合召开了全国推广普通话工作汇报会。全国29个省、市、自治区教育局或文改办公室主管推广普通话工作的代表出席了会议。在汇报会上，代表们回顾了1978年8月教育部发出《关于加强学校普通话和汉语拼音教学的通知》以后各地积极开展推广普通话工作的情况，讨论了如何进一步贯彻落实《通知》的精神、搞好今后工作的问题。大家认为，做好推广普通话工作，师资培训很重要，要切实抓好。培养新师资的师范学校一定要按《通知》的要求，做到学生在校学习期间就学会汉语拼音和普通话，毕业后能用普通话进行教学。对在职教师，要采取多种形式有计划地培训。在学校推广普通话，要想长期坚持并不断取得成效，一定要使这一工作同语文教学紧密结合，把汉语拼音和普通话教学贯穿到语文教学的全过程中去，从识字、造句到朗读、作文等方面的教学，都要充分发挥汉语拼音和普通话的作用，努力提高教学质量。

（三）举行第五次全国普通话教学成绩观摩会。1979年6月9日，教育部、文改会、共青团中央联合发出《关于召开第五次全国普通话教学成绩观摩会的通知》。为了迎接这次会议的召开，全国有25个省、市、自治区先后召开了观摩会，并选拔了出席全国观摩会的代表。

1979年8月11日至20日，第五次全国普通话教学成绩观摩会在北京举行。会议内容以观摩表演为主，通过普通话的读说表演，检阅普通话教学的成绩，同时举行了经验交流会、工作座谈会和学术报告会。会议期间，王力、马大猷、朱德熙、张志公等四位专家作了学术报告。参加这次观摩会的代表308人，特邀代表37人，其中有中央各有关部门的代表和部分省、市、自治区财贸系统的代表，另外还有香港普通话研习社的两位代表。除台湾省外,全国29个省、市、自治区都有代表出席,西藏自治区第一次派代表参加了会议。各地提交大会交流经验的材料共有87份,上海、黑龙江、广西、湖北等单位在大会上做了经验介绍。大会表彰了推广普通话的先进学校29所。

国务院副总理王震、全国妇联主席康克清、教育部部长蒋南翔以及教育部、文改会、共青团中央、全国总工会等单位负责人和部分语言文字学专家,出席了观摩会的闭幕式。王震在讲话中说:推广普通话是一项重要的工作,党和政府对这项工作是关心和支持的。建国以来,推广普通话的工作,有很大的发展,有很大的成绩。他希望学校教师和学生首先要学好普通话,谈话、演说、作报告都要讲普通话,促进整个社会逐步形成学讲普通话的良好风气。康克清讲话时说:教师和学生要把推广普通话工作做到每家每户去,从幼儿到所有成年人都要学普通话。要把推广普通话工作做得更细致,以利于提高中华民族的科学技术文化水平,加速实现四个现代化。教育部副部长浦通修在总结讲话中强调:为适应形势发展的需要,要进一步提高对推广普通话工作重要性的认识;加强对推广普通话工作的领导,重视推广普通话工作队伍的培养建设;广大教师,特别是语文教师要做学校推广普通话的骨干力量;要着重在广大青少年中推广普通话,做好思想工作。

(四)推普工作划归教育部。1980年3月25日,国务院发出《关于充实和加强中国文字改革委员会的通知》。《通知》规定,有关普通话的推广工作(包括推广工作的机构),划归教育部管理。1980年8月28日,文改会和教育部上报国务院《关于普通话推广工作划归教育部管理的报告》。《报告》说:为了贯彻执行国务院关于普通话推广工作(包括推广工作的机构)由文改会划归教育部管理的决定,经文改会同教育部商定:(1)从1980年9月份起,文改会的普通话推广工作正式划归教育部管理。(2)文改会普通话推广工作的专职机构(普通话推广组)和普通话师资培训班的人员编制同时移交教育部,作为教育部的建制。(3)这个机构仍在文改会办公。今后,教育部在开展普通话推广工作当中,凡需要文改会协助的,文改会当积极协助。1985 年 12 月 16 日,国务院办公厅发出通知,中国文字改革委员会改名为国家语言文字工作委员会。在这之后,推广普通话工作由国家语言文字工作委员会负责。

(五)推广普通话的一些活动。

1. 召开全国学校推广普通话工作会议。1982 年 3 月 25 日至 29 日,教育部在北京召开全国学校推广普通话工作会议,参加会议的有 29 个省、市、自治区教育厅(局)的有关人士和有关单位的代表近 70 人。教育部副部长张承先、张文松和文改会副主任倪海曙出席会议并讲了话。语言学家吕叔湘、周有光到会作了专题报告。

2. 召开全国中等师范学校推广普通话工作座谈会。1983 年 5 月,教育部在江苏镇江召开全国中等师范学校推广普通话工作座谈会。参加会议的有全国 29 个省、市、自治区教育厅(局)负责推广普通话工作和师范工作的干部、师范学校的代表以及部分高等师范院校的代表共 80 多人。会议交流了师范学校推广普通话的情况和经验,讨论了《加强师范学校推广普通话和汉语拼音教学意见要点(草案)》。

3. 教育部发出《关于加强中等师范学校推广普通话和推行汉语拼音工作的通知》。1983 年 9 月 12 日,教育部发出《关于加强中等师范学校推广普通话和推行汉语拼音工作的通知》。《通知》指出:"师范学校(含幼师)是培养小学教师和幼儿教师的基地,对于我国下一代能否从小学好普通话,掌握汉语拼音,负有重要责任,应成为推广普通话和推行汉语拼音的重要阵地。""师范学校的每届学生,在校期间都应掌握汉语拼音,学会普通话,毕业后能教汉语拼音,能用普通话教学。""师范学校的教师必须明确树立普通话是教师职业语言的思想,力争在三五年内做到各科教学和学校各项活动都能坚持使用普通话。"《通知》强调本文件精神适用于高等师范院校。

4. 召开推普干部的汇报会。1984年3月11日,教育部推广普通话办公室在北京召开了有安徽、广东、广西、江西、辽宁、四川、陕西、云南、浙江等省、自治区教育厅推普干部参加的汇报会,研究进一步加强中小学教师普通话培训工作的措施。7月26日,教育部发出《关于加强中小学教师普通话培训工作的通知》。《通知》再一次强调:"推广普通话,师资是关键。""能够努力使用普通话进行教学是合格中小学教师的标准之一。""当前推广普通话工作应把师资培训作为重点,省、地、县各级教育行政部门都要抓,要把中小学教师的普通话培训,列入师资培训计划。""各省、自治区、直辖市要在调查研究的基础上,制订规划,分期分批地为各地、市、县培训骨干,争取在二三年内使各县至少有2—3名推广和教学普通话的骨干教师。地、市、县也要采取不同形式培训骨干教师,争取在较短时间内使每个乡中心小学至少有1—2名普通话教学辅导教师。""省教育学院、地市进修学院和县进修学校应在当地教育行政部门统一部署下,积极承担中小学教师普通话培训工作任务。"自1980年至1985年底,教育部举办了普通话进修班六期,培训骨干230多人,还举办了推广普通话专(兼)职干部训练班两期,培训近80人。

五、汉语拼音成为拼写汉语的国际标准

由于中国国际地位的提高、国际交往的增多和科学文化交流的频繁,《汉语拼音方案》由中国的国家标准逐步发展为拼写汉语的国际标准。

(一)汉语拼音成为中国地名罗马字母拼写法的国际标准。在《汉语拼音方案》产生以前,各种外国文字按照它们本身的读音和拼法来拼写中国的地名，五花八门，十分混乱。同一个"北京"，英文是 Peking，法文是 Pékin，西班牙文是 Pekín，葡萄牙文是 Pequim，意大利文是 Pechino。甚至在同一种文字中，同一个地名也有多种拼法，例如"重庆"在德文中竟有 Schunking、Chungking、Tschongking 等不同拼法。有些地名是按中国的某一种方言拼写的，例如"厦门"拼作 Amoy，"汕头"拼为 Swatow 等。中国国内长期使用威妥玛式拼音，这种拼法不够严密准确，例如把河北的"唐山"和江苏的"砀山"同样拼为 Tangshan，把江苏的"常州"和福建的"漳州"同样拼为 Changchou 等。

1958 年中国有了自己法定的拼音方案，并且已经获得国际社会的普遍承认，这种不合理的状况自然应该改变。国际上地名标准化的原则是"单一罗马化"。这一原则的意思是：进入国际社会的各国地名，只能有一种用罗马字母书写的形式。具体做法是：(1) 使用罗马字母作为文字的国家，它的地名以本国文字的法定书写形式作为国际标准。(2) 文字不是罗马字母，而有法定的或通用的罗马字母拼写法的国家，以这样的拼写法作为国际标准。(3) 文字不是罗马字母，又没有法定的或通用的罗马字母拼写法的国家，它的地名拼写法由有关方面协商制订。(4) 各国主权范围以外的地名由国际组织或有关国家共同商订。这一原则也可以概括成"名从主人，按形转写"，就是说以本国规定的罗马字母地名拼写形式作为国际标准，字（词）形才能实现统一；但是国际间对这些地名的读音不可能完全一致，在字形和字音不能兼顾的情况下，只能轻音重形，也就是只要求字（词）形上的一致，而不要求读音上的相同。例如"巴黎"这个地名，在国际上的罗马字母拼写法只能有一种，那就是把法文的拼写法 Paris 作为国际标准；但是不要求各国都要按照法语的读音读成 [pari]，事实上英语中把这个地名读成 [ˈpœris]。联合国地名国际标准化会议是推行世界地名拼写法标准化的机构，它是联合国经社理事会下面的一个特别会议，每五年召开一次。会议的目的在于通过国际协议使地球上和太阳系各个星球上的地名,在叫法和拼写法上消除分歧混乱现象,逐步达到统一,以便于国际间经济、文化交流和人民友好交往。

1972年,中国文字改革委员会收到匈牙利地名委员会主席、联合国地名标准化专家组成员山多尔·拉多(S. Radó)的信,就采用《汉语拼音方案》作为中国地名罗马字母拼法的国际标准问题,征询中国的意见,并要求提供有关资料。用中国法定的罗马字母方案来拼写中国的人名地名,这是一个主权国家应该坚持的立场。外交部就联合国地名国际标准化会议的有关问题向国务院提交了请示报告。1973年2月,周恩来总理批示同意这项工作的进行步骤,指示由中国文字改革委员会召集有关部门协商解决。同年12月6日,中国文字改革委员会召开改用汉语拼音作为中国人名、地名罗马字母拼写法统一规范问题座谈会。出席座谈会的有外交部、国家测绘总局、总参谋部测绘局、国家民族事务委员会、新华社、邮电部、广播事业局、外文出版局、出版事业管理局、地理研究所等单位的代表。到会代表一致要求尽快使用汉语拼音取代威妥玛式拼音,以消除中国人名、地名罗马字母拼写方面长期存在的混乱现象。座谈会上还提出,中国少数民族语人名、地名应当按各民族语音转写(即不要根据汉字音译),以体现中国的民族政策;应尽快出版汉语拼音的中国地图,并编印用汉语拼音拼写的人名地名录;希望成立一个常设机构,主管人名地名拼写的统一规范工作。1974年6月,地图出版社绘制出版了汉语拼音版《中华人民共和国地图》,并附有汉字—汉语拼音—英文地名对照索引。

1975年3月,我国第一次派专家组出席了在纽约联合国总部举行的联合国地名标准化会议第六次地名专家组会议。我国专家在会上着重谈了用汉语拼音字母拼写中国地名的问题,并散发了1:600万比例尺的汉语拼音版《中华人民共和国地图》及该图的地名索引,受到与会各国专家的好评。专家组会议一致同意采用《汉语拼音方案》作为中国地名罗马字母拼写法的国际标准,并拟出提案,以便在1977年召开的联合国第三届地名标准化会议上讨论通过。

1977年8月17日至9月7日,在希腊首都雅典举行联合国第三届地名标准化会议。我国代表团向大会提交了一份关于中国地名罗马字母拼写法的提案,并向与会各国代表团散发了汉语拼音版《中华人民共和国分省地图集》等资料。8月17日大会开幕的当天,我国代表在全体会议上发了言,全面阐述了我国政府对地名标准化的原则立场。我国政府关于地名标准化问题的原则立场及我国的提案得到了与会多数国家的支持。8月26日美国英国代表散发了一项《关于中文罗马字母拼写的声明》。《声明》说什么"美英不能支持一项不成熟的排斥威式作为辅助手段使用的采用汉语拼音的决议"。8月29日第四技术委员会(讨论书写系统的技术委员会)最后一次讨论我国提案,美英代表在《声明》的基础上又提出了对我国提案的修正案,要求会议确认汉语拼音和威妥玛修正式并行的双重拼写系统。我国代表在会上明确表示反对美英的《声明》和修正案,严肃指出:美英的主张是违背历届会议的宗旨的。9月7日举行全体会议对提案进行表决。美英的修正案以4票赞成、30票反对被否决。我国的提案以43票赞成、1票反对、4票弃权的绝对多数获得通过。我国提出的提案成为《联合国第三届地名标准化会议关于中国地名拼法的决议》,《决议》建议采用汉语拼音作为中国地名罗马字母拼法的国际标准。决议全文如下:

> 会议认识到《汉语拼音方案》是中国法定的罗马字母拼音方案,中国已制订了《中国地名汉语拼音字母拼写法》。
> 注意到《汉语拼音方案》在语言学上是完善的,用于中国地名的罗马字母拼法是最合适的;中国已出版了汉语拼音版《中华人

民共和国分省地图集》、《汉语拼音中国地名手册(汉英对照)》等资料;《汉语拼音方案》已得到广泛应用,考虑到在国际上通过适当的过渡时期,采用汉语拼音拼写中国地名是完全可能的。

建议:采用汉语拼音作为中国地名罗马字母拼法的国际标准。

(二)联合国秘书处《关于采用"汉语拼音"的通知》(1979-06-15)。

1. 从1979年6月15日起,联合国秘书处采用"汉语拼音"的新拼法作为在各种拉丁字母文字中转写中华人民共和国人名和地名的标准。从这一天起,秘书处起草、翻译或发出的各种文件都用"汉语拼音"书写中国名称。例如,中国人名 Hua Kuo-feng 改为 Hua Guofeng(华国锋),Teng Hsiao-ping 改为 Deng Xiaoping(邓小平)。

2. 在汉语拼音的地名写法还没有看惯的过渡期间,初次出现于文件中的时候,可以把旧写法注在括弧中,例如:

Beijing(Peking)　　　　　Zhujiang River(Pearl River)
Guangzhou(Canton)　　　 Nanjing(Nanking)
Sichuan(Szechuan)　　　　Xiamen(Amoy)
Huanghe River(Yellow River)　Xizang(Tibet)
Changjiang River(Yangtze River)

3. 秘书处收来转发的文件如果用的是中国名称的旧写法,要改为汉语拼音;在这样情况下,要把旧写法括注在后。秘书处如果正式接到通知,说明某个中国名称用旧写法有特殊重要性,那就作为例外处理。

4. 条约、协定和其他法律文件中如果遇到中国名称的旧写法,要加上一个脚注,说明"联合国现在写作……"。

5. 对同一地点中国和其他国家如有两个或几个不同的地名,可以按照行文需要任用一个。在翻译文件中,原文所用名称应当受到尊重。

6. 中国少数民族地区的地名,如果一时缺乏确定的汉语拼音书写法,可以暂定一个写法(考虑少数民族语言的发音),等待有了完整的汉语拼音地名录再行更正。

7. 关于采用汉语拼音的任何问题,请向中文翻译服务处吴文超先生询问。

(三)汉语拼音成为罗马字母拼写汉语的国际标准。1979年中国参加国际标准化组织(ISO)文献工作技术委员会(TC46)在波兰华沙召开了第18届大会。这次会议讨论并同意拟订采用《汉语拼音方案》的"国际标准草案",交付委员会全体会员国通信投票。1981年3月30日,该组织在中国南京召开的第19届大会上再次进行了审议。文献工作技术委员会全体会员国通信投票结果:26票赞成,1票反对,4票弃权。按照规定,有四分之三的赞成票就能通过。1982年8月1日国际标准化组织发出ISO 7098-1982《文献工作——中文罗马字母拼写法》,全文如下:

ISO　　7098

文献工作——中文罗马字母拼写法

1982-08-01　　第一版

前言

ISO(国际标准化组织)是各国标准协会(ISO成员团体)的世

界性联合会。制订国际标准的工作是通过 ISO 各技术委员会进行的。对某一技术委员会所从事的主题有兴趣的每个成员团体,都有权要求参加该委员会。与 ISO 有联系的官方的或非官方的国际组织也参加该项工作。

由各技术委员会采纳的国际标准草案,在 ISO 理事会批准作为国际标准之前,分发给各成员团体以征得同意。

国际标准 ISO 7098 是由 ISO/TC46"文献工作"技术委员会制订的,并于 1981 年 2 月份发给各成员团体。

赞成此文件的有下列国家的成员团体:

澳大利亚	阿拉伯埃及共和国	波兰
奥地利	法国	罗马尼亚
比利时	德意志联邦共和国	西班牙
巴西	匈牙利	瑞典
加拿大	荷兰	中国
古巴	意大利	瑞士
捷克斯洛伐克	日本	泰国
丹麦	南朝鲜	苏联
印度	墨西哥	

下列国家的成员团体基于技术上的理由,表示反对:

美国

文献工作——中文罗马字母拼写法

0 引言

0.1 文字体系转换的一般原则

0.1.1 按照某种文字体系(被转换文字系统)书写的语言里的词儿,有时候必须按照另外一种,通常用于不同语种的文字体系(转换文字系统)加以译写。这项工作常常用于译写历史或地理文件、地图制作文件、特别是图书目录,即凡属有必要将用不同字母提供的文字转写成一种字母的文字,以便在书目、目录(馆藏)、索引、地名表等工作中实现统一字母化。这对于使用不同文字体系的两个国家之间文字信息的单义传递,或者对不同于这两个国家的文字体系的文字信息交换,都必不可少。由此,传递信息既可采用人工方法,也可采用机械的或电气的方法。

文字体系转换的两种基本方法是字符转写和语音转写。

0.1.2 字符转写是指用转换字母表字符来转换一个完整文字字母系统的各个字符。①

原则上,这种转换应该是字符对字符的:被转换字母表的每个字符被译成转换字母表的一个且仅仅一个字符,从而保证从转换字母表到被转换字母表的转换可以完全而明确无误地逆转。

当用于转换系统的字符数少于被转换系统的字符数时,需要使用双字母或变音符。在这种情况下,必须尽可能避免随意的选择与纯俗成符号的使用,力争保持一定的语言逻辑,以使该系统能被广泛接受。

但是,应该承认,所达到的图形写法不一定总能按照通常使用该转换字母表的文字(或者所有语言)的语言习惯正确地发音。另一方面,这种图形写法必须使懂得被转换文字的读者能够在心里明确无误地恢复原来的写法,从而能正确地发音。

0.1.3 字符再转写是指把转换字母表的字符转换成被转换字母

---

① 字符是一个文字书写系统的单元,不论是拼音文字或非拼音文字;该单元代表一个音素,一个音节,一个词,或甚至该文字的韵律学特征,使用的是图形记号(字、发音符号、音节标记、标点符号、韵律重音等)或这类记号的结合(因此标有重音或发音符号的字,例如 ā、ŏ、ŭ,和基本字同样也是字符)。

表的字符。这种工作和字符转写恰好相反;按相反的顺序运用某一字符转写系统的规则,使被转换的词重新恢复它原来的字形。

0.1.4 语音转写是指用转换文字的字母或记号的语音系统,表示某一文字的各字符,而不论该文字原来的书写法如何。

语音转写系统必须以转换文字及其字母表的正字法规范为依据。因此,语音转写系统的使用者必须对转换文字有所了解,能对其字符准确地读音。语音转写不是严格可逆转的。

语音转写法可用来转换所有的书写系统。它是唯一能够用来转换非完全拼音系统以及所有表意音书写系统(中文、日文等)的方法。

0.1.5 实行罗马字母拼音化(即把非罗马字母书写系统转换为罗马字母表拼写),可按照转换系统的性质,或使用字符转换,或使用语音转写,或两种方法结合使用。

0.1.6 为国际应用而提出的转换系统,可能要求民族习惯作某些妥协或牺牲。因此使用这个系统的各国团体必须接受某种让步,即在一切情况下完全避免把实际上只有民族习惯才要求的解决办法(例如,关于读音、正字法等)强加于人。但是这种让步显然并不影响到一个国家对于民族书写系统的使用:当这个民族系统不被转换时,组成它的字符必须按其在民族文字中的书写形式加以接受。如果一个国家使用两种书写体系,可以由这一种单义地转换成另一种来书写自己的文字,这样的字符转写系统当然应作为国际标准化系统的基础,只要它和下文阐述的其他原则相符合。

0.1.7 必要时,转换系统应规定与每个字符相当的符号,不仅是字母,而且还包括标点符号,数字等。同样地还要照顾文件所用各字符的顺序排列,比如文字的书写方向;还要说明区分词儿的方法,分隔符号与大写字母的用法,尽可能地遵从使用被转换书写系统的文字的习惯。

0.2　表意音文字转换原则

0.2.1　表意音文字结构,表意重于表音,使用着大量的字符(中文有4万多字),因此不能使用符号对符号的字符转写,而必须制订一个语音转写系统。因此每字必须转写为一个或多个罗马字母,用以代表该字符的一种读音或几种读音。这就要求转写者必须熟悉所译原文的读法。

0.2.2　既然表意音文字的转写仅仅是用罗马字母记录下各个字符在使用它们各文字中的读音,所以同一字符因其使用在中文、日文、朝文的文本中而有不同的语音转写法。

0.2.3　另一方面,同一文字中的同一字符,除去一个字符有几种读音的情况外,必须按同一方式转写,而不论所用的字体型式(中文有繁体和简体)如何。

0.2.4　由于下列因素,罗马字母拼写系统和表意音文字系统之间的逆转是不可能的:

——在两种不同的文字或一种文字中,同一字符存在异读的情况;

——在同一种文字里同音词出现的频率高;

——在一种文本中,可能存在几种书写系统。

0.2.5　有的文字甚至在同一文本中使用一种以上的字符系统(例如日文中并用假名和汉字,朝文中并用谚文和汉字),在此情况下表意音文字字符的语音转写和其他字符(如谚文和假名)的转写应能得出一个一致而协调的罗马字母拼写系统。

0.2.6　虽然一般说来字符之间的空格是规律的,按习惯转写时常把构成一个词的几个字符连写在一起。各有关文字中组词的规则将附在每项国际标准的后面。

0.2.7 虽然表意音文字没有大写小写之分,但是在转写中常常使用大写字母来书写专有名词。(见第5节)

1 应用的范围和领域

本国际标准说明现代汉语,即中华人民共和国法定语言普通话(见国务院1956年2月6日颁布的《关于推广普通话的指示》)的罗马字母拼写法原则。

2 拼音

中华人民共和国全国人民代表大会(1958年2月11日)正式通过的汉语拼音方案,被用来拼写中文。转写者按中文字的普通话①读法记录其读音。

3 音节形式

3.1 每个汉字代表一个音节,每个音节有四个声调,也可以没有声调。汉语的一个词可以由一个或几个音节组成。

3.2 在普通话声韵拼合总表里,在所有音节的上面都标出第一声符号。第一声是任意选择的,用来表明声调符号须标在哪一个字母上面。

4 声调表示法

4.1 四个声调符号表示如下:

　　——第一声 ˉ
　　——第二声 ˊ
　　——第三声 ˇ
　　——第四声 ˋ

4.2 轻声,有时也叫第五声,不标调。

---

① 有关正词规则,请查阅中国出版社出版的字典。

4.3　由于后一音节引起的变调,不予表示。

4.4　在一般情况下,声调符号应该标出。但是,为了方便也可省略。

5　大写字母

虽然汉字没有大写小写之分,但是在转写时一般使用大写字母于下列场合:

5.1　句子开头与传统诗词每行开头的字母。

5.2　专有名词,例如:

——人名、地名、商标;

——团体、组织、单位等名称;

——民族名称;

——著作、期刊、艺术作品等的标题;

——特定范围用语:节日、朝代、年号、重要日期等。

6　标点

现代汉字里使用的绝大多数标点符号和罗马字母文字所用相同,对转写者没有困难。这些符号是:

. , ; ? ! ( ) 〔 〕 — …… 〈 〉 《 》

但是在汉字里还用到下面的符号 :。「」""''标在下面的 · — ～

转写者可按它们在转写成汉语拼音的文本中的写法照搬过来。但也可将这些标点符号改写如下:

。→ ·

、→ ,

""''→""或''

标在下面的·(着重号)→在印刷时用斜体字,在打字时下面加横线,或在必要的时候加""或''。

标在下面的＿＿＿（专名号）在专名下面标的横线→专名用大写字母。

标在下面的～～～（书名号），在书名、刊名或章名下面的曲线→在印刷时用斜体字,在打字时下面加横线(意思指大写)。

7　数字

用汉字书写的数字,一般译成汉语拼音。阿拉伯数字仍写成阿拉伯数字(用于记数、日期、价格等)。

六、制订中国人名、地名汉语拼音字母拼写法

(一)公布《中国人名汉语拼音字母拼写法》。1974年5月,中国文字改革委员会公布了《中国人名汉语拼音字母拼写法》,1976年9月作了修订。下面是修订稿的全文：

一、中国人名分汉语姓名和少数民族语姓名。用汉语拼音字母拼写姓名,汉语姓名按照普通话拼写,少数民族语姓名按照民族语拼写。

二、汉语姓名拼写法如下：

(一)汉语姓名分姓氏和名字两部分。姓氏和名字分写。(杨/立,杨/为民)

(二)复姓连写。(欧阳/文)

(三)笔名(化名)当作真姓名拼写。

(四)原来有惯用的拉丁字母拼写法、并在书刊上常见的,必要时可以附注在括弧中或注释中。

三、少数民族语姓名按照民族语,用汉语拼音字母音译转写,分连次序依民族习惯。

《少数民族语地名的汉语拼音字母音译转写法》可以适用于

人名的音译转写。

四、姓名的各个连写部分,开头都用大写字母。

五、汉语姓名在对外的文件书刊中可以省略调号。

(二)公布《中国地名汉语拼音字母拼写法》。1974年5月,中国文字改革委员会和中华人民共和国国家测绘总局联合发布了《中国地名汉语拼音字母拼写法》,1976年9月修订。下面是修订稿的全文:

一、用汉语拼音字母拼写中国地名,汉语地名按照普通话拼写,少数民族语地名按照《少数民族语地名的汉语拼音字母音译转写法》转写。

二、汉语地名中专名和通名分写。村镇名称不区分专名和通名,各音节连写。

例如:黑龙江/省　通/县　台湾/海峡　泰/山　福海/林场　周口店　旧县　王村　西峰镇　大虎山　大清河

三、汉语地名中的附加形容词一般作为专名和通名的构成部分。

例如:西辽/河　新沂/河　潮白/新河

四、少数民族语地名中的专名和通名一般分写。

五、少数民族语地名中的通名和附加形容词,习惯上意译或音译的,或音译后又重复意译的,一般都按照汉语习惯拼写。意译的部分按汉字注音,音译的部分按民族语转写。

六、地名的头一个字母大写。地名分写为几段的,每段的头一个字母都大写。

七、特殊的地名作特殊处理。

(三)国务院批转《关于改用〈汉语拼音方案〉作为我国人名地名罗马字母拼写法的统一规范的报告》。1978年8月30日,中国文字改革委员会、国家测绘总局、外交部、中国地名委员会联合向国务院提交《关于改用〈汉语拼音方案〉作为我国人名地名罗马字母拼写法的统一规范的报告》,全文如下:

国务院:

  为了进一步贯彻执行周恩来总理关于汉语拼音方案"可以在对外文件、书报中音译中国人名、地名"的指示,两年来,各单位做了大量准备工作。国家测绘总局和文改会修订了《少数民族语地名汉语拼音字母音译转写法》。国家测绘总局编制出版了汉语拼音版《中华人民共和国分省地图集》、《汉语拼音中国地名手册》(汉英对照),并会同内蒙古、黑龙江、吉林、辽宁、西藏、青海、四川、新疆等省(区)进行了蒙、维、藏语地名调查,内蒙古和新疆地名录已正式出版,其他省区的地名录正在编纂中。广播局对有关业务人员举办了汉语拼音学习班。新华社编了有关资料。邮电部编印了新旧拼法对照的电信局名簿。中国人民解放军海军司令部航海保证部编绘出版了提供外轮使用的《航海图》。中央气象局向国际气象联合会提供的我国气象台、站名等也使用了新拼法。

  去年8月我国派代表团参加了在雅典举行的联合国第三届地名标准化会议,会上通过了我国提出的关于采用《汉语拼音方案》作为中国地名罗马字母拼写法的国际标准的提案。

  我们去年7月14日又邀集外贸部、新华社、广播局、外文局、邮电部、中国社会科学院、民委、民航局,及总参测绘局等单位开会研究了改用汉语拼音方案作为我国人名地名罗马字母拼写法的统一规范的问题。会后又与中共中央毛泽东主席著作编辑出版委员会、中国科学院等有关单位进行了磋商。大家认为,根据目前准备工作的情况和对外工作的需要,同时鉴于1958年周总理指示以来在有些方面早已这样做了,因此,我国人名地名改用汉语拼音字母拼写,可在本报告批准后开始实行。同时考虑到有些单位的具体情况,统一规范可逐步实行。由于在联合国地名标准化会议上,我国同意国际上使用我国新拼法有个过渡,所以有些涉外单位,如民航局、邮电部等对今后国外来的文件、电报、票证等仍用旧拼法,不要拒绝承办。人名地名拼写法的改变,涉及到我国政府对外文件的法律效力,因此,在适当的时候,拟由外交部将此事通报驻外机构和各国驻华使馆。新华社、外文出版局、广播局等单位也应做好对外的宣传工作。

此外,关于我国领导人的姓名和首都名称的拼写问题,我们认为:既然要用《汉语拼音方案》来统一我国人名、地名的罗马字母拼写法,领导人的姓名以及首都名称也以改用新拼法为宜。只要事前做好宣传,不会发生误解。

毛主席著作外文版中人名地名的拼写问题。本报告批准后,由外文出版局和中共中央马恩列斯著作编译局按照本报告的原则制订实施办法。

以上报告(并附件)如无不当,请批转各省、市、自治区、国务院各部委参照执行。

中国文字改革委员会　国家测绘总局
外　　交　　部　中国地名委员会
1978年8月30日

附件:
关于改用汉语拼音方案拼写中国人名地名作为罗马字母拼写法的实施说明

一、用汉语拼音字母拼写的中国人名地名,适用于罗马字母书写的各种语文,如英语、法语、德语、西班牙语、世界语等。

二、在罗马字母各语文中我国国名的译写法不变,"中国"仍用国际通用的现行译法。

三、在各外语中地名的专名部分原则上音译,用汉语拼音字母拼写,通名部分(如省、市、自治区、江、河、湖、海等)采取意译。但在专名是单音节时,其通名部分应视作专名的一部分,先音译,后重复意译。

文学作品、旅游图等出版物中的人名、地名,含有特殊意义,需要意译的,可按现行办法译写。

四、历史地名,原有惯用拼法的,可以不改,必要时也可以改用新拼法,后面括注惯用拼法。

五、香港和澳门两地名,在罗马字母外文版和汉语拼音字母版的地图上,可用汉语拼音字母拼写法,括注惯用拼法和"英占"或"葡占"字样的方式处理。在对外文件和其他书刊中,视情况也可以只用惯用拼法。我驻港澳机构名称的拼法,可不改。

六、一些常见的著名的历史人物的姓名,原来有惯用拼法的(如孔夫子、孙逸仙等),可以不改,必要时也可以改用新拼法,后面括注惯用拼法。

七、海外华侨及外籍华人、华裔的姓名,均以本人惯用拼法为准。

八、已经使用的商标、牌号,其拼写法可以不改,但新使用的商标、牌号应采用新拼写法。

九、在改变拼写法之前,按惯用拼写法书写和印制的外文文件、护照、证件、合同、协议、出版物以及各种出口商品目录、样本、说明书、单据等,必要时可以继续使用。新印制时,应采用新拼法。

十、各科(动植物、微生物、古生物等)学名命名中的我国人名地名,过去已采取惯用拼法命名的可以不改,今后我国科学工作者发现的新种,在订名时凡涉及我国人名地名时,应采用新拼写法。

十一、中国人名地名的罗马字母拼写法改用汉语拼音字母拼写后,我对外口语广播的读音暂可不改。经过一个时期的调查研究之后,再确定我们的作法。

十二、蒙、维、藏等少数民族语人名地名的汉语拼音字母拼写法,由中国地名委员会、国家测绘总局、民族事务委员会、民族研究所负责收集、编印有关资料,提供各单位参考。

少数民族语地名按照《少数民族地名汉语拼音字母音译转写法》转写以后,其中常见地名在国内允许有个过渡。

十三、在电信中,对不便于传递和不符合电信特点的拼写形式可以作技术性的处理,如用 yu 代替 ü 等。

1978年9月26日,国务院批转中国文字改革委员会、外交部、国家测绘总局、中国地名委员会《关于改用〈汉语拼音方案〉作为我国人名地名罗马字母拼写法的统一规范的报告》:

各省、市、自治区革命委员会,国务院各部委、各直属机构:

现将中国文字改革委员会、外交部、国家测绘总局、中国地名委员会《关于改用〈汉语拼音方案〉作为我国人名地名罗马字母拼写法的统一规范的报告》转发给你们,请参照执行。

改用汉语拼音字母作为我国人名地名罗马字母拼法,是取代威妥玛式等各种旧拼法,消除我国人名地名在罗马字母拼写法方面长期存在混乱现象的重要措施,望各部门认真做好这项工作。

国务院

一九七八年九月二十六日

1978年12月1日,中华人民共和国外交部通知各国驻华外交代表机构:"从1979年1月1日起,中华人民共和国政府的外交文件译文将改用《汉语拼音方案》作为中国人名地名罗马字母拼写法的统一规范。"

1979年1月1日,新华社采用《汉语拼音方案》的拼写法来音译中国的人名和地名。

(四)国务院办公厅转发《关于用汉语拼音拼写台湾地名时括注习惯拼法的请示》。1981年1月15日,中国地名委员会、外交部、中国文字改革委员会、国家测绘总局向国务院呈交了《关于用汉语拼音拼写台湾地名时括注习惯拼法的请示》。全文如下:

国务院、中央对台工作领导小组:

1977年8月,联合国第三届地名标准化会议通过了我国提出的关于采用《汉语拼音方案》作为中国地名罗马字母拼法的国际标准的提案。1978年国务院192号文件批转了中国文字改革委员会、外交部、国家测绘总局、中国地名委员会《关于改用汉语拼音方案作为我国人名地名罗马字母拼写法的统一规范的报告》。根据这一文件的精神,我国政府的对外文件均已正式采用汉语拼音方案拼写我国地名。为适应国内外的需要,国家测绘总局出版了汉语拼音版中国地图和汉语拼音中国地名手册、邮电部向国际电联提供了《汉语拼音方案》拼写的地名资料。当时,我国对外提供的罗马字母地名资料,包括台湾的地名在内,都采用的是《汉语拼音方案》拼写,这是理所当然的。但是,台湾至今仍在使用威妥玛式等旧拼法,而且反对使用《汉语拼音方案》;目前国际上虽然在拼写中国地名(包括台湾的地名)时,大多数使用了《汉语拼音方案》,但他们在对台电信联系等方面,还是沿用旧拼法。根据中央最近确定的对台工作的方针政策,和鉴于用《汉语拼音方案》拼写台湾地名存在的实际问题,我们的意见是:坚持一个中国,反对"两个中国",坚持我国在联合国地名标准化会议的提案,用《汉语拼音方案》拼写包括台湾在内的中国地名;同时,又要承认现实,方便使用,有利于对台工作。今后我国对外提供罗马字母地名以及出版汉语拼音地图时,台湾地名可以在《汉语拼音方案》拼法的后面括注惯用旧拼法,作为过渡。在我对台邮电联系时,台湾地名也可以单独使用惯用旧拼法,作为一种变通的过渡办法。

以上报告如无不妥,请批转有关单位参照执行。

中 国 地 名 委 员 会
外　　交　　部
中 国 文 字 改 革 委 员 会
国 家 测 绘 总 局
一九八一年一月十五日

1981年2月9日,国务院办公厅转发《关于用汉语拼音拼写台湾地名时括注习惯拼法的请示》:

国务院同意中国地名委员会、中国文字改革委员会、外交部、国家测绘总局《关于用汉语拼音拼写台湾地名时括注习惯拼法的请示》,现转发给你们,请参照执行。

国务院办公厅
一九八一年二月九日

七、扩大汉语拼音的使用范围

(一)批准《中文书刊名称汉语拼音拼写法》。1982年6月19日,国家标准局批准全国文献工作标准化技术委员会拟订的《中文书刊名称汉语拼音拼写法》(GB3259-82)为国家标准。这项国家标准规定:"国内出版的中文书刊依本标准的规定,在封面,或扉页,或封底,或版权页上加注汉语拼音书名、刊名。"同时还指出这一规定"也适用于国内用中文出版而向国外发行的书刊"。1992年2月1日,国家技术监督局批准修改后的国家标准《中文书刊名称汉语拼音拼写法》(GB3259-92)代替 GB3259-82。"本标准规定了用汉语拼音拼写我国出版的中文书刊名称的方法。本标准适用于我国正式出版的中文书刊名称的汉语拼音的拼写,也适用于文献资料的信息处理。国内出版的中文书刊应依照本标准的规定,在封面,或扉页,或封底,或版权页上加注汉语拼音书名、刊名。"

(二)关于统一标准代号读音问题。1982年8月17日,国家标准局、文改会联合发出文件,就统一标准代号读音问题致函广播电视部,并抄送各有关部、委、局,各省、自治区、直辖市标准局。函件指出:我国的标准代号都是汉语拼音的缩写。国家标准是从1958年开始采用 Guo Biao(国标)中的 GB 两个字母作为代号的。1963年国家科委对部标准、企业标准的代号以同样的原则做出了统一规定。工程建筑标准也采用汉语拼音字母作为代号。但是,目前在广播电视中都把标准代号的汉语拼音字母读成英文字母的名称音,这是不妥的。《汉语拼音方案》现已广泛应用于各个领域并且已经得到国际上的公认。为此,函请你部转告各广播电台、电视台,尽快做好汉语拼音字母的正确读音工作。

(三)发出《关于试行和推广聋哑人通用手语的联合通知》。1982年11月15日,民政部、教育部、文改会发出《关于试行和推广聋哑人通用手语的联合通知》。《通知》说,为了丰富聋哑人通用手语词汇,帮助聋哑人群众学习文化和科学技术知识,扩大社会交往,中国盲人聋哑人协会于 1982 年 10 月 18 日至 26 日在北京召开了第二次手语工作座谈会,讨论和制订了 640 个聋哑人手语新词手势动作。三部委同意在全国试行。

（四）批准《中国各民族名称的罗马字母拼写法和代码》。1982 年 12 月 22 日,国家标准局批准了全国文献工作标准化技术委员会报批的《中国各民族名称的罗马字母拼写法和代码》国家标准草案为国家标准(GB3304-82),从 1983 年 10 月 1 日起实施。这项标准规定了我国各民族名称的罗马字母拼写法及其字母代码和数字代码,适用于文献工作、拼音电报、国际通讯、出版、新闻报道、信息处理和信息交换等。1991 年 8 月 30 日,又批准用修改后的国家标准《中国各民族名称的罗马字母拼写法和代码》(GB3304-92)来代替 GB3304-82。"本标准规定了我国各民族名称的罗马字母拼写法及其字母代码和数字代码。本标准适用于文献工作、拼音电报、国际通讯、出版、新闻报道、信息处理和交换等方面。"

八、公布《普通话异读词审音表》

1985 年 12 月 27 日,国家语委、国家教委、广播电视部联合发出《关于〈普通话异读词审音表〉的通知》。《通知》说:

> 普通话审音委员会曾于 1957 年到 1962 年分三次发表了《普通话异读词审音表初稿》,并于 1963 年辑录成《普通话异读词三次审音总表初稿》(以下简称《初稿》)。
>
> 《初稿》自公布以来,受到文教、出版、广播等部门广泛重视,对现代汉语的语音规范和普通话的推广起了积极作用。但是,随着语言的发展,《初稿》中原审的一些词语的读音需要重新审订;同时,作为语音规范化的标准,《初稿》也亟需定稿。因此在 1982

年 6 月重建了普通话异读词审音委员会,进行修订工作。

这次修订以符合普通话语音发展规律为原则,以便利广大群众学习普通话为着眼点,采取约定俗成、承认现实的态度。对《初稿》原订读音的改动,力求慎重。

修订稿经国家语言文字工作委员会、国家教育委员会、广播电视部审核通过,决定以《普通话异读词审音表》名称予以公布。自公布之日起,文教、出版、广播等部门及全国其他部门、行业所涉及的普通话异读词的读音、标音,均以本表为准。

《普通话异读词审音表》有十条"说明",全文如下:

一、本表所审,主要是普通话有异读的词和有异读的作为"语素"的字。不列出多音多义字的全部读音和全部义项,与字典、词典形式不同。例如:"和"字有多种义项和读音,而本表仅列出原有异读的八条词语,分列于 hè 和 huo 两种读音之下(有多种读音,较常见的在前。下同);其余无异读的音、义均不涉及。

二、在字后注明"统读"的,表示此字不论用于任何词语中只读一音(轻声变读不受此限),本表不再举出词例。例如:"阀"字注明"fá(统读)",原表"军阀"、"学阀"、"财阀"条和原表所无的"阀门"等词均不再举。

三、在字后不注"统读"的,表示此字有几种读音,本表只审订其中有异读的词语的读音。例如"艾"本有 ài 和 yì 两音,本表只举"自怨自艾"一词,注明此处读 yì 音;至于 ài 音及其义项,并无异读,不再赘列。

四、有些字有文白二读,本表以"文"和"语"作注。前者一般用于书面语言,用于复音词和文言成语中;后者多用于口语中的单音词及少数日常生活事物的复音词中。这种情况在必要时各举词语为例。例如:"杉"字下注"(一)shān(文):紫杉、红杉、水杉;(二)shā(语):杉篙、杉木"。

五、有些字除附举词例之外,酌加简单说明,以便读者分辨。说明或按具体字义,或按"动作义"、"名物义"等区分,例如:"畜"字下注"(一)chù(名物义):畜力、家畜、牲畜、幼畜;(二)xù(动作义):畜产、畜牧、畜养"。

六、有些字的几种读音中某音用处较窄,另音用处甚宽,则注"除××(较少的词)念乙音外,其他都念甲音",以避免列举词条繁而未尽、挂一漏万的缺点。例如:"结"字下注"除'结了个果子'、'开花结果'、'结巴'、'结实'念 jiē 之外,其他都念 jié"。

七、由于轻声问题比较复杂,除《初稿》涉及的部分轻声词之外,本表一般不予审订,并删去部分原审的轻声词,例如"麻刀(dao)"、"容易(yi)"等。

八、本表酌增少量有异读的字或词,作了审订。

九、除因第二、六、七各条说明中所举原因而删略的词条之外,本表又删汰了部分词条。主要原因是:1. 现已无异读(如"队伍"、"理会");2. 罕用词语(如"俵分"、"仔密");3. 方言土音(如"归里包堆[zuī]"、"告诉[song]");4. 不常用的文言词语(如"刍荛"、"甌瓾");5. 音变现象(如"胡里八涂[tū]"、"毛毛腾腾[tēngtēng]");6. 重复累赘(如原表"色"字的有关词语分别达23条之多)。删汰条目不再编入。

十、人名、地名的异读审订,除原表已涉及的少量词条外,留待以后再审。

把《定稿》和《初稿》相比,主要有以下几点改变:
(1)改变了《审音表》的编排体例。《初稿》强调"审音以词为对象,不以字为对象",在编排上以词为单位,一条一条来审订;《定稿》实际上仍旧以词为对象,但在编排上做了改进,改为以字为单位来排列。汉字是语素文字,以字为单位来排列,实际是以语素为单位来排列,这样做提高了审音的概括性。审订了一个有异读的语素的读音,实际上就解决了包含有这个语素的一系列词的审音。《定稿》共审订了839个异读字的读音。

(2)增加了"统读"。《定稿》审订为"统读"的有586个字,占审订的异读字的69%。《初稿》已经有"一律念××"的叙述方式,如"浸""一律念 jìn","学""一律念 xué"。《定稿》把"一律念××"改为"统读",并且扩大了使用的范围。不过对"统读"的含义,有人理解得并不准确,把"统读"扩大到古今和现代方言。《审音表》规定"骑"统读为 qí,有人把文言里作"骑兵"讲的"骑(jì)"也读为 qí。《审音表》规定"凹"统读 āo,有人就认为陕西方言把"凹"读为 wā,违背了《审音表》。这是误解。《审音表》里的"统读"的对象只限于普通话里的异读词。至于文言和方言的读音,不属于普通话的范围,《审音表》审订的读音不能代替文言和方言的读音。

(3)增加了"文"、"语"的区分。《审音表》里有31个字保留了文白异读。如"嚼",《审音表》规定:(一)jiáo(语)味同嚼蜡 咬文嚼字(二)jué(文)咀嚼 过屠门而大嚼(三)jiào 倒嚼(倒㗒)。

(4)修改了《初稿》的一些读音。如"呆板",《初稿》审订为 áibǎn,《定稿》把"呆"审订为 dāi(统读)。"从容",《初稿》审订为 cōngróng,《定稿》把"从"审订为 cóng(统读)。

《审音表》审订的读音,在推行中发现有的不完全妥当。例如:

荫 《审音表》审订统读 yìn,而且规定"树荫"、"林荫道"应作"树阴"、"林阴道"。按:《现代汉语词典》指出"阴翳"是"荫翳"的异形词,

"树阴"是"树荫"的异形词,并推荐使用"荫翳"、"树荫",是正确的,不过属于个案处理,并没有剥夺"荫"担负 yīn 的音和相应义项的职务。"荫 yīn"还构成别的词语,是不是所有"荫 yīn"都可改换为"阴",需要细细斟酌。即使"荫蔽、绿荫、歇荫、林荫道、林荫路、浓荫、柳荫记、绿树成荫"这些词语中的"荫"改换作"阴"不至于产生歧义,也不是就没有问题了。"荫"还常作人名用字,如近代资产阶级革命家黄之荫、鲁迅笔下多次提到的杨荫榆、现代语言学家赵荫棠、著名电影导演成荫、戏剧家丁荫楠等。这些人名中的"荫"是不是都读 yìn 呢? 尤其需要正视的是,"荫"还用于不少地名。如:黑龙江省的"嘉荫县"、北京市的"柳荫街"、山西省的"荫城"和"荫营"、湖南省的"荫田"等。"'荫'字的订音反映了一个重要的原则性问题:《审音表》是否应该涉及词性的调整。""对汉字职务进行再分配,突破现行汉字标准,似乎不应该属于《审音表》范围内的事。普通话审音应该在现行汉字有关标准的范围内进行,不应该涉及变动字形(词性)。"①

螫 《审音表》规定:螫字"文读 shì,语读 zhē"。螫,《广韵》释为"虫行毒",施隻切,音 shì。《广韵》另有"蜇"字,释为"螫也",陟列切,音 zhē。可见"螫"与"蜇"古来一直是义同而音不同的两个字。《审音表》把"螫"字读音分化为文读和语读两个,而语读音 zhē 早已有"蜇"字存在,这就形成了新的异体字。从字音上看,"螫"字一音变两音,也不符合语音规范的一般原则。② 语音学家徐世荣参加了《审音表》从《初稿》到《定稿》的整个工作。徐先生著《普通话异读词审音表释例》(语文出版社 1997 年版),是有关异读词审音的集成性著作。这本书"保持《订本》的主要精神,仍引用《初稿》,与《定本》对照,抉发《订本》

---

① 厉兵《从"荫"字的注音谈起》,《语文建设》1993 年第 10 期。
② 晁继周《语文规范标准与规范型字词典的编写》,《辞书研究》1999 年第 2 期。

增、删、改、并、补、正等细微之处及命意所在,帮助了解此表,增加审音之'透明度'",有很高的参考价值。

九、现代汉字研究取得了新成果

(一)现代汉字学的学科建设。早在新中国建立之初,"现代汉字"作为学术术语就出现在语言学的文献上。丁西林在《中国语文》1952年8月号上发表《现代汉字及其改革的途径》,这篇论文的题目上就出现了"现代汉字"。这篇文章所说的"现代汉字"指的是"目前所通行的汉字"。黎锦熙在1952年9月写成的《学习苏联"现代俄语教学大纲"试拟的"现代汉语"教学大纲》中列出的讲授内容有"现代汉字'一字多体'的统一和划一的'正体字'的认定(印刷体为主要)"。魏建功在1964年前后写成的《文字·音韵·训诂》讲义里有"现代汉字综述"专节,其中说道:"'汉字'的一定含义是在我国多民族大家庭中作为跟其他文字区别的标志。同时又是一种有国际性的语文工具,为东亚几个国家所应用。这完全适用于现代汉字。""文革"结束后学术环境比以前宽松,有些新的学科应运而生,"现代汉字学"就属于这样的学科。

在1980年5月出版的《语文现代化》丛刊第二辑,刊载了周有光写的《现代汉字学发凡》。在这篇文章里,周先生提出了建立现代汉字学的倡议。周先生主张:(1)汉字学分为三部分,就是:历史汉字学、现代汉字学和外族汉字学。(2)现代汉字学研究现代汉字的特性和问题,目的是为今天和明天的应用服务,也就是为四个现代化服务,减少汉字在现代生活中的不方便。(3)现代汉字学是个新名称、新事物。它播种于清末,萌芽于"五四",含苞于解放,嫩黄新绿渐见于今日。(4)现代汉字学的主要内容有:字量的研究、字序的研究、字形的研究、字音的研究、字义的研究和汉字教学法的研究等。(5)现代汉字学研究的问题和研究方法跟历史汉字学很不相同。它是以语言学为基础而结合信息论、统计学、心理学的边缘学科。这决不是抛弃或背叛历史汉字学。在汉字学的领域里,应当厚今而不薄古、厚古而不薄今。《现代汉字学发凡》发表的前后,周有光还发表了《现代汉字中声旁的表音功能问题》、《现代汉字中的多音字问题》、《现代汉语用字的定量问题》等论文,为现代汉字学这门汉字学的分支学科奠定了基础。

(二)汉字结构及其构成成分的分析和统计。为了获取现代汉字的笔画、部件和结构方式等方面的数据,为汉字的整理、简化和汉字的使用提供科学依据,中国文字改革委员会与武汉大学合作,利用电子计算机对《辞海》(1979 年版)所收全部 16296 个字,以及《辞海》未收而 GB2312－80 国家标准《信息交换用汉字编码字符集·基本集》收入的 43 个字的结构及其构成成分进行分析统计。该项统计分两个字集:一是简化字和被简化的繁体字(包括被淘汰的异体字和计量用字)以及未简化的汉字作为一个字集,二是简化字和未简化的汉字(除去已被淘汰的异体字和计量用字)作为一个字集。分析统计的结果做成 9 个字表:

(1)汉字笔画数统计表

(2)汉字起笔统计表

(3)汉字基本笔画使用频度表

(4)汉字部件分级统计表

(5)汉字部件分级频度表

(6)汉字部件总组字及分级组字表

(7)汉字末级部件组字频度表

(8)汉字结构方式频度表

(9)多音字表[①]

[①] 傅永和执笔《汉字结构及其构成成分的分析和统计》,《中国语文》1985 年第 4 期。

(三)姓氏、人名用字的统计和分析。为了了解现代人名用字的面貌,给今后制订人名用字表和编制姓氏录打下基础,中国文字改革委员会和山西大学合作,研究的项目是《利用计算机对姓氏、人名用字的分析统计》。1984年11月17日,该项研究通过技术鉴定。鉴定小组认为,统计成果不仅给姓名本身的研究工作而且给语言文字学、社会学、心理学、汉字信息处理、邮电、通讯、图书情报等学科提供了研究手段和有用数据。这次研究的成果汇编为《姓氏人名用字分析统计》一书,语文出版社1991年出版。

该项研究利用1982年全国人口普查资料,使用计算机对174900个人名进行了抽样综合统计。统计材料分别从全国6大区的7个省市抽取。这7个省市是:北京、上海、辽宁、陕西、四川、广东和福建,每处各抽25000人左右。统计内容有3方面:姓氏及姓氏用字、人名用字、单双名及各自的重名情况。同时,由于人名用字具有社会性,在进行总的统计之后,又按地区、时代和性别进行了分项统计,这样共制成了41个统计表。

1.关于姓氏。中国对姓氏的记载和研究很早就开始了。汉代以来,出现过很多这方面的专书,现代也有人做过收集姓氏的工作。但是,实际存在的姓氏,还没有准确的数字。文改会的抽样统计,是解决这个问题的初步尝试。这次统计,得到7地区姓氏总频度表1个,7地区姓氏频度表7个,以及7地区姓氏比较表1个。

总表包括737个姓氏,其中单姓729个,复姓8个,姓氏用字739个。从统计结果看,现存姓氏有以下几个特点:

第一,前14个高频姓氏是:王、陈、李、张、刘、杨、黄、吴、林、周、叶、赵、吕、徐。频度最高的是"王"姓,"赵"姓排在第12位。这说明传统的"张王李赵"的排序已经有了变化。

第二,姓氏出现数集中在少数大姓上。王、陈、李、张、刘5个姓就占了统计总人数的 32.001%,前 14 个姓占了总人数的近 49.484%,前 114 个姓占总人数的 89.978%,前 365 个姓占总人数的 99.001%。

第三,复姓减少。这次统计仅得到 8 个复姓,共出现 99 次,占总人数的 0.058%。三字复姓没有见到。

第四,发现个别不见记载的姓氏,如广东的"刘付"。

各地区的姓氏频度表和比较表反映了姓氏的地区性。统计结果表明:历史悠久的地区姓氏相对复杂些。如陕西是我国文明的发源地之一,北京自辽以来一直是国都所在地,因此,这两地姓氏复杂,分别为 453 个和 442 个。而发展较晚的广东、福建,统计到的姓氏都不足 300 个。

姓氏分布是不均衡的。如"王、张、李、刘"4 个大姓在北方方言区的几个点(北京、辽宁、陕西、四川)都居前 4 位,在别的地方则不然。福建"陈"姓最多,"林"姓次之,两姓就占了总人数的近 30%。有些姓氏从全国范围看是罕见的,但在某一地区却可能比较集中,像北京的"东",陕西的"路、党、权、鱼",辽宁的"初、矫、逯",四川的"卿、阳、补",上海的"忻、火",广东的"麦、襽(音宣)",福建的"水"等姓氏,在这次统计中,都占有一定数量。

2. 关于人名用字。人名用字过去无人做过统计,它的量还是个未知数。这次统计,初步了解了人名用字的概貌,得到人名用字总频度表 1 个,各地区频度表 7 个,地区比较表 1 个,各时期频度表 4 个,时期比较表 1 个及分性别频度表 2 个。

总表包括人名用字 3345 个。由该表可看到:人名用字范围很广。不仅有实词,也有各类虚词。不仅有褒义字、中性字,也有少量贬义字或不太雅的字。同时,还有一些字典上没有收过的字。

人名用字虽有 3000 多,但使用比较集中。频度最高的 6 个字是"英、华、玉、秀、明、珍",它们的覆盖率为 10%。各地区的人名用字频度表和比较表反映了人名用字的地区性。比如在北京、上海、辽宁、陕西、四川、广东、福建7个地区,前4位高频字就没有完全相同的。有的字在某一两个地区使用频度很高,但在其他地区却很低,甚至根本不用。如"淑"字在北京占第一位,出现1213次,频度是2.673%,而在上海只出现62次,频度是0.131%,排在158位。"磙"字在福建出现88次,其他地区都是零。

各时期的人名用字频度表和比较表反映了人名用字和时代的关系。根据中国社会变化情况,这次统计把出生时间划分成四个时期,这四个时期是:(1)1949年9月30日以前;(2)1949年10月1日至1966年5月31日;(3)1966年6月1日至1976年10月31日;(4)1976年11月1日至1982年6月30日。对四个时期人名用字频度的统计表明,人名中有一批字是相当稳定的,但从全局看,人名用字带有较强的时代特征,表现在以下两个方面:一是时代因素影响到各时期某些人名用字的频度。如"文革"时期(第三个时期)"红"字由第二时期的45位上升到第1位,"军"字由第二时期的第41位上升到第3位;二是时代因素影响到各时期人名用字的总趋向。统计结果反映出,第四时期的人名用字有以下三个特点:一是传统的人名字用得少了;二是追求新颖、脱俗;三是避免太浓的政治色彩。

男性和女性人名用字频度表反映了人名用字和性别的关系。统计结果反映出:女性起名常取表现美貌的字、表现妇女道德的字和表示珍贵的字,并且专用字较多;男性起名则多用表现志向的字和表示男武、刚强、豪迈、壮阔的字。第三、第四时期以来,某些男性常用字,如"伟、建、军"等也为女性所用,表现了女子在名字上与男子的抗衡。同时,女名中的俗字减少,换上了一批比较生僻、文雅的字。

3. 单双名及重名。近年来,单名增长趋势很明显。这次统计主要是为了掌握单名增长的具体情况,并探讨这种趋势带来的影响。

《七地区单名重名频度表》和《七地区双名重名频度表》反映了单、双名及重名的概况。从理论上讲,单名与双名相比,单名重名的机会较多。统计结果证实了这种预想。

为了了解单名增长的具体情况,还对单、双名及各自的重名情况进行了分时期的统计,得出第一至第四时期单、双名重名频度表共 8 个,并得出两个比较表:《各时期单名及重名情况比较表》和《各时期双名及重名情况比较表》。从两表可以清楚地看到:(1)单名增长迅速。各时期单名占的百分比分别为:第一时期,6.502%;第二时期,8.983%;第三时期,27.810%;第四时期,32.494%。(2)单名重名率一直高于双名重名率。(3)随着各时期双名数量的下降,双名的重名率也有下降的趋势。而单名的重名率则有一个起伏变化:第四时期单名最多,但重名率反而降低。这是由于在第四时期单名用字比较生僻、文雅,因而减少了一些重复的机会。① 这次统计分析存在一些不足。陈原指出:"按照我国人口状况,样本数量是否合理,是值得商榷的;至少可以认为第一个统计数据所根据的样本数量过小,也没有考虑到例如分层等距取样等等,其统计结果可能是同现实有距离的。"②

(四)现代汉语用字频度统计。

1.《汉字频率表》。1979 年至 1985 年,北京语言学院语言教学研究所编成《现代汉语频率词典》,1986 年 6 月由北京语言学院出版社出版。这本词典用人工和计算机相结合的办法,从词语应用的角度做了较大规模的词汇计量研究,同时还做了汉字字频和组词能力的统计与分析,所用语料有 180 万字。书中的《汉字频率表》收 4574 个不同的

---

① 本文有些数据参考张书岩《姓氏人名用字的分析统计》,载《现代汉语定量分析》,上海教育出版社 1989 年版。

② 陈原《现代汉语诸要素的定量分析》,载《现代汉语定量分析》第 21 页,上海教育出版社 1989 年版。

单字,前10个高频字是"的、一、了、是、不、我、在、有、人、这"。这次统计方法得当、抽样科学,得出的结果有很高的参考价值,不过由于语料较少,得到的不同的单字也较少。

2.《现代汉语字频统计表》。1983年初中国文字改革委员会和国家标准局共同下达现代汉语字频统计任务,由北京航空学院计算机科学与工程系计算机理论教研室承担。这次统计根据《现代汉语词频统计》的选材内容,利用电子计算机进行。语料是从1977年至1982年间社会科学和自然科学的1.38亿字的材料中抽样出来的1108万字。这次统计的成果编制成13种字频统计表,即:社会科学、自然科学综合汉字频度表1个;社会科学综合汉字频度表1个;社会科学分科汉字频度表5个;自然科学综合汉字频度表1个;自然科学分科汉字频度表5个。全部成果由国家语委和国家标准局汇编为《现代汉语字频统计表》一书,语文出版社1992年出版。

1985年3月这项研究通过国家鉴定。专家鉴定认为这次字频统计成果具有以下几个方面的特点:

第一,抽样的面比较广。社会科学分为5个科,自然科学也分为5个科,每个科别包括的内容比较全。在抽样统计之前,对抽样的设想以及具体实施计划都是经过有关方面的技术人员充分论证并经过现代汉语词频统计的顾问委员研究确定的。因此,抽样比较合理,具有较强的科学性。

第二,这次字频统计,因为采用汉语拼音以词为单位输入,所以,可以实现多音字按读音分别进行统计,避免了过去单纯从字形角度进行字频统计而出现的伪频现象。

第三,以前进行的不同规模的字频统计多为手工统计,不仅误差比较大,而且难于进行复核。这次利用电子计算机进行统计,统计的结果精确度高。

第四,这次字频统计结果,项目分得比较细,不仅有分科的字频统计结果,而且有社会科学综合字频统计表和自然科学综合字频统计表,以及社会科学和自然科学综合字频统计表。所统计出来的 13 种字表分别按降频次序和汉语拼音字母顺序两种排序方法排列。因此,统计结果能满足不同方面的需要,检索比较方便。

第五,这次字频统计工作,是中国历史上首次利用电子计算机进行统计的,是统计科别最多的一次。

这次字频统计不仅为汉字的定量研究提供了有用的数据,而且对语文教学、汉字的机械处理和信息处理的研究也有重要的参考价值。比如,对手选照排机字盘的设计、电报码本的修订、国家标准《信息交换用汉字编码字符集·基本集》的修订,以及制订国家标准《信息交换用汉字编码字符集·辅助集》等都有实用价值。如果 1919 年至 1976 年间的字频统计结果出版后,则可以利用 1919 年至 1982 年间(分四个时期)的全部字频统计结果进行深入研究。从纵向的角度,可以从汉字在四个不同时期的使用情况研究汉字使用的稳定性;从横向的角度,可以从汉字在不同学科中的使用情况研究汉字使用的均匀性,即可以看出汉字在通用范围和各个专业范围内的分布情况,从而为制订现代汉语通用字表、常用字表,以及其他专业用字表提供科学依据。

十、发布有关汉字的两项规范

(一)发布《关于部分计量单位名称统一用字的通知》。1977 年 7 月 20 日,中国文字改革委员会和国家标准计量局联合发布了《关于部分计量单位名称统一用字的通知》。全文如下:

> 1959 年,国务院发布《关于统一我国计量制度的命令》,确定以米制(即公制)为基本计量制度,是我国计量制度统一的重大措

施。自从命令发布以来,"公分""公厘"等既表示长度概念,又表示质量概念的混乱状况,在语言中澄清了;表示长度的"粍、糎……",重量的"瓱、瓼……",容量的"竓、竰……",这些特造的汉字也淘汰了。在公制中,目前只遗留一个"瓩"字仍在使用。

现在,我国生产和科研等领域,英制计量制度基本上淘汰了,可是提到外国事物时,英制计量单位名称在语言、文字中还不能不使用。但是,当前按几种命名原则翻译的英制计量单位名称同时并用,言文不一致。例如,在书面上,"盎斯""温司""英两""唡"并用;在语言上,"唡"有 liǎng, yīngliǎng 两种读法。这些混乱状况主要是由特造计量单位名称用字引起的。

计量单位名称必须个性明确,不得混同。否则名异实同(例如,海里、海浬、浬)或名同实异(例如,说 lǐ,包含里、哩、浬三义),人们就难以理解,甚至引起误解,造成差错事故。

一个计量单位名称,人们口头说的都是双音,书面却只印一个字,如果读单音(例如,把表示"英里"的"哩"读作 lǐ),那就违反言文一致的原则,人为地造成口头语言同书面语言脱节。

把本来由两个字构成的词,勉强写成一个字,虽然少占一个字篇幅,少写几笔,但特造新字,增加人们记忆负担和印刷、打字等大量设备,得不偿失。不考虑精简字数,只求减少笔画,为简化而简化,这样简化汉字的作法并不可取。

这些不合理的计量单位名称用字,在语言文字中造成的混乱状况,是同我国日益发展的社会主义经济建设和文化建设不相适应的。长时期来,不少单位和个人通过各种形式指出这一问题,希望有关单位加以改变。我们认为,群众的批评是正确的,要求是合理的。为了澄清计量单位用语的混乱现象,清除特造计量单位名称用字的人为障碍,实现计量单位名称统一化,特将部分计量单位名称用字统一起来(见附表)。从收到本文本之日起,所有出版物、打印文件、设计图表、商品包装,以及广播等,均应采用附表选定的译名,淘汰其他旧译名。库存的包装材料,不必更改,用完为止,于重印时改正。对外文件,外销商品已在外国注册的商标,可不更改。

在实施过程中,有什么问题,请及时告诉我们。

请将本"通知"转发各有关单位,并在刊物上登载。

中国文字改革委员会
国家标准计量局

附表:部分计量单位名称统一用字表

部分计量单位名称统一用字表

类别	外文名称	译名[淘汰的译名]	备注
长度	nautical mile mile fathom foot inch	海里[浬、海浬] 英里[哩] 英寻[呼、浔] 英尺[呎] 英寸[吋]	
面积	acre	英亩[畮、喵]	
容量	litre bushel gallon	升[公升、竔] 蒲式耳[嘝] 加仑[呏、𦰡]	
重量	hundredweight stone ounce grain	英担[啹] 英石[哘] 盎司[唡、英两、温司] 格令[喱、英厘、克冷]	1英担=112磅 1英石=14磅

（续表）

	kilowatt	千瓦[瓩]	功率单位
	torr	托[乇]	压力单位
	phon	方[昉]	响度级单位
各科	sone	宋[味]	响度单位
	mel	美[嘆]	音调单位
	denier	旦[綨]	纤度单位
	tex	特[纨]	纤度单位

（二）发布《汉字统一部首表（草案）》。20世纪60年代整理汉字查字法的工作取得一些进展，后因十年动乱被迫中断，统一汉字查字法的问题并没有解决。"文革"结束后，现实生活再一次提出了统一汉字查字法的要求，在政府有关部门的主持下这一工作继续得到推进。1983年6月3日至9日，中国文字改革委员会和文化部出版局联合召开了统一汉字查字法座谈会。"座谈会主要讨论了三个问题：1.设立部首的原则。2.部首数量。3.单字归部的原则和方法。多数代表认为，设立部首要以部属字数量的多少作为衡量标准，部首的位置应该鲜明突出，让使用者容易判断。部首数量，大家一致认为应该贯彻'以大包小'的原则，以《康熙字典》、《辞海》、《新华字典》三部工具书共有的168个部首为基础，再根据收字最多的《汉语大字典》的实际需要确定统一的部首表。会议对单字归部的原则和方法也初步交换了意见。多数代表认为，应该根据汉字的形体结构归部，不能依据字义归部，也不能形义兼顾，否则会使多数读者不易掌握或者无所适从。"[1]

为了加快工作进程，会议决定成立统一部首查字法工作小组。工作小组由上海辞书出版社、商务印书馆、汉语大字典编纂处、汉语大词典编纂处、中国社会科学院语言研究所词典室组成。统一查字法工作

---

[1] 《抓紧做好部首排检法的统一和规范工作》，《文字改革》1983年第8期第11页。

组根据依据字形定部,贯彻"以大包小"、"口径一致"的原则,参照目前通行的《康熙字典》、《辞海》、《新华字典》三部辞书的部首制订了一个草案,共设部首201个,叫做《统一部首表(征求意见表)》,发表在《文字改革》杂志1983年第11期。《统一部首表(征求意见表)》后附《部首排检法说明》,也就是归部的规则。全文如下:

一、依据字形定部。一般从上、下、左、右、外等部位采取部首;其次是中坐和某一个角。按照以上部位无从确定部首的,查单笔部首一(横)、丨(竖)、丿(撇)、丶(点)、乙(折)。

二、部首共201个,按画数排列,同画数的按起笔笔形一丨丿、乙顺序排列。

三、排检方法规定如下:

1. 部首的位置一般在字的上、下、左、右、外。如:

    在上   宜(宀部)   原(厂部)   置(罒部)
    在下   型(土部)   货(贝部)   盐(皿部)
    在左   词(言部)   研(石部)   躯(身部)
    在右   歌(欠部)   领(页部)   馗(首部)
    在外   同(门部)   巨(匚部)   固(口部)

2. 一个字上下都有部首的,取上不取下;左右都有部首的,取左不取右;内外都有部首的,取外不取内。

    上下字   牢(查宀部,不查牛部)   冬(查夂部,不查冫部)
    左右字   相(查木部,不查目部)   酒(查水部,不查酉部)
    内外字   闷(查门部,不查心部)   句(查勹部,不查口部)

3. 上、下、左、右、外都没有部首的,查中坐。如:

    办(查力部)   爽(查大部)   幽(查山部)   乘(查禾部)

4. 中坐也没有部首的,再顺次查左上、左下、右上、右下四个角。如：

疑(左上角匕部)　　巯(左下角工部)

豫(右上角刀部)　　叛(右下角又部)

5.单笔部首和复笔部首都有的,取复笔部首,不取单笔部首。如：

灭(火部)——上下都有部首,一是单笔部首,火是复笔部首,查火部,不查一部。

旧(日部)——左右都有部首,丨是单笔部首,日是复笔部首,查日部,不查丨部。

6.上、下、左、右、外、中坐、四角都没有部首的,按起笔查单笔部首。如：

屯(一部)　凸(丨部)　年(丿部)　半(丶部)　也(乙部)

四、合体字一般依据习惯按较大部位切分归部。如：

安(宀部)→案(木部)　　前(八部)→剪(刀部)

合(人部)→龛(龙部)　　品(口部)→嵒(山部)

(按:这类扩展型的合体字,按较大部位切分归部,比较符合传统的查字习惯,但是同前一字的归部不一致。——这类字按下列部首分别归"木、刀、龙、山"各部为好,还是仍按前一字从上分别归入"宀、八、人、口"各部为好,请提示意见。)

赍(贝部)　惹(心部)　鸿(鸟部)　彬(彡部)

(按:这一规定照顾了传统的查字习惯,对熟悉老部首的同志查字比较方便,但同类似的字如"簣(竹部)、葸(艹部)、澒(水部)、树(木部)"等两相对照,字形结构相近而部首位置不同,对大多数读者来说,不容易掌握,排检法会产生一定困难。——怎样处理为好,请提示意见。)

这个《部首排检法说明》与1964年的《部首查字法(草案)》大体相同,只是对一些合体字的拆分没有拿定主意,请读者"提示意见"。我们不知道这个"征求意见稿"征求到多少意见,主管部门对这些意见是怎么处理的。在这之后我们见到的是1983年中国文字改革委员会和国家出版局联合发布的《汉字统一部首表(草案)》。这个《草案》的部首表与《汉字统一部首表(征求意见稿)》相同,只是删去了《征求意见稿》里的《部首排检法说明》,同时把"征求意见稿"改为"草案"。这份《草案》只有立部的部首表,没有归部的说明,是不完整的部首法实施方案,自然要受到学术界的批评。李志江说:"人们关心的不只是部首设部的合理性,更关心汉字归部的确定性。此表没有对归部有分歧的字一一处理,也就没有从根本上解决统一的问题。"①章琼说:"《草案》公布后,虽陆续有人撰文讨论,但迄今未有定案。而且,由于没有制订具体的单字归部原则,《草案》只能是一纸空文。此后出版的各类工具书,在部首编排上依旧各行其是,并没有据此立部。当初参与《草案》研制的汉语大字典编纂处和汉语大词典编纂处也没有按201部首立部,而是以《康熙字典》214部为基础,酌情删并,立200部;单字归部也基本与《康熙字典》相同,有些地方依据字形的实际情况做了若干调整。"②

进入21世纪后出版的三部中型语文辞书——《现代汉语规范词典》(2004年1月版)、《现代汉语词典(第5版)》(2005年6月版)、《新华多功能字典》(2005年12月版),正文都采用了汉语拼音音序,正文前的部首检字表都采用了《汉字统一部首表(草案)》,但是由于《汉字统一部首表(草案)》不成熟,有疏漏,这三部辞书无法原封不动

---

① 李志江《语言文字规范化的规定和规范化字词典的编写》,《辞书研究》1995年第6期第22页。

② 章琼《谈汉字统一部首的立部与归部》,《语文建设》1997年第8期第7页。

地采用这个草案,都做了必要的调整。在立部方面,《现代汉语规范词典》设270部,《现代汉语词典(第5版)》设282部,《新华多功能字典》设243部;在归部方面,因为《汉字统一部首表(草案)》没有规定,也只能各行其是。总之,实践说明:《汉字统一部首表(草案)》未能达到统一汉字部首的目的。我们认为,"部首查字法里存在着据义定部与据形定部两种类型,它们的定部原则是对立的。每种类型又可以有不同的设计,例如同是据义定部,就有《康熙》的214部,也有《汉语大字典》的200部。把同一种类型里的不同设计统一起来是可以做到的,但是要把两种不同类型的定部原则统一在一起,是劳而无功的。如果仅仅是把两种类型的部首表统一起来,表面看是统一了,但是实际上会造成立部与归部的矛盾尖锐化,给应用带来困难。这是因为立部与归部是密切联系、互相制约的,采用不同的定部原则就会产生不同的部首表。不加分析地追求笼统的统一,不会得到理想的结果,《汉字统一部首表(草案)》的实践正好说明了这一点。"①

十一、中文信息处理取得了良好的开端

(一)让汉字进入计算机。中文信息处理的第一个难题就是要让汉字顺利地进入计算机。这个问题如果不解决,其他问题都是空谈,中国就会失去一个计算机时代。西方的字母文字最适合使用字母打字机,也最适合使用计算机。而汉字与字母文字有许多不同,突出的一点是字数繁多,而且字数无定。20世纪60年代,我们开始研究机器翻译,但那时汉字还不能进入计算机,只得用汉语拼音来代替。到了70年代,让汉字进入计算机成为一个很急迫的问题,摆在研究的日程上。这个问题解决的好坏和实现的早晚,直接关系到中国现代化建设的进

---

① 苏培成《谈"据形定部"》,《辞书研究》2007年第2期第25页。

程。仅就文字工作看,每天要投入多少人力、花费多少时间从事文字的抄写、制表、统计、查询、油印、排版等信息处理工作,这种状况显然与现代化的要求不适应。如果上述工作实现了自动化,即用计算机去操作,不仅节约了大量的人力和时间,而且能够做到准确无误地传递和摄取信息,及时处理信息,这对社会、经济、教育、科学、文化、军事乃至人们日常生活必将产生重大的影响。

1978年3月23日,胡愈之提出关于实现汉字标准化的建议,以便中文信息处理。该建议得到邓小平、方毅的支持,他们指示四机部、教育部和文改会研究实施方案,报国务院审批。

1978年7月19日,上海《文汇报》在第1版以《汉字进入了计算机》为题,报道了支秉彝、钱锋发明了用于计算机汉字输入的"见字识码"编码方案。

1978年12月5日至14日,中国科学技术情报学会和中国科学技术情报研究所在青岛举行全国汉字编码学术交流会。有17个省市的80位代表出席了会议,其中包括张其浚、支秉彝、刘涌泉、李一华、刘源、扶良文、倪光南等编码研究者。中国文字改革委员会也派人到会。有40位代表在大会上做了发言,其中包括4个综合性的学术报告和36个汉字编码方案的介绍。会议上交流的54种资料中有43个汉字编码方案。这些方案大体可分为整字输入、字形分解输入、拼音输入、形声编码输入4类,其中以形声编码所占比例最大,约占50%。为了推动汉字编码工作的深入开展和加强学术交流,在这次会上成立了群众性的学术组织——全国汉字编码研究会。会后,科学技术文献出版社出版了《汉字编码方案汇编》。在会上,代表们提出了对文字改革工作的要求,希望恰当地确定常用汉字的范围并实现规范化、标准化;要大力推进汉语拼音的研究工作,着重研究解决同音字词、四声标调和词儿连写等问题,以适应汉字信息处理的机械化、自动化的需要,促进汉字信息处理和推广、普及计算机的应用。

到了80年代初期,国内提出的汉字输入方案已有500多种。归纳起来,主要有四种类型:(1)以字形分解输入为主的编码方案。其中有汉字部件输入方案、笔形输入方案,以及其他类型的编码输入方案。(2)以字音输入为主的编码方案。其中汉语拼音输入已不属于编码,也比任何编码方案简便,但要解决同音字词问题。(3)字形与字音结合的输入编码方案。(4)整字输入的方案。此外,还有号码输入方案等。

中国各计算机使用部门采用的输入方案各不相同,不仅相互间使用不便,而且造成研制工作上的大量重复劳动,浪费人力、物力和财力。因此,需要在已有各种类型输入编码方案的基础上分别进行优选,即以同类型输入编码方案中较好的一种为基础,吸收各家所长,制订出最佳方案。1984年3月13日,国务院电子计算机和大规模集成电路领导小组办公室转发中文信息研究会汉字编码专业委员会1983年8月10日《关于落实〈汉字编码优化研究〉分项研究的报告》。《报告》认为,目前内地约有400个编码方案,台湾有三四十个方案,其他国家和地区还有一些方案,这些方案各有优缺点。由于基础工作不牢、理论研究不足、应用先进手段不够,因而大同小异,力量分散,重复浪费严重。优化输入编码的联合攻关,势在必行。从1978年12月青岛会议开始的编码统一工作,经过5年的努力,终于在1983年5月武汉会议上统一了认识。《报告》认为,编码的正确决策应该是:联合攻关,优化统一。

汉字输入编码方案的研制要求做到:基本符号少,能够实现盲打;编码规则简单,使操作人员便于记忆,从而缩短训练时间;一字一码,没有重码,即不能多字一码。根据上述要求,有关部门制订了《汉字输入编码评测试行规则》。《规则》分别从编码方案理论、编码规则、记忆量的大小、检索和兼容以及与机器的联系等5个方面提出了评测要求,要在不长的时间内优选制订出最佳方案推广试用,在试用中进一步完善,从而形成汉字输入编码方案的国家标准,以推进信息处理的深入发展。

(二)制订国家标准《信息交换用汉字编码字符集》。汉字输入计算机后,要使计算机对输入的信息进行处理,其先决条件是机内要有一个满足通用需要的字库。机内字库就相当于一部字典。字库内每个汉字都要有一个固定的位置,根据汉字的位置编制地址码。有了汉字的地址码,计算机即可查找、调用,进行信息处理和信息交换。

中国大陆研制汉字信息交换用汉字编码字符集的工作是从1979年开始的,电子工业部15所为研制编码的主办单位,中国文字改革委员会参与了这项工作。当时,国内使用的汉字信息交换码仍是沿用数字电报四码。由于电报四码提出时并未考虑到利用计算机进行汉字信息处理与交换的问题,更没有考虑到与现行国内计算机系统所通用的7位字符编码的兼容问题,因此,电报四码不能适应汉字信息处理技术深入发展的需要,必须研制中国现代化的汉字数据处理系统——《信息交换用汉字编码字符集》。

研制《信息交换用汉字编码字符集》要求做到以下几点:(1)兼容性。汉字信息处理系统所用的汉字信息交换码的控制功能码,应与现行计算机系统所通用的国内外标准7位信息处理交换用字符编码具有各种级别的兼容性。(2)实用性。因为汉字的字数多、字形结构复杂,所以字符与汉字的选择以及汉字的排列应符合实际使用的需要,以便利一般人使用和系统软件的设计以及硬件的制造。(3)通用性。被编码的字符和汉字的数量要适当。收入的汉字数量过多,就会加重计算机系统软件的设计和硬设备的负担;收入的汉字数量过少,又不能满足各种汉字信息处理领域的实际需要。因此,收入编码的字符和汉字必须能满足通用的需要。(4)唯一性。被编码的所有字符(包括控制字符)、汉字必须保证1个号码对应1个字符或1个汉字,即不能有重码字。

　　研制《信息交换用汉字编码字符集》的收字原则是：第一，频度原则。以1964年文化部和中国文字改革委员会联合发布的《印刷通用汉字字形表》所收入的6196个汉字以及北京新华字模厂、上海字模一厂、湖北丹江605厂三个字模厂编制的610个添盘字表为收字的基础。因为《印刷通用汉字字形表》收入的6196个字是根据全国几家大型印刷厂所用汉字铸字量的多少选择的，收入的字都是使用频度比较高的。610个添盘字表是近28年来使用频度较高的科技字。此外，又参考了20世纪50年代以来出版的12部通用字典和9种常用字表的收字，以及1974年七四八工程的字频统计资料、电报数字码本等。凡是上述材料中共有的字而《印刷通用汉字字形表》以及610个添盘字表的字同其他参考材料都没有的，则酌情予以删除。第二，构词原则。一般说，构词能力强的字使用频度就比较高。这是因为由构词能力强的字组成的词语数量比较多，它出现的机会也就比较多；构词能力比较弱的字，出现的机会相对说来也就较少。但是构词能力的强弱并不是判断一个汉字使用频度高低的绝对标准。事实上，有些汉字，特别是那些只有语法意义的虚字，它们的构词能力很弱，甚至没有构词能力，但它们的使用频度却很高。比如"的"字的构词能力很弱，但使用频度却很高。所以，构词能力原则只能是参考原则，不能把它作为收字的唯一原则，必须和频度原则结合起来进行分析比较，从而决定　个汉字的去取。

　　1979年10月，在上海嘉定举行信息交换用汉字字符集编码标准讨论会，会上制订了国家标准《信息交换用汉字编码字符集·基本集》（GB2312-80）。这个字符集于1981年5月1日公布实施。该标准由华北计算技术研究所起草，国家标准局发布。它收入了一般符号224个、序号60个、拉丁字母52个、日文假名169个、希腊字母48个、俄文字母66个、汉语拼音字母26个、注音字母37个、汉字6763个，共计

7445个图形符号。参考使用频度,把6763个汉字分为两级:一级是常用字3755个,按拼音字母顺序排列,读音相同的字,按横、竖、撇、点、折的笔形次序排列;二级次常用字有3008个,按部首排列,同部首的字按笔画多少排列,笔画少的排在前,笔画多的排在后,同笔画的字,仍按横、竖、撇、点、折的笔形次序排列。

国家标准《信息交换用汉字编码字符集·基本集》(GB2312-80)规定了汉字信息交换用的基本图形字符及其二进制编码,它适用于一般汉字处理、汉字通信系统之间的信息交换。随着中国汉字信息处理技术的发展,计算机的应用范围不断扩大,使用汉字字数较多的部门迫切需要在《基本集》的基础上制订《信息交换用汉字编码字符集》各辅助集的国家标准。计算机系统的研制厂商也提出同样要求,以便根据有关标准进一步研制汉字计算机系统的软件和硬件。

1983年5月,全国计算机与信息处理标准化技术委员会(简称"计标委",CCIPS)成立。同年10月组建了下属的第一批分技术委员会。计标委的成立推进了中国信息处理标准化的发展。1984年计标委"字符集和编码"分技术委员会提出编码字符集标准的繁体字与简化字对应编码的原则,并作出制订六个信息交换用汉字编码字符集的计划。其中,基本集、第二、第四辅助集是简化字集;第一、三、五辅助集是繁体字集,而且基本集与辅一集、辅二集与辅三集、辅四集与辅五集中的汉字分别有简繁体的对应关系,简繁字在两个字符集中同码。

(三)制订国家标准《15×16、24×24、32×32汉字点阵字模集及字模数据集》。计算机常用的输出设备有终端显示器、绘图仪和各种打印机。计算机汉字打印输出不是把汉字一笔一画地写出,而是靠针打实现的。即将汉字的笔画一个点接一个点地打出,打出的点越密集,就越接近汉字的笔画形状。因此,要使计算机把处理结果打印输出,就必须事先由人工设计点阵字形,然后把设计好的点阵字形输入计算机存贮。

所谓点阵字形,就是以点的形式来表现字符或汉字的形态。根据不同用户的使用需要,汉字数字化点阵规格有 12×14、15×16、16×16、16×18、18×18、20×20、22×22、24×24、32×32、48×48、108×108等等。目前,国内汉字信息处理系统字库存贮的数字化点阵规格有 15×16、24×24、32×32 共三种。这三种规格的点阵字基本上能够满足现代化管理、通讯联络和印刷校对的需要。

研制点阵字形的原则是:(1)所有点阵汉字字形和图形符号均按国家标准 GB2312-80《信息交换用汉字编码字符集·基本集》所规定的内容和顺序编制。(2)点阵字形要符合规范,严格按照国务院公布的简化字和文化部、中国文字改革委员会联合发布的《印刷通用汉字字形表》所规定的标准字形进行设计。(3)点阵字形确定选用宋体。因为宋体是印刷通用字体,字形结构端正、美观大方,深受用户的欢迎。(4)除 15×16 点阵字形中 138 个无法在 240 个栅格内表示的汉字需要压缩笔画外(要报请有关部门审批),其他汉字都要做到笔画齐全,符合规范。(5)点阵字形既要体现宋体字的神、形风格,又要黑白度适宜。

1985 年 3 月 11 日,国家标准局发布国家标准《信息交换用汉字 24×24 点阵字模集》(GB5007.1-85)。该标准规定了信息交换用汉字(书版宋体)图形字符的 24×24 点阵字模,它适用于汉字信息处理系统中的点阵式印刷设备和显示设备,也适用于其他有关设备。1985 年 5 月 17 日,国家标准局发布国家标准《信息交换用汉字 15×16 点阵字模集》(GB5199.1-85)。该标准规定了信息交换用汉字(书版宋体)图形字符的 15×16 点阵字模,它主要适用于汉字信息处理系统中的显示设备,也可用于点阵式印刷设备和其他有关设备。1985 年 10 月 1 日起实施。由于受点阵栅格数少的限制,有些汉字没有添加体现宋体风格的装饰点。对138个汉字进行了必要的简化处理,如"霸、鼻、疆、瞿、饕、麟"等。同日,国家标准局发布国家标准《信息交换用汉字15×16点阵字模数据库》(GB5199.2－85)。该标准规定了信息交换用汉字(书版宋体)图形字符的15×16点阵字模数据。它主要适用于汉字信息处理系统中的显示设备,也可用于点阵式印刷设备和其他有关设备。1985年10月1日起实施。

(四)研制多种信息处理系统。要使计算机具备处理文字工作的功能,就必须研制汉字信息处理系统。到20世纪80年代中期,汉字信息处理系统的研制工作在中国已有长足的进步,研制出了多种信息处理系统。

汉字信息处理的流程,简单说来就是输入—处理—输出。输入有键盘打字机、光电输入机、卡片输入机3种,处理的必备条件是建立字库;输出有荧光屏显示、针打、绘图仪3种。汉字信息处理系统的研制包括:第一,汉字手动输入计算机,即汉字编码方案的研制拟订。第二,汉字自动输入计算机,即汉字自动识别;研制信息处理交换用汉字编码字符集,即建立机内字库;计算机汉字简易输出,即汉字打印输出。第三,计算机汉字精密输出,即激光照相排版印刷等。

在中国,如何使繁难复杂、数量庞大的汉字进入电子计算机,是中文信息处理的瓶颈。自70年代中期到80年代中期的近10年里,国内外提出的输入方案已突破500种,未能统一。但在诸多方案中,拼音输入方法实在是一种较简便和最有前途的方法。

拼音输入法就是用汉语拼音击键输入所需要处理的字、词、句,以至篇、章等。遇到同音字和同音词,可用"显示选择法"或"高频先见法"来定字或定词。所用的键盘是国际通用的西文小键盘。拼音输入法也有它的缺点和不足:一是遇到不会读和读不准的字,要用其他方法诸如部件查字法来辅助;二是由于它是按词语输入的,所以需要有更大的储存量,这要通过信息压缩技术来解决。此外,国内批量生产的各种型号的能处理汉字的计算机,绝大多数都配有汉语拼音输入软件。据多数使用者反映,汉语拼音输入法是最为简便和最易掌握的输入方法。

另外,汉字信息处理工作取得的成功,与汉字整理工作也是分不开的。三十多年来的汉字整理工作及其取得的成果,如淘汰异体字、淘汰复音字、淘汰生僻的计量用字、更改地名生僻字、规范汉字查字法,以及对现行汉字字形的整理等,不仅为汉字的教学、印刷排版提供了方便,而且为汉字的信息处理如拟订《汉字字形输入编码方案》、研制国家标准《信息交换用汉字 15×16、24×24、32×32 点阵字模及字模数据集》提供了规范和科学的依据,为计算机软件设计减少了困难,节省了时间和设计经费。

1981年7月,由北京大学总体设计的汉字激光照排系统,经电子部、教育部联合鉴定,确认:解决了汉字编辑排版系统的主要技术难关,与国外电子照相排版系统相比,在汉字信息压缩技术方面领先,激光输出精度与软件、17万条指令的某些功能达到国际先进水平。

第三节 新形势下的新思考

1978年12月中共中央召开了十一届三中全会,会议开始全面地纠正"文化大革命"中及其以前的"左"倾错误,实现了党的历史上具有深远意义的伟大转折,国家进入了改革开放的新时期。随着党的中心任务发生的大变化,社会语文生活也发生了很大的变化,语文工作面对新形势,必须进行新的转变。

一、胡乔木谈文字改革

在这个时期,胡乔木分工负责全国的语文工作,因此要研究这个时期国家的语文工作,就必须研究他有关在改革开放形势下如何做好语文工作的讲话。

(一)胡乔木同志对语言文字工作的特殊贡献。陈章太在《胡乔木同志对语言文字工作的特殊贡献》①一文中说:"对语言文字工作,乔木同志一贯十分重视和大力支持,对语言文字问题有较多的研究,并有深刻、独到的见解。50年代时,他主持撰写《人民日报》重要社论《正确地使用祖国的语言,为语言的纯洁和健康而斗争》,部署《人民日报》同时连载吕叔湘、朱德熙的长文《语法修辞讲话》;支持、策划召开'全国文字改革会议',在闭幕式上做总结发言,并任中国文字改革委员会委员,为促进文字改革和推广普通话做了许多工作。紧接着他还支持、策划召开'现代汉语规范问题学术会议',在会后同与会代表的长篇谈话中,对现代汉语规范化的一些原则问题发表了很好的意见。两个大会之后,他又策划、安排《人民日报》发表题为《为促进文字改革、推广普通话、实现汉语规范化而努力》的社论。这是一篇高水平的文章,对当时我国的语言文字工作起到了重要指导和积极促进的作用。尤其是文字改革、推广普通话和现代汉语规范化处于低谷、困难时期,乔木同志总是站在高处,多方支持这方面的工作,这更显示他的特殊作用和杰出贡献。""1985年到1986年,在研究、制订、实施新时期的语言文字工作方针任务,文改会改名为国家语言文字工作委员会,筹备召开'全国语言文字工作会议',创建语言文字应用研究所,《文字改革》杂志改刊为《语文建设》,以及废止'第二次汉字简化方案(草案)',重新发表《简化字总表》,制订几项语言文字规范标准等,乔木同志发挥了至关重要的作用。他多次同文改会和国家语委领导成员谈话,指示工作,发表意见,提出建议,有时还搬出他的研究资料和卡片,跟我们讨论一些具体

---

① 载《语文建设》1997年第7期。

问题。""为筹备1986年1月在北京召开的'全国语言文字工作会议',写好会议的主题报告,我们就有关的几个重大问题,如对过去文字改革工作如何评价,汉语拼音方向要不要重申,'第二次汉字简化方案(草案)'如何处理,新时期语言文字工作的方针任务如何确定等,多次向党中央和国务院报告、请示。党中央和国务院有关领导同志都作了口头指示和书面批示。乔木同志当时任党中央政治局委员、书记处书记,直接领导我们的工作。他多次听取我们的汇报,详细了解情况,同我们讨论问题,或是给我们写信,对我们请示的上述问题,他都发表重要的意见。""乔木同志对语言文字工作的特殊贡献,可以归纳为这样几点:(1)几十年如一日关心、支持和推动文字改革、推广普通话和汉语规范化工作,在这些方面做出了重要的贡献。(2)在文字改革和语言文字工作处于困难时,他总是站在高处,积极支持,充分发挥他的特殊作用。(3)在制订新时期语言文字工作方针任务,促进语言文字规范化、标准化方面起到了至关重要的作用。(4)直到逝世以前,一直十分重视并潜心研究语言文字问题,并在这方面取得可喜的成果。"

(二)胡乔木发表《关于当前文字改革工作的讲话》。1982年1月23日,胡乔木在中国文字改革委员会的主任会议上就文字改革问题发表了重要讲话。《文字改革》杂志1982年第1期以《把文字改革的火焰继续燃烧下去》为题做了详细的报道。

胡乔木说:"文改会的三项任务:推广普通话,整理和简化汉字,制订和推行《汉语拼音方案》,是经毛主席提出,周总理在一次政协扩大会上宣布的。""文改会是具有设计研究和贯彻执行的双重任务的机构,而且做了大量工作,取得了很大成绩。"关于推广普通话,胡乔木说:"推广普通话工作的重要性和必要性应该是用不着多加说明了,可是现在许多地区和中央各部门对这项工作却不大重视。因此,推广普通话工作全国必须继续坚持进行并进一步加强。""现在国务院决定由教育部负责推普工作,不但教育系统应由教育部门管,就是社会上的推普工作,如商业、交通、广播、旅游,以及人民解放军等部门的推普工作,也都应由教育部门管。教育部门要负责推动这些部门开展推普工作。当然文改会对于这项工作也不是就没有责任了。前面说过了,它对推普工作仍应负有督促、协作的责任。"

关于《汉语拼音方案》,胡乔木指出:"《汉语拼音方案》除了使用上有许多问题需要解决以外,作为拼音方案本身,它并没有发生什么问题。""中国文字改革委员会作为国家的一个行政机关,对于个人自拟的与国家法定方案相抵触的方案,无论在舆论上、行政上、财力上、人力上都不能给以支持。""无论如何,对于国家法定的《汉语拼音方案》,决不能动摇。如果动摇了,那将是我们很大的失职。""推行《汉语拼音方案》,还是有许多工作需要进行的,除了前面所说的急需制订正词法规则、研究区别同音词的问题、恢复拼音电报的问题,和解决小学教学中如何避免高年级学生拼音回生等问题以外,还可选择一些小学应用《汉语拼音方案》进行拼音文字的教学实验。"

胡乔木用了很多的时间谈汉字简化问题。他说:"首先应该肯定,建国以来的汉字简化工作基本上是成功的,正确的,取得了很大成绩。""但也应当承认,它也存在一些不尽妥善的地方。""'约定俗成'的原则是有它的必要性和正确性的一面;同时不可避免地有它的缺陷,也是不完全的,也可以说是很不完全。""汉字的整理和简化工作,为了适应新的形势的需要,特别是为了汉字信息处理和机械化的需要,应该在过去简化汉字工作的基础上和在总结过去经验的基础上,根据下面这些原则和方法来进行":(1)应该减少汉字的结构单位,也就是减少汉字的部件,并尽可能使汉字的部件独立成字。(2)要减少汉字的结构方式。(3)要减少汉字的笔形。(4)要尽量使得汉字可以分解和容易分解。(5)要减少难认难写的字,尤其是那些最容易读错、写错的字。(6)简化汉字时应该优先考虑采用形声字的方法。(7)要尽量减少多音字和歧义字。(8)简化字要尽量减少记号字。(9)简化字的部件和结构单位应尽可能成为一个字。(10)凡是繁体字的一个部分或整个字已经简化了,这个部分或这个字,就应尽可能不再在另外一个字里出现。(11)关于人名地名用字,应该规定一个用字的范围。(12)国家要规定新字的"造字法",以防止人们乱造新字。(13)要合并可以合并的形状太相近的字。(14)在简化汉字时,要尽量使得简化字便于检索。(15)我们要尽可能使汉字成为一种"拼形"的文字。胡乔木还说:"我们当然不是要造出一套面目全非的新汉字,这样的东西没有用,群众不会接受,没有可行性。在汉字简化工作中,我们还是要承认习惯,接受传统,对现在的汉字,我们只能做相当的、社会可以接受并且认为必须接受的改变。"

最后,胡乔木谈了汉语拼音化问题,他指出:"文改工作者中间,有两种思想值得注意:一种是急于实现拼音文字的思想。持有这种思想的人认为,用不了多少年就要实行拼音文字了,何必再对汉字简化工作花大力气;拼音文字一实现,什么机械化、信息化都不成问题了,也不必花力气去研究汉字的机械化、信息化问题。另一种思想是不愿对推行《汉语拼音方案》做一些踏踏实实的工作,许多工作一碰到困难就后退了,许多都是有头无尾。实际上汉字持续了几千年,根本不可能完全废除;但是拼音文字也是一定会实行的,在很长时间内,很可能是拼音文字与汉字长期共存、各用其长的局面。我们如果能够在一个相当长的时间内(譬如说,在几十年甚至上百年内),争取达到这样一种局面,那就是很大的胜利。而要争取实现这个局面,在推行《汉语拼音方案》的工作中,还必须进行前面所说的一系列的艰苦的踏实的工作。另一方面,汉字既然要长期使用下去,为了便于人们的学习和使用,为我们的子孙后代造福,也为了适应四个现代化的需要,对于汉字的整理和简化工作也就必须做通盘考虑,尽可能做到既便于汉字的教学,又便于汉字的信息处理和机械化。"

胡乔木的这篇讲话,一方面重申我们应该继续完成文字改革的三项任务,另一方面又对如何在新形势下继续进行文字改革提出了许多值得探讨的问题。这篇讲话带有十分鲜明的时代特点。在改革开放的新形势下,如果我们放弃了文字改革,也就用不着去探讨如何做好三项任务的问题;如果我们坚持文字改革,但是又没有新的思路,完全是老一套,肯定做不好工作。"文革"结束后,中国进入了社会主义建设的新时期,文字改革的政策也要进行必要的调整。如对简化汉字,胡乔木对"约定俗成"的方针提出了疑问。关于汉语的拼音化,胡乔木一方面说汉字根本不可能完全废除,另一方面又说拼音文字也是一定会实行的,由此提出拼音文字和汉字长期共存、各用其长的设想。

(三)胡乔木发表《关于文字改革工作的谈话》。1982年4月2日,胡乔木在医院同吕叔湘、王力、倪海曙、周有光、唐守愚商谈文字改革问题。他认为:"当前文字改革工作处在低潮时期,文改会的信誉很低。现在,大家都很忙,中央领导同志固然顾不上文字改革工作,就是各省市的领导同志中实际关心文改的也很少。""相反,有相当一部分人,包括有些领导干部在内不赞成文改。""对于推进我们的文改事业所存在的困难和工作的艰巨性,要有充分的认识和估计,不要以为我们提出来的设想会很容易地被人们接受,会很容易通得过,这是不切实际的。还需要做许许多多艰苦踏实的工作,才能逐渐打开局面。""据我看,一百年左右时间实现不了拼音文字。"

二、召开文字改革工作座谈会

(一)"文革"结束后,中国进入了改革开放的新时期,社会发生了巨大变化,语文生活也发生了明显的变化,文字改革工作处在一个转折点。要顺利地实现这个转折,首先要对过去的工作做出正确的评价和总结,同时还要调查新情况、研究新问题。为此,中国文字改革委员会于1984年10月16日至20日,在北京召开了文字改革工作座谈会。出席座谈会的有中央有关部门和26个省、自治区、直辖市教育厅(局)与文字改革机构的负责人及有关的专家学者共60多人。中国文字改革委员会主任刘导生主持了会议,副主任陈原、陈章太、王均,顾问吕叔湘、唐守愚等出席会议。刘导生和教育部副部长彭珮云在会上作了重要讲话。陈章太传达了胡乔木10月19日跟刘导生、陈原、陈章太和王均谈话的内容和精神。吕叔湘也在会上作了重要讲话。

(二)座谈会期间,胡乔木给全体代表写了一封信。信中说:

参加文字改革工作座谈会的全体同志:

我临时因病不能参加你们的最后一天会议,很是抱歉。

文字改革工作在这几年里,依靠全国很多同志的努力,得到了不小的成绩,这特别表现在某些重要省市的大力推广普通话方面和小学语文教育利用拼音字母提前识字,从而大大加强了阅读写作能力的成功实验方面。汉语拼音字母的应用也得到了进一步的扩大,特别是在受到国际上的广泛承认和电子计算机汉字输入方案得到优异成绩方面。小学利用拼音字母提前识字的成功,使小学师生对拼音读物的需要日益增长。通过对汉字简化的深入研究,不久将向社会提出修订简化汉字总表征求意见,这也是一项重要的成果。当然,成绩在全国还很不平衡,还需要大家继续努力,逐年取得新的进展。

文字改革工作的继续前进,需要向社会各方面作有说服力的耐心而持久的宣传,不能求成过急。语言文字是全社会的交际工具,社会各界人士对语言文字的使用习惯和看法不同,这是我们必须承认的客观事实。至于对语言文字应用规范的确定和对新字的审定,这是一项不可避免的工作,是一切文明的国家民族都不能不进行的,这也是任何人所不能否认的客观事实。有同志从这一方面的考虑出发,建议将文字改革工作改称为语言文字工作,这个建议很值得大家认真研究。这是一方面。在另一方面,由于国家在各方面要求现代化,要求高效率,要求普及初级教育和扩大中等高等教育,要求扩大商品流通和建立统一的国内市场,要求进一步扩大对外开放和国际交往,这些不可抗拒的客观趋势,终将使愈来愈多的人认识到在全国全社会范围内推广普通话(同时也就推广汉语拼音字母)和对汉字继续进行稳步改革的必要性,这是无可置疑的。

关于当前文字改革工作的具体意见,已经请陈章太同志说明,不再赘述。

祝大家在工作中取得新的成就。

胡乔木
1984 年 10 月 19 日

(三)1984 年 10 月 19 日,陈章太传达胡乔木关于当前文字改革工作的意见:

乔木同志在听取这次座谈会情况的汇报以后,原定今天下午要作一次讲话,谈文字改革工作。但是今天早上打来电话,说他昨天晚上发烧,今天实在讲不了了,请同志们谅解。乔木同志要我把昨天刘导生同志、陈原同志、王均同志和我在他那里谈话的内容和精神说一说,以代替他的讲话。

文改会多年没有开这种会了,这次召开文字改革工作座谈会,还是适时的。会开得不错,有较大收获。关于文字改革工作,想讲几点意见。

一、文字改革工作是有意义的。它是国家、社会的一项重要事业。正如会议上有的同志说的,这是百年大计的事情。随着社会的进步,国内国际交往的日益频繁,文化教育的发展和科学技术的发达,广播电视的逐步普及,社会对文字改革必将提出更多的要求,文字改革的重要性也必然会愈来愈被人们所认识。社会要现代化,就要求各方面要高效率、标准化,而语言文字的规范化就同社会现代化有密切关系。例如推广并普及普通话,研究、整理汉字和推行《汉语拼音方案》,都是语言文字规范化的重要内容。因此,不能认为文字改革工作可有可无,可以漠不关心。文字改革工作是必不可少的,它在两个文明建设中有很重要的作用。希望从事文字改革工作的同志要有明确的认识,并且坚定信心,做出更大的成绩,为国家的社会主义现代化建设做出贡献。

二、过去的文字改革工作是有很大成绩的。新中国建立以后,在党中央、国务院的领导下,在老一辈无产阶级革命家的亲切关怀和大力支持下,全面开展了文字改革工作,研究确定了文字改革的方针任务,制订并推行了《汉语拼音方案》,整理和简化了汉字,大力推广了普通话,大规模进行扫盲,还做了其他方面的许多工作。在这些方向,都取得了显著的成绩,这是大家公认的事实。现在,《汉语拼音方案》已在国内外广泛应用,普通话在 些地方,特别是方言复杂的地方,正在受到领导部门和社会各界的重视。新《宪法》明确规定:"国家推广全国通用的普通话。"普通话在人们交往中和社会生活中正在发挥积极作用。

近年来,除了继续推广普通话、推行《汉语拼音方案》,以及研究整理汉字等取得成绩以外,有两件事情值得足够的重视。一件是黑龙江省以及其他一些地方进行的"注音识字,提前读写"实验。这项实验已在全国其他一些地方扎扎实实地扩大了,教育部已经肯定了,并且加强了领导。这一实验很有意义,一定会得到中央和各地的支持。当然,在各地推广时,依靠强迫命令是不行的,比如方言复杂的地区,实验就不能整套照搬。实验要有条件,才能取得成功;条件要准备充分,如领导重视,师资培训,教材编写,读物增加等。这项实验不但可以大大提高语文教学水平,对算术教学和其他学科的教学都有很大的帮助,有利于开发智力,工作做好了还可能帮助学制的改革,对文改工作也会起很大的促进作用。三中全会以后,中央要专门讨论一次教育问题,希望准备一份比较好的有关"注音识字,提前读写"实验的材料,要有充实的内容,要有说服力。我们想"注音识字,提前读写"的实验,会受到中央的重视。

另外一件是输入汉语拼音输出汉字的电子计算机研制成功,这是信息处理的一个突破,对《汉语拼音方案》的扩大使用和文字改革也可以起一定的促进作用。以后我国进入信息社会,计算机将会大大普及,直到广泛应用于家庭生活。汉语拼音计算机速度快,效率高,使用简便,非常有利于电子计算机的普及和应用。这一研究成果要尽快通过国家鉴定,这才有利于推广。明年文改会准备举行汉语拼音电脑国际学术讨论会,一定会对这项工作起促进作用。

广东省委、省政府对于推广普通话十分重视,抓得很紧很具体,效果也较显著。广东的工作一定会影响到福建和其他方言区,还会影响香港,促进香港推广普通话。上海也一贯重视推广普通话,要求各行各业都要讲普通话,这很重要。广东、福建、上海都是方言复杂的地区,如果两省一市的推广普通话搞好了,那说明其他省市更可以搞好,对其他省市也会起促进作用。当然,推广普通话是为了适应在目前经济发展条件下空前繁荣的社会交往的需要,并不是要消灭方言;方言不是凭少数人的意志所能消灭的。

三、关于新时期文字改革的方针任务。除了重申过去中央确定的"汉字必须改革,汉字改革要走世界文字共同的拼音方向"这个方针以外,还要研究新问题。汉字在我国已有几千年的历史,有浩如烟海的文献资料,在中国人民心中扎下了很深的根,在实际应用上也发挥了很大的作用,这一定要承认。尽管现代社会的发展和科学文化的发达,使得汉字有某些不相适应,但在很长的时期内汉字还要用,拼音化的过程会是很长的。我们推广拼音,首先是为了促进识字教育和普通话教育,同时为了适应社会现代化和科技发展的需要,而不是企图消灭汉字,实际上汉字是消灭不了的。在今后长时期内,将是汉字和汉语拼音共存,各自发挥其所长,相互弥补其不足,共同为我国现代化建设服务。这些应当讲清楚,让人们放心,也可消除不必要的误解和抵触。

在新的历史时期,仍然要坚持文字必须稳步进行改革的方针。关于当前文字改革的任务,主要是:大力推广普通话,积极普及普通话;研究整理现行汉字,制定现代汉语用字的各项标准;进一步推行《汉语拼音方案》,使《汉语拼音方案》在实际应用中完善化、规范化;加强有关文字改革的社会调查和学术研究,并进行各种规模的实验。

当前有一件实际工作需要做,就是商标的拼音正字。许多商品的拼音常有错误,这会贻笑于国外。文改会准备同有关部门,如轻工业部、商业部、外贸部联系一下,帮助培训有关人员掌握拼音,做到正确拼写。至于地名、路名牌和各种招牌的拼音错误,以及社会用字混乱,如弃简就繁、乱用不规范的简化字、随便写错别字、异体字等,这些都应当注意纠正,以使各方面用字达到规范化。

语言文字具有历史的继承性和很强的社会性,因而它是相对稳定的,同时又是逐渐演变的。我们进行文字改革,必须遵循这个规律,顺乎自然,因势利导,做促进工作,而不能违反这个规律,这样才能取得成功。

四、关于地方成立有少数几个人办事的文改机构。这是必要的,可以向各地领导提出来,但是一定要实事求是,切实可行,才能通过。文改工作的办事班子可以设在教育厅(局)。编制统一调剂解决。这样便于开展工作。

五、文字改革工作同社会各方面都有密切的关系,应当采用各种办法,利用各种场合,千方百计多做宣传,让各级领导同志和广大群众了解文改工作的意义和必要性,争取干部和群众的支持,这才能很好开展工作。还要面向社会,加强为社会服务和社会咨询,切实做一两件或几件有利于社会的事,例如解决用字混乱的问题,这也是很必要的。当人们了解或感受到文字改革工作对他们有用、有帮助,就会给以大力支持。"注音识字,提前读写"实验就充分说明了这一点。这方面的工作怎样做得更好,请同志们研究。还有同志建议把文字改革工作改称为语言文字工作,这既表明这项工作的范围广泛,不限于改革,也免得一部分人一听说文字改革就认为文字就要改革,天天都要改革,或者认为文改会的工作就是要马上改革文字。这个意见值得我们考虑。

总之,大家要好好总结三十年文改工作正反两方面的经验,为举行第二次全国文字改革会议做好各项准备,以便把大会开好,把文字改革工作做得更好,为我国两个文明的建设多做贡献。

(四)座谈会肯定了汉字在当今社会生活中的作用,并预言在今后一个相当长的时期之内,汉字都将在社会生活中发挥它应有的作用,改变了以前人们对汉字的某些看法。会议还提出了我国语言文字工作重心的转移问题,认为在新的历史形势之下,普通话的推广显得十分重要与必要,语言文字工作应当把普通话的推广放在首位。

在这次会议上,一部分长期从事文字改革工作的人士流露了对50年代文字改革运动处于高潮时期的向往。当时党和国家的领导核心大都是文字改革运动的积极倡导者,文字改革工作被放在一个比较重要的位置。他们希望在今后仍能得到国家领导层的同样重视,把这项工作放在重要的位置,再现50年代那种轰轰烈烈的局面。通过五天的座谈,更多的与会者认识到:50年代呈现的工作局面是在当时的形势和需要下形成的,今后要以新时期的形势和需要为依据展开工作。语言文字工作的重要性,应该表现在通过广大语言文字工作者的不懈努力,使之真正成为把中国建设成社会主义现代化强国事业中不可缺少的一部分,在以大量的工作成果去满足中国文化发展和科学技术进步的需要上,以及为中国语言文字方针任务的宏观决策提供依据和选择上,实现自身的价值,并赢得国家和社会的重视和支持。

会议认为:在新的形势下,文字改革各项任务中推广普通话工作应该提到首位。会议还明确指出:在今后一个相当长的历史时期内,汉字将在中国语文生活中继续发挥重要的作用,它将与汉语拼音相辅相成,共同为现代化建设服务。

与会者认为,为了总结第一次全国文字改革会议以来30年的工作,推动新时期语言文字工作的开展,有必要召开第二次全国文字改革会议,应该立即着手这方面的筹备工作。

与会人员对新中国成立以来的文字改革工作进行了全面的回顾,畅谈了对以往工作的认识,并对如何在新形势下进一步做好语言文字方面的工作交换了意见。座谈会肯定了成绩,进一步提高了对文字改革工作重要性的认识。关于新时期文字改革的方针任务,会议认为:"我国在新的历史条件下,仍要坚持文字必须稳步进行改革的方针,走世界文字共同的拼音方向。但这并不影响汉字的继续存在和使用。在今后相当长的时期内,汉字和《汉语拼音方案》将会并存并用,相辅相成,共同为现代化建设服务。当前文字改革的任务主要是:积极推广和普及普通话,研究整理现行汉字并制订现代汉语用字的各项标准,进一步推行《汉语拼音方案》,使《汉语拼音方案》在实际应用中完善化、规范化,加强有关文字改革的社会调查和科学研究,进行各种规模的实验,并努力为社会服务。"会议还认为:"在新的形势下,文字改革诸项任务中推广普通话的工作应该提到首位。"会议指出,目前文字改革要抓好五件事情:(1)加强宣传,大力开展社会咨询和服务工作;(2)建立和健全地方文字改革机构;(3)进一步做好推广普通话工作;(4)逐步消除社会用字的混乱现象;(5)认真总结30年来文字改革工作的经验,做好准备于明年召开的第二次全国文字改革会议的各项准备工作。

(五)国务院批转《关于文字改革工作座谈会情况的报告》。1985年2月1日,中国文字改革委员会向国务院报送了《关于文字改革工作座谈会情况的报告》。报告分三部分:(1)关于新时期文字改革工作的方针、任务。会议认为,当前文字改革的任务主要是:积极推广和普及普通话;研究整理现行汉字并制订现代汉语用字的各项标准;进一步推行《汉语拼音方案》,使《汉语拼音方案》在实际运用中完善化、规范化;加强有关文字改革的社会调查和科学研究,进行各种规模的实验,并努力为社会服务。(2)关于省、自治区、直辖市文字改革机构问题,除已经成立文字改革委员会的省、自治区、直辖市外,其他省、自治区、直辖市可根据实际情况,考虑是否成立文字改革委员会或推广普通话工作委员会。(3)1985年秋季,拟由文改会和教育部在北京召开第二次全国文字改革会议。

3月2日,国务院同意了这个报告并由办公厅将报告转发给全国各地。国务院办公厅的《通知》指出:"文字改革是关系社会进步和现代化建设的一件大事,各级政府和各部门都应该重视并支持这项工作。要积极推广和普及普通话,研究整理现行汉字,进一步推行《汉语拼音方案》,使方块汉字和汉语拼音更好地为我国现代化建设服务。"同时,国务院批准由文改会和国家教委共同做好召开第二次全国文字改革会议的准备工作。

三、筹备第二次全国文字改革会议

(一)调查了解语言文字工作的实际情况。为了筹备第二次全国文字改革会议,中国文字改革委员会在1985年春夏之际,邀请了各界人士召开了一系列座谈会,广泛征求社会各界对文字改革以往工作和今后工作的意见和要求。与此同时,中国文字改革委员会主任刘导生,副主任陈章太、王均,先后到广东、山东、江西、浙江、福建、云南、四川、湖南、贵州、广西等省、自治区,与当地政府负责人和有关部门领导就语言文字工作交换意见,调查了解各地语言文字工作的实际情况。

在调查了解情况、广泛征求意见的过程中,他们感到:在总结第一次全国文字改革会议以来的工作时,必须结合新时期的特点和要求,对30年来的文字改革方针任务制订的出发点、理论基础、工作方法和各阶段工作的得失进行深入而全面的反思。随着反思的深入,思想转变和工作调整的脉络越来越清晰了。新的历史时期,出现了大力推广普通话的有利形势,必须抓住这个良机。此时的出发点已不仅仅是为了实现拼音化去作铺垫,而是以便利人们交流的实用目的为主。现代科学技术的应用要求语言文字的使用合乎规范,并在一段时期内保持稳定,那么在今后相当长的一个时期内,汉字研究整理的内容将不是以改革简化为主,而将是以汉字使用的各种规范标准的拟定、汉字应用的管理为主。同时,随着汉字生活与电子计算机应用的互相渗透,汉字的研究整理要开拓新的领域,也必须照顾到电子计算机的各项技术指标。有关《汉语拼音方案》的工作,将主要集中在完善其在使用中的各种功能,在弥补汉字缺陷的领域充分发挥作用,等等。这就奠定了第二次全国文字改革会议主题报告起草的思想基础。

这种反思和展望还使人们逐渐认识到:今后的语言文字工作将与整个社会的生产、生活建立更广泛而密切的联系,它所应参与和管理的领域已经大大超过以往文字改革所具有的内涵。于是中国文字改革委员会向中共中央和国务院提出了将原机构名称改为国家语言文字工作委员会的请求。同时随着机构名称的变更,第二次全国文字改革会议的名称也将相应地改为全国语言文字工作会议。

(二)发出《关于召开第二次全国文字改革会议的通知》。1985年5月10日,文改会、教育部向全国各省、自治区、直辖市文改会(办公室)、教育厅(局)发出《关于召开第二次全国文字改革会议的通知》。《通知》指出第二次全国文字改革会议的主要内容是:回顾总结第一次全国文字改革会议以来(1955—1985)的文字改革工作;进一步研究贯彻新时期文字改革工作的方针任务;讨论制订"七五"期间文字改革的规划;交流经验,表彰文字改革工作的先进单位和积极分子。

1985年6月13日,《文字改革》杂志1985年第3期发表中国文字改革委员会副主任兼秘书长陈章太就国务院办公厅转发文改会《关于文字改革工作座谈会情况的报告》答该刊记者问。回答的主要问题是:(1)国务院办公厅转发的文字改革工作座谈会情况报告的意义是什么?(2)从第一次全国文字改革会议到现在整整30年了,文字改革工作取得了哪些成绩?(3)当前社会上对文字改革工作有不同的认识,您对这个问题有什么看法?(4)文件中关于当前文字改革方针、任务的阐述与以往有哪些不同?

(三)胡乔木发表《同中国文字改革委员会领导成员的谈话》。1985年7月2日,胡乔木同文改会主任刘导生,副主任陈原、王均、陈章太进行了谈话。谈话的要点主要有:(1)文字改革是社会的需要,要认真做好,但这种改革要稳步进行,不能操之过急。胡乔木说:"我想请中央几位同志谈谈意见,当时耀邦同志不在北京,我同万里同志谈了。万里同志认为,现在不宜明确提实行汉语拼音文字。这样提没有积极意义,反而有消极作用,有人会有反感,中央也通不过。万里同志认为,要很好地考虑,以免求快,结果适得其反。万里同志也不赞成过多地简化汉字。他说,简得太多了,大家不认识,他也不认识。""实现拼音化需要一个很长的过程,是一项十分艰巨的工作,千万不能急于求成,急了会翻车。翻车、翻船是一个意思。目前热心文改的人在社会上还是少数。就党内来说,就整个社会来说都是少数,绝不能只看到少数文改积极分子的意见,而在要求和做法上过急过快,这会使老一代开创的工作受到挫折。"(2)要多做实际工作,多做对社会有用的工作,让领导和群众逐渐了解,争取社会的支持。胡乔木说:"你们的报告里提出,把机构改名为'国家语言文字规范化委员会',我看不合适。这个名称太不通俗,一般人不易理解。现代汉语规范化是有困难的。""规范标准太复杂了。语音规范好办一点儿,语法、词汇的规范就不好办了。许多问题本来就争论不休,规范化作为委员会的中心任务,你怎么管? 工作很难开展嘛! 中央和国务院不会同意成立这样的机构,不会把这些长期争论不休的工作收归国家来管,去背这个包袱的。要改名称,最好改为'国家语言文字工作委员会'。这样,许多工作都可以包括在内。字形字音的标准化、计算机的语言文字处理、拼音文字、拼音电报的研究、推广普通话以及名词术语、外来词语的规范化等都包括在内了。"(3)要加强研究和实验,把我们的工作逐渐转移到研究、实验的轨道上来。要认真地、脚踏实地地研究文改中的实际问题。胡乔木说:

"现在,对拼音化问题研究得太少,没有下工夫。许多问题,如同音词问题、拼写法问题、标调问题,都还停留在二十年前的水平上。同音词不能只强调依靠上下文来解决,有的连上下文也解决不了,有的还没有上下文。"(4)文改工作要贯彻争鸣精神,决不能搞关门主义。要实行"开放",要团结不同意见的人。胡乔木说:"应当争鸣,让大家讲话。只有这样,才能团结更多的人。即使是说服不了他,可以让他保留意见。'生意不成仁义在'嘛!"

(四)胡乔木提出《对全国语言文字工作会议筹备工作的意见》。1985年12月6日,胡乔木致信给刘导生和陈章太,对全国语言文字工作会议的筹备工作提出了意见。信件全文如下:

导生、章太同志:

(一)给中央的报告虽已批,但手续很潦草,只是由中办转给中宣部,中宣部同意后又送我批,故中央负责同志并不了解。因此,为使国务院了解,仍须写一简要报告给国务院,除国务院秘书长外,至少要请万里、李鹏两同志看过,使他们知道国务院的一个与教委有重要关系的直属机构改名、开会和今后的工作方针。否则会引起许多不良后果。此外,应同时报送社科院党组,最好能在党组讨论一次。

(二)会议报告稿、规划稿和两个名单都有一些非常不切实际的空想成分。制订语文法是一典型的例子。语文如何能用立法、司法办法处理?对推广普通话的要求也很难令人置信。语文委员会的名单不需要列上许多不可能来开会的人的名字。工作会议也不必要求来多少领导同志,而没有这些领导同志到会也不要失望,应该实事求是地办事,不要讲场面。这是一种专业性的会议,多少带有点学术性,有教委和社科院的负责人到会就可以了。我因定于本月十日至下月十日在外地休息一个月,按规定会期不可能参加开幕式,如能赶上参加闭幕式就不错了。

胡乔木　十二月六日

四、"中国文字改革委员会"改名为"国家语言文字工作委员会"

1985年12月16日,国务院办公厅发出了《关于中国文字改革委员会改名为国家语言文字工作委员会的通知》。《通知》全文如下:

各省、自治区、直辖市人民政府,国务院各部委、各直属机构:

　　为了加强新时期的语言文字工作,国务院决定将原中国文字改革委员会改名为国家语言文字工作委员会。国家语言文字工作委员会仍为国务院的直属机构。其主要职责是:贯彻执行国家关于语言文字工作的方针、政策和法令,促进语言文字的规范化、标准化,继续推动文字改革工作,并做好有关的社会服务工作。少数民族语言文字工作仍由国家民族事务委员会管理。

国务院办公厅
一九八五年十二月十六日

　　国家语言文字工作领导部门的此次改名,仅从概念的角度就可以看出,新的名称要比原来的名称覆盖更广的范围,包含了语言文字工作的各个方面与各个层面。而此次改名的意义,又不仅仅是在概念方面,实际上反映出的是人们对我国语言文字工作的一次再认识,反映了国家对语言文字政策的新调整与新定位。

　　中国文字改革委员会改名为国家语言文字工作委员会,"说明工作范围已从进行文字改革扩大到促进语言文字的规范化和标准化,以及其它有关工作,内容比以前增多了。但从性质上来说,并没有根本的改变。过去中国文字改革委员会担负的文字改革任务,也是语言文字规范化、标准化的内容。这些工作今天仍包括在国家语言文字工作委员会的职责范围之内。中国文字改革委员会改名为国家语言文字工作委员会,主要有三方面意义:(1)扩大工作范围,以适应新时期我国现代化建设的需要;(2)进一步加强语言文字工作,促进语文工作更大的发展,以便承担因新形势的发展向语文工作提出的更加繁重的任务;(3)使机构名称同实际工作相符,以便更好地开展工作,发挥作用。"①

中国文字改革委员会名称的改变,标志着国家语言文字工作任务的改变,因此原来计划召开的"第二次全国文字改革会议"在名称和内容上也必须做出相应的调整。经过仔细的研究,会议的名称改为"全国语言文字工作会议",会议的任务改为讨论并贯彻新时期语言文字工作的方针和任务。

五、王力、吕叔湘、周有光谈新时期的文字改革

在这个时期,我国著名的语言文字学家王力、吕叔湘、周有光都十分关注语言文字工作,他们对如何做好改革开放形势下的语言文字工作进行了研究,发表了许多重要的意见。

(一)王力谈文字改革。

1.《在高等学校文改教材协作会上的发言》②。1979年5月6日至14日,部分高等院校文改教材协作会议第二次会议在上海举行,王力先生在会上做了发言。王力先生首先说:"今天参加这个会,我感到很高兴,很荣幸。虽然同时有三个会要我参加,我还是选定到上海来参加

---

① 陈章太《关于我国当前的语言文字工作》,《新时期语言文字工作》第323页,语文出版社1987年版。
② 《语文现代化》丛刊第一辑,知识出版社1980年版。

这个会。……表示我支持文字改革工作,拥护文字改革工作,愿意为文字改革工作贡献自己的力量。"王先生特别强调要加强对文改理论的研究,他说:"当前,要搞好文字改革,是否另搞一套方案是个次要问题,重要的是要从理论上解决问题。这方面的宣传工作和教材要多谈理论,要研究汉字改革的必要性和可能性。把这个问题解决好了,大家思想通了,就容易实现拼音文字。应该造成这样一种舆论:汉字一定要改革,一定能改革,也一定能改革好。""毛主席教导我们要接受新事物,要研究新问题。现在的新事物、新问题是什么呢? 就是如何实现四个现代化。文字改革也是加快实现现代化的手段之一。只有从这点出发,从现代化建设的实际需要出发,才能认识到文字改革的紧迫性和全部意义,把理论研究和实际工作搞上去。陈明远同志在《光明日报》上发表一篇文章,说明搞现代化,搞电子计算机,需要拼音文字。他说:'输出一个方块汉字所需的信息位数,是它的汉语拼音所需信息位数的三倍到五十倍!'这就说明,现代科学技术的发展使文字改革的工作必须加快步骤。"

2.《汉字和汉字改革》[①]。这是 1980 年 7 月 7 日王先生在南开大学对美国留学生发表的讲演,整个讲演共分六个部分:一、汉字的构造;二、汉字的发展和演变;三、汉字为什么要改革;四、简化字问题;五、必须走世界文字共同的拼音方向;六、要为早日实现汉字拼音化做有效的宣传。在第三部分"汉字为什么要改革"里,王先生说:汉字需要改革的主要原因是因为汉字难认难写。汉字为什么难认? 有三个原因:第一个原因是隶变以后,字形变化得太大了,变得象形字都不象形了。第二个原因是部件太多、太杂。鲁迅曾经批评过,他说乌龟的"龜"字很难写得对。这个"龜"字不但小孩子写不好,连我们也写不好。就是拿

[①]《王力文集》第 20 卷,山东教育出版社 1991 年版。

今天常用的汉字来说,部件也是够复杂的了。第三个原因,是笔画太多。汉字的笔画多到三十多笔,有些四五十画的就不常用了。汉字既然是难认难写,那我们就应该改革。因为难认难写给我们的语文教育造成很大的困难。在第五部分"必须走世界文字共同的拼音方向"里,王先生说:汉字拼音化有什么好处呢?我想有五个好处:第一个好处是文字跟拼音一致了,学起来很方便。第二个好处是二十六个字母是以简驭繁的办法,跟汉字的部件太多、太复杂是鲜明的对比。第三个好处是文字音素化是文字发展的最后阶段。用一个字母代表一个音素,一个音素只用同样的一个字母,这是最进步的文字。第四个好处是字母国际化有利于国际文化交流。第五个好处是汉字拼音化有利于四个现代化。从大的方面说,可以比较有利地完成语文教育;从小的范围来说,汉字拼音化以后,有利于信息处理。

(二)吕叔湘谈文字改革。

1.《在高等学校文改教材协作会上的发言》①。1979年5月6日至14日,部分高等院校文改教材协作会议第二次会议在上海举行,吕叔湘先生在会上做了发言。吕先生说:从19世纪末开始的语文改革运动,到"五四"时期向前推进了一大步。语文改革的三个组成部分——白话文、普通话、拼音文字——在"五四"时期都有了新的进步。从五四运动到现在,这六十年中,除白话文对文言文取得了彻底胜利以外,普通话的推行和拼音文字的宣传和试验都经历了几起几落的过程。我国正在进行四个现代化的社会主义建设。四个现代化的关键是科学技术的现代化。要实现科学技术现代化,首先得让文字现代化,也就是得让汉语拼音化,不能让汉字拖四个现代化的后腿。这个道理,在别的地方也许还需要好好解释一番,在今天这个地方用不着多讲。

---

① 《语文现代化》丛刊第一辑,知识出版社1980年版。

2.《汉语文的特点和当前的语文问题》。① 全文共分五个部分：一、引言；二、汉语和汉字；三、语言文字的演变；四、语文改革运动；五、联系三个面向。吕先生说：在19世纪末20世纪初，兴起了语文改革运动。这个语文改革运动有三个组成部分：针对言文不一致，有白话文运动；针对方言分歧，有国语运动；针对汉字难学难用，有拼音字运动。有一个虽然不在语文改革的主流之内，可是目前相当严重的问题，那就是汉字规范的问题。吕先生在这篇文章里重点谈了联系三个面向。第一个是面向现代化。什么是现代化？简单点说就是高效率。怎么取得高效率？一是要有高速度，二是要有高精密度。讲到高速度，汉字怎么样也不能跟拼音字比赛。高速度之外要讲究高精密度。在这一方面，汉语拼音在同音词问题解决以前是不如汉字的。方言对于高效率是有妨害的，所以普及普通话是实现高效率的一个条件。第二个面向是面向世界。面向世界的一个重要内容就是语言文字要有利于中外文化交流。在这个问题上，汉字也是远远不如汉语拼音便利。汉字的不利于国际化，突出地表现在两件事情上。一件事情是翻译外国人名地名，另一件事情是科技名词。以上两大问题，尤其是第二个问题不能等闲视之。第三个面向是面向未来。按照我的理解，面向未来就是要更进一步现代化，更进一步国际化，而决不是相反。

（三）周有光谈文字改革。

1.《关于文字改革的理解和误解》②。周有光说：关于我国汉族的文字改革，流行着不少误解。怎样消除误解、增进理解，这是值得深思的问题。一、什么是文字改革？文字改革就是语文生活的现代化。二、关于"废除汉字"。查看解放以来中国政府发表的有关文改的正式

---

① 《中国青年报》1985年1月至2月。收入《吕叔湘文集》第4卷，商务印书馆1992年版。

② 《文字改革》1982年第9期。

文件,其中没有一句话说过要废除汉字。可见"废除汉字"不是我们政府的文改政策。整理汉字是为了更好地学习和应用汉字,不是废除汉字。"五四"以来一直有人写文章主张废除汉字。这是个人的文改思想。个人的文改思想跟政府的文改政策,不可混为一谈。三、关于"民族形式"。毛主席曾经主张采用民族形式字母,经过试验,觉得不好;他放弃了原来的主张,并且劝说别人也同意采用拉丁字母。采用民族形式字母是他的个人主张,他没有固执他的个人主张。1956 年 1 月 27 日中共中央文件说,"中央认为,汉语拼音方案采用拉丁字母比较适宜。"拼写汉语的字母从民族形式转变到国际形式,这是历史发展的必然结果,不是个人意志所能任意决定的。四、关于"拼音文字"。《汉语拼音方案》"不是"代替汉字的汉语拼音文字。作为"汉语拼音"它有法定性,作为"汉语拼音文字"它没有法定性。拼音和拼音文字的"本质区别"是什么呢? 有没有"本质区别"呢? 在汉字的汪洋大海中,汉语拼音的文字性功能需要逐步发展,无法一步登天。五、电子计算机能解决一切吗? 我们为中文信息处理取得进展而欢欣鼓舞。但是,汉字打字机和字母打字机之间存在着巨大差别。汉字的语词处理机和拼音文字的语词处理机之间没有巨大差别吗? 责任当然不在打字机和电子计算机。责任在汉字字数太多。一万个汉字和 26 个拉丁字母永远无法在功能和效率上并驾齐驱。

2.《中国语文的现代化》[①]。文章讨论了四个问题。一、共同语和标准音。汉语的共同语起初称"官话",后来改称"国语",1955 年又改称"普通话"。标准音的确立是共同语达到"成年"的标志。从 1913 年到 1924 年,经过了十年时间,形成了"以北京语音为标准音"的统一认识。1955 年的普通话定义不过是继承历史事实而已。二、汉字整理和

---

① 《教育研究》杂志 1984 年 1 月号。

现代汉字问题。现代汉字的整理包含下列内容:(1)字量的清点,(2)字形的简化和标准化,(3)字音的标准化,(4)字序的标准化。汉字整理的目的是减少汉字的学习困难和应用不便。三、拼音化和正词法。所谓"拼音化",广义指拼音字母的任何应用,狭义指使它取得法定的文字地位。用汉语拼音书写现代汉语,需要以"词儿"为单位,不能照汉字那样把各个音节分开,也不能把所有的音节都连在一起。"正词法"原来称"正字法"。打破"字"的框框,树立"词"的概念,这是有革新意义的。四、中文信息处理的双轨制。为了使中文信息处理赶上时代,必须采用双轨制:一方面有汉字的计算机,另一方面有汉语拼音的计算机。前者由具备人力、物力,并有使用汉字必要的单位采用。后者由个人、家庭、学校的班级较小的单位采用。处理汉字,难关在输入。到目前为止,汉字输入法分为三类:(1)字表笔触法。(2)汉字编码法。(3)拼音转变法。拼音转变法的新设计完全不用编码。打入汉语拼音或者编码,由计算机自动转变成为汉字。所用键盘跟英文相同。汉语拼音在计算机时代将发挥极大的作用。

第四节 有关文字改革的学术论争

在科学研究中,不同意见的争论辩难是很常见的,只要争论的各方坚持摆事实、讲道理,以理服人,它对促进学术的发展有利而无害。可是在"以阶级斗争为纲"的年月,学术论争离开了学术的轨道,成为政治斗争的工具和手段,其结果不但是窒息了学术,而且还扼杀了民主。汉字要不要改革、要不要走拼音化的道路,这个问题在自清末开始的语文改革的一百多年间,曾经进行过多次激烈的争论。值得注意的是,这次由段生农、曾性初的文章的发表所引起的论争,论争的内容和论证的方法都有新的发展。

一、与段生农的论争

段生农是中央教育科学研究所的研究人员,在《北京师范大学学报》(社会科学版)1981年第5期发表《汉字拉丁化质疑》,着重谈汉字拼音化的可能性。他又在《文字改革》杂志1982年第1期发表《汉字拼音化的必要性初探》,着重谈汉字拼音化的必要性。下面仅就围绕《汉字拼音化的必要性初探》一文开展的讨论,做一些评介。段生农在《汉字拼音化的必要性初探》一文里,明确提出了"汉字没必要拼音化"的观点,他列举了六条理由:

第一,文字的主要职能,是做阅读使用的工具。这种主要职能,就决定作为文字,字形和字义的统一应占首要地位,字形和字音的统一仅占次要地位。汉字在这一点上恰好具有极大的优越性。汉字的形声字占80%,其形旁和字义,每相关联,极有利于"见形知义"。这比拼音文字毫无道理地死记硬背要易于记认得多。

第二,文字是语言的视觉形式,是通过视觉神经系统的条件反射功能来实现字形和字音的统一的。文字的这种生理和心理基础,就决定其正常形式应该是符号形式,而不是拼音形式,拼音文字不过是"变音语言"被迫采用的特殊形式;现今世界上拼音文字多,是由于"变音语言"多的缘故。汉语不依赖"变音"来构词、转化词性和实现语法功能,就毫无必要非改成拼音文字不可。

第三,人类的语言在发展过程中,总是不断地进行分化。今天的英国和美国,不过只有飞机一天航程的一水之隔,两国人都使用国际上通用的同一个英语,但是,这个英语已经在分化。因此,自豪的"英语民族"如果不设法制止这种自然分化,英语、英文必然会步古拉丁语文的后尘而分化瓦解,不再存在全世界统一通用的英语、英文了。感谢我们的祖先,为我们创造了汉语并使用了方块汉字,有效地制止了历史上的这种自然分化,更能有效地防止行将出现的自然分化。

第四,文字的形式由语言特点决定并受其制约,使之适应语言的发展需要,这种相互关系,从文字一产生就开始建立起来,直到目前还行之有效。古埃及人和闪米特人之所以放弃符号文字,就是因为符号文字不适应其语言的发展而不得不被迫放弃。我们汉语的一个主要特点是用"复合构词法"构词,即用两个以上的具有独立意义的单音词构成多音词。这样的词写成汉字词形,可以收到"生词熟字"的奇妙效果。如果我们把汉字改成按词成形的拉丁化拼音文字,其结果必然是使汉字字量大幅度增加。

第五,语言文字是一个民族文化的主要表征,它又具有一定的稳定性和延续性,能不改就不要改,以免割断历史。不要说用拉丁化拼音文字代替汉字不大可能,就是研制出某种有可能拼音化的文字,仅仅为了便于念音而截然改变全部字形,要把我们那么多的古书旧籍,全部用新的符号改写过来,也是毫无必要的多此一举。

第六,权衡文字的难易,固然要考虑"学",更重要的是还得考虑到"用"。就算汉字难学,但对一个人来说,学字只不过是几年的事,用字却是一辈子的事。何况,就是学字,汉字也不是像有些人说的那么难。实际情况是汉字在初学时固然难一些,但因字量有限,就大大降低了学习的难度。

殷生农的这篇文章发表以后,引起了论争。论争主要围绕以下几个问题展开:

关于汉字能"见形知义"的问题,殷焕先说:作为记录语言的书面工具的文字,不用说埃及文、玛雅文,连我们自己祖先的甲骨文,我们的古文字学专家们也不敢自诩为有本领"见形知义",虽然它们的"图形"意味十足。如大家所知,甲骨文专家绞尽脑汁,反复推敲,敢自信于"形"于"义"得到真知确解的字,仍属寥寥。其实,如大家所知,面对篆文的许慎,即使是"见(图)形知(本)义"他还是不容易做到的,所以许慎作说解,一方面既要"博采通人,至于小大",一方面还得"于其所不知,盖阙如也"。汉字已成了"标号",这已使我们"见形知义"极感困难,隶书又乱了标号。困难就又加上好多,跟篆文就每每对应不上。汉字"标号"在记认上是有其作用的,但又应当不要忘记它的局限性,而不要作不适当的夸大!①

郑林曦说:汉字果然有"一看形就知义"的神力吗? 真是那样的话,《甲骨文编》上所收的 4672 个字该早已全部认识了,用不着古文字学家花了近百年的苦功夫,才只认识一千来个;还有三千多个至今还千百遍看而不知其义! 我做了一个实验。逐一审看《甲骨文编》正编的 1723 个字的图形,用较宽的标准去找出那"一看形就知义"的字,最后只能找出 98 个。而其中真正不费猜想一看就懂的,更只有:牛、羊、口、齿、目、鸟、鱼、日、月、雨、门等 49 个。象形较多的古汉字还做不到"从形识意";早已失去象形会意作用,形声也大半与活语言不同的现代汉字,更做不到"一看形就知意"。汉字能够脱离语言直接表意的神话早该打破了!②

关于"拼音文字是变音语言被迫采用的特殊形式"的问题,胡瑞昌认为:文字只是记录语言的符号系统,它是语言交际的辅助工具,采用哪种符号系统记录某种语言,在最初的时候,完全是任意的。并不像段生农同志所说的那样:文字的形式从一产生就由语言的特点决定并受其制约。朝鲜和日本的语言都是属于段生农同志说的"变音语言",按段生农同志的说法推论,他们的文字从一产生理所当然地应该是拼音文字了。但事实呢? 朝鲜和日本古代的文字却是采用了汉字。越南语

---

① 殷焕先《谈汉字的"见形知义"》,《文字改革》1983 年第 3 期。
② 郑林曦《有关汉字改革的两个语文问题》,《文字改革》1982 年第 2 期。

也同汉语一样属于"不依赖'变音'来构词、转化词性和实现语法功能"的语言,……到了40年代,越南从法国殖民主义者统治下获得了独立,于是改为拼音文字。古埃及文字和闪米特文字之所以没有"存活"下来,并不是由于不适应语言的发展而不得不放弃的,而是由于外族的入侵打断了他们的文字的发展。在中国,正是由于存在着统一的、强有力的中央集权的政治统治和经济统治,才保证了民族语言的集中统一。因此汉语各地的地方方言就只能始终服从于统一的全民共同语而不可能分化成各自独立的语言。这里头绝对不是因为使用了方块汉字才制止了方言的分化。方块汉字绝对不可能有如此巨大的魔力能制止方言的自然分化。①

周耀文说:使用拼音文字的国家和民族,其中不但有使用屈折语的(如俄语)、黏着语的(如维吾尔语)、多式综合语的(如北美印第安人的契努语),而且还有使用词根语的。例如泰国的泰文、缅甸的缅文、老挝的老文等,都是梵文字母变体的拼音文字。泰语、老语、缅语和我国的藏语、傣语都属词根语,其中泰语、傣语、老语的音节结构和语法构造与汉语都比较接近,但使用这些语言的民族不采用汉字来记录他们的语言,却采用与他们的语音结构差别很大、属于屈折语型的梵语的拼音字母。所以,认为词根语不能使用拼音文字的看法是片面的。②

关于"生词熟字"的问题,拓牧认为:也有人说,汉字在构词问题上比拼音文字优越。认为:通常用到的汉字不过三四千,所有新产生的词都是由这些字构成的,所谓熟字新词。这就等于说,认三四千汉字就解决新词问题,而拼音文字则需要认几万十几万个词。乍看起来,好像是这么一回事,但细想起来也不尽然。我们看到的西方拼音文字初学时

---

① 胡瑞昌《拼音文字是不是"变音语言"被迫采用的特殊形式?》,《文字改革》1982年第3期。
② 周耀文《词根语不能使用拼音文字吗?》,《文字改革》1983年第9期。

是一个一个强记。但通过学习了一定数量的根词和前缀、后缀之后，书面上的生词就可以通过分析和结合上下文获得理解，或一经了解便不难记忆。这也相当于汉字词的"熟字新词"。其实这些新构的汉字词也并不真的全能望文生义的。真义往往要通过查阅词典或请人讲解的。汉字似乎以几千字对付上万条、几万条的词，但实际上仍是一对一、万对万，因为汉字并不是一个字对应一个单一的意思，一个汉字往往有三条、五条、十条、八条意思，而且规定跟一定的某些字搭配成为词语。记住这些并用得恰当，是汉语语文课的大难题。①

汉字拼音化作为学术问题，不但应该讨论也是完全可以讨论的，只有通过讨论才能逐渐分清是非，求得科学的认识，但是在讨论中一定要摆事实、讲道理，而段生农提出的许多意见似是而非，事实不明，概念不清，由此得出的结论也并不可信。

1990年，段生农在教育科学出版社出版了《关于文字改革的反思》。全书分八章，各章的标题如下：第一章是人类语言文字的产生和发展，第二章是文字与文化，第三章是汉语和汉字，第四章是汉字拉丁化的前因后果，第五章是汉字拉丁化的问题，第六章是语言文字的特点与识字教育，第七章是汉字文化圈的形成与发展，第八章是应正视简化汉字的失误。段生农在书里说："解放后，文字改革工作最大的失误在简化汉字方面，前后两次的三个'简化方案'共制造了1500个以上的异体字和假借字，把汉字的必学字量，毫无道理地从3000字扩大到四千五百字以上，从而使我们的识字教育平白无故地加长三年；并把汉字的使用，由包括日本、朝鲜、台澎地区、新加坡在内的广阔地域，缩小到大陆范围以内。"就在这一个句子中，就有好几处不符合事实的地方。段生农说的"前后两次的三个'简化方案'"，大概指的是1956年的《汉

---

① 拓牧（杜松寿）《排除疑虑 放手前进》，《文字改革》1983年第5期。

字简化方案》和1977年的《第二次汉字简化方案(草案)》,而《第二次汉字简化方案(草案)》在1986年6月24日已经由国务院废止,段生农讨论简化字时怎么还把它计算在内呢?"简化方案"里面有的是简化字,怎么又出现了"异体字和假借字"呢?简化汉字的方针是"约定俗成",简化字绝大多数都是古已有之的,怎么能说"共制造了1500个以上的异体字和假借字"呢?推行简化字是以简代繁,被简化了的繁体字就退出一般流通领域,实际使用的字量不会增加。由于采用了许多组一简对多繁,简化字比相对应的繁体字字数要少,字数怎么会增加了1500字呢?简化字比繁体字易学易用,小孩子学习汉字的时间相应地减少,说学习"加长三年",有什么根据?日本文中的汉字与中国使用的汉字有许多不同,中国推行简化字与日本没有关系。二战后,朝鲜已经废止了汉字,中国推行简化字与朝鲜也没有关系。台澎地区在正式的文本中虽不使用简化字,但是民间一般应用中简化字广泛流传。新加坡使用的是与中国大陆完全相同的简化字。这些事实段生农全然不顾,这还能叫学术研究吗?

二、与曾性初的论争

上海师范大学心理系教授曾性初在《教育研究》1983年第1、2期上发表了《汉字好学好用证》。文章共14节,各节的要点如下:

(1)"千古奇冤"。"从清末的卢、王到当今的拼音文字提倡者大多有一种汉字误国、拼'音'字救国的思想。他们认为中国的贫弱是由于科学技术落后,而科学技术落后则归咎于汉字难学,汉字是一切罪恶的渊薮。其实清朝、民国政府的腐败,三座大山的压迫,乃至'四人帮'的破坏,才是科学技术落后的罪恶的渊薮;而把汉字作为他们的替罪羊,这是千古奇冤。"

(2)"从来没有'字话一律'、'见字知音'的拼'音'文字"。"在自然语文中,从来不曾有过什么'字话一律'、'言文一致'、'见字知音'的拼'音'文字,实际上只有拼字母的文字。有些文种的读音规律性较高,有些较低,有些简直乱七八糟。像使用最普遍的英文,读音还不如中文的形声字有规律,在很大程度上要靠死记硬背。""就连人为的世界语和我们的汉语拼音,字母与发音也缺乏完善的对应关系。"

(3)"方块汉字比拼'音'文字(如英文)易学"。"身心正常的二至四岁的幼儿,很容易学会三千个汉字。但是身心正常的六至八岁的学龄儿童中很多不辨镜影字母(即 b 与 d,p 与 q)。在欧美,学校教育最头痛的问题就是阅读困难或阅读障碍,至少有百分之十的儿童有不读症(dyslexia),即智力在中上而不能学会阅读的病症。"文章说:"美国宾夕法尼亚大学心理学教授罗琛(Paul Rozin)做了一个惊人的实验。他对一些正在二年级第二学期就读、有严重阅读障碍症、连简单的英文音节也不会发音的美国儿童进行一种特殊的汉字教学","他们在三小时内学会了三十个汉字和认读用这些字组成的句子。"曾性初用这个实验证明汉字比英文好学。

(4)"汉字比日本假名易学"。"最近,美国夏威夷大学的史坦伯格(Danny. D. Steinberg)与日本广岛大学的山田淳合作,在日本的幼儿园进行了汉字与假名学习的难易的比较实验。儿童的年龄自三到四岁,从班级中随机抽选出 42 名进行实验,学习的材料是 84 个汉字,42 个平假名和 42 个片假名"。让 42 名儿童认读,结果,"37% 的汉字只需三次就学会认念,15% 的汉字只一次(仅四秒钟)也学会了。而大多数的假名虽然学满十一次,到底学不会。"

(5)"汉字比汉语拼音容易得多"。"我们用一岁以下的婴儿为被试者,以操作条件反射的方法训练他们分辨一对对的汉字、汉语拼音或英文词。如糖和空,tang 和 kong, candy 和 empty;光和暗;声和静;有和无……。把一对对的字装在两个小抽屉上,如一个是'糖'字,另一个是'空'字,有'糖'字的抽屉内有糖块,打开这个抽屉,可以取得一块糖,而打开有'空'字的抽屉就得不到什么。当然这两个字的方位是随机变动的。经过一定次数的尝试,婴儿就学会只开有'糖'字的抽屉。""这样的实验结果表明汉字比英文词要容易辨认得多,而英文词又比汉语拼音容易。"文章还说:"现在许多人感到小学一年级学生负担太重,其中一个主要原因就是比过去多学了汉语拼音,这等于在语文课之内增加了一门外文课。"

(6)"汉字比汉语拼音易解好懂"。"有人用汉语拼音写日记,过了几天,连自己也看不懂。""赵元任教授写的《施氏食狮史》,一般大学生是看得懂的,如果用汉语拼音来表示,就无人能懂了。""猜测汉字读音的命中率远比英文的高,许多方块字是形音义的'三结合',不仅望形可以生义,而且可以猜音。"

(7)"汉字字数不算多"。"现代书报刊物所用字数为6335个。常用词约2400个,其出现次数占总字次数的99%。""压缩字数可以减少字的音形联系的数量,相应地减轻音形联系的学习难度,但是在语义应用上也相应地增加了困难。""用拼音字母来代替汉字,单字数可减至四百左右。但是这样一来,一个音节的含义平均要增加80倍左右,多的到150倍。用这种文字写出的文章可懂度会降低的。"

(8)"笔画多的字不一定难认"。"一般而论,儿童(特别是幼儿)学认笔画多的字反比笔画少的要容易,因为笔画少的字一般比较近似,可供分辨的线索少,冗余讯息量低,如人、八、干、千、十、太、大、夫、矢等是。"

(9)"汉字比汉语拼音易写"。作者对一年级小学生进行汉字和汉语拼音抄写速度的测验,"一半学生先抄汉字,一半先抄汉语拼音。两种文字各抄写五分钟。在这段时间内,每个人平均写汉字61个,汉语拼音41个。"又对小学教师和大学中文系学生进行同样的测验,结果每人平均写汉字147个,汉语拼音87个。"这几个小实验表明汉字不是难写,而是比汉语拼音写得又正确又快速。"

(10)"汉字比拉丁文字占的篇幅少,经济实用"。"同一内容的中文用汉语拼音字母和方块字来排印,如果两者高度一样,前者所占的篇幅要比后者平均多三分之一强"。"从此可以推算,假若实行汉字拉丁化,本来可以出书150本,用拉丁字母来印就只能出100本了。"文章认为,"这笔浩大的经济、时间、精力账牵涉到整个国家、全国人民和子孙后代的利益,要仔细慎重地算啊。"

(11)"汉字的自动、电脑化在飞速前进"。"汉字难以电脑化只是暂时现象。""预计在不久的将来,能够处理汉字讯息的电脑的造价可能比现在的电子计算器还要便宜得多,是人人经济能力所及的东西。这一点代价与上述采用拉丁文字所带来的各种负担相比起来真是微乎其微了。"

(12)"汉字的冗余讯息高,因此易学"。根据讯息论的原理,"一种文字的各个符号出现的频率越接近于相等,它的讯息量就越大,冗余量就越小,学起来就越难;反之,各个符号的频率愈悬殊,讯息量就越小,冗余量就越大,学起来就越容易。""根据Shannon和其他人的估计,英文冗余性(以字母为单位计算)的下域为60%;而汉字的冗余性的下域在未简化的繁体文句中估计为85%,在现行简化后的报纸文句中还有77%;但是现在的汉语拼音方案的冗余性的下域估计不过30%。"由此得出结论:"在这三种文字中,汉字的冗余性最高,因此学习也最容易。"

(13)"汉字方而对称,美而易学"。"绝大多数的汉字,或者是整体,或者是局部(偏旁、部首)基本上都是对称的。""对称又使讯息量减少一半,冗余性作相应的增加。"

(14)"一个呼吁——应该给汉字平反了"。"像方块字这样易学易写、好懂好记、经济而优美的文字,对我们的祖国和民族作出如此伟大贡献的文字,绝不是中国劳苦大众身上的一个结核,病菌……',绝不会'使整个中华民族的科学文化水平长期处于落后状态……使劳苦大众永受内外敌人的愚弄、欺骗、压迫和剥削。'""黑白不容混淆,这个颠倒的是非难道还不应该早点再颠倒过来吗?我们还要让汉字蒙受不白之冤吗!"

曾性初的文章发表后,引起了广泛注意,有些人写文章对曾文的观点提出了商榷意见。

关于"不读症"的问题,尹斌庸指出:"所谓'不读症'的病因,国外虽然还没有取得一致的结论,但专家们大都认为这是属于一种生理上的或心理上的病态,再加上某些环境上的因素(如教学不得法等)。还没有听说一位专家把它完全归咎于他们的拼音文字制度不好。"对于美国宾夕法尼亚大学罗琛教授的实验,他说:"我们相信 Paul Rozin 的实验结果。另一位心理学家 Stauffer(1948 年)用学生做实验,证明学生识别几何图形的确易于以词为单位书写的拼音文字。汉字是比较接近于几何图形的。Paul Rozin 教给儿童认识少数汉字,比如直观性较强的'一''二''三''上''中''下''口''田'等,又是一种新鲜玩意儿,学生能学会它,这是不足为奇的。但是不知道 Paul Rozin 是否把这一实验继续下去,让美国儿童学习掌握几千个汉字,那么效果又如何呢?不读症者既然分不清 saw 与 was,b 与 d,p 与 q,OIL 与 710 等,那么学到汉字'由、甲、申','己、已、巳','土、干、士','戊、戌、戍'等的时候,他们的不读症是否又会旧病复发呢?""退一步说,即使不读症与拼音文字这种文字制度有某种关系,那毕竟还是一种特殊现象。百分之十的人感到阅读困难,还有百分之九十的人掌握得很好。而且,你可以举出百分之十的人学不会拼音文字,我也可以举出不少的人因为拼音文字的便利,还在孩提时代就学会了两种、三种甚至七八种语言文字的例子。"①后来,尹斌庸为这件事专门写信给美国宾夕法尼亚大学梅维恒教授和费城 Awarthmore 大学张立青教授,请他们代为了解 Rozin 教授实验的详情和结果。梅维恒教授跟 Rozin 教授讨论了这个问题,Rozin 教授为此写了一则短文《中文和英文的比较》,说明他的想法和意见。Rozin 教授在《中文和英文的比较》中说:"这项研究主要说明,字母文字需要初学阅读的人理解一个较为复杂和抽象的事实:语言中的一连串声音可以分解成为所谓'音素'这样的单位(例如词'bat'有三个音)。有一小部分美国儿童,在学校的开头几年,弄不懂这个道理,对于这些儿童(约占儿童总数的不到10%),用一种不需要进行音素分析的文字作为'过渡'文字,也许更为有效。但是我们并不由此得出结论,认为汉字这种词字文字比英文优越,即使只当作一种过渡文字,也不主张把这种文字去教给所有的儿童。"②

关于汉字和汉语拼音抄写速度的测验问题,许长安指出:"每个汉字的笔画平均是 10.9 笔,每个汉语拼音音节平均是 3 个字母,一个字母平均是 2 笔,每个音节平均是 6 笔,汉字笔画比拼音音节多,即使不算汉字因断笔、折向所耗费的空中运行时间,其书写速度也要比拼音慢,而不可能相反。那么为什么会有那样的测验结果呢?原因不在于汉字和汉语拼音本身,而在于学习它们所花的时间和掌握它们的熟练程度。现行小学除了开头三四周学习汉语拼音外,整个教学重心都在学汉字,拼音怎能熟练呢?而包括小学语文老师在内的成人知识分子整天使用的是汉字,拼音难得写几次,其熟练程度当然不如汉字。对比性的科学实验应该具备同等的前提条件,前提条件不相等,结论是不科学的。"③

---

① 尹斌庸《"不读症"与文字制度》,《文字改革》1983 年第 9 期。
② Rozin 教授的来信《中文和英文的比较》,《文字改革》1984 年第 3 期。
③ 许长安《汉字功过评说》,《厦门大学学报》1985 年增刊。

关于汉字信息的"冗余性"(多余度)问题,尹斌庸指出:林联合同志在《关于汉字统计特征的几个问题》一文里,"求得汉语书面语的多余度约在56%与74%之间(取平均值为65%)。""林联合同志估计的结果多余度的下界是56%,而曾性初等同志估计的结果下界是77%,为什么相差如此悬殊呢?我想,有两点是必须指出来的:第一,林联合同志是以汉字为基本单元的,其结果是汉语书面语的多余度。而曾性初等同志是以汉字的笔画为基本单元的,其结果除了汉语书面语的多余度外,还增加了汉字笔画的多余量。汉字笔画只是构成汉字形体的零件,它不负荷语言信息,因此也就不能作为语言的基本单元。""第二,根据信息论的原理,如果采用的符号的基本单元越大,则多余度相应降低。……因此,按汉字笔画为单元计算汉字文章的多余度,当然要增高很多了。""如果我们计算汉字文章的多余度,目的是要和拼音文字(包括"汉语拼音文字")的多余度作比较,则采用的基本单元,其大小相差不能过于悬殊。""汉字文章多余度的下界应在56%与77%之间,暂且取两者的平均值67%。这与英文多余度的下界正好相同。""英文的多余度在67%与80%之间。"至于汉语拼音的多余度,Maomao同志在《汉语拼音文字的多余度》一文中,"估计汉语拼音文字的多余度应与英文大致相等",即下界为67%。而曾性初估计汉语拼音冗余性的下域不过30%,与Maomao估计的结果相比,"竟相差了37%,究竟是怎么一回事呢?"这是因为曾性初的估计"有两个严重欠妥之处:(一)完全不计声调;(二)不是按词分写,而是按音节分写。""单凭声调这一项,原作者就少算了多余度20%。""现在就以作者估计的下界30%来说,加上在声调方面少算了的20%,汉语拼音文章的多余度的下界至少应该在50%以上。"这和"对各种发达语言的多余度的估计相吻合。""一般认为,各种发达语言的多余度都显著地超过50%。"他又说:"现在用汉语拼音拼写普通话的文章,还不是成熟的拼音文字。正式的汉语拼音文字,在精密的程度上,将大大超过现在用汉语拼音书写的文章。""因此,我们有理由相信,把汉语拼音文字的多余度的下界再提高一些,比如提高到60%以上,或者至少与英文的相等,是完全可能的。"

"从上面的粗略分析可以得知,汉字文章的多余度比汉语拼音文章的多余度要高一些,这是符合人们常识的估计。""现在要弄清的中心问题是:多余度的高低,是不是判定文字优劣和难易的绝对标准?'多余度高,这种文字就好学好用'这个大前提能否成立?"尹斌庸以传输信息时剩余信号的利弊和汉字繁简的利弊为例,指出:"多余度有两重性:文字的多余度越高,它就越'精密'(指便于识别分辨)、抗错性越强,这是它有利的一面;但是,多余度越高,它的剩余信息越多,文字就越不'简练',这是它不利的一面。""因此,任何一种文字,它都处于'精密'和'简便'的矛盾之中。即是说,一种文字,它的多余度既不宜过高,也不宜过低。多余度过高或过低都会造成学习和使用上的困难:过高了文字因'繁'而难,过低了文字因'简'而难,难的性质不同,但不利于学习和使用则是一样的。"①

关于"糖"和"空"的实验问题,苏培成指出:"我们认为这个实验和我们要讨论的问题没有关系。一岁以下的婴儿谈不上阅读和写作,谈不上掌握文字体系的难和易。再者,语言文字是第二信号系统,上述实验中的字片对被试的婴儿来说是第一信号系统。婴儿并不知道'糖'和'空'这两个字的读音,也不了解它们的字义,看到的只是样子不同的两个符号。假定我们用一小块红纸代表'糖'字,用一小块黄纸代表'空'字,试验的效果可能比汉字还要好。这能说明什么问题呢?"对于汉字和汉语拼音的难易,苏培成说:"有人做过一个统计:从1904年到

---

① 尹斌庸《"多余度"与文字优劣》,《文字改革》1984年第1期。

1959年间使用的小学语文课本中选了三十种统计它的生字量,结果是一二年级平均只有一千二百多字,每个学习日平均不到三个生字。""青岛市湖南路幼儿园的大班幼儿,经过三个月的学习就学会了拼音,并且达到四会(会认、会读、会拼、会写)。"黑龙江省拜泉县"注音识字,提高读写"实验班只用了43课时,学生就能熟练地掌握汉语拼音,流畅地阅读拼音读物。汉语拼音并不像曾性初说的那么难学。"把学汉语拼音比做外文课是不妥当的。""在语文课中学习汉语拼音利用汉语拼音,可以帮助扩大识字量,可以提前写作,可以帮助学生学会普通话,有助于开发智力。对于这一点许多语言学家文字学家早就讲了,许多地方的实验也证明了。这是毋庸置疑的。"①

对曾性初的文章的讨论,扩大了我们的视野,使我们注意从心理学的角度研究汉字问题。科学地评价汉字是个学术问题,谈不上什么"千古奇冤",谈不上什么"平反"。我们既要看到汉字有许多优点,同时也要承认汉字有许多缺点,科学地分析汉字的优点和缺点,发扬优点,克服缺点,使汉字更好地为我们的经济建设、文化建设服务,这是当前我们参加讨论汉字问题应该遵循的路线。

---

① 苏培成《汉字和汉语拼音哪一种容易学?》,《文字改革》1983年第11期。

第八章　新时期(1986—2000)

在中国共产党十一届三中全会之后,国家进入改革开放的新时期。新时期语言文字工作的方针和任务是什么?经过几年的调查研究、分析讨论,逐渐形成了共识。在这个基础上,1986年1月召开了全国语言文字工作会议。会议总结了过去、部署了未来,对国家的语言文字政策做了必要的调整。这次会议以后,语言文字工作出现了新局面。一些原有的工作得到深化和加强,如推广普通话、推行汉语拼音、巩固简化字地位和规范社会用字等,同时为适应形势发展的需要,开拓出不少新的工作领域,如语言文字的信息化网络化、语文管理的法制化等,使语言文字工作更好地为国家的经济建设服务,为发展社会主义文化事业服务。

第一节　召开全国语言文字工作会议

一、会议概述

经国务院批准,国家教委、国家语委于1986年1月6日至13日在北京召开了全国语言文字工作会议。出席会议的有中央有关单位和各省、自治区、直辖市的代表280多人。中国社会科学院院长胡绳,国家语委主任刘导生,副主任陈原、陈章太、王均,国家语委顾问王力、吕叔湘、叶籁士,国家语委委员季羡林、朱德熙等许多著名的专家学者出席了大会。教委副主任何东昌致开幕词。开幕词指出:这次会议的主要内容是:"回顾、总结过去三十年的语言文字工作,讨论贯彻执行中央和国务院批准的新时期语言文字工作的方针、任务。""这次会上,我们还要交流情况和经验,表彰三十年来在语言文字工作方面作出显著成绩的五十多个先进单位和二百多位积极分子。"

中共中央政治局委员、书记处书记、国务院副总理万里出席了开幕式,代表党中央和国务院作了重要讲话。他首先对大会的召开表示热烈的祝贺,对三十年来勤勤恳恳从事语文工作的同志表示亲切的慰问。他说:"三十年来,在党中央、国务院的领导和关怀下,由于各级领导和广大语言文字工作者的努力,广大群众的支持和参加,我国的语言文字工作取得了显著的成绩。"他强调:"语言文字是人们的交际工具,是信息的载体。加强语言文字的规范化、标准化,对社会的发展,科技的进步与交流和文化教育水平的提高,都有重要的意义。"他指出:"语言文字的运用,是否合乎规范、标准,往往反映一个国家、一个民族的文明程度。当前社会用字比较混乱,滥用繁体字,乱造简化字,甚至随便写错别字,这是一个教育的问题。乱造简体字,搞得谁也不认识,只有他个人知道这个字是什么意思,这对两个文明建设是很不利的,已经引起国内外各方人士的关注,纷纷提出批评意见。这种现象应该引起我们的注意,并采取切实有效的措施,加以干预和纠正。"他说:"党中央和国务院对语言文字工作一直很重视,很关心。""语言文字工作关系到社会各行各业,关系到每一个人,关系到国计民生,关系到子孙后代,是一项很重要的工作。"他希望语言文字工作取得更大成绩,为社会主义现代化建设做出更大的贡献。

国家语言文字工作委员会主任刘导生代表国家语委作了题为《新时期的语言文字工作》的报告。国家教育委员会副主任柳斌在会上讲了话,题目是《教育战线要重视语言文字工作》。他指出:"语言文字工作是一项关系提高民族科学文化水平的基础工作。语文教育、语文应用都是教育工作的重要内容,是基础教育中的基础。"他在发言中着重谈了推广普通话的问题。他说:推广普通话"是国家现代化建设的需要,是社会主义精神文明建设的需要,是人民团结的需要,也是现代汉语发展的必然要求"。"推广普通话的目标是全国通用,使普通话不只成为汉民族使用的共同语,也要成为各族人民之间交际的语言工具。"推广普通话要以学校为重要基地。"要把会讲普通话列为合格教师的必备条件,把使用普通话进行教育、教学作为对教师工作的基本要求。师范毕业生要能教汉语拼音,能用普通话进行教学,毕业时普通话不合格的要补考,补考合格后再发毕业证书。"社会推广普通话要逐步开展。"方言比较复杂的大中小城市(特别是开放、旅游城市)的党政机关和商业、服务业、公交、铁路、旅游、邮电、公安等部门,应把使用普通话列为对干部、营业员、服务员、售票员、列车员、广播员、电话员、导游员、公安战士的基本要求之一。"

大会进行了七个专题发言。这些发言是:中国社会科学院语言研究所所长刘坚的《为促进汉语规范化而努力》;人民教育出版社编审袁微子的《在基础教育中要加强语言文字训练》;国家语言文字工作委员会委员周有光的《〈汉语拼音方案〉的应用发展》;国家测绘总局测绘研究所研究员曾世英的《地名工作中的语言文字问题》;国家语言文字工作委员会汉字处处长傅永和的《汉字的整理和简化》;北京大学计算机研究所副所长马希文的《语文工作与科学技术》;燕山计算机应用研究中心副总工程师石云程的《语言信息处理的新任务》。

大会还进行了典型经验介绍,有十个省市的代表介绍了经验。在大会上发言的还有:北京大学中文系教授王力,北京市副市长陈昊苏,安徽省副省长、省语言文字工作委员会主任杨纪珂,上海市社会科学联合会主席罗竹风,北京外国语学院教授许国璋,河南省教育委员会主任于友先,辽宁省教育厅副厅长、省语言文字工作委员会副主任刘海荣,中国人民解放军总政治部宣传部副部长程建宁,中华全国总工会书记处书记于庆和,全国妇女联合会书记处书记王庆淑,中国共产主义青年团中央委员会书记处书记冯军。

会议期间,代表们对新时期语言文字工作的方针、任务进行了充分的讨论,并对语言文字工作的一些具体措施提出了建设性的建议。

中共中央政治局委员胡乔木出席闭幕式,并做了重要讲话。国家语言文字工作委员会副主任、全国语言文字工作会议秘书长陈章太做了总结发言。他认为,"在党中央和国务院的正确领导和亲切关怀下,经过全体与会同志的共同努力,会议达到了预期的目的。这次大会是成功的大会,开创新局面的大会。"对代表们在讨论中提出的几个问题,他做了说明。关于拼音化方向问题,他说:"工作报告中关于这个问题的提法,国家语委事先是请示过中央和国务院的领导同志的。大会期间同志们对这个问题的不同意见,我们也报告了党中央和国务院。昨天下午,国家语委接到了党中央和国务院的领导同志对这个问题的批示,同意刘导生同志工作报告中对这个问题的表述。希望同志们能够很好理解。"关于建立机构问题,他说:"同志们一致建议上报党中央、国务院的文件以及有关文件中,要说明在各省、市、自治区建立相应的语言文字工作机构的重要性和必要性。我们认为这个意见很好,将按这个意见修改大会工作报告中的有关部分。"他指出:"地方语言文字工作机构的中心任务是:贯彻执行中央规定的新时期语言文字工作的方针,加强语言文字规范化、标准化。当前的主要工作是不是可以包括以下几个方面:(1)大力推广和积极普及普通话;(2)进一步推行《汉语拼音方案》;(3)加强文字应用的管理;(4)推行国家以及有关部门公布、发表的语言文字标准和法规;(5)有计划地培训语言文字工作干部,尤其是推广普通话的工作干部;(6)统一组织力量,开展语言文字的基础研究和应用研究;(7)做好社会调查和社会咨询、服务工作。"

大会最后对全国58个文字改革和推广普通话先进单位以及194名积极分子进行了表彰。

二、刘导生的报告《新时期的语言文字工作》

刘导生作了《新时期的语言文字工作》的报告。报告首先回顾了三十年来在整理和简化汉字、推广普通话、推行《汉语拼音方案》以及现代汉语规范化等方面所取得的显著成绩。报告分析说:"实行对外开放、对内搞活经济的政策,社会交往更加广泛,迫切需要加强语言文字的规范化、标准化,用规范的语言文字消除方言隔阂,纠正社会用字的混乱现象。""世界正处于信息化迅速发展的时代,利用电子计算机进行信息处理,实现图书情报工作自动化,印刷排版现代化,生产管理自动化,以及办公室事务自动化,已经成为现代化建设中的重要课题。因此,加强语言文字研究,促进语言文字的规范化、标准化,提到了比以往任何时期都重要的地位。"报告说,"为了适应社会发展和形势变化的需要,中央规定了新时期语言文字工作的方针和当前的主要任务。新时期语言文字工作的方针是:贯彻、执行国家关于语言文字工作的政策和法令,促进语言文字规范化、标准化,继续推动文字改革工作,使语言文字在社会主义现代化建设中更好地发挥作用。当前语言文字工作的主要任务是:做好现代汉语规范化工作,大力推广和积极普及普通话;研究和整理现行汉字,制订各项有关标准;进一步推行《汉语拼音方案》,研究并解决实际使用中的有关问题;研究汉语、汉字信息处理问题,参与鉴定有关成果;加强语言文字的基础研究和应用研究,做好社会调查和社会咨询、服务工作。"

对于新时期语言文字工作的方针任务,报告作了如下说明:

(一)关于文字改革。50年代确定的三项任务,有些还没有很好完成,需要继续完成。所以方针中明确规定要"继续推动文字改革工作"。必须强调的是,在今后相当长的时期,汉字作为国家的法定文字还要继续发挥它的作用。现行的《汉语拼音方案》不是代替汉字的拼音文字,它是帮助学习汉语、汉字和推广普通话的注音工具,并用于汉字不便使用或不能使用的方面。

关于汉字的前途问题,现在仍然是大家非常关心的。对这个问题,周恩来同志早在1958年《当前文字改革的任务》的报告里,已经做了明确的说明。他说:"汉字在历史上有过不可磨灭的功绩,在这一点上我们大家的意见都是一致的。至于汉字的前途,它是不是千秋万岁永远不变呢?还是要变呢?它是向着汉字自己的形体变化呢?还是被拼音文字代替呢?它是为拉丁字母式的拼音文字所代替,还是为另一种形式的拼音文字所代替呢?这个问题我们现在还不忙作出结论。但是文字总是要变化的,拿汉字过去的变化就可以证明。"我们认为,周总理的这段话今天仍然具有指导意义。汉字的前途到底如何,我们能不能实现汉语拼音文字,什么时候实现,怎样实现,那是将来的事情,不属于当前文字改革的任务,现在有不同的意见,可以讨论,并且进行更多的科学研究。但是仍然不宜匆忙作出结论。

(二)关于推广普通话。报告指出,《中华人民共和国宪法》明确规定"国家推广全国通用的普通话",这充分说明了这项工作的重要性。

50年代确定的"大力提倡,重点推行,逐步普及"的推广普通话工作方针是正确的,今后仍然适用。但是,形势变化了,推广普通话工作要有新的进展,工作重点和实施步骤也必须做些调整。重点应当放在推行和普及方面,在普及方面应当更加积极一些。在本世纪内,我们应该努力做到:第一,各级各类学校采用普通话教学,普通话成为教学语言。第二,各级各类机关进行工作时一般使用普通话,普通话成为工作语言。第三,广播(包括县以上的广播台、站)、电视、电影、话剧使用普通话,普通话成为宣传语言。第四,不同方言区的人在公共场合的交往基本使用普通话,普通话成为交际语言。

报告认为,普通话标准只有一个,就是"以北京语音为标准音,以北方话为基础方言,以典范的现代白话文著作为语法规范"。但是考虑到不同地区、不同部门、不同行业、不同学校、不同年龄等情况,从实际出发,具体要求可以不同。我们初步设想,可以分为以下三级:第一级是会说相当标准的普通话,语音、词汇、语法很少差错。第二级是会说比较标准的普通话,方音不太重,词汇、语法较少差错。第三级是会说一般的普通话,不同方言区的人能够听懂。这些要求不仅适用于南方方言复杂的地区,也适用于北方方言区。北方方言区也要推广普通话。推广普通话,除了继续注意语音规范以外,还要注意词汇规范和词汇教学。各级各类学校,以及与群众接触面较广的部门仍然是推广普通话的重点。在新的形势下,大中城市尤其是沿海开放城市,也应该列为重点。报告指出:推广普通话并不是要人为地消灭方言,主要是为了消除方言隔阂,以利社会交际。

(三)关于汉字的研究和整理。报告说,近两年来,研究整理现行汉字的内容增加了,工作范围扩大了,并且采用了现代的科学研究方法,取得了比较大的成绩。如汉字部件和结构的分析,汉字部首排检法的规范,现代汉语用字用词频度的统计,人名地名用字的调查,汉字属性的研究等。

当前,迫切需要的是,在这个基础上拟订现代汉语基本用字表和常用字表,拟订人名地名用字表,制订汉字属性国家标准,确定汉字书写笔顺、笔形次序、部件、结构方式等项规范,使现代汉语用字做到定量、定形、定音、定序。

简化汉字是研究和整理现行汉字的具体内容之一,所以没有再作为一项任务单独提出来。今后,汉字简化应持极其慎重的态度,使文字在一个时期内相对稳定,以利社会应用。当前社会上滥用繁体字,乱造简化字的现象十分严重,已经引起广大群众的不满和国内外各方面人士的关注,纷纷提出批评意见。我们认为,对这种现象应当采取包括行政办法在内的有效措施予以纠正。

(四)关于推行《汉语拼音方案》。报告指出,《汉语拼音方案》是国家制订公布的法定标准。它的制订是历史经验的总结,公布之后已经在国内外广泛应用。《汉语拼音方案》有深厚的历史基础和群众基础,是一个科学实用的方案,我们应当努力推行,而不应当另起炉灶;要想用其他的方案来取代,事实上难于办到。继续推行《汉语拼音方案》,是社会和科技发展的客观需要。今后要继续加强汉语拼音教学,逐步扩大《汉语拼音方案》的应用范围,并研究、解决使用中的实际问题,如汉语拼音的同音字和同音词的区分,汉语拼音正词法的标准,汉语拼音技术应用中的标调法等。

(五)关于汉语汉字的信息处理。报告说:汉语汉字的信息处理是一门新兴的边缘科学,有广阔的前景,加强这方面的研究,对经济、文化、科学技术的发展具有长远的意义。因此,当前语言文字工作的任务必须包括这项内容。

报告在谈到对语言文字工作的认识时说:"为了适应社会发展和人们交际的需要,语言文字不断发生变化,同时又必须保持相对的稳定。这是语言文字演变的基本规律。""语文工作必须遵循语言文字的演变规律,顺乎自然,因势利导,做促进工作。""语言文字有很强的社会性。开展语言文字工作,要充分发挥行政的作用,组织和培训语文工作者队伍,推行各项有关标准,干预并纠正语言文字应用中的不规范现象。同时要广泛发动群众,争取社会各方面的支持,使语言文字工作成为人民群众自己的事业。"语言文字有很强的科学性。新时期的语言文字工作,必须把科学研究和实验提到重要的位置。语言文字的研究同其他学科一样,也必须贯彻百家争鸣的方针。要利用各种机会,采取多种形式进行宣传。还要注重实践,扎扎实实地多做实事。

报告的最后对今后的工作提出了几项措施:一是建立、健全工作机构,切实加强领导。希望各级领导重视语言文字工作,把语言文字工作列入议事日程,制定规划,安排经费,认真开展工作。二是培训干部,扩大语文工作者队伍。培训工作要层层负责,中央、地方一齐抓。三是加强宣传出版工作。国家语委决定将《文字改革》杂志改名为《语文建设》。四是加强科学研究,开展学术交流。要继续举行语言文字方面的全国性和地方性的学术会议,加强国内外的学术交流。五是采取必要的行政措施。建议有关部门在各有关法规中列入加强语言文字规范的条文,以促进语言文字的规范化、标准化。

三、胡乔木在闭幕式上的讲话

全文如下:

我没有能够参加这次大会的开幕式,但为能够赶上参加这次大会的闭幕式而高兴。这次大会开得很成功。我向参加大会的同志表示热烈祝贺,也向多年来在语言文字工作、文字改革工作、推广普通话方面作出优异成绩的同志们表示感谢和慰问。这次会议,受到党中央和国务院的高度重视,受到解放军总政治部、全国总工会、全国妇联、共青团中央等单位的极大支持,这是这次会议的光荣,也表明语言文字工作确实是全社会所关切的,预示着会议之后我们的工作一定会取得更大的成就。

我对万里同志代表党中央和国务院在这次会议上所作的重要讲话,以及刘导生同志、柳斌同志分别代表国家语委、国家教委所作的工作报告完全同意。

这次会议确定了我国今后长时期的语言文字工作的正确方针和任务。这是非常重要的。这样就使得我们今后的工作获得一个稳定的基础,可以积极努力达到预期目标的良好基础。语言文字本身是历史的产物,语言文字工作也是跟着历史的发展和社会的需要而发展的。我们建国初期,语言文字工作曾经有过跃进,取得很大的成就。当然,这种跃进并不是突如其来的,是千百年来我国的语言文字工作者和广大的人民群众长期努力的结果。我们现在的任务,就是要充分消化、充分巩固、充分发展这些已经取得的巨大成果。一个历史性的变化,是要经过多方面的、长时期的酝酿才会实现。我们不能希望每天都会发生历史性变化。如果我们抱着这种希望,那么这种希望不仅不切实际,我们已经得到的历史性成果也就难以得到很好的消化、巩固和发展。我们现在正面临着这样一个需要大力加以消化、巩固和发展的巨大任务。这次会议使我们的工作真正地脚踏到了实地,得到了稳定的、前进的基础。

有些同志可能会想到或者感觉到,在这次会议上有些东西没有能够得到肯定,甚至于还好像失掉了什么东西。作为一个长期从事语言文字工作和文字改革的工作者,我可以真诚地向大家说明:我们没有失掉任何东西,相反地得到了很多东西。有一部分同志可能会认为,在这次会议上我们没有重新提出过去曾经提出过的一些话。同志们,这样的话所代表的历史的一种变化,并不是由说一句话,重复一句话,肯定一句话所能解决问题的。因此,这个任务远不是靠任何一个权威人物说一两句话就能完成的。凡是熟悉文字改革历史的同志都知道,有很多的先进分子在这方面曾经说过一些激动人心的话。这些话现在虽然还保持它们的力量,但是要重复这些话远不等于实现这些话。这里面牵涉到许多非常复杂的问题,需要做大量繁重的工作,需要付出巨大的劳动,进行很多研究和实验,并长期进行广泛深入的宣传教育,然后才能够取得实效和成绩,走出正确的一步。如果我们以为重复一两句话就能够改变历史的进程或加速历史的进程,那么我们就未免把历史看得太简单了。历史不是靠语言所能推进的。历史是靠各种各样的活动所形成的强大合力向前推进的,就是说要靠全体人民能够积极参与、能够广泛同意、能够齐心协力地来共同进行,这样才会前进。我们希望参加这次会议的许多老同志、老前辈在这个问题上不要有任何遗憾。我们应该认识到,这次会议并没有妨碍我们的研究工作和各种实验工作的继续进行,也不影响各方面实际工作的开展。相反,它是要求我们加强研究工作、实验工作和在人民群众里进行更多的宣传、推广、实践工作的。

这次会议,是对所有的语文工作者的很大鼓舞和支持。要说有什么历史性的变化,中国文字改革委员会改名为国家语言文字工作委员会,这就是个历史性的巨大前进。这说明我们的工作是大大地扩大了,任务更加繁重了,更需要全国各级干部和各方面的专家学者,各方面的专业人员,各方面的积极分子更进一步的团结协作,在党中央、国务院的领导下,加倍努力,勤奋工作,少说空话,多做实事,才能做好新时期的语言文字工作。我相信这次会议以后,我们的工作一定会有更大的进步,取得比过去更大的成就。

四、《全国语言文字工作会议纪要》

1986 年 5 月 31 日,国家教委、国家语委发出《关于印发〈全国语言文字工作会议纪要〉的通知》。全文如下:

各省、自治区、直辖市教育委员会(教育厅、局)、语言文字工作委员会:

现将《全国语言文字工作会议纪要》发给你们,请贯彻执行。

语言文字工作关系到社会各行各业,是社会主义现代化建设中的一项重要工作。促进语言文字的规范化、标准化,对教育、科学和文化事业的发展,贯彻执行对外开放、对内搞活的方针,以及加强国内外经济、文化的交流,都有十分重要的意义。请你们根据新时期语言文字工作的方针任务,会同本地区的有关部门,切实加强对这一工作的领导。当前,要建立和健全语言文字工作机构,积极推广普通话,纠正社会用字混乱的现象,有计划地培训语文工作干部,并广泛进行语言文字规范化、标准化的宣传和咨询服务,以调动各方面的积极性,更好地发挥语言文字在现代化建设中的作用。

各地区工作进行情况的书面汇报,请在7月底以前寄给我们。

国家教育委员会
国家语言文字工作委员会

全国语言文字工作会议纪要

经国务院批准,国家教育委员会和国家语言文字工作委员会于1月6日至13日在北京召开了全国语言文字工作会议。参加会议的有中央有关单位和省、自治区、直辖市的代表280多人。

万里同志、胡乔木同志分别在会议开幕式和闭幕式上作了重要讲话。国家语委主任刘导生作了《新时期的语言文字工作》的工作报告,国家教委副主任柳斌作了《教育战线要重视语言文字工作》的报告。有关同志还就现代汉语规范化问题、汉字的整理和研究、《汉语拼音方案》的应用发展、基础教育中的语文训练、语文与科技、语言信息处理、地名工作中的语文问题等作了专题发言。上海、广东、黑龙江、福建、湖北、河南、安徽、云南、湖南等省市的有关同志在大会上汇报了工作，介绍了经验。解放军总政治部、全国总工会、全国妇联、共青团中央，以及部分省市的负责同志也在大会上讲了话。

会议回顾总结了建国以来的语言文字工作，学习讨论了新时期语言文字工作的方针任务，表彰了在文字改革和推广普通话方面做出显著成绩的58个先进单位和194名积极分子。

会议讨论、明确的主要问题是：

一、明确认识到语言文字是人们表达思想、传递信息的重要交际工具，做好语言文字工作，对社会发展、科技进步和文化教育水平的提高都具有重要的意义。建国以来，我国的语言文字工作（包括文字改革工作），取得了很大的成绩，为社会主义事业做出了积极贡献。当前，我国社会主义现代化建设迅速发展，新的形势对语言文字工作提出了新的要求。党中央和国务院适时地规定新时期语言文字工作的方针为：贯彻执行国家关于语言文字工作的政策和法令，促进语言文字规范化、标准化，继续推动文字改革工作，使语言文字在社会主义现代化建设中更好地发挥作用。当前的主要任务是：做好现代汉语规范化工作，大力推广和积极普及普通话；研究和整理现行汉字，制订各项有关标准；进一步推行《汉语拼音方案》，研究并解决实际使用中的有关问题；研究汉语汉字信息处理问题，参与鉴定有关成果；加强语言文字的基础研究和应用研究，做好社会调查和社会咨询、服务工作。与会同志认真讨论了新时期语言文字工作的方针和任务，一致表示拥护和坚决贯彻执行。

二、语言文字工作必须积极而稳步地进行。为了适应社会发展和人们交际的需要,语言文字不断发展变化,同时又保持相对稳定。这是语言文字演变的基本规律。语言文字工作必须遵循这一客观规律,顺乎自然,因势利导,做促进工作。30多年来,汉语规范化和文字改革工作有较大的发展,取得了很大成就。当前,需要充分消化、巩固和发展这一历史性重要成果。在促进语言文字规范化、标准化的同时,文字改革工作还要继续进行,尚未完成的任务还要继续完成。但是文字改革必须稳步进行,不能急于求成;脱离实际超越历史条件的改革,是得不到大多数人支持的。在今后相当长的时期,汉字仍然是国家的法定文字,还要继续发挥作用。《汉语拼音方案》作为帮助学习汉语、汉字和推广普通话的有效工具,要进一步推行并扩大其使用范围,但它不是代替汉字的拼音文字,可以用于汉字不便使用或不能使用的方面。关于汉语拼音化问题,许多同志认为这是将来的事情,现在不忙于作出结论。1977年发表征求意见的《第二次汉字简化方案(草案)》,经过多次修订,迄今未能定案。这一草案中虽然有一部分简化字比较合理,对识字教学、文字使用有某些积极作用,但是再正式公布这批新简化字,对出版物特别是多卷本的字典、词典、百科全书以及电子计算机的汉字字库等,都会造成很多困难。因此,会议建议国务院批准正式宣布废止《第二次汉字简化方案(草案)》。汉字的演变是从繁到简的。从长远看汉字不能不简化,但今后对于汉字的简化,应持谨慎的态度,在一个时期内使汉字的形体保持相对的稳定,以利社会应用。目前,社会上滥用繁体字,乱造简化字,随便写错别字的现象相当严重,引起国内外各界人士的关注,纷纷提出批评意见。建议各级人民政府和有关部门采取有力的措施,予以干预和纠正。

三、推广和普及普通话是当前语言文字工作的一项重要任务,必须继续抓紧抓好。学校推广普通话,首先要抓好师范学校和中小学的推普工作。要加强对教师的培训,把会讲普通话列为合格教师的必备条件之一。社会推广普通话,首先要抓好方言比较复杂的城市(特别是开放、旅游城市和大中城市)的推普工作。要把会讲普通话列为对各级干部和其他有关人员的基本要求。中央过去制订的"大力提倡,重点推行,逐步普及"的推普方针,实践证明是完全正确的,应当继续贯彻执行。但是,形势发展了,推广普通话工作要有新的要求,重点应当放在大力推行和积极普及方面。

四、各级各类学校要重视、加强语文教学和研究实验。在普及九年制义务教育的阶段,要切实打好语言文字基础。要加强学校的语文教学,特别是中小学的语文教学,进行听、说、读、写等基本技能的全面训练,使学生真正掌握好祖国的语言文字。学校要加强汉语拼音的教学研究和实验工作,不断提高拼音教学质量,使汉语拼音在语文教学中的作用得到充分的发挥。要进一步探索语文教学规律,使语文教学朝着科学化、高效率的方向迈进。语文教材要以"三个面向"为指针,适应经济和社会发展的要求,逐步进行改革。

五、加强语言文字的基础研究和应用研究,进一步开展学术交流。希望全国的语言文字研究机构,高等院校有关的教研部门和语言文字学术团体,进一步发挥作用,紧密联系实际,积极开展科学研究工作,特别要抓好有应用前景的课题研究和新兴学科、边缘学科的建设,提出具有较高水平和实用价值的研究成果。学术研究要贯彻执行百家争鸣的方针,不同意见要充分讨论,集思广益,调动各方面的积极性,使语言文字的研究工作得到健康发展。

六、培训干部,扩大语文工作者的队伍。做好新时期的语言文字工作,要继续依靠过去培训的骨干,还要进一步培训、补充一批新干部。培训工作要层层负责,中央、地方一起抓。中央有关单位要继续举办各种研究班、训练班,培训语文工作骨干。各地区、各部门、各行业要积极举办各种形式的训练班,培训推广普通话的干部。高等院校中文系,特别是设有语言专业的,要有计划地为各地区、各有关部门培养和输送语言文字工作的专业人才。国家语委要积极筹办语言培训中心,培训语言文字方面的研究人员,以及普通话和汉语拼音方面具有较高水平的专业干部。高等院校要加强对外汉语教学工作,培训更多的到国外讲授汉语的教师,进一步扩大汉语在国际上的影响。此外,各级教育行政部门要有计划、有步骤地对在职语文教师进行培训。建议中央和地方的广播电台、电视台继续举办学习普通话和汉语拼音的讲座,以及其它语文知识讲座,提高语文教师和语文工作干部的业务水平。

七、加强宣传出版工作。由于历史的和社会的种种原因,人们对语言文字规范化、标准化的重要意义往往认识不足。建议中央和地方的报刊、广播、电视、电影等利用各种机会,采取多种形式,积极做好语言文字规范化的宣传工作。希望出版部门加强语文书刊的出版工作。宣传、出版部门和宣传、出版工作者希望注意使用规范的语言文字,以起示范作用。

八、为了保证语言文字的规范和各项标准在全社会的有效推行,对语言文字的应用需要有一定的行政措施。"国家推广全国通用的普通话"已载入宪法,文字规范化这一体现现代化建设和社会文明程度的重要工作,相应地也需要做有关的规定。教育、文化、新闻、出版、商标、广告、地名管理、户籍管理等方面,在制定具体法规和条例时,应当列入语言文字规范的条文,以促进语言文字规范化、标准化。

九、会议一致认为必须加强领导,建立和健全各级语言文字工作机构,以利语文工作的开展。国家语委要进一步健全机构,充实力量,同有关部门密切配合,切实做好各项工作。省、自治区、直辖市已经成立文字改革或推广普通话专门机构的,可以相应改变机构名称,加强领导,充实力量,统一管理地方的语言文字工作;还没有成立专门机构的,要成立相应的机构,安排专人和专款,努力做好有关工作。人员编制和经费请各地政府调剂解决。省、市、自治区语文工作委员会办事机构一般可设在教育行政部门,合署办公,共同工作。

这次会议在党的新时期语言文字工作方针任务的指导下,统一了思想,加强了团结,明确了任务,增强了信心。与会同志认为这是一次成功的大会,是开创语言文字工作新局面的动员大会。大家决心继续努力,多干实事,做好工作,为社会主义现代化建设作出贡献。

五、全国语言文字工作会议的收获

这次全国语言文字工作会议在筹备的时候叫做"第二次全国文字改革会议",后来随着形势的发展,特别是国务院决定把中国文字改革委员会改名为国家语言文字工作委员会之后,会议的内容和名称都相应地做了改变。

这次会议的任务是认真回顾和总结过去三十年的语言文字工作。同时,要研究新情况,解决新问题,明确新时期语言文字工作的方针任务,统一思想,统一步调,努力做好工作,使语言文字工作在社会主义现代化建设中发挥积极的作用。这次会议取得的收获,主要有以下几个方面:

(1)通过认真地回顾、总结三十年来我国的语言文字工作,尤其是文字改革工作,一致认识到,过去三十年的工作成绩是很大的,为社会主义事业做出了积极贡献。这一点应该充分肯定。与会同志一致表示,今后要继续推动文字改革工作,认真做好语言文字规范化、标准化的工作,以取得更大的成绩,为"四化"做出更大的贡献。

(2)明确认识到新时期的语言文字工作同现代化建设的紧密关系,对社会发展、科技进步和文化教育水平提高的重要意义。会议认真讨论了中央规定的新时期语言文字工作的方针和当前的主要任务。认识到这一方针任务是总结了过去的经验,并根据新形势的要求以及语言文字本身的发展规律提出来的,是有科学根据的,也是切合实际的。与会同志表示拥护这个方针任务,今后一定努力贯彻执行。

(3)进一步认识到语言文字工作必须积极而稳步地进行,只能从实际出发,因势利导,做促进工作,而不能急于求成。这就是说,既要看到做好这项重要工作的紧迫性,又要看到它的长期性、复杂性和艰巨性。只有这样,才能符合语言文字发展演变的规律,也才符合现实社会生活对语言文字工作的要求,才能取得更大的实效。

(4)一致认识到当前社会用字的混乱现象已经相当严重,不利于社会主义精神文明和物质文明建设,必须加强宣传,进行教育,并采取有力措施,加以干预和纠正。

(5)通过报告、发言、观摩录像等,充分交流了情况和经验,认识水平和工作水平都有提高。

(6)表彰了文字改革和推广普通话的先进集体和积极分子,鼓励了先进,树立了榜样。① 全国语言文字工作会议召开之后,各地相继召开会议传达全国语言文字工作会议的精神,各省、自治区、直辖市的语言文字工作机构也逐步建立起来,并且拟订了贯彻会议精神展开语文

---

① 陈章太《全国语言文字工作会议的总结发言》,《新时期的语言文字工作》第50页,语文出版社1987年版。

工作的规划,新时期的语言文字工作就逐步推开了。

第二节 大力推广和积极普及普通话

一、推广普通话的工作思路和措施

20世纪80年代中期以后,随着各项改革开放政策的逐步落实,在首先活跃起来的经济领域的主导与影响之下,国内的各种社会活动也随之活跃起来,人与人之间的交往也迅速增加。这种新中国历史上前所未有的人群流动与交往,迫切需要在全国范围内大力推广并积极普及普通话,也为普通话的推广创造了良好的契机。

1992年,国家语委把推普工作的方针由20世纪50年代确定的"大力提倡,重点推行,逐步提高"调整为"大力推行,积极普及,逐步提高"。1997年全国语言文字工作会议确定了新世纪的推普目标是:2010年以前,普通话在全国范围内初步普及,交际中的方言隔阂基本消除;21世纪中叶以前,普通话在全国范围内普及,交际中没有方言隔阂。

21世纪推广普通话的工作思路是:抓好"一个中心"和"四大领域",即以城市为中心,以学校为基础,以党政机关为龙头,以广播电视为榜样,以公共服务行业为窗口,带动全社会推广普及普通话。推广普通话的三项基本措施是:目标管理、量化评估;普通话水平测试;全国推广普通话宣传周。要正确处理普通话与方言的关系、普通话与少数民族语言的关系、母语教学与外语教学的关系,努力推进普通话的通用化、规范化,争取早日普及普通话。

二、目标管理,量化评估

"目标管理,量化评估"是面向部门和地区普及普通话工作的科学管理方法。"八五"以来,面向师范院校、城镇中小学和职业中学的系列"评估指导标准",在指导学校普及普通话工作方面发挥了重要的导向作用。为贯彻中央领导同志关于"中心城市和经济发达地区率先普及普通话"的指示精神,国家语委颁布了《城市普及普通话工作评估指导标准》,开展评估工作。

(一)学校的推广普通话工作。

1.师范院校的推普工作。1986年1月28日,国家教委发出《关于加强对中等师范学校学生进行普通话考核的意见》。《意见》指出:"普通话是教师的职业语言,掌握普通话和汉语拼音是中等师范学校(包括幼儿师范,下同)学生的一项基本功,是合格教师的必备条件。师范学校必须把普通话训练贯穿在整个师范教育阶段,对学生掌握普通话和汉语拼音的能力进行严格、系统地考核。"经过几年的努力,全国中等师范学校贯彻国家的推普政策,取得了显著的成绩。

1987年4月间,国家教委和国家语委在武汉召开了全国高等师范院校推广普通话工作经验交流会和中等师范学校推广普通话工作汇报座谈会,这就是在新时期对我国师范院校推普工作产生重大影响的"武汉两会"。4月8日至12日,召开了全国高等师范院校推普工作经验交流会,来自全国各地的85名代表汇集武汉,他们首先参加了湖北省的高等师范院校推普工作经验交流会,然后结合各省市的推普经验,讨论了下一步全国高等师范院校的推普工作。紧接着,从4月13日到15日,国家教委和语委又在武汉召开了全国中等师范学校推普工作汇报座谈会,到会的有来自全国各地的72名代表,他们畅所欲言,认真地汇报推普中所做的工作,商讨下一步的推普对策。"武汉两会"的召开,是对近几年来师范院校推普工作的一次较全面总结。会议的两大中心议题是:当前高等师范院校推普工作的任务是什么,应当如何加强?中等师范学校的推普工作应当如何进一步巩固和提高?这就为下一步我国师范院校的推普工作确立了新的任务,指明了前进的方向。

  为了总结经验,继续发展师范院校的推普事业,1991年4月23日至25日,国家语委和国家教委在北京联合召开了全国师范院校推广普通话工作汇报会。来自27个省、自治区、直辖市的语委办和教委(教育厅、局)主管师范教育的负责人出席了会议。国家语委常务副主任仲哲明在开幕式的讲话中指出,中小学是全国的推普基地,中小学的师资则是学校推普的关键,而师资的普通话水平又直接取决于培养他们的各级各类师范院校,因此对师范院校的推普工作,要求要更高一些更严一些;并指出,今后的推普工作,应朝着"大力推广,积极普及,逐步提高"的方向努力。会上,云南、辽宁、福建、河南、湖北、江苏六省介绍了他们师范院校推广普通话的经验,国家教委师范司和国家语委推普司,还分别就师范院校开设普通话口语训练课和对推普工作检查验收等工作做了部署。

  1991年6月4日,国家语委、国家教委发出了《关于对中等师范学校普及普通话工作进行检查验收的通知》。要求各省、自治区、直辖市的语委办和教委(教育厅、局),要做好中等师范学校的推普验收工作,并对验收的内容、要求、方法、工作程序等做了详细的部署与说明,并要求各地在1992年1月底以前完成检查验收工作。通知下达之后,各地积极行动起来,按照《通知》的要求,对中等师范学校的推普工作进行了细致全面的考核验收。1992年6月30日至7月3日,国家语委推普司和国家教委师范司,在湖北襄阳师专召开全国中师普及普通话检查验收总结会和高师普及普通话工作汇报会。国家语委副主任傅永和在开幕式上作了题为《巩固成果,抓紧提高,开创中师普及普通话工作的新局面》的工作报告。报告充分肯定了十余年来中师推普工作的成绩,总结了中师推普的基本经验,并指出中师推普存在的主要问题是发展不平衡,地区之间有较大的差异,并从政策上和语言科学的规律上对今后的推普工作做了指导性的说明。会议还收到高师的推普情况交流材料27份,湖北、云南、山东、浙江、辽宁、湖南、安徽等省的代表在大会上介绍了高等师范院校推普工作的经验和方法。

1992年9月21日,国家语委和国家教委发布了《关于进一步做好中等师范学校普及普通话工作的通知》,要求中等师范学校抓住时机,进一步做好推普工作。1994年2月16日,国家语委和国家教委发布了《关于进一步做好师范专科学校普及普通话工作的通知》,要求师范专科学校继续做好推广普通话工作。十几年的努力,基本上实现了让普通话成为校园语言、成为教师的职业语言的既定目标。

2. 中小学的推普工作。中小学是推普工作的重要阵地。在中小学中推广普通话,对于全社会的推普工作,有着极其特殊的意义。1990年12月29日,国家语委和国家教委联合发布了《关于小学普及普通话的通知》。《通知》指出:"为适应21世纪经济、科技、社会发展对语言规范的更高要求,也为各级各类学校和社会普及普通话打下基础,必须有计划地将小学推广普通话工作全面、系统地开展起来,要求在2000年前基本做到城市小学和县、镇小学以及乡中心小学在校内普及普通话,使普通话成为校园语言。"《通知》下达以后,全国各地的教育主管部门积极响应,认真发动,周密部署,全国小学的推普工作就陆续开展起来了。1993年,国家对中学的推普工作做出部署。这一年的2月22日,国家语委和国家教委发出了《关于普通中学普及普通话的通知》。《通知》指出:普通中学普及普通话的第一阶段是做到普通话成为教学用语,第二阶段是做到普通话成为校园语言;规定直辖市、省会、自治区首府、计划单列市、沿海开放城市、经济特区的城市普通中学,实现第一阶段和第二阶段要求的最晚时限分别是 1994 年和 1996 年;农村普通中学争取到 2000 年实现各科教学和集体活动使用普通话。

1993 年 12 月 25 日,国家语委和国家教委联合发出《关于职业中学普及普通话的通知》,对职业中学的推普工作进行了部署。《通知》指出,学校是推广和普及普通话的基本阵地,职业中学直接面向市场经济,为社会培养具有一定专业知识和技能的人才,因此在职业中学中普及普通话尤其必要。《通知》要求把掌握和使用普通话纳入职业中学的培养目标,作为职业技能训练的一项重要内容,以使学生的普通话水平能够适应未来职业的需要。

1994 年 5 月 25 日,国家语委推普司和国家教委基教司在杭州召开全国中小学普及普通话工作汇报会,来自全国各省、自治区、直辖市教委、语委的 90 多位代表参加会议。杭州市、上海市、云南省、河南省、广东省语委、教委和辽宁省锦州市凌河区、福州市台江三小做了大会发言,会议代表还考察了杭州市中小学的普及普通话工作。会议讨论了国家语委和国家教委共同起草的《城镇普通中小学普及普通话工作评估指导标准(征求意见稿)》,并决定根据会议提出的意见修订后作为正式文件下达。1994 年 9 月 14 日,国家教委、国家语委发出《关于对普通中小学普及普通话工作进行检查评估的通知》,并颁布了《城镇普通中小学普及普通话工作评估指导标准》。《通知》规定,检查评估的办法包括学校自我评估,地方、上级教委和语委对评估结果进行复查、抽查,国家两委对省、自治区、直辖市的检查评估工作进行检查。检查的内容包括组织工作、检查评估标准、试题、评估结果等。

在对普通中小学普及普通话工作进行检查评估的基础上,又进行了职业中学普及普通话的检查评估工作。1996 年 9 月 26 日,国家教委和国家语委发出了《关于印发〈职业中学普通话教学基本要求〉的通知》,《通知》的附件是《职业中学普通话教学基本要求》。文件指出:

"职业中学各专业的普通话教学属于基本技能训练课,必须列入专业基本技能类的必修课。"文件针对师范类专业(幼儿师范、体育师范、艺术师范、普通师范等专业)、与口语表达密切相关的专业(文秘、法律、警察、财会、金融、税务、经贸、工商管理、邮电和交通服务、医护、商业营销、广告、旅游、外事服务、餐厅客房服务等专业)和一般专业的不同性质,提出开设普通话课程和学生普通话水平达标的不同要求。1996年9月27日,国家教委和国家语委又下发《关于印发〈职业中学普及普通话工作评估指导标准〉的通知》。

国家教委和国家语委对普通中小学和职业中学普及普通话工作的检查与评估,使得普通中小学和职业中学基本上实现了让普通话成为校园语言的推普目标。

(二)社会的推广普通话工作。

1.旅游、开放城市的推广普通话工作。1986年7月24日,国家教委、国家语委、商业部、国家旅游局、城乡建设环境保护部、交通部联合发布了《关于加强开放、旅游城市推广普通话工作的通知》。《通知》要求各地认真贯彻全国语言文字工作会议的精神,把推广普通话这项工作抓紧抓好。《通知》分四点对推普工作提出了要求。第一,在开放、旅游城市推广普通话(主要指市区),要学校、社会一起抓。第二,各级各类学校要在三五年之内普及普通话。第三,社会推普要从商业、服务业、交通、旅游等"窗口"行业抓起,重点抓好干部和第一线人员的普通话推广工作。第四,各省、自治区、直辖市有关部门应把抓好开放、旅游城市的推普工作列入工作日程。

2.南方方言区的推广普通话工作。1987年11月3日至6日国家语委推普办公室在厦门召开了南方方言区推普工作经验交流会。会上介绍的主要经验是:以学校为基础,学校和社会一起抓;社会推普要和各有关部门的实际需要和业务紧密结合起来,才能取得好的效果;大众化的宣传媒介是宣传推普的好工具;宣传活动和行政措施要结合等。代表们畅所欲言,共同商讨如何解决南方方言区推普中遇到的各种问题。

　　1993年6月22日,国家语委在广东召开了南方方言区推广普通话工作座谈会。会议认为,搞好南方方言区的推普工作,对于在全国范围内推广普通话,对于港澳回归与祖国的统一大业,都具有十分重要的意义。会议所确定的今后一个时期推普工作总的指导思想是:抓住时机,围绕贯彻国务院63号文件(1992年11月6日《通知》)精神,大力加强法制建设,加强行政管理力度,锲而不舍,真抓实干,加快推广和普及普通话的进程,为完成《国家语言文字工作十年规划和"八五"计划纲要》所规定的推普的目标和任务而奋斗。

　　3. 沿海开放城市和经济特区的推广普通话工作。1988年9月26日国家语委在青岛召开全国沿海开放城市和经济特区推广普通话工作汇报会。大家一致认为,对外开放与对内搞活的经济政策,对推广普通话工作提出了新的问题与要求。各地的方言不同,历史、文化、经济状况也不同,因此各地要采取不同的方法大力推广普通话,在学习别人的经验时要切忌生搬硬套。

　　4. 首届全国普通话广播大赛。为纪念人民广播事业开创50周年,中央人民广播电台与国家语委举办了首届全国普通话广播大赛。大赛分前后两个阶段进行。1990年1月之前,各省、市、自治区广播电台主持预赛,经过初赛、半决赛、决赛推选出两名人选赴京进行第二阶段的全国范围内的比赛。在第二阶段的比赛中,又经过自选内容与规定内容两轮比赛,有10名选手从全国各地选送的32名选手中脱颖而出。1990年1月18日,总决赛在中央电视台演播大厅进行。经过激烈角逐,杭州台选送的陆建平摘取了桂冠,二等奖的获得者是江苏台选送的明锐与上海台选送的邹凤鸣。

5. 全国城市社会推广普通话工作经验交流会。1990年10月23日至26日,国家语委在上海召开了全国城市社会推广普通话工作经验交流会。会议期间,各地的代表交流了社会推普工作的情况与经验,并现场观摩、学习了上海市公安、财贸和公交三个系统推普的活动和经验。代表们还交换了进一步贯彻执行中央六部委《关于加强开放、旅游城市推广普通话工作的通知》的意见,讨论了到本世纪末城市社会推普工作的目标、要求以及应采取的一些切实可行的措施。

6. 交通运输系统的推广普通话工作。上海全国城市社会推广普通话工作经验交流会结束不久,交通部教育司就在1991年新年之际,向本行业转发了国家语委下发的《全国城市社会推广普通话工作经验交流会纪要》,并对交通运输部门的推广普通话工作提出了四点意见:第一,各地的交通运输部门要提高对推广普通话工作的认识,要有紧迫感,把推广普通话工作摆到应有的位置,要有领导干部分工抓。第二,抓好重点地区与重点对象的推广普通话工作。第三,把宣传教育与适当采取行政措施结合起来推广普通话,把讲普通话列入岗位规范,列为基层单位精神文明建设的内容。第四,要求各单位制定本单位推广普通话的规划与计划,并于1991年8月前报交通部教育司。

1991年6月8日至10日,国家语委和建设部在成都联合召开了全国城市公交系统推广普通话经验交流会。大会集中听取了成都、西安、大连、上海、杭州、广州、青岛等城市公交系统的代表所作的推广普通话经验介绍,又分组交流了公交系统推广普通话的工作情况与经验教训,并重点讨论了国家语委与建设部为落实此次会议精神而共同起草的《关于在全国城市公共交通系统进一步加强推广普通话工作的通知》。1991年7月12日,建设部、国家语委发布了《关于在全国城市公共交通系统进一步加强推广普通话工作的通知》。

7. 商业系统的推广普通话工作。为进一步贯彻中央六部委《关于加强开放、旅游城市推广普通话工作的通知》的精神,商业部协同国家语委于 1992 年 5 月 25 日发布了《关于在全国商业系统加强推广普通话工作的通知》,要求本系统各部门加强领导与宣传工作,认真把推广普通话工作做好。

8. 群众性的普通话大赛。1991 年 9 月 1 日至 4 日,国家语委和青岛市人民政府联合举办"青岛化工杯"全国普通话电视大赛,在美丽的海滨城市青岛举行。来自全国各省、市、自治区、直辖市和计划单列市、经济特区的共 150 名选手参加了比赛。大赛选手的来源广泛,除行业不相同外,还有回、蒙、藏、佤、布依、维吾尔等许多少数民族的选手。比赛包括朗读和小品两项内容,分预赛和决赛两个阶段,由著名电影艺术家孙道临担任艺术顾问。经过激烈的角逐,青岛、深圳、福建代表队获得团体总分前三名。

1991 年 6 月至 10 月间,中央人民广播电台和国家语委共同举办了"容声杯"全国普通话广播大赛。10 月 31 日,在北京广播剧场举行了决赛和颁奖仪式。山西的冯玉玲、黑龙江的任轶男、海南的孟宇红、四川的周东、湖北的郭天智、吉林的王馨最终分别获得一、二、三等奖。

1994 年 10 月 15 日,国家语委和中央人民广播电台,在北京举办了"巢柴双发杯"第三届全国普通话广播大赛。此次大赛,是新时期规模较大的普通话大赛,在全国产生了广泛的影响。

9. 少数民族地区的推广普通话工作。1993 年 7 月 19 日至 23 日,国家语委、国家民委联合云南省人民政府,在昆明举办了"楚雄杯"全国少数民族学讲普通话大赛。有来自全国各地的 27 个代表队参加了在云南电视台演播厅进行的决赛。此次大赛充分体现了全国各少数民族学习普通话的热情,也很好地展示了各地少数民族同胞说普通话的水平,增强了全国各民族之间的交流与团结,对促进民族地区的改革开放与经济发展,产生了积极的影响。

三、普通话水平测试

（一）研制《普通话水平测试标准》。从20世纪80年代初期开始，我国就有一些语文工作者和从事语言研究的学者，开始思考普通话的等级标准和水平测试问题，陆续发表了一些文章，也有人草拟了测试方案。北京语言学会成立了普通话等级标准研究小组，该小组于1982年公布了《普通话等级标准条例草案》，在社会上产生了较大的影响。1986年召开的全国语言文字工作会议，提出了关于普通话水平"三级标准"的设想。

1988年底，国家社会科学基金会正式批准并资助《普通话水平测试标准》研究课题。课题组由于根元、曹澄方、宋欣桥、魏丹、姚佑椿、孙修章六人组成，孙修章和于根元为主要负责人。到1992年初，课题组完成了研究计划，公布了他们的研究成果，并在广州、汕头、深圳、顺德、上海、石家庄等地和北京中央普通话进修班中，进行了实际的测试试验。《普通话水平测试标准》依据1986年全国语言文字工作会议提出的"三级标准"，并参考了"美国外语水平测试"的等级划分，将普通话水平测试的等级划分为三级，每级又分为甲乙二等，共三级六等。孙修章、于根元等不仅研制出了普通话水平测试的等级，而且还研制出了普通话水平测试的具体方法，为我国的普通话水平测试工作做出了贡献。

（二）普通话水平测试员的培训。1994年10月30日，国家语委、国家教委和广电部发布了《关于开展普通话水平测试工作的决定》。《决定》指出："掌握并使用一定水平的普通话是社会各行各业人员，特别是教师、播音员、节目主持人、演员等专业人员必备的职业素质。因此，有必要在一定的范围内对某些岗位的人员进行普通话水平测试，并逐步实行普通话等级证书制度。"《决定》还对现阶段的主要测试对象及应达到的普通话等级提出了明确的要求,即中小学教师、师范院校的教师和毕业生应达到二级或一级水平,专门教授普通话语音的教师应达到一级水平;电影、电视剧演员和配音演员以及相关专业的院校毕业生应达到一级水平。对播音员、节目主持人、教师等岗位人员,从1995年起逐步实行持普通话等级证书上岗制度。

为了做好普通话水平测试工作,国家语委普通话培训测试中心于1994年12月5日至20日,在北京举办了第一期国家级普通话水平测试员资格考核培训班。参加此次培训班的学员共有51人,在为期两周的培训中,学员们学习了三部委《关于开展普通话水平测试工作的决定》和《普通话水平测试大纲》,学习了普通话语音系统和普通话水平测试的操作,并进行了普通话水平测试卷、国家级测试员普通话水平测试和测评能力三个方面的考核。通过严格的学习和考核,共有42人获得国家级普通话水平测试员资格证书。1995年2月13日至28日,国家语委普通话培训测试中心举办了第二期国家级普通话水平测试员资格考核培训班。参加此次培训班的学员共有56人,最后有51人获得国家级普通话水平测试员资格证书。

(三)普通话水平测试的管理。从1995年起,国家开始对教师、师范院校毕业生、广播电视的播音员和节目主持人等专业人员进行普通话水平测试,同时逐步实行持普通话等级证书上岗制度。

1997年6月26日,国家语委发布了《关于普通话水平测试管理工作的若干规定(试行)》。《规定》中规定,国家语委是主管全国语言文字工作的行政机关,对全国的普通话水平测试工作进行宏观管理,并协调和组织各有关部门和行业开展测试工作。国家语委普通话培训测试中心是国家普通话水平测试的实施机构。《规定》还明确了普通话水平测试员的资格、管理办法和应遵守的纪律,明确国家语委颁布的《普通话水平测试等级标准》是划分普通话等级的全国统一标准,国家语委颁布的《普通话水平测试(PSC)大纲》是全国进行普通话水平测试工作的统一大纲。各级测试实施机构依照《普通话水平测试(PSC)大纲》编制普通话水平测试的试卷,试题由国家语委普通话培训测试中心题库提供。

2003年5月15日,教育部部长办公会讨论通过了《普通话水平测试管理规定》。5月21日,教育部部长周济签发《中华人民共和国教育部令》(第16号),发布《普通话水平测试管理规定》,自2003年6月15日起施行。《管理规定》共28条,全文如下:

普通话水平测试管理规定

第一条 为加强普通话水平测试管理,促其规范、健康发展,根据《中华人民共和国国家通用语言文字法》,制定本规定。

第二条 普通话水平测试(以下简称测试)是对应试人运用普通话的规范程度的口语考试。开展测试是促进普通话普及和应用水平提高的基本措施之一。

第三条 国家语言文字工作部门颁布测试等级标准、测试大纲、测试规程和测试工作评估办法。

第四条 国家语言文字工作部门对测试工作进行宏观管理,制定测试的政策、规划,对测试工作进行组织协调、指导监督和检查评估。

第五条 国家测试机构在国家语言文字工作部门的领导下组织实施测试,对测试业务工作进行指导,对测试质量进行监督和检查,开展测试科学研究和业务培训。

第六条 省、自治区、直辖市语言文字工作部门(以下简称省级语言文字工作部门)对本辖区测试工作进行宏观管理,制定测试工作规划、计划,对测试工作进行组织协调、指导监督和检查评估。

第七条　省级语言文字工作部门可根据需要设立地方测试机构。

省、自治区、直辖市测试机构(以下简称省级测试机构)接受省级语言文字工作部门及其办事机构的行政管理和国家测试机构的业务指导,对本地区测试业务工作进行指导,组织实施测试,对测试质量进行监督和检查,开展测试科学研究和业务培训。

省级以下测试机构的职责由省级语言文字工作部门确定。

各级测试机构的设立须经同级编制部门批准。

第八条　测试工作原则上实行属地管理。国家部委直属单位的测试工作,原则上由所在地区省级语言文字工作部门组织实施。

第九条　在测试机构的组织下,测试由测试员依照测试规程执行。测试员应遵守测试工作各项规定和纪律,保证测试质量,并接受国家和省级测试机构的业务培训。

第十条　测试员分省级测试员和国家级测试员。测试员须取得相应的测试员证书。申请省级测试员证书者,应具有大专以上学历,熟悉推广普通话工作方针政策和普通语言学理论,熟悉方言与普通话的一般对应规律,熟练掌握《汉语拼音方案》和常用国际音标,有较强的听辨音能力,普通话水平达到一级。

申请国家级测试员证书者,一般应具有中级以上专业技术职务和两年以上省级测试员资历,具有一定的测试科研能力和较强的普通话教学能力。

第十一条　申请省级测试员证书者,通过省级测试机构的培训考核后,由省级语言文字工作部门颁发省级测试员证书;经省级语言文字工作部门推荐的申请国家级测试员证书者,通过国家测试机构的培训考核后,由国家语言文字工作部门颁发国家级测试员证书。

第十二条 测试机构根据工作需要聘任测试员并颁发有一定期限的聘书。

第十三条 在同级语言文字工作办事机构指导下,各级测试机构定期考察测试员的业务能力和工作表现,并给予奖惩。

第十四条 省级语言文字工作部门根据工作需要聘任测试视导员并颁发有一定期限的聘书。

测试视导员一般应具有语言学或相关专业的高级专业技术职务,熟悉普通语言学理论,有相关的学术研究成果,有较丰富的普通话教学经验和测试经验。

测试视导员在省级语言文字工作部门的领导下,检查、监督测试质量,参与和指导测试管理和测试业务工作。

第十五条 应接受测试的人员为:1.教师和申请教师资格的人员;2.广播电台、电视台的播音员、节目主持人;3.影视话剧演员;4.国家机关工作人员;5.师范类专业、播音与主持艺术专业、影视话剧表演专业以及其他与口语表达密切相关专业的学生;6.行政主管部门规定的其他应该接受测试的人员。

第十六条 应接受测试的人员的普通话达标等级,由国家行业主管部门规定。

第十七条 社会其他人员可自愿申请接受测试。

第十八条 在高等学校注册的港澳台学生和外国留学生可随所在校学生接受测试。

测试机构对其他港澳台人士和外籍人士开展测试工作,须经国家语言文字工作部门授权。

第十九条 测试成绩由执行测试的测试机构认定。

第二十条 测试等级证书由国家语言文字工作部门统一印

制,由省级语言文字工作办事机构编号并加盖印章后颁发。

第二十一条 普通话水平测试等级证书全国通用。等级证书遗失,可向原发证单位申请补发。伪造或变造的普通话水平测试等级证书无效。

第二十二条 应试人再次申请接受测试同前次接受测试的间隔应不少于3个月。

第二十三条 应试人对测试程序和测试结果有异议,可向执行测试的测试机构或上级测试机构提出申诉。

第二十四条 测试工作人员违反测试规定的,视情节予以批评教育、暂停测试工作、解除聘任或宣布测试员证书作废等处理,情节严重的提请其所在单位给予行政处分。

第二十五条 应试人违反测试规定的,取消其测试成绩,情节严重的提请其所在单位给予行政处分。

第二十六条 测试收费标准须经当地价格部门核准。

第二十七条 各级测试机构须严格执行收费标准,遵守国家财务制度,并接受当地有关部门的监督和审计。

第二十八条 本《规定》自2003年6月15日起施行。

(四)1997年12月5日,国家语委发布《关于颁布〈普通话水平测试等级标准(试行)〉的通知》,将经过再次审订的等级标准正式颁布。

普通话水平测试等级标准(试行)

一级

甲等:朗读和自由交谈时,语音标准,词语、语法正确无误,语调自然,表达流畅。测试总失分率在3%以内。

乙等:朗读和自由交谈时,语音标准,词语、语法正确无误,语调自然,表达流畅。偶然有字音、字调失误。测试总失分率在8%以内。

二级

甲等:朗读和自由交谈时,声韵调发音基本准确,语调自然,表达流畅。少数难点音(平翘舌音、前后鼻尾音、边鼻音等)有时出现失误。词语、语法极少失误。测试总失分率在13%以内。

乙等:朗读和自由交谈时,个别调值不准,声韵母发音有不到位现象。难点音(平翘舌音、前后鼻尾音、边鼻音、fu–hu、z–zh–j、送气不送气、i–u不分、保留浊塞音和浊塞擦音、丢介音、复韵母单音化等)失误较多。方音语调不明显。有使用方言词、方言语法的情况。测试总失分率在20%以内。

三级

甲等:朗读和自由交谈时,声韵母发音失误较多,难点音超出常见范围,声调调值多不准。方音语调较明显。词语、语法有失误。测试总失分率在30%以内。

乙等:朗读和自由交谈时,声韵母发音失误多,方音特征突出。方音语调明显。词语、语法失误较多。外地人听其谈话有听不懂的情况。测试总失分率在40%以内。

(五)发布《普通话水平测试工作评估指导标准》和《普通话水平测试规程》。为贯彻《普通话水平测试管理规定》,2003年5月27日,教育部语言文字应用管理司发布了两份文件。一份是《普通话水平测试工作评估指导标准》,要求各级语言文字工作部门和测试机构,按照《标准》精神,对测试工作进行自我评估,加强测试基础建设,提高测试管理水平。《普通话水平测试工作评估指导标准》分为一级指标五项,包括工作定位、省级机构、测试队伍、测试过程及管理、工作效果;二级指标包括工作定位、实施规划、测试机构、工作网络、财务管理、队伍组成、队伍管理、队伍建设、测试规程、教材试卷、证书管理、测试效果、社会效果共计43项,每项都有相应分值,确保了测试管理工作的细致、科学。另一份是《普通话水平测试规程》,要求各级语言文字工作部门和测试机构,按此《规程》对测试工作进行规范。《普通话水平测试规程》对报名、考场、试卷、测试、质量检查、等级证书、应试人档案都有细致的规定,确保了测试工作的规范管理。

(六)印发《普通话水平测试大纲》。2003年10月10日,教育部、国家语委发出《关于印发〈普通话水平测试大纲〉的通知》。《通知》指出:"为进一步提高推广普通话工作的制度化、规范化、科学化水平,完善普通话水平测试系统,现将依据《普通话水平测试管理规定》(教育部令第16号)和《普通话水平测试等级标准》(国语[1997]64号)制定的《普通话水平测试大纲》印发你们,自2004年10月1日起施行。"《大纲》共分四个部分,即:测试的名称、性质、方式;测试内容和范围、试卷构成和评分;应试人普通话等级的确定。

1994年出版的《普通话水平测试大纲》对保证普通话水平测试科学、规范、有序地开展发挥了积极作用,但原《大纲》学术色彩较重,作为政令文件的特点却不够鲜明,对全国测试工作的指导意义显得不够突出。专家和一线测试员也从提高测试的科学性、规范性出发,提出了不少修订建议。1996年国家语委开始酝酿修订工作,语用司和国家语委普通话培训测试中心多次组织专家讨论会和专题调研,1996年6月和1999年1月,语用司曾下发过两次征求意见稿。2001年《中华人民共和国国家通用语言文字法》的施行,为测试工作奠定了坚实的法律基础,也提出了更高要求。而且,随着测试实践的迅速发展,修订的时机已成熟。2001年教育部副部长、国家语委主任袁贵仁做出加快《大纲》修订的指示。2002年初,成立了由19位专家组成的学术委员会,同时成立"《普通话水平测试大纲》修订及《普通话水平测试实施纲要》研制"课题组,在教育部语用所立项,后纳入国家语委"十五"科研规划重点项目。整个课题研究分两大阶段:第一阶段是把测试的性质、目的、内容、范围,测试的方式,评分系统和方法等,研制成《普通话水平测试大纲》的部颁文件;第二阶段是将具体的测试内容,语音、词汇、语法的规范等,从原《大纲》中分离出来,研制成为《普通话水平测试实施纲要》。2003年12月,国家语委普通话培训测试中心编制、教育部语用司审定的《普通话水平测试实施纲要》由商务印书馆出版,为2004年10月1日施行《普通话水平测试大纲》准备了条件。《普通话水平测试大纲》是指导测试的纲领性文件。《普通话水平测试实施纲要》则是由测试中心编制的对《大纲》内容进行阐述的辅导性的著作。

　　如何使《普通话水平测试实施纲要》与《普通话水平测试等级标准》吻合起来以及评价什么层次人员的标准程度、语言规范和熟练程度,定位很重要。大纲总的定位是参加测试的人员其母语须是汉语,具有中等文化水平,相当于初、高中生,能听会说普通话,且要求说得相对标准一些的人。同时考虑到播音员、影视话剧演员、教师等职业。要有一定的文化素质修养。(语言与文化不可分割,语言的背后是文化)因此,常用词语,尤其是在异读上容易出问题的词,播音员在播发一般性稿件中遇到的常用词,都能涵盖,都能在《纲要》中找到一些根据。

　　《普通话水平测试实施纲要》的内容包括:普通话水平测试用的普通话词语表(附轻声词表、儿化词表)、普通话与方言词语对照表、普通话与方言语法对照表、朗读篇目和说话话题等。其中词语表收入词语17055条,朗读篇目60篇,说话话题30个。《普通话水平测试实施纲要》根据2003年的《普通话水平测试大纲》,在体例和结构上与1994年的《普通话水平测试大纲》保持一致,保持了普通话水平测试工作的连续性。

（七）建立普通话培训测试中心。截至 2003 年年底,全国有 24 个省、自治区、直辖市建立了普通话培训测试中心,全国共建立地市级测试站和高校、行业测试站 825 个,有国家级和省级普通话水平测试员 34000 多名,初步形成覆盖全国的测试工作网络。全国有 1181 万人次接受测试,其中教师约 735 万,学生约 397 万,播音员、节目主持人约 2.6 万,国家公务员约 24 万,公共服务行业约 22 万。①

四、全国推广普通话宣传周

（一）全国推广普通话宣传周的建立。1997 年 1 月 6 日,李鹏总理主持的国务院第 134 次总理办公会议,听取了国家语委关于语言文字工作的汇报。会议指出:宪法规定国家推广全国通用的普通话,推广普通话关系到社会的进步和经济的发展,应当有计划、有法规,长期开展下去。会议决定自 1998 年起每年 9 月份的第三周为全国推广普通话宣传周。

（二）首届全国推广普通话宣传周。1998 年 3 月 17 日,中共中央宣传部、国家教育委员会、广播电影电视部、国家语言文字工作委员会联合发出《关于开展全国推广普通话宣传周活动的通知》。《通知》指出:"全国推广普通话宣传周活动的宗旨是:以党的十五大精神为指导,通过多种形式的宣传活动,向全社会广泛宣传大力推广普通话对于社会主义现代化建设的必要性、迫切性,进一步提高广大干部群众的语言规范意识和推普参与意识,在全社会形成说普通话的风气,推动推广普通话工作向纵深发展。""根据国务院指示,全国推广普通话宣传周活动由国家语委牵头,中宣部、国家教委、广电部与国家语委合作组织。国家语委成立全国推广普通话宣传周活动领导小组,并设立全国推广

---

① 《新时期语言文字工作记事》第 211 页,语文出版社 2005 年版。

普通话宣传周活动办公室。各省(自治区、直辖市)的宣传周活动,在省(自治区、直辖市)人民政府的领导下,由省级语委(语文工作机构)牵头,与宣传、教育、广播影视等部门共同组织开展。""首届宣传周宣传要点:宣传推广普通话对于建设有中国特色社会主义伟大事业具有多方面重要意义,宣传党中央和国务院对于推广普通话工作的一系列指示精神,宣传'大力推行,积极普及,逐步提高'的推广普通话工作的方针及有关政策规定,介绍普通话基础知识和推广普通话工作的历史和现状。"

1998年5月12日,国家语委向全国发出《关于印发首届全国推广普通话宣传周宣传提纲、宣传口号的通知》。《通知》有两个附件:《首届全国推广普通话宣传周宣传提纲》和《首届全国推广普通话宣传周宣传口号》。《宣传提纲》的内容包括推广普通话的意义、推广普通话的法律依据、推广普通话的方针和政策、当前推广普通话工作的思路和要求、跨世纪推广普通话的工作目标和基本措施等五个方面,阐述了推广普通话的重要性和必要性,提出了当前推广普通话工作的具体要求,重申了1997年全国语言文字工作会议所提出的我国跨世纪的推广普通话工作的目标,即2010年以前普通话在全国范围内初步普及,交际中的方言隔阂基本消除。5月19日,中宣部、教育部、广电总局、国家语委在北京召开了"首届全国推广普通话宣传周活动电视电话会议",进一步宣传、布置开展首届全国推广普通话宣传周活动。

1998年9月11日,在北京举行"首届全国推广普通话宣传周新闻发布会"。13日至19日,首届全国推广普通话宣传周活动在全国各地展开,31个省、自治区、直辖市及新疆生产建设兵团都开展了形式多样的宣传活动。各地成立了宣传周领导小组,召开动员会,制订实施方案,开展宣传活动。一些省市的主管领导也积极投身到宣传周的宣传活动之中,或发表署名文章,或作广播电视讲话,或参加街头咨询活动等。9月14日《人民日报》发表了题为《大力推广普通话》的评论员文章,《光明日报》、《法制日报》、《中国教育报》等多家报刊也发表评论员文章、理论文章或推出推广普通话专版。中央电视台利用《焦点访谈》、《实话实说》、《第二起跑线》等栏目,播出推广普通话的专题节目。中央人民广播电台也连续播出推普专题节目。各地电台、电视台、报纸、杂志等播发大量消息、特写、通讯、图片、宣传口号、公益广告等,宣传推广普通话。北京电视台播出系列专题片《中华民族的通用语言——普通话》(1—4集)。国家邮政局发行首届推普宣传周活动邮资明信片。各省、自治区、直辖市积极举行第二届全国公务员普通话大赛选拔赛。

9月16日,国家语委在人民大会堂召开了"首届全国推广普通话宣传周座谈会"。全国人大常委会副委员长许嘉璐,中宣部副部长刘鹏,教育部副部长吕福源,人事部副部长戴光前,广电总局副总局长同向荣,团中央书记处书记胡春华,北京市政府副秘书长王伟,以及一些语言研究专家、著名电视节目主持人、知名的演艺界人士等出席了座谈会。

首届全国推广普通话宣传周活动,是在国家相关部门和有关领导的大力号召与组织下顺利举行的,各地市积极响应,开展了丰富多彩的宣传活动,新闻媒体发挥舆论优势,营造了多年来少有的推广普通话的舆论声势。

(三)推广普通话宣传周活动逐步深入。1999年,为加强对推广普通话宣传周活动的领导,成立了以教育部部长陈至立为组长的全国推广普通话宣传周领导小组,领导小组办公室设在教育部语言文字应用管理司。从2003年开始,推广普通话宣传周活动由教育部、中宣部、人事部、文化部、国家广电总局、国家语委、解放军总政治部、共青团中央等八部委共同主办。

1999年第二届推广普通话宣传周期间,中共中央政治局常委、国务院副总理李岚清发表了题为《大力推广普通话,促进语言文字规范化,为现代化建设营造良好的语言环境》的书面讲话。

2000年10月31日,《中华人民共和国国家通用语言文字法》经九届全国人大常委会第十八次会议通过,并于2001年1月1日起施行。从第四届推广普通话宣传周开始,宣传贯彻《国家通用语言文字法》成为推广普通话宣传周的重要活动主题,全国各地采用多种形式对干部群众展开普法宣传,为提升《国家通用语言文字法》的社会知名度发挥了重要的作用。

为使推广普通话宣传周活动与发挥地方的积极性、推动方言地区进一步做好普及普通话工作更好地结合起来,从2001年开始,每年推广普通话宣传周都在方言区设立三至四个重点活动城市,在这些城市举办全国推广普通话宣传周的开幕式、闭幕式等重大活动,有效地调动、鼓励了地方政府办好推广普通话宣传周的积极性,使推广普通话活动在全国形成了点面结合、良性互动、步步推进的工作格局。推广普通话宣传周活动的多年连续开展,对扩大普通话的社会影响力,转变某些地方保守落后的语言观念,提高公民语言规范意识、法制意识和推普参与意识,都取得了可喜的成果。

(四)历届全国推广普通话宣传周活动概况:

届次	年份	活动主题	重点城市
第一届	1998年		
第二届	1999年	推广普通话,迎接新世纪。	
第三届	2000年	推广普通话,迈向新世纪。	
第四届	2001年	宣传贯彻《国家通用语言文字法》,大力推广普通话,促进语言文字规范化	重庆、上海、广州

(续表)

第五届	2002年	宣传贯彻《国家通用语言文字法》，大力推广普通话，促进语言文字规范化，迎接党的十六大召开	成都、南京、佛山
第六届	2003年	大力推广普通话，齐心协力奔小康	兰州、南宁、武汉、汕头
第七届	2004年	普通话——情感的纽带，沟通的桥梁	长沙、呼和浩特、合肥、茂名
第八届	2005年	实现顺畅交流，构建和谐社会	楚雄、宁波、梅州
第九届	2006年	普通话——50年推广，新世纪普及	太原、遵义、肇庆
第十届	2007年	构建和谐语言生活，弘扬中华优秀文化	吉安、济宁、保定

五、推广普通话取得的成绩和存在的问题

下面的几则报道反映了近年来推广普通话工作取得的成绩：

《中国特殊教育》2000年1月12日报道《三台招商，县长带头推普》。四川绵阳市三台县三角生活用纸有限公司1999年8月正式投产。在公司开业典礼上，三台县邱明君县长用普通话发表热情洋溢的讲话使在座的广东客商感到意外。他们很容易听懂县长的话，会议气氛热烈。三台县近年来实现"开放强县"战略，大力招商引资，在高度重视优化投资硬环境的同时，也十分注重投资软环境，特别是语言文字环境的优化，县长带头说普通话就是一个例子。

《福建时报》2000年2月16日报道：近几年来，随着菇、茶、竹等特色产业的崛起，农民在耕作之余，投身生意场，逐渐认识到，一身农民打扮已经适应不了时代的潮流。特别是满口听不懂的方言，常常把生意搅"黄"了。于是，一些进入流通领域的农民便学着自我包装起来。穿西服，打领带，配备了现代化的通信工具。外包装比较容易，但他们学说普通话却费了不少心。有的跟孩子学，有的请干部求亲友，有的看电视听广播。每逢香菇交易季节,乡镇里还专门请来老师办普通话培训班,既提供市场信息,又传授普通话及交易公关技巧。

《语文信息》2001年第7期根据云南省语委办的报道:最近,到省政府开会的同志发现,在省政府常务会议室门口的一块牌子上新写了一行字:"发言请讲普通话。"这是省政府办公厅按照代省长徐荣凯在省政府一次会议上的要求制作的。徐荣凯针对目前我省机关公务活动中频繁使用方言、时常造成交流不畅的问题,倡导全省机关工作人员带头讲普通话,进一步提高工作效率和服务水平。他要求全省政府系统机关工作人员要带头使用和推广普通话,努力营造规范的语言环境,更鲜明地树立起我省政府机关的开放形象,为云南新世纪的大开发、大开放做出更大的贡献。

《联合早报》2001年9月11日报道《先学普通话,三峡移民好外迁》。文章说:中国大中城市以外的老百姓,不会说普通话的情况很普遍,迁往外省的重庆市逾10万名三峡移民,最严峻的挑战就是在迁徙前学会普通话,以适应外地生活。重庆市是第四个直辖市,有100万名受三峡工程影响而需迁徙的居民,当中有逾10万人要迁至全国多个省市。可是,这些前往外省的三峡移民都不会说普通话,这也是他们异地生活的主要障碍之一。新华社报道,市政府担心他们因言语不通,不能融入移居地,遂勒令辖下的巫山、云阳等五个县市,动员当地学校师生和官员向即将外迁的移民教授普通话。为纠正移民的乡音,教员们可谓费尽思量,有的与移民进行"一对一"私人教授,有的带唱《大家都说普通话》等歌曲,苦口婆心地讲解会说普通话的好处。个别县市更动员400多名师生走进移民家庭,一字一句地教授他们普通话的日常生活用语。同样受三峡工程影响的湖北省宜昌市,在公园、车站等地的调查就发现,有70%的人不懂普通话,即使商业部门,能说普通话的人也不超过60%。

为了实现已经确定的推广普通话目标,国家语委采取了"目标管理,量化评估"、"普通话水平测试"和"全国推广普通话宣传周"三项基本措施,这对加速推普工作的进程发挥了积极作用,但在某些地方和某些领域也存在一些问题。在"目标管理,量化评估"方面,出现突击达标的迹象。"普通话水平测试"进展迅速,但基础建设、管理和科研工作尚有待提高。"全国推广普通话宣传周"活动,虽能营造推普的气氛,但是不能代替扎扎实实的推普工作。有些地方出现重形式、轻内涵的倾向,实际效果并不明显。而"目标管理,量化评估"和"普通话水平测试"达标后的管理则是近期出现的突出问题。普通话水平测试工作中应坚持"以测促训,以训保测"的原则,系统的普通话教学和培训是确保测试质量和工作效率的前提。但是有的地方重视测试,淡化培训;有的地方的教学和培训,变成了测前突击强化训练,不重视系统培训;教学和培训手段也多采取传统模式,落后于社会需求;教材多以《普通话水平测试实施纲要》为底本,形式和内容单一,创新不够,也未能与各部门各行业的实际需要和业务工作紧密结合。这些问题都需要及早研究解决。真正对推广普通话起决定作用的是切实抓好学校的普通话教学,特别是师范学校和小学的普通话教学。一年年地认真抓,坚持数年,必有成效。

第三节　整理现行汉字,整顿社会用字

一、国务院发出关于汉字问题的通知

1986年6月24日,国务院发出《批转国家语言文字工作委员会〈关于废止《第二次汉字简化方案(草案)》和纠正社会用字混乱现象请示〉的通知》。《通知》全文如下:

各省、自治区、直辖市人民政府,国务院各部委、各直属机构,解放军总政治部:

国务院同意国家语言文字工作委员会《关于废止〈第二次汉字简化方案(草案)〉和纠正社会用字混乱现象的请示》,现转发给你们,请贯彻执行。

1977年12月20日发表的《第二次汉字简化方案(草案)》,自本通知下达之日起停止使用。今后,对汉字的简化应持谨慎态度,使汉字的形体在一个时期内保持相对稳定,以利于社会应用。当前社会上滥用繁体字,乱造简化字,随便写错别字,这种用字混乱现象,应引起高度重视。国务院责成国家语言文字工作委员会尽快会同有关部门研究、制订各方面用字管理办法,逐步消除社会用字混乱的不正常现象。为便利人们正确使用简化字,请《人民日报》、《光明日报》以及其它有关报刊重新发表《简化字总表》。

国 务 院
一九八六年六月二十四日

国家语言文字工作委员会《关于废止〈第二次汉字简化方案(草案)〉和纠正社会用字混乱现象的请示》,全文如下:

国务院:

在今年1月召开的全国语言文字工作会议上与会同志对《第二次汉字简化方案(草案)》长期未作定论和当前社会用字的严重混乱现象,提出了批评和建议,要求国家语言文字工作委员会尽快加以解决。现将有关问题请示如下:

一、由原中国文字改革委员会拟订的《第二次汉字简化方案(草案)》,经国务院批准于1977年12月20日在中央和省、自治区、直辖市一级报纸上发表，在全国征求意见，其中第一表的简化字在出版物上试用。由于这批简化字不够成熟，所以1978年4月和7月，原教育部和中宣部分别发出通知，在课本、教科书和报纸、刊物、图书等方面停止试用第一表的简化字。但是，这个草案并未废止。几年来，原中国文字改革委员会采取各种方式广泛征求各方面人士的意见，并对这个草案进行了多次修订。但在这个过程中，无论社会上或学术界，对要不要正式公布、使用这批新简化字，一直存在着不同的意见。

我们认为，1956年公布的《汉字简化方案》和1964年编印的《简化字总表》中的简化字已经使用多年，但有些字至今仍不能被人们准确使用，还需要经过一段时间的消化和巩固。同时，考虑到汉字形体在一个时期内需要保持相对的稳定，这对社会应用和纠正当前社会用字的混乱现象较为有利。此外，当前规模最大的《汉语大字典》、《汉语大词典》、《中国大百科全书》以及其它多卷本工具书已经或即将出版；电子计算机的汉字库已采用固定掩膜体芯片存储，如现在再增加新简化字，将会造成人力、财力、物力上的浪费。因此，我们建议国务院批准废止《第二次汉字简化方案（草案）》。

二、当前社会上滥用繁体字和乱造简化字的现象比较严重，使用汉语拼音也存在不准确的问题，已经引起国内外各方面人士的关注，纷纷提出批评意见。万里同志在全国语言文字工作会议上的讲话指出："这种现象应当引起我们的严重注意，并采取切实有效的措施加以干预和纠正。"为此，我们建议对社会用字作如下规定：翻印和整理出版古籍，可以使用繁体字；姓氏用字可以使用被淘汰的异体字。除上述情况及某些特殊需要者外，其它方面应当严格遵循文字的规范，不能随便使用被简化了的繁体字和被淘汰的异体字,也不能使用不规范的简化字。

　　三、使用简化字,以1964年原中国文字改革委员会编印的《简化字总表》为准。具体要求如下:(1)报纸、杂志、图书、大中小学教材,应当严格使用规范的简化字;(2)文件、布告、通知、标语、商标、广告、招牌,路名牌、站名牌、街道胡同名牌等,要使用规范的简化字;(3)电影电视的片名、演员职员表和说明字幕要使用规范的简化字;(4)汉字信息处理要使用规范的简化字;(5)提倡书法家写规范的简化字;(6)凡使用汉语拼音,拼写应当准确。

　　我们拟根据以上要求,会同有关部门分别制订各方面用字管理办法。

　　以上请示当否,请批示。

国家语言文字工作委员会
一九八六年五月二十五日

二、废止《第二次汉字简化方案(草案)》

　　1977年12月20日文改会发布的《第二次汉字简化方案(草案)》虽然经过多次讨论、修订,但都没能取得各方面的基本认同,形成长期拖而不决。群众对此很有意见,也影响汉字的教学和汉字的使用。1986年1月举行全国语言文字工作会议期间,国家语委副主任、全国语言文字工作会议秘书长陈章太在《全国语言文字工作会议的总结发言》里谈到了《第二次汉字简化方案(草案)》的问题。他说:"讨论中对这个问题也有两种不同意见。一种意见赞成公布'二简'修订方案,认为这批简化字已经在人民群众中用开了,具有一定的社会基础。另一种意见主张正式宣布停止试用'二简',认为再公布一批简化字,对出版物特别是多卷本的字典、词典、百科全书、祖国丛书,以及计算机的汉字字库都会造成很多困难,还会影响到一些东南亚国家对汉字的使用。总之,会上一致要求有关领导部门及早作出决断,向群众作个交代。我们认为这个要求是完全合理的。国家语委的领导准备将停止试用'二简'及干预、纠正社会用字混乱的意见上报国务院,请国务院批准下达。"①

1986年5月25日,国家语委向国务院提交了《关于废止〈第二次汉字简化方案(草案)〉和纠正社会用字混乱现象的请示》。《请示》中建议国务院批准废止《第二次汉字简化方案(草案)》。1986年6月24日国务院发出《批转国家语言文字工作委员会〈关于废止《第二次汉字简化方案(草案)》和纠正社会用字混乱现象的请示〉的通知》。《通知》指出:"1977年12月20日发表的《第二次汉字简化方案(草案)》,自本通知下达之日起停止使用。"至此,长期悬而未决的《第二次汉字简化方案(草案)》问题,终于得到了解决。

1986年9月28日,《人民日报》公布了国务院的《通知》,并发表了题目为《促进汉字规范化,消除社会用字混乱》的社论。社论中指出:"《第二次汉字简化方案(草案)》发表于1977年12月,限于当时的历史条件,文字改革委员会还未恢复正常活动,这个草案的产生过程很仓促,所以发表以后,许多人认为这一次的汉字简化有些急于求成,字数太多,许多字简化得不合理,要求试用过急,不利于社会应用。……现在,国务院决定将《第二次汉字简化方案(草案)》予以废止,这是符合当前实际的,是正确、积极的,将有利于继续推行已经正式规定的简化字,有利于促进汉字规范化,有利于社会对汉字的使用。"

周有光对《二简(草案)》的失败作了分析。他说:

我认为,失败的原因有两方面:

---

① 《新时期的语言文字工作》第52页,语文出版社1987年版。

一方面:技术性的错误。1956年的《汉字简化方案》推行成功,主要依靠"约定俗成"。除去极少几个字,都是人们早已在手头上用惯了的,方案不过把"俗体"改为"正体"罢了。"二简"不同,它的简化字虽然大都也有来源,可是"约而未定、俗而未成"。有些字流行于一个地方而不流行于别的地方,有些字使用于一个行业而不使用于别的行业。这不是"顺水推舟",而是"逆水行舟"。

没有"约定俗成"的字,容易引起反感。例如"二简"中有一个"尸"字("尸"字下面加一横,代表"展"字,这是大字报中常常写的),人们说它是"一尸横陈"!又有一个"宀"(商)字,中间的笔画省去了,人们说它是"缺货的商店"!(当时许多商店正在闹缺货。)又如:"圆"省作"元","蛋"省作"旦","元旦"是"正月初一"呢,还是"圆圆的鸡蛋"呢?这是"同音代替"过了头。"蜈蚣"省作"吴公",这是一种昆虫呢,还是"姓吴的长者"呢?这是"非形声化"过了头。"二简"有大量的形近字,增加阅读困难。字形的心理影响很强,习惯了的,不合理也合理;不习惯的,合理也不合理。例如,人们不说"居"字是"古尸之家",而说"尸"字是"一尸横陈";不说"厂"字是"无货的工厂",而说"宀"字是"缺货的商店"。

另一方面:时间性的错误。50年代,我国掀起一股改革高潮,当时是人心思变,简化汉字笔画,受到多数人的赞成。70年代情况大变,在十年浩劫的"文化大革命"之后,人心思定,怕听"改革"二字。罗曼夫人(Jeanne-Marie Roland)曾经高呼:"自由,自由,天下多少罪恶假汝名以行!"在这样强烈地反对"改革"的社会心理中进行"面目全非"的第二次汉字简化,怎么可能不失败呢?

"二简"是在"文化大革命"的末期,由"造反派"向当时的"四人帮"提出的,希望为"文化大革命"立一个功。不意"四人帮"太忙,拖到垮台还没有批下来。倒台以后,"造反派"一变而成为"反四人帮"的"真正"革命派。他们写文章说,四人帮"压制"文字改革。于是国务院匆匆把"二简"发下,立即试用。"二简"的提出,没有经过当时的文字改革委员会的委员们开会讨论,当然谈不上开会通过。这是不合行政程序的。"造反派"的"理论"是,这些委员们都是"资产阶级"知识分子,文字改革"一个角落也不能留给资产阶级!"(这是《光明日报》1975年6月25日刊登的文改文章的大字标题)。这一出闹剧把文字改革的名声搞臭了。①

陆锡兴著《"二简"研究》,对《二简(草案)》的失败提出了如下的看法:

长期以来,汉字简化字这个具有很强学术性的问题,给予了太多的非学术因素。《光明日报》的《文字改革》专辑第1期上就说文字改革充满了两个阶级两条路线的激烈斗争,"1957年,资产阶级右派向党进攻,曾经在文字改革问题上借题发挥,大肆攻击。"推行简化字一直走这条路,对于"二简"推行上依托"左"的政治力量,人们早就有所认识,而且,"二简"比"一简"走得更远。"简化过程中本来还有一个更左的方案,这就是'文化大革命'后匆匆抛出而又急急收回的所谓'二简'方案。"周有光对"二简"失败的原因,提出了两点,一是技术性错误,二是时间性错误。技术性的错误上文已经论述,对于时间性错误,他认为50年代人心思变,70年代人心思定,怕听"改革"二字。70年代末期正面临改革开放,人心思变是社会的主流,怎么会怕改革呢?20世纪50年代与70、

---

① 《周有光语文论集》第2卷第125至第126页,上海文化出版社2002年版。

80年代的真正差别是政治形势不一样,50年代处于"左"的思潮下,压制不同的意见,70、80年代改革开放,思想宽松,不同的意见得到正确的评价。所以,这种错误的做法即使以反"四人帮"、反"左"的面貌出现,还是站不住脚。如果没有改革开放,"二简"技术问题再大,也是能在大陆推行使用的。①

三、重新发表《简化字总表》

国务院1986年6月24日发出《批转国家语言文字工作委员会〈关于废止《第二次汉字简化方案(草案)》和纠正社会用字混乱现象的请示〉的通知》,《通知》指出:"为便利人们正确使用简化字,请《人民日报》、《光明日报》以及其它有关报刊重新发表《简化字总表》。"为了贯彻国务院的这个指示,国家语委于1986年10月10日公布《关于重新发表〈简化字总表〉的说明》。《说明》全文如下:

为纠正社会用字混乱,便于群众使用规范的简化字,经国务院批准重新发表原中国文字改革委员会于1964年编印的《简化字总表》。

原《简化字总表》中的个别字,作了调整。"叠"、"覆"、"像"、"囉"不再作"迭"、"复"、"象"、"罗"的繁体字处理。因此,在第一表中删去了"迭[叠]"、"象[像]","复"字头下删去繁体字[覆]。在第二表"罗"字字头下删去繁体字[囉],"囉"依简化偏旁"罗"类推简化为"啰"。"瞭"字读"liǎo"(了解)时,仍简作"了",读"liào"(瞭望)时作"瞭",不简作"了"。此外,对第一表"余[餘]"

---

① 陆锡兴《"二简"研究》,《南昌大学学报》(人文社会科学版)第36卷第2期,2005年3月版。

的脚注内容作了补充,第三表"讠"下偏旁类推字"雠"字加了脚注。

汉字的形体在一个时期内应当保持稳定,以利应用。《第二次汉字简化方案(草案)》已经国务院批准废止。我们要求社会用字应以《简化字总表》为标准:凡是在《简化字总表》中已经被简化了的繁体字,应该用简化字而不用繁体字;凡是不符合《简化字总表》规定的简化字,包括《第二次汉字简化方案(草案)》的简化字和社会上流行的各种简体字,都是不规范的简化字,应当停止使用。希望各级语言文字工作部门和文化、教育、新闻等部门多作宣传,采取各种措施,引导大家逐渐用好规范的简化字。

国家语言文字工作委员会
1986 年 10 月 10 日

这次调整只涉及 7 个字(叠、覆、像、啰、瞭、雠),实际调整的只有 4 个半字(叠、覆、像、啰和瞭 liào),数量很少,所以不能叫修订。关于"叠"、"像"、"余",《简化字总表》原来就有注释:"在迭和叠意义可能混淆时,叠仍用叠。""在象和像意义可能混淆时,像仍用像。""在余和馀意义可能混淆时,馀仍用馀。"这次调整只是把"叠"和"像"恢复为规范字,对"余[馀]"的脚注内容作了补充。关于"覆",《简化字总表》原来有注释:"答复、反复的覆简化作复,覆盖、颠覆仍用覆。"这次调整,完全恢复"覆"为规范字。"瞭"在读 liào 时恢复为瞭。

对于"雠"和"啰"的调整,胡乔木有清楚的说明。关于"雠"字,胡乔木说:"雠在《总表》中简作雠,无注释。据刘导生同志告:1957 年文改会曾决定雠在表示仇敌义时废除,只在校雠词中仍保留。但雠原义为应对之对,以后一般只用于敌对、校对二义,与仇本非一字异体,原《异体字整理表》合为一字和 1957 年文改会的决定都是完全错误的。

《左传》、《国语》常用'仇雠',历代沿用不绝,鲁迅《华盖集·杂感》一文中即有'这都是现世的仇雠'一语("全集"卷三第49页),而因文改会决定作敌对解之雠字改为仇字,遂出现了'这都是现世的仇仇'这种荒谬现象。但至今字典词典(包括《现代汉语词典》)都依文改会的决定处理。我在看到《鲁迅全集》此文时,实觉自己对中国文化和鲁迅犯了罪,曾在文改会、语委会会议中再三提出,并当面把鲁迅此文给刘导生、陈章太二同志看。他们虽也认为改得实在不对,但对将雠字完全恢复迄未表态。这并未增加什么字,因雠字仍保留至今,现只需明确说明雠在任何时候都不能代以仇而已。试问这有什么丝毫困难?"[①]1986年重新发表的《简化字总表》在"雠"下加注:"雠:用于校雠、雠定、仇雠。表示仇恨、仇敌义时用仇。"其中"校雠、雠定"的"雠"表示校对,"仇雠"的"雠"表示敌对。

关于"囉"字,胡乔木说:"囉与吧吗呢啦咯等助词一般都用口旁,毫无不便。囉独去口旁,固然,破坏了汉字规律,重要的是使用不便。罗是常用字,原只一音,现在兼代囉变了三音,而且产生了许多难以分辨的混淆。'老罗'不知是指姓罗的人还是'老了';'这就是罗'不知罗是筛具、织物还是'了';'快取罗!''早罗罗!'中的罗字有细筛、筛过和助词三解,看了使人莫名其妙。文改会自成立以来即有一种倾向,力求去掉偏旁以减少汉字字数,结果求简得繁,这只是一个特别突出,不能不解决的例子。"[②]

陈章太曾经著文谈到调整《简化字总表》时引发的争论,有关的部分转引如下:

---

① 胡乔木《建议对〈简化字总表〉的个别字作调整》,《胡乔木谈语言文字》第356、357页,人民出版社1999年版。
② 胡乔木《建议对〈简化字总表〉的个别字作调整》,《胡乔木谈语言文字》第356、357页,人民出版社1999年版。

他(指胡乔木)认为《简化字总表》总体上是好的,它的发表有其历史背景和当时的社会条件,实用效果也是好的。但总表中有少数字简得不太好,应当趁重新发表的机会加以改正,并提出拟改字的具体方案。国家语委党组和主任会议对此多次进行认真研究,认为乔木同志的意见很重要。但考虑到语言文字使用的社会性和约定性,《简化字总表》已推行20多年,人们已经使用习惯了,为保持汉字的相对稳定,《总表》中的字暂时不宜改动,但需认真研究,待条件成熟时,对过去简化的汉字进行一次总的修订;改正《总表》不大好的字,吸收"二简"中合理的字,再少量吸收社会上广泛使用、科学合理的简体字,并调整过去发表的几个字表中有矛盾的字。当时的设想是在适当的时候研制并公布一份现代汉字规范字表,稳定使用相当一个时期。我们多次向乔木同志报告上述意见,甚至同他进行争论,有时争论还比较激烈。乔木同志没有利用他的职权来压制我们,而是以一种灵活、民主的方法来处理同我们的争论。他给我写信说:"关于重新发表'总表'时改字的问题,已经讨论多次了,我不能说服你们,你们也不能说服我,那么我们就各自向中央书记处申诉吧。"于是我们又向中央报告我们的意见,乔木同志也给书记处写了一封长信,说明他的主张。最后他又给我们写信,说他理解我们的想法和意见,可以不改动那么多字,但有七个字必须改(就是重新发表《简化字总表》的说明里作了调整的"叠、覆、像、啰"和"瞭、馀、雠"等七个字),并具体说明改这些字的理由。我们勉强接受乔木同志的意见。《总表》重新发表后,群众对改动的字有意见,尤其是"像""象"分开不易掌握,应用效果不好。从这件事可以看出:乔木同志对待工作是极其认真的,对同志是宽容的,作风是民主的,但有时也有失误。这正好说明,乔木同志也不是"完人",而是一个平常的人,有平常人的思想和作风,也有平常人的缺点和局限。①

《简化字总表》的重新公布,进一步巩固了简化字的地位,为坚持使用简化字、消除社会上的用字混乱现象创造了条件。

四、加强社会用字的管理

国务院1986年6月24日发出《批转国家语言文字工作委员会〈关于废止《第二次汉字简化方案(草案)》和纠正社会用字混乱现象的请示〉的通知》,《通知》指出:"当前社会上滥用繁体字,乱造简化字,随便写错别字,这种用字混乱现象,应引起高度重视。国务院责成国家语言文字工作委员会尽快会同有关部门研究、制订各方面用字管理办法,逐步消除社会用字混乱的不正常现象。"为了贯彻国务院的上述指示,国家语委会同相关行业的主管部门着手规范各相关行业的语言文字的使用,陆续出台了一批正确使用语言文字的制度与法规。主要有:

(1)1987年3月27日,国家语言文字工作委员会、中国地名委员会、铁道部、交通部、国家海洋局、国家测绘局发布《关于地名用字的若干规定》。《规定》指出:"各类地名,包括自然地理实体名称、行政区划名称、居民地名称、各专业部门使用的具有地名意义的台、站、港、场等名称,均应按国家确定的规范汉字书写,不用自造字、已简化的繁体字和已淘汰的异体字。地名的汉字字形,以1965年文化部和中国文字改革委员会联合发布的《印刷通用汉字字形表》为准。"

(2)1987年4月1日,国家语言文字工作委员会、广播电影电视部发布《关于广播、电影、电视正确使用语言文字的若干规定》。《规定》对广播、电影、电视如何使用语言文字,作了较为详细的说明,并要求广

---

① 陈章太《胡乔木同志对语言文字工作的特殊贡献》,《语文建设》1997年第7期。

播、电影、电视使用语言文字应做到规范化,要对全社会起到积极的示范作用。

(3)1987年4月10日,国家语言文字工作委员会、商业部、对外经济贸易部、国家工商行政管理局发布《关于企业、商店的牌匾、商品包装、广告等正确使用汉字和汉语拼音的若干规定》。《规定》要求:"企业、商店的牌匾、商品包装、广告等具有广泛的社会性,用字必须合乎规范。""出口商品的包装等,原则上应该用简化字。但考虑到外销商品的实际需要,一向用繁体字的,可暂不作改动。"

(4)1987年9月4日,国家工商行政管理局、国家语言文字工作委员会发布《关于商标用字规范化若干问题的通知》。《通知》规定:"商标用字应当规范化。简化字应以1986年10月10日重新发表的《简化字总表》为准。不得使用已被简化了的繁体字和不符合《简化字总表》规定的各种简体字,不得使用已被淘汰的异体字。""商标中使用的各种艺术字,包括篆书、隶书、草书等,要求书写正确、美观,易于辨认。隶书、草书,一般用简化字书写。"

(5)1992年7月7日,新闻出版署、国家语言文字工作委员会发布《出版物汉字使用管理规定》。《规定》要求报纸、期刊、图书、音像制品等出版物使用汉字必须规范。这份文件对"规范汉字"和"不规范汉字"作了界定:"本规定所称的规范汉字,主要是指1986年10月根据国务院批示由国家语言文字工作委员会重新发表的《简化字总表》所收录的简化字;1988年3月由国家语言文字工作委员会和新闻出版署发布的《现代汉语通用字表》中收录的汉字。本规定所称不规范汉字,是指在《简化字总表》中被简化的繁体字;1986年国家宣布废止的《第二次汉字简化方案(草案)》中的简化字;在1955年淘汰的异体字(其中1986年收入《简化字总表》中的11个类推简化字和1988年收入《现代汉语通用字表》中的15个字不作为淘汰的异体字);1977年淘汰的计量单位旧译名用字;社会上出现的自造简体字及1965年淘汰的旧字形。"

(6)1992年7月9日,国家体育运动委员会、国家语言文字工作委员会发布《关于在各种体育活动中正确使用汉字和汉语拼音的规定》。《规定》指出:"体育活动用字必须使用规范汉字;不准使用已被简化了的繁体字和不符合《简化字总表》规定的各种简体字(包括已废止的《第二次汉字简化方案(草案)》中的简化字),不准使用已被淘汰的异体字,不准使用已被淘汰的计量名称旧译名用字,印刷物不准使用旧字形,地名用字不准使用已经国务院批准更改了的生僻字。"

(7)1994年5月17日,新闻出版署发布《关于新闻出版行政管理部门要带头使用规范字的通知》。《通知》要求:"各新闻出版行政管理部门要把出版物的用字规范化纳入行政管理。在出版物的审批、登记、变更、年检等项工作中,把用字规范化作为一项要求提出;在审读、评比出版物质量时,用字是否规范应作为一项重要标准。对少数严重违反规定而又拒不改正的,应依法给予处罚。"

(8)1994年6月26日,国家语言文字工作委员会发布《关于社会用字管理工作的意见》。《意见》有三个部分:第一,社会用字管理的政策原则;第二,社会用字管理工作的范围和要求;第三,社会用字管理工作的基本模式和方法。《意见》在"社会用字管理工作的范围和要求"中指出:"社会用字是指面向社会公众的示意性文字。其范围大致包括计算机用字、出版印刷用字、影视屏幕用字和城镇街头用字四个方面。在工作中,应针对不同领域用字的特点提出要求。当前要采取有力措施,切实管住计算机用字、出版印刷用字和影视屏幕用字。"《意见》最后说:"社会用字规范化是一个渐进的过程,社会用字管理工作的要求,就全局而言,也必将是一个'逐步到位'的过程。但工作先行的省市,当地已有条件一步到位的,应继续抓下去,并注意探索新的方法和经验。在具体工作中,各地要继续加强宣传工作和法制建设工作,实施依法管理,并注意认真掌握政策界限,提倡以说服教育为主,行政处罚为辅。"

(9)1996年6月5日,国家语委语言文字应用管理司发布《关于在清理带有不良文化倾向的商品名、商标名、店铺名过程中加强社会用字管理工作的紧急通知》。《通知》说:"各地开展清理整顿社会语文生活中存在的洋化、封建化、庸俗化等不良倾向的活动,是进一步开展社会用字治理整顿工作的有利时机。各级语委要善于借势借力,积极参与到有关的活动中去,配合、提醒和督促有关部门和单位,在更改带有不良倾向的商标和名牌时,注意新的商标、新的店名牌用字必须符合国家现行规范标准,不得使用已简化的繁体字、已淘汰的异体字和自造的简体字。"

(10)1996年7月18日,中国人民银行办公厅发布《关于金融系统要带头使用规范汉字的通知》。《通知》要求:"金融系统各单位必须严格遵守国家发布的《现代汉语通用字表》、《简化字总表》和《第一批异体字整理表》以及其他汉字标准,禁止使用国家已经淘汰的汉字和不规范的简化字。""金融系统各总行(总公司)要在近期内对本单位及所属分支机构、营业机构的行(机构)名牌匾进行一次清理检查,凡仍使用繁体字和不规范汉字的,要限期改正,更换牌匾。"

(11)1996年11月1日,国家工商行政管理局发布《关于规范企业名称和商标、广告用字的通知》。《通知》指出:"今年以来,在国家工商行政管理局的统一部署下,各地工商行政管理机关认真开展清理不良文化的工作,依法清理了一批有不良政治、文化影响的企业名称、商标和广告,取得了明显成效,社会反映很好。但在企业名称、商标和广告中,还存在一些问题,比较突出的是,用字不规范,滥用'洋'名称,生造一些非中非外、含义不清的词语或名称等,造成了不良影响。各地工商行政管理机关要在前一段清理不良文化的基础上,进一步采取有效措施,加强正面引导和管理,规范企业名称和商标、广告用字。"

(12)1998年1月15日,国家工商行政管理局颁布了以《广告语言文字管理暂行规定》为内容的第84号令,并于3月1日经国家工商行政管理局局务会议审议通过,公布施行。

在国家加大社会用字管理力度的同时,各地也按照国家有关部门的指示精神,加强本地区的社会用字管理。在1990年前后,各地陆续出台了一批规范社会用字的地方性法规,营造出了全社会规范用字的氛围,促进了全国的社会用字规范化工作。这些规定与规章的相继出台,对有关行业语言文字的健康发展是极其有利的。在这些规定出台后,有关的行政部门积极采取措施大力组织落实。例如:

(1)1988年9月6日至7日,国家语委在河北省唐山市召开社会用字管理工作现场会。全国16个省、直辖市和河北省9个地市的语委办主任及新闻单位的代表共50余人参加了会议,共同商讨社会用字的管理问题。

(2)1990年7月10日至12日,国家语委在北京召开社会用字管理现场会。国务院有关部委的代表和各省、自治区、直辖市、计划单列市的语文工作机构负责人100余人出席会议。大会首先听取了北京市整顿300条大街社会用字的经验介绍,并参观了北京市经过治理的部分街道。国家语委主任柳斌、国家语委常务副主任仲哲明等作了重要讲话,他们阐释了有关语言文字规范化的一些理论问题,肯定了北京市整顿治理社会用字的成功经验,并要求各地各部门积极行动起来,抓好社会用字的管理工作。

(3)1992年9月4日至10月10日,国家语委组织调查团,对哈尔滨、沈阳、太原、西安、昆明、武汉、北京、石家庄、郑州、天津等十个城市的社会用字进行检查。检查发现,在用字不规范的现象中,繁体字所占的百分比最高,"二简"字和错别字次之,异体字和旧字形字又次之。

经过这个时期的整顿,社会用字中存在的不规范现象有了很大的改观,但是规范社会用字工作十分复杂,任重道远,绝不能一蹴而就,还必须坚持不懈,才能巩固已经取得的成果。

五、召开汉字问题学术讨论会

中国社会科学院语言文字应用研究所于1986年12月2日至6日,在北京西山召开了汉字问题学术讨论会,40多位专家学者参加了会议。与会者利用语言学、文字学、系统论、信息论、认知心理学、实验心理学、神经心理学的理论对汉字进行了研究,对一些长期争论的问题进行了研讨。

国家语委副主任、语言文字应用研究所所长陈原致开幕词,题目是《把汉字问题的研究推向新的高度》。他说:"汉字这种书写系统是同汉语这种语言系统相适应而生存和发展的。有人认为,应当承认汉字系统和我们这个民族的思维方式、文化模式是在互相适应的过程中起作用的。虽然汉字书写系统从很久时候开始就已经或多或少脱离了口语,但它确实为民族团结,为文化积累,为信息传播,为思想交流起过重大作用,有过不可磨灭的功绩,而且直到现在以及可见的将来,都继续在起重大作用——这一点是大家都承认的。不论对汉字前途有什么想法,关于汉字系统过去的功绩和现在的作用,都抱有积极的看法。但是随着时间的推移,在信息革命席卷全球的时代,在我国正在进行现代化建设的时代,作为信息载体(在一定意义上又是信息系统)的语言文字,特别是表达语言信息的文字书写系统,究竟怎样改进、革新和完善,才能适应社会生产力发展的需要,这个问题就必然要提到议事日程上来。汉字系统能不能很好地担负这项严重的任务?有人说,能!有人说,不能!有人说,如何如何就能,如何如何就不能。这就需要作认真深入的科学研究,并进行严肃认真的科学讨论。我们这个学术讨论会就是探讨汉字问题的一个步骤。"

吕叔湘在开幕式上发了言,题目是《汉字和拼音字的比较》。全文如下:

> 我今天发言的内容是比较汉字和拼音字的优点和缺点——这里所说的拼音字当然是指拼写汉语的拼音字。汉字有它的优点,也有它的缺点。拼音字有它的优点,也有它的缺点。有人赞成汉字,就只说汉字的优点,不说它的缺点。有人赞成拼音字,就只说拼音字的优点,不说它的缺点。我要说的是:第一,无论是汉字还是拼音字,它的优点和缺点分不开,有这么个优点,就不免有那么个缺点。第二,汉字的优点恰好是拼音字的缺点,汉字的缺点也就是拼音字的优点。刚才陈原同志介绍海外的朋友讨论汉字问题,对两个问题谈得很多,一个是汉字和电脑,一个是汉字和汉文化。我不懂电脑,没有发言权。对于汉文化也不敢说有什么研究。所以这两方面我都不谈,我还是就文字本身来说。还有,今天到会的都是专家学者,我为了节省时间,就不举具体的字做例子了。
>
> 那么,汉字有哪些优点呢?
>
> 第一,一个汉字代表汉语里的一个语素,把字形、字音、字义集合在一起,便于独立使用。(有的汉字单独没有意义,必须两个合起来才是一个语素,也有一个汉字代表两个甚至三个同音语素的,都为数不多。)
>
> 第二,音同字不同,便于辨别同音字。
>
> 第三,汉字的读音因地域不同而不同,因时代不同而不同,因而用汉字写文章,可以通四方,通古今。
>
> 第四,用汉字印书,省篇幅,节约纸张。

可是这些优点也带来与此相应的缺点。

尤其第一点是汉字的最根本的特点,带来的缺点也比较多。(a)由于字形不表示字音("形声字"真正同音的是少数),也不能一见字形就知道字义,因此必须有人一个一个的教,不便于自学。(b)由于一个语素一个字,字数非常多,分辨字形、记忆字音字义都很费劲。(c)由于字形的构造多种多样,很难安排一个既明确而又简便的次序,不便于编词典、编索引。

第二,音同字不同,便于辨别同音字,可也容易写白字。大多数错字是因为字音相同或相近而搞错的。

第三,汉字能够通四方,通古今,是以脱离口语为代价的。汉字读音因地而异,不能用来做推广普通话的工具。白话和文言都用汉字写,容易产生不文不白,半文半白的文字。

第四,用汉字印书是可以省篇幅,可是读起来费劲。同样大小的铅字,汉字笔画多,拼音字笔画少。老五号汉字跟十"磅"拼音字母一般大,小五号汉字跟九"磅"拼音字母一般大,可是清晰度相差很大。省篇幅,伤目力,有得有失。现在从小学到中学,近视眼比例随着年级加大,跟部分教科书和一般书刊用小字印刷有关系(当然还有其它原因)。从前的木板书上的字有现在的三号字大,我们现在印书至少该用四号字。这就跟拼音字印的书的篇幅相差无几了。

现在让我们再来看看拼音字的优点和缺点。

第一,针对汉字的第一组缺点,也分三点来谈。(a)汉字见字形不知音、义。拼音字学会拼音就会念,念出来就知道是什么意思。(b)汉字要辨别几千个字形,拼音字只要分别 26 个字母。(c)汉字没有固定的次序,拼音字母的次序是固定的,用字母拼写出来的字也就有固定的次序,编字典、编索引都很方便。

第二,汉字同音的多。拼音文字拿词做拼写单位,同音的少(如果不标调,同音的也还不少,但是跟同音的汉字还是不能比)。

第三,汉字脱离口语,拼音文字结合口语,有利于推广普通话。

第四,同样大小的铅字,拼音字母比汉字疏朗,省目力。

至于拼音字的缺点,那也可以从汉字的优点推论出来,我不再一一重复,只有一点要说一说,那就是汉语的语素不容易在拼音字里边识别出来。一般说,单独一个音节不能表示一个明确的意义,等于说不能区别同音的语素。要连同前头的音节或者后头的音节,或者两头的音节,才能表示一个明确的意义。这一组音节包含不止一个语素,这些语素要经过分析和比较才能分离出来。一般人不会对这个感兴趣,因而他们的语素意识是模糊的,这对于造新词和认新词很不利。跟汉字相比,这不能不说是拼音字的一个相当严重的缺点。

以上我把汉字和拼音字的利弊得失做了一番比较。究竟算起总账来哪个合算,各人有各人的算法。我不作结论,我本来就没有这个打算。

朱德熙在开幕式上也发了言。他讲了四个问题:一是汉字的性质;二是对汉字功能的估价;三是汉字改革问题;四是关于汉字历史的研究。

会议贯彻百家争鸣的方针,广泛展开了讨论。讨论的主要问题有:(1)对汉字的认识及科学考察,包括对汉字优缺点的认识,汉字定量定性分析,汉字信息冗余度的考察分析,同音字调查、统计及分析,汉字的大脑机制,汉字的认知方式,汉字的学习、记忆及实用等。(2)汉字与语言教学,包括对各种教学法实验的分析与论证等。(3)汉字在现代化进程中的应用及前途,包括汉字与电子计算机,汉字与信息传播,文献资料检索,汉字的前途等。(4)其他有关问题。

这次讨论会规模虽然不大,但是讨论比较深入。与会的专家学者分别来自语言文字学界、信息界、心理学界、书法界以及教育、出版和科技界,他们从不同的角度审视汉字问题,发表了自己的研究心得与体会。例如关于汉字的性质问题,当有人发表了汉字"以形示义"的观点后,有人就提出了反对意见,认为汉字在甲骨文时代形体结构与其在卜辞里的实际意义就不能画等号了,经过隶变、楷化之后,汉字大都不能"见形知义"了,并认为强调汉字"以形示义"或"见形知义",是过分夸大了汉字的优越性。再如有的学者认为汉字具有"超时空性",而有的学者则对此提出异议,认为"超时间的是共同的书面语",而不是汉字,超方言的也是共同语而不是汉字,并认为"超时空性"是文字的落后性质。这些学术上的争论,促进了人们对汉字问题的思考,使人们在更深和更广阔的领域里来研究、思考汉字问题,为汉字的学术研究揭开了新的一页。会议论文编成《汉字问题学术讨论会论文集》,1988年由语文出版社出版。

六、发布《现代汉语常用字表》和《现代汉语通用字表》

(一)研制并发布《现代汉语常用字表》。常用字是指经常要用到的字,也是基础教育阶段要学生掌握的字。现代汉语的常用字究竟有多少,都是哪些字,弄清楚这个问题,对于语文教学、辞书编纂、汉字的机械处理和信息处理,都具有十分重要的意义。中国古代识字教学中三本流传最广的教材《三字经》《百家姓》《千字文》,合计有2720字,去掉重复还有2000字。新中国建立以来,对常用字进行了多次研究。(1)1950年9月,教育部社会教育司编成《常用汉字登记表》,收1017个最常用字。(2)1952年6月,教育部公布《常用字表》,收1500个常用字。后来又增加了500个补充常用字。(3)1964年中国人民大学语言文字研究所编印《现代必读汉字》,收必读汉字1972字和次必读汉字1194字,合计是3166字。(4)1985年北京语言学院出版社出版了北京语言学院语言教学研究所编的《常用字和常用词》,收1000个高频字和3817个高频词。中国实行改革开放以来,汉字的使用发生了不小的变化。为了适应新形势的需要,国家语委自1986年下半年开始,成立课题组研制新的现代汉语常用字表。

课题组搜集到常用字资料29种,从这29种资料中抽样统计了15种,又从通用字资料中选取了5种。选材的时间是从1928年至1986年,并以近期的资料为主要的抽样统计对象。选取这样长的时间跨度,目的是要反映汉字在现代汉语中真实的使用情况,保证统计数据的准确性,尽量避免统计数字的偶然性。选字的原则有四条:(1)根据汉字的使用频率,选取使用频率高的字。(2)在使用频率相同的情况下,选取学科分布广、使用度高的字。(3)根据汉字的构字能力和构词能力,选取构字能力和构词能力强的字。(4)根据汉字的实际使用情况斟酌取舍。有些字在书面语中很少使用,进行用字统计时往往统计不到,但在社会日常生活中却很常用,像这类字也应适当选取。综合运用以上四条选字原则,不单纯依据某一原则决定取舍。课题组不断听取专家意见,经过多次研究修改,最后形成《现代汉语常用字表》。1988年1月26日,国家语言文字工作委员会和国家教育委员会联合发布了《现代汉语常用字表》。该表收汉字3500字,分为常用字和次常用字两级,其中常用字2500字,次常用字1000字。

为了检验《现代汉语常用字表》中选收的常用字是否合理,课题组委托山西大学计算机科学系,利用计算机抽样统计200万字语料,检测选收的常用字的使用频率。抽样材料包括:(1)1987年7月的《人民日报》(除去插图、广告、标题、非汉字符号,计150万字);(2)1987年7月的《北京科技报》(除去插图、广告、标题、非汉字符号,计20万字);

(3)1987年《当代》第三期(除去插图、标题、非汉字符号,计30万字)。检测结果是:在200万字的语料中,共用不同的单字5141个,其中被《现代汉语常用字表》收录的有3464个,覆盖率为99.48%。在这3464个字中,有表中收录的常用字2499个,其覆盖率为97.97%;有表中所收的次常用字965个,其覆盖率为1.51%。两项合计,3500个常用字的覆盖率是99.48%。表中所收录的字,此次调查没有统计到的仅有36字。这一抽样调查表明,《现代汉语常用字表》的收字科学合理,研制是成功的。①

(二)研制并发布《现代汉语通用字表》。通用字与常用字不同,通用字是指在各行各业普遍使用的字,也就是书写印刷现代汉语一般要使用的字。新中国建立以来,政府有关部门先后发布过几个通用字表。(1)1956年8月,中国文字改革委员会编成《通用汉字表草案(初稿)》,收5000多字。分为两个字表,第一表是常用字表和次常用字表,第二表是不常用字表。《通用汉字表草案(初稿)》曾印发给各界征求意见,根据各界的意见进行了修改,1960年拟订了《通用汉字表草案》,比"初稿"增加了500多字。(2)1965年1月30日,文化部和中国文字改革委员会发布《印刷通用汉字字形表》,收6196字。给表中的每一个汉字规定了笔画数、结构和笔顺。(3)1974年邮电部编辑出版了《标准电码本》,收9317字。1983年人民邮电出版社出版了《标准电码本(修订本)》,收7292字。(4)1980年国家标准总局发布《信息交换用汉字编码字符集·基本集》(GB2312-80),收6763字。分为两级,第一级收3755字,第二级收3008字。1981年5月1日实施。

国家实行改革开放政策以后,社会用字发生了较大的变化,原有的

---

① 傅永和《现代汉语常用字表的研制》,《现代汉语定量分析》第115页,上海教育出版社1989年版。

通用字表已经不能适应实际使用的需要,国家语言文字工作委员会决定研制新的《现代汉语通用字表》。《现代汉语通用字表》的研制是与《现代汉语常用字表》同步进行的。自 1986 年下半年开始,经过两年左右的时间,在研制人员的努力之下完成了这项工作。1988 年 3 月 25 日,国家语委和新闻出版署联合发布《现代汉语通用字表》。《现代汉语通用字表》收现代汉语通用汉字 7000 字,包括《现代汉语常用字表》里的 3500 个常用字。把《现代汉语通用字表》和《印刷通用汉字字形表》相比,《印刷通用汉字字形表》原来收 6196 字,在研制《现代汉语通用字表》时删去了 50 字,增收了 854 字,最后得到通用汉字 7000 个。

《现代汉语通用字表》是在《印刷通用汉字字形表》的基础上拟订的。研制者还统计了《语体文应用字汇》、《汉字频度表》等 19 种资料。研制通用字表的选材时间是从 1928 年至 1986 年。在此时间范围内采用不等密度抽样,即抽样量按时间顺序递增,以近期的资料为主要的抽样对象。选取通用字的原则与选取常用字的原则相同。

《现代汉语通用字表》的研制,是现代汉字规范化的一项基础工程。它对现代汉语书面语的基本用字量进行了规范,同时对现代汉语通用字的字形、结构、笔画数、笔顺进行了规范。为汉字教学、出版印刷、编制笔画索引和汉字信息处理等提供了依据,创造了条件。《现代汉语通用字表》颁布以后,受到学术界的重视,得到了比较高的评价。高更生说:"《通用字表》在字形规范化工作中应该是重要依据。这主要是由于《通用字表》体现了其它几个字表的基本内容,而且间接地整理了异体字、异体词。因此,在目前的汉字规范化工作中我们应当特别重视它,充分发挥它的应有的作用。"[①]同时,学者们也发现了该表的两点不足:一是对字性的审定还不够严格,误收了一些文言字和方言字。

---

① 高更生《字形规范化的重要依据》,《语文建设》1993 年 11 期。

文言字如"嗌、犴、邺、畀",方言字如"俺、咊、浜、甭"等。二是规范性还有些欠缺,表中收录了"垄"和"垅"、"碱"和"硷"等几组异体字。①

七、纪念《汉字简化方案》公布 35 周年

1991 年是《汉字简化方案》公布 35 周年。1 月 26 日,国家语委等有关部门在人民大会堂举行了纪念《汉字简化方案》公布 35 周年座谈会。这是新时期语言文字工作的盛会,参加座谈会的有中共中央政治局委员、国务委员、国家教委主任李铁映,全国人大常委会副委员长孙起孟,全国政协副主席、中国社会科学院院长胡绳,国家教委副主任何东昌,各省、自治区、直辖市、计划单列市的副省长、副主席、副市长、教委主任等,还有语言文字、教育、科技、书法等各界的专家学者。国家语委主任柳斌主持了座谈会,中共中央顾问委员会常委胡乔木作了书面发言。李铁映、杨纪珂、胡绳、何东昌、马庆雄、裘锡圭作了大会发言。与会者回顾 35 年来简化汉字在普及教育、扫除文盲、发展科学文化技术等方面发挥的积极作用,批评了随意使用繁体字和干扰简化字推行的错误做法。座谈会认为,文字是记录语言的符号,是传递信息、交流思想、协调社会生产和社会生活的重要工具,全社会必须遵守统一的文字规范。

八、《人民日报(海外版)》改用简化字出版

《人民日报(海外版)》在 1985 年 7 月 1 日创刊后,就用繁体字排印。对此,中外一些汉语学者反应强烈。1985 年 8 月 27 日,中央对外宣传小组办公室把《中外一些汉语学者认为〈人民日报(海外版)〉宜用简体字》的"情况反映"送给胡乔木。胡乔木读了"情况反映"后在同日

---

① 苏培成《二十世纪的现代汉字研究》第 137 页,书海出版社 2001 年版。

写信给《人民日报》副总编辑谭文瑞,信中说:"海外版用繁体字后多数人反映不好,因各与我有外交关系的国家在教学和使用汉语时都用简化字。我留学青年亦习惯用简化字,反而不认识许多繁体字,即在港澳学校中和社会上现亦在开始教学简化字。我原主张繁简并用,逐步以简代繁,不料出版后全用繁体字。此事是否出于技术原因?若然,亦应明白声明,并努力改变,以免引起各种混乱。"1985年9月5日,胡乔木就这个问题写信给《人民日报》总编辑李庄、副总编辑谭文瑞,信中说:"此事不单涉及到'亲大陆分子'和各国汉语教学人员,也涉及各国政府以及联合国,他们对我国都是使用简化字的,认为是国际礼仪问题。故不能看得太简单了。请速谋善策。"这个问题一直拖了好几年,直到1992年7月1日,《人民日报(海外版)》才改为用简化字排印。《人民日报(海外版)》在6月17日发表了《敬告读者》,宣布了这个消息。《敬告读者》说:"海外版自创刊以来,一直使用繁体字。考虑到简化汉字是历史发展的趋势,促进语言文字的规范化、标准化是我们义不容辞的责任,因此,我们在使用繁体字的同时,开辟了'名人名言'繁简对照,'中国古诗文选读'繁简对照栏目,以使海外华人、华侨逐步了解和熟悉简化字,为使用简化字做好过渡工作。经过七年的努力,使用简化字的条件基本成熟,同时越来越看到简化字已为世界绝大多数华人所接受的事实,因此,本报编辑部决定自下月起使用简化字。"

《人民日报(海外版)》改用简化字排印后,受到海内外读者的欢迎。该报在1992年7月22日和8月26日先后两次在《读者园地》专栏发表了加拿大约克大学严佳的《由繁化简是汉字发展的必然》、美国李兴中的《简化汉字顺应语言发展趋势》、张玉池的《巩固发展已有成果,力戒弃简就繁蔓延》等文章,以及美国洛杉矶远方和国内读者张白的来信,表示欢迎该报改用简化字。严佳在文章中写到:"目前国外大多数学校语言系的汉语教学也已经以简体字和汉语拼音为主,所有语言学学术著作上的汉语引例也都用简体字或拼音表示,简体字实际上已经成为代表当今汉字发展潮流的正体字,应该通过出版物名正言顺地在海外华人社区中推广。"李兴中在文章中写到:"汉字直读且笔画繁杂,对汉语的学习和传播阻碍很大。汉语拼音的推广与汉字的简化,正是针对这两个缺陷所进行的巨大语言工程。这一工程所取得的成就,已为世界语言学界所公认。威妮弗雷德·莱曼在其所著《语言概论》中把简化汉字与推广拼音称作'迄今为止最大规模的语言工程的应用'。1974年,美国科学院组织语言学家代表团访华,对汉语的改革工程感受至深。在该团同年所写的具有报告性质的《中华人民共和国的语言和语言学》一书中,对汉语改革的成就这样评价:'无论在问题的数量上及涉及的人口上,计划与实施的系统性上,还是在大众性参与的程度上,在中国所进行的这场语言改革都是无与伦比的。'"

九、发布《标点符号用法》和《出版物上数字用法的规定》

(一)修订发布《标点符号用法》。1951年中央人民政府出版总署公布施行了《标点符号用法》,对于正确使用标点符号、提高汉语书面语的表达力具有重要意义。"文革"结束后,社会语文生活有了很大的变化,使用了三十多年的《标点符号用法》需要修订。1987年国家语委聘请语言文字应用研究所的龚千炎、刘一玲、胡士云,中国社会科学院语言研究所的徐枢和北京大学中文系的陆俭明、苏培成组成《标点符号用法》修订组进行修订,同时聘请吕叔湘、朱德熙、陈原为修订组的顾问。修订组经过三年多的工作,完成了《标点符号用法》的修订。1990年3月22日,国家语言文字工作委员会和新闻出版署发出《关于修订发布〈标点符号用法〉的联合通知》。《通知》全文如下:

> 标点符号是书面语中用来表示停顿、语气以及词语性质和作

用的符号,是书面语的有机组成部分。正确使用标点符号,对准确表达文意、改进工作、提高效率,对推动语言的规范化,都有积极的意义。

原《标点符号用法》于1951年9月由中央人民政府出版总署制订公布,同年10月中央人民政府政务院下达指示,要求全国遵照使用。近四十年来,文字书写、书刊排印由直行改为横行,标点符号用法也有些新的发展和变化,因此,对《标点符号用法》进行了修订。

这次修订本着"约定俗成"的原则,只做必要的改动,以免给群众带来不便。修订内容包括以下方面:简化说明;改换例句;增加连接号和间隔号两种符号;针对书写排印由直行改为横行,某些说法也作了相应的改动。

现将修订后的《标点符号用法》予以发布,要求社会各界遵照使用。

《标点符号用法》修订组总结了三十多年来标点符号使用的经验,吸收了汉语语法研究和标点符号研究的成果,对1951年版《标点符号用法》进行了全面的修订。修订的内容有:(1)增加了连接号和间隔号,使标点符号的种类由原来的14种增加到了16种。(2)修改了定义。例如句号的定义,1951年版《标点符号用法》是"句号表示一句话完了之后的停顿",1990年版改为"句号表示陈述句末尾的停顿"。(3)改换了例句,1990年版《标点符号用法》全部用了新的例句。(4)简化了说明,修订后的《标点符号用法》只有八千字。

修订后的16种标点符号的名称、形式和定义,简述如下:

(1)句号(。)表示陈述句末尾的停顿。语气舒缓的祈使句的末尾也用句号。

(2) 问号(?)表示疑问句末尾的停顿。

(3) 叹号(!)表示感叹句末尾的停顿。语气强烈的祈使句和反问句的末尾也用叹号。

(4) 逗号(,)表示句子内部的一般性停顿。

(5) 顿号(、)表示句子内部并列词语之间的停顿。

(6) 分号(;)表示复句内部并列分句之间的停顿。

(7) 冒号(:)表示提示性话语之后的停顿,用来提起下文。在总括性话语之前也可以用冒号,以总结上文。

(8) 引号("")标明行文中直接引用的话。引号还用来标明需要着重论述的对象或具有特殊含义的词语。

(9) 括号(( ))标明行文中注释性的话。

(10) 破折号(——)标明行文中解释说明的语句。

(11) 省略号(……)标明行文中省略了的话。省略号还用来表示说话的断断续续。

(12) 着重号(.)标明要求读者特别注意的字、词、句。

(13) 连接号(—)的作用是把意义密切相关的词语连成一个整体。

(14) 间隔号(·)表示外国人或某些少数民族人名内各部分的分界。间隔号还可以用来表示书名与篇(章、卷)名之间的分界。

(15) 书名号(《》)标明书名、篇名、报刊名等。

(16) 专名号(__)表示人名、地名、朝代名等。

另外还规定了"标点符号的位置"和"直行文稿的标点符号"。

为了便于读者了解、掌握《标点符号用法》,修订组还根据吕叔湘先生的提议,编写了《〈标点符号用法〉解说》一书,由语文出版社出版。

经过修订发布的1990年版的《标点符号用法》比较稳妥,在推行中受到了欢迎。鉴于这种情况,国家技术监督局决定将《标点符号用法》提升为国家标准,于是有了1995年的国标本《标点符号用法》——中华人民共和国国家标准《标点符号用法》,GB/T 15834 - 1995。国家技术监督局1995年12月13日批准、发布,1996年6月1日实施。国标本《标点符号用法》的内容与1990年国家语委和新闻出版署联合发布的《标点符号用法》基本相同,除了采用国家标准的统一格式外,只在少数地方做了改动。但就是这少数的改动,其中有两点不够妥当。(1)破折号与连接号在形式上有交叉。1990年本《标点符号用法》规定破折号用二字线(——),连接号用一字线(—),浪纹(~)是连接号的另一种形式,而国标本《标点符号用法》把连接号的形式扩大为四种,即一字线(—)、二字线(——)、半字线(-)和浪纹(~)。这样就产生了两个问题:一个是二字线既是破折号又是连接号,难于分辨;二是连接号的四种形式如何区分没有说明。(2)是规定"几个相关的项目表示递进式发展,中间用连接号",而按照标点符号的传统,这种用法应该改为二字线的破折号。①

随着1990年本《标点符号用法》的公布与施行,陆续出版了多种研究、讲解标点符号的著作。其中影响较大的有:凌远征、王新民、侯玉茹著《最新发布标点符号用法例解》(辽宁教育出版社1990年版),苏培实著《标点符号用法讲话》(原子能出版社1990年版,湖南出版社1995年版),苏培成著《标点符号实用手册》(社会科学出版社1994年版,语文出版社1999年修订本),林穗芳著《标点符号学习与应用》(人

---

① 苏培成《破折号与连接号的分野》,《关注社会语文生活》第244页,辞书出版社2003年版。

民出版社 2000 年版)。此外,袁晖主编的《标点符号词典》(山西人民出版社 1994 年版,书海出版社 2000 年修订本)和《汉语标点符号流变史》(湖北教育出版社 2002 年版),是具有开创性的研究标点符号的工具书,填补了标点符号研究的空白。

(二)发布《出版物上数字用法的规定》。中文文本里表示数字,主要有四种形式:(1)小写的汉字数字(一、二、三…);(2)大写的汉字数字(壹、贰、叁…);(3)阿拉伯数字(1、2、3…);(4)罗马数字(Ⅰ、Ⅱ、Ⅲ…)。其中汉字数字与阿拉伯数字如何分工,一直没有统一的规范,使用比较混乱。为了解决这个问题,1987 年 1 月 1 日,国家语言文字工作委员会、国家出版局、国家标准局、国家计量局、国务院办公厅秘书局、中宣部新闻局、中宣部出版局于 1987 年 1 月 1 日发出《公布〈关于出版物上数字用法的试行规定〉的联合通知》。《通知》指出:"鉴于目前出版物在涉及数字(如时间、长度、重量、面积、容积和其他量值)时,使用汉字和阿拉伯数字没有统一的体例,情况比较乱,根据有关方面的建议,我们会同部分新闻出版单位,经过多次讨论、修订,制订了《关于出版物上数字用法的试行规定》,现予公布,要求新闻出版等有关单位试行。"《规定》提出的数字用法总的原则是:"凡是可以使用阿拉伯数字而且又很得体的地方,均应使用阿拉伯数字。遇特殊情形,可以灵活变通,但应力求保持相对统一。重排古籍、出版文学书刊等,仍依照传统体例。"《规定》试行后,收到一些修改的建议。主要有两方面的意见:一方面是,有的学者指出,"10000"并不等于"一万","300 多"的写法并不合理;二是尽量使用阿拉伯数字的规定不合理,在使用中有人把汉字数字一律改为阿拉伯数字,造成数字用法的混乱。

于光远在《响应李普同志的呼吁》一文中说:"写下一个数字,不仅表明数量大小,而且还有一个表明准确程度的要求。""'10000'这样一种写法,表示只有最后的那个 0 有可能不那么可靠、不那么准确,而前面的一个 1 和三个 0 应该是完全可靠、完全准确的。而'一万'这样一个写法,所表示的是很大概的一个数字,只要不小于'九千',不大于'一万一千',这个写法都不能说错。所以'一万'同'10000'表示的不是完全相同的。因此不应该见到'一万'就改成'10000'。""同样的道理,把'一万多'改成'10000 多'或者'大概 10000',也是不妥当的。这样把准确与不准确的表达搅在一起,真使人不知所云。""《规定》的起草者和发布者对我上面介绍的数字除了有一个大小的问题之外,还有一个准确性问题的道理恐怕就不大理解,在制订与发布《规定》时就根本没有想到、提到。""看来应该纠正这个规定中不正确的地方和纠正现在执行中更加简单化的做法,这是一件应该做到的事,同时我还主张应该尊重作者的意见,不必规定得过死。"①

关洪在《汉语数词的用法问题》一文中说:"在我的一本著作里,有一处写着'三百多……',出版社要改成'300 多',我则坚持不接受。因为,从物理学知识看来,'三百'的意思并不完全等同于'300':前者只有一位有效数字,即 3×10^2,而后者却有三位有效数字,即 3.00×10^2。既然是个约数,就不应当有多余的有效数字。所以,从科学的观点看,而今充斥在出版物上的'100 多','10 多个'等说法,都是错误的。"他还认为,《试行规定》里的"凡是可以使用阿拉伯数字又很得体的地方,均应使用阿拉伯数字"的规定,明显表示出对汉语数词的歧视。"因为,这句话的意思,要么就是规定在阿拉伯数字和汉语数字都同样'很得体'的情况下,必须舍汉字而取数字;要么就是根本不承认使用汉语数词也会'很得体'。"②国家技术监督局建议:"鉴于该规定涉及面很广,各种出版物发行国内外,数量和范围都很大。为了使全国

---

① 《东方文化》1998 年第 4 期。
② 《科技术语研究》1999 年第 3 期。

各行业都按此规定执行,建议将该规定内容制定为国家标准。"国家语言文字工作委员会语言文字应用研究所承担了这个任务,最后形成了中华人民共和国国家标准《出版物上数字用法的规定》(GB/T15835-1995),国家技术监督局1995年12月13日批准、发布,1996年6月1日实施。《规定》指出:"本标准的宗旨在于:对汉字数字和阿拉伯数字这两种数字的书写系统在使用上作比较科学的、比较明确的分工,使中文出版物上的数字用法趋于统一规范。""本标准规定了出版物在涉及数字(表示时间、长度、质量、面积、容积等量值和数字代码)时使用汉字和阿拉伯数字的体例。""本标准适用于各级新闻报刊、普及性读物和专业性社会人文科学出版物。""自然科学和工程技术出版物亦应使用本标准,并可制定专业性细则。""本标准不适用于文学书刊和重版古籍。"

国标本《出版物上数字用法的规定》比《关于出版物上数字用法的试行规定》有了很大的改进,但是在出版物中,如何正确使用汉字数字和阿拉伯数字的问题仍旧没有完全解决。《人民政协报》2000年3月27日发表题为《假如汉语数字真的被淘汰……》的文章,作者是全国政协委员潘家铮、王广鎏、王方定等。文章对《出版物上数字用法的规定》提出了尖锐的意见,建议进行修订。

十、发布《GB13000.1字符集汉字字序(笔画序)规范》

汉字查字法除了拼音字母查字法、部首查字法、四角号码查字法等几种外,还有一种笔画查字法。这种查字法应用笔画数、笔顺、笔形等信息,解决汉字的定序问题。它首先根据笔画数的多少来定序,笔画数少的在前,笔画数多的在后。但是单靠笔画数并不能完全解决定序问题,因为同笔画数的字还要定序。对同笔画数的字,要根据笔顺和笔形定序。笔顺是书写汉字时笔画的先后,政府主管语文工作的部门,对汉字的笔顺有明确的规范。笔顺还要结合笔形,笔形一般采用札字法,就是以横、竖、撇、点、折为序。先根据起笔笔形的横、竖、撇、点、折的顺序定序,起笔笔形相同的再考察第二笔的笔形,仍按横、竖、撇、点、折的顺序定序,依此类推。1965年公布的《印刷通用汉字字形表》就是按照这种办法来定序的。可是如果两个字的笔画数相同、笔顺笔形也相同时,如何定序,《印刷通用汉字字形表》没有规定。《汉语大词典》的《单字笔画索引》,1至5画的字根据第1笔的笔形定序,6画以上的单字按前两笔的笔形定序。对笔画数相同、笔顺笔形也相同的字如何定序,也没有规定。

　　为了实现汉字的科学定序,要设法使任何两个处于相同位次的字分出先后,这是汉字字形定序需要解决的问题。傅永和著《汉字的笔画》①,对解决这个问题提出了七点意见:(1)主笔形先于附笔形,如"干"在"于"前,"衣"在"次"前。(2)单折笔先于复折笔,如"夕"在"勺"前。(3)同为复折笔,折数少的先于折数多的,如"刀"在"乃"前。(4)接点少的先于接点多的,如"已"在"巳"前。(5)相离先于相接,相接先于相交,如"八"在"人"前,"田"在"由"前。(6)左右结构先于上下结构,如"吧"在"邑"前。(7)短画先于长画,如"土"在"士"前。

　　1999年10月1日,国家语言文字工作委员会发布语言文字规范CF 3003－1999《GB13000.1字符集汉字字序(笔画序)规范》,其中的4是汉字字序定序规则,全文如下:

4　汉字字序定序规则

　　GB13000.1字符集汉字字序的定序规则兼顾更大字量的汉字定序的需要。当字量扩大时,定序规则可以扩充,并能保证不同字

---

① 载《语文建设》1992年第1期。

量的字序相互兼容。

4.1 笔画数规则

汉字笔画数不同时,按笔画数定序,笔画数少的先于笔画数多的。如:十(2画)先于干(3画),沛(7画)先于泣(8画),象(11画)先于鲁(12画)。

4.2 笔顺规则

汉字笔画数相同时,按笔顺逐笔比较笔形定序。汉字笔形分为横(一)竖(丨)撇(丿)点(丶)折(一)五种,横先于竖,竖先于撇,撇先于点,点先于折。如二先于十,十先于厂,乃先于又,义先于叉。

4.3 主附笔形规则

汉字笔画数、笔顺完全相同时,按主附笔形逐笔比较主附笔形定序。

4.3.1 横、竖、点主附笔形:

主笔形先于附笔形。

一先于 ⺀,丨先于丨,丶先于 乀,乀先于 ㇂,㇂先于 ㇂(⺄),如:子先于孑,干先于于,夕先于久。

4.3.2 折笔主附笔形

依折点数定序,折点少的先于折点多的。如:山先于巾,化先于仉,刀先于乃。

折点数相同时,按折笔的起笔笔形横竖撇点顺序定序。如:幻先于纠,云先于弋。

折点数、起笔笔形都相同时,依折点后的笔形横竖撇点顺序比较定序。如:凡先于及。

4.4 笔画组合关系定序

汉字笔画数、笔顺、主附笔形完全相同时,按笔画组合关系逐笔比较定序。

笔画位置关系分为相离、相接和相交。相离先于相接,相接先于相交。如:八先于人,人先于义。

同为相接时,依相接的方式定序,首首相接先于尾首相接,尾首相接先于尾尾相接,尾尾相接先于身段被接(目先于且)。同为身段被接时,依被接笔画的笔形按横竖撇点折顺序定序(人先于入)。

两个整字仅存在某笔画相离位置不同时,上部相离的先于下部相离的,左右相离的先于上下相离的。如:王先于玉,呗先于员。

两个整字仅存在笔画长短比例不同时,短长比例的先于长短比例的。如:未先于末,土先于士。

4.5 结构方式规则

汉字笔画数、笔顺、主附笔形、笔画组合关系完全相同时,按结构方式定序。左右结构先于上下结构,左中右结构先于上中下结构,上下结构先于包围结构。如:旼先于旻,聊先于嚻,旮先于旭。结构方式相同但整字比例大小不同时,比例小的先于比例大的。如:口先于口。

汉字定序时,根据汉字的实际字形,按上述规则逐条比较,用前面的规则不能定序时才用后面的规则,用前面的笔画比较不能定序时才用后面的笔画比较,直到完全定序为止。

第四节　继续推行汉语拼音

一、召开汉语拼音学术研讨会

1987年6月22日至26日,国家语委下属的语言文字应用研究所在北京召开了"汉语拼音学术讨论会"。参加会议的专家学者共有20余人,会议收到的学术论文有20余篇。这次会议的主题是在新的历史时期,如何进一步扩大汉语拼音的应用范围,如何使汉语拼音进一步完善化。开幕式上,国家语委副主任王均作了题为《汉语拼音的扩大使用范围和完善》的讲话。王均说:"这次会议本着务实的精神,多讨论一些实际问题,多谈一些关于继续坚持推行《汉语拼音方案》,扩大它的使用范围,和研究讨论在实际应用中使之进一步完善化的问题。"对于在新的历史条件下汉语拼音的应用,王均说:"例如,以计算机技术为中心的新技术革命和信息社会的前景,已经是考虑语言文字工作时必须特别加以关注的问题。关于科学技术的发展和汉语文信息处理对我们的语言文字工作提出了哪些新的要求,我们必须十分认真地予以考虑。联系到邓小平同志提出的'三个面向'(面向现代化、面向世界、面向未来,这对一切工作都具有重大的指导意义),可以想象到,汉语拼音不但在语文教学与运用上(包括注音识字、对外汉语教学、少数民族双语教学、速记、特殊教育,如盲文和手指字母等),在推广普通话方面,在人名地名的译写和科技术语的制订和规范化、标准化方面,以及运用在各种通讯手段上(如电报、旗语、灯光及打击通讯等方面),而且在文献工作的标准化,情报、资料、图书、档案的编排检索和语言文字的信息处理等方面,都有汉语拼音无限广阔的活动余地。"

二、纪念《汉语拼音方案》公布30周年

1988年11月19日,国家教委和国家语委在全国政协礼堂召开座谈会,纪念《汉语拼音方案》公布30周年。参加座谈会的有有关单位的负责同志,语文、教育、新闻、出版界的专家学者和社会知名人士,共150余人。座谈会由国家教委副主任柳斌主持,国家教委副主任滕藤、国家语委主任陈原先后就《汉语拼音方案》的应用作了发言。中顾委

常委胡乔木,全国政协副主席钱学森、胡绳也参加了座谈会并作了讲话。参加座谈会的人员观看了为纪念《汉语拼音方案》公布30周年专门录制的专题录像片,并围绕《汉语拼音方案》在社会各个领域的作用等问题作了发言。

纪念《汉语拼音方案》公布30周年座谈会的举行,加深了社会各界对汉语拼音的认识,进一步巩固了汉语拼音的社会地位,也向全社会提出了进一步推行《汉语拼音方案》、更好地发挥汉语拼音作用的任务。国家教委副主任滕藤在讲话中说:"推行《汉语拼音方案》是社会的需要,是利国利民的事业。希望社会各界(新闻出版、广播电视、科技文化等各方面)通力协作,进一步扩大汉语拼音的使用范围,各级各类学校要在推行《汉语拼音方案》的工作中负起重要责任。语文学界要加强研究工作,解决《汉语拼音方案》在实际应用中提出的问题,更好地发挥它的作用。"这次座谈会所进行的学术研讨,特别是会上观摩的电子计算机和电子打字机汉语拼音输入、自动转换汉字输出的演示,使人们看到了汉语拼音十分广阔的发展前景,对汉语拼音的发展,充满了期待与希望。国家语委主任陈原在讲话中说:"事实证明:《汉语拼音方案》在很多场合都能补汉字的不足,给人们的工作和生活带来了方便。完全可以预料:汉语拼音在科学技术领域中会得到愈来愈多的应用。汉语拼音自动转换汉字系统的研制成功,给电子计算机和电子打字机进行汉字汉语信息处理带来了广阔的前景。机器自动翻译和术语标准化工作,也将可以依靠《方案》解决某些问题。""我们今后的任务就是要扩大方案的应用范围,发挥方案的各种作用,为国家现代化作出应有的贡献。"

在《汉语拼音方案》公布30周年之际,人们除了用开座谈会的方式大力宣传汉语拼音之外,1988年11月27日和12月4日,中央电视台还播出了电视专题片《中国人民文化生活的大事》,大力宣传《汉语拼音方案》。这部电视片是国家语委和中央电视台联合录制的,共两集,主要介绍了汉语拼音在我国社会生活中所发挥的作用,如推广普通话、语文教学、通讯、情报资料检索、电子计算机信息处理、产品型号和代号,以及成为拼写汉语的国际标准等方面的应用情况。整个电视片形式活泼,内容丰富,播出后产生了良好的效果。

三、发布《汉语拼音正词法基本规则》

(一)汉语拼音正词法的性质。汉语拼音正词法指的是汉语拼音的拼写规范及其书写格式的准则。用拼音字母拼写汉语包括两个部分,就是音节的拼写和词的拼写。《汉语拼音方案》解决的是音节的拼写,虽然为词的拼写预留了一些空间,但是并没有解决词的拼写。在切音字以来的汉语拼音运动中,虽然有不少专家学者对正词法进行了研究,但是并没有形成政府的规范。"文革"结束后,制订正词法规则提上了日程。

正词法的中心环节是分词连写法。分词连写法的基本规则是词与词之间要分写,词的内部各个音节要连起。用汉字写文章,既不分词又不连写;用汉语拼音来拼写汉语就必须实行分词连写,否则阅读十分困难,不容易正确了解要表达的意思。汉语拼音正词法是新的学术课题,它既有实用意义,又有理论意义。正词法包含许多内容,除了分词连写法外,还有音译词拼写法、同音词的分化法、文言成分的处理法、略语和缩写的方法、调号用法、大写字母用法、标点和移行规则等。

任何文字都有它的正词法,不同的是有的是由政府主管部门明文颁布的成文规则;有的是在人们长期的应用实践中约定俗成而产生的不成文的规则;有的是上述两者的结合,即先有群众的约定俗成,再由政府部门明文颁布。

(二)汉语拼音正词法研究的历史。在清末的切音字运动中,已经有人提出过"以缮连为书",有人称为"写法"、"联字成辞"。1892年卢戆章出版的《一目了然初阶》实行了初步的分词连写,他用短横作为连写的手段,但是没有把多音词的各个音节直接连在一起。1896年蔡锡勇的《传音快字》不但实行了以词为单位的连写,而且第一个提出了"连书"这个术语。不用短横而直接把多音词的各个音节连接起来,这是真正的分词连写的开始。1906年朱文熊发表《江苏新字母》,这是拉丁字母式的汉语拼音文字。以音节相连为主要方法,以短横间隔为次要方法,构成"连写"和"半连写"分别运用,使分词连写技术初步走上现代化的道路。

对正词法进行有系统的和较深入的研究,始于国语罗马字和北方话拉丁化新文字。1922年黎锦熙在《国语月刊》第1卷第7期"汉字改革号"上发表《汉字革命军前进的一条大路》。他把分词连写叫做"词类连书",拟订了《复音词类构成表》,成为以后国语罗马字拼写法的理论基础和实施纲要。国语罗马字和拉丁化新文字是比较成熟的拼音文字的设计。国语罗马字对连写法和短横的用法做了系统的研究,不过它规定短横除了表示半连外还兼作隔音,使用起来并不方便。拉丁化新文字更加重视分词连写,它大胆地把过去人们不敢连写的成分连写了起来,扩展了分词连写的视野。它用高撇号(')为隔音符号,跟隔音字母j和w并用,使短横专门用来表示半连写,这就丰富了隔音和连写的手段。倪海曙整理了拉丁化新文字连写的研究和实践,编成了《中国拉丁化拼音文字的写法》一书,书中有68条分词连写的规则,这是第一本汉语拼音文字正词法的专著。

20世纪50年代中期的汉语拼音正词法研究,在前人研究的基础上有了进一步的发展。这些研究早期多用"正字法"的名称,后来逐渐统一于"正词法"。《汉语拼音方案》没有规定分词连写法,但是规定了隔音符号(')和隔音字母y、w的用法,并且在举例中采用了连写,把

"皮袄"拼作 pi'ao。这就为分词连写准备了必要的条件。

《汉语拼音方案》自1958年公布推行以来,在我国人民的文化生活中发挥着十分有益的作用,但是由于它缺少词的拼写规则,在使用中遇到了困难,产生不便,因此制订《汉语拼音正词法规则》是迟早要做的事情。周有光在《汉字改革概论》里研究了正词法的问题。1982年,我国政府向国际标准化组织(ISO)提出议案,建议把《汉语拼音方案》作为拼写汉语的国际标准。周有光起草了《汉语拼音正词法要点》(载《语文现代化》丛刊第1辑),作为提案的附件。然而,在《汉语拼音方案》公布后的许多年里,这种完善的工作并没有真正地展开。有人呼吁过,也有人做过一些零星的研究,但是真正列入课题,提上日程,并由国家职能部门组织力量去实现,还是在20世纪70年代末、80年代初。胡乔木十分重视汉语拼音正词法的制订,他多次讲话催办。1983年2月22日,全国政协、文改会、教育部联合召开纪念《汉语拼音方案》公布25周年座谈会。胡乔木在会上发表了讲话,充分肯定了制订和推行《汉语拼音方案》取得的重大成绩,还就进一步推行《汉语拼音方案》发表了意见:"希望文字改革委员会能尽快地把《汉语拼音方案》进一步完善化,在日常应用中规范化。例如拼写要标调,要正词(规定词的区分的统一规则)。否则不但不便使用,而且会使人认为这是一个不完善的粗制滥造的方案。这种状况不能再容忍了,希望这个久已应该解决的问题能在1983年内解决。"①

(三)发布并修订《汉语拼音正词法基本规则(试用稿)》。1982年1月23日,胡乔木在文改会发表《关于当前文字改革工作的讲话》。讲话中说:"当前急需抓紧解决的问题,是迅速为拼音方案制订正词法规

---

① 胡乔木《对推行〈汉语拼音方案〉的三点意见》,《胡乔木谈语言文字》第308页,人民出版社1999年版。

则和解决扩大拼音方案实际应用范围内的一系列技术问题。"1982年3月13日,中国文字改革委员会成立汉语拼音正词法委员会。叶籁士任主任委员,周有光任副主任委员。正词法委员会的任务是:(1)拟订汉语拼音正词法基本规则和各种专用规则。(2)审订各种拼音表,例如街道名称拼音表、商店名称拼音表等。(3)重编《汉语拼音词汇》。同年7月24日,汉语拼音正词法委员会召开第一次全体委员会议,会议讨论并原则通过《汉语拼音正词法委员会条例》和《汉语拼音正词法委员会第一阶段工作计划》。1982年9月,委员会草拟出《汉语拼音正词法基本规则(草稿)》。经多次征求意见和修改,于1984年10月以"试用稿"的形式发表(载《文字改革》杂志1984年第10期)。"试用稿"发表后,国家教委和国家语委先后召开了有教育界、出版界、信息界和语文界专家学者参加的一系列座谈会,对"试用稿"提出了许多有益的意见。

对汉语拼音正词法规则的进一步研究和修订,是从调查、实验开始的。这项工作由文改会汉语拼音处组织领导,由文改会汉语拼音处与杭州市教育局等单位联合进行。这次调研活动从1985年开始,做了400篇文章,共计104372个汉语词的汉语拼音拼写试验,文章的范围涉及政论、文艺、科普、应用等四个方面。拼写的结果是词形和《汉语拼音正词法基本规则(试用稿)》相同的有101500个,占总词数的97.25%。这次汉语拼音拼写实验得出五种表格:即《汉语拼音正词法基本规则(试用稿)有效性调查统计表》、《汉语拼音词的音节数分布表》、《汉语拼音词的字母数分布表》、《汉语拼音音节的字母数分布表》和《汉语拼音文章中短横出现情况表》。所获取的这些表格和统计数据,为进一步完善汉语拼音正词法提供了可靠的依据。1986年4月24日至27日,《汉语拼音正词法基本规则(试用稿)》有效性试验通过了鉴定。

（四）发布《汉语拼音正词法基本规则》。1988年7月1日，国家教委和国家语委发出《关于公布〈汉语拼音正词法基本规则〉的联合通知》。全文如下：

《汉语拼音方案》自1958年公布以来，在许多领域得到了应用。随着汉语拼音应用范围的日益扩大，文教、出版、信息处理及其他部门要求制订汉语拼音正词法的基本规则，作为用《汉语拼音方案》拼写现代汉语的规范。

为此，1982年3月原中国文字改革委员会决定成立由有关方面的专家、学者组成的汉语拼音正词法委员会，拟订汉语拼音正词法基本规则；经多次征求意见和讨论、修改，于1984年10月发表了《汉语拼音正词法基本规则（试用稿）》。

试用稿发表后，国家教委、国家语委先后召开了有教育界、出版界、信息界和语文界专家、学者参加的一系列座谈会，对试用稿提出了很多有益的意见；在吸收了这些意见以后，制定了《汉语拼音正词法基本规则》，现予公布施行。今后用《汉语拼音方案》拼写现代汉语，即以《汉语拼音正词法基本规则》为规范。各地和有关方面在推广应用这个规则过程中发现的问题，请及时报告我们，以便在适当的时候再予修订。

《汉语拼音正词法基本规则》包括：总原则、名词、动词、形容词、代词、数词和量词、虚词、成语、大写、移行、标调，共11个部分。同音词的处理本来也是正词法的重要内容，但是由于对同音词的研究还不够成熟，所以在这个基本规则里没有包括进去。

（五）汉语拼音正词法的研究。

吕叔湘著《一致　易学　醒目》①。文章说:"我觉得一种正词法要取得群众的欢迎,需要满足三个条件:一是一致,二是易学,三是醒目。'一致'的意思是说一个片段,或是连写,或是分写,总是这么写,不是忽而连写,忽而分写。这是自身一致。还有同类一致,例如'小朋友,老朋友,新朋友,男朋友',要分写就都分写,要连写就都连写,不要有的分写,有的连写。'易学'的意思是说规则比较整齐,明确,不需要拼写的人老在琢磨这儿该分啊还是该连。老要他琢磨,他就写不下去了。'醒目'的意思是说词形长短适度,全是单音节不行,全是四个五个甚至比这更多的音节也不行。按汉语的习惯,最好是双音节多些,少不了一定数量的单音节,三、四音节的不太多。这样最醒目。""说说制订正词法的出发点。可以从语法出发,也可以从语义出发,还可以从约定俗成出发。""由一个机构出来拟定几条试行的规则还是需要的。定得不合适的,在实践中必然会被抛弃或者修改;定得合适的将要被接受。"

周有光著《汉语拼音正词法问题》②。文章说:汉字的笔画形式要写得合乎规范,这是"正字法"。拼音的词儿形式要写得合乎规范,这是"正词法"。文章提出了正词法本身的五条规律:(1)正词法是语言节律的自然反映。汉语还有一种特殊的节律,叫做"双音节化"。(2)正词法是视觉要求和听觉要求的矛盾统一。正词法在反映语言节律的时候要重视阅读的要求,提高阅读的效率,提高拼音的可读性和扫读性。(3)正词法是多方面语言规律的综合体现。正词法的规律不等于语言某一个方面的规律。要在综合运用中,探索正词法自身的规律。(4)正词法是"三进位制"。空格是0,连写是1,半连写(短横)是1/2。(5)正词法是合理性和习惯性的结合。正词法的内容,包括:(1)分词

---

① 《文字改革》1984 年第 1 期。
② 《周有光语文论集》第 4 卷第 179 页,上海文化出版社 2002 年版。

连写法。(2)音译词拼写法。(3)同音词问题。(4)文言成分的处理。(5)略语和缩写的处理。(6)调号用法。(7)大写字母用法。(8)标点和移行。

周有光著《正词法的内在矛盾》①。文章说:汉语拼音正词法充满着内在矛盾。文章分析了以下一些矛盾:(1)视觉和听觉的矛盾。(2)字和词儿的矛盾。(3)理论词和连写词的矛盾。(4)分、连和半连的矛盾。(5)语音节律和语法的矛盾。(6)双音化的矛盾。(7)词化和非词化的矛盾。(8)离合词的矛盾。(9)常态词和临时接合词的矛盾。(10)文言和白话的矛盾。(11)原调和变调的矛盾。(12)注音和撰写的矛盾。(13)习惯性和合理性的矛盾。文章最后说:汉语拼音正词法这个新的课题,是一片大有开垦余地的处女地。如何研究正词法,需要开辟新的途径。

周有光著《正词法的性质问题》②。文章说:50年代本文作者研究分词连写的标准,尝试从三个方面去找学术依据,就是语法方面、语义方面和语音方面,得到的结果是,标准不少,可是没有一种可以放之四海而皆准,而且各种标准还会相互冲突。正词法的学术依据不能单纯依靠某一方面。它需要从三个方面的综合之中提炼出自己的理论体系和实用准则。它是语言学的"第四维"研究课题。正词法充满内在矛盾,总起来是习惯性和合理性的矛盾。"约定俗成"是正词法的灵魂。"约定"指正词法规范从群众的拼写实践中来,"俗成"指正词法教育到群众的拼写实践中去。正词法的"成熟"是在实践中实现的。"成熟"是相对的,不是绝对的。只有逐渐稳定的"成熟",没有一成不变的"成熟"。正词法的"成熟"就是群众拼写习惯的相对稳定。

---

① 《文字改革》1983年第9期。
② 《文字改革》1984年第1期。

《汉语拼音正词法论文选》编辑组编《汉语拼音正词法论文选》[①]。本书除了收《汉语拼音正词法基本规则(试用稿)》和《汉语拼音正词法委员会的工作情况》外,还收有关汉语拼音正词法的论文28篇。这些论文涉及正词法综论、分词连写、成语拼写、人名地名拼写和标点符号用法等方面。选入的文章以最近几年在杂志上发表过的和未发表过的论文为限。书中还附录《汉语拼音正词法部分文章索引》。

尹斌庸著《新华拼写词典》[②]。汉语拼音正词法包含许多复杂问题,《汉语拼音正词法基本规则》只能对其中的一些最基本的问题做出规定,不可能面面俱到,而拼写中又会遇到许多细节,拼写者需要有明确的规定,以便有所遵循。《新华拼写词典》就是为了解决这个矛盾而编写的。《新华拼写词典》不是一般意义的词典,是类推型的拼写法词典。例如,知道了"泰山"应该拼写为 Tài Shān,就可以类推出"黄山、华山、太行山、喜马拉雅山"等的拼写法。这本词典的正文分两大部分:第一部分是专有词语的拼写法,包括地名、人名、出版物名、组织单位名等;第二部分是普通词语的拼写法,包括名词、代词、数词、量词、动词、形容词等。这本词典设有320多个条目,实际上就是320多条拼写法的细则。每个条目包括:条目的题头、文字说明和拼写举例。

(六)发布《汉语拼音正词法基本规则》。1996年1月22日,国家技术监督局发布了中华人民共和国国家标准《汉语拼音正词法基本规则》(GB16159-1996),从1996年7月1日起实施。"本标准规定了用《汉语拼音方案》拼写现代汉语的规则。内容包括分词连写法、成语拼写法、外来词拼写法、人名地名拼写法、标调法、移行规则等。为了适应特殊的需要,同时提出一些可供技术处理的变通方式。""本标准适用

---

① 文字改革出版社1985年版。
② 商务印书馆2002年版。

于文教、出版、信息处理及其它部门,作为用《汉语拼音方案》拼写现代汉语的统一规范。"

（七）《汉语拼音正词法基本规则》的推行。《汉语拼音正词法基本规则》自 1988 年由国家教委和国家语委公布后,进入了推行时期。到 2008 年,已经过了 20 年,推行的情况并不十分理想。它不像《汉语拼音方案》那样为社会各界所广泛了解,到现在还有许多人不知道有这个规则。在城市的各种公示牌、广告牌上看到的汉语拼音,有的是一长串字母连在一起,没有分词;有的是一个音节一个音节地全部分开,像汉字一样。现在也有一些人不赞成分词连写,他们说:一分词连写就成了拼音文字,而汉语拼音只是注音的工具,根本不是拼音文字。这种认识是不对的。《国家通用语言文字法》第十八条规定:"国家通用语言文字以《汉语拼音方案》作为拼写和注音工具。"作为拼写的工具,就必须实行分词连写。

四、开展"注音识字,提前读写"小学语文教学改革实验

（一）20 世纪 60 年代的"注音识字"。1958 年全国人大批准《汉语拼音方案》后,全国许多地方就开始了"注音扫盲"和推广普通话的教学实验。山西万荣成为先进的红旗。经过一年的努力,万荣全县 21 万人中,有 104925 人学会了《汉语拼音方案》,有 107000 人可以说普通话。农民摘掉了文盲帽子以后,大量阅读注音的通俗读物,许多人还创作了不少诗歌和快板。1959 年 11 月下旬至 12 月下旬的一个月内,全县仅注音读物就销行了 18 万多册。文化革命取得的积极进展,推动了工农业生产的发展。1959 年 12 月 27 日至 1960 年 1 月 4 日,山西省教育厅和共青团山西省委在万荣召开了"山西省推行注音扫盲和推广普通话万荣现场会议"。1960 年 4 月 22 日,中共中央发出《关于推广注音识字的指示》。《指示》指出:"山西省万荣县注音识字的经验是我国

文化革命中一项很重要的创造,应当在全国迅速推广。"

在这个时期,黎锦熙、吕叔湘、张志公等语文专家都提出要充分发挥汉语拼音的作用,改革小学低年级的语文教学。黎锦熙说:"我且借用过去文字改革中的两句口号,做个并不'巧妙'的解释,就是'先读书,后识字',这是说阅读方面;而在写作方面,就是'忘其字,写其音'。""所谓'先读书,后识字',是指先读'注音读物'头一行的拼音,而后逐渐地对着拼音认识下一行的汉字,不必等到两三千个汉字的生字都认识了才能读书。""所谓'忘其字,写其音'是指写作时有忘记了的写不出来的汉字就把拼音来代替。"①吕叔湘说:"在小学低年级把汉语的学习和汉字的学习暂时分两条线进行。一面先教汉语拼音字母,接着就教拼音课文尽量满足儿童发展语言和增长知识的需要,一面根据汉字的特点,另行'排队'学习。以后利用注音的汉字读物作为过渡,最后采用全用汉字的课本。我们估计整个的进程可能会比现在的办法快些。希望有学校肯拿出个别班级来做试验。"②张志公说:"儿童进入小学,或者在幼儿园大班后期,学汉语拼音字母。接着就用这套汉语拼音字母为工具进行大量阅读训练和有计划的语言训练。""大致从第二学期开始,教儿童识字。""阅读训练始终保持着高水平。符号工具,第一、二学期纯用汉语拼音;第三、四学期以汉语拼音为主,夹用汉字;第五、六学期以汉字为主,夹用拼音;第七学期以上,纯用汉字。这样下来,到第八学期结束时,阅读材料的深度和广度可达到以前正常状态下初中一年级甚至二年级的程度;识字量可达到2500左右;写字比以前初中一二年级要好,因为基本功练得比较扎实。总的语文水平,包括听、说、读、写几方面的能力,将比过去六年制小学毕业的高一些,

---

① 黎锦熙《拼音字母和文化革命》,《文字改革》1960年第8期。
② 吕叔湘《关于语文教学问题》,《人民日报》1964年2月17日。

其中阅读能力的提高最为显著。"①

（二）黑龙江省的"注·提"实验。1982年秋季起,黑龙江省在拜泉县、讷河县、佳木斯市的三所小学六个一年级班开始"注音识字,提前读写"小学语文教学改革实验(简称"注·提"实验),拟定的目标是三年完成现行五年制小学语文教学的内容。这个实验以充分发挥汉语拼音的工具作用为前提,以发展儿童语言、寓识字于学汉语(口语和书面语)之中为总原则,达到发展语言、开发智力、培养能力的目的。这项实验改变了传统的小学语文教学结构,变"先识字,后读书"为"先读书,后识字",或"边读书,边识字",用这个办法解决小学语文教学中长期存在的学汉语和识汉字的矛盾,为提高教学质量、开发儿童智力寻求一条途径。儿童入学后,首先学习并熟练掌握汉语拼音,能直呼音节；然后开始大量阅读拼音读物、注音读物,在教师的指导和自学中增识汉字。同时利用汉语拼音和汉字写话、作文,读写同时起步,帮助儿童发展思维,增长知识,逐步提高读写能力。实验要求用三年时间完成现行五年制《小学语文教学大纲》规定的阅读和写作的教学任务,识字和写字达到同年级(三年级)的实际水平。

中国文字改革委员会副主任叶籁士、倪海曙对这项实验给予热情支持和精心指导。全国高等学校文字改革学会成立后,将"注音识字,提前读写"教学实验列为重要的研究课题,大力支持黑龙江省进行的这一改革实验。1982年8月,实验开始前,倪海曙到佳木斯市同黑龙江省教育学院实验领导小组、三所实验学校的教学人员,共同讨论实验的意义、原理和方法；实验进行中,同实验班的教师和学生大量通信联系,积极帮助解决办学条件。1983年6月,实验的第一学年快要结束

---

① 张志公《谈谈语文教育同普通话的关系》,《文字改革通讯》1979年第8-9期第30页。

时,倪海曙又到拜泉县育英小学实验班进行实地考察,听取教师和家长的意见。1983年7月,他写了考察报告《"难以相信"》。① 报告用数字和事例告诉读者,仅仅经过一年的试验,孩子们拼音非常熟练,能够像读汉字那样扫读,识字量大大增加,普通话说得好。"这个试验之妙,妙在谁都感到'难以相信'。"这份报告引起了教育界、语言学界的极大重视。吕叔湘读了《"难以相信"》后说:"二十年以前,我曾经提出,在识字问题上要两条腿走路,汉字要识,拼音字也要识。认识拼音字,熟悉拼音字,对发展儿童语言,发展儿童智力有帮助,对识汉字无妨害。黑龙江的实验跟我二十年前的设想稍微有点不同,也可以说是进了一步。我那时的想法是分两条路走:一是拼音,用拼音读,用拼音写;二是按汉字本身的规律来学汉字。到一定时期之后,可能一年,也可能两年,再把二者合拢。现在的作法,一起头就互相配合,通过阅读注音读物带动学汉字。事实证明,这个做法是有效的。"②1983年8月6日,文改会和高校文改学会在北京联合召开"黑龙江省小学'注音识字,提前读写'实验总结汇报会"。出席会议的有黑龙江省有关实验工作的人员,中央有关部门和在京的语言文字学专家、教育工作者,以及北京、上海、湖北、广东、福建、山西、河北、辽宁、陕西等省市教育和文字改革工作的负责人。汇报会上,黑龙江省教育学院实验领导小组、佳木斯市第三小学、拜泉县育英小学、讷河县实验小学汇报了实验的情况,实验班的任课教师就汉语拼音教学、识字与字教学、阅读教学和写作教学四个方面作了汇报,会上还展示了学生的作业和有关实验资料。与会人员充分肯定了一年来的实验所取得的好成绩。汇报会以后,从1983年秋季开始,上海、广州、大连、湖南湘西土家族苗族自治州相继进行实验,

---

① 《倪海曙语文论集》第272页,上海教育出版社1991年版。
② 吕叔湘《拼音识字可以充分调动儿童学习的积极性》,《吕叔湘文集》第6集第342页,商务印书馆1992年版。

都取得可喜的成绩。

"注音识字,提前读写"实验取得的令人"难以相信"的成绩,引起了各方面人士的关注,黑龙江省人民政府文教办公室派人到实验学校调查测试,《人民日报》记者实地采访并做了专题报道。1983年9月8日至23日,教育部初等教育司、中央科研所等单位组织调查组,对黑龙江省"注音识字,提前读写"的小学语文教学改革实验情况进行了全面调查。教育部调查组的调查报告认为:"一年多来,这项实验已经进行了许多有益的探索,取得了可喜的成果。""在四周拼音教学结束时,实验班的大部分儿童已经达到直呼音节的程度,为随后用汉语拼音进行阅读和写话奠定了基础。到一年结束时,多数儿童已经形成正确、流畅阅读拼音文章和注音课文的能力。"关于识字量,到第一学年末,一般儿童都识字1000以上(统编教材的识字量是696字)。关于阅读教学,在拼音教学结束之后就开始了。第一学年结束,实验班学生课内课外的阅读量都达到了5万多字,大大超过了实验计划安排的1.5万字。关于作文教学,拼音教学结束不久就开始了写作训练。据3所学校的统计,实验班第一学年进行看图写话、课内素描、命题作文等写作练习35—43次,小练笔43—75次,每个儿童平均写了6800多字。学年末用一课时作文,一般都能写出200字左右的短文。教育部调查组认为,"实验工作第一年所取得的进展和成绩,使我们和从事实验的同志都感到高兴和鼓舞","这项实验对于改革小学语文教学、提高小学教育质量等方面具有深远的意义。"①

《文字改革》1983年第10期刊出《黑龙江省小学"注音识字,提前读写"实验总结汇报会专辑》。主要内容有倪海曙的《我们能够消灭这

---

① 教育部调查组《关于"注音识字,提前读写"教学改革实验的调查报告》,《文字改革》1984年第1期。

个差距!》、吕叔湘、周有光、蒋仲仁、杜松寿、陈建民、张惠芬的座谈发言,还编发了有关注音识字的文件、资料和黎锦熙、吕叔湘、张志公在20世纪60年代发表的有关"注音识字"的论述。

(三)教育部支持"注·提"实验。1984年5月26日,教育部和中国文字改革委员会联合发出《关于小学"注音识字,提前读写"实验的几个问题的通知》。《通知》指出:"注音识字,提前读写"是我国小学语文教学改革的一项重要实验,对提高小学教育质量和推广普通话等都有重要意义。这项教学改革还处于实验阶段,方言区和少数民族地区的实验工作刚刚开始,因此必须采取扎扎实实、稳扎稳打、有计划、有步骤地进行的方针,切忌一哄而起,一哄而散。教育部和中国文字改革委员会已经会同黑龙江、上海、北京、广东、福建、湖南(湘西土家族苗族自治州)等省、市,分别安排了几所学校进行实验。《通知》指出,这项实验表明认真学好汉语拼音,对小学生识字、阅读、写话和学习普通话都有促进作用。各地城乡初等学校都应从当地实际情况出发,加强教师的汉语拼音培训工作,进一步改进和加强汉语拼音教学,逐步做到用直呼音节代替拼读,并在熟练掌握汉语拼音的基础上,引导学生阅读注音的课外读物,为提高小学语文教学质量积极创造条件。

1984年6月,教育部部长何东昌视察上海杨浦区第四中心小学,看了一年级实验班学生的汇报课,听取了学校领导的汇报。实验班取得了显著成绩:一是汉语拼音熟练,学生一分钟平均能念150个音节;二是阅读能力强,课内外阅读了6万多字;三是识字多,平均认识1000个左右汉字;四是一年级小学生能写话,一般可写150—200个字的短文;五是普通话说得好。学生的理解能力、思维能力大大提高。何东昌高度评价实验班的教学,他认为:原来教学是封闭式,现在的教学是开放式。学生思想解放了,不受教师讲的内容限制。学生智力的发展,往往受书本的限制,受文字的限制,实行"注音识字,提前读写",学生识的字多了,阅读量大了,对开发学生智力,培养开拓性、创造性的人才十分重要。

1985年7月是这项实验第一轮的截止期。在这一年的暑假前,黑龙江省对3所学校实验班的学生进行了全面测试,同时让6个实验班的学生参加了当地小学五年级或六年级毕业班的毕业统考。国家教委、中央教育科学研究所、中国科学院心理研究所和文改会组织联合工作组前往实验学校,对第一轮实验进行多方面的考察和总结。从测试结果和统考成绩的分析看:实验班三年级学生的语文水平已经相当于普通班毕业生的水平,其中作文能力还稍好于毕业班学生。实验班学生的读(包括朗读、默读和理解)、写能力和运用汉语拼音的能力尤为突出,完全实现了实验方案所预期的设想。

(四)1985年10月21日,国家教委和文改会在北京召开"注音识字,提前读写"教学实验座谈会。全国22个省、自治区、直辖市的代表及有关人士一百多人出席。教委副主任柳斌在讲话中指出:通过"注音识字,提前读写"的教学,能使学生不失时机地掌握祖国的语言文字,这是一个突破,他强调要坚持、完善、扩大、提高这一实验。在闭幕式上,国家教委初教司司长陈德珍做了总结讲话。他说:黑龙江第一轮实验已经胜利结束,达到了原方案要求,证明这条路子是成功的。[1]

在1986年全国语言文字工作会议上,刘导生的报告《新时期的语言文字工作》中是这样评价"注·提"实验的:"近几年来在全国许多地方的小学里开展的'注音识字,提前读写'语文教学实验,充分发挥汉语拼音的作用,寓识汉字于学习汉语之中,使语文教学中的识字、阅读、说话、写作训练同步进行。这对发展儿童语言能力、提高儿童读写水平、早期开发儿童智力有明显的作用。按照国家教育委员会的规定,六

---

[1] 费锦昌主编《新时期语言文字工作记事》第49页,语文出版社2005年版。

年制小学学生的识字量,一年级达到 630 个字,二年级达到 1513 个字,三年级达到 2286 个字,四年级达到 2677 个字,五年级达到 2935 个字,六年级达到 3190 个字。各地实验班的学生,第一学年末人均识字量一般超过 1000 字,有的达到一千六七百字,70% 的字能默写;第二学年末一般识 2300 字,有的达到 3000 字,70% 左右能默写。刚完成第一轮实验(三年)的黑龙江省实验班,第三学年末人均识 3000 字,75% 以上能默写,参加当地普通班小学毕业、升学统考,语文科各项成绩都超过普通毕业班。各地实验学校普遍反映,实验班学生德、智、体全面发展,效果显著。"①"注·提"实验中存在的主要问题是,实验班学生写别字的比例高于非实验班学生。这个问题需要引起重视,采取措施加以解决。

(五)经过几年的实验,"注音识字,提前读写"教学实验的经验已经成熟。为了面向全国大力推广这一基础语文教学法,1992 年 3 月 11 日,国家教委基础教育司、国家语委推普司和语言文字应用研究所,在哈尔滨市联合召开小学语文"注音识字,提前读写"教改经验推广工作座谈会。来自全国 28 个省、自治区、直辖市的教委、语委和教研、实验单位的代表 150 多人参加了会议,会议收到教改实验交流材料 80 多份。黑龙江省副省长戴漠安主持了会议开幕式,国家教委副主任何东昌、国家语委常务副主任仲哲明出席开幕式并讲话。吕叔湘、张志公、王均、蒋仲仁等专家学者都有题词、贺信或书面发言。国家教委副主任、国家语委主任柳斌到会并讲话。这次会议引起了许多新闻媒体的特别关注,《中国教育报》、《黑龙江日报》、《人民教育》等几家新闻单位派人参加了会议。会议结束时,国家教委基础教育司司长陈德珍作了总结性发言。这次教改经验推广工作座谈会的召开,进一步扩大了"注音识字,提前读写"教学改革的影响,有力地推动了全国的"注音识

---

① 《新时期的语言文字工作》第 20 页,语文出版社 1987 年版。

字,提前读写"教学改革工作。这一年的 7 月 24 日,国家教委发布了《关于推广小学语文"注音识字,提前读写"教改经验的若干意见》,并附《小学语文"注音识字,提前读写"教学改革实验纲要(试用稿)》,要求各地促进这一实验不断地完善,不断地提高。

(六)"纪念'注音识字,提前读写'实验 20 周年座谈会"。2002 年 6 月 16 日,教育部语言文字应用研究所、中央教育科学研究所在北京举行"纪念'注音识字,提前读写'实验 20 周年座谈会"。全国政协副主席周铁农,教育部副部长、国家语委主任袁贵仁,国家总督学柳斌等出席了会议并讲了话。会议肯定"注·提"实验是小学语文教学改革的重要成果,鼓励各地继续深化教学改革,努力提高语文教学效率和学生的语言文字应用水平。2003 年 11 月,在洛阳召开全国"注音识字,提前读写"教学 20 周年表彰大会,教育部语用司司长杨光等出席了会议。

五、扩大汉语拼音的应用

中国进入了信息网络时代以来,汉语拼音除去原有的各项功能外,又增添了许多新的功能,扩大了应用领域,成为当代最重要的文化工具。

(一)用于汉字输入。20 世纪 70 年代,从世界范围说,用电脑处理语言信息显现了前所未有的强大生命力,人类社会开始进入了信息网络的新时代。字母文字通过小键盘进入电脑轻而易举,而作为语素文字的汉字,字数繁多,同音字多,要进入电脑成为了难题。破解这一难题的重任落了当代知识分子的肩上,他们中的许多人废寝忘食,殚精竭虑,做出了积极的贡献。先是出现了使用大键盘的整字输入和使用中键盘的部件输入。这两种键盘体积大,需要专门制造,造价昂贵,而使用者需要熟记每个汉字或部件在盘面上的位置,使用十分不便,所以很快就让位给特征信息编码的小键盘。用小键盘输入汉字,需要对汉字进行特征信息编码,而汉字所携带的形、音、义信息极为丰富,于是一时间各种汉字编码设计蜂起,各具特色,万"码"奔腾。在市场上影响较大的形码有王永民的五笔字型、陈爱文的表形码、李金铠的笔形码等。在这之后,出现了输入汉语拼音、软件自动转换为汉字的拼音变换法。汉语拼音使用国际通用的罗马字母和音素制音节结构,十分适合使用国际通用的小键盘,实现汉字输入。可是汉字的同音字很多,输入时遇到同音字要选字,十分麻烦,这种方法不具有实用的价值。后来做了重大改进,由以字为输入单位改为以词或短语为输入单位,再加上使用"高频先见,用过提前"技术,拼音输入进入实用阶段。形码和音码是汉字输入的两大类型,互有短长,都是不可缺少的。专业录入员中有许多人使用五笔字型一类的形码,速度较快,差错率较低,而对于在电脑上写作的知识分子来说,拼音码不用专门学习,不用背字根,一边想一边输入,比较适合"想打"的工作方式。社会上流行的微软中文视窗系统,都配备汉语拼音输入法,这些输入法已经为广大用户所熟悉。在我国,每时每刻都有千百万人使用拼音操作中文电脑。不管是打字写文章、上网查询中文资料、收发中文电子邮件、网上聊天,还是在企业、机关单位使用电脑处理文字业务,汉语拼音都是人们操作电脑的必要手段。据《科技日报》1995年9月20日的报道,上海曾对七八万个电脑用户做过输入方法的调查,结果是有97%的人使用拼音输入,只有3%的人使用其他输入方法,这表明拼音输入已经成为汉字输入的主流。过去我们认为汉语拼音有两大功能:一是用来给汉字注音、帮助识字,二是用来拼写汉语;现在应该加上第三项功能,就是用它来输入汉字,让汉字进入电脑。

(二)用于手机发送短信。中国已经成为世界的手机大国,手机的应用范围日益扩大,几乎是无所不能。用手机发送短信,成为"拇指一族"工作和生活中不可缺少的联络方式。要用仅有十个数字键的手机键盘发送汉字,可以使用拼音,也可以使用笔画。熟悉拼音的人,用拼音发短信非常方便。下面是目前市场比较通行的键盘设计:

数字	1	2	3	4	5	6	7	8	9	0
字母		abc	def	ghi	jkl	mno	pqrs	tuv	wxyz	
笔形	一	丨	丿	丶	一					

（三）用于数据库的排序和检索。汉语拼音用于中文工具书、中文图书资料的排序和检索,前面相关的章节做过介绍,这里补充说明它在数据库上的应用。目前我国各行各业使用计算机创建了许多汉语型应用数据库,例如医院的病历档案、公安部门的户口档案、单位的工资人事数据等,几乎毫无例外地使用拼音排序和检索。从理论上说,数据库也可以使用笔画、部首来排序和检索,它的应用难度将是拼音检索的许多倍,不切合实用。

（四）用于各种语言文献的统一排序。中文文献要走向世界,要与使用罗马字母的各种语言的文献统一排序,就非得使用汉语拼音不可。国际标准化组织推行文字工作单一罗马化,便于实现文献的国际交流。汉语拼音使用的是罗马字母,把汉字转换为罗马字母,参与排序和检索,得心应手。

（五）用于自动注音和分词连写。汉语拼音通过电脑可以实现自动分词连写,山西的《小学生拼音报》和上海的《语言文字周报》都曾做过试验,获得一定的经验。用电脑来给拼音分词连写,能够做到标准统一、前后一致。是人工分词不容易做到的。

第五节 开展中文信息处理研究

一、发布有关信息处理的规范

(1)中华人民共和国国家标准《信息交换用汉字编码字符集·辅助集》。为了适应现代电子技术条件下对汉字的需求,加快语文现代化的步伐,我国于1981年5月发布了《信息交换用汉字编码字符集·基本集》,应用于一般汉字处理和汉字通信等方面。随着我国科技与经济的发展和综合国力的不断提升,汉字信息处理技术的飞速发展,计算机已成了各行各业完成工作任务必不可少的工具。于是那些使用汉字字数较多的行业与部门,迫切需要扩充信息交换用的汉字编码字符系统,而一些计算机系统的研制者也有扩充信息交换用汉字编码字符系统的要求,以便研制性能更加全面和优越的计算机软件与硬件。为此,国家有关部门组织人力,研制了《信息交换用汉字编码字符集》的辅助集。《辅助集》共有五集,其中的第二与第四辅助集是简化字集,第一、第三、第五辅助集是与基本集、第二辅助集、第四辅助集相对应的繁体字集。

《信息交换用汉字编码字符集·第二辅助集》和《信息交换用汉字编码字符集·第四辅助集》是新时期在汉字信息化研究上的成果。《第二辅助集》(GB7589-87),收《基本集》以外的7231个汉字,为每个汉字规定了信息交换代码。每个汉字按部首笔画排列,从16—92区得到对应的区位码和信息交换码。《第四辅助集》(GB7590-87),收《基本集》和《第二辅助集》以外的7039个汉字,为每个汉字规定了信息交换代码。每个汉字按部首笔画排列,从16—90区得到对应的区位码和信息交换码。《第二辅助集》和《第四辅助集》所收的是《基本集》

未收的规范汉字。从使用频率来说,《第二辅助集》所收的字一般次于《基本集》,《第四辅助集》所收的字一般次于《第二辅助集》。研究者依据《新华字典》、《现代汉语词典》、《辞海》、《标准电码本》、《中文图书目录检字表》来收字,并参考了《汉语大字典》、《中华大字典》、《中文大辞典》等工具书。这两个《辅助集》所收的字,已经超出了一般用字的范围,多数都是些生僻而罕用的汉字,但对完善信息交换用汉字编码字符系统,有重要的意义。

这两个《辅助集》的研制,在《基本集》发布之后就开始了,到1982年5月,电子工业部第十五研究所便拿出了建议稿。1985年初,国家语委汉字处对建议稿进行了大幅度的调整,随后又进行了几次修改。1986年9月定稿,并通过了有关部门的审定。国家标准局1987年3月27日发布,1987年12月1日实施。

《信息交换用汉字编码字符集·第一辅助集》(GB/T12345-90)。国家技术监督局1990年6月13日发布。这是与《信息交换用汉字编码字符集·基本集》(GB2312-80)相对应的繁体字集。由于一对多简化和同音代替简化造成繁体字集比相对应的简化字集多出了103个字种,放入88区和89区。《信息交换用汉字编码字符集·第三辅助集》(GB13131-91)和《信息交换用汉字编码字符集·第五辅助集》(GB13132-91)由国家技术监督局于1991年发布。

(2)中华人民共和国国家标准《信息技术 通用多八位编码字符集(UCS)第一部分:体系结构与基本多文种平面》(GB13000.1-1993)。国家技术监督局1993年12月24日公布,1994年8月1日实施。"本标准等同采用国际标准 ISO/IEC 10646.1-1993《信息技术 通用多八位编码字符集(UCS)第一部分:体系结构与基本多文种平面》。""GB13000规定了通用多八位编码字符集(UCS)。它可用于世界上各种语言的书面形式以及附加符号的表示、传输、交换、处理、存储、输入及显现。"

(3)中华人民共和国国家标准《汉语信息处理词汇 02 部分:汉语和汉字》(GB/T12200.2-1994)。国家技术监督局1994年12月7日发布,1995年8月1日实施。"本标准(02 部分)规定了汉语信息处理中最重要的或最基本的汉语、汉字术语,也收入了一些必要的、通用的语言文字术语。""本标准适用于有关汉语信息处理领域的科研、设计、生产、使用、维护、管理、教学和出版等方面。"

(4)国家语言文字工作委员会语言文字规范《信息处理用 GB13000.1 字符集汉字部件规范》(GF3001-1997)。国家语委1997年12月1日发布,1998年5月1日实施。"本规范是根据汉字的构形规律、现行汉字的发展现实和汉字的历史承袭性,采用'从形出发、尊重理据、立足现代、参考历史'的原则制定的。""本规范给出了 GB13000.1 字符集的《汉字基础部件表》及其使用规则。""本规范主要用于中文信息处理领域的设计、管理、科研、教学和出版等方面,也可供汉字教学参考。""《汉字基础部件表》是对 GB13000.1 字符集中的20902 个汉字逐个进行拆分、归纳与统计后制订的。它是本规范的主表。""《汉字基础部件表》中的 560 个部件,均为独立使用的部件。"

(5)中华人民共和国国家标准《信息技术 信息交换用汉字编码字符集基本集的扩充》(GB18030-2000)。国家质量技术监督局2000年3月17日发布、实施。"本标准作为 GB/T 2311 体系的编码字符标准,规定了信息交换用的图形字符及其二进制编码的十六进制表示。""本标准适用于图形字符信息的处理、交换、存储、传输、显现、输入和输出。""本标准向下与国家标准 GB2312 信息处理交换码所对应的事实上的内码标准兼容。本标准在字汇上支持 GB13000.1 的全部中、日、韩(CJK)统一汉字字符和全部 CJK 统一汉字扩充 A 的字符。"

《信息交换用汉字编码字符集·基本集》(GB2312-1980)已经使

用了 20 年,6763 个常用汉字只能满足基本文件文档的需求。随着计算机应用领域的日趋广泛和计算机技术的日新月异,采用新标准的社会需求和技术条件已经成熟。新标准将原来的 6763 个汉字扩大到 27000 多个,采用单/双/四字节混合编码,总编码空间超过 150 万个码位,为彻底解决邮政、户政、金融、地理信息系统等迫切需要的人名、地名用字问题提供了解决方案,也为汉字研究、古籍整理等领域提供了统一的信息基础平台。

我国要求国内所有处理文字信息的产品在 2000 年年底前采用 GB18030《信息技术 信息交换用汉字编码字符集基本集的扩充》。这个标准可以涵盖 27484 个汉字,而且繁、简字均处在同一平台。这是中国计算机文字标准走向世界标准的重要过渡标志。文字标准是信息处理的基础,在大字符集的国际标准得到采用后将解决两岸三地间 GB 码与 BIG5 码转换不便的状况。届时内地、香港和台湾将处于统一的文字平台。

(6)中华人民共和国国家标准《信息技术 数字键盘汉字输入通用要求》(GB/T 18031－2000)。国家质量技术监督局 2000 年 3 月 17 日发布。长期以来,汉字输入方法层出不穷,形成万"码"奔腾的局面,但由于缺乏相关的标准规范,使各种数字键盘汉字输入方法无标可循、无规可遵,从而造成编码发明者和生产厂商各行其是,也使消费者难于学习掌握数字键盘汉字输入法。本标准对字形编码输入技术规定了一些便于通用掌握的基本要求,提出了具体规定。如单字平均击键次数限定在 6 键之内,字词平均击键次数限定在 4 键以内。在编码层次上,要求遵循国家有关笔画、部件的文字规范标准。本标准适用于所有数字键盘的信息技术产品,如电话设备、传真机、移动电话、手持电脑、传呼机、电子记事本、电视遥控器、信息家电等。新标准的颁布对信息技术在这一领域健康、正常、有序地发展奠定了技术基础,对中文数字输入技术走向规范化、标准化具有重要意义。

二、编制汉字属性字典

为了发展中文信息处理技术,使信息化的成果深入国民经济的各个方面,就要求计算机对汉字信息处理具有更高的功能,如对汉字按不同方式自动排序,按不同方式自动检索,以及汉字传输、汉字相互参照和相互连接等。要使计算机具备上述功能,就必须配制相应的支持软件,而编制这些软件就必须编制汉字属性字典。传统的汉字字典偏重于注音和释义两个方面,不能满足汉字信息处理的需要。供信息处理用的汉字属性字典就应运而生了。这个时期编制并出版的供信息处理用的汉字属性字典,重要的有以下三部:

1. 李公宜、刘如水主编《汉字信息字典》,上海交通大学汉字编码组和上海汉语拼音文字研究组合著,科学出版社1988年出版。书中有7785个正体字(规范字)和3469个繁体字、异体字、别体字等。

字典正文分为三大部分。第一部分除提供每个字的字音和字义的信息外,还增加了部首对照、字形结构关系与切分层次、书写笔顺以及音形辨正等现代汉字教学和规范化所必需的信息。第二部分以列表的方式提供了书内所收的正体字的笔画数、部件数、结构类型、字频、字级等十多项数码信息。第三部分是建立在大量汉字属性信息基础上的分类、统计、对比信息。正文后面是附录,共有汉语拼音方案、普通话音节五种拼式对照表、汉字五种部首系统对照表等十四项。

这部字典在编制时使用电子计算机进行技术处理。字典内所收的各项信息,经审核复查后全部输入电脑,建立了汉字信息库。在此基础上由电脑自动进行分析、综合,编成汉字静态和动态的多种统计信息。这些综合统计信息,对于研究汉字的现状、确定汉字多方面的标准以及解决汉字信息处理问题,都具有参考意义和实用价值。

2. 北京图书馆编《汉字属性字典》，书目文献出版社 1988 年版。这部字典的基本情况：

（1）收字及编排。这部字典收入国家标准《信息交换用汉字编码字符集·基本集》（GB2312－80）里的 6763 个汉字，分为两级：第一级是常用字，有 3755 字，按照汉语拼音音序排列；第二级是次常用字，有 3008 字，按照部首排列。

（2）各种属性和编码。有十二项：汉语拼音、区位号、国标码、电报码、台湾码、笔画数、四角号码、起笔至末笔的笔形、部首及序号、部首画数、部首外起笔至末笔笔形、异体字。

（3）索引。有四种：汉语拼音索引、部首索引、笔画索引、四角号码索引。

样条

诺　　NUO4

　　【区位号】3721　　　　　　【国标码】C5B5

　　【电报码】6179　　　　　　【台湾码】21592E

　　【笔画数】10　　　　　　　【四角码】34764

　　【起末笔笔形】4512213251

　　【部首及序号】讠　240　　【部首画数】2

　　【部首外起末笔形】12213251

　　【异体字】諾

3. 傅永和主编《汉字属性字典》，语文出版社 1989 年版。下面是这部字典的《说明》：

（1）这是一本收录汉字各种属性的字典。所谓汉字的属性，就是汉字包含的信息。编制该属性字典的目的，主要是为计算机的汉字信息处理、汉字教学及现行汉字的研究等方面提供比较完整的信息。

(2) 本字典以 GB2312-80 中华人民共和国国家标准《信息交换用汉字编码字符集·基本集》为收字对象,共收录汉字(包括部首)6763 个。多音汉字主要参照《辞海》(1979 年版)的注音。

(3) 本字典依据了以下规范成果:汉字的异读音依据国家语言文字工作委员会、国家教育委员会和广播电视部于 1985 年 12 月 27 日联合发布的《普通话异读词审音表》;汉字的字形、笔画数、书写笔顺依据 1964 年文化部和中国文字改革委员会发布的《印刷通用汉字字形表》和 1955 年发布的《第一批异体字整理表》、国家语言文字工作委员会 1986 年重新发表的《简化字总表》和中国文字改革委员会、国家标准计量局于 1977 年 7 月 20 日联合发出的"关于部分计量单位名称统一用字的通知";电报码依据邮电部 1980 年编印的《标准电码本》。

(4) 本字典包含的汉字属性有 24 种。其中有些种含不同的类,合计 64 类属性。

① 本字典收录了汉语拼音(简称汉拼)、注音字母(简称注音)、威妥玛式(简称威式)和国语罗马字(简称国罗)四种汉字注音形式。其中注音字母、威妥玛式拼音和国语罗马字是先后采用的注音工具,也是不同阶段利用拼音检索的重要方式,并且使用比较广泛。收录这三种注音形式的主要目的是为了便于计算机在与使用汉字的不同国家和不同地区进行汉字交换和传输时,同汉语拼音实行相互参照。

② 本字典的每个汉字都标明该字在文化部出版局和中国文字改革委员会于 1983 年制订的《统一汉字部首排检法草案》、《现代汉语词典》、《辞海》(1979 年版)、《康熙字典》中的所在部首。同时,还收录了四角号码。四角号码依据《四角号码新词典》。

③本字典收录了汉字的使用频率、汉字的结构方式、汉字的构成部件,这些都是近年来国内最新的统计分析成果,并于1984年和1985年分别通过了有关方面的鉴定。其中字频一项,破折号前面是该汉字在字频表中的位置,破折号后面是该汉字出现的次数。凡出现次数的后面标有A、B、C等字母的,是表明多音汉字不同读音的使用频率。

④本字典收录了与规范汉字相应的繁体字、异体字和旧字形,这主要是为了便于汉字字形的相互参照。

⑤本字典收录了汉字的各种代码。其中包括GB2312-80中华人民共和国国家标准《信息交换用汉字编码字符集·基本集》、台湾省的《通用汉字标准交换码》(简称台湾通用码)和《信息交换用汉字编码字符集》、日本的工业标准《信息交换用汉字编码字符集》。这主要是为了便于使用汉字的不同国家和地区进行汉字信息的交换和传输,此外,还收录了电报码。

⑥本字典在标明各汉字的笔画数和笔顺的同时,还标明了笔顺的编号,1、2、3、4、5分别对应于汉字的五种基本笔形一、丨、丿、丶、乁。这主要是为了便利计算机进行汉字处理。

⑦本字典所标明的汉字的级属是指其在BG2312-80中华人民共和国国家标准《信息交换用汉字编码字符集·基本集》中的级属。汉字与非汉字、正形与非正形分别用0和1表示。

(5)本字典按照BG2312-80中华人民共和国国家标准《信息交换用汉字编码字符集·基本集》的顺序排列。为了方便检索,书前附有部首索引。

(6)参加编写的有国家语委汉字处的孙建一、张书岩。该字典的计算机软件设计由山西大学计算机科学系的刘开瑛、胡全中、张永奎、白拴虎完成。

样条

诺	諾(繁)	諾(旧)	1995	
汉拼	注音	威式	国罗	
nuò	ㄋㄨㄛˋ	no⁴	nuoh	

笔画数 10	笔顺	、	ㄱ	一	∣	∣	一	ノ	∣ ㄱ 一
	编号	4	5	1	2	2	1	3	2 5 1

	201	现汉	辞海	康熙
部 首	言	讠	讠	言
笔画数	7	2	2	7
序 号	166	9	27	149

部首外	笔顺	一	∣	∣	一	ノ	∣	ㄱ	一
笔画数 8	编号	1	2	2	1	3	2	5	1

结 构　　左右

部 件　讠　艹　广　口

字 频　1961—427

级 属　1　区位号(10进)　37—21
　　　　　区位号(16进)　25—15

汉 字　0　正 形　0
非汉字　　　非正形

国标编码　4535　　台湾通用码
电报编码　6179　　CCCⅡ编码
JIS 编码　　　　　四角号码　3476

第六节　倡导中国语文现代化

一、语文现代化的提出

（一）现代语文改革运动的兴起。中国的语文改革运动兴起于清末,当时叫切音字运动。到了五四新文化运动时期,在"文学革命"的口号提出之后不久,就提出了"汉字改革"的口号。1923年出版的《国语月刊》第1卷第7期是《汉字改革号》,使"汉字改革"这个口号得到了广泛传播。新中国建立后,"文字改革"的提法逐渐代替了"汉字改革"。1951年毛泽东主席指示："文字必须改革,要走世界文字共同的拼音方向。"1954年国务院设立中国文字改革委员会作为直属机构,加大了文字改革工作的力度。1958年,周恩来总理提出了当前文字改革的三大任务,就是简化汉字、推广普通话、制订并推行《汉语拼音方案》。这样,在新中国,"文字改革"有了比较明确的内涵,长期的目标是走拼音化方向,当前的目标就是实现三大任务。1986年全国语言文字工作会议以后,国家调整了语文政策,走拼音化方向不再列入国家的语文政策,并且把"中国文字改革委员会"改名为"国家语言文字工作委员会"。"文字改革"这个名称已经与实际的语文工作不相适应,逐渐从人们的视野中淡出,可是语文改革仍然要进行,那么改用一个什么名称呢？有两个可供选择的提法,就是"语言规划"和"语文现代化"。这两个提法在国际上都有相当的影响。考虑到语文改革是关系到千百万群众的大事业,必须要有广大群众的参与,而"语言规划"这个术语专业性很强,群众不易了解,不如采用"语文现代化"的提法有利。

周有光说："语文现代化,就是中国的语言和文字要跟随着时代的变化而发展。""我们中国从清朝末年到今天,都处于现代化改革的过程之中,现代化改革,一方面是语言文字的改变。""文字改革或者说语文现代化,是中国现代化的一个方面,不能没有,人不能不讲话,人不能不认字啊!要达到这个目标,还要做很多的工作,比如普通话要制订一个标准,要做教育工作。我们的文字特别困难,我们要使它变得方便一点,太困难的地方要改掉一点。当然,基本上要依照原来的,不能改动太多,逐步的改动是可能的。文字改革、语文现代化是中国现代化的一个方面,重要性也就体现在这个地方。"①"'文字改革'或者'语言计划'这些说法有时容易发生误解。我从60年代起就改说'语文现代化'。有人说,'语文怎么也能现代化?'其实,'语文现代化'这个说法在国际上早已通行。"②

什么是"语文现代化"?语文现代化就是现代化时期、伴随着现代化进程而进行的语文改革,主要是指语文生活的改革。现代化是世界发展的总趋势,语文现代化是现代语文发展的总趋势。什么是"中国语文现代化"?中国语文现代化就是中国在现代化时期的语文建设,核心是现代化时期的语文改革。中国语文现代化兴起于19世纪末,延续至今已经有了一百多年。这一百多年的语文改革改变了中国语文的面貌,促进了中国教育的发展,为中国社会的发展做出了贡献。

语文现代化是新的历史时期语言文字工作面临的重要任务。在进入21世纪之后,各行各业都在大力加紧本行业的现代化建设,积极推进本行业的现代化进程。语言文字是社会生活中不可缺少的交际工具,语言文字和语言文字工作的发展水平,是一个社会进步程度的体现,因此,当各行业的现代化建设取得越来越多的成就之时,语文的现代化问题就更加明显地凸现了出来。语文现代化不是一句空泛的口

---

① 周有光《周有光百岁口述》第156至第157页,广西师范大学出版社2008年版。
② 周有光《我和语文现代化》,《周有光语文论集》第1卷第14页,上海文化出版社2002年版。

号,而是我国语言文字工作在 21 世纪遇到的新使命,面临的新任务。

(二)编辑出版《语文现代化》丛刊。1980 年 2 月,知识出版社出版了高等院校文字改革研究会筹备组编辑的学术性丛刊《语文现代化》的第一辑。在这一辑的《发刊词》里,编者阐述了对"语文现代化"的看法。这是一篇有关中国语文现代化的重要文献。《发刊词》全文如下:

> 《语文现代化》丛刊是高等院校文字改革研究会的不定期出版物,刊登会员和非会员的研究成果,提供参考资料和进行科学实验。它是期刊化的图书,图书化的期刊。
>
> 文字改革就是语文现代化。也可以说,文字改革的最终目的是语文现代化,语文现代化的首要工作是文字改革。
>
> 时代在前进。四个现代化在前进。一切都应当为四个现代化服务。语文不能例外。可是,语文现代化在四个现代化中占有什么地位呢?文字改革能为四个现代化做出什么贡献呢?
>
> 现代科技有三大支柱:第一是材料,第二是能源,第三是信息。信息的主要内容是语文。现代军事除了人的因素以外有三个因素:第一是爆破手段,第二是运载工具,第三是通信。通信的主要内容也是语文。语文现代化的地位由此可以得到说明。
>
> 信息科学和电子计算机的日新月异,使文字改革成为一种多边缘的科技课题。语言要飞到高悬外空的人造卫星上,要深入隐藏在海底的潜水艇中。文字要由机器自动阅读,传输到万里以外,自动编辑,自动打印。语言或文字要经由机器交叉翻译,成为其他的有声语言或书面文字。文献资料要组成全国性的和全球性的情报网络,任何人在自己的工作室里只要一按电钮就可以检索引用。凡此种种,正在方兴未艾。一方面机器要适应语文,另一方面语文

要适应机器。这里,文字改革能为四个现代化做出许多贡献。

要使现代化的语文奇迹在我国实现,不能坐井观天、故步自封,必须开拓眼界、解放思想,大力开展科学研究工作。

科学理论对科学研究有决定作用。专题是树木,理论是森林。只见树木、不见森林,就要迷失方向。语文现代化不能只依靠感性知识,必须重视理性知识。空想要尽量少,科学要尽量多。今天应当突破昨天的局限。提高文字改革的理论水平是当务之急。

进行科学研究,首先要掌握资料。资料告诉我们前人走过什么道路,成功在哪里,失败在哪里。资料告诉我们国内和国外的动向,使我们避免闭门造车、劳而无功。因此本丛刊同时将作为一种资料性的刊物为读者服务。

语文现代化要研究许多问题,最基本的是普通话规范化、汉语拼音正词法、现代汉字的整理等问题的研究。其中,拼音化问题尤其重要。本丛刊将提供一个用汉语拼音拼写普通话的拼音化试验园地。

总之,本丛刊将特别重视学术性、资料性和实验性。

语文工作者是语文现代化的主要力量。但是,决非仅仅依靠语文工作者就够了,必须联系社会科学和自然科学各方面的研究者,特别是信息论、电子计算机、数理统计和其他科技的研究者,大家一同参加到语文现代化的大军中来。大军的中坚是大专院校的教师们。他们通过教学和科研的结合,可以为语文现代化大显身手。

希望《语文现代化》丛刊能为我国实现四个现代化起应该起和必须起的作用。

(三)《语言文字工作的旗帜》的发表。时任国家语委党组书记、国家语委副主任的林炎志在《语文建设》1995年第8期发表《语言文字工作的旗帜》。文章说:"今年是全国文字改革会议和现代汉语规范问题学术会议召开40周年。40年来的经验告诉我们,语言文字工作应有一面旗帜。这面旗帜的表述要简洁、明确、富有凝聚力和号召力,便于群众理解和支持。""我们能不能把这面旗帜叫做'中国语文现代化'。这种表述可以和全国的主要战略思想、工作重点接轨,和四个现代化接轨,使我们能在党的工作全局中定一个位置。各个现代化中都渗透着语文现代化的内容,没有语言文字现代化,那些现代化的实现都有困难。这面旗帜,港台的爱国者也可以接受。因为语言文字工作不涉及社会基本制度,跟一国两制没有关系。语言文字既不姓'资'也不姓'社',现代化也是超政治跨国界的,香港、台湾要搞现代化,其他华人社区也要搞现代化,都有语言文字现代化的任务。另外,现代化的概念是个开放的动态的概念,跨三十年、四十年仍然有现代化的任务。所以,有了'为语文现代化而奋斗'这面旗帜,就有了一个总的目标,总的出发点,就可以拿这面旗帜组织队伍,号召队伍。"

二、周有光对中国语文现代化的研究

周有光先生是当代著名的语言文字学家。1906年1月13日出生于江苏常州,1923年就学于上海圣约翰大学,学习经济学。1949年上海解放后任教于复旦大学经济研究所和上海财经学院,业余从事语言文字研究。1955年奉调到北京,进入中国文字改革委员会,专职从事语言文字研究。周先生学贯中西,研究领域十分广阔,研究的中心是中国语文的现代化。他对中国语文现代化的理论做了全面的科学的阐释。半个多世纪以来,周先生在语言文字学领域辛勤耕耘、开拓创新,先后发表学术专著30多部,论文300多篇,在国内外产生了广泛的影响。周先生在语文现代化方面提出的学术贡献,主要有以下几点:

(一)人类语言生活的历史进程。人类形成的时候语言就开始萌芽。距今一万年前人类社会进入了农业化时代,在农业化时代的后5000年中人类创造并传播了文字。距今三百年前进入了工业化时代,工业化时代的语言生活发生了两件大事:一件是确立和普及国家共同语,另一件是发明、发展和推广传声技术。第二次世界大战后进入了信息化时代。信息化时代的语言生活有两件突出进步:一件是电子计算机的发明,电子计算机用于处理语言文字,后来又发明了网络传输;另一件是国际共同语的发展。文字、国家共同语、传声技术、电子计算机和国际共同语,这就是人类语言生活里先后出现的五件大事。其中的文字、传声技术和电子计算机提高了语言的传播功能,国家共同语和国际共同语扩大了语言的流通范围。当前,发达国家的目标是推进信息化,发展中国家的目标是追赶工业化和信息化。

(二)中国语文现代化的兴起与取得的成就。中国在鸦片战争以后开始了现代化的进程,与社会发展的这一总趋势相适应,兴起了中国语文现代化运动。一百多年前,中国语文生活的特点是:方言加文言,汉字繁难,文盲众多。这样落后的语文生活妨碍了教育的普及,影响了中国现代化的发展。综观一百多年来中国语文现代化一系列运动的要求,可以归纳为四个方面,就是:语言的共同化,文体的口语化,文字的简便化和注音的字母化。到了现在,中国语文生活的特点已经发展为:普通话加现代白话文;汉字经过整理和规范化,繁难的程度有所降低,而且有了辅助汉字的汉语拼音。中国语文现代化支持了中国的现代化。

展望21世纪的华语和华文,它的变化趋势是:第一,规范的华语将在全世界华人中普遍推广。第二,汉字将成为定形、定量、规范统一的文字。第三,汉语拼音将帮助华文在网络上便利流通。

(三)中国的双语言生活。现代是双语言时代,一个多民族、多语言的国家既需要国家共同语,又需要国际共同语。日常生活和本国文化用国家共同语,国际事务和现代文化用国际共同语。中国的双语言原来是指普通话和方言的双语言。一个从小只会说方言的人,学了普通话后,既会说方言又会说普通话。方言是家庭和乡土语言,普通话是学校和社会语言,这是国内双语言。现在又有了第二层含义:就是从只会说普通话,到既会说普通话又会说英语,这是国际双语言。英语已经成为事实上的国际共同语,它不仅没有阶级性,而且也没有国家的疆界。它是一条大家都可以走的世界公路,谁利用它,谁就得到方便。

(四)汉字的两面性。任何文字都有技术和艺术的两面性,拼音文字技术性强而艺术性弱,汉字相反,技术性弱而艺术性强,汉字的艺术优势掩盖了技术劣势。在从古代文明到现代文明的历史转折时期,汉字既是古代文明的宝贝,又是现代文明的包袱。汉字难学难用,主要不在笔画繁,而在字数多。字符从多到少,从无定量到有定量,是文字进化的规律。为了降低汉字的学习和使用的困难,要限制汉字的字数,利用常用字,淘汰罕用字,实现汉字的规范化。同时发挥汉语拼音的作用,在汉字不便使用或不能使用的地方使用汉语拼音。

(五)比较文字学的研究。为了找寻汉字在人类文字史上的地位,要研究比较文字学。为了给世界各种文字分类,要建立文字"三相"分类法。所谓"三相"就是文字特征的三个方面:符号形式、语言段落、表达方法。任何一种文字都有"三相","三相"的综合聚焦就是这种文字的类型。例如现代汉字属于"字符·语词和音节·表意和表音"的意音文字。综观5500年的历史,文字的发展方向是:表形到表意到表音。汉字在中国只有量变,没有质变。传到日本,从书写汉语到书写日语,从万叶假名变为平假名和片假名,这是从表意到表音的质变。文字的演变和发展是极其缓慢的。

文字有极强的惯性;历史越久,应用越广,惯性越强。不论你是喜欢汉字,还是讨厌汉字,下命令废除汉字是行不通的,也不会出现这样的命令。汉字在中国相当稳定,现在没有改为拼音文字的迹象,拼音只是一种辅助的表音工具。

(六)汉语拼音方案的制订与推行。汉语拼音有三个原则:(1)拉丁化,采用世界使用最广的拉丁字母,也叫罗马字母;(2)音素化,采用音素制的音节结构;(3)口语化,拼写北京语音的语音系统。汉语拼音有三个"不是"和三个"是":(1)不是汉字拼音方案,而是汉语拼音方案。(2)不是方言拼音方案,而是普通话拼音方案。(3)不是文言拼音方案,而是白话拼音方案。《汉语拼音方案》的制订,使汉语的字母从"民族形式"到"国际形式",从"国内使用"到"国际使用",从"国家标准"到"国际标准"。《汉语拼音方案》是以音节为单位的拼写法规范。为了使汉语拼音不但能给汉字注音,而且还能够拼写汉语,就必须建立以词为单位的拼写规范,这就是汉语拼音正词法。

(七)中文信息处理的双轨制。为了使中文信息处理赶上时代的发展,必须采用双轨制:一方面有汉字的计算机,另一方面有汉语拼音的计算机。输入拼音、机器自动转换为汉字的"拼音转变法"已经成为中文信息处理的主流。中国语文要想在国际互联网上占有适当的位置,必须利用拼音正词法作为汉字文本的处理媒介。网络化离不开汉语拼音,离不开正词法。汉语拼音是电脑和中文的接口。开放的中国正在跟世界接轨。汉语拼音是中国文化和国际文化相互交流所必须经过的国际文化桥梁。

(八)现代文化研究。语言文字是信息的载体,与文化密切相关。中国在现代化的路程上,一方面必须接受世界的先进文化,同时也必须吸收传统文化里的有益的成分。现代文化和传统文化是并行不悖的。利用传统的好处是:行远自迩、驾轻就熟,符合习惯、事半功倍,可是利用传统文化必须警惕食古不化、以古害今。华夏文化既有光环,又有阴影,阴影有时盖过了光环。高声歌颂光环而不敢正视阴影是自己欺骗自己,正视阴影是争取进步的起点。

以上的八个方面构成了中国语文现代化理论的科学体系,是周先生贡献给语文现代化的宝贵财富。

三、纪念中国语文现代化运动 100 周年

(一)《纪念语文现代化运动 100 周年倡议书》。1992 年是卢戆章发表《一目了然初阶》100 周年,也是中国语文现代化运动 100 周年。在这个有重要意义的年份,北京市热心语文现代化研究的几位学者于 1991 年初发出了《纪念语文现代化运动 100 周年倡议书》,倡议开展纪念中国语文现代化运动 100 周年的活动。《倡议书》全文如下:

> 1892 年是我国语文现代化运动的开端,到 1992 年就整整 100 周年了。
>
> 我国的语文现代化运动,主要包括推广汉民族共同语、简化汉字、文字拼音等内容。其目的在于普及文化教育,发展科学技术,繁荣经济,振兴中华。100 年来,经过各界人士的不懈努力,语文现代化运动对于我国文化教育以至整个现代化事业做出了不可磨灭的贡献。
>
> 1892 年福建学者卢戆章创造了"切音新字",这是中国人自己为汉语设计的第一套拼音方案。随后许多学者又设计了种种拼音方案,并且进行了许多实践活动,收到了一定的效果。这就是 19 世纪末 20 世纪初的"切音字运动"。这个运动的进一步发展就是 1913 年"注音字母"的议定和随后的推行;而 20—40 年代的"国语罗马字运动"、"拉丁化新文字运动"都与"切音字运动"一脉相承。
>
> 1958 年公布的《汉语拼音方案》,是从 1892 年起的 60 多年来

我国人民创制拼音方案经验的总结。现在《汉语拼音方案》在国内已经得到广泛应用。80年代,《汉语拼音方案》的应用有两项突破性的发展:一是在"注音识字,提前读写"的教改实验中发挥了很大的作用,使我国小学语文教育长期落后于西方国家的局面逐步得到扭转,今后一代代新人的素质必将迅速提高;二是为电脑应用在我国普及提供了方便的手段,包括正在萌芽状态的"书写革命",也就是使普通知识分子汉字书写有可能从手握笔杆的原始方式转变成高效率的电子操纵方式,这将大大提高全民的工作效率。《汉语拼音方案》正逐步被国际接受,它已经成为国际标准化组织和联合国拼写中国人名地名和词语的标准。在新时期我们要进一步推行并扩大应用范围。

"切音字运动"还提出了国语统一的问题,随后有"国语运动",促成了国语标准的确定和推行。"五四"以后中小学校开始教授国语,30年代电影、话剧、电台广播也采用了国语。新中国成立后,"国语"改称"普通话",标准更加明确、科学,得到了有力的推广。"国家推广全国通用的普通话"已经写入宪法。现在为适应四化建设的需要,积极推广和大力普及普通话已经成为当前国家语言文字工作的首要任务。

1909年,《教育杂志》创刊号发表了陆费逵的论文《普通教育应当采用俗体字》,在随后的20—30年间,许多学者对简化字做了搜集、整理、宣传和提倡的工作。解放后,在简化、整理和研究汉字上取得了空前的成绩,并且广泛推行了规范的简化汉字。

由上面的简要回顾可以看出,在100年来的语文现代化运动中,我国人民做了许多开创性和奠基性的工作。这份业绩无疑是中华民族文化中的一份珍品,使世世代代受益不尽。在语文现代化运动中涌现出许多爱国的仁人志士和知名学者,他们有先进的思想,有杰出的贡献,得到人民衷心的爱戴和景仰,例如钱玄同、黎锦熙、赵元任、陈望道、王力、倪海曙等等。语文现代化运动得到老一辈无产阶级革命家的关注和支持。毛泽东、刘少奇、周恩来等都发表过中肯的言论和重要的指示;瞿秋白对语文现代化运动有很多贡献,吴玉章是运动的直接组织者和领导者。

但是,遗憾的是,对语文现代化的历史,对语文现代化运动的重要性,许多人特别是青年人还不太清楚。对语文现代化的一些问题,社会上还存在某些分歧。当前,贯彻执行党和国家语言文字工作的方针任务,也有一些困难。这些问题需要逐步解决。

我们倡议纪念语文现代化运动100周年,目的是:

——深入总结100年来的经验教训,把语文现代化运动中的先进思想和业绩发扬光大,从而深入理解并坚定执行党和国家新时期的语言文字工作的方针与政策;

——加强语言文字规范化的宣传教育工作,让更多的人尤其是青年关心国家的语言文字工作,促进推广普通话,促进汉字规范化,促进推广《汉语拼音方案》,更好地完成各项语言文字工作任务;

——加强语文现代化的研究工作,解决好现实提出的各项新问题。

总之,纪念语文现代化运动100周年,是加强语言文字工作的一项措施,是对人民群众进行爱国主义教育的一项措施。

为此,我们倡议:

(1)吁请国家教委、国家语委组织领导纪念活动,组织有关的学术讨论会。1992年上半年召开语文现代化运动100周年纪念会,吁请党和国家领导人对这个纪念活动给予关注指导。

(2)吁请《语文建设》、《中国语文》、《汉字文化》等语文刊物和社会科学综合刊物,见到本倡议后即组织专家学者撰写文章,总结100年来语文现代化的经验教训,研讨语文现代化的有关问题。

(3)吁请《人民日报》、《光明日报》、《中国青年报》和《中国教育报》等中央报纸和各地方报纸刊登介绍有关语文现代化的历史、人物、一般知识、问题讨论等文章。

(4)吁请全国各地的语言文字科研机构、语言文字学会积极组织纪念活动。吁请国内外关心语文现代化和语文教学的语言文字学家、语文工作者,吁请通信、科技情报等文字应用、信息处理部门的专家和工作者,吁请高等院校有关专业的师生、教育工作者,研究语文现代化的历史和实际问题,撰写文章,参加纪念活动。

希望大家看到本倡议书后,给予响应和支持。

倡议人

　　胡瑞昌(中国人民大学语言文字研究所副所长,副教授)
　　李大魁(北京语文现代化研究会副会长,副教授)
　　刘泽先(北京语文现代化研究会理事)
　　奚博先(北京社会科学联合会研究室主任,副研究员)
　　张育泉(北京师院中文系现代汉语教研室主任,副教授)

1991-02-08初稿　1991-03-10修订稿

《倡议书》于1991年3月陆续寄送给有关的中央领导,国家教委、国家语委,高校和研究机关,语言文字学界的专家和同行,有关报刊编辑部,和国外的一些语言界朋友。一年来,倡议人收到回信近40件。国内来信的地区有北京、上海、陕西、内蒙古、福建、河北、山东、香港,国外有日本、美国。来信对《倡议书》表示赞同和支持。多数来信表示希望纪念活动能够得到国家教委和国家语委的支持。

1991年5月中旬,倡议人的代表访问了国家语委领导。国家语委领导表示同意开展纪念语文现代化100周年的活动,建议采取"民间、小型"的方式。

周有光得知国家语委的建议后说:各地都开展一些纪念活动,方式多样,这样比召开一次大会参加的人还要多;并指出:最重要的是写出高质量的纪念文章。国家语委主办的《语文建设》月刊从1992年2月开始,设"纪念语文现代化运动100周年"专栏,刊登纪念文章。上海语委主任罗竹风热情支持这次纪念活动,表示愿意竭尽绵薄,大力提倡,上海语文学会准备开展一些纪念活动。陕西语言学会副会长李平来信说:省语言学会1991年5月底开了理事会,大家都很支持纪念语文现代化100周年的事,已经把开展纪念活动列入1992年的工作计划。山东语言学会会长高更生来信说:山东语言学会计划1991年9月在曲阜举行年会,届时将讨论如何开展纪念活动的问题,并组织撰写这方面的论文。厦门大学许长安已经向厦门市有关部门提出开展纪念活动的建议。北京市语言学会的语文现代化研究会已经决定在1992年5月中旬召开纪念座谈会。

(二)国家语委主办的《语文建设》杂志自1992年第2期起开设"纪念语文现代化运动100周年"专栏。下面是专栏发表的文章:

张育泉《向汉语拼音运动开创者学习》,载第2期;

丁方豪《卢戆章在切音字正词法方面的贡献》,载第4期;

周有光《切音字运动百年祭》,载第5期;

吕叔湘《试谈语文现代化》,载第7期;

纪　信《叶籁士先生访问记》,载第7期;

高更生《字体代变　趋易避难》,载第9期;

杜松寿《回忆在上海从事新文字运动》,载第9期;

戴昭铭《切音字运动始末》,载第12期;

高天如《中国现代语言学的发端》,载第12期;

许长安《卢戆章对语文现代化的贡献》,载第12期;

郑林曦《100年前找到一条拼音路》,载第12期。

下面是周有光的《切音字运动百年祭》：

卢戆章(1854—1928)的"中国切音新字"厦腔读本《一目了然初阶》在1892年(清光绪十八年)出版,到今年整整100周年。这是中国人民自觉地提倡"拼音化"的开始,弥补了中国传统文化中没有"拼音化"的重大缺陷。在《汉语拼音方案》已经公布、汉语拼音教育一天天扩大的今天,我们深深体会到100年前筚路蓝缕、披荆斩棘的首创功劳具有何等重大的意义。

从"中国切音新字"的发表到"注音字母"的公布(1918),这一阶段的拼音化运动,被称为"切音字"运动。"切音字"运动的特点是：创造民族形式字母和声韵双拼。"注音字母"最后从声韵双拼发展为"声介韵"三拼,仍旧没有全部音素化。民族形式字母不便在国外流通,于是又公布国际通用字母的"国语罗马字"(1928)。《汉语拼音方案》(1958)是"国语罗马字"的改进,并使国内国外统一用一套字母。这就是"拼音化"运动100年来已经走过的历程。

1892年是甲午战争(1894)的前夜。这时候国事动荡、人心震撼。《初阶》里面有一幅插图,画着一个人,一手按书、一手执笔,正在苦苦思索。旁边写道："思入风云变态中。""思变"是当时的时代思潮。

值得注意的是：100年前的卢戆章,已经认识到汉字是"发展"的,不是一成不变的。汉字的发展是"字体代变,趋易避难"。他说："字体代变：古时用云书鸟迹,降而用蝌蚪象形,又降而用篆隶八分,至汉改为八法,宋改为宋体字,皆趋易避难也。"这里有三个"用"字和两个"改"字。"用"就是"利用","改"就是"改革"。既然历史上一再"利用"过、"改革"过,今天为什么不可再"利用"、再"改革"呢?

有人对他说:"子真撼树之蚍蜉也!汉字神圣,一点一画无非地义天经,岂后儒所能增减?"卢戆章"一笑置之"。他何以能"一笑置之"呢?因为在他的思想里,文字"神圣"观念已经被文字"发展"观念所代替了。

"拼音化"有两个发展层次。第一层次是,各国采用各自的民族形式的字母,不求相互流通。第二层次是,各国采用国际通用字母,也就是"拉丁字母",便利相互流通。二次大战以后,世界各国进一步实行"拉丁化"。战前有六十多个国家用拉丁字母,战后用拉丁字母的国家增加到一百二十多个。战后新独立的国家无例外地都实行了"拉丁化"。采用民族形式字母的国家越来越少了。

汉字在历史上传播到越南、朝鲜和日本,以及古代和近代的中国国内许多少数民族,在东亚形成一个"汉字文化圈"。二次大战后,越南废除汉字,正式改用拉丁字母。朝鲜北方废除汉字,完全用本民族的谚文字母。朝鲜南方用汉字和谚文字母的混合体,但是"教育汉字"减少到 1800 个,而小说一般全用谚文字母。日本用汉字和假名字母的混合体,但是规定常用汉字 1945 个,法律和公文用字以此为限,其余都用假名字母。完全用汉字的国家只有一个中国了。"汉字文化圈"不断缩小。汉字不是在扩大流通范围,而是在缩小流通范围。汉字所让出的地盘都由拼音文字占领了。

但是,"拼音化"是一个十分缓慢而艰巨的发展过程。这一点卢戆章低估了。卢戆章以后的许许多多拼音化运动者也低估了。日本的假名字母,在成熟以后 500 年,才进入正式文字,使文字成为汉字和假名字母的混合体。朝鲜的谚文字母,在正式公布以后

500年,才进入正式文字,使文字成为汉字和谚文字母的混合体。中国要想实现汉字和拼音字母的混合体,或者同时用汉字和拼音文字(所谓"双轨制"),也必须等待很长的时间。如果现代的速度加快到只需要古代1/5的时间,中国要等100年。在历史长达5000年的中国,100年只是一瞬而已。

急于求成是无济于事的。只有锲而不舍、实事求是、脚踏实地、埋头苦干,一步一步走向最后的目标。"拼音"在今天虽然只是一种文字的辅助工具,可是它的用处不断扩大。扩大实际应用,是"拼音化"运动向前推进的唯一方法。日本的假名和朝鲜的谚文,在长期间都曾经被看做是低级的"妇女文字",可是今天成了文字的主体。"英雄不怕出身低"。新生事物,只要本身的确是有用的,并得到切实地不断利用,就一定会慢慢成长起来,最后,"附庸蔚为大国"。从世界文字史的发展过程来看,没有例外。中国也决不会是例外。

(三)北京举行语文现代化运动100周年纪念会。1992年5月9日,北京语言学会语文现代化研究会在北京师范大学英东教育楼召开"语文现代化运动100周年纪念会"。40多位语言文字专家和语文工作者聚集一堂,回顾100年来语文现代化运动的奋斗历程和光辉业绩,畅谈语言文字工作当前的形势和今后的任务。

周有光在发言中指出,100年前从卢戆章创造切音新字开始的语文现代化运动,是中国文化史上的大事,是我国语文的一个重大转折。语文现代化有四个方面的内容:语言的共同化,文体的口语化,汉字的简易化,表音的字母化。这些方面都取得了成绩,我们要很好地总结经验,把语文现代化运动推向前进。

与会专家指出,语言文字工作的当务之急是做好规范化、标准化工作,这是基础教育的需要,也是社会宣传和中文信息处理的需要。不少专家认为,汉语拼音对推广普通话、扫除文盲、开展中文信息处理,乃至参加国际信息网络都极为重要,应加强这方面的研究和实验。

国家语委副主任曹先擢出席了会议,他代表语委主任柳斌、常务副主任仲哲明向出席纪念会的同志们致意,希望大家认真总结 100 年来的经验,对语文现代化问题多做研究。北京语言学会会长张志公、副会长徐仲华在会上讲了话。在会上发言的有周有光、郑林曦、夏青、曾世英、王均、高景成、陶沙、尹斌庸、史有为、李乐毅、石云程等。《中国教育报》、《语文建设》杂志、《语言文字报》等报刊派人前来采访。

(四)黑龙江举行语文现代化运动 100 周年纪念会。1992 年 5 月 19 日,黑龙江省语言文字工作委员会办公室和黑龙江省语言学会在省教育学院召开"纪念语文现代化运动 100 周年座谈会"。在哈尔滨的部分语言文字专家、学者共 20 余人出席了会议。

与会的专家学者在座谈中畅所欲言。他们一致认为,从 1892 年卢戆章发表"中国切音新字"开始到积极推行《汉语拼音方案》的今天,100 年来的语文现代化运动,特别是新中国成立以后,得到党和国家的重视,取得了显著的成绩。积极推广普通话,认真推行《汉语拼音方案》,大力加强社会用字的管理,这对普及文化教育、扫除文盲,发展科学技术,繁荣经济,提高民族素质、振兴中华,发挥了积极作用。从我省开始的小学语文"注音识字,提前读写"教学改革实验,充分发挥汉语拼音多功能的作用,取得了显著成效,得到了国家语委、国家教委的充分肯定,受到兄弟省份的一致好评,引起了海外汉语专家的关注。这项实验不仅有效地提高了小学语文教学质量,促进了教育的整体改革,而且有利于推广普通话和少数民族学汉语,影响和意义都是很大的。汉语拼音还在计算机的使用与普及等方面发挥了重要的作用。

与会的专家学者针对目前社会用字出现的繁体字回潮等混乱现

象,发出了呼吁,提出了对策。他们认为,语言文字工作与社会主义精神文明建设,与四个现代化建设密切相关,必须面向社会,为"四化"建设服务,适应高科技发展的需要,加强宣传工作,提高各级领导、有关部门和社会各界对语言文字规范化工作的认识,增强人们使用汉字的规范意识;必须认真贯彻执行党和国家新时期的语言文字工作方针、政策,依靠各有关部门实行条块结合,齐抓共管;必须加强各级政府对语言文字工作的领导,充分发挥语言文字工作机构的行政职能。这些工作做好了,当前社会用字的混乱现象是不难克服的。

四、建立中国语文现代化学会

(一)倡议成立中国语文现代化学会。为了促进中国语文现代化的研究和实践,为了团结全国语文学界、信息界以及文化教育界的专家和有关人士共同为中国语文现代化而努力,就需要建立一个全国性的跨学科的群众性的学术团体。1992年,也就是中国语文现代化运动100周年的纪念年,北京市语文现代化研究会联合其他省市的有关团体,共同倡议发起成立中国语文现代化学会。这一年的12月,在北京举行全国语文先进单位、先进工作者表彰大会。会议期间参加表彰会的部分代表和一些有关单位的代表,一起在北京师范大学召开了中国语文现代化学会筹备工作座谈会。会议由云南语言学会会长吴积才教授主持。他宣读了20个发起单位和由发起单位派出参加筹备会议的代表的名单。北京市语言学会副会长王均向代表们报告了发起建立"中国语文现代化学会"的动机和筹备工作进展的情况。国家语委副主任曹先擢,筹备会特约顾问周有光、张志公、罗竹风等就语文现代化事业和成立学会等问题做了发言,给与会者以很大的启发和激励。会议通过了筹备委员会人员的名单,王均为筹备委员会主任。1993年1月1日,各发起单位联合发表了《成立中国语文现代化学会倡议书》。

《倡议书》全文如下：

改革开放的浪潮席卷着中国大地、一个以高科技、高文化、高效率为重要标志的新时代即将来临。为了适应这个迅猛发展的形势，以语言文字规范化、标准化、大众化和高效化为主要内容的语文现代化，成为我国走向现代化社会的一个十分紧迫的任务。

我国的语文现代化运动，已经有了100年的光荣历史。建国后的文字改革工作，更是为我国语文现代化打下坚实的基础。言文一致的基本实现，民族共同语的确立和推行，汉字的整理和简化，《汉语拼音方案》的制订和扩大应用等等，对于加速我国经济建设和普及文化教育，起到了不可估量的作用。尽管近几年来，有人企图否定我国100年来语文现代化运动的贡献，特别是建国以来文字改革工作的巨大成就，但是，语文现代化的洪流将沿着历史的长河继续滚滚向前。

随着我国社会现代化的加速发展，除了必须继续推进上述几项工作以外，时代又给我们不断提出许多关于语文现代化的新课题。例如，在更大范围内汉语汉字的统一和规范化的问题；汉语术语如何切近国际标准化的问题；中文信息处理的理论、实践和发展方向的问题；语文教学的进一步改革和教学手段现代化的问题；探索中文如何实现拼音和汉字并用的"双文制"问题；等等。这些问题，都需要进行长期的、深入细致的研究和实验，才能得出科学的结论。

为此，我们倡议成立中国语文现代化学会，以团结全国有志于语文现代化的同仁，干实事，出成果，配合政府有关部门，推动语文现代化事业不断前进。我们认为，中国语文现代化学会的主要任务应该是：

1. 配合政府有关部门,积极宣传和贯彻落实国家新时期语言文字工作的方针政策;

2. 组织力量,特别要注意发现和培养青年同志,进行有关语文现代化各项课题的讨论、研究、实验,并且认真做好有关学术资料和科研成果的出版工作;

3. 团结全国语文现代化工作者和热心于这项事业的人士,并加强与海外有关人士的联系,交流信息,总结经验,推动语文现代化事业不断前进。

我们热切希望各地人士积极响应我们的倡议,并且提出你们的看法和建议。

发起单位:

  北京市语言学会

  北京市语文现代化研究会

  北京市中学语文教改研究会

  上海市语文学会

  上海市语言文字工作者协会

  黑龙江省语言学会

  黑龙江省大学语文教学研究会

  全国小学语文"注音识字,提前读写"教学研究会(筹)

  全国小语会汉语拼音教学研究会

  山东省语言学会

  河南省语言学会

  浙江省语言学会

  云南省语言学会

  宁夏回族自治区语言学会

  吉林省语言学会

　　　　江苏省语言学会
　　　　湖北省语言文字工作者协会
　　　　广东中国语言学会
　　　　湖南省语言学会
　　　　中国中文信息学会《中文信息》杂志社
　　　　小学生拼音报社
　　　　语言美报社
　　　　　　　　　　　　　1993年1月1日

1993年筹备工作顺利进行。1994年3月11日向民政部申请成立中国语文现代化学会,同年10月12日得到民政部的批准,准予注册登记。

(二)成立中国语文现代化学会。1994年10月18日至20日,在北京举行了中国语文现代化学会成立大会,并召开了第一次学术讨论会。在成立大会上,张志公致开幕词,王均报告了学会筹备经过。国家语委副主任傅永和代表语委祝贺大会的成立,提出中文信息处理当前需要研究的一些问题,表示全力支持学会的工作。大会讨论并通过了《中国语文现代化学会章程》,聘请吕叔湘先生和周有光先生为名誉会长,并选举产生了工作班子,张志公为会长,王均为常务副会长。在学术讨论会上,代表们听取了三篇学术报告,就是周有光的《信息时代的中国语文现代化》、刘涌泉的《中文现代化刍议》、冯志伟的《语言文字工作对信息处理的作用》。在随后的分组会上,代表们对这三篇报告进行了热烈的讨论,并结合自己的论文进行了学术交流,还对学会的工作提出了许多很好的建议。代表们对以下一些问题取得了共识:第一,大家一致肯定我国语文现代化已经取得了重大的成绩。周有光说:"清末以来的语文现代化运动,得到了重大的收获。过去,中国语文现代化步步前进;当今,中国语文现代化方兴未艾。"第二,信息时代的中国语文现代化,有广阔、丰富的内容需要我们去研究、开拓,已经不能用"文字改革"的提法来概括。第三,要用务实创新的精神,真抓实干,促进信息时代的语文现代化事业。一方面要加紧学习,接受语文现代化新事物,另一方面要加紧研究,多做实事,做出成果,通过这些去感动"上帝",使更多的人参与语文现代化工作。

学会的首任会长是张志公,任期自1994年10月至1997年5月;第二任会长是王均,任期自1997年5月至1998年10月;第三任会长是苏培成,任期自1998年10月至2006年10月;第四任会长是马庆株,2006年10月以后。

(三)学会成立以来举行了七次大型学术讨论会:

第一次学术讨论会,1994年10月,在北京。

第二次学术讨论会,1996年10月,在广西桂林。

第三次学术讨论会,1998年10月,在云南昆明。

第四次学术讨论会,2000年10月,在福建厦门。

第五次学术讨论会,2002年10月,在河南开封。

第六次学术讨论会,2004年10月,在山东泰安。

第七次学术讨论会,2006年10月,在天津。

学会还组织了一些专题讨论会,主要有:

(1)1995年6月19日,与国家语委、北京市语言学会联合举办庆祝周有光先生90华诞的学术座谈会。

(2)1996年3月8日,与北京师范大学中文系、北京市语言学会邀请部分语文工作者在北京师范大学举行座谈,批判语言学中的伪科学。

(3)1997年10月26日,与北京大学中文系、北京师范大学中文系、中国社会科学院语言研究所和北京市语言学会联合举行"纯净学风文风,促进语言学健康发展"座谈会。

(4)1999年8月7日至10日,与中央教科所基础教育课程教材评价研究室、北京大学出版社、张志公语文教材研究组在四川温江召开暑期教材教法研讨会暨教师培训会。

(5)1999年9月19日,举行学术座谈会,庆祝新中国建国50周年。国家语委党组书记朱新均出席并讲话。

(6)2000年11月1日至4日,与山东省语言学会等单位在济南联合举办"信息网络时代中日韩语文现代化国际学术研讨会"。

(7)2001年6月2日,召开纪念《人民日报》6月6日社论发表50周年座谈会。教育部副部长、国家语委主任袁贵仁出席会议并发表讲话。

(8)2001年12月1日至2日,与北京大学汉语语言学研究中心、北京大学中文系联合召开"语文现代化与汉语拼音方案国际学术研讨会"。

(9)2002年3月1日,与中国语言学会等单位联合举行"王均先生学术思想座谈会",庆祝王均先生80华诞。

(10)2003年12月28日至29日,与语言文字应用研究所、语文出版社、中国文字学会联合在北京举行"纪念《汉语拼音方案》颁布45周年学术研讨会"。

(11)2004年6月11日至14日,与南昌大学文学院在南昌联合召开了"汉字书写系统改进学术研讨会"。

(12)2004年8月18日,与山东省语言学会、山东大学文学与新闻传播学院、烟台师范学院文学院在烟台联合举办"海峡两岸语文现代化暨纪念'748工程'30周年学术研讨会"。

(13)2005年1月10日,由教育部和国家语委在北京举办了"庆贺周有光先生百龄华诞座谈会"。学会是座谈会的协办单位。

(四)学会成立以来编辑出版了11本学术论文集:

（1）尹斌庸、苏培成主编的《科学地评价汉语汉字》，华语教学出版社1994年版。

（2）苏培成、尹斌庸主编的《现代汉字规范化问题》，语文出版社1995年版。

（3）王均主编，颜逸明、苏培成、盛玉麒副主编的《语文现代化论丛》，山东教育出版社1995年版。

（4）王均主编，颜逸明、苏培成副主编的《语文现代化论丛》第二辑，语文出版社1996年版。

（5）王均主编，颜逸明、苏培成副主编的《语文现代化论丛》第三辑，语文出版社1997年版。

（6）苏培成主编，颜逸明、尹斌庸副主编的《语文现代化论丛》第四辑，北京大学出版社2000年版。

（7）苏培成、颜逸明、尹斌庸编的《语文现代化论文集》，商务印书馆2002年版。

（8）苏培成主编的《信息网络时代的汉语拼音》，语文出版社2003年版。

（9）苏培成主编的《语文现代化论丛》第五辑，语文出版社2003年版。

（10）陆俭明、苏培成主编的《语文现代化和汉语拼音方案》，语文出版社2004年版。

（11）苏培成主编的《语文现代化论丛》第六辑，语文出版社2006年版。

五、有关语文现代化的论争

（一）语文改革一直是在论争中前进的，开展积极的学术论争对于促进学术发展具有重要的意义。开展积极的学术论争必须遵守的基本规则,就是摆事实、讲道理,实事求是,与人为善。进入 20 世纪 80 年代,以《汉字文化》杂志为代表的一些人以学术论争为名,歪曲近百年的语文改革史,否定国家的语文政策,否定简化汉字,否定汉语拼音,制造思想混乱,干扰国家的语文工作,其严重程度是近些年来少见。

《汉字文化》是 1989 年创刊的、以汉语语言文字为研究对象的学术刊物。它的创办者是汉字现代化研究会,该研究会后改名为北京国际汉字研究会。主编是袁晓园,副主编是徐德江。因为袁晓园年事已高,徐德江是该刊的实际主编。

(二)《汉字文化》借口反"左",攻击国家的各项语文政策。《汉字文化》说:"语言文字工作中'左'的思想根深蒂固。"(1993 年 1 期 1 页)"'左'的僵化思潮在语言文字工作中根深蒂固。"(1993 年 1 期 8 页)"文字改革对全民族文化的发展不是促进而是促退。"(1993 年 2 期 18 页)"奉劝文改专家:还是停止制作把自己钉在历史耻辱柱上的泡钉是正经。"(1995 年 3 期 49 页)按:新中国建立以来的语言文字工作取得了显著成绩。特别是其中的语文改革,完成了自清末以来提出的历史性的任务,改变了中国落后的语文面貌,适应了国家建设和发展的需要。《汉字文化》为了反对新中国的语文改革,把这一切都说成是"左",加以攻击,他们的目的是维护落后的语文生活,阻碍历史的前进,这种企图是不可能实现的。

《汉字文化》攻击简化字,说:"目前实施的文字简化已经导致我国民族文化水平多大程度的倒退。"(1995 年 3 期 61 页)说汉字简化是"文字的恶性简化"(1995 年 3 期 62 页)"汉字的恶性简化又不能不对语言产生恶性简化的影响,而导致语言的贫乏和紊乱"。(1995 年 3 期 62 页)汉字简化"是一种错误的文化破坏"(1993 年 2 期 20 页),"维护繁体字在中华民族文化中的崇高地位正是维护中华民族的神圣尊严。"(1993 年 1 期 1 页)鼓吹"识繁写简",主张"把繁体正字作为印刷体,把简化字作为手写体"(1989年1—2期5页)。按:汉字发展的总趋势是由繁趋简,新中国推行的汉字简化取得了成功,降低了汉字学习和使用的难度,简化字受到了群众的欢迎。据"中国语言文字使用情况调查"得到的数据,在世纪之交,平时主要写简化字的人占调查人数的95.25%。《汉字文化》对简化字的攻击,与广大群众的好恶完全是背道而驰。

《汉字文化》反对推广普通话。他们说"推广普通话是……强人所难,……违背社会常规"(1993年2期20页)。按:现代化的中国需要普通话。推广普通话是顺应潮流的得人心的措施,《汉字文化》却说推普是"强人所难"、"违背社会常规",《汉字文化》维持方言造成的交际隔阂,岂不是要妨碍中国的现代化建设吗?

《汉字文化》竭力诋毁《汉语拼音方案》。他们说:"汉语拼音方案,不符合发音原理,这是对现在语音理论中错误观点的迎合。"(徐德江著《语言文字理论新探》)"建议废止'汉语拼音方案'"(1989年1—2期11页),攻击《汉语拼音方案》是"低能儿"、"低能弱智"、"堕落"(1996年3期51页)。"真正影响国家尊严的是到处写拉丁字母的汉语拼音。"(1992年2期19页)"汉语不需要拼音!"(1996年1期53页)"对于电脑汉字输入,汉语拼音原不过是银样蜡枪头,中看不中用"(1996年1期54页)。按:《汉字文化》特别卖力地集中攻击《汉语拼音方案》,而《汉语拼音方案》是辅助汉字的重要工具。《国家通用语言文字法》规定:"《汉语拼音方案》是中国人名、地名和中文文献罗马字母拼写法的统一规范,并用于汉字不便使用或不能使用的领域。"没有《汉语拼音方案》,遇到汉字不便使用或不能使用的领域怎么办呢?没有《汉语拼音方案》,中国的人名、地名和中文文献在罗马字母中如何拼写呢?是不是还要使用威妥玛方案呢?

《汉字文化》散布的这些言论是十分有害的,它已经超出了学术论争的范围,实质是反对国家的语文政策,干扰国家的语文工作。为了推动我国语言文字工作的健康发展,必须大力宣传国家的语文政策,坚决贯彻国家的语文政策。

(三)《汉字文化》还假借学术研究之名,歪曲语言文字学的基本原理,散布伪科学。例如:

《汉字文化》宣称:"汉字是科学、易学、智能型、国际性、优秀高雅的文字。"(《汉字文化》1991年4期16页)按:汉字是汉族的祖先在几千年前创造出来并且一直应用到现在的文字,它是一套约定俗成的符号,本身谈不上什么科学或不科学。作为语素文字的汉字,字数繁多,结构复杂,学习和应用比较困难,这是无法否认的事实。汉字是记录汉语的符号,它不是生物,没有神经系统,没有思维能力,谈不上智能,只有使用汉字的人才谈得上具有智能。汉字在国际上的流通性是较弱的,近代历史上汉字文化圈在萎缩,而不是在扩展。《汉字文化》对汉字的评价完全是没有根据的胡扯。

《汉字文化》鼓吹"21世纪是汉字发挥威力的时代"。按:其实,能发挥威力的是语言所负载的思想,而不是这种语言本身。汉字可以用来表达先进的思想,也可以用来表达落后的思想;如果说用来表达先进的思想时可以发挥威力,那么用来表达落后的思想时怎么发挥威力呢?

他们还说:"'明确简短'是一切语言文字发展的共同规律和衡量语言文字科学程度的重要标准。"(1991年4期26页)按:"明确"是一切实际应用中的语言文字都具备的基本条件,不明确的语言文字无法成为交际的工具。语言文字具有民族性,"简短"还是"繁复"都是长期历史形成的,要结合它的表达功能来考虑,不能够抽象地来议论短长。拿汉语来说,同样的一个意思,文言比白话简短,不能因此就认为文言比白话优越。

《汉字文化》认为:汉语是有声调的语言,"而有声调的语言,在运用语音表达语意方面,比无声调的印欧语多了一招儿。这显然是一种优越性。"(1989 年 1—2 合刊 77 页)按:汉语有声调,印欧语没有声调,但它们都能圆满地表达语意,无分轩轾,谈不上哪种语言更优越。《汉字文化》认为,汉语有声调就多了一招儿,而印欧语没有声调就少了一招儿。印欧语既然少了一招,在表达语意上应该有许多缺漏,影响交际,可是谁能举出实例来呢?其实,多一招云云不过是非科学的臆测。

徐德江说:"人类的语言……主要分为两大类型,一是综合型语文,一是分析型语文。"(1991 年 4 期 14 页)按:语言可以划分为综合型与分析型两个大类,而"语文"竟然也能分为综合型和分析型,真是海外奇谈!

徐德江说:"一些多音单纯词如'布拉吉'、'葡萄'等等,其中的每一个字也都有字义:'表示一种语音。'"(1989 年 1—2 期合刊 6 页)按:"表示一种语音"也成了"字义",违背了科学思维的规律,把语言科学糟蹋得一塌糊涂。

针对《汉字文化》推出的各种错误观点,许多学者写文章给予有力的批驳。尹斌庸、苏培成从这些论文里挑选出一部分选编成书,题名为《科学地评价汉语汉字》,1994 年由华语教学出版社出版。这些文章从不同的视角切入到汉字内部,展开深入论述,阐明汉字之理,分析汉字之弊,对汉字进行科学的分析。聂鸿音在《就此打住》一文中评价这部著作说:"这些论文的绝大多数我在以前都曾读过,现在重读一遍,仍然觉得它们确是在最近这场大讨论中有代表性的好文章,无论是立论还是论证,都充分显示了作者们的科学家素质。"[①]

---

① 《语文建设》1995 年第 2 期。

第七节　语言文字工作的新举措

一、国务院发出关于语言文字工作的通知

1992年11月6日,国务院发出《批转国家语言文字工作委员会〈关于当前语言文字工作请示〉的通知》。《通知》全文如下:

各省、自治区、直辖市人民政府,国务院各部委、各直属机构:

国务院同意国家语言文字工作委员会《关于当前语言文字工作的请示》,现发给你们,请贯彻执行。

语言文字工作关系到国家的统一、民族的团结、社会的进步和国际的交往;实现语言文字的规范化、标准化,是普及文化教育、发展科学技术、提高工作效率的一项基础工程,对社会主义物质文明建设和精神文明建设具有重要意义,必须给予高度的重视。

各级语言文字工作委员会要充分发挥政府职能部门的作用,加强管理,主动做好协调组织工作。各级人民政府和有关部门要支持这项工作,加强领导,坚持不懈地抓好推广普通话、推进文字规范化、推行汉语拼音等工作,使语言文字更好地为社会主义现代化建设服务。

少数民族语言文字工作由国家民委负责,有关问题可会同国家语委协商解决,妥善处理。

国　务　院
一九九二年十一月六日

国家语言文字工作委员会《关于当前语言文字工作的请示》。《请

示》全文如下：

国务院：

根据我国新时期社会主义建设事业发展的需要,1985年党中央、国务院批准把中国文字改革委员会改名为国家语言文字工作委员会,1986年初又确定了新时期语言文字工作方针、政策和任务。几年来,我们在语言文字规范化、标准化方面做了一些工作,取得了一定成绩。但是,工作中也存在一些问题和困难,主要是对新时期语言文字工作的方针、政策宣传不力,必要的行政管理工作没有跟上,社会上的语言文字规范意识比较淡薄,语言文字应用中的混乱现象还相当严重。

语言文字工作关系到国家的统一、民族的团结、社会的进步和国际的交往,必须集中统一,不能各行其是。实现语言文字的规范化、标准化,是普及教育、提高文化水平、发展科学技术的一项基础工程,对我国改革开放和社会主义现代化建设具有重要意义。因此,当前必须采取有力措施,加强领导,继续贯彻执行新时期语言文字的方针、政策,纠正语言文字应用中的混乱现象,努力促进语言文字的规范化和标准化,使语言文字适应经济和社会发展的需要。现就当前工作中几个重要问题请示如下：

一、大力推广普通话,促进汉语规范化

推广规范的、全国通用的语言,是经济和社会发展的需要,是任何一个工业化国家所必须完成的社会历史任务。新中国建立以后,党和政府非常重视推广普通话,经过40多年的努力,这项工作取得了很大成绩。但是,由于社会、历史的原因,全国通用的普通话现在还远未普及,显著的方言差异仍然妨碍不同地区人们的交际、社会信息的交换以及信息处理等新技术的应用。

推广普通话,促进汉语规范化,是我国新时期语言文字工作的首要任务,必须与各地区、各部门、各单位的业务工作结合进行。从地区上讲,全国推广普通话的重点是南方方言区,其他地区也应把这项工作抓紧、抓好。

推广普通话,学校是基础。学校用语一律使用普通话。学校和社会的推广普通话要互相结合,互相促进。

学校推广普通话,必须列入学校工作计划,提出明确的目标和要求,建立必要的规章和制度。学校推广普通话的重点是各级各类师范院校,初等和中等学校。到本世纪末,普通话要成为城市幼儿园和乡中心小学以上以汉语授课为主的各级各类学校的教学用语,成为师范学校、初等和中等学校的校园语言。各级各类师范学校(包括承担师资培养任务的普通高校、有条件的部分民族院校)和职业高中的幼师类、文秘类、公共服务类(旅游、商业等)专业都要开设普通话课程,要把普通话作为一项重要基本功,认真训练、严格考核;普通话不合格的毕业生,必须进行补课和补考,补考合格后方可发给毕业证书。用普通话进行教学是合格教师的一项必备条件,应当成为评估教学质量、评选优秀教师、评聘教师职务的一个内容。对语文教师说普通话的能力和水平应有更高的要求。建议国家教委制订加强学校推广普通话工作的规定和实施办法。

社会推广普通话的工作,重点是抓好城市(首先是大城市、计划单列市、沿海开放城市、经济特区、经济开发区、重点旅游城市),特别是党政机关、部队和为生产和生活服务的"窗口"行业。到本世纪末,县级以上机关、团体、企事业单位的干部,解放军指战员,公安干警、武警指战员,检察院、法院的工作人员等应当把普通话作为工作用语;为生产和生活服务的"窗口"行业的职工要把普通话作为服务用语。

广播、电视、电影、话剧以及音像制品等在语言使用上具有很强的示范作用，必须使用标准的普通话。广播、电视部门要增加推广普通话和语言文字规范化知识的节目，一些使用方言的电台、电视台，要随着普通话的推广和普及有计划地逐步减少方言播音的时间和节目。

按照《中华人民共和国宪法》和《中华人民共和国民族区域自治法》的规定，少数民族地区也要重视推广普通话；在学校中应推行当地民族语言和汉语普通话的双语教学。少数民族地区推广普通话的具体要求和步骤由各地根据实际情况确定。

推广普通话是为了推动经济和社会发展，提高公民素质和工作效率；而不是禁止和消灭方言，也不妨碍各少数民族使用和发展本民族的语言。

二、加强社会用字管理，促进汉字规范化

《汉字简化方案》是由国务院正式公布的，在分批推行后又经国务院批准编制并公布了《简化字总表》。简化是汉字发展的总趋势。35年来，全国已有7亿多人学习、掌握了简化字。简化字是有深远的历史渊源和广泛的群众基础的。因此，当前必须巩固汉字简化的成果，继续推行简化字。今后，对汉字的简化应持谨慎态度，使汉字保持稳定，以利社会应用。

近些年来，社会用字相当混乱，主要表现为滥用繁体字、乱用不规范的简化字。为了尽快实现社会用字的规范化、标准化，必须采取有力措施，加强管理：

（一）凡党政机关、部队、团体、学校和企事业单位的法规、政令、公文、布告、证书、印章、票证、牌匾、标语用字，出版物用字，影视屏幕用字，计算机用字，商品包装说明，广告、地名、路名、站名牌用字等各种面向社会公众的文字，都必须符合规范和标准。

（二）各类文化体育活动和各种会议,如运动会、文艺演出、展览会、纪念会、庆祝会、商品交易会、各种竞赛等用字,必须合乎规范和标准。

（三）已经被简化了的繁体字,要严格限制其使用范围,只能用于古籍整理出版、文物古迹、书法艺术方面。书法作为艺术,可以写各种字体,但也应提倡写规范字。其它方面确需使用繁体字的,须按隶属关系报中央有关部委或省、自治区、直辖市政府主管部门批准,并报国家语委备案。

（四）各级各类学校要加强语言文字规范化、标准化教育和语言文字基本功训练。初等、中等学校语文学科和大专院校中文系的有关课程,要讲授新时期国家语言文字工作的方针、政策、任务和语言文字规范化知识。

（五）各级政府部门,特别是国家语委、国家教委、广播电影电视部、新闻出版署、商业部、经贸部、国家工商行政管理局、邮电部、交通部、铁道部、建设部、国家旅游局、机电部、国家技术监督局等有关部门及其所属行业系统,社会各界和有关群众团体,要紧密配合,齐抓共管,抓好本部门、本系统的用字规范化工作,严格执行社会用字的有关规定。各级领导干部要带头使用规范汉字。

科技名词用字的规范化,由国家语委与全国自然科学名词审定委员会共同协商,根据实际情况确定。

对于社会上已经出现的用字混乱现象,各级政府部门要按照上述要求进一步采取有效措施,坚决、稳妥、逐步地加以纠正。到1995年年底,力争各省省会、自治区首府、直辖市、计划单列市、经济特区、经济开发区做到社会用字规范化。

三、继续推行《汉语拼音方案》,扩大使用范围

《汉语拼音方案》是经过全国人民代表大会通过的法定方案,

也是拼写中国人名、地名等专用名词的国际标准。多年来,在给汉字注音、汉语教学、推广普通话、信息处理、排序检索以及其它汉字不便使用或不能使用的领域中,发挥了积极的作用。今后,要继续推行《汉语拼音方案》,扩大其使用范围,注重研究、解决它在应用中的一些问题;要消除乱拼乱写等不规范的现象。任何部门或单位都无权决定在应该使用汉语拼音的场合使用或推行其它拼音方案。

四、加强语言文字标准的研制,适应信息处理技术发展的需要

"八五"期间,我国的中文信息资料交换和检索、生产管理、办公室事务自动化以及印刷排版现代化等必将提到一个新的水平。为适应现代化建设的需要,计算机的语言文字信息处理,需要加速由汉字编码击键输入向计算机文字自动识别和语言自动识别过渡,并由试验转向实际应用。这就对语言文字的规范化、标准化提出了更高更严的要求。近几年来,国家技术监督局、国家语委、机电部等有关部门和单位联合研究制订并颁布了若干个供信息处理用的汉字国家标准,对于计算机用字的规范化发挥了积极的作用。今后必须进一步坚决推行这些标准,并且要继续跟踪高科技的发展,适时颁布新的标准。

目前,我国语言文字信息处理技术宏观上缺乏统一管理、协调,形成各部门、各单位多头重复开发研制,这既不利于我国信息处理统一规范和标准的建立,又造成人力、物力、财力、时间的浪费。建议国家语委、机电部、国家技术监督局、新闻出版署等有关部门建立部级协调会议制度,负责语言文字信息处理的立项和成果的评审,组织、协调各方面的力量联合攻关。

五、加速语言文字应用管理的立法工作

为了使语言文字工作纳入法制管理轨道,拟做如下几项工作:

（一）国家语委拟与中央有关部门联合制订关于推广普通话、社会用字(包括涉外用字)管理的规章；重新修订发布社会用字管理的三个规定,即《关于地名用字的若干规定》、《关于广播、电影、电视正确使用语言文字的若干规定》、《关于企业、商店的牌匾、商品包装、广告等正确使用汉字和汉语拼音的若干规定》。

（二）建议中央各有关部门在制订或修订有关法律、法规时,要列入加强语言文字规范化、标准化的条文；在修订本部门、本系统的有关法规和管理制度时,要列入贯彻执行语言文字政策法规的内容。

（三）国家语委在"八五"期间商同国务院法制局等有关部门,着手研究、拟订我国语言文字基本法草案,提交全国人民代表大会审议。

六、加强领导,做好语言文字工作

国家语言文字工作委员会是主管全国语言文字工作的行政职能部门(少数民族语言文字工作由国家民委管理),负责制订全国语言文字工作的近期和中长期规划,加强宏观管理和协调工作。

中央各有关部门、地方各级政府要进一步提高认识,重视和支持语言文字工作,把它列入工作计划,切实把这项工作抓起来,做到有领导分管,有人员专管或兼管,定期对语言文字应用情况进行督促、检查、评比、表彰先进,以推动工作。

为推动语言文字的规范化、标准化,必须做好宣传工作,办好语言文字报刊,中央和地方的主要报刊、广播、影视等新闻媒介要大力配合,加强对新时期语言文字工作方针、政策的宣传,使语言文字规范意识日益深入人心。同时新闻媒介在正确使用祖国的语言文字方面应起示范作用。

以上请示如无不当,请批转各地和各有关部门贯彻执行。

国家语言文字工作委员会

一九九二年十月二十三日

二、江泽民总书记发表关于语言文字工作的三点意见

1992年12月14日,中共中央总书记江泽民在同国家语委主任柳斌谈到语言文字工作时说:"语言文字工作,我讲三点意见:一、继续贯彻国家现行的语言文字工作方针政策,汉字简化的方向不能改变。各种印刷品、宣传品尤应坚持使用简化字。二、海峡两岸的汉字,当前可各自维持现状,一些不同的看法,可以留待将来讨论。三、书法是一种艺术创作,写繁体字,还是简体字,应尊重作者的风格和习惯,可以悉听尊便。"

三、纪念文字改革和现代汉语规范化40周年

经党中央和国务院批准,教育部和中国文字改革委员会于1955年10月15日至23日在北京召开全国文字改革会议,会议讨论并通过了《汉字简化方案修正草案》、《第一批异体字整理表草案》、《大力推广以北京语音为标准音的普通话》的报告和《全国文字改革会议决议》等重要文件。1955年10月25日至31日,中国科学院在北京召开现代汉语规范问题学术会议。会议听取和讨论了中国科学院语言研究所所长罗常培、副所长吕叔湘作的《现代汉语规范化问题》的报告。会议通过了决议,决议表达了代表对汉语规范化的共同认识,并就开展汉语规范化工作提出了建议。

这两次会议是新中国建立以来有关语言文字工作的重要会议。1995年是这两次重要会议召开的40周年。在党中央和国务院的关怀指导下,经国务院批准,国家语委于1995年12月25日在北京召开了

"文字改革和现代汉语规范化40周年纪念大会"。中共中央政治局委员、国务院副总理李岚清出席会议并代表党中央、国务院作了重要讲话。李岚清在讲话中,首先代表国务院,"向40年来为我国语言文字工作做出贡献的同志们表示慰问和敬意"。李岚清指出:"40年来,语言文字工作在全国广泛展开,取得了显著成绩。""语言文字工作是我国现代化建设事业中不可缺少的组成部分,已经并将继续为促进我国的社会主义精神文明建设和物质文明建设做出积极贡献。""在语言文字应用管理方面,当前需要重点抓好以下三项工作:第一,坚持普通话的法定地位,继续大力推广普通话。""第二,坚持汉字简化方向,促进全社会用字规范化。""第三,认真搞好中文信息处理中的语言文字规范化、标准化。"全国人大常委会副委员长雷洁琼、孙起孟,全国政协副主席钱伟长,国务院副秘书长徐志坚,国家教委副主任柳斌,国家语委主任许嘉璐等出席了大会。大会对在语言文字管理工作中做出显著成绩的北京市副市长胡昭广、上海市副市长谢丽娟、贵阳市副市长王选才、唐山市人大常委会副主任冯国安,以及带头讲普通话为领导干部做出表率的广州市市长黎子流进行了表彰。

纪念大会后,接着召开了各地语委办公室主任会议、推广普通话工作座谈会、全国语言文字应用学术研讨会暨中国应用语言学会成立大会。

四、召开 1997 年全国语言文字工作会议

1986 年全国语言文字工作会议召开以来,我国的语言文字工作取得了很大成绩,讲普通话、写规范字已成为全国人民的共识。在 20 世纪的最后的几年里,急需总结十几年来我国语言文字工作所取得的成绩,分析语言文字工作所面临的形势,明确今后一段时间,特别是新世纪,我国语言文字工作的新任务和新目标。就是在这种形势下,召开了 1997 年全国语言文字工作会议。

1997年12月23日,全国语言文字工作会议在北京人民大会堂开幕,国家有关部门和各省、自治区、直辖市的代表300多人参加了大会。国家语委党组书记、副主任朱新均主持会议,国务院副秘书长李树文宣读了中共中央政治局常委、国务院副总理李岚清的书面讲话。讲话强调语言文字工作是社会主义文化建设的重要内容之一,是国家现代化建设事业不可缺少的组成部分。语言文字工作的根本任务,是使语言文字社会应用的规范化、标准化水平与我国经济、科技、社会发展水平相适应,为提高全民族科学文化素质、解放发展生产力服务。

国家语委主任许嘉璐代表国家语委作了题为《开拓语言文字工作新局面,为把社会主义现代化建设事业全面推向21世纪服务》的工作报告。报告全面总结了1986年全国语言文字工作会议以来我国语言文字工作所取得的成绩和经验,分析了语言文字工作所面临的新形势,明确指出了我国语言文字工作跨世纪的奋斗目标。报告的第一部分回顾了1986年以来语言文字工作所取得的成绩。(1)语言文字工作在广度和深度上都有重要发展。(2)初步形成了语言文字工作宏观管理机制。(3)语言文字工作开始走上依法管理的轨道。(4)语言文字应用状况明显改善。报告的第二部分分析了语言文字工作面临的机遇和挑战。(1)社会主义市场经济体制的建立为语言文字工作提供了新的发展动力。(2)社会主义民主政治和法制建设对语言文字工作提出了迫切需求。(3)社会主义文化建设对语言文字工作提出了新的更高要求。(4)信息技术的高速度发展对语言文字工作提出了严峻挑战。(5)综合国力增强和扩大对外开放将开拓语言文字工作新的发展空间。报告的第三部分,提出了我国跨世纪的语言文字工作的奋斗目标和工作任务。我们的奋斗目标是:"2010年以前,制定并完善与《中华人民共和国语言文字法》相配套的一系列法规;普通话在全国范围内初步普及,交际中的方言隔阂基本消除,受过中等或中等以上教育的公民具备普通话的应用能力,并在必要的场合自觉地使用普通话,与口语表达关系密切行业的工作人员,其普通话水平达到相应的要求;汉字的社会应用基本规范,社会用字混乱现象得到有效的遏制,出版物用字、影视屏幕用字和计算机用字达到较高的规范水平;汉语拼音应用范围进一步扩大,扭转拼写中的不规范现象;建立起有效的中文信息处理的管理制度,做到凡面向社会推广的中文信息技术产品,均经过国家语言文字工作主管部门在语言文字规范标准方面的审查认定。达到这一目标,将为实现 21 世纪中叶的宏伟目标奠定坚实的基础。下世纪中叶以前,语言文字规范标准和各项管理制度更加完善;普通话在全国范围内普及,交际中没有方言隔阂;语言文字规范化、标准化水平显著提高;中文信息技术产品在语言文字规范标准方面实现较高水平的优化统一。经过未来四五十年的不懈努力,我国国民语文素质将大幅提高,语言文字的社会应用更加适应社会主义经济、政治、文化建设需要,形成与中等发达国家水平相适应的良好的语言文字环境。"

报告中还提出了语言文字工作当前的主要任务:(1)坚持普通话的法定地位,大力推广普通话。(2)坚持简化汉字方向,努力推进全社会用字规范化。(3)加大中文信息处理的宏观管理力度,逐步实现中文信息技术产品的优化统一。(4)继续推行《汉语拼音方案》,扩大使用范围。报告在最后还提出了实现跨世纪的语言文字工作的奋斗目标所要采取的主要措施:第一,建立、健全各级语言文字工作机构和工作网络。第二,制定并完善语言文字应用管理法规。第三,坚持不懈地开展多种形式的语言文字规范化宣传教育活动。第四,精心组织,认真开展"中国语言文字使用情况调查"工作。第五,进一步加强语言文字的基础研究和应用研究。第六,努力加强语言文字工作干部队伍的建设。

会议期间,与会代表围绕着李岚清的讲话和许嘉璐的工作报告,总结了自 1986 年全国语言文字工作会议以来语言文字工作取得的成绩和经验,认为语言文字工作在广度和深度上都有重要发展,初步形成了语言文字工作宏观管理机制,语言文字工作开始走上依法管理的轨道,语言文字的应用状况有明显的改善。会议认为社会主义市场经济体制的建立为语言文字工作提供了新的发展动力,社会主义民主政治和法制建设对语言文字工作提出了迫切需求,社会主义文化建设对语言文字工作提出了新的更高要求,信息技术的高速发展对语言文字工作提出了严峻挑战,综合国力增强和扩大对外开放将开拓语言文字工作新的发展空间。会议确定新世纪语言文字工作的指导思想是:高举邓小平理论的伟大旗帜,贯彻党的十五大精神,继续贯彻国家新时期语言文字工作方针,解放思想,实事求是,尊重规律,重在建设,积极、稳妥、逐步地推进工作,使语言文字工作更好地为把社会主义现代化建设事业全面推向21世纪服务。

这次全国语言文字工作会议,总结了1986年以来语言文字工作的成绩和经验,确定了我国语言文字工作跨世纪的奋斗目标,并且明确了跨世纪语言文字工作的指导思想,提出了实现跨世纪语言文字工作奋斗目标所要采取的主要措施,是一次承前启后、继往开来的会议。这次会议的召开,对积极、稳妥地做好世纪末期的语言文字工作,开拓新世纪语言文字工作的新局面,产生了重要的引导和推动作用。

五、国家语言文字工作委员会并入教育部

1998年7月21日,国务院办公厅下发《关于印发教育部职能配置内设机构和人员编制规定的通知》(国办发[1998]108号),确定国家语言文字工作委员会并入教育部,对外保留国家语言文字工作委员会的牌子。国务院机构改革后,教育部是主管全国教育事业和语言文字工作的国务院职能部门。原由国家民委指导开展民族语言文字规范标准制定和信息处理工作划转教育部管理。教育部内设语言文字应用管

理司和语言文字信息管理司。语言文字应用管理司的职责是:拟订语言文字工作的方针、政策和中长期规划;监督检查语言文字的应用情况;指导语言文字改革;组织推行《汉语拼音方案》,指导推广普通话工作以及普通话师资培训工作。语言文字信息管理司的职责是:研究并审定语言文字规范和标准,制定语言文字信息处理标准;指导地方文字规范化建设;负责少数民族语言文字规范化工作,指导少数民族语言文字信息处理的研究与应用。

六、开展全国语言文字使用情况调查

语言文字的使用情况,是社会主义精神文明建设的重要方面。随着我国市场经济的发展和科学技术的进步,随着教育改革的深入和社会信息化步伐的加快,社会的语文生活和语文观念发生了深刻变化。为全面提升全社会使用语言文字的水平,制订相关的政策,必须摸清家底,因此在世纪之交我国进行了全国语言文字使用情况调查。

(一)语言文字使用情况调查的准备。1997年1月6日,国务院召开第134次总理办公会议。会上,国家语委向国务院汇报工作时,提出了开展全国语言文字使用情况调查的建议,得到了总理办公会议的同意,批准立项。

这次调查工作由教育部、国家语委组织,有关的九部委——国家民委、公安部、民政部、财政部、农业部、文化部、广电总局、国家统计局、中国社会科学院——协助实施。国家语委成立了调查领导小组,国家语委主任许嘉璐任组长,国家语委党组书记、副主任朱新均和国家语委副主任孟吉平、傅永和任副组长。调查领导小组直接领导此次调查,下设调查办公室具体组织实施各项具体工作。1998年9月24日,教育部、国家语委发布了《关于印发〈中国语言文字使用情况调查实施方案〉的通知》,并附《实施方案》,下达了实施这次调查工作的部署。《通知》全文如下：

　　各省、自治区、直辖市教委、教育厅、语委（语文工作机构），广东省高教厅、新疆生产建设兵团教委，国务院有关部委教育司（局），部属各高等学校：

　　中国语言文字使用情况调查，是1997年1月6日国务院第134次总理办公会议决定开展的一项国情调查，对于了解国民文化素质、推动两个文明建设有着重要作用，能为国家和各地教育、文化、经济、科技、劳动人事部门制定规划和有关政策提供一定的科学依据，为语言文字工作的决策奠定坚实的基础。

　　国家语言文字工作委员会曾于1997年底将《中国语言文字使用情况调查实施方案》送国务院办公厅审阅，并由国办有关部门印发国家教委、国家民委、民政部、财政部、农业部、文化部、广播电影电视部、国家统计局和中国社会科学院等部委（局）征求意见，得到普遍赞同和支持。现将这个《实施方案》印发给你们，请按照这项工作的要求，积极配合组织实施，给予人力、财力上的必要保证，切实把这项行政性、专业性和群众性都很强的工作做好。工作中有哪些建议和问题，随时向教育部和国家语委报告。教育部和国家语委将就这项调查的进展情况专项向国务院报告，并以文件和简报的形式组织、协调和指导各省、自治区、直辖市的调查工作。

　　附件：中国语言文字使用情况调查实施方案

教育部
国家语委
一九九八年九月二十四日

　　《通知》和《实施方案》下达以后，又组成了由教育部、国家语委、国家民委、公安部、民政部、财政部、农业部、文化部、国家广电总局、国家统计局、中国社会科学院共 11 个部委有关负责同志参加的中国语言文字使用情况调查指导小组,指导和协调这项工作。1999 年 5 月,小组召开第一次会议,听取了调查办公室所作的工作汇报,审议了调查实施方案的执行情况,并在此基础上,对以后的调查工作提出了许多重要的意见和建议。为落实此次小组会议的精神,6 月 24 日,教育部办公厅印发了《中国语言文字使用情况调查指导小组会议纪要》,同时发出《关于印发〈中国语言文字使用情况调查指导小组会议纪要〉的通知》,要求各地有关部门学习小组会议纪要,进一步做好调查工作。1999 年 7 月 20 日,组成指导小组的 11 个部委联合下发《关于开展中国语言文字使用情况调查的通知》。《通知》"希望各地教育、语言文字工作、民族、公安、民政、财政、农业、文化、广电、统计、社科等部门,明确这项调查是政府行为,并给予高度重视,密切协作、周密组织、加强领导、精心安排,保质保量地完成调查任务"。

在调查领导小组与指导小组的领导与指导下,全国语言文字使用情况调查办公室做了大量工作。他们制定了调查大纲,编制了调查问卷,确定了调查方案,并为调查编写了培训手册,举办了全国调查骨干培训班。为了做到调查的科学性,调查方案经过多次讨论、修改,并向统计专家、语言学家和语文工作者广泛征求意见,还在全国 7 个省、自治区和直辖市进行了实验性调查。1999 年 7 月,全国语言文字使用情况调查办公室组织召开了专家审评会,办公室研制的各类调查问卷和抽样调查方案,得到了与会专家的好评,并认为可以付诸实施。8 月 5 日,调查领导小组和指导小组召开联席会议,肯定了调查办公室在准备阶段所做的工作,认为准备工作已经成熟,可以在全国范围内正式实施语言文字使用情况调查。

(二)语言文字使用情况调查的实施。这项调查于 1998 年秋启动。1999年8月9日,教育部和国家语委在北京举行了中国语言文字使用情况调查工作会议。全国人大常委会副委员长许嘉璐、教育部副部长吕福源出席会议并讲话。这次工作会议进一步明确调查的目的和意义,以及各省市所负担的任务,并对调查实施作了具体部署。

全国语言文字使用情况调查的目的是,比较准确地了解国民使用语言文字的实际情况、习惯和态度,为语言文字规划和政策的制订提供重要的依据,并填补我国国情调查中语言文字使用情况调查的空白。调查的对象是全国各省、自治区、直辖市(除香港、澳门、台湾外)年龄在15至69周岁的中国公民,公务员、教师、大学生、中学生、商业工作者、医务工作者和大众传媒工作者是重点调查对象。调查内容有语言和文字两个方面。语言方面,重点调查普通话的使用情况,近百种汉语方言的使用情况,以及60多种少数民族语言的使用情况;文字方面,重点调查简化汉字和繁体汉字的使用情况,30多种少数民族文字的使用情况,以及汉语拼音的使用情况。此外还调查人们使用语言文字的态度与习惯。调查采用抽样的方法,样本量约为60万个。调查问卷共有9种。入户问卷有3种,即家庭问卷、主调查问卷和其他成员问卷;专项调查问卷共6种,即公务员问卷、商业人员问卷、医务人员问卷、教师问卷、大学生问卷和中学生问卷。为做好此次语言文字调查工作,1999年8月23日,民政部、教育部、国家语委发布了《关于做好中国语言文字使用情况调查的通知》,要求各地积极行动起来,认真做好此次调查工作。

2000年是全国语言文字使用情况调查工作具体实施的一年。这一年里,全国各省、自治区、直辖市积极行动,具体实施调查的各项工作。根据要求,各地先组成了调查的领导班子和办事机构,抽调业务能力强的人员担任调查员,并举办调查员培训班。然后按调查方案的规定进行了抽样,开展入户调查和抽样调查。为做好调查数据的录入工作,全国语言文字使用情况调查领导小组办公室,还分两次举办了各省(自治区、直辖市)有关人员参加的调查数据录入统计培训班。在实际抽样调查和对录入人员培训的基础上,各地按要求将调查结果进行了统计录入。截至2000年底,一半以上的省、自治区、直辖市已经完成这项工作。

2001年,全国各省、自治区、直辖市全部完成入户调查和专项调查工作,数据录入工作也全部结束,并将数据上报到了全国调查办公室。至此,全国语言文字调查工作中各地承担的工作圆满完成。在这之后全国调查办公室对各地调查得到的数据,统一进行汇总,得出这次调查的最后结果。

2004年12月26日,中国语言文字使用情况调查领导小组在人民大会堂召开了总结表彰会,发布了"中国语言文字使用情况调查"的主要结果,表彰了85个先进集体和119位先进个人。调查的结果汇编为《中国语言文字使用情况调查资料》一书,2006年11月由语文出版社出版。全书包括三个部分:第一部分是调查数据;第二部分是问卷及技术报告;第三部分是相关文献。

这次调查涉及除港澳台外的全国31个省、自治区和直辖市,以及新疆生产建设兵团,调查样本达16万多户,47万多人。在95%置信度下,比例数据的估计绝对误差低于0.35%。

这是我国首次大规模的语言文字使用情况的国情调查。此次调查得到的结果对国家语言文字工作决策和语言文字应用研究都具有重要的实用价值和学术价值。参加调查的专家们付出了很多心血,积累了宝贵的数据和经验,为以后的语言文字国情调查奠定了基础。

(三)调查得到的主要数据。

(1)全国能用普通话、汉语方言和少数民族语言与人交谈的比例(%)

普通话 53.06　　　汉语方言 86.38　　　少数民族语言 5.46

(2)全国及城镇和乡村能用普通话与人交谈的比例(%)

全国 53.06　　　城镇 66.03　　　乡村 45.06

(3)全国及分性别能用普通话与人交谈的比例(%)

全国 53.06　　　男 56.76　　　女 49.22

(4)全国及分年龄段能用普通话与人交谈的比例(%)

全国 53.06　　　15-29 岁 70.12　　　30-44 岁 52.74

45-59 岁 40.59　　　60-69 岁 30.97

(5)全国及分受教育程度能用普通话与人交谈的比例(%)

全国 53.06　　　没上过学 10.36　　　扫盲班 14.67　　　小学 25.49

初中 56.08　　　高中 75.76　　　大专及以上 86.77

(6)全国各汉语方言区能用普通话与人交谈的比例(%)

官话区 49.92　　　晋语区 43.61　　　吴语区 69.40　　　闽语区 80.28

粤语区 61.00　　　客家话区 64.36　　　赣语区 60.86　　　湘语区 54.80

徽语区 56.13　　　平话区 51.66　　　其他 46.19

(7)全国在不同交际场合最常说普通话的比例(%)

在家里与家人交谈 17.85　　　到集贸市场买东西 23.15

到医院看病 26.29　　　到政府机关办事 28.80

在单位谈工作 41.97

(8)全国会说普通话人群普通话程度的比例(%)

能流利准确地使用 20.42　　　能熟练使用但有些音不准 35.56

能熟练使用但口音较重 15.36　　　基本能交谈但不熟练 28.67

(9)全国学说普通话遇到的主要问题的比例(%)

周围的人都不说,说的机会少 48.77

受汉语方言影响,不好改口音 38.25

受本民族语言影响,不好改口音 5.16

说普通话怕别人笑话 7.82

(10) 全国平时主要写简化字、繁体字的比例(％)

写简化字 95.25　　　写繁体字 0.92　　　两种都写 3.84

(11) 全国阅读繁体字书报困难程度的比例(％)

基本没有困难 35.98　　有些困难但凭猜测能读懂大概意思 41.3

困难很多 22.71

(12) 全国会认读和拼音汉语拼音程度的比例(％)

会 44.63　　　会一些 23.69　　　不会 31.68

七、开展城市语言文字工作评估

(一) 城市社会用字管理工作评估。1994 年 6 月 26 日,国家语委发出了《关于社会用字管理工作的意见》,《意见》包括"社会用字管理的政策原则"、"社会用字管理工作的范围和要求"、"社会用字管理工作的基本模式和方法"三个部分。《意见》强调,当前社会用字管理工作的原则是采取切实有效的措施,继续贯彻国家现行的语言文字工作方针政策,坚持汉字简化的方向,促进社会用字的规范和稳定,逐步实现社会用字的规范化。为了做好城市社会用字的管理工作,1995 年 8 月 24 日,国家语委语言文字应用管理司印发了《关于征求对〈城市社会用字管理工作评估指导标准(征求意见稿)〉意见的通知》,提出对城市社会用字管理工作进行评估的意见和建议。为检验《城市社会用字管理工作评估指导标准》的可行性,从 9 月 10 日至 10 月 21 日,国家语委语用司对南京、长沙、合肥、贵阳、银川、重庆、厦门等七个城市的社会用字管理工作进行了检查评估。检查组实地检查了上述城市出版物、影视屏幕、党政机关、公共场所、学校、街道等领域的用字情况,并尝试使用《城市社会用字管理工作评估指导标准(征求意见稿)》进行量化打分,对被评估城市的社会用字面貌及管理工作作出评价。12 月上旬,国家语委语用司在武汉召开了《城市社会用字管理工作评估标准》研讨会。来自上海、湖北等13个省、市语委办的负责人参加会议,研讨了《城市社会用字管理工作评估标准》的框架结构、体例、评估项目及评价要素、标准,提出许多建设性意见。

1996年5月6日,国家语委印发《关于颁布〈城市社会用字管理工作评估指导标准(试行)〉的通知》。《通知》指出,该《标准》是供全国县级以上市对社会用字管理工作进行日常自我评估的全面评估标准,同时供上级有关部门对其进行常规性的检查评估。《通知》要求各地结合该《标准》,制订出从现在到2000年本地各级各类城市如何达标的切实可行的工作计划,提出达标的阶段性要求。所公布的《城市社会用字管理工作评估指导标准》,包括"管理工作"和"社会用字状况"两项一级指标和12项二级指标。每项指标都列出评估标准和分值,共110分。另加奖励部分二级指标5项,分值10分。

为落实好《城市社会用字管理工作评估指导标准》,自1996年6月开始,国家语委语用司用一年左右的时间,在各地分四次召开城市社会用字管理工作评估培训研讨会,以掌握全国各地的社会用字情况。每一次研讨会都听取各地对本地的社会用字管理所做的工作汇报,并就城市社会用字管理工作评估进行培训研讨,组织与会代表认真研讨《城市社会用字管理工作评估指导标准》各项细则,并对会议地点所在城市的社会用字管理工作进行模拟评估。经过这四次会议的研讨与实践,国家语委初步决定从1998年起,将用三年时间对直辖市、省会城市和政府所在地城市的社会用字工作进行一次全面的检查评估。

1998年2月9日,国家语委印发《关于颁布〈城市社会用字管理工作评估指导标准(试行)〉的通知》。这次颁布的《标准》,对1996年5月颁布的《城市社会用字管理工作评估指导标准(试行)》进行了修订,对其中有较大争议的社会用字领域中的手书字问题,《标准》体现了

"题字、题词提倡写简化字,但不苛求"的原则。《通知》要求各地执行《标准》,努力规范城市社会用字,做好城市社会用字的管理工作。

(二)城市语言文字工作评估的准备。城市是文化的中心、社会的窗口,城市的语言文字工作做得怎样,城市使用语言文字的情况如何,在很大程度上代表着一个国家的语言文字工作水平和语言文字使用水平。在对城市社会用字管理评估的基础上,我国开始加强对城市语言文字工作的全面管理。

城市语言文字工作检查评估工作的准备。对城市语言文字工作检查评估的试验,是从上海市开始的。1997年上海市借筹备全国第八届体育运动会之际,加大了语言文字工作的力度,市精神文明办和市语委联合组织了"迎'八运'语言文字工作规范化集中宣传活动",并积极准备迎接国家语委对上海市的"城市语言文字工作检查评估"。9月,国家语委副主任孟吉平带领检查组来到上海,视察了"迎'八运'语言文字工作规范化集中宣传活动"的开展情况,检查了上海为迎接国家语委"城市语言文字工作检查评估"所做的准备工作。检查组对上海近阶段的城市语言文字工作给予了高度评价,并充分肯定了把语言文字规范化工作纳入精神文明建设之中的做法。

1998年12月14日至17日,国家语委在上海市召开了城市语言文字工作观摩研讨会。来自全国各省、自治区、直辖市和省会、自治区首府、计划单列市,及新疆生产建设兵团语委办的负责人,部分省(区、市)教委、语委的负责人出席了会议。大会组织与会人员实地观摩考察了上海市10个系统和11个区的语言文字工作,交流了全国各地的语言文字工作情况,深入研讨了城市语言文字工作的意义、目的、要求及措施,并讨论了近期的工作步骤。代表们一致认为,在世纪之交的重要时刻,交流和总结语言文字工作的经验是非常必要的。闭幕式上,国家语委党组书记、副主任朱新均作了题为《发挥城市的中心作用,积极稳步地推进跨世纪的语言文字工作》的总结讲话。讲话围绕如何发挥城市的中心作用,积极稳步地做好跨世纪的语言文字工作,逐步实现2010年"普通话在全国范围内初步普及"、"汉字的社会应用基本规范"的跨世纪目标,谈了几点意见。要求直辖市、省会和自治区首府、计划单列市,要在下世纪头几年基本实现普通话基本普及和社会用字基本规范的目标,地级市要在2005年左右基本达标,县级市要在2010年以前基本达标。闭幕式上,国家语委副主任傅永和还向大会通报了1999年国家语言文字工作的要点。要点中提出要大力推进城市语言文字工作,并制订、颁布《城市语言文字管理工作评估指导标准(试行)》。上海城市语言文字工作观摩研讨会,是国家语委并入教育部之后召开的第一次全国性的研究语言文字工作的会议,也是世纪之交语言文字工作领域中的一次重要的会议。会议抓住了城市这个语言文字工作的重点,进一步明确了各级各类城市语言文字工作的目标和要求,提高了人们对做好城市语言文字工作重要性的认识,有力地推动了我国城市语言文字工作的进一步开展。

1999年是准备城市语言文字管理工作评估的一年。为做好城市的语言文字工作,1999年2月5日,教育部、国家语委下发了《关于印发〈关于进一步发挥城市的中心作用,全面推进语言文字工作的意见〉的通知》,提出了在做好语言文字工作中进一步发挥城市中心作用的七条意见:(1)进一步认识搞好城市语言文字工作的重要意义。(2)城市语言文字工作的目标是:2010年以前"初步普及"普通话,汉字的社会应用"基本规范"。(3)各类城市达标的时间要求。鉴于城市的类型和条件不同,可以分层次、分阶段达到规定的要求,即"三类城市、分三个时间段达标"。一类城市包括直辖市、省会、副省级市和自治区首府,要求在下世纪头两年基本达标;二类城市指地级市(含地区行署所在地),要求在2005年左右基本达标;三类城市指县级市,要求在2010

年以前基本达标。(4)城市语言文字工作的重点包括四个方面,即党政机关、学校、新闻媒体和主要的服务性行业。(5)逐步实施城市语言文字工作综合评估。教育部、国家语委将颁布《城市语言文字工作评估指导标准》,有计划、分步骤地组织实施各类城市的语言文字工作综合评估工作。(6)近期工作安排。今年,国家语委将在调查研究、吸取各地开展评估工作经验的基础上制订、颁布《城市语言文字工作评估指导标准》,选择部分城市初步试评;各地要结合本地实际,制订或调整所辖城市分阶段达标的规划和实施方案。(7)切实加强对城市语言文字工作的领导。

1999年4月25日,全国部分大城市语言文字工作协作会议在武汉市召开,会议由武汉市语委办召集,哈尔滨、大连、上海、厦门、武汉、广州、深圳、银川8城市语委办负责人参加会议。国家语委语言文字应用司派人出席会议。会议研讨了如何开展城市语言文字工作综合评估和建立城市语言文字应用监督评测网问题,讨论了怎样加强普通话水平测试的规范管理问题,并对加强城市语言文字工作的交流合作进行了研讨。5月11日,教育部语用司在南京市召开"建立语言文字应用监督评测网及制订《城市语言文字工作评估指导标准》研讨会",部分省、市语委办负责人及一些高校、报刊编辑部负责人应邀参加会议。10月13日至15日,国家语委语用司按照《城市语言文字工作评估标准(征求意见稿)》中的指标内容,对昆明市语言文字管理工作情况以及部分单位的用语用字情况,进行了实验性评估。11月10日,国家语委语用司邀请北京市各区县和有关行业系统语言文字工作干部座谈,征求对《城市语言文字工作评估标准(征求意见稿)》及其实施细则的意见。通过研讨、试评估和进一步征求意见,使得即将出台的《城市语言文字工作评估标准》及实施细则更加科学,也更符合我国城市的实际。

为进一步细化城市语言文字工作的评估工作,2000年1月31日,国家语委语言文字规范审定委员会召开了《一类城市语言文字工作评估标准》审定会。委员们听取了《标准》研制课题组所作的研制报告,审阅了《标准》的送审稿。委员会认真讨论后认为:课题组研制的《标准》符合我国语言文字工作实际,分项体系全面合理,分值权重基本恰当,指标表述清楚明确,是一项比较科学、便于操作的评估标准,已具备发布试行的条件;建议吸收审定委员会的意见,进一步修改完善。2000年2月29日,教育部、国家语委下发了《关于印发〈一类城市语言文字工作评估标准(试行)〉的通知》。与此同时,国家语委语用司下发了《关于印发〈一类城市语言文字工作评估标准(试行)实施细则〉的通知》。为进一步征求来自地方的意见,2000年6月1日,教育部语用司印发了《关于征求对〈关于开展城市语言文字工作评估的通知〉及〈一类城市语言文字工作评估办法〉的意见的通知》。2000年6月13日在河南南阳召开城市语言文字工作评估研讨会,集中讨论《关于开展城市语言文字工作评估的通知(征求意见稿)》和《一类城市语言文字工作评估办法(征求意见稿)》。部分省、市语委办负责人出席会议,与会者一致认为,这两个征求意见稿经过多年的研究与实践,具有较强的科学性、系统性和可操作性,已经比较成熟,建议早日下发。大家还对如何加强评估的组织领导和评估操作的步骤、安排等,提出了一些具体的建议。

(三)全国城市语言文字工作的检查评估的实施。经过几年的酝酿与准备,开展全国城市语言文字工作检查评估的条件已经成熟。2001年9月3日,教育部和国家语委联合下发了《关于开展城市语言文字工作评估的通知》,在全国范围内正式开展城市语言文字工作的检查评估。《通知》指出,为了贯彻实施《国家通用语言文字法》,实现2010年"普通话在全国初步普及"、"汉字的社会应用基本规范"的工作目标,决定逐步开展城市语言文字工作的评估。评估的总体要求是

"从实际出发、实事求是,分类指导、分步实施","重在建设,重在过程,重在实效"。

评估分三类城市与相应的三个时间段实施:一类城市指直辖市、省会、自治区首府、计划单列市等的城区部分,共 36 个,要在 2003 年左右基本完成评估工作;二类城市指地级市城区、地区行署所在地城区、一类城市所辖地级郊区(县)政府所在城镇,共 300 多个,要在 2005 年左右基本完成评估工作;三类城市指县级市城区、县和一类二类城市所辖县级郊区(县)政府所在城镇,共 2000 多个,要在 2010 年左右基本完成评估工作。城市评估工作实行分级组织,属地管理,分工负责。一类城市中直辖市的评估由国家语言文字工作部门负责组织,省会、自治区首府和计划单列市由其所在省(区)语言文字工作部门负责组织;二、三类城市的评估工作由省级语言文字工作部门自行安排。在教育部和国家语委下发《关于开展城市语言文字工作评估的通知》的同时,教育部语用司还印发了《一类城市语言文字工作评估操作办法》,具体规定了评估的范围、内容、分工、程序和上级评估操作办法等。

为了落实好全国城市语言文字的评估工作,2001 年 9 月 18 日至 20 日,教育部、国家语委在哈尔滨市召开全国城市语言文字工作评估观摩研讨会。有来自全国各省、自治区、直辖市及省会、自治区首府、计划单列市的语委办主任 70 余人出席会议,北京、黑龙江、上海、福建等城市介绍了组织实施语言文字工作评估的做法和经验,代表们分组观摩了黑龙江省语委组织的对哈尔滨市党政机关、新闻媒体、学校、公共服务行业等 4 大领域 23 家单位的检查评估,并就评估的有关问题进行了研讨。哈尔滨市也因此成了全国第一个接受上级语言文字工作评估并认定达到合格要求的一类城市。哈尔滨评估观摩研讨会的召开,有力地推动了全国各地的城市语言文字评估工作,会后,城市语言文字的检查评估工作在全国逐步铺开。

2002年12月至2005年11月,教育部、国家语委组织评估组先后对北京市、上海市、天津市、重庆市这四个直辖市的语言文字工作进行了考查评估。评估组认定,这四个城市现阶段语言文字的社会应用符合《国家通用语言文字法》的规定和要求,达到了"普通话初步普及"、"汉字的社会应用基本规范"的新世纪初叶语言文字工作的目标要求,基本能够适应经济建设和社会发展的需要,营造了与现代化大都市整体形象基本适合、有利于经济和社会全面协调发展的语言文字环境,取得了显著成绩,创造了宝贵经验,为进一步全面贯彻落实《国家通用语言文字法》,推进语言文字规范化和提高市民整体语文素质打下了良好的基础。到2007年年中,全国已经通过了语言文字评估的达标城市,一类城市有28个,它们是:哈尔滨、北京、乌鲁木齐、南京、合肥、石家庄、长沙、上海、沈阳、昆明、福州、武汉、天津、青岛、南宁、太原、银川、成都、兰州、呼和浩特、重庆、杭州、宁波、南昌、西安、厦门、深圳、广州。其他一类城市和二三类城市的评估工作也有不同程度的进展。

(四)城市语言文字工作评估取得的成绩。经过几年的努力,城市语言文字工作评估的推进力度明显增强,整体发展水平有较大提高,"重在建设、重在过程、重在实效"的评估工作原则得到深入贯彻,地方各级政府加强了对评估工作的领导和对语言文字工作的支持,语言文字工作的机构、队伍、法制等长效机制的建设及普通话水平测试等项工作取得明显进展,语言文字工作在为地方和行业的中心工作服务方面进一步深化、拓展。

1. 机构建设。2005年达标的城市绝大多数在20世纪80、90年代就成立了市一级语言文字工作机构。在开展评估工作的过程中,调整充实了机构和队伍,建立了由分管的副市长担任主任、由市级相关部门领导担任委员的语言文字工作委员会。一些城市的区(市、县)、街道和部分单位也建立了相应的工作机构,机构和队伍总体上得到加强。

2. 法制建设。一些城市在 20 世纪制订并发布了语言文字的法规和规章,2001 年《国家通用语言文字法》施行后,特别是在城市语言文字工作评估中,法制建设得到了进一步加强。重庆市人大、山东省、山西省人大都通过了贯彻施行《国家通用语言文字法》的地方法规。四川省政府和云南省政府都发布了贯彻施行《国家通用语言文字法》的地方规章。呼和浩特市人大通过了地方法规《呼和浩特市社会市面蒙汉两种文字并用管理办法》,太原市政府发布政府令《太原市社会用字管理办法》。2005 年 6 月,西安市政府发布《西安市国家通用语言文字管理规定》,11 月,南昌市政府发布《南昌市社会用字管理规定》,12 月贵阳市人大审议通过《贵阳市实施〈中华人民共和国国家通用语言文字法〉规定》。

3. 宣传教育。各达标城市都十分注意对语言文字规范化的宣传教育。除了通过媒体宣传、各种竞赛、印发资料、举办培训班等活动外,在一年一度的全国推广普通话宣传周活动中都组织了形式多样、内容丰富的集中宣传活动,南宁、成都、兰州、呼和浩特、重庆、宁波、楚雄等都曾作为重点城市承办过全国推普周开幕式或闭幕式活动。

4. 推广普通话。各达标城市普遍开展了普通话培训测试工作,市级电台、电视台的播音员、主持人全部参加培训测试,教师实行持普通话等级证书上岗制度,公务员和公共服务行业的从业人员、大学和职业技术学校相关专业学生的普通话测试也取得不同程度的进展。例如青岛,教师 6.8 万人次、职业学校学生 1.67 万人次参加测试,达标率 90% 以上。公务员 4000 人参加培训,7800 余人参加测试,占应测人数的 90%,达标率 95%。电信系统一线服务人员 100% 参加测试达标,旅游系统导游 2370 人参加测试,普通市民 600 多人自愿参加测试。

5. 社会用字的监督管理和治理整顿。社会用字面广量大,情况复杂,具有较强的政策性和专业性,是语言文字工作的难点。各达标城市进行了积极的探索和实践，结合推进文明城市、卫生城市创建和当地重要经贸、交流活动等，借助示范校、示范街、示范单位的创建，发挥各条块的职能作用。遵照相关的法律法规，加强监督管理和治理整顿，使社会用字的整体面貌发生了较大的改观，扩大了规范汉字的使用，达到了"汉字的社会应用规范"的目标。

（五）城市语言文字工作评估存在的不足和问题。从评估的组织推动看，多数城市的工作机构近年内才得到充实调整，一些城市没有负责此项工作的专职干部，工作基础较为薄弱。为了尽快达标，评估工作有突击的痕迹，覆盖面不够大，甚至在一些领域只抓了几个典型迎接检查，相当多的部门和单位没有发动起来。一些工作带有临时性，发展势头微弱，靠评估形成的一些工作机制、措施难以长期坚持。有些城市通过评估从整体上加强了语言文字的管理工作，但机构、队伍等建设的核心问题没有得到根本解决，势必影响评估成效的巩固和今后工作的发展。

从评估对提高全社会语言文字应用规范水平来看，在城市自评和上级评估认定涉及的系统、部门、单位和场所，普通话和规范汉字的使用受到重视，基本能够达到要求，但评估没有涉及的地方和人员，语言文字工作没有提上议事日程，普通话的使用没有形成氛围，汉字使用中还存在着混乱现象。评估中遇到如何妥善处理普通话和方言、规范汉字和繁体字、异体字的关系问题。在一些城市，方言广播电视节目有增多的趋势。公共场所招牌中的手书字和注册商标中的繁体字、异体字还没有解决，事前把关和监督引导的长效机制尚未建立。对于外文，特别是英文，在各领域的使用呈增多的趋势。地名牌的通名部分存在的使用英文的情况，多数城市通过评估做了纠正，但是仍有少数城市继续使用英文。

第八节　制订《国家通用语言文字法》[①]

一、制订《国家通用语言文字法》的必要性

语言文字工作关系到国家的统一、民族的团结、社会的进步。实现国家通用语言文字的规范化、标准化,是促进民族间交流、普及文化教育、发展科学技术、适应现代经济和社会发展的需要,是提高工作效率的基础工程,对于社会主义物质文明建设和精神文明建设具有重要的意义。我国是一个多民族、多语言、多文种的国家,有 56 个民族,70 多种语言,50 多种现行文字。制订《国家通用语言文字法》,用法律的形式确定普通话和规范汉字作为国家通用语言文字的地位,规定国家通用语言文字的使用范围,有利于语言文字的社会应用,有利于各民族之间的交往,有利于促进民族团结,维护国家统一。

在 20 世纪最后的十年里,语言文字的应用现状与社会发展的要求相比,还存在某些滞后现象。有些地区方言盛行,在公共场合说普通话还没有真正形成风气;社会上滥用繁体字、乱造简化字的现象比较普遍;有些企业热衷于取洋名、洋字号,在营销活动中乱造音译词;信息技术产品中语言文字使用的混乱现象也很突出;不少出版物、广告、商店招牌、商品包装和说明中滥用外文……。大量事实说明,在语言文字工作中没有法律,只靠政策性文件,规范性差,权威性小。制订《国家通用语言文字法》,把语言文字工作纳入法制轨道,才能适应社会发展的需要,实现科学有效的管理。

[①] 这一部分主要根据汪家镠《关于〈中华人民共和国国家通用语言文字法(草案)〉的说明》,《中华人民共和国国家通用语言文字法》第 7 至第 15 页,中国民主法制出版社 2000 年版。

党和国家历来重视语言文字工作。20世纪50年代,毛主席、周总理等老一辈无产阶级革命家对语言文字工作做出了一系列指示。1986年以来,语言文字工作进入了以规范化、标准化为主要标志的新时期,在推广普通话、社会用字管理以及中文信息处理等方面创造了一些新的经验,各地先后出台了4个地方性法规和26个行政规章,为纠正社会用语用字混乱的现象、推进语言文字的依法管理奠定了基础。

二、《国家通用语言文字法》的起草过程

进入20世纪90年代,语言文字应用中的混乱现象,引起了社会有识之士的焦虑,成为关注的热点。1990年至1996年,全国人大代表和全国政协委员关于语言文字问题的议案和提案达97项,其中全国人大代表提出加速语言文字立法的议案有28项。特别是1996年,语言文字立法的呼声最高。在八届全国人大第四次会议上,有227位代表提出了7件要求对语言文字进行立法的议案。1997年又有164位代表提出了5件要求对语言文字进行立法的议案。语言文字工作无法可依的状况亟待改变,语言文字立法十分迫切。

1996年10月28日,八届全国人大常委会第22次会议审议了全国人大教科文卫委员会对代表议案处理意见的报告,同意由全国人大教科文卫委员会牵头起草《中华人民共和国语言文字法》,并列入1997年全国人大常委会的立法计划。

语言文字法的起草工作于1997年1月启动,国家语委积极配合全国人大教科文卫委员会的起草工作。起草班子在国内进行了大量立法调研,并对国外语言文字立法情况进行了考察。多方征求意见,数易其稿,形成法律草案。经八届全国人大教科文卫委员会第49次会议讨论通过,于1997年9月29日报告了八届全国人大常委会。全国人大换届之后,为了做好九届全国人大常委会审议的准备工作,全国人大教科

文卫委员会于 1998 年 9 月 24 日在听取各方意见的基础上,召开新一届委员会的全体委员会议,对草案进行了进一步的认真讨论,认为比较成熟,建议全国人大常委会尽早审议。

鉴于少数民族语言文字问题的复杂性和特殊性,2000 年 2 月,委员长会议决定本法主要规范国家通用语言文字,少数民族语言文字的使用留待修改《中华人民共和国民族区域自治法》时另作规定。本法的名称也相应改为《中华人民共和国国家通用语言文字法》。起草班子根据委员长会议精神,对草案内容作了修改。4 月 21 日,教科文卫委员会再次审议通过,形成了提交常委会审议的稿子。7 月 3 日,《中华人民共和国国家通用语言文字法(草案)》提交九届全国人大常委会第 16 次会议审议。7 月 5 日,常委会一审《中华人民共和国国家通用语言文字法(草案)》。许多委员针对目前语言文字使用中存在的殖民、封建、色情、庸俗、低级趣味等不健康现象和社会上用谐音乱改成语现象提出批评。他们表示,应当用法律的形式规范国家通用语言文字的应用,规范祖国的语言文字,解决社会用词用语的混乱问题。8 月 22 日,九届全国人大常委会第 17 次会议二审《中华人民共和国国家通用语言文字法(草案)》。10 月 9 日,全国人大法律委员会召开会议,对《中华人民共和国国家通用语言文字法(草案)》进行审议。教科文卫委员会和国务院有关部门的负责同志列席了会议。10 月 18 日,全国人大法律委员会提出《关于〈中华人民共和国国家通用语言文字法(草案)〉审议结果的报告》。《报告》说:"法律委员会认为《国家通用语言文字法(草案)》经过常委会两次审议和修改,已经基本成熟。草案对语言文字的使用,以提倡、鼓励为主,着重规范和引导,同时对语言文字工作的管理和监督,也做出了具体规定,有利于普通话的推广和规范汉字的推行,有利于促进国家通用语言文字的规范化、标准化及其健康发展。"法律委员会对草案提出了五点修改意见。"草案三次审议稿已按上述意见作了修改,法律委员会建议经本次常委会会议审议通过。"这部法律自1997年1月开始起草,到2000年10月31日审议通过,历时3年10个月。

三、《国家通用语言文字法》的通过和公布

2000年10月31日,九届全国人大常委会第18次会议审议并通过了《中华人民共和国国家通用语言文字法》(简称《国家通用语言文字法》)。同日,中华人民共和国主席江泽民发布第37号《中华人民共和国主席令》,主席令说:"《中华人民共和国国家通用语言文字法》已由中华人民共和国第九届全国人民代表大会常务委员会第十八次会议于2000年10月31日通过,现予公布,自2001年1月1日起施行。"下面是《中华人民共和国国家通用语言文字法》的全文:

中华人民共和国国家通用语言文字法
(2000年10月31日第九届全国人民代表大会
常务委员会第十八次会议通过)

目 录

第一章 总则
第二章 国家通用语言文字的使用
第三章 管理和监督
第四章 附则

第一章 总则

第一条 为推动国家通用语言文字的规范化、标准化及其健康发展,使国家通用语言文字在社会生活中更好地发挥作用,促进各民族、各地区经济文化交流,根据宪法,制定本法。

第二条 本法所称的国家通用语言文字是普通话和规范汉

字。

第三条　国家推广普通话,推行规范汉字。

第四条　公民有学习和使用国家通用语言文字的权利。

国家为公民学习和使用国家通用语言文字提供条件。

地方各级人民政府及其有关部门应当采取措施,推广普通话和推行规范汉字。

第五条　国家通用语言文字的使用应当有利于维护国家主权和民族尊严,有利于国家统一和民族团结,有利于社会主义物质文明建设和精神文明建设。

第六条　国家颁布国家通用语言文字的规范和标准,管理国家通用语言文字的社会应用,支持国家通用语言文字的教学和科学研究,促进国家通用语言文字的规范、丰富和发展。

第七条　国家奖励为国家通用语言文字事业做出突出贡献的组织和个人。

第八条　各民族都有使用和发展自己的语言文字的自由。

少数民族语言文字的使用依据宪法、民族区域自治法及其它法律的有关规定。

第二章　国家通用语言文字的使用

第九条　国家机关以普通话和规范汉字为公务用语用字。法律另有规定的除外。

第十条　学校及其它教育机构以普通话和规范汉字为基本的教育教学用语用字。法律另有规定的除外。

学校及其它教育机构通过汉语文课程教授普通话和规范汉字。使用的汉语文教材,应当符合国家通用语言文字的规范和标准。

第十一条　汉语文出版物应当符合国家通用语言文字的规范

和标准。

汉语文中需要使用外国语言文字时,应当用国家通用语言文字作必要的注释。

第十二条 广播电台、电视台以普通话为基本的播音用语。

需要使用外国语言为播音用语的,须经国务院广播电视部门批准。

第十三条 公共服务行业以规范汉字为基本的服务用字。因公共服务需要,招牌、广告、告示、标志牌等使用外国文字并同时使用中文的,应当使用规范汉字。

提倡公共服务行业以普通话为服务用语。

第十四条 下列情形,应当以国家通用语言文字为基本的用语用字:

(一)广播、电影、电视用语用字;

(二)公共场所的设施用字;

(三)招牌、广告用字;

(四)企业事业组织名称;

(五)在境内销售的商品的包装、说明。

第十五条 信息处理和信息技术产品中使用的国家通用语言文字应当符合国家的规范和标准。

第十六条 本章有关规定中,有下列情形的,可以使用方言:

(　)国家机关的工作人员执行公务时确需使用的;

(二)经国务院广播电视部门或省级广播电视部门批准的播音用语;

(三)戏曲、影视等艺术形式中需要使用的;

(四)出版、教学、研究中确需使用的。

第十七条 本章有关规定中,有下列情形的,可以保留或使用繁体字、异体字：

（一）文物古迹；

（二）姓氏中的异体字；

（三）书法、篆刻等艺术作品；

（四）题词和招牌的手书字；

（五）出版、教学、研究中需要使用的；

（六）经国务院有关部门批准的特殊情况。

第十八条　国家通用语言文字以《汉语拼音方案》作为拼写和注音工具。

《汉语拼音方案》是中国人名、地名和中文文献罗马字母拼写法的统一规范，并用于汉字不便或不能使用的领域。

初等教育应当进行汉语拼音教学。

第十九条　凡以普通话为工作语言的岗位，其工作人员应当具备说普通话的能力。

以普通话作为工作语言的播音员、节目主持人和影视话剧演员、教师、国家机关工作人员的普通话水平，应当分别达到国家规定的等级标准；对尚未达到国家规定的普通话等级标准的，分别情况进行培训。

第二十条　对外汉语教学应当教授普通话和规范汉字。

第三章　管理和监督

第二十一条　国家通用语言文字工作由国务院语言文字工作部门负责规划指导、管理监督。

国务院有关部门管理本系统的国家通用语言文字的使用。

第二十二条　地方语言文字工作部门和其它有关部门，管理和监督本行政区域内的国家通用语言文字的使用。

第二十三条　县级以上各级人民政府工商行政管理部门对企

业名称、商品名称以及广告的用语用字进行管理和监督。

第二十四条　国务院语言文字工作部门颁布普通话水平测试等级标准。

第二十五条　外国人名、地名等专有名词和科学技术术语译成国家通用语言文字,由国务院语言文字工作部门或者其它有关部门组织审定。

第二十六条　违反本法第二章有关规定,不按照国家通用语言文字的规范和标准使用语言文字的,公民可以提出批评和建议。

本法第十九条第二款规定的人员用语违反本法第二章有关规定的,有关单位应当对直接责任人进行批评教育;拒不改正的,由有关单位作出处理。

城市公共场所的设施和招牌、广告用字违反本法第二章有关规定的,由有关行政管理部门责令改正;拒不改正的,予以警告,并督促其限期改正。

第二十七条　违反本法规定,干涉他人学习和使用国家通用语言文字的,由有关行政管理部门责令限期改正,并予以警告。

第四章　附则

第二十八条　本法自2001年1月1日起施行。

四、《国家通用语言文字法》的说明

(一)制订《国家通用语言文字法》的指导思想。制订《国家通用语言文字法》的指导思想主要是:(1)与宪法等法律保持一致;(2)坚持新时期语言文字的方针、政策,促进语言文字的规范化、标准化,使语言文字在社会生活中更好地发挥作用;(3)在语言文字应用管理中,要体现主权意识,坚持从实际出发、实事求是的原则。

(二)《国家通用语言文字法》的适用范围和主要调整对象。我国现行语言文字的通用范围,分为国家通用语言文字和民族自治地方和少数民族聚居地方通用语言文字两个层次。普通话、规范汉字是国家通用语言文字,在全国范围内通用,包括民族自治地方和少数民族聚居地方。《国家通用语言文字法》第二条规定:"本法所称的国家通用语言文字是普通话和规范汉字。"实际上也就是规定了普通话和规范汉字的使用范围。

《国家通用语言文字法》调整的不是国家通用语言文字的个人使用,而是社会的交际行为。本法第二章对国家通用语言文字使用中的政府行为和大众传媒、公共场合中的用语、用字进行调整,具体针对国家机关、学校、出版物、广播电台、电视台、影视屏幕、公共设施及招牌、广告、商品包装和说明、企业事业组织名称、公共服务行业和信息技术产品中的用语用字,而对个人使用语言文字只作引导,不予干涉。至于对少数民族语言文字的规范问题,需要依据其他法律的有关规定,这不是《国家通用语言文字法》的调整范围。本法第八条对此作出了规定。

社会上用词、用语的混乱状况引起了许多有识之士的强烈不满。用词、用语的混乱大致属于两种情况:一是思想内容有殖民、封建、色情、庸俗、低级趣味等不健康色彩,不利于社会主义精神文明建设;二是谐音乱改成语对中小学生造成了误导。解决社会用词、用语的混乱问题,的确是一个重要而紧迫的问题,不加强这方面的管理,不利于社会主义精神文明建设。本法第五条规定:"国家通用语言文字的使用应当有利于维护国家主权和民族尊严,有利于国家统一和民族团结,有利于社会主义物质文明建设和精神文明建设。"这是国家通用语言文字使用的总原则,是对语言文字使用的内容和形式问题作出的原则规定。本法第二章"国家通用语言文字的使用"侧重对语言文字使用的形式作了较为具体的规定。我国现行的法律中已经有对语言文字使用的内容方面作出的规定,如《商标法》、《广告法》、《消费者权益保障法》、

《预防未成年人犯罪法》、《未成年人保护法》等法律中对商标广告、商品名称、店堂告示、广播电影电视、出版物、计算机网络的用语用词的内容方面都作了比较详尽具体的规定。

(三)国家语言文字的基本政策。我国语言文字的基本政策,在我国语言文字发展的进程中发挥了重要作用。制订《国家通用语言文字法》,以我国语言文字的基本政策为基础。我国语言文字的基本政策是:各民族语言文字平等共存,禁止任何形式的语言文字歧视;各民族都有学习、使用和发展本民族语言文字的自由;国家鼓励各民族互相学习语言文字;国家推广普通话,推行规范汉字。因为本法只规范国家通用语言文字问题,因此第三条规定:"国家推广普通话,推行规范汉字。"这就将国家语言文字基本政策上升为法律。用法律形式推广普通话、推行规范汉字,有利于规范国家通用语言文字的社会应用。为了保证这一目标的实现,本法第四条规定:"公民有学习和使用国家通用语言文字的权利。""国家为公民学习和使用国家通用语言文字提供条件。"

我国各民族语言文字地位一律平等,推广普通话、推行规范汉字,并不是要限制少数民族语言文字的使用和发展。在民族自治地方和少数民族聚居区,国家通用语言文字和当地通用的少数民族语言文字可以同时使用。

(四)国家通用语言文字工作的管理体制。国家通用语言文字工作涉及到社会生活的方方面面,光靠国家语言文字工作主管部门来管是不够的,需要有关部门各司其职,各级地方政府齐抓共管。因此,本法第三章规定:国家和地方语言文字工作主管部门要对国家通用语言文字工作进行统筹规划、管理监督;各级人民政府有关部门管理本行政区域本系统的国家通用语言文字的使用。

(五)关于法律责任。推广普通话、推行规范汉字,应本着说服教育、以教育为主的原则。制订本法第四章法律责任的指导思想是:对违反本法规定者应该由有关部门责令其限期改正;对拒不改正或造成严重后果者,再给予处分或处罚。语言文字问题不同于其他问题,立法的目的不是为了处分或处罚,而是为了引导大家共同遵守国家通用语言文字使用的规范、标准和有关规定。

五、学者对《国家通用语言文字法》的研究

《国家通用语言文字法》产生以后,广大语文工作者和语文专家认真学习,努力贯彻实施。苏培成主编的中国语文现代化学会会刊《语文现代化论丛》第五辑(语文出版社 2003 年 10 月版)发表了一组学习《国家通用语言文字法》的文章,共 9 篇。其中有魏丹著《关于地方制定〈国家通用语言文字法〉实施办法〉的有关问题》,文章共设 9 个小标题:(1)国家为什么不制订统一的《法》的实施办法,而由地方制订。(2)当前语言文字工作的现状及新世纪语言文字工作的任务和目标。(3)语言文字法律法规体系框架和《实施办法》的法律定位。(4)地方制订《实施办法》的意义和主要任务。(5)地方制订《实施办法》的原则。(6)《实施办法》需要体现的有关政策。(7)关于《实施办法》的适用范围和主要调整对象。(8)关于《实施办法》需要细化的主要内容及依据。(9)地方制订《实施办法》应该注意的几个问题。还有王开扬、马庆株合著的《〈国家通用语言文字法〉与中国语文现代化》,文章指出:

> 1892 年,福建人卢戆章出版《一目了然初阶》(中国切音新字),从此拉开了中国语文现代化的序幕。100 多年来,中国的语文现代化运动取得了长足的进步,周有光先生曾经把中国语文现代化的内容和成就精辟地概括为四个方面:语言共同化、文体口语

化、文字简便化、表音字母化。自从20世纪80年代以来,这"四化"除了"语言共同化"以外,其他"三化"都不同程度地存在争议。有一批自称是"新派语言学家"的人以《汉字文化》为阵地,做尽了"文体文言化、文字繁难化、表音汉字化"的文章,大有"黑云压城城欲摧"之势。一时间,中国的语文生活是现代化还是古代化,是前进还是后退,成为一个严峻的历史性课题。在相当困难的情况下,王均先生领导着《语文建设》为保卫语文现代化的成果作出了卓有成效的贡献。幸运的是,2000年10月31日,我国历史上第一部关于语言文字的法律《中华人民共和国国家通用语言文字法》(以下简称《语文法》)颁布了。这部法律对20世纪80、90年代中国语文界的争论作出了历史性的总结,甚至也可以说,它是那一场语文大讨论呼唤出来的产物。它的诞生,使100多年来众多仁人志士为之奋斗的语文现代化的成果地位得以巩固,使50多年来行之有效的语文工作基本政策上升到了法律的地位,以国家意志的形式否决了某些人把语文生活拉向倒退的企图,排除了执行语文政策过程中的种种阻力,对于推进语文现代化,并且以语文现代化的成果支持国家的整个现代化建设,具有不可估量的现实意义和深远的历史意义。"痛定思痛",现在是讨论《语文法》和语文现代化关系的时候了。

周有光先生指出:"2000年,我国公布国家通用语言文法,这是对过去一个世纪的语文现代化工作做一次肯定的小结,保障语文现代化的成果进一步顺利推行。"①

上面的论述都是十分重要的。我们学习贯彻《国家通用语言文字

---

① 周有光《〈汉语拼音 文化津梁〉序言》,三联书店2007年版。

法》时,必须深入了解这部法律的实质。没有这样的认识,也就不可能真正懂得这部法律,也就无法准确地贯彻这部法律。

第九章 实施国家语文发展的战略(2001—2007)

第一节 开展国家语文发展战略的研究

(一)改革开放以来语文工作发生了可喜的变化。中国实行改革开放以来,在现代化和信息化的道路上不断前进,取得了举世瞩目的成绩。经济从一度濒于崩溃的边缘发展到总量跃至世界第四,进出口总额位居世界第三,人民生活从温饱不足发展到总体小康,农村贫困人口从两亿五千多万减少到两千多万,政治建设、文化建设、社会建设都迈出了令人振奋的新步伐。中国的发展,不仅使中国人民开始走上富裕安康的广阔道路,而且为世界经济发展和人类文明进步做出了重大贡献。美国《新闻周刊》2007年12月22日的一期发表了题目为《一个强悍、然而尚显脆弱的超级大国的崛起》的文章。文章说:"中国经济增长的规模和速度一直大得惊人,完全是史无前例,而且中国已经产生了同样惊人的变化。它用20年的时间经历了欧洲用两个世纪才完成的同样程度的工业化、城市化和社会转型。""回想一下30年前中国是什么样子吧。那是一个百废待兴的国家,是世界上最穷的国家。那时,它刚刚结束了摧毁大学、中小学和工厂的文化大革命。从那以来,中国有4亿人民脱离了贫困,大约占上个世纪全球减轻贫困成果的75%。这个国家建起了新的城市和城镇,修建了新的公路和港口,并且正在详细规划引人注目的未来。"在这个伟大的变革中,社会语言文字生活空前活跃,新的变异不断涌现。语言文字工作面对着前所未有的发展形势,承担着促进经济发展社会发展提出的新使命。我们要研究新形势,明确新任务,使我们的语言文字工作与时俱进,为国家的发展和社会的进步做出积极的贡献。

(二)大国的崛起总是伴随着语文的崛起。胡锦涛同志在《高举中国特色社会主义伟大旗帜,为夺取全面建设小康社会新胜利而奋斗》的报告里指出:"我们已经朝着十六大确立的全面建设小康社会的目标迈出了坚实步伐,今后要继续努力奋斗,确保到2020年实现全面建成小康社会的奋斗目标。""我们必须适应国内外形势的新变化,顺应各族人民过上更好生活的新期待,把握经济社会发展趋势和规律,坚持中国特色社会主义经济建设、政治建设、文化建设、社会建设的基本目标和基本政策构成的基本纲领,在十六大确立的全面建设小康社会目标的基础上对我国发展提出新的更高要求。""到2020年全面建设小康社会目标实现之时,我们这个历史悠久的文明古国和发展中社会主义大国,将成为工业化基本实现、综合国力显著增强、国内市场总体规模位居世界前列的国家,成为人民富裕程度普遍提高、生活质量明显改善、生态环境良好的国家,成为人民享有更加充分民主权利、具有更高文明素质和精神追求的国家,成为各方面制度更加完善、社会更加充满活力而又安定团结的国家,成为对外更加开放、更加具有亲和力、为人类文明作出更大贡献的国家。"

李宇明指出:"理论上语言是一律平等的,现实中语言是有强有弱的。语言的强弱与语言所属社团的强弱盛衰呈正相关。古罗马帝国的强盛,造就了拉丁语在欧洲古代的'超级语言'的地位;法兰西的崛起,使法语在17世纪成为欧洲外交用语。现今不可一世的英语,1600年前后还只是一个不起眼的小语种,是老牌的大英帝国和新兴的美利坚合众国,给了英语在第一次世界大战结束时同法语一决雌雄的资格。

二战之后,美国成为军事强国和技术盟主,英语超越法语成为世界外交、贸易、科技、教育的第一大语言。时至今日,几乎成了'世界通语'。"[1]周有光说:"两次世界大战,从英国殖民地独立成为现代大国的美国,不仅在军事上取得胜利,并且在战后开创了信息化的新时代。英语的流通扩大,美国是最主要的推动力量。起源于美国的多媒体电脑和国际互联网络,不断造出以英语为基础的新术语,信息化和英语化几乎成了同义词。英语通过电视和电脑,正在倾泻进全世界每一个知识分子的家庭。英语的洪水泛滥全球。""成立联合国的时候,议定以'英、法、西、俄、中'五种语言为工作语言,后来增加一种阿拉伯语。联合国原始文件所用语言,英语占80%,法语占15%,西班牙语占4%,俄语、中文和阿拉伯语合计占1%。法语的应用不到英语的1/5。今天多数国际会议,名义上用英法两语,事实上只用英语。"[2]

进入21世纪,我们要抓紧难得的发展机遇,继续前进,争取在2020年实现全面建成小康社会的奋斗目标。各行各业都要为实现这一奋斗目标贡献聪明才智,语言文字工作担负着重大的责任。它既要考虑需要也要考虑可能,既要考虑人际界面也要考虑人机界面,既要考虑国内也要考虑国外,既要考虑当前也要兼顾长远。总之,既要考虑语文的发展战略,也要考虑语文工作的发展战略,要有个总的布局。我们的语言学家、语文工作干部和社会各界人士,要认真思考这个重要问题,献计献策。把大家的想法和建议汇集起来并逐渐形成国家的语言战略。

(三)学者论语言发展战略。下面我们介绍几位学者对汉语汉字发展战略的论述,以发表时间的先后为序,先远后近。

---

[1] 李宇明《强国的语言与语言的强国》,《光明日报》2004年7月28日。
[2] 周有光《双语言时代》,《新时代的新语文》第24至第25页,三联书店1999年版。

(1) 联系三个面向看汉语汉字。吕叔湘认为：研究论汉语汉字的发展，要联系邓小平同志提出的三个面向，就是面向现代化，面向世界，面向未来。他说：第一个是面向现代化。现代化就意味着高效率，怎么取得高效率？一是要有高速度，二是要有高精密度。讲到高速度，汉字怎么样也不能跟拼音字比赛。咱们已经有了《汉语拼音方案》，现在就是要充分利用《汉语拼音方案》，并且在一定范围内利用汉语拼音文字。汉字输入计算机先得编成号码，拼音字可以直接输入。在高精密度方面，汉语拼音在同音词问题解决以前是不如汉字的。第二个面向是面向世界。面向世界的一个重要内容就是语言文字要有利于中外文化交流。在这个问题上，汉字也是远远不如汉语拼音便利。汉字的不利于国际化，突出的表现在两件事情上。一件事情是翻译外国人名地名，另一件事情是科技名词。日本的科技名词从前也多用意译，后来，尤其是二次大战以后，已经大量改用拼音转写。第三个面向是面向未来。面向未来就是要更进一步现代化，更进一步国际化，而决不是相反。①

(2) 汉语汉字必须是规范化的语言文字。吕叔湘十分重视汉语汉字的规范化。他说："汉字里边的乱写混用，汉文里边的食古不化、食洋不化，是当前叫人头痛的两个问题。听说汉字和汉文将要在 21 世纪走出华人圈子，到广大世界去闯荡江湖，发挥威力，这真是叫人高兴可庆可贺的事情。不过我总希望在这 20 世纪剩下的十年之内，有人把它们二位的毛病给治治好再领它们出门。这样，我们留在家里的人也放心些。"②

(3) 努力提高汉语的国际地位。周有光十分重视汉语的国际地

---

① 吕叔湘《汉语文的特点和当前的语文问题》，《吕叔湘全集》第 11 卷第 209 至第 213 页，辽宁教育出版社 2002 年版。

② 吕叔湘《剪不断，理还乱——汉字汉文里的糊涂账》，《吕叔湘全集》第 6 卷第 469 页，辽宁教育出版社 2002 年版。

位。他说:语言的"国际地位"是怎样衡量的呢？主要是衡量:一、使用人数,二、文化背景,三、出版事业。下面拿英语跟汉语作比较。从使用人数说,以英语为本地语言的人数共3亿,以英语为外来语言的人数有7亿,总计10亿。英语虽然也有方言的差别,但是差别甚微,不影响相互了解。汉语是10亿人口的语言,可是汉语的7大方言,彼此难于听懂。汉语的方言和英语的方言意义不同,英语的10亿和汉语的10亿不可同日而语。中国要想成为一个现代化国家,第一件大事是普及共同语和普及义务教育。在普通话"普及"中国以前,汉语难有真正崇高的国际地位。从文化背景说,中国文化是人类古文化中保存得最长久和最完整的部分。文化悠久提高了汉语的国际地位。可是,西欧发生工业革命以后,科技文化迅猛发展。中国"不进则退",屡次失去迎头赶上的历史机会,汉语未能取得代表现代科技文化的地位。第二次世界大战以后,英语超过了法语,成为事实上的"国际共同语"。它是今天国际间外交、贸易和科技的主要用语。它代表着现代科技文化。从出版事业说,今天的全世界出版物中,英语出版物占四分之三。汉语出版事业瞠乎其后,是不容置疑的。发明印刷术的中国,必须积极发展印刷事业。汉语是联合国6种工作语言之一。了解汉语在联合国中的实际作用,能够帮助我们认识它的国际地位。联合国文件的原文,80%用英文,15%用法文,4%用西班牙文,1%用阿、俄、中文。汉语作用如此之小,这是我们主观上不愿意承认的客观事实。但是,只有承认客观事实,才能促进主观的努力。今天的历史任务是:"普及"全国通用的普通话,提高汉语的规范化水平,切实实行全民义务教育,为汉语争取更高的国际地位。①

---

① 周有光《汉语的国际地位》,《新语文的建设》第198至第203页,语文出版社1992年版。

(4)21世纪的华语和华文。汉语汉字是连接中国与世界的桥梁。周有光指出:20世纪,华语和华文发生了历史性的大变化。在21世纪,全世界的华人将显著地提高文化,发展理智,重视效率。由此,华语和华文将发生更大的时代变化。作者预测:第一,华语将在全世界华人中普遍推广。英国在两百年前普及了英国共同语英语,后来成为事实上的国际共同语。日本在一百年前普及了日本共同语日语。全世界的华人可能在21世纪之末普及华夏共同语华语。第二,汉字将成为定形、定量、规范统一的文字。统一规范是历史的必然,删繁就简是文字发展的规律。为了提高工作效率,增强屏幕上的清晰度,21世纪后期可能对汉字还要进行一次简化。在21世纪的后期,讲究效率的华人将把一般出版物用字限制在3500常用字范围之内,实行字有定量,辅以拼音。第三,拼音将帮助华文在网络上便利流通。21世纪将有更多的智能化软件,利用拼音帮助汉字,使华文在网络上便利流通。在21世纪的国际往来中,拼音将发挥沟通东西文化的桥梁作用。[①]

(5)语言会促进国家的发展强大。李宇明指出:语言强弱不仅是国家强弱盛衰的象征,而且语言也会促进国家的发展强大。语言是文化的基础、民族的象征,是"软国力"的核心。语言是人类最重要的交际工具,80%的信息由语言文字来负载传递,语言信息技术和语言产业成为当今经济快速增长的"新宠",语言构成"硬国力"的一个重要方面。故而许多大国都在有计划地实施各自的语言战略,并努力扩大语言的国际影响。美英等国通过贸易、媒体、教育、文化等途径向世界倾销英语,法国努力协调有34个国家和3个地区构成的法语区(Francophonie)的语言问题,西班牙利用西班牙语世界(Hispanidad)这一概念向世界进行语言传播(Language Spread),日本、韩国建立基金会不遗余

---

① 周有光《21世纪的华语和华文》第59至第65页,三联书店2002年版。

力地推进日本语或韩国语的国际传播。

我国正在充满信心地全面建设小康社会,正在"和平崛起"为经济强国。在国民总收入列世界六强、人均国民收入超过1000美元的历史机遇期,我国应当审时度势,制定科学而且充满雄心的语言战略,使语言在国家和平崛起的过程中发挥巨力,保证将来国家强大时也有与之相称的语言强势。

为使汉语走强,作者认为以下三个方面相当重要:第一,提高普通话和规范汉字的社会声望。普通话和规范汉字是法定的国家通用语言文字,努力提高国家通用语言文字的社会声望,乃固本之策。第二,加快中国语言文字信息处理的研究。语言文字的信息处理,是我国信息化的基础工作,是必决之役、必胜之战。第三,努力推进汉语的国际传播。在新的时代背景下,在调查世界上汉语使用现状的基础上,配合和平崛起战略,进一步明确汉语国际传播思路。①

(6)实施国家语文发展战略时汉语的优势和不利因素。李宇明认为:汉语的优势首先是人口优势。据统计,海内外以汉语为第一语言的人大约超过13亿,汉语是世界上使用人口最多的语言之一。其次是汉语具有文化优势。据统计,它负载着中国悠久的对世界充满魅力的优秀文化。再次是汉语还具有潜在的经济优势。近些年中国经济持续高速度发展,综合国力和国际地位明显提高,美国、韩国、日本等国家,纷纷把汉语作为主要外语纳入国民教育体系。

汉语文的不利因素表现在如下一些方面:第一,汉语的使用人口虽然众多,但是内部的一致性较差。方言分歧严重,汉字又有简体字与繁体字之别。普通话和规范汉字的普及程度近些年有重大进展,但还相当不理想。在公务活动中,在教学活动中,以及在公共场合的交际中,

---

① 李宇明《强国的语言与语言的强国》,《光明日报》2004年7月28日。

不使用普通话和规范字的情况还相当多。不少调查显示,大陆年轻汉族人的母语水平在急剧下降。少数民族聚居区域,国家通用的语言文字并非到处通用。第二,对现代汉语现行汉字的研究还不够深入,偌大的中国还罕见专门的普通话研究室和规范汉字研究室,全国用于汉语汉字的研究经费十分有限。第三,中文信息处理的水平与发达国家相比还有不小差距,特别是在核心技术方面,拥有自主知识产权的成果还不多。网络的对公众开放的汉语数据库或包括汉语在内的多语种数据库还很少,导致网络的利用率低,实用价值低。第四,汉语在国际语言生活中也不占优势。将汉语作为国家通用语言或工作语言的国家和地区不多;联合国虽然将汉语列入工作语言,但是地区性、国际性的组织或会议真正使用汉语的还不多;汉语在地区或国际上的重要交际领域,如外交、贸易、科技、教育等,使用十分有限;非汉语区域的华人后代,保持汉语相当艰难,放弃汉语的人并不在少数;非华人的外国人学习汉语的人数正在增加,但真正了解汉语或在社会生活中使用汉语的,还只是凤毛麟角。①

(7)语文强势还不仅仅依靠军事、政治的优势,还要看其他社会历史条件。凌德祥认为:应该看到世界上每种强势语言实际上都伴随有高度繁荣的文明与文化。国力的强盛与语言文化艺术高度繁荣互为表里。具有悠久历史文化,特别是深处腹地的大陆传统语言文化,仅仅依靠军事强力是不可能被征服的。在民族觉醒的现代社会,通过军事等强力实现语言替换更不可能获得成功。现代英语的进一步走强,更多地是依靠其现代科技、网络文化的助推。这也充分说明,在现代社会,中国完全可以通过和平崛起使汉语走向世界。中国要和平崛起,实现汉语走向世界,唯有在大力振兴自己的传统文化同时,不断创新现代科

---

① 李宇明《中国语言规划论》第 37 页,东北师范大学出版社 2005 年版。

技文化和网络文化。①

（四）国家语文发展战略研究的提出。教育部、国家语委《国家语言文字工作"十五"计划》(2001—2005)指出："当今世界，科学技术突飞猛进。知识经济已见端倪，国力竞争日趋激烈，经济全球化趋势日益明显。'十五'期间，是我国经济和社会发展的重要时期，是进行经济结构战略性调整的重要时期，也是完善社会主义市场经济体制和扩大对外开放的重要时期，新形势对完善语言文字工作提出了更高、更迫切的要求。"在这份文件中，已经注意到当今世界发生的重大变化对完善语言文字工作提出的新要求，不过对新要求的说明还比较笼统。

2007年4月30日，教育部办公厅下发《国家语委关于印发〈国家语委语言文字应用科研工作"十一五"规划〉的通知》。在《规划》里明确提出了"国家语言战略研究"。《规划》指出："语言战略是国家发展战略的有机组成部分。近些年来世界上一些大国都在制订自己的语言战略，利用语言维护国家的文化安全，对内消解社会矛盾，凝聚民心，向外传播自己国家的理念，赚取外汇收入。我国当前语言生活正快速发展变化，语言生活中各种矛盾凸显，社会需要提供语言服务的类型与方式与日俱增，虚拟空间迅猛拓展，汉语走向世界的脚步空前加快，争取国际话语权正成为民族的自觉意识。此种情况下，我国必须及时研究宏观语言战略，设计落实语言战略的行动计划，摆出应对重大语言问题的科学预案。"

根据学者的研究和政府的有关的文件，实施国家语文发展战略的要点是：第一，坚持语文改革的成果，构建实施国家语文发展战略的基础。第二，明确汉语文的发展方向，做好汉语文的自身建设。第三，提高全民的语文素质，规范语文的社会应用。第四，妥善处理语文发展中

---

① 凌德祥《走向世界的汉语》第32页，文化艺术出版社2006年版。

的矛盾,构建和谐的语文生活。第五,探讨汉语文的国际传播战略,加强汉语文的国际推广。第六,提高汉语文信息处理水平,扩大汉语文在虚拟空间的话语权。

一、坚持语文改革的成果,构建实施国家语文发展战略的基础

(一)一百多年来的语文改革使我国人民的语文生活发生了深刻的变化,这种变化集中的反映就是白话文、普通话、简化字和汉语拼音。这四件东西是中国古代历史上没有的新事物,是现代语文生活不可缺少的新成分。语文生活的演变一般说是渐进的,这四种新成分经过一百多年的发展已经逐渐深入到广大民众的生活中。当前我国人民阅读的书报、文告,签订的契约、合同,往来的书信、函牍都是现代白话文。文言文成为专业人员进行研究时阅读的资料,退出了普通民众的视野。人们交际用的口语占支配地位的是普通话,不论是政治、经济、军事领域,还是文化、教育领域,都在用普通话。现在全国能用普通话与人交谈的占53.06%。简化字已经深入人心。现在平时主要写简化字的占95.25%,平时主要写繁体字的占0.92%。全国会认读和拼写汉语拼音的占44.63%,会一些汉语拼音的占23.69%。这就是我们语文的现状,也就是我们继续前进的基础。

(二)语文改革有阻力,更有希望。阻力主要来自习惯势力。习惯势力是可以改变的,关键在于引导。支持语文改革的深广基础是广大民众和支持语文改革的知识分子。回顾历史,改革虽有曲折,但是最终总会成功。汉字在三千年的发展历史中最大的改革是隶变,隶变使古文字的象形意味几乎完全丧失,但是取得了成功。当代中国的语文改革阻力不小,但是阻力不能扭转前进的方向。

(三)构建实施国家语文发展战略的基础。进入21世纪的中国正

在全面建设小康社会,实现和平崛起。全球化和信息化是当代发展的两大潮流,我们的语文生活和语文工作必须要适应这个发展趋势。随着经济、政治和文化的发展,世界各国的联系日益密切,地球变成了"地球村"。中国实行改革开放,积极发展和世界各国的关系,融入世界大家庭。在这样的条件下,中国的语文不但要考虑国内交际的需要,而且要考虑国际交往的需要。汉语汉字要走向世界,提高自身的国际地位。这是我们要解决的一个新课题。以电子技术为核心的高科技日新月异,信息化网络化前途无限。语言文字是信息的载体,信息化网络化的发展使语言文字的应用领域发生了变化:在传统的人际界面之外,出现了新的人机界面。我们的语文不但要适应人际界面的需要,同时也要适应人机界面的需要。是改变汉语汉字使它们适应新的科学技术,还是发展科学技术使科学技术适应汉语汉字,这个争论已经持续了一百年。汉语汉字的改变谈何容易,科技的改变也并不轻松愉快。中文打字机可以打汉字,但是那么笨拙,使我们失去了一个打字机的时代。汉字输入电脑取得了成功,但是作用和效益和拉丁字母不可同日而语。让汉语汉字更加适应科技的发展,这是我们要解决的另一个新课题。

中国语文有自身特点,有自己的传统。中国的语文问题比西方复杂得多。中国语文既要保持自身的特点,又要适应全球化和信息化的发展趋势。我们的语文生活和语文工作必须与时俱进,发展创新。语文和教育关系密切,当前中国的教育还不够发达,人民自然科学的素质和人文科学的素质还有待提高;传统语文观里有许多不适应现代化要求的东西,一时还难以完全摆脱。中国缺少拼音的传统。有些知识分子对中国语文面临的问题和发展的前景缺乏足够的认识。这一切决定了中国的语文改革任重而道远。①

中国语文要发展,又离不开近百年来语文改革奠定的基础,这就是要坚持白话文、普通话、简化字和汉语拼音。坚持这四样东西,中国语文就能进一步为国家实现现代化做出贡献,就能为面向未来、面向世界做出贡献。如果放弃了这四样东西,就会回到清末时期的语文生活,不要说什么实施语文发展战略,就是满足国内的日常交际需要都很困难。倒退是没有出路的,广大民众不会支持走这样的路,世界的环境也不会支持中国走这样的路。

二、明确汉语文的发展方向,做好汉语文的自身建设

(一)语言是资源。把语言看做是重要的国家和民族的资源,这在理论上和认识上都是重大的进步。我们把语言看做是资源,看做人类重要的社会资源、文化资源,乃至经济资源,因而便会着力保护和开发利用这种资源,尽力维护语言的多样性,努力挽救濒危语言。

通常我们把资源分为自然资源和社会资源两大类,而语言是最基础的社会资源。一个民族千百年来形成的成熟的语言,不仅是经济发展、科技进步、社会和谐、文化繁荣的反映,也是一个国家软实力的重要组成部分。语言是一种社会现象,创造并且使用语言资源是构成社会的人具有的最重要的社会属性。语言资源不是天然存在的,不是先于人类就有的,而是人类实践活动的产物,与人类共存亡,相依为命。语言是活跃的,富有生命力的。人类社会在发展、进步的过程中,语言也相应发展变化,语言资源不断丰富。比如一个新词语的出现、一种新的语法格式的产生,源于民众首创。而在现代社会生活中,能够得以认定,以至最终取得合法地位,往往取决于媒体的传播力度。媒体的这种

---

① 苏培成《中国语文现代化的回顾和展望》第37页,语文出版社2007年版。

推波助澜的作用不可低估。语言的生命在于应用,语言的社会应用就构成了人类的语言生活。语言除了自然的发展变化外,使用语言的人为了自身的需要,也常常有意识地建设语言,按照既定的目的建设语言。建设语言包括发展语言和规范语言两个主要方面。

语言资源由语言本体和语言应用两部分构成。语言本体包括语音系统、词汇系统、语法系统和语义系统,是语言资源的物质基础;语言应用包括语言在社会各领域的应用及其效益,是语言资源价值和可利用性的具体体现。

周有光说:"二次大战以来,世界各国的语文都发生了很大的变化,主要有如下情况:一百多个新兴国家,独立之后的第一件大事,就是规定国家的共同语,作为行政和教育的工具。有些国家,把原来遭受压制的本国语言定为国家共同语。这是民族解放在语言方面的表现。有些国家,本国没有适当的有代表性的语言,不得不借用原宗主国的语言作为独立后的国家共同语,但是经过了法定程序,予以新的法定地位。这样,语言的形式没有改变,而语言的法定地位已经改变。有些国家,放弃一国一语言的传统政策,联合临近国家,采用一种区域性的国际通用语言,作为多国共用的共同语,扩大了'国语'的狭隘定义。这是语言国际化的新发展。""文明古国都有历史悠久的语文。到了信息化时代,为了适应时代的要求,为了减少语文的学习困难和增进语文的使用效率,都进行了各自不同的语文更新。"[①]这就是现代世界的语言建设。

语言资源的有效传承,主要靠语文教育。学校对学生进行科学的语文教育,使语言资源的精华部分一代代传承不衰。语言资源存在于人的头脑中,存在于人的记忆中。一个目不识丁的人,他会说话会讲故

---

① 周有光《新时代的新语文·序言》,三联书店1999年版。

事,他也掌握最基本的语言资源。一个不识字的作家,像盲诗人荷马,他也是语言资源的创造者和主人。但是单靠人脑,单靠口耳相传来传承语言资源是绝对不够的。保存语言资源要靠文字,文字把口语形式转换为书面形式。在有文字的国家和民族,语言资源存在于书面文献里面,存在于语文工具书里面,又用数字的形式存在于芯片之中。语言资源的丰富和发展,主要靠文学作品,大作家都是语言大师。

语言资源的传播主要靠媒体,现代社会有多种形式的媒体。进入信息化时代,网络的出现并应用于社会生活的各个方面,改变了信息传播的方式。它的传播速度极快,传播的范围极广,是历史上任何时候都无法比拟的。从这个意义上说,作为每时每刻都在同语言打交道的媒体,有责任保护和关爱国家语言资源,深化国人对语言资源的认识。在语言应用上,媒体有示范作用,准确规范地使用语言。不同于物质形态的自然资源,语言资源的开发利用其实并不消耗资源,而且使用的人越多,表明它越强盛。但如果不能准确规范地使用语言,对语言资源造成污染,那是对宝贵的语言资源的破坏。保护和关爱语言资源,是各种媒体义不容辞的义务和责任。

汉语和汉字有悠久的历史,是中华民族宝贵的资源。历代传承下来的汉语书面语极为丰富,不但是中华民族的财富,也是全人类的共同的财富。在当今世界,汉语文具有重要的作用。它不但是中国进行建设不可缺少的工具,而且已经走出国门,成为国际交往的重要工具。汉语文是联合国的六种工作语文之一。全世界正在兴起中文热,世界上许多人都在学习中文。但是汉语文本身还有不足,规范程度不强,在国际上流通不广,影响有限。我们要努力改变汉语文的现状,加强汉语文的自身建设,使它成为强势的语言,丰富人类语言资源的宝库,造福全人类。

"国家语言资源监测与研究中心及其五个分中心自2004年陆续建

立以来,将学界提出的'语言资源'概念移升到国家语言规划层面。中心利用大规模动态流通语料库,对平面媒体、有声媒体、网络媒体、教育教材等领域的语言使用状况进行'实态'监测与统计分析,部分成果通过《中国语言生活状况报告(2005)》、《中国语言生活状况报告(2006)》向社会发布,对语言生活已起了不小作用。"①

要做好汉语文的自身建设,前提是要明确汉语文的发展方向。在这方面我们研究得很不够。下面谈一些初步的看法,希望能引起有关方面的重视。

(二)汉语的发展方向是规范、丰富、发展。语言随着社会的产生而产生,随着社会的发展而发展。流传下来的汉语文献的历史长达四千多年,但是现代汉语的历史却比较短暂,从清末算起,到现在不过一百多年。文言文用的是古代汉语,它和现代汉语有很大的区别,不经过专门的学习和训练,人们不能读懂,自然也谈不上利用。现代白话文脱胎于近代汉语,经过五四白话文运动的洗礼,成为汉语书面语的支配形式。新中国建立后,国家重视汉语规范化,再加上多次进行文风的整顿,现代汉语得到了健康的发展,到现在现代汉语已经是成熟的、比较发达的语言。但是从它在世界所处的位置和影响看,它还不是强势的语言,还必须要有进一步的丰富和发展。

《国家通用语言文字法》第六条规定:"国家颁布国家通用语言文字的规范和标准,管理国家通用语言文字的社会应用,支持国家通用语言文字的教学和科学研究,促进国家通用语言文字的规范、丰富和发展。"这一条不但规定了国家在语言文字工作方面所担负的职责,而且还明确了通用语言文字演变的方向:汉语要成为规范、丰富和发展的语言。规范是指符合在约定俗成的基础上形成的语言文字使用规范,丰

---

① 《中国语言生活状况报告(2007)》上编第2页,商务印书馆2008年版。

富是指词汇丰富、语法手段和修辞方式多样,发展是指动态的变化,适应社会发展的需要、随着社会的发展而随时进行调整。

1. 坚持规范。语言要有规范,如果没有最起码的规范,语言就不能成为交际的工具。有人说:"语言拒绝规范化是语言学原理的 ABC。"这种说法并不正确。语言规范是保证言语交际得以正常进行的条件。要坚持规范标准,引导人们遵守规范,减少偏离规范。学校的语文教学,是语言规范的教学,向学生讲解语言规范,训练学生学会使用语言规范。任意否定语言规范和语言规范化是轻率的,必然带来严重的后果。因为语言是不断发展的,语言的规范标准也不是一成不变的,而是与时俱进的。因此,在坚持规范的同时,要适时调整规范、改进规范,避免僵化。

2. 促进发展。语言只有规范是不够的,规范不是衡量语言优劣的唯一标准。试问:如果一种语言十分规范,但是它的词汇极为贫乏,句式极为简单,不能随着社会的发展而变化,这样的语言能够成为合用的交际工具吗?这样的语言能够成为世界的强势语言吗?答案是否定的。规范表面看似乎是目的,其实是手段,是促使语言丰富和发展的手段。在这个问题上,过去的认识是有片面性的。

有的人过分强调规范,把推行规范看作语文工作的主要内容,甚至是唯一的内容。有人说,语言文字工作概而言之包括两个方面,就是语言文字规范标准的制订和语言文字规范标准的推行。在这种认识支配下,有的人总感到现有的规范还不够,还缺少很多东西,还不成为体系。规范的网越织越密,不是设法帮助人们方便地使用语言,而是成为语言应用和语言发展的束缚。因此我们应该明确,规范不但能保证语言交际的顺利进行,而且是语言发展的起点,就这个意义说,规范正是为了突破规范。语文工作的目的,不但要促进语言的规范,而且要促进语言的丰富和发展。这就是说语言要更好地为人所用,而不能变成束缚语言发展的东西。规范要给使用语言的人留出显示个性的空间,规范要给语言的发展留出足够的空间。

3. 规范有不同的层次和不同的形式,大体可以分为政府规范、专家规范和群众规范。政府规范是规范的最高形式,只适用于语言的主要方面,如对字形和字音的规范。这种规范要用政府文件的形式来推行。专家规范是政府规范的重要补充,如字词意义和用法的规范,这种规范时常表现在语文工具书里面。群众规范常常是不成文的规范,是千百年约定俗成、相沿习用的规范。语文工作里说的规范,过去主要指的是政府规范。语文规范主要靠群众规范,其次才是专家规范和政府规范。由行政部门把语言规范全部包揽下来,劳而无功,也不会有好的效果。

优秀的文学作品对语言的发展起着巨大作用。汉语的丰富和发展,根本离不开文学家对语言的提炼、加工和创造。优秀的文艺作品在语言运用上一定有特点、有发展。规范往往是滞后的,而文艺作品对语言的创造是鲜活的,是领先的。相声《买猴》创造了"马大哈",小品《卖拐》创造了"忽悠"。如果把语言发展的路都堵死,也就没有了文艺创作;而这样的规范不会被社会接受,它只能被束之高阁,丧失了生命力。

4. 要下功夫认真学习语言。毛泽东主席在《反对党八股》里提出学习语言的三条途径,对今天的语文工作仍有指导意义。这三条途径就是:向人民群众学习语言,要从外国语言中吸收我们所需要的成分,还要学习古人语言中有生命的东西。向人民群众学习语言,要学习群众语言里的生动活泼、健康、有表现力的东西。不要语言的低俗化,白话文不是越白越好。流行歌曲里有"天阴了,下雨了,下雨别忘戴草帽",这根本就不是文学语言。语言要优美,不要低俗和媚俗。要从外国语言中吸收我们所需要的成分,但是反对洋腔洋调,反对滥用外来词、字母词。要学习古人语言中有生命的东西,要古为今用,但是反对泥古、崇古、复古,滥用已经死去的成语和典故。伟大的时代呼唤伟大的语言,汉语一定会变得十分丰富和非常发展。它反映时代提出的要求,反过来又会促进时代的发展。

(三)汉字的发展方向是规范、易学、便用。汉字有悠久的历史,在历史上有过不可磨灭的功绩。在全面建设小康社会的斗争中,仍要继续发挥它的不可替代的作用。新中国建立以来,国家对汉字进行了大规模的整理和简化,建立了新的正字法,提高了汉字的规范化程度,减轻了汉字学习和使用的困难。正因为我们成功地对汉字进行了整理和简化,才使得汉字在当今小康社会的建设中,在信息网络时代能够更好地发挥作用。

1. 汉字的规范就是汉字的"四定":定量、定形、定音、定序。新中国建立以后,汉字的"四定"陆续展开,并且取得了一批重要的成果。在1980年提出"四定"以后,汉字规范化就有了比较明确的目标。面向21世纪,汉字的地位十分稳定,我们要长期使用汉字。为了更好地学习和使用汉字,我们要大力做好汉字的"四定"。

(1)定量。汉字字数过多,这不是优点而是缺点。有人以汉字字数繁多而自豪,这是不明是非。汉字难学难用,主要还不在笔画繁,而在字数多,而且字数不定。一本大字典收罗古今汉字几万个,其中绝大多数是现在不用的死字。要区分活字和死字,绝大多数民众学习和使用活字,从数目极多的死字中解放出来,少数的文字学家要研究死字,解决有关死字的各种问题。字符从多到少,从字数无定到字数有定,这是文字演变的规律。日本以前使用汉字与中国一样,也是多而不定。后来日本整理汉字,注重减少字数,规定1945个常用字,公文用字以此为限。超过1945个汉字的时候,使用假名,获得成功。中国一直想办法减少汉字字数,但是效果不明显。1988年公布了包括有7000字的《现代汉语通用字表》,但是表外字照样使用,不受限制。如果限制表外字的使用,就必须想出一个代替的办法。用表内字代替表外字,用作代替的字本身都有意义,极容易造成意义的混淆。用拼音来代替,对汉字和拼音的混合体,人们看不惯,不接受。为什么日本可以用假名代替表外字,中国就不能用拼音代替表外字呢?文字传统不一样。对日本来说,汉字是外来的,假名是自造的,假名有了上千年的历史。对中国来说,汉字是祖宗留下来的,而罗马字母是外来的。从利玛窦算起,字母在中国的历史也只有400年。

社会是不断发展的,语文生活也是不断发展的。近百年来汉字文本里已经有三种外来的成分打破了汉字的一统天下。这三种外来成分就是阿拉伯数字、标点符号和罗马字母。改革开放以来,罗马字母的使用频率飞速地增加,汉字中夹杂着罗马字母,人们已经是见怪不怪了。再过若干年,会不会出现日本的情况,使用罗马字母的汉语拼音由站在文字的外边进入文字的里边,成为汉字文本的正式成员呢?

语言和文字既有联系,又有区别。实行汉字的定量,适当减少汉字的字数,并不是限制汉语的发展。在保证汉语能不断丰富和发展的前提下,解决汉字的定量问题。

(2)定形。文字符号体式的变化,以"笔画化"为古今的分界线。"笔画化"使文字"笔形有定,笔数可算"。文字应用频繁以后,必然发生弃繁就简的变化。《说文·序》说:"秦烧灭经书,涤除旧典。大发隶卒,兴役戍。官狱职务繁,初有隶书,以趣约易,而古文由此绝矣。"简化是文字的前进运动,这是一切文字发展的自然趋势。自从1956年开始推行简化字,到现在已经走过了半个世纪。我们注意到两个事头:一个是根据"中国语言文字使用情况调查"公布的数据:平时写简化字的占被调查人数的95.25%,平时写繁体字的占0.92%,平时简体和繁体都写的占3.84%。另一个是简化字不但用来书写白话文,也逐渐用来书写文言文。中学语文课本里的文言文一直是用简化字,近些年来普及性的文言著作也有不少用了简化字,一些大部头的文言文著作也出版了简体横排本,如北京大学出版社的《十三经注疏》。简化字已经显示了它的强大生命力。根据这两个事实,我们认为汉字已经进入了简化字时代。我们要按照有关政策法规,坚持使用简化字,坚持使用包括简化字在内的规范汉字。

(3)定音。汉字读音无定,这是造成汉字难学难用的另一个原因。读音无定,又可以分为两种类型,一种是异读字,一种是多音字。异读字指一个字,意义相同,但是可以有两个或两个以上的读音。例如教室的"室",既可读 shī 又可以读 shì。20 世纪 50 年代开始对异读词进行审音,发布《普通话异读词三次审音总表(初稿)》。1985 年发布经过修订的《普通话异读词审音表》,为 1800 多条有异读的语词审订了读音。多音字也叫多音多义字,同一个字当用来表示不同的意义时,有不同的读音。例如重量的"重"和重复的"重",字形相同但是读音和意义不同。读书时遇到多音字,要根据这个字表示的意义,来确定他的读音。如果弄不明白字的意义,也就很难确定它的读音。现代汉字中有十分之一的字是多音字。通过审音,适当减少多音字,可以减少读错字的几率。现代汉字的定音还有许多复杂问题,需要研究解决,以减少误读,提高应用效率。

(4)定序。为汉字定序是改进汉字排检的主要内容,近百年来许多学者在这方面做了研究,出现几次改进的高潮。目前使用的字序法,可以分为音序和形序两大类。这两类互有短长,都是不可缺少的。在音序方面,最流行的是汉语拼音音序。在形序方面,又有许多不同的设计,最常用的是部首法。部首法是传统的定序方法,虽然经过多次的改进,在使用中仍有许多不便。从现在的情况看,不论是音序还是形序还都有许多问题没有得到妥善的解决。

2. 易学。文字是重要的交际工具,是人们每日要使用的工具。工欲善其事,必先利其器。文字工具避难趋易,是人之常情。汉字的难学限制了汉字的发展,限制了汉字的国际传播。作为语素文字的汉字,主要缺点是字数繁多,结构复杂。我们要承认汉字比较难学这个事实,不能采取不承认主义,然后才能设法减轻难学的程度,尽量使汉字变得易学易用。把难学难用变为易学易用,这是汉字能够长期生存的前提。一切与这种趋势相悖的想法和做法,都会断送汉字的前途。简化字比繁体字易学,因而受到群众的欢迎。坚守繁体字,排斥简化字,实际是在害汉字。

3. 便用。人们创造并且传承文字这种工具,是为了使用。我们追求的目标是使用的方便。减少笔画,减少字数,是为了便用。减少多音字,科学确定字序,也是为了便用。在屏幕上简化字比繁体字清晰,使用清晰的简化字,也是为了便用。坚持"四定",有利于汉字的便用。

4. 汉字的整理和简化是不是会妨碍读古书,妨碍继承古代文化遗产?优秀的文化遗产一定要继承,古书要有人读有人研究,但是能直接读懂古书,不是对绝大多数民众的要求。现代一般人的语文要求,是具备现代白话文的听说读写的能力。这两件事一定要分清。

(四)写文章要注意明确、简洁和生动。言语交际的基本单位不是字,也不是词,而是句子和由句子组成的篇章。从语文应用说,写文章要注意什么问题呢?吕叔湘、朱德熙两位先生说:"作为人们交际的工具,写文章就要处处为读者打算,也就必须注意三件事情。第一要明确,为的是要读者正确地了解你的意思。其次要简洁,为的是要读者费最少的时间和脑力就懂得你的意思。又其次要生动,为的是要在读者脑子里留下一个鲜明而深刻的印象。"[①]吕先生和朱先生的这段话,是半个多世纪前写的,可是今天依旧有实际意义,我们读起来依旧受到启发。

---

① 《语法修辞讲话》第 241 页,开明书店 1951 年版。

（五）充分发挥汉语拼音的作用。

1. 汉语拼音的两大功能：拼写和注音。《汉语拼音方案》是采用国际通用的罗马字母、音素制音节结构拼写北京语音系统的一套设计。1958年2月11日，第一届全国人大第五次会议批准后在中国取代了注音字母逐步得到推广。汉语拼音是辅助汉字的工具，不是代替汉字的拼音文字。

《国家通用语言文字法》第十八条规定："国家通用语言文字以《汉语拼音方案》作为拼写和注音的工具。"可见汉语拼音的用途有两个方面：一个是注音，就是给汉字注音；另一个是拼写，拼写普通话。对于前一个用途，人们比较熟悉，不同的意见很少；但是对后一个用途，却时常被忽略，被误解。这种误解时常表现在反对分词连写上。我们知道，给单字注音，自然谈不到分词连写；如果是用来拼写成句的话，就必须分词连写。如果不分词连写，拼写出来的句子几乎无法阅读。有人认为，采取分词连写，不就成了拼音文字？在这种认识的支配下，有些小学课本上的拼音，只能按音节分写，不能按词连写。其实汉语本身就是以词为单位的，用汉语拼音拼写汉语就应该以词为单位。《汉语拼音方案》本身就有连写例子，如 pi'ao（皮袄）。实行分词连写，也并不等于就成为拼音文字。如果那就是拼音文字，拼音文字岂不早就实现了吗？不承认汉语拼音可以用于拼写，就人为地限制了拼音的使用，给我们的文化生活造成许多损失。

2. 汉语拼音用于汉字不便使用或不能使用的领域。《国家通用语言文字法》还规定："《汉语拼音方案》是中国人名、地名和中文文献罗马字母拼写法的统一规范，并用于汉字不便使用或不能使用的领域。"在《汉语拼音方案》产生以前，中国人名、地名和中文文献罗马字母拼写法有多种方案，如威妥玛式、邮电式、耶鲁式等，一个"鲁迅"可以有20种拼法，"北京"可以拼为Peking，也可以拼为Pekin，十分混乱，使用不便,还容易造成误解。有了汉语拼音作为统一规范,这些混乱就都消除了。

有人问:汉字怎么还有不便使用或不能使用的领域? 我们说,实际是有的。例如,用汉字来注音,不论是直音还是反切,都十分不便。请看旧《辞海》给"于"字的注音,是"雲劬切,音盂"。哪有汉语拼音 yú 方便简单? 这就是汉字不便使用的领域。又如,要把汉字输入电脑,拆字输入十分复杂,需要记忆许多字根,而拼音输入不必专门学习,不必记忆什么东西。到今天拼音输入已经成为汉字输入法的主流,千百万民众乐于使用。这就是汉字不能使用的领域。

3. 汉语拼音既是国内标准,又是国际标准。说它是国内标准,因为它是由全国人民代表大会批准的;说它是国际标准,因为它在 1982 年由国际标准化组织投票通过成为用罗马字母拼写汉语的国际标准。周有光说:"中国正在现代化。从文化史来看,现代化就是中国接受西方的科技文化,并且要对已经成为世界文化的科技文化,做出中国自己的贡献,使今后的中国文化成为世界文化中的一股洪流。汉语拼音方案采用拉丁字母,并且定为国际标准,就是给中国参与世界文化准备另一个必要的条件。"[①]

(六)建立汉语汉字的共同规范。周有光说:"汉语是人口最多的语言,又是东亚古代的区域多国共同语。有人提倡重整旗鼓,弘扬传统,这是人同此心的愿望。汉语的优点是本国人口众多,国外还有大批华侨和华裔。缺点主要是内部没有一致性。从外国人的眼光来看,有三种汉语:1. 大陆汉语,以简化字和拼音为特点;2. 台湾汉语,以繁体字和注音字母为特点;3. 香港汉语,以繁体字和广东话为特点。三地的词

---

① 周有光《汉语拼音方案基础知识》,《周有光语文论集》第 1 卷第 339 页,上海文化出版社 2002 年版。

汇有大量的差异。要想提高国际地位,必须首先做到内部有一致性,进行规范化工作,使三种汉语的错觉,变为一种汉语的事实。汉语的前途是光明的。"①

1999年6月,清华大学语言研究中心和中文系联合举行"汉字应用与传播国际学术研讨会"。周有光先生出席了会议,并且发表了题为《建立汉语汉字的共同规范》的演讲。周先生说:

> 汉语汉字今天最大的问题是,大陆、台湾和香港三个地区各不相同,大陆用简化字和拼音,台湾用繁体字和注音符号,香港用英语和广东话。外国青年常常问:我想学中文,学哪一种中文好呢?大陆中文?台湾中文?香港中文?其实,根据中国古老的"书同文"的传统,使三种中文归并成为一种,并不是一件困难的事情。关键在于使语文问题的研究,纳入科学的思考,降低政治的温度。
>
> 大陆、台湾和香港,都在快速发展经济,外国商人跟中国的经济往来正在快速上升。他们对中文的需要不是逐步减少而是不断增加。汉语汉字的作用不因为英语的扩大而减少,相反,汉语汉字跟英语在频繁的中外经济往来中有并驾齐驱的趋势。这个趋势,在三种汉语不同的情况下也会发展,如果三种汉语能够共同化,将更加发展迅速。
>
> 为了促进这一发展,我们应当考虑以民间学术团体的地位进行三方面的共同磋商,建立汉语汉字的共同规范,开辟一条使汉语汉字向前发展的新的道路。这对大陆、台湾、香港都有好处。这是全体中国人的共同责任。②

---

① 周有光《三个国际语言问题》,《周有光语文论集》第4卷第43页,上海文化出版社2002年版。

② 周有光《21世纪的华语和华文》第211页,三联书店2002年版。

三、提高全民的语文素质,规范语文的社会应用

(一)改进中小学语文教学,提高语文教学的质量。培养全面发展的一代新人是实现全面建设小康社会的主要保障。一代新人要有很高的素质,在思想品德和专业素质方面都要合乎时代的要求。而专业素质的基础是语文素质,语文能力低下的人很难承担重大的工作任务,在当代高科技竞争日益激烈的条件下很难起到重要的作用。当前,我国国民的语文素质从整体来说还不高,与建设小康社会的宏伟目标的要求还不完全适应,因此提高全民的语文素质,是整个教育工作、语文工作需要解决的重大问题。

造成国民语文素质不高的原因是多方面的,经济发展的不平衡是根本原因。在经济欠发达地区,教育往往也不发达,语文教育自然也受到影响。从教育本身看,当前义务教育发展的不均衡性仍然明显。东西部地区之间、城乡之间义务教育发展水平差距较大。近几年,中央财政在义务教育经费投入方面向农村,特别是西部农村倾斜力度很大,但由于这些地区经济发展落后、历史欠账多等原因,教育基础仍然较差。一些农村学校骨干教师流失严重,大量由边远、贫困农村向乡镇、县城流动,由中西部地区向东部地区流动,不同地区间师资力量的差距不断拉大。这都是客观存在的需要逐步解决的困难。

再从语文教育本身来看,近十多年的语文教学改革存在不少问题,语文教学的教学质量有所削弱。中小学语文教学是母语教学,它的目的是培养学生母语的听说读写能力,同时指导学生阅读一些文学名篇,培养学生具有初步的文学阅读和鉴赏能力。可惜的是最近这一轮语文教学改革降低了学生母语的听说读写能力。在小学,在减轻学生的学习负担时削弱了汉语拼音教学,在中小学语文课中普遍削弱了语言文字基本知识的教学和训练,很多学校的语文课完全不教语法。语文课

不教语文带有一定的普遍性,其后果是语文教学质量下降。学生中学毕业后,多数没有机会再在课堂上学习语文,中学学到的语文差不多也就是他终生掌握的语文。这样下去,一代代学生无法接受系统的母语学习和训练,母语水平的下降是很自然的。

　　北大中文系教授温儒敏认为:"现在我们讨论语文改革,比较多的声音是关于人文性,讲素质教育,培养审美的能力,毫无疑问都是题中应有之义。以前注意不够,现在多讲讲,有必要,但是不能忘了语文最基本的功能。如果学习语文多年,基本的读写能力没有过关,学生日后找工作都会有困难,甚至连谋生都会有问题。所以还是要强调人文性和工具性的结合,不过,工具性是更基础的,人文性要渗透其中。""对大多数学生来说,提高读写能力是他们学习语文的起码要求,先要学会掌握语言表达的工具,然后才是审美呀、素养呀等等方面的要求,后者相对是比较'奢侈'的东西。""而且必须意识到,语文课要解决读写能力,实践性很强,必须有反复的训练和积累,训练的过程不可能都是快乐的,甚至也不可能都是个性化的。希望语文学习全都变得很快乐,或者所有学生都很喜欢,那只是一种理想。语文和其他科目一样是一门学科,有它的学习和教育的规律,有最基本的要求和规范。把语文功能无限制地扩大,好像很重视语文了,到头来可能'淘空'了语文。过去我们这方面的教训很多,不能忘记。"①

　　针对语文教学存在的问题,有些地方教育主管部门采取了一些补救措施。下面我们介绍两则报道。一则是《河南日报》2007年5月14日刊发记者王晖的报道:小学生要学会2500个汉字,初中生要学会3500个汉字,让普通话真正成为校园语言,我省已经制订出分阶段目

---

① 温儒敏《语文课改谨防"淘空"了语文》,《语文课改与文学教育》第7至9页,江苏教育出版社2007年版。

标。这是记者5月13日从省语委办获悉的。据介绍,按目前要求,我省小学阶段要使学生掌握汉语拼音,初步具备普通话口语表达能力,能规范书写2500个常用汉字;初中阶段要使学生养成说普通话的习惯,具有较好的口语表达能力,能正确使用3500个常用汉字;高中阶段要使学生熟练掌握普通话书面语,具有较好的语言文字表达能力和口语交际能力;高等教育阶段不但要使学生具备良好的汉语文修养和适应学习和工作需要的语言文字应用能力,而且要使学生树立传承和弘扬中华优秀传统文化的责任感和自觉性,成为全社会语言文字应用的楷模。今后,我省将加强对学校语言文字工作的督促检查,将说普通话、用规范字、提高语言文字应用能力作为素质教育的重要内容,纳入各级各类学校的培养目标和相关课程标准。

这是个好消息,希望河南全省能坚持下去,取得实效。我们也希望其他各省参考河南的做法,针对自己省存在的问题采取相应的改进措施。这里只想指出来的一点是,要想提高学生的语文应用能力,首先要提高语文教师的语文应用能力。目前在语文教学第一线,新教师多,年轻教师多。他们朝气蓬勃,好学向上,不过有些老师语文基本功不够扎实,所知不多,积累不厚,这种状况要及早改变。

另一则是《京华日报》2007年1月30日报道《江苏高考作文错1字扣1分》。报道说:近日,江苏省教育厅透露,江苏将加强高考对考生语言文字功底的考查。明确规定,2007年高考作文写错1个字扣1分。据悉,江苏往年高考对错别字的考查一般是错3个字扣1分。而日前出台的江苏省2007年高考考试说明则对高考写作进行了更加严格的规定:"写字、运用标点符号要求规范正确,错别字每1个扣1分,重复的不计,扣满5分为止。"江苏一位资深命题专家指出,加强语言文字基础考查很有必要,现在随着电脑和手机的普及,学生写字的训练淡化了,不少考生不注意写字的规范,有的连最基本的汉字都会写错,造成别字连篇。高考加强对错别字的考查,有利于学生写字水平的提高。

江苏出台这样的规定,说明高中学生语文水平下降,错别字连篇,不得不动用高考这根指挥棒了。严格要求是对的,但是不要难为了学生。平时的语文课不注意对汉字规范的教学,学生写了错别字也得不到及时纠正,到了高考因为错别字被扣了分,也不完全怨学生,教师也有责任。其实不管高考对错别字怎么要求,语文教学有责任帮助学生消灭错别字。如果平日的语文教学不加强语言文字基本知识、基本能力的教学和训练,等到进了考场,就算把5分都扣完了,又有多大意义?学生因此考不上大学固然可惜,可是他的错别字依然存在,得不到纠正,这也是社会的损失。

(二)当前社会的语文污染相当严重,应当引起社会各界的关注。下面举出几个例子:

(1)《东方网》2000年7月3日发表《新版唐诗——语言污染,还是创造精神?》。文章说:"春天不洗澡,处处蚊子咬。拿出敌敌畏,蚊子哪里跑"。"日照香炉生紫烟,李白来到烤鸭店。口水直流三千尺,摸摸口袋没有钱"。"前不见蹄髈,后不见烤鸭。念肚子之空空,独怆然而涕下"……设想一下,孟浩然、李白、陈子昂若读了这些面目全非的"新版"唐诗一定会十分生气。如果他们知道这些"杰作"竟出自小学生的手笔更不知作何想法!成贤街小学校长王子明认为,小学生改唐诗的举动与整个大环境有关,现在不少电视、媒体上的广告词常常把家喻户晓的成语、诗词改动一两个字,以迎合广告内容的需要,看上去似乎很俏皮,实际上对天真无邪的孩子影响非常不好,因为孩子的模仿能力特别强,也想卖弄小聪明,将平时课堂上所学加以改动。唐诗是中华民族的文化瑰宝,应该让孩子从小就意识到,随意的改动是一种语言污染。作为学校要引导孩子,接受并继承文化精髓,抵制世俗文化中不健康的东西。

(2)《北京晚报》2000年7月13日发表马延良的文章《文字重症》。文章说：所谓的时尚已使我们的文字语言环境日益狭促，不说电影、电视剧中靓仔靓妹的随意粗口，单说书面语言文字就有以下重症：第一，作践词汇。如某广告，"内痔、外痔、混合痔，有痔之士好福气噢！"令志士仁人感到遭揶揄的无奈。诸如此类的乱改成语，有碍观瞻的文字充斥，儿童如何学好成语？如何学好语言？第二，不懂装懂，做唬人状。如有些名人乱造词汇，把"宁馨"解为"宁静、温馨"。第三，概念不清张冠李戴。如律师事务所挂出"热情服务、严格执法"这就是定位错误，严格执法应是司法部门的事。第四，新人类乱"灌水"。网上有个词叫"灌水"，是指胡言乱语，乱吐口水。新人类的文章令文字底蕴较厚的中文系教授读起来也一头雾水。

(3)《咬文嚼字》杂志在2004年开设"给城市洗把脸"专栏，2005年开设"咬定晚报不放松"专栏，2006年又开设"请给荧屏亮分"专栏，为报刊挑错。结果是收获颇丰，令人懊丧。2006年2月，《咬文嚼字》发动观众纠正中央电视台"春节晚会"荧屏上的错别字。结果找出28处错误，如"搅和"误为"搅合"、"招呼"误为"招乎"、"炖鳎目"误为"敦塌目"，平均10分钟出错1次。

(4)2006年5月，中国逻辑与语言函授大学、中国逻辑学会、中国语文现代化学会、中国编辑学会、中国文化报社、光明日报社(理论部)等多家单位联合开展"全国报刊逻辑语言应用病例有奖征集活动"，共征集到病例14883个，涉及28个省市区的2000多种报刊。征集活动组织委员会聘请专家集中审读了2006年7月14日出版的28份中央和地方报纸，共挑出病例1289个，平均每份报纸46个，每版5.8个。

(5)《文汇报》2007年7月11日报道《年轻一代身陷"写字困境"》。文章说：大量使用电脑让白领、学生书写能力日益弱化。周末，市民朱小姐参加了一次职业培训考试。走出考场时她懊悔地向记者表示:"考试的时候,我真想打开手机看看!因为有好多考点都是知道,就是字写不出来。"

平时大量使用电脑打字,遇到写不出的字就查手机和电脑"救助"。越来越多的受过高等教育的白领正频频身陷"写字困境",并开始感叹"语文水平不如中学生"。结构稍微复杂一点的汉字写不完整;书写歪歪扭扭,不如以前写得流畅好看;写留言、便条经常出现错别字,这已经成为很多成年人身上的写字"通病"。对此,上班族们纷纷感叹,主要是因为平时电脑键盘敲得太多,写字已经"很别扭"。杂志编辑莫先生说:"前一阵和同事去餐厅吃饭,点菜时想写'冻鸳鸯'三字,结果只记得'鸳鸯'两字的下半部分是'鸟'字,上半部分却怎么也想不起来。"若不是因为有这样一次丢脸的经历,他还意识不到自己写字能力的弱化。

(三)加强对社会语文应用的管理,提高全社会的语文水平。1986年以后,各级语委在加强社会用字的管理上下了很大功夫,有不少地方做到了常抓不懈,可是从整体看,效果仍不明显,缺乏长效机制,并没有从根本上解决问题。

四、妥善处理语文发展中的矛盾,构建和谐的语文生活

(一)党中央提出了构建社会主义和谐社会的重大任务。

1. 2004年9月19日,中共十六届四中全会通过了《中共中央关于加强党的执政能力建设的决定》。《决定》指出:"当前和今后一个时期,加强党的执政能力建设的主要任务是:按照推动社会主义物质文明、政治文明、精神文明协调发展的要求,不断提高驾驭社会主义市场经济的能力、发展社会主义民主政治的能力、建设社会主义先进文化的能力、构建社会主义和谐社会的能力、应对国际局势和处理国际事务的

能力。"

2. 2005年2月19日，中共中央总书记胡锦涛在《在省部级主要领导干部提高构建社会主义和谐社会能力专题研讨班上的讲话》中指出："构建社会主义和谐社会，把提高构建社会主义和谐社会的能力作为加强党的执政能力建设的重要内容，是党的十六大和十六届三中、四中全会提出的重大任务。党的十六大报告在阐述全面建设小康社会的宏伟目标时强调，建设更高水平的小康社会，就是要使经济更加发展、民主更加健全、科教更加进步、社会更加和谐、人民生活更加殷实，还强调要努力形成全体人民各尽其能、各得其所而又和谐相处的局面，巩固和发展民主团结、生动活泼、安定和谐的政治局面。把社会更加和谐作为我党要为之奋斗的一个重要目标明确提出来，这在我们党历次代表大会的报告中是第一次。"

3. 2006年10月11日，中共十六届六中全会通过了《中共中央关于构建社会主义和谐社会若干重大问题的决定》。《决定》指出："社会和谐是中国特色社会主义的本质属性，是国家富强、民族振兴、人民幸福的重要保证。构建社会主义和谐社会，是我们党以马克思列宁主义、毛泽东思想、邓小平理论和'三个代表'重要思想为指导，全面贯彻落实科学发展观，从中国特色社会主义事业总体布局和全面建设小康社会全局出发提出的重大战略任务，反映了建设富强民主文明和谐的社会主义现代化国家的内在要求，体现了全党全国各族人民的共同愿望。""和谐凝聚力量，和谐成就伟业。构建社会主义和谐社会是建设中国特色社会主义的重大战略任务，是对我们党执政能力的重大考验。"

4. 胡锦涛同志在党的十七大报告中指出："深入贯彻落实科学发展观，要求我们积极构建社会主义和谐社会。社会和谐是中国特色社会主义的本质属性。科学发展和社会和谐是内在统一的。没有科学发展就没有社会和谐,没有社会和谐也难以实现科学发展。构建社会主义和谐社会是贯穿中国特色社会主义事业全过程的长期历史任务,是在发展的基础上正确处理各种社会矛盾的历史过程和社会结果。要通过发展增加社会物质财富、不断改善人民生活,又要通过发展保障社会公平正义、不断促进社会和谐。"

(二)构建和谐的语文生活。语文生活是个复杂的社会生态体系,包含着各种矛盾,关系到社会各个阶层的习惯与利益。按照构建社会主义和谐社会的要求,我们要研究如何调整各种矛盾,建立和谐的语文生活。构建和谐的语文生活,已经成为新世纪语文工作的新理念和新目标。

2006年3月31日,教育部和国家语委在人民大会堂举行纪念国务院《关于公布〈汉字简化方案〉的决议》和《关于推广普通话的指示》发布50周年座谈会。在会上,几位领导的讲话都直接或间接地讲到语言生活的健康与和谐的问题。同一天《光明日报》发表了《构建和谐的社会语文生活》的评论员文章。文章指出:"构建社会主义和谐社会离不开和谐的社会语文生活。我们要构建的和谐社会语文生活,就是在语言文字社会应用中以国家通用语言文字(普通话和规范汉字)为主,同时容纳多种民族语言和多种汉语方言,容纳多种民族文字和多种汉字字形,和谐共处,各司其职,使得社会语文生活呈现主体化与多样化的和谐统一,共同为构建和谐社会和全面建设小康社会服务。"

2006年5月22日,"2005年中国语言生活状况报告"新闻发布会在北京举行。这是教育部、国家语委首次向社会发布年度语言生活状况报告,显示了用语料库等现代科技手段对社会语言生活进行监测所取得的成果,体现了政府与社会分享数据的理念。在这次发布会上,教育部副部长、国家语委主任赵沁平发表了题为《关注语言国情,建设和谐的语言生活》的书面讲话,从关注现实语言生活的角度论述了和谐语言生活问题。他说:"在新的历史时期,语言文字生活同和谐社会的构建,同国家的安全与可持续发展,关系更加密切。我们要了解新情况,解决新问题,不断开创语言文字工作的新局面。"2006年11月28日,教育部、国家语委在北京召开国家语委"十一五"科研工作会议。教育部副部长、国家语委主任、国家语委科研规划领导小组组长赵沁平在会上作了题为《加强语言文字应用研究,构建和谐的语言生活》的讲话。关于构建和谐的语言生活,他指出:

> 语言文字是人类用于交际和思维的最为重要的符号体系,是文化的重要组成部分,同时又是最为重要的文化载体。语言文字的属性,决定了语言生活是社会生活的重要组成方面,语言生活的和谐是社会和谐的重要表现,也是促进社会和谐的重要因素。建构和谐社会,语言文字工作者负有重要的历史使命。
>
> 当前,我国的语言生活总体上看还是和谐的,但是也有许多问题需要科学看待、妥善处理。比如:1.普通话和方言的关系;2.中国各民族语言之间的关系;3.母语教育和外语学习的关系;4.濒危语言的保护问题;5.汉语的国际传播同国内语言文字工作的关系;6.海峡两岸语言生活的沟通问题;7.世界华人社区的语言交往问题;8.我国在虚拟空间中的语言文字问题等。
>
> 科学看待、妥善处理当前语言生活中的问题,必须了解语言国情。要通过设立国家语言资源监测与研究中心等措施,对语言生活状况进行监测与研究,特别是对语言生活的热点问题进行监测,并作出科学分析。要提倡务实学风,支持对本土语言的田野调查,支持对社会各领域语言生活的调查研究。要注意总结我国语言文字工作的历史成果,合理借鉴国外的经验,并善于从当今工作实践中总结规律。要加强对国家语言政策和语言文字规范标准的宣

传，重视语言科学成果的普及工作，主动向社会提供高质量的语言服务，帮助社会各领域和广大民众解决他们遇到的语言方面的问题，引导语言生活向着和谐的方向发展。

语言生活就是语言应用。构建和谐的语文生活，政府要管理语言生活，引导语言生活。语言生活的管理，不仅要解决语言及其使用所带来的各种社会问题，而且还要保护和开发国家的语言资源，保障宪法赋予公民的语言权利。我国许多法规政策都涉及公民语言权利问题，要使少数民族自由使用、发展本民族语言和学习、使用国家通用语言等语言权利，在国家重大政治生活中和民族自治区内得到有效保障。要使汉语方言在各自的区域及某些领域继续发挥它的特有作用，方言区居民使用方言和学习普通话的权利受到保护。要为有自然语言缺陷的人群设计并推行盲文、手语等，大力开展聋哑儿童的自然语言康复工作。要关注农民工的语言生活和弱势群体的话语权问题等。国家语言资源的保护和开发，近些年来受到多方关注，国家公布的首批非物质文化遗产保护名录中，有许多都牵涉到语言文字的保护；国家语言资源监测与研究中心的建立，更明显地表现出政府将语言作为国家资源的认识。语言资源的保护与开发，仍是当今语言生活的一个严峻问题，有待进一步研究与加强。

构建和谐的语文生活，就必须关注各个社会领域的语文生活。一个领域的语文生活包括这样几方面的内容：(1)本领域的语文生活状况。(2)本领域存在的语文问题。(3)本领域的语言资源及其保护开发利用情况。(4)本领域需要的语文服务。(5)本领域需要制订的语文法规及规范标准等。过去，国家语委着重抓了四大领域——以学校为基础，以党政机关为龙头，以新闻媒体为榜样，以公共服务行业为窗口，积累了宝贵经验。现在，一方面要在过去工作的基础上，继续做好这些领域的语文工作,另一方面要把工作触角伸展到其他社会领域。

语文生活与人们的工作和学习息息相关,它本身充满了矛盾。我们要正确处理这些矛盾,通过语文政策进行必要的调整,使它们各得其所、各负其责。"构建和谐的语言生活,成为社会新理念和新世纪语言文字工作的新目标。从语言资源的角度看待语言、方言和外语,以科学的态度、宽容的气度看待当前出现的各种语言问题,在尊重汉语方言的同时加大推广普通话的力度,在尊重民族语言的基础上开展好民汉双语教育,在尊重母语的前提下加强外语学习,努力创造条件保障人民的语言权利,采取各种措施保护濒危的语言和方言,科学处理语言规范与语言发展的关系,科学处理语言主体化与多样性的关系,充分发挥语言在国家和平发展和走向世界中的作用,营造'多语多言'的和谐语言生活。"①

(三)正确处理语文生活中的几对主要矛盾。

1. 正确处理语文规范与语文发展的关系。确定语文的规范标准,有利于普通话、规范汉字、汉语拼音的推行、普及,使语文教学、语文应用有所依照,有所遵循。但语文又随时处于发展变化之中。语文本身具有变化性与稳固性两种属性,这就决定了语文工作是动态的发展与静态的规范的辩证统一。要坚持语文的规范,但是要防止片面强调规范、妨碍语文发展的倾向。要知道,单靠规范并不能解决我们面临的层出不穷的语文发展问题。在整理汉字的工作中,有人只允许使用原有的字形,反对使用历史上从来没有出现过的字形。按照这种理论,在小篆时期就不会有隶书,在隶书时期不会有楷书。汉字如果停止了发展,就无法适应变化了的社会生活。其结果,就会被社会所抛弃。当前社会语文生活极为活跃,多姿多彩的语文生活,不断突破原有的规范,这

---

① 《中国语言生活状况报告(2006)·总述》上编第1页,商务印书馆2007年版。

是可喜的现象。对于那些超出已有规范的语文应用,不应该视而不见,更不应该一律排斥,要加以分析、积极引导。在改革开放的中国,语文工作也应该鼓励发展、坚持改革,而不是墨守成规,不思进取。语文工作者要关注信息网络时代的语文应用,对外来词语、字母词语、网络词语等新产生的语文现象进行研究和引导,使语文工作始终发挥社会语文生活的导航作用。

2. 正确处理汉语与英语的关系。

(1)学好汉语,用好汉语。汉语是汉民族共同语,它和汉民族一样有悠久的历史,它是汉民族生存、发展的不可或缺的条件。它使用人口众多,除了中国,加上生活在世界各地的华侨和华裔,总人数约有十三亿。汉语活在汉人的生活里,生生不息,代代相传。

现代汉语的口语是普通话;书面语是现代白话文。要发展现代白话文,就要努力提高汉语规范化的水平。实现汉语规范化的目的首先是要迅速、准确、有效地传递信息,同时也是为汉语的丰富和发展创造条件。在旧中国,由于教育落后,汉语规范化的程度不高,对实现汉语规范化的重要性缺乏认识,新中国建立后这种状况才逐渐有所改变。可是到了今天,社会生活日益丰富,日益复杂,汉语本身产生了许多变异,迫切需要语言规范来加以引导。

为了推进汉语规范化,就要正确处理文言和白话的关系。中国传统的文言文,与口语脱节,只能目治不能耳治,可以看明白但是往往听不懂。受这种传统书面语的影响,现代书面语里还存在着半文半白、文白夹杂的现象。这不会使书面语变得高雅,只能使书面语遭到扭曲。我们要改变这种状况,坚持书面语"言文一致"的方向。人民群众的活语言生动活泼,永不衰竭,是发展现代白话文的主要源泉。同时也要努力吸收有表现力的文言成分和外来成分,使汉语书面语更丰富更发展,无愧于我们这个伟大的时代。

（2）学好英语，用好英语。国际交往需要国际共同语。在第一次世界大战前，法语是独步世界的国际共同语。经过两次世界大战，法语地位衰落，英语成为事实上的国际共同语，这是因为英语有五个有利的条件。第一，使用人口多。目前，以英语为生活语言和工作语言的有受过良好教育的有 3.5 亿人。第二，流通广。联合国原始文件 80% 用英语，国际互联网 90% 用英语。全世界的学校大都有必修的英语课程。第三，文化高。英语是现代科技的主要语言。第四，出版物多。英语的出版物比其他任何语言的都多。第五，使用方便。英语只用 26 个字母，大小写共 52 个，没有附加符号。我国在鸦片战争前，实行的是闭关锁国的政策，政府官员把学习外语看做是祸害，可是随着国门被西方列强打破以来，和外国人打交道要用外语已经是无法回避的事实。民国时期，英语是第一外语。新中国建立的初期，俄语一度成为第一外语，不过这种情况已经成为过去。改革开放以来，教育的发展，科技交流的增加，对英语需求的持续增长，促使中国知识分子的英语水平有了明显提高。这对中国走向世界、发展科技是必不可少的语言条件。

（3）汉语与英语各司其职、各得其所。普通话和规范汉字是国家的通用语言文字。要努力提高全民族的普通话和规范汉字的水平，要努力提高知识分子、大学生和高中级干部的英语水平。要在知识分子中实现以汉语为主体的、汉语和英语的双语制。这就是说，在本国事务和传统文化中充分使用汉语，在国际事务和科技教育中充分利用英语。要让汉语和英语和谐共处，各得其所。

从全社会来说，值得引起人们关注的是，在重视英语学习的同时，也更要重视汉语的学习。最近一些年来，各地兴起英语热，英语学习持续升温；但是与此同时，汉语的学习热情却持续降温。这是当前语文生活里存在的严重问题。没有哪一个发达的民族能长期忽视母语的学习和应用。《北京青年报》2002 年 1 月 21 日发表题为《中国留学生汉语差如今遭冷遇》的文章。文章说:"英语说得顶呱呱,可从头至尾不会说一句汉语。在本市周末举行的软件人才交流会上,不少汉语'瘸腿'人才在求职中遭受冷遇。"这个问题如果不解决,我们要吃大亏。有些面向国内读者的出版物滥用英语,英语缩写词铺天盖地,汉语文章中大量夹用英语,似乎这样就显示了它的高品位,其实这样给读者的阅读造成很大的困难。这不是和国际接轨,这是破坏汉语的规范和发展,是应该纠正的不良倾向。

3. 正确处理普通话与方言的关系。

(1)大力推广普通话。周有光说:"工业化需要全民义务教育。全民义务教育需要全国共同语。普及共同语成为工业化国家的基础政策。"①西欧在三百年前普及了全国共同语,日本在一百年前普及了全国共同语。中国在清末受了日本的影响提出要推行全国共同语——国语。民国时期开展国语运动,但是由于政治腐败和连年战乱,难于取得成效。新中国建立后把国语改称普通话,1956年国务院发出《关于推广普通话的指示》,在全国推广普通话。1982年制订的《宪法》第十九条规定:"国家推广全国通用的普通话。"1986年举行的全国语言文字工作会议把做好现代汉语规范化工作和大力推行和积极普及普通话作为当前语言文字工作的第一项任务。半个多世纪过去了,推广普通话取得不小的成绩,但是距离普及还有相当长的路要走。据2004年公布的"中国语言文字使用情况调查"提供的数据,全国能用普通话进行交际的人口比例仅为53.06%。1997年举行的全国语言文字工作会议确定的推广普通话的目标是:2010年以前,普通话在全国范围内初步普及,交际中的方言隔阂基本消除。2010年很快就要到了,为了确保上述目标的实现,政府主管部门还要采取有力的措施,否则目标就会落

---

① 周有光《21世纪的华语和华文》第88页,三联书店2002年版。

空。

（2）近几年许多地方出现了方言热。主要表现在以下三个方面：第一，方言进传媒。近年来，方言在传媒中的使用越来越多。杭州电视台西湖明珠频道的方言播报栏目《阿六头说新闻》入选2004年全国百佳电视栏目，创杭州最佳收视率，引发长江三角洲地区多家电视台的仿效。2005年初福州电视台生活频道首次推出福建省唯一福州话电视节目《左海乡音》，用福州话广播新闻和乡土掌故，颇受群众的喜爱。四川方言剧《王保长后传》在成都创下了9.5%的高收视率。湖北的多家报纸设有方言栏目，例如《楚天都市报》、《武汉晚报》、《楚天金报》分别开辟了《汉味茶馆》、《九头鸟》、《街巷故事》等方言特色浓厚的专栏。第二，方言进课堂。过去用方言主要是因为不会说或说不好普通话，现在的情况有所不同，发达地区的学生说方言往往表现出一种优越感或时髦。2005年，上海各中学开始使用一种补充拓展教材《语文综合学习》。这本教材首次收录了上海方言，还收录了不少弄堂游戏、猜谜、民谣等等。有关负责人说，《语文综合学习》的编写意图是让学生在立足母语的基础上学习民族精神，而作为地方文化的方言是民族文化的组成部分。方言知识进入教材体现了乡土文化教育。第三，关于"保卫方言"问题。社会学家郑也夫曾撰写过一篇题为《是保护方言的时候了》的文章，他尖锐地指出：人们对语种保护的意识甚至落后于对动物的保护。文化储藏积淀在语言中，人类文化的多样性储藏在其多样的语种中。2005年1月，上海市的一位人大代表在接受媒体的采访时呼吁，应该采取措施，保护上海话。他认为越来越多的外来人口进住上海后，使用上海话的场合越来越少，上海话将面临被遗忘的窘境，特别是在青少年群体中，不会说上海话的越来越多。另外诸如沪剧、昆曲、评弹说书等地方戏曲，越来越边缘化。就连曾一度被誉为海派特色的上海滑稽戏，也正在逐渐丧失它的文化地位，甚至与年青一代绝缘。

2005年"两会"期间,上海沪剧院副院长、市政协委员马莉莉递交提案《保护本土文化之一 沪语的规范与推行》,认为方言具有独特的人文价值,应该加以保护。上海以外也出现了类似的情况。

针对上述现象,有很多人提出了批评,表示了忧虑,很多人反对或不赞成保护方言。他们认为,推广普通话是既定"国策",推广普通话符合时代要求,保护方言则背道而驰,是人为地阻挠普通话的推广。教育部语言文字应用研究所研究员陈章太认为,"保卫方言"的口号是极其不恰当,极其不负责任的。"保卫"意味着已经遭到侵犯,受到极大的损害。也就是说,普通话和方言的矛盾激化到方言需要保卫的程度。事实上不是这样。如果提"保护方言",那我国几十年来一直是这样做的。为方言的使用与发展,留下了足够的空间,并取得了很好的效果。另一方面,这种讨论是件好事,因为应用问题很少引起社会这么关注。现在这场争论必然使得我们大家都在考虑到底怎么正确认识,怎么处理,怎么对待,而且理性地总结过去的工作,更好地推进今后的工作。有的学者认为,语言之间的优胜劣汰,在很大程度上并不在于语言自身的因素,而是在于语言背后的社会条件,尤其是经济基础。当前经济的发展和人员的流动,对语言的统一势必产生强大的推动力。这不仅是中国,也是全世界语言发展的大趋势。语言的发展是不以人的意志为转移的。方言如果不能适应时代的需求而变迁,最终消亡,退出历史舞台,这也是语言自然进化的正常历程,是语言发展的自然规律,是人类无能为力的。

(3)正确处理方言和普通话的关系。普通话和方言是对立的统一,普通话要不断地从方言吸收有用的成分,普通话又不断影响方言发展的方向。推广普通话并不是要消灭方言,普通话与方言各有不同的功能和使用范围。《中新社》2004年7月25日报道《中国教育部官员称,普及普通话不是要消灭方言》。文章说:中国教育部语用司司长杨光今天在第八十九届国际世界语大会上说,中国推广普及普通话,不是要消灭方言,而是要使公民在说方言的同时,学会使用国家通用语言,从而在语言的社会应用中实现语言的主体性与多样性的和谐统一。根据"中国语言文字使用情况调查"得到的数据,现在我国能用普通话进行交际的人口比例为53.06%,能用方言进行交际的人口比例为86.38%。人们在家庭中使用普通话的比例约为18%,在工作单位最常用普通话的比例约为42%。这些数据表明,中国的普通话还没有普及,普通话的普及程度还不能适应社会发展的需要。我们要在尊重汉语发展的同时加大推广普通话的力度。要采取有效的措施,使得普通话在我国早日普及。同时要看到,在传媒保留适当的方言话语空间,对保护文化的多样性和丰富性是有意义的。上海市教委语言文字管理处公布的数据显示,上海约有70%的市民在必要的场合有能力使用普通话与人交谈。即使在郊区的农村,也有58%的人能用普通话与他人沟通。上海市民在家中、在工作单位,经常讲方言的比例高于全国平均水平。在这个外来人口几乎占据人口总数35%的特大型城市,上海话依然是这里的强势语言。

4. 正确处理简化字与繁体字的关系。20世纪50年代,我们进行的汉字简化是一项重大的文化建设工程。在党和政府强有力的领导下,从整体说是成功的。大约有三分之一的通用字在不同程度上得到简化,提高了阅读的清晰度,减轻了汉字学习和使用的困难。包括简化字在内的规范汉字能够方便、准确地书写现代汉语,没有造成意义的混淆。一种文化工具只要易学便用,适合时代需要,它就有生命力,就会不胫而走。我们并不是说汉字简化工作就没有缺点,但是我们不要忽略一个基本事实,就是用简化字书写现代汉语,不存在什么问题。如果有严重的问题,简化字就不会一直用到现在。从学理上说,有些简化字可以改得好一点,但是文字有很强的社会性,要保持稳定,不宜轻易改动。

汉字简化是不是妨碍继承文化遗产。我们认为汉字简化并不妨碍继承文化遗产。我们的文化遗产有许多是保留在用繁体字书写、印制的古书里面的。要读懂繁体字的古书就要认识繁体字,可是认识繁体字的人不一定就能读懂古书。请回想一下,在1956年推行简化字以前,是不是每个认识繁体字的人都能读懂古书呢?答案是否定的。因为大多数古书用的是文言文,认识繁体字的人还要经过长时间的专门学习,才有可能读懂文言文。有能力直接读懂文言文,从来就是少数专家的事,而不是普通民众要具备的本领。普通民众要通过专家的研究、翻译、讲解间接地继承传统文化。

中国已经进入了简化字时代。我们做出这样的判断,主要根据以下两个方面的事实:一方面是根据"中国语言文字使用情况调查"提供的数据,平时主要写简化字的占调查人口的95.25%,平时主要写繁体字的占调查人口的0.92%,平时简化字与繁体字都写的占调查人口的3.84%。另一方面是用简化字印制文言文的逐渐增多。中学语文课本里的文言文,一直是用简化字。用简化字印制文言文,给阅读文言文的人提供了方便,这种发展趋势值得欢迎。

正确处理简化字与繁体字的关系。繁体字和简化字都是汉字,都是我国人民创造的财富。自清末开始提倡简体字,新中国建立后推行简化字,但是繁体字并没有废止,只是缩小了使用范围。简化字属于规范字,完全能满足一般的需要。

(四)引导语文生活健康发展。中共十七大的政治报告指出:"切实把社会主义核心价值体系融入公民教育和精神文明建设全过程,转化为人民的自觉要求。积极探索用社会主义核心价值体系引领社会思潮的有效途径,主动做好意识形态工作,既尊重差异、包容多样,又有力抵制各种错误和腐朽思想的影响。"语文生活的发展和进步,联系着社会观、语文观,其间充满着思想的斗争。我们必须明确语文生活发展的前进方向,要顺应这种方向,而不是倒退。倒退没有出路。

当前的争论突出地反映在汉字上。例如,《环球时报》2007年6月7日发表了林治波的文章《复兴繁体字,中国新使命》。这篇文章把"复兴繁体字"作为中国的新使命,不顾全国绝大多数民众已经习惯使用简化字的现实,违背《国家通用语言文字法》的规定,肆意挑战国家的汉字政策。文章提出的"理由"归纳起来主要有三条,而这三条理由都是不能成立的。第一,说汉字简化把"表意文字完全同化为表音文字",失去了"东方文化的精髓"。其实,汉字简化只是把字形上的冗余信息减少了一些,表意文字依旧是表意文字,怎么会变为表音文字了呢?"东方文化的精髓"指的是什么?如果指的是象形,象形是古典文字的特征,文字进入成熟阶段后早已放弃了象形;如果指的是表意,不论是繁体字还是简化字,都具有表意性,并没有失去。第二,说汉字简化"会阻碍文化的传承","使中国历史文化研究出现断层"。新中国建立以来,传世的古籍受到了很好的保护,新印的繁体字古籍种类很多数量很大。众多通晓繁体字古籍的专家学者,在高校和科研单位深入研究这些古籍,不断有新的研究成果问世。传统文化得到了很好的传承,何尝出现什么断层?精通繁体字古籍,专门研究传统文化,从来就是专业研究人员的职责,这种情况并没有因为推行简化字而改变。第三,说汉字简化"没有与使用汉字的其他汉字文化圈国家进行商讨","得不到各国的理解与支持","孤立了自己"。一个国家实行什么样的文字政策,是它主权范围里面的事情,与有关国家可以进行交流,但是不必取得其他国家的同意。汉字简化是中国现代文化建设的大事,是发展现代科技和教育的必需,难道还要等别国同意才能做吗?现代的日本文和韩国文里有一些汉字,而且有的还进行了简化,可见汉字简化是一种共同的趋势,怎么会孤立了自己?如果中国拘守繁体、不加简化,那才会显得孤立呢!

要正确认识汉字简化的利和弊。汉字简化的利主要有三点:一是减少了笔画。《简化字总表》收简化字2235个,笔画总数是23025画,平均每字10.3画。被代替的2261个繁体字,笔画总数是36236画,平均每字16画。繁简相比,平均每字减少5.7画。如果写2000个简化字,合计少写10000画。按每字10画计算,等于少写1000字。二是提高了清晰度。简体的"乱灶龟郁"远比繁体的"亂竈龜鬱"清晰,节省目力。三是减少了字数。《汉字简化方案》里用合并简化(如"匯""彙"合并简化为"汇")和同音近音代替简化(如用"斗"代"鬥")的方法,共减少了102个繁体字。字数的减少有利于汉字的学习和应用。汉字简化的弊也有三点:一是有些字改变了原来所属的偏旁系统,使繁简的对应关系复杂化。"盧"简化为"卢",如"顱濾壚鸕"简化为"颅泸垆鸬";而有些字里的"盧"又简化为"户",如"蘆廬爐驢"简化为"芦庐炉驴"。二是增加了形近字,如"攏擾"简化为"拢扰"。汉字简化虽然减少了一些形近字,如"畫晝"简化为"画昼",但是增加的多于减少的。三是用合并简化和同音近音代替简化的方法简化汉字,有时可能会造成表意的模糊,增加了对语境的依赖。如"發"和"髮"都简化为"发",人名中出现了"金发",不知是"金發"还是"金髮"。利弊相较,利大于弊。因为利所惠及的是整个汉字体系,而弊的方面只涉及少数字组,又有办法缓解。再者,汉字简化把群众中流行的纷繁的简体字搜集整理加以统一,有利于字形的规范化。正因为利大于弊,所以简化字的传播如水之就下兽之走圹,无法阻遏,势不可当。周恩来总理在《当前文字改革的任务》的报告里说:"我们站在广大人民的立场上,首先应该把汉字简化这项工作肯定下来。"

五、探讨汉语文的国际传播战略,加速汉语文的国际推广

(一)世界主要语种对外推广的策略和经验。从国际上看,世界主要国家长期以来都十分重视本国语言的推广,千方百计地提高本国语言的国际地位。早在15世纪,欧洲人发现新大陆以后,伴随着殖民扩张,西方的一些语言开始在殖民地区逐步推广。在18世纪中叶,英国政府对英属殖民地实行种族隔离的教育政策,使英语逐渐成为步入殖民地主流社会的正式渠道。二战以后,旧的殖民体系被打破,英国改以"文化交流"、"援助"等温和的方式推广英语。英国的历届政府都高度重视英语的推广和普及,把它看成是除政治、军事和经济以外的第四个层面的外交活动。1934年成立英国文化委员会,是一个政府给予支持的语言推广机构。在1935年,政府提供的资金只有6000英镑,到了1939年增加到38.6万英镑。到20世纪50年代中期,英国文化委员会注重英语教学,逐步加强对课程大纲、师资培训及教学方法等方面的指导,直接参与了英语教师培训两大基地——伦敦大学和爱丁堡大学的创建。到2001年,英国文化委员会已在全球设立230家分支机构和138家教学中心。它承办的"雅思"国际标准化考试已经成为最热门的英语水平考试之一。据最新的资料统计,每年约有56万多外国人在英国的语言学校学习,教育和语言服务所创造的收入约为130亿欧元。

同样是老牌殖民主义国家的法国,长期不懈地在全世界推广法语。在17世纪至19世纪,法国一度被看成是欧洲乃至世界的精神和文化的中心。这首先要归功于法语在全世界的推广。在当代,法国政府把维持法语的"具有国际影响的语言"的地位视为法语推广的目标。通过全力推动语言文化多样化、多元化的发展,同英语不断扩张的趋势相抗衡。法语推广的主要机构——法语联盟,一百多年来长盛不衰,法国

政府每年都为它提供巨额拨款,同时在组织管理上也毫不松懈。法国总统是法语联盟的名誉校长,法国驻各国大使是所在国法语联盟分支机构的名誉校长,各分支机构与使馆文化处共同开展法语文化推广活动。现在法语是除英语外唯一在全球五大洲都有国家和地区使用的语言,是全世界公认的"文化语言"。

1492年哥伦布到达美洲新大陆后,殖民者在新大陆推广西班牙语。现在世界上有21个国家以西班牙语为官方语言。除了西班牙在欧洲、赤道几内亚在非洲外,其余19个讲西班牙语的国家都在拉丁美洲。在当代,随着西班牙加入欧共体,西班牙政府更加重视西班牙语在世界的推广。在20世纪80和90年代之交,西班牙政府在外交部内设西班牙国际合作署和塞万提斯学院,负责西班牙语的对外推广。西班牙国际合作署隶属于西班牙外交部,负责人是外交部主管文化事务的副部长。塞万提斯学院董事会的名誉主席是西班牙国王,主席是西班牙首相,经费全部是国家拨款。西班牙国际合作署的任务是对外宣传,塞万提斯学院的任务是在全球范围内推动西班牙的教学、研究和应用,向世界宣传西班牙文化。2002年在塞万提斯学院注册学习西班牙语的人数达73676名,参加教师培训班的教师来自31个国家,约6800名。

西方各国语言推广的经验,主要有三条:

第一,把本民族语言的对外推广纳入强国战略的组成部分。当今世界英语是强势语言,许多国家把它作为第二语言。如果我们认真分析一下,就可以看出,英语推广之所以成功,根本的原因是政府的重视和投入。英国文化委员会的费用几乎全部是政府拨款,1989年至1990年的全年预算是3.21亿英镑。二战后美国成为经济和军事强国,美国的崛起对英语在世界范围内的扩张发挥了重要的作用。特别是在20世纪70年代以后,美元和金本位完全脱钩,美元成为左右世界经济的重要手段。在全球经济一体化过程中,强势的经济必然推动其语言的扩张和发展。国强,语言胜;国弱,语言败。语言的兴衰与国力的强弱紧密相连。必须从国家战略的高度来看待本民族语言的对外传播和推广,这是西方强势语言特别是英语传播和推广的基本经验。

第二,语言的推广必须有专门的机构和专门的资金作保障。从专门的语言推广机构说,英国对外推广英语的机构是英国文化委员会。这个委员会在全球有230个分支机构和138个教学中心。2000年到2001年,在全球111个国家的229个城市设有办事处,经营的艺术活动达3000项,组织承办职业考试或学术考试70万个,向全球35万个下属图书馆发行图书和音像制品800万种。法国的语言推广机构分为两种:一种是官方的,如法国文化中心,在91个国家设立了223个性质各异的文化机构;另一种是非官方的非营利的,如法语联盟,它有120年的历史,目前在全球138个国家有分支机构1135个。从资金支持说,各国根据本国的条件采取了不同的方式。2000年至2001年,英国文化委员会得到政府拨款4200万英镑,来自营利性的教学收入有7100万英镑,通过合同和下属机构收入为1500万英镑。美国主要通过"卡耐基国际和平基金会"、"洛克菲勒基金会"和"福特基金会"来支持英语在海外的扩张。

第三,把语言的推广和文化的推广紧密结合。语言是文化的载体,学习一种语言同时就意味着学习一种文化;从传播者的角度来看,传播一种语言也就是传播一种文化。英国文化委员会成立的直接目的就是为了对抗德国和意大利的纳粹文化,推广英语就是要推广英国的价值观。法语在推广中将文化作为最主要的语言推广特征。在法国文化中心和法语联盟,有图书、多媒体、电影、定期的音乐会。通过耳濡目染,让学生喜欢法国文化。近些年面对着美国文化,法国始终注意保持自己文化大国的地位,将文化的推广作为语言推广的核心。

（二）世界正在兴起"汉语热"。自清末至新中国的建立之前，中国政治腐败，经济落后，国力衰微，在世界上处于劣势。在对外语言文化交流中，输入的多，输出的少。中国留学生到西方工业强国去留学，人数很多，而外国学生来中国留学少而又少。新中国建立后，情况逐渐有所改变。改革开放以来，我国国力大增，国际地位不断提高，国际作用越来越重要。汉语作为各国了解中国的重要工具和文化载体，它的实用价值不断提升，越来越受到各国政府和社会的重视。"汉语热"持续升温，为加快汉语走向世界提供了难得的机遇和发展空间。据统计，现在世界上通过各种方式学习汉语的外国人已经超过3000万，有100个国家，超过2500余所大学在教授中文，越来越多的中小学开始汉语教学。①

《光明日报》2003年4月29日发表徐国柱的文章《汉语国际化的契机》。文章说：如今我们生活在瞬息万变、多姿多彩的信息时代，生活里的一切都在变化，而这一切都要用语言来表达，所以说，语言充当了这一变化的急先锋。随着改革开放的深入、综合国力的强大和国际地位的提高，汉语正逐步走向"国际化"，这是一种历史责任，也是中国文化对世界文化作出重要贡献的契机。但是语言"国际化"要以其"规范化"为前提。经济全球化、政治多极化、文化多元化、传媒现代化决定了人际交往和国际交流的范围逐步扩大，频率大大提高；计算机信息处理技术开辟了语言交际新领域——人机对话，对语言文字的规范应用提出了越来越高的要求。汉语的规范化、普通话的推广以及汉语拼音的普及是中文信息处理技术发展和应用的有力保证和技术支持，而不规范的语言文字则直接影响计算机信息处理、图书情报工作自动化、印刷排版现代化、生产管理及办公自动化。一个国家如果不能用计算

---

① 凌德祥《走向世界的汉语》第8页，文化艺术出版社2006年版。

机使用本国语言,就等于将自己排除在现代化之外。纵观中外历史,一个国家如果有强大的政治、经济、科学、军事等作坚实基础,其语言必然会得到长足的发展并跨入国际性语言的行列。一股"中国热"自然带来了"汉语热"。这样一来,汉语的国际地位将大大提高,有望成为主要的国际性语言并逐渐发展为世界通用语。这是一次历史机遇,也是全球华人的历史责任。

《环球时报》2004年1月2日发表李玫的文章《普通话渗透唐人街,华文报摒弃繁体字》。文章说:近年来,许多美国人发现唐人街华人讲的华语味儿不一样了。在唐人街内部,人们都承认普通话正逐渐取代广东话的地位。许多美国人在1979年以前一直以为唐人街广东人讲的粤语就是标准的中国官方语言。直到中美建交后,他们见到中国外交官说的话与当地华人讲的华语不一样,才吃惊地发现,广东话误导了他们几十年,十多亿中国人大多数讲话原来不是这样。统计数据表明,随着中国大陆改革开放和经济实力的提高,普通话使用率和使用范围正不断提高和扩大。1986年公布的一项调查发现,旧金山地区70%的华人家庭讲广东话,只有19%的家庭讲普通话。但在2003年,旧金山亚裔电视台KTSE公布的调查显示,两者差距已拉近到53%∶47%。与此同时,普通话也通过电影光盘、华人电视渗入到更多的家庭。虽然讲广东话和说普通话的读者都能看懂当地《世界日报》、《明报》上的繁体字,但是这些办报人入乡随俗,顺流而动,正逐渐摒弃文章中的广东俚语和竖排繁体字,代之更好懂的普通话,以吸引更多的读者。洛杉矶亚洲市场和媒体服务公司主席苏利文认为,随着中国大陆移民的增加,普通话正被越来越多的华人使用,而且普通话的覆盖面还会继续扩大。

《中国侨网》2007年6月10日发表题目为《汉语日益受到重视,西班牙27所大学开设中文课程》的文章。文章说:据西班牙《欧华报》报道，随着中国经济的飞速发展以及中国与西班牙之间经贸往来的频繁，越来越多的西班牙人意识到了学习中文的重要性。目前，西班牙全国已有 27 所大学提供中文的课程，学习中文的人数达到了 5000 人。中文学习在西班牙的兴起，不过是最近三四年间的事情。截至目前，总共有 450 家西班牙企业在中国设立分支机构，大量需要能够熟练使用中文改为西班牙语的双语人才。正因为这样，很多目光长远的西班牙年轻人，都将学习中文作为主要的课程。5 月 19 日，西班牙历史上第一次汉语水平测试（HSK）拉开帷幕。此次考试在马德里自治大学进行，总共有 26 名学生参加了测试。

上面介绍的几篇报道，大体可以反映出汉语正在走向世界的发展趋势。面对世界正在兴起的"汉语热"，我们要有清醒的头脑。汉语在世界上是热还是不热，要有个比较。从发展变化说，的确比过去热，比中国改革开放以前热得多，但是如果横向比较，我们承认目前世界上正在兴起的"汉语热"，只是相对于过去汉语不热的情况来说的。

（三）汉语正在走向世界。

1. 建立孔子学院。从 2004 年开始，我国借鉴英、法、德、西等国推广本民族语言的经验，探索在海外设立以教授汉语和传播中国文化为宗旨的非营利性公益机构——孔子学院。几年来，孔子学院的建设进展顺利，一些重点工作取得了突破性进展。2006 年 7 月，国家汉语推广领导小组在北京召开了第一次全国汉语国际推广工作会议和首次全球孔子学院大会，标志着汉语国际推广进入了健康、快速发展的新阶段。以前我们无论走到世界的哪个角落，都可以找到中餐馆；现在无论走到哪里都常常听到有人用汉语向你问好。因应这一发展形势，立足于国内的对外汉语教学迅速转向为立足于海外的汉语国际推广。

从 2004 年 11 月，中国在韩国首都首尔建立第一所孔子学院开始，截至 2007 年 6 月 1 日，全球已启动孔子学院（或孔子课堂）156 所，分布在54个国家和地区。其中,亚洲52所,非洲11所,欧洲55所,美洲34所,大洋洲4所。预计到2007年年底,全球的孔子学院将达200所。孔子学院一般采取中外合作举办的模式。国内60多所高校和相关的机构参与了与国外高校合作设立孔子学院的工作。目前不仅各国大中小学在寻求与中国相应学校的汉语教学合作,全球知名企业也在通过举办孔子学院加强对员工的汉语培训。根据国家汉语推广领导小组的规划,到2010年全球将建成500所孔子学院和孔子课堂。2007年4月9日,在北京举行了孔子学院总部揭牌仪式。孔子学院总部的工作任务是实现孔子学院的规范管理、促进发展、培训人员和交流经验,使全球孔子学院形成一套完整的组织体系,有效进行信息和经验交流,推动世界各地孔子学院的协调发展。

2005年7月20日,首届世界汉语大会在人民大会堂隆重开幕。来自世界60多个国家和地区的政府官员以及大学校长、汉学家和汉语教师聚集一堂,围绕"世界多元文化架构下的汉语发展"进行广泛的交流和研讨。近年来,随着中国进一步扩大对外开放和经济的持续快速增长,中国与世界的交往和联系日趋广泛和深入,不少国家出现了学习汉语的热潮。为了调动、集成全国和世界各方面的资源,满足世界各国、各个地区不同层面对汉语教学的需求,2004年我国政府制定实施了加强对外汉语教学工作的"汉语桥"工程,在拓展各类对外汉语教学资源、大力支持在海外建设孔子学院、推广和完善汉语水平考试和加大汉语教师的培养和派遣等多方面取得显著成效。在此背景下举行的这次世界汉语大会,旨在宣传我国政府对外推广汉语教学的政策,就有关国际汉语教学发展的若干重大问题,广泛听取国外各方面意见并统一认识,最大限度地凝聚国内外合力,使汉语更快更好地走向世界。

当前,汉语国际推广中亟待解决的问题有两个。一个是对外汉语教师供不应求。《中新网》2002年10月11日报道:《"汉语热"全球日益高涨,对外汉语师资爆缺口》。文章说:随着中国申奥成功、加入世界贸易组织以及经济持续增长,一股"汉语热"开始在世界范围内兴起。现在全世界有85个国家的2000多所大学在教授中文,另有不计其数的中小学、社会办学机构也在进行中文教育,学习中文的人数约有2500万人。于是有资格向外籍人士教授汉语的对外汉语教师日益抢手。从1991年开始,国家对外汉语教师资格认证考试已经开展了9年(其间有两年间断),共有1000多人获得对外汉语教师资格证书,去年有163人通过考试,获得对外汉语教师资格证书。这些人在对外汉语教学的一线岗位上发挥了主要作用。据估计,到2007年,获得"汉语作为外语教学能力证书"的人数将达到1万人,但是目前对外汉语教师仍然是供不应求。到2005年1月,马来西亚和印度尼西亚的汉语教师缺口分别达到9万和10万。韩国、日本、菲律宾、泰国、中亚5国、印度、巴基斯坦等周边国家,北美、欧洲及澳大利亚等国都缺少汉语教师。

另一个问题是对外汉语教学教材急需改进。国家对外汉语领导小组办公室(简称"汉办")交流处的王鲁新处长说:中国大陆、台湾地区和美国都编有自己的教材,相互之间也曾有过合作。近年来,大陆版本的"地位"逐渐上升。据20世纪90年代对美国300所大学的统计,使用中国大陆编写的《实用汉语课本》的学校占75%。后来由于教材没有及时修订,一些学校换用其他教材,最少时也有45%的学校使用。目前中国国家汉办已开始编写《新实用汉语课本》,积极向美国推广,一些学校已表示要使用新教材。他还说,美国很多学校同时教授简体字和繁体字,目的是希望能够与中国大陆、香港和台湾地区打交道。因而不少教材都采用繁简对照的做法,汉办编写的教材也如此。拼音的问题与此相似,一般简体教材都包括目前国内推行的汉语拼音方案。总的来说,教材的字体和拼音并不十分影响与中国大陆的沟通。

2003年12月20日,北京语言大学对外汉语教材研发中心正式成立。同时举行"对外汉语教材研究与未来发展战略研讨会"。北语对外汉语教材研发中心是国内首家以开发、研究、编写并推广对外汉语教材为中心任务的专门机构。汉语教材是外国人学习汉语的重要桥梁,加强对外汉语教材的研发和编写,向他们提供各种层次的多种形式的新一代汉语教材,给学习者提供便利的学习工具,成为当今对外汉语教学事业发展的迫切任务。北语汉语教材研发中心的成立将把开发多媒体立体化教材和针对不同国别学习者学习需求的系列教材作为重点,编辑出版更多的精品教材,让汉语走向世界。除了通用教材外,强调要编写有针对性的教材。①

2. 开展对外汉语教学。新中国的对外汉语教学已有50多年的历史,积累了丰富的经验。近年来,来华留学生年增长率达到30%。1991年全国的外国留学生总人数为1.1万人,2000年增加到两万人,2004年增加到11万人,2005年增加到14万人,2006年增加到16万人。全国420所高等院校和教育机构接收留学生。

中国国家对外汉语教学领导小组办公室计划批准建立10个对外汉语教学基地。2003年2月26日,复旦大学、北京语言大学、北京师范大学、北京大学成为第一批对外汉语教学基地;2004年1月21日,南开大学、华东师范大学、南京师范大学、中国人民大学成为第二批对外汉语教学基地;2005年6月10日,国家汉办又批准暨南大学为对外汉语教学基地,使对外汉语教学基地达到了9个。此外,国家汉办确定把暨南大学、云南大学、延边大学等11所大学建设成为"支持周边国家汉语教学的重点大学"。

3. 汉语水平考试(HSK)。"中国汉语水平考试"俗称"中国托福"。它是为测试母语非汉语者(包括外国人、华侨和中国少数民族人员)的

---

① 《中国语言生活状况报告(2005)》上编第28页,商务印书馆2006年版。

汉语水平而设立的国家级标准化考试。中国的对外汉语教学事业起步于20世纪50年代初期。虽然经历了几十年的发展,但是在很多方面还缺乏科学的系统的研究。到了80年代初期,我们还没有一个统一的、标准化的汉语水平考试。1984年,原北京语言学院成立了汉语水平考试研制小组,开始研制汉语水平考试。这项研究历时5年多,于1990年2月20日通过了国家教委组织的专家鉴定。这就是后来改称为HSK(初中等)考试。由于考试的应用范围不断扩大,为使HSK成为完整的系统,在初中等考试研究工作取得初步成果的基础上,1989年10月,汉语水平考试中心又开始了高等汉语水平考试的研究。1993年7月28日,HSK(高等)通过了专家审定。为使更多的汉语学习者有机会测试自己的汉语水平,1995年9月又开始了基础汉语水平考试的研究。1997年11月24日,HSK(基础)通过了国家汉语水平考试委员会组织的专家鉴定。至此,HSK构成了一个水平由低到高的较为完整的体系。

从1991年开始,我们应用SHK开始在新加坡、日本和澳大利亚进行考试。1992年,在当时国家教委主任李铁映的倡议下,组织了"首届汉语考试国际学术研讨会"。接着李铁映签署了国家教委第21号令——《中国汉语水平考试(HSK)办法》,在外国人当中实施汉语水平考试。

《人民日报(海外版)》2002年1月18日发表刘菲的文章《全球汉语热悄然勃兴》。文章说:汉语水平考试人数逐年增加;汉语教学规模范围不断扩大;汉语热有力促进了中外交流。目前,HSK已在国内的27个城市设立了40个考点,在亚洲、欧洲、美洲和大洋洲的24个国家设立了55个考点。10年来,共有来自120多个国家的35万人参加了该项考试。一位韩国留学生说,三星、大宇等韩国企业要求申请对华贸易职位者必须持有《汉语水平证书》,所以学习汉语不仅是对自己在中国留学成绩的证明,也会给今后的求职提供很大的帮助。日本在学习汉语的人数、开设汉语教学的学校数和聘请我国汉语教师的人数等方面均在世界各国中名列第一。目前,全日本有约120万人在学习汉语,95%以上的日本大学都将汉语作为最主要的第二外语。韩国1978年开设中文系的大学为12所,目前已增加到140余所,开设汉语课的中学达300余所。来华留学生人数已超过日本,成为来华留学人数最多的国家。泰国在76个府中,大都有开展中文教学的学校,许多大学设有中文专业。2001年4月,曼谷市教育局规定,全市所有公立中小学要开设中文课,作为第二外语。在美国和加拿大,学汉语热潮同样也方兴未艾。以教授汉语拼音、简化字、普通话为宗旨的全美中文学校学会在短短几年内发展迅速,目前已拥有会员学校200余所,分布在美国41个州所有大中以上城市,在校学生4万余人。一些加拿大语言专家认为,随着越来越多的加拿大人想了解和认识中国,学汉语的人数将不断增加,汉语正逐渐取代法语,成为除魁北克省之外其他省份的第二大语言。在澳大利亚、新西兰,在遥远的南美洲、非洲,在世界的各个角落,学汉语的人数都在呈上升趋势。2001年中国申办2008年奥运会的成功和加入WTO,为全球汉语热的升温注入了新的动力。中国国家对外汉语教学领导小组办公室副主任李桂苓认为,任何语言都与经济和文化分不开。经济越发达,文化越发达,其语言的地位就越高。改革开放以来,几十万家外国企业到中国落户,35万中国留学生走出国门留学深造,为汉语在世界各地的传播创造了条件。随着中国国际地位的提高,与中国打交道的国家、国际组织和人员日益增多,而且汉语是当今世界上使用人数最多的语言,是世界上历史最悠久、发展水平最高的语言之一,它在全球的升温可以说是一个必然的趋势。汉语在全球范围的传播,必将使越来越多的国家和人民了解中国,了解中国文化,同时也使中国更快地走向世界。

(四)汉语文的国际推广任重而道远。

1. 汉语文国际推广的争夺战。台湾把汉语文叫做华文,一直在与大陆争夺华文推广的国际市场,他们投入大量资金,采取种种措施努力扩大影响。例如,免费培训师资、吸收留学生、发送华文教材、扶植海外华文学校等。他们建立了全球华文网络教育中心,不遗余力地建设华文网络教育系统,增设网络远程教学站点。在推广华文的时候,台湾"侨委会"还借繁体字与注音字母大做文章,称简体字丧失汉字的内涵,等等。在注音方面使用注音字母和通用拼音。台湾也在推行中文考试,并委托台师大"国语中心"建立了一套繁体字的华语文检定考试。

不少机构和团体试图抓住汉语传播这班生财车。台湾师范大学十年前就设立了华语文教学研究所,后来又增设博士班,开创华文教学最高学位,后来又有几所大学跟进。不少台湾民间团体开始投入培训华语师资市场。

2. 海外汉语传播中的主要问题。最近二十多年来,海外汉语传播的社会环境空前好转。近几年学汉语的人确实有所增加,但是具体情况比较复杂。汉语在华侨和华裔中使用的前景不容乐观,汉人最为集中的新加坡,汉语水平正在下降。尽管新加坡政府已经采取一些措施,但是在短时间内还看不出好转的迹象。马来西亚由于汉人人口下降、汉人居住方式的改变、政府推行鼓励英语和马来语的政策,汉语的使用也在面临挑战。

3. 中文跻身国际语言尚需时日。台湾《商业周刊》2008年3月2日一期发表杨少强的文章《中文跻身国际语言尚需时日》。文章说:"全球'中文热'来袭,是否就意味着:'中文将是下一个国际语言?'外国人兴起'中文热',背后有强烈的功利主义支撑,这对提升中文成为国际语言未必是好事。就现实面来说,目前中文仍是'内向型'(指多仅限国内人使用)的语言,它要成为如英语、法语一样'外向型'(指国外也有很多人使用)的国际语言,还有一段长路要走。使用中文的族群人口,99%集中在中国及新加坡等地。出了这些地方,中文能派上用场的几率接近于零。拿英语来说,一个人即使不是英国人或美国人,若到印度或到中东,这些地方虽然和英国或美国完全无关,若他又不会讲印地语或阿拉伯语,仍然可以用英语和人沟通。若是跨国的学术会议,与会者全来自英美以外的国家,这些与会者不会讲对方的语言,仍可用英语和对方打交道。从这点来看,即使有朝一日美国强权不再,英语的流行已和美国脱钩,英语仍会是重要的国际语言。若因外国人目前热心学习中文就以为'中文将成为下一个国际语言',或许应先思考:在和中国完全无关的地方,用中文是否能和人沟通?中国有朝一日经济荣景不再,中文还会流行吗?目前多数外国人学中文只是基于短期目的,这对奠定中文成为国际语言只是起步阶段。对照今天在外国人中兴起的'中文热',中国对这些兴起'中文热'的外国人来说,目前最大的意义还是'市场',而不是'文化'。一个市场不会赢得尊敬,一个文化才会。外国人尊敬中文背后的文化,才会'死心塌地'地深入学习中文,也才不会因为中国的经济地位一朝衰落就会见异思迁。"

六、提高汉语文的信息处理水平,扩大汉语文在虚拟空间的话语权

(一)争夺汉语文在虚拟空间话语权的紧迫性。进入信息网络时代以后,人们面对的除了现实世界外,还有一个越来越重要的虚拟世界,就是由计算机网络构成的电子信息世界。现实世界的生活越来越依赖虚拟世界,虚拟世界越来越深地介入现实世界。获取汉语汉字的话语权,不仅是现实世界的话语权,也包括虚拟世界的话语权。

计算机网络也许可以算作20世纪人类最重要的发明之一,它催生

出信息时代,并为人类构造了一个与现实空间相关联的虚拟空间。虚拟空间也有语言生活,虚拟空间的语言生活也是人类语言生活的组成部分,而且从发展趋势来看其地位还越来越重要。语言及其所负载的信息是信息处理的主要对象,语言信息处理已经成为高新科技之一种,高新经济之宠儿,国家信息安全之基础。中国网民已经过亿,网络阅读、出版、通讯等等,正成为多数人的新习惯。人们越来越深刻地认识到,虚拟空间的语言生活,正在造就新文化,不断酝酿新技术,陆续形成新产业。①

在信息网络领域,美国的科技一马当先,新产品新技术日新月异,英语的信息处理量占据世界的首位,成为没有争议的霸主。而中国虽然发展势头强劲,但是现实的情况是与美国相比还有相当的距离,虚拟空间的话语权不在我们的手里。目前,计算机处理汉语的能力还较为低下。比如网络检索,一点鼠标就得到成百上千条的信息,人们被淹没在信息的海洋里。且不说其中有多少垃圾信息,就是有用的信息,也无法全部阅读,需要进一步分类、筛选。网络安全仍然是个大问题。目前尚无有效的手段进行满意的网络过滤。据统计,全球每个月在网上传送电子邮件达数十亿封,每昼夜在网上交换信息达数万亿比特,全球百姓对网络的关注度已经达到了 85% 以上。网络正以前所未有的深度和广度影响到人类生活,这表明人类已经进入了网络时代。在网络时代,英语也展现出它的超强"霸权",汉语遭受到强大的挤压,仅存立锥之地。根据网页搜寻公司 Google2000 年底的分类统计,对所搜索的 16 亿网页的统计分析,其中使用英语的超过 12 亿页,占网页总数的 75%,而使用汉语的只有 2700 万页,仅占 1.7%。由于英语的超强势

---

① 李宇明《构建健康和谐的语言生活》,《中国语言生活状况报告(2005)》上编第 1 页,商务印书馆 2006 年版。

地位,美国在科技和网络的使用率和占有率等方面占全球 80%,在发挥全球区域性语言作用等方面占据超级霸主地位,它的网络话语权也占绝对的优势。①

除了这些在浅层进行的信息处理的应用系统外,人们也开始加大对深层信息理解的关注。比如文本褒贬色彩的评价研究,文本隐喻的发现,等等。以上是从信息接收方"理解信息"的角度来看信息处理所能察觉到的研究新动向。如果从信息发出方的角度来看如何"制造信息",近年来的热点莫过于对知识本体(Ontology)的研究。广义地说,已有的语言基础资源库在某种程度上都可以看做是一个具体的知识本体。而随着像 WordNet 等免费语言资源和像 Protégé 这样的开放源代码知识本体构建工具软件在国际信息处理界的影响力加大,以及 XML 等新一代文本内容标示语言的兴起和普及,越来越多的信息处理学者开始把自己的工作跟知识本体的设计联系起来,比如在术语提取、术语知识库管理等领域,相关研究已经成为新的趋势。人们希望,随着越来越多具体的人类知识(当然也包括语言知识)被搭建成一个个的知识本体系统,对自然语言文本中多义词的消歧,对文本内容的理解,进而对基于内容理解的信息搜索和信息提取,都会带来质量上可观的改进。

当前汉语汉文信息处理的总体发展状况可以概括为:(1)对于符号形式层的处理,比如汉字的输入输出,已经取得很大成功,并在社会生活中得到应用。(2)对于符号意义层的处理,一些相对浅层的技术,比如中文分词、信息检索等,已经有很大发展并进入实用,而一些需要对自然语言进行深层分析的技术,比如句法分析、机器翻译等,仍然没有取得突破性进展,离真正走向大规模实际应用还有较大的距离。②

---

① 凌德祥《走向世界的汉语》第 49 页,文化艺术出版社 2006 年版。
② 《中国语言生活状况报告(2005)》上编第 153 页、140 页,商务印书馆 2006 年版。

（二）汉语汉字信息处理取得的新进展。[①]

1. 键盘输入。进行中文信息处理的必要前提是要把汉字信息输入到计算机中去。根据输入方法是否使用键盘，输入方法可以分为键盘输入法和非键盘输入法。键盘输入法从单字输入、词输入、常用短语输入发展到句输入，标志着输入方法的智能化程度越来越高。由于字、词、常用短语的数量都是有限的，所以采用的技术基本上都是查字典（或称"匹配"）的方法；而句子的数量是无限的，不可能采用匹配的技术。句输入方法利用键盘顺次输入一个句子中每个字的汉语拼音，但不必人工挑选每个拼音所对应的同音字，而是在一个句子的汉语拼音全部输完后，由计算机自动挑选同音字中合适的汉字组成正确的句子。假如一个句子由十个汉字组成，又假定每个拼音包含十个同音字，则由这些同音字所组成的句子有一百亿个，其中只有一个是在句法和语义上合理的句子。计算机只有具备了对自然语言理解的能力才能把正确的句子挑选出来。句输入法所对应的软件叫做"拼音文本转换系统"。它不仅是一种输入软件，而且在语音识别中又是一种不可缺少的软件工具。

2. 文字识别。文字识别是将扫描仪等光电设备输入的文字图像转换为可以检索的文字代码信息。近年来文字识别取得了很大进展。印刷体汉字识别已经商品化，对于中、上等印刷质量的印刷品，识别率可达 98% 以上。现在的目标是希望把错误率降低到一般印刷品允许的范围 2‰ 以内，从而可以免除对识别结果所进行的烦琐的校对过程。对这一目标，不少识别系统已能达到。

手写体汉字识别近年来进步也很大。过去识别率达到 70%—

[①] 这一段主要依据北京大学顾小凤教授 2006 年 10 月 24 日在渤海大学举办的现代汉字学学科建设高级研讨会上做的报告。有改动。

80%或80%—90%已经相当不容易,而现在对于书写比较工整的汉字文本,识别率可以达到90%—95%。但是即使这样,离真正实用还有距离。试想一篇一千字的短文,即使识别率达到95%,仍有50个错字,而且这些错字隐藏在一大批正确的汉字中间,需要人工校对出来并加以改正,仍然是很麻烦的事。

笔输入方法也称"联机手写汉字识别",是另一种非键盘输入方法。使用者在一块与计算机相连的书写板上写字,计算机根据输入的笔迹识别汉字。这种方法由于计算机获得了笔迹生成的全过程信息,信息量丰富了,识别难度也就降低了,目前已经达到实用水平。这种方法有两大优点:一是输入方法更自然、易学;另一个更主要的优点是目前大量使用的掌上电脑和移动通讯设备体积小,难以配置体积大的键盘,而笔输入法却有用武之地。

3. 语音识别。早期的语音识别系统是特定人语音识别系统。使用者事先要念一篇指定的文章或若干个句子,将语音信号输入计算机,计算机将语音信号与事先存入计算机的标准答案对照,知道什么样的语音信号对应什么样的拼音符号。这个过程叫做"机器学习",或者叫"机器训练"。一般需要反复学习两遍,计算机就可以识别该使用者的语音。如果换一个使用者就必须重新进行机器学习。在念文章时要求孤立地念一个个单词或单字,不能连起来念。这就是特定人孤立音节或孤立单词的语音识别。这种识别系统具有明显的局限性,没有多大前途。目前我们所说的语音识别系统一般指非特定人连续语音识别。这种识别系统由设计者事先找了很多人来进行机器学习,所以计算机具备了识别非特定人语音的能力。在识别时,使用者也可以像平常说话那样不必把一个个单词分开来断断续续地说。语音识别只是把语音信号加以辨认,用相应的符号记录下来,这符号就是汉语拼音。然后用拼音文本转换系统把汉语拼音转换成汉字。语音识别的主要困难是要适应不同人之间的语音变化以及外界的噪音干扰。从目前情况看,语音识别投入实用还有很长的路要走。

《计算机世界》2001年8月20日发表雨夏的文章《语音识别重在应用》。文章说:从语音识别技术的角度来看,目前有三个研究发展方向,即:面向电脑、电话和手机的应用。电脑的语音录入应用是指电脑能够把人所说的话记录下来,解决文字的输入问题;电话的语音识别应用是借助通信平台,实现语音技术的更广泛应用;手机的语音识别应用是嵌入式的语音识别技术,实现手机寻呼机在移动通信中的语音识别应用。据专业人士预测,5至10年以后,上述三个方向将会发生相互融合。

4. 语音合成。语音合成相当于给机器装上了"人工嘴巴"。任意输入一篇文章让计算机念出来,这种随机的语音输出不可能事先录好音,这就需要计算机的语音合成技术。语音合成在盲人阅读器、公共信息咨询系统、自动口语翻译等多种场合有广泛的应用。衡量语音合成质量的指标是可懂度和自然度,即计算机所合成输出的语音不但要让人听得懂,而且要求语音流畅、听起来舒服。目前我国的汉语语音合成技术已经达到实用水平。某些语音合成系统所输出的高质量语音已经与真人的发音没有很明显的区别。计算机语音合成技术正在越来越广泛地应用到各行各业。

5. 汉语分词。计算机自然语言理解的前提是必须把一个句子中的各个词切分开来。由于汉字文本的词与词之间不像英文那样有空格作为标记,所以词的切分(也称"汉语分词")是中文信息处理中特有的问题。计算机对汉字文本进行自动分词,目前采用的基本方法是"最大匹配法"。它的分词原则是长的词优先切分。例如"中华人民共和国"是一个七字词,虽然它是由"中华"、"人民"、"共和国"三个词组成,但不把它分成三个词。具体作法是首先分别建立单字词库、二字词库、三字词库等等,根据组成一个词的字数分别把每个词归入相应的词库。切分的对象是两个非汉字符号(例如标点符号)之间的一串汉字。假如最长的词由七字组成,则首先取这串汉字中最后的七个字去查七字词库。如果查到,则把这七个字作为一个七字词切分出来。否则去掉最前面一个字,即取最后六个字,去查六字词库,依此类推。切分出一个词后再接着用同样方法去处理这个汉字串中剩下的汉字。由于是从后向前切分,所以也称"逆向最大匹配法"。类似的也有从前向后的"正向最大匹配法"。实验表明,逆向方法的分词正确率高于正向方法。这种最大匹配法可以获得相当高的分词正确率,但也还存在一些问题。例如"歧义切分"问题。"发展中国家"如果不是一个词,需要进一步切分,则相邻的"中国家"有可能把"中国"当成词,也可能把"国家"当成词。要让计算机正确切分,计算机必须具有对自然语言理解的能力,但自然语言理解的前提是正确的分词,因此两者具有互相依赖的关系。考虑到汉语分词的效率问题,可以同时采用正向、逆向两种最大匹配法进行分词,如果结果相同就可认为分词正确,否则再采取更复杂的分词方法。

6. 自然语言理解。要让一个机器人语音咨询系统,听懂人们向它提出的简单问题,并且能用语音做出回答,这不但要靠语音识别技术使它听清楚,更要让它能懂得一串语音包含的是什么意思,这就是自然语言理解。要能做到这一点,机器人必须能对句子进行分析。分析这个句子由哪些词组成,每个词的属性、词义在句子中的语法地位以及词与词之间的语法关系。这种分析称为基于规则(句法、语义规则)的方法,但是人们的日常用语并不完全受规则的约束。词序颠倒、语法成分省略等现象都很常见。有限的几条规则并不能覆盖全部丰富多彩的语言现象。因此有人提出了另一条思路,就是搜集大量现实生活中的语言现象建成规模庞大的语料库。由人工对语料库中的每个句子做出标注,标注出句子中每个词的属性、词义、语法地位等。原始语料库叫做生语料库,标注后的语料库叫做熟语料库。有了熟语料库后,就可以用统计的方法去寻找和发现语言现象中某些规律性的东西。由此产生了新的学科——语料库语言学。目前一般的认识是,在自然语言理解的研究中应该把基于规则的方法与基于语料库的方法结合起来,取长补短。由于自然语言理解是一个长远的研究目标,短期内难以取得实用性的成果,目前的主要精力还是放在语料库建设等基础性的研究工作上。

7. 情报检索。情报检索技术已在图书资料检索、网上搜索查询等领域广泛应用。情报检索的性能指标是准确率(查准率)和召回率(查全率)。例如总共有10篇所需要的文档,用关键字检索后,系统提供了100篇文档,其中查询者需要的文档有5篇,则准确率是5%,查全率是50%。这两个指标是互相矛盾的,即要想查得准就可能查不全,反之要想查得全就可能查不准。目前主要的问题是查准率不能满足要求,即检索得到的无用文档太多。

为了方便检索,一般使用多种检索手段。例如图书资料检索时可以用关键字检索,也可以用作者、出版社、书名、标题等检索。如何更多地利用语义信息进行检索是一个没有完全解决的问题。例如,在用主题词检索时,在主题词表中列出了每个主题词与其他相关主题词之间的不同关系,如包含关系、同义关系等。"计算机"与"电脑"在主题词表中是同义关系,因此当检索者用"计算机"进行检索时,检索系统会自动把"电脑"这个主题词加上,以避免漏检。这是对语义信息的初步利用,而更多地利用语义信息还比较困难。

与情报检索关系密切的研究还有自动文摘生成。可以对单篇文档自动生成摘要,也可以对与某个主题有关的多篇文档去掉内容重复的部分,生成综合性的摘要。无论哪一种摘要都需要情报检索与自然语言理解这两项技术的结合。

8.机器翻译。机器翻译不是指市场上出售的英汉、汉英一类的电子词典,而是指句对句的翻译。两种不同语言之间的翻译,除了要考虑词与词的翻译,还要考虑语法结构、语言习惯、文化背景等因素。如果不考虑这些因素,就很可能出现把"胸有成竹"翻译成"肚子里有棍棒"的笑话。机器翻译必须要求计算机对涉及的自然语言能够理解。让计算机去完成这种工作,难度实在太大。因此机器翻译虽然已经研究了近50年,基本上没有可以实用的产品,于是有人对它的前途比较悲观。但是也有理由不必过于悲观,几十年的研究毕竟积累了丰富的经验。机器翻译有可能在某些局部领域获得实用化的突破。例如语言现象比较简单规范的某些科技文献,以及对翻译质量要求不高的某些实用领域。

(三)网络资源的开发和利用。跨入新世纪,网络世界的语言生活迅猛发展,虚拟空间形成了网络语言生活。网络新闻、电子邮件、电子公告(BBS)、博客、播客,以及手机短信等,正成为各类信息的新的集散地,新词语的发生源。

1.互联网的发展。互联网是人类在20世纪取得的重要发明。互联网的应用和普及使人们的工作、生活甚至思维方式都发生了巨大的变化。2006年1月,中国互联网络信息中心(CNNIC)发布第17次《中国互联网络发展状况统计报告》。《报告》显示,中国互联网络在2005年继续得到持续、稳定的增长。截至2005年12月31日,中国的网民数和上网计算机数分别达到了11100万人和4950万台,与上年同期相比分别增长了18.1%和19.0%,分别是1997年10月第一次调查的179倍和165.6倍。2008年1月,中国互联网络信息中心(CNNIC)发布第21次《中国互联网络发展状况统计报告》。数据显示,截至2007年12月31日,我国网民人数已达2.1亿,居世界第二位,与第一位的美国仅差 500 万人。

随着信息科学的进步与互联网络的发展,网络上的信息资源量与日俱增。公用数据库的飞速发展为用户搜索和查询各种信息提供了充分的可能。搜索引擎也是一个网站,只不过它专门为用户提供信息检索服务。它使用特有的程序把网上的所有信息归类,帮助人们搜寻到自己所需要的信息。这样便可以大大节省查询文献资料所花费的时间,提高研究的时效和质量。新华网、人民网央视国际网站、中国网、国际在线、中国日报网、中青网、中国经济网等中央重点新闻网站在拼搏中奋进、在创新中发展,逐渐成为网上宣传的重要阵地、对外传播的重要窗口、为公众服务的重要平台、与公众互动交流的重要通道。

2007年我国政府网站建设呈现以下特点:(1)关注民生,解决人民群众关心的问题。2007年国务院信息化工作办公室倡导各级政府网站围绕教育、医疗卫生、社会保障、交通出行和公共事业五个重点领域开展了"百件实事网上办"活动,在促进教育公平、完善医疗保险、拓宽就业渠道、规范住房交易、方便交通出行等方面发挥了积极作用。电子政务正在成为国民经济和社会信息化的中心环节。(2)整合服务资源,改善投资环境。天津、武汉等地政府网站整合服务资源,在线提供企业注册、纳税申报及多种行政许可服务,提高了政府办事效率。商务部、海关总署网站提供的进出口信息查询和办事服务,为企业开展国际化经营创造了条件。(3)切实服务"三农",增加农民收入。农业部、科技部、商业部、国家粮食局等政府网站,加大农业科技推广力度,及时发布农产品供求信息,促进了科技成果转化和产品流通,增加了农民收入。黑龙江、山东等地通过网站推动涉农信息资源整合,引导特色农业发展,在推动农业产品结构调整方面发挥了积极作用。(4)加强市场监管,规范市场秩序。质检总局、国家药监局、商务部、农业部等政府网站及时发布产品质量、食品、农资和农村日用消费品的有关监管信息,有效保护了城乡消费者权益。(5)扩大公众参与,促进行政管理创新。北京、深圳、成都等地政府网站不断完善公众参与渠道,主动公开政府办事流程和办理结果,提高了公众参与的积极性,保障了公众基本政治权利。(6)政府网站自身建设水平显著提升。2007年,随着西藏自治区政府网站的开通,标志着省级政府网站拥有率达到了100%。[①]

全国语言文字工作系统的网站建设也取得了重大成就。2002年6月26日,教育部语言文字应用研究所主办的"中国语言文字网"(www.china-language.gov.cn)开通。它标志着语言文字工作网络和政务信息化建设全面展开。中国语言文字网积极宣传国家语言文字政策,服务社会语文生活,引导社会正确使用祖国语言文字。网站设置的栏目有工作机构、政策法规和规范标准、语文工作、学术交流、语文史话、中文信息处理、远程教育、服务窗、百家争鸣等。网站还向社会提供咨询和信息服务,进行网上远程教育和普通话培训、测试及文字应用水平测试等。2005年7月18日,全国语委系统第一个支持民族语言文字的网站——西藏藏语言文字网站开通仪式在拉萨举行。截至2005年12月31日,全国语言文字工作系统共开通网站101家,而且全部联网,语言文字工作政务信息化初具规模。

2. 开发语料库。语言工程建设的主要内容是建设、完善语料库等各类语言数据库,集成语言资源,实现全国范围内的资源共建共享,为中文信息处理、语言文字规范标准的制订、社会语言生活的监测引导、应用语言学的研究等打下坚实的基础。语言工程建设是一项长期的系统工程,要坚持不懈地努力,最终必有所成。

语料库是存储于计算机中并可利用计算机进行检索、查询、分析的

---

① 《2007年中国政府网站绩效评估结果发布》,《光明日报》2008年1月13日。有改动。

语言素材的总汇。为了对语言素材进行自动分类和编排，从中查找各类信息，就需要利用计算机建立语料库。近年来，国内的一些单位也相继建立了一些通用的和专用的现代汉语语料库，并在语料的加工技术等方面进行了探索，取得了一定的成果。但这些已经建成的语料库由于宏观管理不力，缺乏统一的规范和标准，普遍存在着语料库的库容量小，取料先期论证尚较粗糙，用途单一，因而不能长期使用等问题。

为适应当前和未来中文信息处理的需要，我国必须尽快建立国家级的大规模通用型语料库。通用型的大规模语料库，可以服务于以下领域：字频、词频统计，词典编纂，语言文字规范化研究，词的切分和属性研究、语法研究、语义研究等；而这些方面的研究都直接或间接地对中文信息处理技术有着极为重要的意义。

建立汉字属性系统的关键是建立一个汉字属性库，将它改为书面形式，就是汉字属性字典。如汉字检索、汉字笔画、汉字部首、汉字结构、汉字部件名称、汉字字体等的规范，为两三年内建成汉字基本属性规范体系打好基础。

2001年2月16日，由北大方正电子有限公司开发的方正GB18030字库和方正超大字库通过了由国家新闻出版署、国家语委和全国印刷字体工作委员会联合主持的国家级审定。专家认为，和以往的同类产品相比，这两款字库汉字量充足，通过性和兼容性也较好。据介绍，方正GB18030字库包括GB18030－2000规定的27000多个汉字，而方正超大字库除了包含《汉语大字典》的全部56000多个汉字外，还基本包括了中、日、韩、越等国的主要汉字，共收录了汉字70244个。

3. 研制在线汉语词典。在线词典是建立在Internet环境之上的、可为用户提供实时共享查询服务的重要参考工具。与传统词典相比，在线词典具有互动查询、多样检索、资源丰富等优点，更便于在网络环境中使用。在线词典的出现改变了人们查询词典的方式。目前较为专业的在线汉语词典有：中华在线词典（http://www.ourdict.cn）、千搜词霸汉语词典（http://www.keysoo.com）、汉典（http://www.zdic.net）。

4. 推动汉字的国际标准化。汉字使用的国家和地区，除了中国大陆和港澳台，还有韩国、日本、新加坡、泰国、马来西亚等国。这些国家和地区使用的汉字并不完全相同。在信息化的今天，汉字的差异给信息交流和文化传承带来诸多不便，因此急需研究汉字的国际标准化问题。中国是汉字的故乡，中华民族在汉字国际标准的制订中理应责无旁贷地发挥主导作用，积极参与并推动汉字国际标准化的早日实现。

国际标准化组织于 1984 年开始研究、制订《信息技术通用多八位编码字符集（UCS）》国际标准，即 ISO/IEC 10646。这是一项全球所有文种的统一编码、使计算机系统实现多文种相互切换和交流的国际标准，它的目的是在全球范围内建立起实时、无障碍的信息交流模式。ISO/IEC 10646 对于推动中华汉字典籍的数字化、建立数字化图书馆、在互联网上交流和共享中文文献、向全世界展示中华文明具有重要意义。

教育部语信司自 2001 年以来，多次组织召开协调会和学术会，组织专家学者研制、起草标准提案。此外，还协调有关各方面组织中国内地、中国台湾、日本、韩国中文数字化合作论坛，每年召开一次。2002 年在论坛会上形成的"CJK 国际基本子集"和"中华古今字符扩充编码"等文件，成为后来提交国际会议的提案的基础。

迄今为止，《信息技术通用多八位编码字符集》已初具规模，有关方面的专家学者在 ISO10646 的制订工作中，密切配合，取得了了不起的成绩。但是汉字的国际标准化和中文数字化的工作任重道远。为使汉字的数字化得到推广，对于已编码的汉字，还需要进行大量的实用化开发，以实现成果共享。

5. 中文域名。互联网在被英语长期主导后，即将朝着向其他语种敞开大门迈出重要的一步。多年来,以非英语为母语的互联网用户一直在大声疾呼要有本国文字的域名。他们认为,英语会阻碍本国网络文化的发展和网络使用的普及。这一呼吁即将变为现实。负责协调测试的私有非营利机构——互联网域名与网址分配机构(ICANN)预计,由十一种非英语拼写的网址将在2008年年底投入使用。这些文字包括中文、阿拉伯文、韩文、俄文、印地语文字。2001年2月14日,国家质量技术监督局在北京举行《中文域名规范》国家标准实验系统开通发布会,宣布即日起开通《中文域名规范》国家标准实验系统。该系统旨在为正式发布并正确实施中文域名国家标准提供实践验证的依据。中国有关职能部门将通过制订和实施国家标准,规范中文域名应用和服务,切实保护用户的合法利益,把中文域名管理好。据了解,目前美国、新加坡、中国内地以及港澳台一些机构纷纷推出各自的中文域名系统,并在国内开展注册服务,域名纠纷不断出现,严重影响了中文在互联网中的应用及发展。

《人民网》2003年3月11日发表王婷婷的文章《中文域名使用在即》。文章说:近日,负责制订全球互联网标准的IETF通过互联网正式公布了多语种域名相关的三个标准(RFC3490,RFC3491,RFC3492),至此,经过全球技术专家共同讨论且被广泛接受的多语种域名技术标准最终定稿,也预示着中文域名不久将能使用。根据中国互联网信息中心(CNNIC)的评估,国家标准最终采用了一种对中文域名编码长度限制最低、编码效率最高的编码方案。另外,一个由CNNIC专家作为作者之一的多语种域名管理和注册指南技术草案也正处在形成过程之中。根据信息产业部去年发布的《关于中国互联网络域名体系的公告》,中文域名的顶级域名为".cn"".中国"".网络"".公司"四个顶级域名。

国家信息产业部、国务院新闻办公室等部门负责人呼吁:全国网站都来使用"中文.cn"域名。中国有3400万中小企业,他们对GDP的贡献占到总值的80%以上。他们的信息化关系到中国经济的发展,但是他们对信息化和互联网经验不足。一般的互联网公司或者国际大企业很难对他们进行服务。企业进入互联网的第一步就是域名,而绝大多数中国人很难记住英文的国际域名。与英文域名相反,中文域名形象鲜明,简单易记,受到广大中国企业的认同,普及速度逐步加快。企业要实现信息化,域名是必不可少的第一步,它涉及企业的网站建设、管理系统的应用和自身品牌的保护和推广。中国企业需要中文域名,中文域名应运而生。近日,国家奥组委启用"奥运门票.中国"的中文域名,与www.tickets.beijing2008.cn相比,中文域名更容易记住更容易使用。同时,以IE7.0、Firefox2.0、Netscape8.0为代表的全球主流浏览器近期完成升级,并已全部实现对中文域名的支持。伴随网民对浏览器的逐渐更新,到2007年年底全球将有90%的网民上网时,都能够输入"中文.cn"域名访问网站。全球主流浏览器的支持,让我国的中文上网驶入了快车道。

6.出版电子图书。电子图书服务就是一些网站将经过扫描或录入的电子图书放到服务器上,供读者在线阅读或下载。电子图书具有浏览、下载、打印、检索和互动等多种功能。超星中文电子图书(http://www.ssreader.com)是当今世界上最大的中文在线数字图书馆,在线图书有社会学科和自然学科十多个门类,十多万种。它不仅可以进行书目章节的搜索和采集,还可以对文献资料进行限时、限量Ford传递,即以电子邮件的方式给用户传递所需资料。方正Apabi电子新书(http://www.162.105.138.175)和"书生之家"之中华图书网(http://www.21dmedia.com)都支持全文检索。方正Apabi阅读软件具有文字复制、前后翻页、半页翻以及添加画线、批注、加亮、书签等多种笔记功能,还可以提供手持阅读器、PDA等多种阅读设备支持。"书生之家"

已有16万册的图书可以全文在线阅读,还具有分类检索、单项检索、组合检索和二次检索等高效快捷的检索功能。

数字图书馆是未来图书馆的发展方向,也是未来图书馆的存在形式。随着信息技术和网络技术的不断发展和日臻成熟,数字图书将会给广大读者和专业研究者带来全新的阅读方式,并提供传统出版物所不能提供的强大功能。

7. 要加紧研发信息网络的新技术新设备,争取在技术设备上有中国一席之地。英国《经济学家》周刊网站2007年12月23日文章《2008年的技术》,副标题是《三种大胆的预测》。(1)上网速度将变慢。"不久以后,如果不能上网,便携式媒体播放器、个人导航装置、数码相机、DVD机、平板电视乃至手机就全都无法正常使用。就连数码相框也必须通过 Wi-Fi 无线上网,这样它们才能从 Flickr 网站上下载最新照片。""结果就是交通堵塞。从设备订单上就可以看出电话公司的带宽已经不够用了。""上网更像是在节假日走高速公路。我们最终会达到目的地,但旅途可能不那么顺利。"(2)上网方式将分化。"本月早些时候,谷歌出价竞购美国联邦电信委员会(FCC)将于2008年1月底拍卖的700兆赫无线频段。52频道至69频道以来传送模拟电视信号的700兆赫频段将于2009年2月变成数字电视信号频段。"(3)上网以及与电脑有关的一切都将开放。"令人高兴的是,在2008年,我们将看到越来越多依靠专利技术发家的公司接受'开放性'。被迫认输并不情愿地接受这一必然趋势的绝不止韦里孙一家公司。"

要加紧研制有自己特色的使用汉语汉字运行的应用软件。这种软件具有独特的功能,而且是无可替代的。你要用它来解决问题,必须使用汉语汉字,而不是使用英文字母。

第二节 语文规范研制的新收获

一、发布信息技术方面的新规范

(1)发布《汉语拼音方案的通用键盘表示规范》。国家语言文字工作委员会语言文字规范《汉语拼音方案的通用键盘表示规范》(GF 3006-2001),国家语委2001年2月23日发布,2001年6月1日实施。"本规范规定了在使用通用键盘输入汉语拼音时,《汉语拼音方案》字母表、声母表、韵母表、声调符号及隔音符号的键位表示。""本规范主要适用于中文信息处理领域汉字输入法的设计。"主要的规定有:

①汉语拼音方案韵母表中ü行韵母(ü、üe、üan、ün)中的字母ü,凡是汉语拼音方案中规定可以省略ü上两点写成u的,在通用键盘上用键位U表示;不能省略两点,仍需写作ü的,在通用键盘上用键位V替代表示。

②韵母ê在通用键盘上用E加A组合键位替代表示。

③汉语拼音中的四个声调符号(阴平"ˉ"、阳平"ˊ"、上声"ˇ"、去声"ˋ"),在通用键盘上依次用数字键1、2、3、4替代表示(轻声用数字键5表示)。""标示声调(包括轻声)的数字,放在该音节字母之后。"例如:

guójiā(国家)替代表示为 guo2jia1;

xiōngdi(兄弟)替代表示为 xiong1di5。

④汉语拼音中隔音符号"'",在通用键盘上用键位"'"替代表示。

1958年颁布使用的《汉语拼音方案》,作为国家通用语言文字拼写和注音的工具,在许多领域得到了广泛应用。但是《汉语拼音方案》中的个别韵母、声调符号、隔音符号在通用键盘上没有相应的键位表示,给计算机文字处理带来了麻烦,影响了中文信息处理的发展。《汉语拼音方案的通用键盘表示规范》对《汉语拼音方案》的字母表、声母表、韵母表、声调符号及隔音符号在通用键盘上的键位表示进行了科学的规定,《规范》尊重多年来在实践中约定俗成的内容。该《规范》设计思想科学合理,可操作性强,便于实施,《规范》对《汉语拼音方案》在中文信息处理领域的使用十分重要,对中文信息处理的科学化、规范化有一定的推动作用。使用后能逐步消除目前汉语拼音在通用键盘上输入时,ü行韵母和ê、声调符号、隔音符号等替代表示的混乱状况。

(2)发布《信息处理用现代汉语词类标记规范》。中华人民共和国国家标准(GB/T20532-2006),"本标准规定了信息处理中现代汉语词类及其他切分单位的标记代码。""本标准适用于汉语信息处理,也可供现代汉语教学与研究参考。"

二、发布《第一批异形词整理表》

(一)异形词问题的提出。汉语书面语在使用的过程中,由于各种因素——如语音演变、词义发展、汉字使用的变化等作用的结果,出现了一批音同、义同、用法相同而字形不同的词语,这就是人们所说的异形词,如"参与—参预""跌宕—跌荡""叮咛—丁宁"等。异形词是文字问题,不是语言问题,语言里不存在异形词。异形词的存在,给汉语教学、新闻出版、辞书编纂和中文信息处理带来了许多不便,因此规范异形词是促进汉字规范化的重要课题。

语言学家中比较早地提出规范异形词问题的是山东大学教授殷焕先,他在《谈词语书面形式的规范》[①]一文中探讨了规范异形词的原则,但是没有提出"异形词"这个术语。他提出的规范原则有:语音原则、

---

① 《中国语文》1962年6月号。

分化原则、通用原则、语源原则、舍繁从简原则。在这之后,山东师范大学教授高更生发表《谈异体词整理》①,他把这种现象叫做"异体词"。他说:"异体词的整理不等于词汇的规范。异体词的整理是要消除同一个词有几种书面形式的混乱现象,因此,它是属于文字范围以内的事情。""异体词规范应该是在从俗的前提下考虑意义明确与汉字简化原则。"20世纪80年代,许多语言学工作者开始使用"异形词"这个名称,并且逐渐流传开来。如傅永和发表了《关于异形词的规范问题》②、朱炳昌出版了《异形词汇编》③。傅永和在上述论文中说:"考虑到词汇学中已有'词形''同形词'等术语,为了不增加新的术语,使概念更加清楚,我们将意义相同,只是书面形式不同,或读音和书面形式有部分差异的词(语)称为'异形词'。"

对"异形词"这个名称,学术界有不同的看法。高更生在《再谈异体词整理》④一文中再次谈到了"异体词"这个名称。他说:"笔者当初起这个名称是从异体字联想到的。异体字是记录语素(也有个别非语素的音节)的书写形式(即汉字)的异体问题,异体词是记录词语的书写形式(也是汉字)。二者虽有区别,但是有个共同点,即都是汉字规范化范围内的问题。异体字已为大家所接受,异体词也可以据此为大家所理解。笔者现在还认为原来的想法是有道理的。"裘锡圭发表《谈谈"异形词"这个术语》⑤,提出要严格区分语言层面和文字层面。异形词的整理属于文字层面,不是有异体的词,而是词的异体,建议把《异形词整理表》改为《词语异形整理表》。

---

① 《中国语文》1966年第1期。
② 《文字改革》1985年第1期。
③ 朱炳昌《异形词汇编》,语文出版社1987年版。
④ 《语文建设》1993年第6期。
⑤ 《语言文字周报》2002年11月30日。

（二）制订并发布《第一批异形词整理表》。规范异形词的要求虽然早就提了出来，但是由于种种原因一直未能实现。到了1999年7月国家语委批准成立异形词规范研制组（课题组），如何制订异形词的规范才提上了议事日程。2000年4月研制组在北京专门召开异形词规范问题学术研讨会，正式展开工作。研制组经过两年多的工作，对1500多组异形词语进行收集研究，得出了现代汉语书面语中经常使用而公众取舍倾向比较明显的异形词语429组，拟订出《第一批异形词整理表（草案）》，2001年7月31日在《中国教育报》发表。在这之后，研制组根据各界的意见对"草案"进行了修改。修改稿经过国家语委语言文字规范（标准）审定委员会审定通过后，于2001年12月19日由教育部、国家语委发布，成为语言文字规范《第一批异形词整理表》（GF1001-2001），作为推荐性的规范自2002年3月31日起试行。这次规范异形词采取的方针是："积极稳妥、循序渐进、区别对待、分批整理"，研制组选取了普通话书面语中经常使用、公众的取舍倾向比较明显的338组异形词（包括词和固定短语），作为第一批进行整理，给出了每组异形词的推荐使用词形。例如（横线前面是推荐词形）：

  按捺——按纳

  按语——案语

  百废俱兴——百废具兴

  百叶窗——百页窗

  斑白——班白、颁白

《第一批异形词整理表》对异形词的界定是："普通话书面语中并存并用的同音（本规范中指声、韵、调完全相同）、同义（本规范中指理性意义、色彩意义和语法意义完全相同）而书写形式不同的词语。"

整理异形词的主要原则是：（1）通用性原则。根据科学的词频统计和社会调查，选取公众目前普遍使用的词形作为推荐词形。据多方考察,90%以上的常见异形词在使用中词频逐渐出现显著性差异,符合通用性原则的词形绝大多数与理据性等原则是一致的。即使少数词频高的词形与语源或理据不完全一致,但一旦约定俗成,也应尊重社会的选择。如"毕恭毕敬"和"必恭必敬",从源头来看,"必恭必敬"出现较早,但是这个成语在流传过程中意义发生了变化,由"必定恭敬"演变为"十分恭敬",理据也有了不同。从目前的使用频率看,"毕恭毕敬"通用性强,故以"毕恭毕敬"为推荐词形。(2)理据性原则。某些异形词目前较少使用,或词频无显著性差异,难以依据通用性原则确定取舍,则从词语发展的理据性角度推荐一种较为合理的词形,以便于理解词义和方便使用。如"规诫——规戒","戒"、"诫"是同源字,在古代二者都有"告诫"和"警戒"义,因此两种词形都合语源。但现代汉语中"诫"多表"告诫"义,"戒"多表"警戒"义,"规诫"是以言相劝,"诫"的语素义与词义更为吻合,故以"规诫"为推荐词形。(3)系统性原则。词汇内部有较强的系统性,在整理异形词时要考虑同语素系列词用字的一致性。如"侈靡——侈糜——靡费——糜费",根据使用频率,难以确定取舍。但同系列的异形词"奢靡——奢糜",从使用频率看,前者占有明显的优势,故整个系列都确定以含"靡"的词形为推荐词形。

《第一批异形词整理表》的"附录"是"含有非规范字的异形词(44组)",如:抵触(牴触)、抵牾(牴牾)、喋血(啑血)。括号内的是非规范形式。

(二)《第一批异形词整理表》的试行。2002年3月31日,《第一批异形词整理表》开始试行。为了做好教育系统的试行工作,教育部、国家语委在6月7日发出《关于在教育系统试行〈第一批异形词整理表〉的通知》。《通知》要求:"各级教育行政部门、各级各类学校、各教育出版和教育影视部门,要努力提高语言文字规范意识,认真学习和宣传《第一批异形词整理表》,采取切实可行的措施,保证此规范在教育系统各有关部门和教育教学各环节顺利贯彻执行。"2002年7月25日,教育部、国家语委等六部委联合下发《关于在新闻出版、广播影视系统和信息产业、广告业试行〈第一批异形词整理表〉的通知》,要求出版物(含电子出版物)、影视字幕、互联网和广告、电子信息技术产品均应积极执行《第一批异形词整理表》。《第一批异形词整理表》试用效果良好,语文教学、语文辞书编纂等都采用《第一批异形词整理表》推荐的词形,使词语书写形式的规范化取得了明显的进展。

2002年1月20日,《人民日报》发表《异形词九问——部分专家学者就〈第一批异形词整理表〉答疑》。为了便于社会各界使用《第一批异形词整理表》,异形词研制组编写了《第一批异形词整理表说明》,语文出版社2002年出版。异形词研制组负责人李行健主编了《现代汉语异形词规范词典》,上海辞书出版社2002年出版。李行健、余志鸿合著《现代汉语异形词研究》,上海辞书出版社2005年出版。

《第一批异形词整理表》公布试行后,中国版协校对研究委员会、中国语文报刊协会、国家语委异形词研究课题组、《咬文嚼字》编委会四单位搜集整理《第一批异形词整理表》以外的异形词,沿用整理第一批异形词时采用的方针、原则和方法,研制出《264组异形词整理表(草案)》,在《咬文嚼字》2003年第11期发表,作为行业规范从2004年起在各自系统内试用。

三、发布《GB13000.1字符集汉字折笔规范》

2001年12月19日,教育部、国家语委发布《GB13000.1字符集汉字折笔规范》,2002年3月31日实施。

《GB13000.1字符集汉字折笔规范》的"范围"部分指出:"1965年中华人民共和国文化部和中国文字改革委员会发布《印刷通用汉字字形表》,该表规定汉字的主笔形为横、竖、撇、点、折,汉字附笔形中,提

(㇇)归于横,竖钩(亅)归于竖,捺(㇏)归于点,横折撇(フ)、竖弯横钩(乚)等折笔归于折。本规范进一步规定了汉字(印刷宋体)折笔笔形分类、排序、命名的原则以及具体的分类、排序和名称,给出了GB13000.1 字符集汉字折笔笔形表。"

"折笔笔形分类原则"是:"根据折点前后平笔笔形(一、㇇、丨、丿、丶、㇏)进行归类。如'口'中的'𠃍'与'己'中的'𠃍',其折点前都是'横',折点后都是'竖',归为相同的折笔笔形;'山'中的'𠃊'与'瓦'中的'㇂',折点前都是'竖',折点后分别是'横'和'提',分为不同的折笔笔形。""折点前后笔形相同,只是笔形长度或折点角度不同时,一般视作同笔形。如'了'中的'𠃌'与'又'中的'フ',折点前后都分别是'横'和'撇',虽然两者'撇'的长度不同,折点角度也有细微差别,但仍归为同笔形。"

"根据上述分类原则,GB13000.1 字符集汉字(印刷宋体)折笔笔形共分 25 种。印刷楷体汉字除这 25 种折笔笔形外还有一种折笔笔形'ㄣ'(俗称'卧钩')。"这 25 种折笔笔形包括:1 折的 11 种,2 折的 8 种,3 折的 5 种,4 折的 1 种。

四、探索规范人名用字

(一)建立人名用字规范的紧迫性。人名用字是汉字使用中非常重要的一类,它不但关系各项工作的效率高低,而且更为重要的是它还会影响交际是否能正确地进行。它所特有的社会性使它的规范问题引起社会各方面的强烈关注。人名用字中的生僻字、不规范字以及单名增多、重名率增高等已经形成了社会问题。自 20 世纪 80 年代以来,反映人名用字问题的文章不断见诸报端,公安部门和语言文字主管部门经常接待群众来访,要求解决姓名问题给他们带来的困难和引起的纠纷。在每年的"两会"期间,反映、要求解决人名用字的规范问题,是代表和委员的提案中常见的内容。可是规范人名用字牵涉到千家万户,难度很大,政策性很强。要完成这项工作不但要投入大量的人力物力,还要动员有关的专家积极参与,领导和专家相结合,共同努力,才有可能做好。

　　为了解决人名用字的规范问题,有关部门做了一些调查摸底工作。教育部语言文字应用研究所的研究人员在1983年和1986年,先后两次对全国人口普查中姓名资料做了抽样统计。根据1982年全国人口普查的原始资料,从6个大区抽取了1175000人的姓名用字进行统计,编成《姓氏人名用字分析统计》一书,语文出版社1991年出版。语用所张书岩研究员对姓氏人名用字的统计结果做了分析,指出:前14个高频姓氏是"王、陈、李、张、刘、杨、黄、吴、林、周、叶、赵、吕、徐",这14个高频姓氏占总人数的49.484%。人名用字虽有3000多字,但使用高度集中,频率最高的6个字是"英、华、玉、秀、明、珍",覆盖率为10%。汉族人的名字分单名和双名,近年来单名有增多的趋势。单名的重名率高于双名。① 对于人名用字的规范化,张书岩指出:根据对第三次全国人口普查资料的抽样统计,一共得到人名用单字4542字。其中有3913字见于《现代汉语通用字表》,其余的629字在《现代汉语通用字表》之外。这些表外字包括人名专用字、古汉语用字、异体字、方言字等。制订《人名用字表》时应该使超出通用字表的部分尽量缩小,但是其中意义好、使用频率高的字应该保留。《人名用字表》的总字数以4800字左右为宜。② 进入21世纪后,人名用字情况有了变化。当前存在的主要问题是:(1)重名率高。在北京叫"张伟"的有5013人,在

---

① 张书岩《姓氏人名用字的统计分析》,陈原主编《现代汉语定量分析》,上海教育出版社1989年版。

② 张书岩《人名用字调查和规范化设想》,陈原主编《现代汉语用字信息分析》,上海教育出版社1993年版。

沈阳叫"刘洋"的有4049人,在杭州叫"王芳"、"陈燕"、"王伟"、"王燕"的都在千人以上。(2)名字中的生僻字增加。据统计,全国名字中带有生僻字的人多达6000万。在换发第二代身份证的过程中发现名字中含有生僻字的,北京有4万多人,南京有1万多人,深圳有3千多人。四川成都市泡桐树小学2006年秋季入学的新生中,名字中带有生僻字的多达十分之一,所用的生僻字有"邅、夋、芏、珩、甗"等。姓名用字的范围有扩大的趋势,"茵、荫、珈、渍、萱"等字过去很少用来起名,现在有所增加。(3)姓名用字的性别色彩弱化。有的女生用男名,如"胡松鹤、李万超、杨雄";有的男生用女名,如"徐香云、刘叙红、杨文琴"。这些问题的存在给交际带来许多不便,受到社会的关注。报纸上不断发表反映人名用字问题的文章,公安部门和语言文字主管部门经常接待群众来访,反映人名用字问题。每年全国两会期间,都有人大代表和政协委员提出相关提案,呼吁解决人名用字的规范问题。①

(二)为研制《汉语人名规范》立项。2002年,国家语委为研制《汉语人名规范》立项,列入语言文字应用"十五"科研项目内。《汉语人名规范》包含四项国家标准,即:"中国人姓名用字规范"、"中国人姓名排序规范"、"外国人名汉译转写规范"、"中国人姓名汉语拼音字母拼写法"。这项课题由教育部语言文字应用研究所承担。课题组在2003年3月7日召开"国家标准《人名用字规范》研讨会",应邀出席会议的有:公安部治安管理局、公安部出入境管理局、北京市公安局人口管理处、外交部、民政部地名研究所、中国科学院遗传研究所、北京大学中文系、北大方正集团网络传播事业部、清华大学学术期刊出版委员会、科学技术名词审定委员会等单位的代表。代表就规范人名用字的问题进行了广泛的讨论。

---

① 《中国语言生活状况报告(2006)》上编第258至第263页,商务印书馆2007年版。

消息传出后,引起社会各方面广泛的注意,不少报刊和网站就这个问题发表了文章,展开了争论。支持者和反对者人数都不少。支持者的理由主要有:(1)规范人名用字并不侵犯公民的姓名权,而是为了更好地维护公民的姓名权。从表面看姓名属于个人行为,但实质是社会行为,是为了便于社会交际。规范人名用字可以使公民能恰当地行使自己的合法权利,既给别人方便也给自己方便。(2)取好的名字不必在用字上求"奇"求"冷"。名字的典雅、吉利、鲜明、独特是大家所追求的,但是这些都要在别人懂得名字的意思时才能表现出来。人名的优美在于文化内涵深、搭配新颖,而不在用生僻字。(3)规范人名用字是时代发展的要求,是信息化发展的需要。在信息化、数字化的时代,人名要易识易认,便于交际,便于信息处理。(4)人名用字毫无限制在现实生活中会产生严重的负面影响,滥用生僻字是对社会资源的极大损耗和浪费。反对者的主要理由有:(1)规范人名用字侵犯公民的姓名权。任何人只要起名时没有使用反动、色情等不符合法律规定的字眼,即使用了生僻字,也应该得到尊重,受到保护。(2)应该让计算机服务于人,而不是限制人名用字去适应计算机。(3)限制人名用字将会割断历史,损毁传统文化,束缚创造力。(4)规范人名用字将会使重名的现象更加严重。

社会的激烈争论,反映了规范人名用字的时机还不成熟。为了稳妥起见,经有关领导同意,决定目前先不研制《人名用字表》,可以把对人名用字的规范体现到《规范汉字表》中去。

(三)换发二代身份证时遇到生僻字。2005 年公安部开始换发二代身份证,身份证上的汉字一律要用电脑打印。姓名用字里的一些生僻字,电脑打不出来,结果就无法换证。《法制晚报》2006 年 3 月 16 日发表张盈、罗媛的报道《我国将制定姓名条例,居民改名用生僻字将受限制》。文章说:为解决居民姓名中含有生僻字申办二代证难的问题,本市公安机关对现有制证系统的字库进行了全新升级,但仍有231个生僻字系统不支持。记者今天从公安部了解到,今后我国将制定一部有关姓名的条例,居民改名字、名字中随便使用生僻字等将受到限制。按照公安部的统一标准,第二代身份证的制证字库采用的是国家标准,在本市的二代证换发工作中,一些居民因姓名中含有生僻字而无法换领。针对这一情况,本市公安机关协调公安部有关管理部门,将制证字库进行升级,这部分居民将可以办理换领第二代居民身份证手续。公安机关希望市民起名字时避免使用不规范字、生僻字以及自造字,更不能用字母作为姓名用字。《羊城晚报》2006年7月12日发表林洁的报道《二代证拒绝冷僻字,鱼与熊掌不能兼得?》文章说:早在二代证探讨启动之初,就有人提出冷僻字阻碍了信息化进程。对立的声音也很大。一位网友写道:"计算机不认识的字,我们就不要它做人名,那下一步还要规范什么?将来的世界是计算机的世界,那我们就不要汉语言文化了吗?"

由此引发了如何给新生儿起名的讨论。老户籍民警关玺华认为,起名要注意三件事:(1)要好认好写。名字是让别人叫的,这就得考虑别人是否认识的问题。有些人觉得给孩子取名越深奥越好,越生僻的字越高深,其实不然,生僻字最大的特点就是不好认,有的还不好写。例如,璩字17画、彝字18画、懿字22画,这些字的含义也说不上深刻,用这样的字起名字不算成功。如果一个小孩儿的名字笔画太多,孩子写名字的时候就费劲儿,考试的时候,别人都算完一道题了,他还没写完名字呢。(2)不能有歧义。有个音乐老师叫管风琴,有个健美老师叫陈亚玲,有个锅炉热处理老师叫吴嫣梅(音:无烟煤)。有个人的名字非常高雅,叫子藤,可惜姓杜。由此看来,给孩子起名字不能太随意,或突发奇想就给孩子起个名字。(3)注意避免重名。重名是个让人烦恼的问题。据公安部全国公民身份号码查询服务中心公布的统计,全国叫"国庆"的有 40 万人,仅北京就有 6589 人。造成重名的原因首先是大姓人口众多。许多重名都集中在张、王、李、赵、刘这几大姓。第二个原因是用俗字,俗字就是名字中出现太多的字。另外,单字名的重名率也高。①

(四)起草《姓名登记条例(初稿)》。2007 年 7 月,我国首部姓名登记单行法规《姓名登记条例(初稿)》,已由公安部研究起草完成,目前已下发全国各地公安机关组织研究修改。"初稿"规定公民应当随父姓或者母姓,允许采用父母双方姓氏。"初稿"对姓名的长度作出了规定,除使用民族文字或者书写、译写汉字的以外,姓名用字应当在两个汉字以上、六个汉字以下。同时规定,姓名不得含有损害国家或者民族尊严的、违背民族良俗的、容易引起公众不良反应或者误解的内容;姓名不得使用或者含有已简化的繁体字、已淘汰的异体字(姓氏中的异体字除外)、自造字、外国文字、汉语拼音字母、阿拉伯数字、符号和其他超出规范的汉字和少数民族文字范围以外的字样。

五、开展汉字应用水平测试

(一)汉字应用水平测试的研究。汉字应用水平测试的目的是衡量中等以上受教育程度人群在以规范汉字为媒介的阅读或书面表达等活动中,使用汉字所达到的水平。这项测试既遵循国家通用语言文字的相关规范和标准,也遵循汉语汉字的约定俗成和使用规律,同时还采用了教育测量学的理论与方法构建测评体系。在确定测试范围及内容、测试形式、评分依据及标准、分数体系等过程中,广泛运用了语料库语言学、计算语言学、教育测量学等理论成果及操作方法,达到了理论与实践的有机结合。

---

① 《怎样给孩子起名字,户籍警给您当参谋》,《北京晚报》2007 年 10 月 17 日。

汉字应用水平测试不是识字量的竞赛,而是着眼于人们在日常工作和生活中经常遇到的汉字应用问题;它也不是有关汉字知识的竞赛,而是着眼于在实际应用中把握汉字形、音、义等方面的准确程度;它不仅仅针对错别字问题,而是从汉字的形、音、义和综合运用等方面,全面衡量一个人掌握和运用汉字的水平。

"汉字应用水平测试研究"由教育部语言文字应用管理司和语言文字信息管理司提出,2002年11月批准立项,项目批准号是WT105–31。项目研制任务由教育部语言文字应用研究所普通话和语言教学研究室承担。

该项目是国家语委重点科研项目"汉字应用水平等级标准及测试大纲研究"的延续项目,前一项目属于调研性项目,工作重点是了解社会上有关行业汉字应用的现状和需求,特别是用于评定相关人员汉字应用水平的需求,为开展课题研究和将来开展测评工作提供依据和参考。2002年延续立项后,明确了后续项目为标准研制项目,主要任务是在前一项目调查的基础上建立一整套科学的、标准化的测评系统和测量工具,用来衡量有关行业从业人员及高等院校学生等人群应用汉字的能力和水平。研制的内容包括:作为标准颁布的汉字应用水平等级、汉字应用水平测试大纲,以及作为标准附件的汉字应用水平测试字表和作为测评系统辅助部分的汉字应用水平测试词语表、试题、试卷和题库等。从2002年至2004年,课题组先后三次进行了相关行业人群和在校大学生识字情况调查,涉及的调查对象主要有新闻出版行业的编辑、记者,高等院校学生,中小学教师等,总计3600多人,然后整理、分析了调查数据;同时还对上述人群进行了试题、试卷方面的预测和试测。调研的省市有北京、天津、上海、河北、黑龙江、广东等,科研合作单位先后有广东教育出版社、山西大学、北京师范大学、北京教育学院等。在研制过程中,课题组还就汉字应用水平等级、汉字应用水平测试大纲和汉字应用水平测试字表反复征求了海内外30多位语言文字学、语言教学和教育测量学等领域专家的意见,并召开了10多次专家咨询、研讨和评审会。2005年征求了全国15个地方语委办的意见。课题组对专家和各地语委办的意见做了深入、细致的分析和讨论,吸收了其中绝大多数意见和建议,进一步完善了测评系统。

《汉字应用水平等级及测试大纲》是国家语言文字应用"十五"科研规划重点项目"汉字应用水平测试研究"的最终成果,通过了专家鉴定委员会的鉴定。2006年6月20日,国家语委语言文字规范(标准)审定委员会召开了《汉字应用水平等级及测试大纲》审定会。审委会听取了课题组所做的研制报告,审阅了送审稿,进行了认真的讨论,然后投票表决通过了该规范,建议报教育部审批、发布试行。2006年8月28日,教育部、国家语言文字工作委员会发布语言文字规范《汉字应用水平等级及测试大纲》(GF2002-2006),2007年2月1日试行。

汉字应用水平测试是国家继普通话水平测试之后贯彻执行《国家通用语言文字法》的又一重大举措,将有助于提高国民的国家通用语言文字的规范意识和应用水平,对改善社会用字环境具有重要意义。

《汉字应用水平等级及测试大纲》包括"范围"、"总则"、"汉字应用水平等级"、"汉字应用水平测试大纲"、"汉字应用水平测试字表"等部分。

(二)研制"汉字应用水平等级"。研制"汉字应用水平等级"实际上就是建立汉字应用水平的评价体系。与此同时,再依照一定的方法确定测量工具和测量方法。建立一种特定的评价体系,实际上就相当于对人的身高、体重等指标或数据按照一定的参考值给予判断,例如是正常,还是偏高、偏矮,等等。

在汉字应用水平等级中,目标和参照标准都要十分明确。首先,使用者在以规范汉字为媒介的阅读和书写活动中,辨别和使用法定的国家通用文字,必须遵循国家颁布的汉字字形规范、读音规范,而且还要了解和掌握汉字在权威工具书中的普通话读音和现代汉语义项及用法,并在应用过程中与其保持一致。评价使用者水平的高低,主要考察他们辨别和使用汉字时,在字形、读音、意义及用法几方面的表现与目标之间的差异程度。其次,源自一些实际调查、测试的客观数据,经严格的整理、分析后,也可以形成评价的参照标准。在能够掌握和使用的汉字数量方面,按照相关人群识字量调查收集到的平均识字量、集中识字量(众数)以及现代汉语真实文本中汉字的使用频度、分布情况等数据,三个等级的参照标准由低到高依次确定为 3500—4000、4000—4500 和 4500—5500 个汉字。汉字应用水平测试并不是识字量的竞赛,因此能够掌握和使用的汉字数量也不是衡量水平高低的唯一参照标准。根据 4000→4500→5500 三级字量以及具体的汉字,考察它们在不同类别现代汉语真实文本中的使用频度、分布情况等数据,就可以从一个侧面建立起使用者阅读、书写综合表现的参照标准,因为不同数量、不同范围的汉字在不同类别文本中的覆盖率也是不同的,如果使用者所能驾驭的汉字在数量和范围方面都是确定的,那么就可以推断他在应对不同类别汉语文献时可能具有的表现。另外,不同人群在识字量调查和测试中的表现明显具有群体性特征,这些特征就可以固化为汉字应用水平不同等级的参照标准。作为汉字应用水平的评价体系,汉字应用水平等级主要由使用汉字时的规范性、准确性目标和基于实际调查、测试数据而构建的参照标准内部分组合而成。

在汉字应用水平等级中,还应当明确不同等级所对应的答对率、导出分数等最基本的测试表现,从而使评价体系与具体的测量工具和测量方法有明确的对应关系。

1.一级水平。(1)字量的掌握。能够在很广泛的使用环境中认识并使用 4500—5500 个汉字。(2)形、音、义的辨识和使用。能够准确识别和使用这些汉字的规范字形,能够辨析并纠正书写和使用中的各类错误。能够准确判断和使用这些汉字的普通话读音,在使用环境中能够识别和使用其中多音字的恰当读音。在使用环境中,能够熟练掌握和使用这些汉字的常用意义、基本用法和一些特殊用法。偶然出现形、音、义辨识或使用错误,但一般都是非系统性或非常识性的零星失误。(3)阅读、书写的综合表现。具备了顺畅地阅读以规范汉字为媒介的现代文献资料的汉字基础;并能在广泛领域用汉字进行书面表达。(4)测试的成绩。在汉字应用水平测试中,对占标准试卷容量70%、选自《汉字应用水平测试字表·甲表》的那部分测试内容,作答正确率在80%(含)以上,且整份试卷获得的 HZC 分数在600分(含)以上。(5)胜任的工作。能够承担对汉字应用能力有很高要求和以使用汉字为主要任务的各类工作。

2. 二级水平。(1)字量的掌握。能够在较广泛的使用环境中认识并使用4000—4500个汉字。(2)形、音、义的辨识和使用。能够比较准确地识别和使用这些汉字的规范字形,能够辨析并纠正书写和使用中的绝大多数错误。能够比较准确地判断和使用这些汉字的普通话读音,在使用环境中能够识别和使用其中绝大多数多音字的恰当读音。在使用环境中,能够比较熟练地掌握和使用这些汉字的常用意义、基本用法以及个别特殊用法。间或出现形、音、义辨识或使用错误,一般集中在使用频率很低或极容易产生辨识和使用错误的汉字。(3)阅读、书写的综合表现。具备了比较顺畅地阅读以规范汉字为媒介的现代文献资料的汉字基础;并能在比较广泛领域用汉字进行书面表达;具备了完成高等教育的汉字应用水平。(4)测试的成绩。在汉字应用水平测试中,对占标准试卷容量70%、选自《汉字应用水平测试字表·甲表》的那部分测试内容,作答正确率在80%(含)以上,且整份试卷获得的 HZC 分数在500分(含)至600分(不含)之间。(5)胜任的工作。能够承担对汉字应用能力有较高要求和以使用汉字为主要任务的部分工作。

3. 三级水平。(1)字量的掌握。能够在一般的使用环境中认识并使用3500—4000个汉字。(2)形、音、义的辨识和使用。基本能够识别和使用这些汉字的规范字形,能够辨析并纠正书写和使用中的大部分错误。基本能够判断和使用这些汉字的普通话读音,在使用环境中能够识别和使用其中大部分多音字的恰当读音。在使用环境中,能够掌握和使用这些汉字的常用意义和基本用法。有时出现形、音、义辨识或使用错误,一般集中在使用频率比较低或比较容易产生辨识和使用错误的汉字。(3)阅读、书写的综合表现。具备了阅读以规范汉字为媒介的现代文献资料的汉字基础;并能在一般领域用汉字进行书面表达;具备了完成高中及同等教育的汉字应用水平。(4)测试的成绩。在汉字应用水平测试中,对占标准试卷容量70%、选自《汉字应用水平测试字表·甲表》的那部分测试内容,作答正确率在80%(含)以上,且整份试卷获得的 HZC 分数在200分(含)至500分(不含)之间。(5)胜任的工作。能够承担对汉字应用能力有基本要求和工作任务涉及汉字应用的一般事务性工作。

(三)研制《汉字应用水平测试大纲》。研制测试大纲,要解决的问题主要有:测试的性质、测试的目的、性质和用途;测试的对象;测试的范围、内容和方式;试题类型和试卷构成;评分依据;分数体系,等等。

关于测试的性质,汉字应用水平测试是由教育部、国家语委组织实施的一项语言类标准化水平测试。

关于测试目的,有测试本身的目的和由测试影响所及而预期的目的。测试本身的目的就是通过测试的方式,衡量应试者在阅读、书面表达及其他与汉字应用有关的活动中,掌握汉字形、音、义以及使用汉字的正确程度和准确程度。由测试影响所及而预期的目的指的是通过测试提高使用者掌握汉字、应用汉字的能力和水平,其重要性更体现在贯彻《国家通用语言文字法》,提高国民的语言文字规范意识,提倡准确、健康地使用国家通用语言文字,完善汉字应用环境,弘扬中华文化。

就测试本身的目的而言,这是衡量测试效度的最重要依据。一个测试的有效性如何,关键在于是否实现了测试目的。这个问题主要涉及试题、试卷的质量。如果试题的内容、形式和试卷的结构能够反映汉字应用的实际情况,试题的难度、鉴别度等指标适当,拼合试卷的程序规范,能够反映出不同能力水平的差异,那么,这样的测试就达到了预期目的。

测试的性质往往取决于测试的规模和标准化程度,反过来它也影响测试的规模和标准化程度。汉字应用水平测试是由教育部和国家语委组织研制并组织实施的一项国家级语言类标准化测试。它的信度、效度、施测程序、评分程序、题库的容量等都要符合和满足大规模标准化测试的要求。

测试的用途主要涉及预期的测验使用者。这里既有个人,也包括团体;既包括应试者,也包括希望测验结果能够为某种决策提供参考的单位或部门等。为满足这些需求,汉字应用水平测试须要尽可能准确、明确地向使用者提供测试结果,并合理解释这些结果,而且这种解释必须具有稳定性和一致性。

测试对象与测试用途密切相关。汉字应用水平测试是一项体现国家语言文字方针政策的举措,被赋予了衡量并间接提高有关行业从业人员和学生汉字应用水平的功能,因此测试用途就必须体现这种功能。通过实际调查与试测,这项测试定位于适用于公务员、编辑、记者、校对和文字录入人员,各级各类学校教师和学生,文秘及办公室工作人员,广告业从业人员,中文字幕机操作人员,以及日常工作与汉字应用紧密相关的其他人员;同时也适用于想要了解自己汉字应用水平和能力的其他人员。这些由测试用途而界定的测试对象，是一种可供操作的界定，而对于测试对象的概括性表述，则应当具有明确测试对象背景资格的作用，因此在《汉字应用水平等级及测试大纲》中，与此相关的表述为"本规范规定了具有中等以上受教育程度人群使用汉字应当达到的水平"。

关于测试形式，汉字应用水平测试选择了集体作答的纸笔测验，试题卷和答题纸分开，以便机器阅卷。从将来的发展趋势看，计算机化无纸测验、计算机辅助自适应测验、基于网络技术支持的网上测验等，都是需要进一步研究的问题。此外，由于考虑到机器阅卷，试题类型必须满足客观性要求，避免主观判断，因此绝大部分试题都采用了四选一形式的选择题；另外还有一部分需要阅卷者依据统一标准判断的书写题。另外，根据汉字应用水平测试的目的，试卷构成要比较全面地反映应试者的汉字应用水平，因此汉字的识别和书写、汉字形音义各要素的均衡等，都要反映在每一套试卷中。

关于评分标准，也就是汉字形音义的正确与否如何判定，这里面存在着两种情况。一种是国家已经颁布了标准或规范的，比如规范汉字及其字形；另一种是国家还没有制定、颁布规范或标准，而是见于各种权威工具书，并被广泛认可的研究成果，比如除《普通话异读词审音表》所涉及的汉字及读音之外的其他汉字的读音。测试大纲确定的评分依据，字形指汉字的规范字形，依据的是《现代汉语通用字表》；字音指汉字的普通话读音，依据的是《普通话异读词审音表》和权威工具书中汉字的普通话读音；字义指权威工具书中汉字在现代汉语中的义项，以及某些字在部分词语中的特殊用法。

依照评分标准判断应试者在每一道试题以及整套试卷上的作答情况，就初步形成了应试者在特定试卷上所获得的原始分数，而对于标准化测试，原始分数并不是足以形成评价的最终分数，因此需要对原始分数按一定规则进行处理,从而产生导出分数。汉字应用水平测试采用的导出分数是 500 分为平均分,满分为 800 分。导出分数称 HZC 分数。HZC 分数是评价应试者汉字应用水平的主要依据。此外,考虑到汉字应用的现实状况、常用汉字的数量及范围、不同应试者个人的语言生活环境及经验等,为了更切近使用汉字的实际情况,并减少和避免由于个人因素的不确定性对测试结果产生误差影响,在用 HZC 分数确定应试者的汉字应用水平等级之前,测试大纲又规定了进入等级的标准。这个标准定为:对涉及测试字表甲表范围的试题,由于所涉及的汉字都是识别率和使用频率比较高的汉字,作答正确率必须达到 80%(含)以上。满足此条件后,HZC 分数在 200 分(含)至 500 分(不含)之间的,汉字应用水平评定为三级;HZC 分数在 500 分(含)至 600 分(不含)之间的,汉字应用水平评定为二级;HZC 分数达到 600 分(含)以上的,汉字应用水平评定为一级。

这里需要说明的是,80% 的作答正确率指的是如果把涉及测试字表甲表的所有内容都编制成试题,那么作答正确率应当达到 80%,但是具体到每一套试卷,都是在全部测试内容中进行抽样的结果,是一个具有一定代表性的样本,这个样本与全部测试内容的总体存在着一定的对应关系。因此首先要控制不同试卷之间总体质量的平衡,其次也要按照每一套试卷的特殊性,对测试结果进行转换,转换的目的是求出每套试卷的作答正确率和总体作答正确率之间的对应关系,确定试卷作答正确率中的哪一点,投射到总体作答正确率中相当于 80%。所以说 80% 的作答正确率是一种转换后的结果。

最后,测试大纲还明确了测试的操作流程及备考要点,以便测试的使用者了解这项测试的相关信息。

(四)研制《汉字应用水平测试字表》。《汉字应用水平测试字表》(简称《字表》)是这项课题的重点之一,因为建立测评系统很重要的一点就是测评的内容范围,对这项课题而言,就是确定测试用字的数量和范围,以便据此逐步建立汉字应用水平等级及测试大纲,并建设相应的测试题库,为等级的划分、测试大纲的编写及题库的建设等提供基本的内容和大致的范围。

研制《字表》首先要考虑几个方面的问题:第一,《字表》与国家已经颁布过的有关汉字的规范或标准,特别是几种字表之间的关系;第二,《字表》与汉语真实文本中汉字使用情况的关系;第三,《字表》与相关人群掌握汉字情况的关系;第四,《字表》与现代汉语通用词语用字情况的关系;第五,《字表》与汉字自身系统性之间的关系。这几种关系是研制《字表》的最根本问题,既涉及国家法律、政策层面的规范和标准,也涉及现实社会语言生活的状况,比如汉字的使用频率、覆盖率、构词情况以及人们掌握汉字的平均数量和集中情况等,同时还涉及汉字字形、读音、意义等方面的系统性,比如天干地支、节气等特定表义范畴的系列用字等。

按照上述思路,课题组以《现代汉语常用字表》所收3500常用字为测试用字的基本内容,在《现代汉语通用字表》所收7000通用字范围内,对社会上经常使用文字的人群先后三次进行了识字情况测查,并根据所获得的数据初步筛选了测试用字。同时,依据国家语委"现代汉语大型通用语料库"和国家高技术研究发展计划(863计划)《智能化中文信息处理平台》课题的子课题"超大规模通用平衡语料库"的汉字频率统计数据,对经测查而筛选出来的汉字进行了必要的对比分析和调整;随后,通过和测试词语表用字情况的对比,并着重考察了低频字的分布、构词能力、意义范畴等,对《字表》又做了部分微调;最终确定了测试用字的大致框架。

(五)汉字应用水平测试试点。教育部语用司2007年在上海、天津和河北三个省市进行汉字应用水平测试试点。截至2007年底,上述

3个试点地区共开展测试7次,测试2.7万多人,参测人群覆盖党政机关、学校、新闻媒体、公共服务行业四大重点领域。试点测试在加强组织领导、宣传培训、科学研究、规范管理等方面进行了积极的探索,取得了许多经验。

《东方网》记者杜丽华2007年9月16日报道:上海市作为我国汉字应用水平测试试点省市之一,今天下午进行首场测试。千余人走进考场,接受这一测试。"构建和谐语言生活,增强语言规范意识。"在考场——上海市晋元高级中学悬挂着两条醒目的条幅。上海试区首批测试主要面向公务员、教师、高校学生、编辑、记者、广告和牌匾制作业文案人员等。东方网和《文汇报》作为上海媒体试点,各有百余名新闻采编人员参加了今天的测试。"挺常见一个字,关键时候怎么就写不出来了呢?"走出考场,不少应试者都说提笔忘字。一位从事新闻采编工作的应试者颇有感慨地说:"看来平时太依赖电脑,不动笔写字真是不行了。"上海市语委办有关负责人表示,测试不是简单地测查应试人的识字量,而是一种有定的汉字和无限的使用环境相结合的客观性测试。测试也不局限于错别字问题,而是全面衡量应试人掌握汉字字形、读音、意义及用法的情况,通过书写、辨别等方式考查应试人使用汉字的综合能力。

六、研制《规范汉字表》

(一)现代汉字的"四定"。随着五四白话文运动的胜利,现代汉语书面语得到迅速的发展,现代白话文用字,也就是现代汉字,引起人们的关注。为了使现代汉字尽快发展为规范化的适合现代使用的文字,学者们提出了实现"四定"的目标——这里说的"四定"就是定量、定形、定音、定序。

1932年南京国民政府教育部公布的《国音常用字汇》是带有规范

性质的字表,是"四定"的雏形。20世纪50年代,为了把现代汉语用字和非现代汉语用字分开,周有光提出了研制《现代汉语用字全表》的问题。1980年,由研制《现代汉语用字全表》的提议发展为研制《标准现代汉字表》的设想。1980年5月20日,在文改会的全体会议上,王力、叶籁士、倪海曙、周有光四位委员提出了《关于研究和制订〈标准现代汉语用字表〉的建议》以及《制订〈标准现代汉语用字表〉的科研计划(草案)》。委员会讨论并原则通过了这个建议,希望在各方面的协助下,妥善完成这项任务。《标准现代汉语用字表》也就是《标准现代汉字表》,研制这个字表就是对五四以来的现代汉语用字进行全面的、系统的、科学的整理,要做到"字有定量、字有定形、字有定音、字有定序",为语文教学、出版印刷、文字的机械处理和信息处理,提供用字的规范。但是受各种条件的制约,《标准现代汉语用字表》的研制未能进行,不过社会对它的需求并没有一笔勾销,研制任务依旧摆在语文工作的日程上。

1994年,国家语言文字工作委员会把制订《汉字规范字表》列入了"工作计划要点",并责成语言文字应用研究所组织力量完成这一任务。《汉字规范字表》也就是我们说的《标准现代汉字表》。语言文字应用研究所的费锦昌先生和魏励先生奉命为字表的研制提出方案。经过认真的调查研究,他们合写了《有关制订〈汉字规范字表〉的几个问题》(载《语言文字应用》杂志1994年第3期)。他们建议的编制方案是:(1)《汉字规范字表》是开放性的字表,目前先编甲乙两表,以后根据需要还可编制丙表、丁表……。(2)甲表收入《简化字总表》、《信息交换用汉字编码字符集·基本集》、《现代汉语通用字表》中的全部字头,乙表收入《信息交换用汉字编码字符集·第二辅助集》中的全部字头。两表合计约14500字。(3)字头中,简化字后边一律列出相应的繁体规范字形;凡以类推简化字或简化偏旁构成的,一律类推简化。今后,简化字规范字形的类推范围,应以《汉字规范字表》的甲乙两表为准。(4)《汉字规范字表》在异体字一栏只列出音义与选用字完全相同的字和音义完全被选用字包容的字,但这并不意味着其他异体字都可以恢复而任意使用。(5)为了强化字表的实用性,对易混、易错字应适当加注,对其写法、读音或用法加以简要的说明。(6)为了反映字频研究成果,给识字教学等提供便利,在甲表中把常用字、次常用字、通用字加以区别。(7)甲乙两个字表的正文以笔画排序,附录汉语拼音字母索引和 201 部部首索引。1994 年制订《汉字规范字表》的计划因故未能实现,但是有关的思考和探索为今后相关的研究提供了有益的参考。

(二)《规范汉字表》的研制背景。2000 年 10 月 31 日,九届全国人大常委会第 18 次会议通过了《中华人民共和国国家通用语言文字法》。这部法律的第三条是:"国家推广普通话,推行规范汉字。"什么是规范汉字,哪些是规范汉字,要有明确的界定,不然如何去推行?《语文建设》2001 年第 3 期发表苏培成的文章《要有一张〈规范汉字表〉》。文章说:"为了推行规范汉字,迫切需要有一张《规范汉字表》。""制订《规范汉字表》这件工作,目前具备了完成的条件。要以已有的各项标准和规范为基础,要尽量吸收那些字表里有用的东西,只做少量的、必要的调整。"新中国建立以来,在党中央和国务院的领导下,我们对汉字进行了大规模的整理和简化,有关部门陆续发布了一系列有关汉字的规范标准,逐步形成了新的汉字正字法。实行改革开放以来,我国的经济得到了快速增长,综合国力有了很大的提升,社会面貌发生了巨大的变化,社会语文生活也相应地发生了巨大的变化,已有的规范标准不完全能满足社会的需要。借推行《国家通用语言文字法》的契机,对已有的规范标准进行适当的调整,并且整合为统一的《规范汉字表》,这个任务已经提上了日程。

2001 年 4 月,国家语委批准《规范汉字表》研制课题立项。研制任务由国家语委语言文字应用研究所承担,张书岩研究员是课题组的负责人。2001年10月,国家语委科研领导小组将该课题定为语言文字应用研究"十五"科研规划的"重大项目"。2003年1月,将"抓紧《规范汉字表》的研制"列入《教育部2003年工作要点》。2003年6月,国务院法制办决定《规范汉字表》将由国务院审批发布。

(三)《规范汉字表》研制的基本构想。研制《规范汉字表》的目标是:从当代社会语文生活的实际出发,以满足一般交际场合社会通用的需要为主,在现有多个字表(字符集)的基础上,尽可能消除现行规范标准之间的矛盾和不合字理之处,集原有若干规范标准为一体,力求做到科学性、历史延续性和可行性的最佳组合,从而研制出能综合反映简繁字、正异字和新旧汉字字形对应关系,兼顾汉字形、音、义组合关系的规范字表。该字表将基本满足汉字在现代社会一般应用领域——如教育基本用字、新闻出版用字、人名地名用字、民族宗教用字、行业专用字、科技术语用字、计算机信息处理基本用字等——的需要,不但适用于现代汉语印刷出版物,也适用于普及性的古汉语出版物。字表发布后,通过一定时期的试用,将会在一个较长时期内保持汉字的稳定和规范,最终实现现行通用汉字的标准化。

(四)《规范汉字表》的研制过程。《规范汉字表》由教育部、国家语委组织研制,自2001年4月批准课题立项到2007年底,已经有了7个年头。经过以下三个阶段:

(1)从2001年4月到2005年2月,是课题组工作阶段。这一阶段的主要任务是总结半个世纪以来汉字规范工作的得失,确立研制的目标与原则,做好基础材料的准备工作和提出重大问题的处理意见。

2001年12月21日至22日,语言文字信息管理司、语言文字应用研究所和上海市语委在上海联合召开了"汉字规范问题学术研讨会"。出席会议的有上海和济南、常州等地的语言文字学界、新闻出版界和汉字信息处理界的 20 多位专家。与会专家认为,新中国成立以来,国家语言文字主管部门陆续发布了一系列有关汉字的规范标准。由于这些规范标准发布的时间有先后,难免有先后矛盾之处;同时,从 20 世纪 50 年代初到现在,我国社会发生了巨大的变革,语言文字的使用状况也相应发生了很大的变化,某些规范已不能完全适应实际的需要,因此调整原有的规范标准,制订一个集原有规范标准于一体的《规范汉字表》是十分必要的。他们还指出,近年来许多学者专家已就"规范汉字"的问题进行过深入研究,在许多场合发表过各自的研究成果,因此制订《规范汉字表》有了一定的基础。

为了打牢《规范汉字表》研制的科学基础,广泛吸收学术界有关的研究成果,语言文字信息管理司和语言文字应用研究所于 2002 年 5 月至 8 月先后召开规范汉字表系列学术研讨会;2002 年 5 月 16 日,在江西井冈山市举行异体字问题学术研讨会;2002 年 6 月 22 日,在安徽合肥举行简化字问题学术研讨会;2002 年 8 月 23 日,在山东烟台举行汉字印刷字形问题学术研讨会。在这三次研讨会上,与会的专家就异体字、简化字、新旧字形方面的问题进行了深入的研讨,为《规范汉字表》的研制打下了学术方面的基础,完成了字表草案编制的理论和学术准备。2003 年 12 月底,课题组完成《规范汉字表(初稿草案)》的起草工作,并编辑了《汉字规范问题研究丛书》共四册,计:张书岩主编的《异体字研究》、史定国主编的《简化字研究》、厉兵主编的《汉字字形研究》、李宇明、费锦昌主编的《汉字规范百家谈》,这套丛书于 2004 年 9 月由商务印书馆出版。

成立《规范汉字表》研制领导小组。2003 年 12 月 15 日,教育部、国家语委会同国家民族事务委员会、公安部、国家宗教事务管理局、中国社会科学院、国家中医药管理局、新闻出版总署、全国科技名词审定委员会、国家测绘局、信息产业部、国家标准化管理委员会、广播电影电视总局、文化部、总参谋部测绘局、民政部,成立《规范汉字表》研制领导小组,由教育部牵头。2004年1月13日在北京召开成立会。研制领导小组负责对字表研制的方向性和政策性问题把关,并充分调动和协调相关部门(单位)的力量支持字表的研制工作。

2004年4月14日至15日,《规范汉字表》研制领导小组办公室在京召开了研制《规范汉字表》的小型专家研讨会。

(2)从2005年2月到2006年5月,是专家工作组介入课题阶段。2004年11月,成立《规范汉字表》专家工作组,配合课题组进一步修改《规范汉字表》草表,完成了《规范汉字表》初稿。专家组在课题组前期工作的基础上,协助对重大问题进行学术探讨与决策。2005年11月23日在北京召开《规范汉字表》研制高层专家咨询会。语信司副司长王铁琨汇报《规范汉字表》研制的情况,并就《规范汉字表》的一些重大问题(如字表的定级定量定字、类推简化、一简对多繁、字表形式、报批程序等)进行了咨询。语委老领导和专家们就有关的问题进行了讨论,提出了修改意见和建议。2006年4月18日《规范汉字表》课题通过科研结项。鉴定委员会对课题组所做的工作给予肯定,对字表的初步方案也提出一些修改意见,建议主管部门组织专家对初步方案进行修改完善,争取早日发布。

(3)从2006年6月到2008年1月,是专家委员会工作阶段。2006年6月12日,成立了《规范汉字表(送审稿)》专家委员会,目的是对字表涉及的重大问题和难点进行研究,确定处理原则和解决办法,进一步完善字表的初步方案。至2006年年底,专家委员会工作小组完成了送审稿初稿。为确保字表的科学性和可行性,根据教育部党组的指示,《规范汉字表(送审稿)》专家委员会工作小组召开了两次征求意见会,向社会有关领域征求意见。另外,2007年10月19日召开了"向学术团体代表征求意见座谈会",11月1日召开了"向基础教育领域代表征求意见座谈会",11月2日国家语委组织召开了"向语委委员单位代表征求意见座谈会"。在这三次征求意见会上,大家一致认为《规范汉字表》是社会各领域迫切需要的汉字规范,研制发布《规范汉字表》具有重要作用,字表送审稿对类推简化、一简对多繁、异体字等问题的处理,考虑了汉字规范稳定与发展的关系,具有科学性与可行性,建议尽快上报国务院审批发布。到2007年12月15日为止,《规范汉字表》的一、二、三级字表共收9080字。在这之后,字表的收字又有少量调整。

(五)《规范汉字表》的基本面貌。到2008年1月为止,《规范汉字表(报批稿)》包括三个字表,分别为一级字表、二级字表和三级字表。一级字表收常用字3500字,是大众日常用字,也是九年义务教育的基本用字。二级字表收通用字3000字,是在频度和覆盖率方面低于一级字的社会通用字。一级字与二级字合起来就是我们说的通用字,也就是现代白话文出版印刷用字,共6500字。三级字表收现代汉语罕用字大约2000字左右,主要是姓氏人名用字、地名用字、科技用字里的罕用字和部分文言字。

(六)学术界探讨《规范汉字表》的研制。在《规范汉字表》研制的过程中,有关语言文字的学术刊物也发表了一些文章,探讨《规范汉字表》的研制问题。

《规范汉字表》课题组写的《研制〈规范汉字表〉的设想》,载《语言文字应用》杂志2002年第2期,谈了对研制《规范汉字表》的初步探讨。主张"对简化字尽可能保持稳定,而对那些明显的缺憾以及长期悬而未决的问题力争给予解决"。"针对《第一批异体字整理表》收字比较庞杂的特点,对不同类别不同情况的异体字采取不同的处理方式。""将部分正异关系的字组改为简繁关系。""划清新旧字形与繁简、正异三个概念的界限。"《规范汉字表》收字可以分为四级,共计30000字左右。"

苏培成围绕《规范汉字表》的研制发表了多篇文章。主要有：(1)《有关新字形的三个问题》，载《广播电视大学学报》2002年第4期。(2)《重新审视简化字》，载《北京大学学报》2003年第1期。(3)《〈规范汉字表〉的研制》，载《语言文字应用》2004年第2期。(4)《谈一简对多繁》，载《语言文字周报》2006年3月22日。(5)《再论〈规范汉字表〉的研制》，载《中国语文》2006年第3期。(6)《进入"收官"阶段的〈规范汉字表〉的研制》，《语言文字周报》2006年11月1日。(7)《简化字杂谈》，《语文建设通讯》第85期，2006年12月出版。在《〈规范汉字表〉的研制》中，作者认为，"为了使《规范汉字表》的研制早日取得成功，应该采取切合实际的工作方针，那就是：理清思路，量力而行，重在整合，适度调整。""规范汉字有两个特点，第一是现在使用的字，第二是合乎规范的字。""这次研制《规范汉字表》不是把现有的规范推倒重来，而是对现有的规范进行整合与调整。""《规范汉字表》收字与计算机字库收字，在性质和作用上有所不同"，"不追求《规范汉字表》收字和计算机字库收字的一致性。"在《再论〈规范汉字表〉的研制》中，作者指出："《规范汉字表》不收文言古语专用字。""把一简对多繁全部改为一简对一繁，既无必要也无可能。""繁体字要用新字形。"

王铁琨发表《〈规范汉字表〉研制的几个问题》，载《语文研究》2003年第4期；《关于〈规范汉字表〉的研制》，载《语言文字应用》2004年第2期。

第三节　语文工作的新开拓

一、《国家通用语言文字法》的宣传和施行

（一）学习和宣传。《国家通用语言文字法》的公布，在全国产生了

很大的影响,各地纷纷举行座谈会、讨论会等进行学习并努力贯彻。2000年11月2日,《人民日报》发表题为《努力营造规范的语言文字环境——祝贺我国第一部语言文字法诞生》的评论员文章。同日,《中国教育报》发表题为《学校是贯彻实施〈国家通用语言文字法〉的基本阵地》的社论。《光明日报》在11月15日发表署名于玮、题为《现代信息社会呼唤语言文字规范化——祝贺〈国家通用语言文字法〉诞生》的文章。于玮的文章指出,《国家通用语言文字法》"是我国第一部有关语言文字的专门法律,在我国社会语言生活中具有重要的意义,也是广大语文工作者、教育工作者、文化工作者、宣传工作者和全国人民群众十分关注的一件大事。语言文字是社会生活中须臾不可缺少的交际工具和信息载体,语言文字社会应用的规范化程度是衡量国家物质文明和精神文明发展水平的重要标志之一。我国面积广阔、人口众多而且多民族、多语言、多方言,经济基础和文化教育基础同发达国家相比还有相当大的差距。在建设有中国特色的社会主义现代化的进程中,必须使用全国通用的规范化的语言文字,才能在保证交际顺利,信息、政令畅通的基础上,促进经济、政治、文化等各项事业的发展"。

2000年11月14日,中共中央宣传部、全国人大教科文卫委员会、教育部、司法部、国家语言文字工作委员会联合发出《关于学习宣传和贯彻实施〈中华人民共和国国家通用语言文字法〉的通知》。《通知》要求:应当把学习、宣传和贯彻实施《国家通用语言文字法》列入各部门工作的议事日程,作为当前的一项重要任务认真抓紧抓好。2000年12月21日,全国人大教科文卫委员会、教育部和国家语委在北京联合召开学习、宣传、贯彻、实施《国家通用语言文字法》座谈会。2001年1月12日,国家语委语用所和《语言文字应用》杂志编辑部召开学习宣传、贯彻实施《国家通用语言文字法》座谈会。2001年6月26日,解放军总政治部向全军下发《关于学习贯彻〈中华人民共和国国家通用语言文字法〉的意见》。

《人民日报》2002年1月9日发表王淑军的文章,题目是《请讲普通话,请写规范字——〈国家通用语言文字法〉施行一周年综述》。文章说:2001年1月1日《国家通用语言文字法》正式施行,标志着我国的国家通用语言文字的使用全面走上了法制的轨道,对于促进祖国统一、民族团结、社会进步意义重大。一年来,围绕贯彻实施该法律,以城市为中心,以学校为基础,以国家机关为龙头,以新闻媒体为榜样,以公共服务行业为窗口,语言文字规范化的工作稳步前进。2001年,国家启动城市语言文字评估工作,第四届全国推广普通话宣传周也以重庆、广州和上海等方言区为重点,举办了不少有新意和特色的活动。语言文字法施行以来,各级学校积极把普及普通话和推行规范汉字纳入学校管理常规,采取措施消除使用方言和不规范汉字的落后现象。如浙江宁波慈溪市把工作重点放在教师队伍上,建立推普示范单位结对辅导制度,严格教师职业资格的普通话要求,效果明显。在国家机关,越来越多的工作人员在公务活动中自觉使用普通话。在重庆市一次市政府办公会上,市长要求"每一位发言者都使用普通话",引起社会强烈反响。

(二)专题调研。2001年4月,全国人大教科文卫委员会和国家语委组成调研组,赴湖北、湖南、陕西、甘肃四省调研《国家通用语言文字法》的贯彻情况。调查发现,有的省没有语言文字工作委员会,地市的语言文字工作机构也不健全。在西北地区,一些地方由于环境封闭,语言观念陈旧,说普通话还被人讥笑,甚至有家长不赞成用普通话教学;有人认为当地属北方方言区,语言交流障碍不明显,不重视推广普通话和规范汉字。南方地区,有人认为公务员不必专门培训普通话,"只要能听懂就行了";有些地方学校用方言授课的现象仍较严重。这虽是局部地区的情况,但也反映了面上的一些问题。国家语委强调,维护语言文字的纯洁、健康,不但是一个国家文明程度的标志,也是关系国家主权和民族尊严的大问题。当前,社会语言应用空前活跃,语言文字作为交际工具的作用日益突出。这种情形下,加大语言文字工作的力度尤为迫切。贯彻实施《国家通用语言文字法》,关键在落实,各级政府和有关部门要真正负起责任,健全语言文字工作机构,及时出台具体的相应法规或实施办法,同时加强对语言文字的管理和监督。

2002年4月2日,教育部、国家语委召开部分行业系统贯彻《国家通用语言文字法》座谈会,22个中央、国务院部门和解放军总政治部的有关负责人参加会议。教育部副部长、国家语委主任袁贵仁在会上指出:语言文字工作要适应新世纪经济和社会发展的要求,适应我国入世后的新形势,与时俱进。希望各部委进一步采取措施,加大贯彻《国家通用语言文字法》的力度;积极参与推广普通话宣传周活动;为营造良好的语言文字环境而共同努力;参与编写面向各自行业系统的《语言文字文明规范丛书》相关分册;进一步健全、巩固部委之间的工作联系制度。

2005年11月18日至20日,全国人大教科文卫委员会、教育部、国家语委就上海市宣传贯彻《国家通用语言文字法》情况进行了联合调研。调研组由全国人大常委会委员、教科文卫委员会副主任委员邢世忠任组长,教育部副部长、国家语委主任袁贵仁任副组长。调研组听取了上海市人大教科文卫委员会、市教委、市语委以及有关部门、行业系统的汇报,考察了松江大学园区6所高校、浦东新区和建平实验学校、黄浦区和南京步行街、解放日报和文广传媒集团及东方电视台、普通话培训测试中心等单位。通过考察,调研组认为,上海市在语言文字规范化方面做了大量工作,取得了明显成效。市委、市人大、市政府以及市教委、语委等有关单位对宣传贯彻《国家通用语言文字法》十分重视,各单位把语言文字工作作为精神文明建设的一项重要内容,认识到位;

干部、群众对《国家通用语言文字法》的意义、要求、规定比较熟悉,该法的社会认知度比较高;语言文字工作机构健全,队伍整齐,建立了"条块结合,齐抓共管"的工作机制和工作格局;相关单位都制订了相应的规定和管理办法,采取监测、评估、督导、签订责任书等措施,在依法加强管理方面进行了认真、有益的探索,收到了良好效果;社会语言观念、语言面貌发生了显著变化,普通话在全社会基本普及,普通话培训测试在教育、广播电视系统和公务员中普遍开展,社会用字通过宣传引导、综合治理,规范化程度不断提高,为全面提升城市管理水平、树立城市良好形象,为建设现代化国际大都市营造基本相适应的语言文字环境,做出了应有的贡献。调研组还对上海市今后语言文字工作的发展提出了希望和建议。

(三)地方立法。自2000年《国家通用语言文字法》颁布后,教育部语用司和全国人大教科文卫委员会教育室联合召开了地方语言文字立法工作座谈会,推动地方语言文字立法工作。2002年4月15日至19日,在郑州和南京分片召开地方语言文字立法工作座谈会。全国人大教科文卫委员会教育室负责同志向与会代表介绍了《国家通用语言文字法》立法的必要性、立法过程,并对该法的主要内容进行了阐述。与会的代表认为,制定地方语言文字法规规章,应该注意以下几个问题:(1)与《国家通用语言文字法》和其他相关法律保持一致,不超越上位法律的规定,要在上位法律规定的范围内制订有关法律法规。(2)在内容上,要结合当地实际,有针对性,突出地方特色,也可有一定的灵活度;要体现可操作性。(3)在侧重点上,实施办法应侧重于管理和监督。各省可通过制订实施办法,来进一步完善语言文字工作的执法、监督机制。(4)实施办法要具有一定的前瞻性。各地在制订地方法规规章时,要将语言文字的工作实际与长远发展相结合,使实施办法能够在一定时期内适应工作和社会发展的需要。这次会议为语言文字地方法规的制订打下了良好的基础。

自2001年以来,全国已有23个省、自治区、直辖市和5个省会市、计划单列市制订了当地的地方法规和实施《国家通用语言文字法》办法,其他地方的语言文字立法工作正在进行中。语言文字法律法规体系框架已经初步形成。但是还有一些地区没有出台实施《国家通用语言文字法》的相应法规,影响了这些地区的语言文字工作的开展。

各地在地方立法过程中,得到了地方人大、地方政府的大力支持和有关部门的积极配合,使语言文字立法工作有了可靠的保障。已经颁布的一些语言文字地方法规、规章质量高,解决了一些语言文字工作的实际问题。通过地方语言文字立法,扩大了《国家通用语言文字法》的宣传面,提高了社会对语言文字规范化工作的认知度,把语言文字工作全面纳入了法制轨道。

(四)执法机制。各地在立法的同时,也对执法机制进行了探索,发现了如下一些问题:(1)《国家通用语言文字法》是软法,执法力度不够。(2)法规条款较宽松,缺乏可操作性。(3)法规不全面,强调普通话的多,强调规范汉字的少。(4)处罚规定偏弱,缺乏约束力。

二、成立国家语委咨询委员会

2000年12月13日至14日,咨询委员会在北京召开了第一次会议。国家语委主任王湛就咨询委员会的职责、任务、运作方式和近期工作发表了讲话,并请委员们就《语言文字工作"十五"计划和2015年规划(草案)》提出意见。

2001年2月19日,国家语委发出《印发〈国家语委咨询委员会第一次会议纪要〉的通知》。《通知》说:"为了加强新世纪语言文字工作,教育部和国家语委决定成立国家语委咨询委员会。"全国人大常委会副委员长许嘉璐担任咨询委员会主任,原国家语委党组书记朱新均担任副主任。

2002年1月7日,国家语委咨询委员会召开了第二次会议。会议听取了教育部语用司、语信司关于2001年工作和2002年工作要点的通报,委员们对新世纪特别是新一年的语言文字工作提出了许多建设性的意见和建议。

2003年1月22日,国家语委咨询委员会召开了第三次会议。教育部语用司、语信司分别向会议通报了五年来特别是2002年工作进展情况和拟订的2003年工作要点,并就有关问题向委员们进行咨询。咨询委员充分肯定了两司工作取得的成绩,就2003年工作计划和当前面临的问题发表了意见。

2004年2月18日,国家语委咨询委员会召开了第四次会议。咨询委员在听取教育部语用司和语信司关于2003年工作总结和2004年工作要点的通报后,充分肯定了语言文字工作取得的新进展。委员们一致赞成2004年要紧紧围绕贯彻《国家通用语言文字法》,抓住重点、突破难点、引导热点,创新工作思路,并就语言文字示范校创建活动,实施西部少数民族教师国家通用语言文字培训工程,《规范汉字表》研制和语言文字规范标准评测认证工作等问题提出了意见和建议。

2005年2月2日,国家语委咨询委员会召开了第五次会议。教育部语用司、语信司负责同志向咨询委员会通报了2004年工作和2005年工作要点,并向咨询委员会提出征询意见。咨询委员就当前语言文字工作的重点问题提出许多富有针对性的建议。

2006年1月25日,国家语委咨询委员会召开第六次会议。咨询委员对过去一年及"十五"期间的语言文字工作进展情况给予了充分肯定,并就今年及"十一五"期间的语言文字工作提出了意见和建议。

2007年2月7日,国家语委咨询委员会召开了第七次会议。教育部语用司、语信司汇报了2006年工作情况和2007年工作安排,并就建立语言文字测试体系、《国家语言文字应用研究"十一五"科研规划》和《规范汉字表》等有关问题进行了咨询。

三、国家语言文字工作"十五"计划和"十一五"规划

（一）国家语言文字工作"十五"计划。2001年7月27日，教育部、国家语委发出《关于印发〈国家语言文字工作"十五"计划〉的通知》。"十五"指2001年至2005年。《国家语言文字工作"十五"计划》的要点如下：

一、"九五"期间语言文字工作的进展和"十五"面临的形势（略）。

二、"十五"期间语言文字工作的指导思想、工作目标、工作思路和主要任务。

（一）指导思想。高举邓小平理论伟大旗帜，以"三个代表"的重要思想为指导，贯彻党的十五大和十五届五中全会精神，依据《国家通用语言文字法》，贯彻落实国家语言文字方针和政策，解放思想，实事求是，尊重规律，重在建设，统揽全局，把握重点，积极、稳妥、逐步地推进工作，为实现2010年的阶段性目标奠定基础，使语言文字工作更好地为社会主义现代化建设事业服务。

（二）工作目标。为保证2010年在全国范围内"普通话初步普及"、"汉字的社会应用基本规范"的目标如期实现，在"十五"期间，语言文字工作要力争在三个方面取得进展，即：提高全社会语言文字应用水平工作有重大进展；语言文字基础建设工作有重大进展；依法加强管理监督工作有重大进展，为社会主义现代化事业创造良好的语言文字环境。

（三）工作思路。围绕贯彻实施《国家通用语言文字法》，一手

抓建设,一手抓管理,加强语言文字规范标准建设,推进语言文字应用研究和面向语言文字信息处理的基础工程建设;坚持"一个中心,四个重点领域,三项基本措施"的工作思路,以城市为中心,以学校为基础,以党政机关为龙头,以新闻媒体为榜样,以公共服务行业为窗口,通过目标管理、量化评估,普通话水平测试,推广普通话宣传周等基本措施,逐步建立起依法管理监督的体制和机制,提高全社会语言文字规范化水平。

(四)主要任务。(1)大力推广、积极普及普通话。(2)进一步加强社会用字管理。(3)努力做好国家通用语言文字规范标准制订工作。(4)开展少数民族语言文字规范化工作。(5)加强中文信息处理用语言文字规范标准的制订和宏观管理工作。(6)继续推行《汉语拼音方案》。

三、"十五"期间的主要工作措施。

(一)大力宣传、贯彻实施《国家通用语言文字法》。

(二)做好社会重点领域的统筹协调工作。

(三)逐步开展城市语言文字工作评估。

(四)积极稳步开展普通话培训和水平测试工作。

(五)开展形式多样的语言文字规范化宣传教育活动。

(六)开展信息处理和信息技术产品中语言文字规范标准贯彻执行情况的监督检查。

(七)进一步加强语言文字的基础研究和应用研究。

(八)加强语言文字基础工程建设。

(九)重点加强西部地区的双推工作。

(十)建立、健全各级语言文字工作机构。

(十一)建设适应新世纪需要的语言文字工作者队伍。

(二)国家语言文字工作"十一五"规划。2007年4月10日,教育部、国家语委发出《关于印发〈国家语言文字工作"十一五"规划〉的通知》。"十一五"指2006年至2010年。《国家语言文字工作"十一五"规划》的要点如下:

一、"十五"期间语言文字工作的进展(略)。

二、"十一五"期间语言文字工作面临的新形势和新任务(略)。

三、"十一五"期间语言文字工作的指导思想、基本原则、主要目标和工作思路。

(一)指导思想。以邓小平理论和"三个代表"重要思想为指导,以科学发展观为统领,全面贯彻国家语言文字法律法规和方针政策,积极、稳妥地推进工作,形成全面、协调、可持续发展的局面,使语言文字规范化、标准化和信息化工作更好地适应经济社会发展的需要,更好地为教育文化事业的持续发展,为实现全面建设小康社会和构建社会主义和谐社会的目标服务。

(二)基本原则。(1)树立科学的语言观,全面、正确地把握国家的语言文字方针政策,坚持以规范标准建设为核心,坚持语言生活主体化与多样化和谐统一,妥善处理推行国家通用语言文字与学习使用少数民族语言文字的关系,处理好方言、繁体字以及外国语言文字的使用问题,正确处理语言文字的规范、发展与中华传统语言文化的保护、弘扬等问题。(2)从实际出发,实事求是,针对不同地区、不同行业、不同情况,分类指导、分布实施,积极、逐步、稳妥地推进工作。(3)牢固树立为经济社会发展和构建和谐社会服务的意识,对农村和中西部地区、民族地区在政策上给予倾斜,推动城市带动农村、东部支援中西部,实现均衡协调发展。(4)加强机构、队伍、制度等长效机制建设,加强融入与结合,完善体制机制,注重工作创新。(5)重视语言资源的保护及开发利用,重视语言国情的监测与研究,重视虚拟空间的语言生活,做好语言发展的战略规划。(6)加强宣传引导,提供咨询服务,运用法律、行政、学术力量,形成良好舆论氛围,促进社会语言生活和谐健康发展。

(三)主要目标。

2010年目标

全国范围内普通话初步普及、汉字的社会应用基本规范,在四个方面取得较大进展,即:语言文字法制建设和依法行政取得较大进展;语言文字规范化、标准化、信息化建设取得较大进展;党政机关、学校、新闻媒体和主要公共服务行业四个重点领域的国家通用语言文字推广普及取得较大进展;农村和民族地区的国家通用语言文字的推广工作初见成效。

2020年目标

全社会语言文字规范意识进一步加强;语言文字法律法规体系更加完善,依法行政和执法监督机制更加完备;语言文字规范标准建设适应社会发展,完成"中华大字符集"收集整理、编码等工作,中文信息处理技术在国际上占据优势地位,全社会语言文字信息化水平有较大提高,适龄人群的大多数人能够享用日常的语言文字信息化技术;大多数人能够使用普通话进行交际,城市基本普及普通话,农村学校实现以普通话为校园语言;文字应用的法律法规和规范标准得到全面贯彻;对语文应用现象的监测、研究、规范、引导机制有效运作;形成并巩固语言文字主体化和多样化和谐发展的良好局面,基本构建成和谐的社会语言生活。

(四)工作思路。深入宣传贯彻《国家通用语言文字法》,在国家通用语言文字的社会推广方面,继续做好党政机关、学校、新闻媒体和公共服务行业四个重点领域的工作,在发挥城市带动辐射作用的同时,加大农村和中西部地区、民族地区的工作推进力度;坚持"目标管理、量化评估、语言文字应用水平测试,推广普通话宣传周"三项基本措施,继续巩固"行政推动、部门协同、专家支持、社会参与"的工作格局,逐步建立起依法管理监督的体制和机制;以语言文字规范标准制订为核心,以信息化为主线,以评测认证为抓手,以语言工程建设和科学研究为基础,做好语言文字信息管理工作。抓住重点,突破难点,引导热点,形成社会语言生活监督、服务机制,不断提高全社会语言文字规范化、信息化水平。

四、"十一五"期间主要工作措施。

(一)进一步深入宣传贯彻《国家通用语言文字法》,实施依法行政。

(二)进一步加强语言文字规范标准建设与信息化工作,提高工作的科学化水平。

(三)加大对农村和民族地区的扶持力度,保证工作的均衡发展。

(四)密切关注、积极引导社会语言生活,维护语言文字主体化与多样化的和谐统一。

四、"十五"和"十一五"期间的语言文字应用研究

(一)"十五"期间的语言文字应用研究。全国语言文字工作系统的科研工作,在"十五"期间取得了很大的成绩,基本满足社会对语言文字规范和语言服务等多方面的需求。

1. 基本思路和工作目标。国家语言文字信息管理工作的基本思路是:以语言文字规范标准的制订为核心,以信息化为主线,以评测认证为抓手,以语言工程建设为基础。工作目标是:经过若干的努力,争取

建成服务于教育和国家信息化的语言文字坚实平台,满足社会对语言文字规范标准的基本需求,进一步提高语言信息处理技术及其应用水平,促进社会语言生活的和谐发展。

2.语言文字科研工作的长效机制建设。这些长效机制主要体现在以下几个方面:

(1)成立了国家语委科研规划领导小组,使科研管理工作能够有领导地进行。国家语委主任担任科研规划领导小组的组长,语用司和语信司的司长担任副组长。办公室设在语信司。

(2)制订了《国家语言文字工作委员会科研项目管理办法》、《语言文字应用研究"十五"科研规划及项目指南》、《语言文字应用研究"十五"科研项目立项实施细则》、《语言文字应用研究"十五"科研项目结项鉴定方法》、《民族语言文字规范标准建设与信息化课题指南》等一系列文件,使科研管理工作有了规章制度方面的保证。

(3)建立了工作机构。建立了全国语言文字标准化技术委员会(简称"语标委"),有6个分技术委员会:汉语语音与拼音分会、汉语语汇分会、汉语语法与语篇分会、汉字分会、少数民族语言文字分会、外语应用分会。2003年11月至2004年11月,这些分会相继组建完成并开展工作。

建立了国家语言资源监测与研究中心,有5个分中心:平面媒体语言分中心、有声媒体语言分中心、网络媒体语言分中心、教育教材语言分中心和海外华语研究中心。另外还建立了中国文字整理与规范研究中心和中国文字字体设计与研究中心。2004年6月至2005年9月,上述研究中心和分中心相继组建完成并开展工作。

3.立项情况。"十五"科研立项工作,重点放在三个方面:(1)社会急需的规范标准的研制。(2)面向中文信息处理的语言文字应用研究。(3)跟踪新的语言现象,研究空前活跃的社会语言生活。2002年

5月,立项工作启动;至8月15日,共受理申请书427份。经立项申请、专家函评、专家会议评审等一系列公开、公正的过程,到2002年10月基本完成立项工作。在项目的取舍上,优先保证急需的规范标准的研究,并选择了一批对语言文字工作的发展具有重大意义的项目予以立项和重点支持。为了更好地调动全国语言文字工作者的积极性,发挥各地优势,一批有意义的自筹资金项目也予以立项。首批立项109项,包括资助项目93项,自筹资金项目16项。资助项目中包括:重大项目1项,重点项目12项,标准重大项目1项,标准重点项目10项,标准项目21项,一般项目48项。

在这之后,根据形势发展的需要,"智能语音技术在普通话辅助学习中的应用研究"、"中国语言生活状况报告(2005)"、"中文应用能力测评可行性论证研究"、"2008奥运会语言使用问题报告"、"普通话语音声学标准研制"、"普通话审音研究及审音库的建设"、"面向基础教育教材的语法、语篇规范研究"等十多个项目得到了补充立项。2004年,对少数民族语言文字规范化与信息化专题立项,共立了50余项。

4. 取得的成果。"十五"科研立项的项目,从完成情况看,多数项目的质量都比较高,体现了"创新"与"应用"相结合的特点,既有很高的科技含量,体现当代语言文字应用研究的科技前沿,而且也对现实语言生活具有重大影响,有力地促进了我国语言文字的规范化、信息化建设。在"十五"项目中,有一项获得了近日颁发的我国中文信息处理领域最高科学技术奖——"钱伟长中文信息处理科学技术奖"。有些项目已经成为或者将要成为我国的重要语言文字标准,有些项目成为社会语言服务的标志性成果,有些项目成为我国语言文字信息处理征途上的里程碑。

(二)"十一五"期间的科研工作。国家的语言生活正面临着许多新情况,这些新情况有些是可以预见的,有些是难以预见的。处理这些新情况要更多地依靠科学研究。在"十五"科研工作的基础上,要根据语言生活的现状和发展趋势,根据语言文字工作的实际和国家语委"十一五"工作规划,来部署"十一五"的科学研究工作。

1. "十一五"的科研目标。从宏观上看,"十一五"的科研目标是:为新世纪高质量的语言文字工作服务,为和谐语言生活的构建服务,为国家的和平发展服务。"十一五"科研项目主要集中在以下几个领域:(1)研究国家语言战略。(2)关注社会语言生活。(3)全面提升语委工作。(4)大力促进语言文字信息化。"十一五"期间,有如下六个方面的大课题需要努力做好:(1)《规范汉字表》的发布及《中华大字符集》的建设。(2)普通话的审音。(3)语言能力的评测体系。(4)语料库、知识库等语言工程建设。(5)语言国情调查。(6)促进汉语走向世界。

2. 做好科研规划,重视基础建设。实践表明,抓好长效机制建设是做好语言文字应用研究的重要保证。要保证"十一五"科研目标的实现,必须将已经建立起来的各种长效机制巩固下来,并根据新情况加以完善和发展。(1)做好语言文字应用研究"十一五"规划。先拟订语言文字应用研究规划的制订原则,动员多领域的专家和语言文字工作系统的同志一起研究,实事求是地分析语言文字应用的科研现状和社会需求,审视学术的发展走势,把握语言生活的发展方向,订出一个"跳一跳,够得到"的科研目标。(2)加强科研队伍和科研基地的建设。要发挥语言文字标准化技术委员会及其各分会的作用,使每一个分会都成为相关领域的规范标准研制的科研规划中心,成为语言文字学家、标准化专家和行业使用大户的学术交流中心。要加强国家语言资源监测与研究中心、中国文字整理与规范研究中心、中国文字字体设计与研究中心等机构的建设,用项目公开招标的方式聚集全国的优秀人才,逐渐将这些机构建设成为应用语言学研究的基地。(3)加强应用语言学的学科建设。应用语言学是一个学科群,要优先发展当代社会急需的分支学科,如语言规划学、语言教学、计算语言学、法律语言学等等。国外很多大学都有语言学系和应用语言学系,而我国语言学系和应用语言学系还很少。要通过专家论坛等多种方式认真研究这个问题,逐渐促成我国应用语言学的学科教育体系。

3. 要注意发挥地方语委在科研工作中的作用。(1)以应用为主,因地制宜,做出特色。地方语委科研工作的重点集中在两个方面:第一,当地语言生活的基本状况、热点问题及其对策研究。第二,当地语言文字工作中的问题。社会的语言规范观念不断进步,语言价值观趋向多元,主体性与多元化的辩证统一已经成为我国语言生活的基本格局,"纯洁语言"的口号已经不合时宜。在今天的形势下只顾推广普通话、推行规范汉字,不关注其他方面的语言问题,对建构和谐语言生活来说已经是片面的了。(2)探讨地方语委的科研工作机制。要制订地方语委科研工作的规章制度,做好当地语言文字科学研究的规划(五年规划或中长期规划)。要组建科研队伍,主动争取本地语言文字专家及其他学者的支持。重视科研成果的宣传与应用,对当地语言生活积极引导。

五、纪念《汉语拼音方案》公布 45 周年

2003 年 11 月 28 日,全国人大教科文卫委员会、教育部、国家语委在人民大会堂联合召开座谈会,纪念《汉语拼音方案》公布 45 周年。出席会议并讲话的有:全国人大常委会副委员长许嘉璐,国务委员陈至立,教育部副部长、国家语委主任袁贵仁等。语言学家王均也发了言。袁贵仁在发言中指出:"汉语拼音在新世纪应当发挥更大的作用,尤其应适应社会信息化和经济全球化的发展趋势,在以下两方面有所作为:一是在普及信息技术和发展信息产业方面,二是在进一步扩大开放、增进中外交流方面。""目前汉语拼音的推行和应用还不能很好适应新世

纪经济、社会发展的需求。由于宣传和推行的力度不够,社会上仍有一部分人不了解汉语拼音的性质和作用,不能充分认识其科学性、实用性和广泛的应用前景,甚至有人公开否定汉语拼音;一些地方和学校忽视、削弱汉语拼音教学和科学研究;在社会应用中不按照有关规则使用汉语拼音,拼写错误、不规范现象比较普遍;在一些领域,违反国家法规和标准,不使用汉语拼音或用外文替代汉语拼音的现象,也时有所见。另一方面,'台独'分裂势力不顾岛内早已开始使用汉语拼音、国际社会也已广泛承认汉语拼音的事实,违反民众意愿,制定并推行所谓'通用拼音',人为制造两岸拼音的差异。这是台湾当局推行渐进式'文化台独'的一个举动,应当坚决反对。上述情况提示我们,在新形势下要努力做好汉语拼音推广工作,进一步扩大它的影响,使其在各方面充分发挥作用。"

11月28日至29日,中国语文现代化学会、教育部语言文字应用研究所、语文出版社、中国文字学会为了纪念《汉语拼音方案》公布45周年在北京召开了题为"信息网络时代的汉语拼音"学术研讨会。教育部副部长、国家语委主任袁贵仁,语言文字应用管理司司长杨光,语言文字信息管理司司长李宇明,以及有关学科的专家学者50多人出席了会议并先后发言。研讨会还编辑、出版了论文集《信息网络时代的汉语拼音》,苏培成主编,语文出版社2003年版。

六、发布《中国语言生活状况报告》

(一)发布《中国语言生活状况报告(2005)》。2006年5月22日,教育部、国家语委召开新闻发布会,向社会发布《中国语言生活状况报告(2005)》。教育部副部长、国家语委主任赵沁平发表了书面讲话。赵沁平指出:"这项工作我们会持续做下去,每年公布语言生活状况报告,以引导语言生活向着健康和谐的方向发展,为国家语言文字政策的制订、调整和学术研究提供参考。""目前,语言文字工作面临前所未有的发展机遇。信息时代要求大幅度提升语言文字的规范化、标准化和信息化水平,要求充分关注虚拟世界的语言生活;不同语言间的交流与碰撞,使得社会语言文字生活更为纷繁复杂,使得一些语言面临濒危的命运。在新的历史时期,语言文字生活同和谐社会的构建,同国家的安全与持续发展,关系更加密切。我们要了解新情况,解决新问题,不断开创语言文字工作的新局面。"

在这次新闻发布会上,教育部语信司司长李宇明发布了2005年中国语言生活的基本状况。李宇明指出,中国语言生活充满活力,新的语言现象大量涌现,新的语言传播方式不断出现。国家通用语言文字的推广取得重大进展,城市语言文字评估取得成效。新闻出版、广播电视领域进一步加强了对语言使用的管理。在教育领域,语文课程标准及其教材更加多样化,语文高考有新变化,大学英语四六级考试进行了重要改革,少数民族双语教育大发展,对外汉语教学发展迅猛。同时,语言文字标准化、信息化取得丰硕成果,少数民族语言文字信息处理迈开步伐,名词术语规范工作为科教兴国做出了贡献,全社会语言资源开发和利用的意识进一步增强。李宇明还发布了国家语言资源监测与研究中心对2005年若干媒体语言文字使用情况进行调查得到的具体数据。

李宇明指出,我国的语言生活总体上是健康和谐的,其特点是主体化与多样化并存。这些年也形成了一些社会关注的热点,如:汉语的国际推广;中小学英汉双语教学,四六级英语考试;方言知识进教材,广播影视使用方言,公共行业的方言服务问题;网络语言;字母词的使用;地名牌和交通指示牌使用英文的问题;人名地名用字是否要有限制的问题;濒危语言问题。这些热点问题是值得认真研究的。

李宇明最后强调,由于我国应用语言学起步较晚,语言生活的研究成果积累不多,加之语言生活的领域广阔、错综复杂,因此,此次报告的数据不一定能够全面反映2005年中国语言生活的面貌,但这些数据都是相当有价值的。发布年度语言生活状况报告的目的,在于引起人们对语言国情的重视,积极引导语言生活向着健康和谐的方向发展,并为政策制订和学术研究提供参考。这项工作教育部、国家语委会持续做下去,不断完善工作机制,扩大报告的领域与深度,提高年度语言生活报告的水平。

《中国语言生活状况报告(2005)》,商务印书馆2006年9月出版。全书分为上下两编:上编由"中国语言生活状况报告"课题组编写,主要反映社会语言生活方方面面的情况;下编由国家语言资源监测与研究中心编写,主要发布利用语料库统计分析得到的各种语言数据。

(二)发布《中国语言生活状况报告(2006)》。2007年8月16日,教育部、国家语委召开新闻发布会,发布2006年中国语言生活状况报告。教育部副部长、国家语委主任赵沁平出席了新闻发布会。国家语委副主任、语信司司长李宇明发布了2006年中国语言生活的基本状况。内容主要有四个方面:第一,国家语委的工作;第二,若干领域的语言生活状况;第三,语言生活中的一些热门问题;第四,现代语言文字使用中的若干数据。

关于若干领域的语言生活状况。首先,2006年中国少数民族语言文字工作有了新的进展。国家关于少数民族事业"十一五"规划明确提出,要建立少数民族双语环境建设示范区。2006年国家民委在新疆察布查尔锡伯族自治县和贵州省松桃苗族自治县举办了少数民族双语环境建设示范区培训班。由国家语委立项的"基于ISO10646的维、哈、柯、傣文电子出版系统的研发项目"获得了"钱伟长中文信息处理科学技术奖",这个项目为我们国家少数民族信息化的发展做出了一定的贡献。内蒙古自治区为了把自己建设成为一个文化大区,启动了蒙古语语料库建设工程,这个语料库也包括内蒙古的鄂温克、鄂伦春和达斡尔"三小民族"的语言。

　　第二个领域,奥运会的语言环境建设。2006年发布了北京奥运会的体育图标。从所发布的体育图标上看,充分体现了中国文字、中国文化的优美与魅力,把中国文化和体育很好地结合在一起。奥运吉祥物"福娃"我们都非常喜欢。过去它们用的是英文译名 Friendlies,现在直接用汉语拼音 Fuwa。汉语拼音是国际公认的中国人名地名等的国际标准。奥组委非常重视外语问题。《北京奥运会英语口语读本》、《北京奥运会志愿者读本》先后出版,有中文、英文、法文三种文字的北京地图及奥运术语在网上发布。特别是北京市质量技术监督局发布了《公共场所双语标志英文译法》,这是全国第一个公共场所双语标志英文译法的地方标准。这个标准有望使公共场所英语的使用得到进一步规范,特别是包括中文菜谱的翻译在内。

　　第三个领域是公共服务领域。旅游业这些年来发展很快,现在旅游业的一个重要问题是需要外语导游。2002年中国外语导游占导游总数的16.7%。但是随着旅游业的发展,2005年只有10%。在外语导游中,小语种导游尤其缺乏,这一定会制约中国新兴客源市场的发展,应该引起外语教育规划制订者的重视。

　　2006年一项产品质量抽查表明,产品说明书语言表达不规范的现象达到了55%。在中国销售的产品,说明书只用外文不用中文的现象不少,这是对中国消费者一种不负责任的表现。特别是人命关天的药品等。在中文的使用上,一些使用繁体字,繁简杂用的现象也不少。

　　关于语言生活中的若干热点问题,大概有五个方面。

　　第一个热点,汉语汉字的使用空前地受到社会的关注,语言文字不规范的现象引起了社会广泛的重视。有一个杂志叫《咬文嚼字》,它找出中央电视台春节晚会荧屏上的错别字28处,平均每10分钟出错1次。比如说电视节目《跟着媳妇当保姆》里,妻子说:"你瞎搅合什么呀?""搅和"的"和"不应该写作"合"。

第二个热点,多家媒体和单位共同组织了"全国报刊逻辑语言应用病历应奖征集活动",征集到 14000 多份材料,发现平均每种报纸的错误是 46 处,每一版的错误是 5.8 处。2006 年,《人民日报》曝光了几部辞书仿冒的现象,引起了社会热议。新闻出版总署为了很好地解决辞书质量问题,建立了辞书出版准入制度,但愿这一措施对提高辞书质量有帮助。

第三个热点问题是人名用字。2006 年调查,全国姓氏约 2.3 万个,其中 129 个姓氏占总人口的 87%。姓名结构逐渐发生变化,四个字以上的名字出现不少,还出现了"赵一 A""奥斯锐娜王"等极端个性化的名字,还有人给孩子报名字的时候说就叫@,因为全世界人写电子邮件都要用它,汉语翻译过来就是"爱他"。全国有 6000 多万人的名字中有冷僻字,北京市公安局曾公布了 231 个人名用字的冷僻字。

第四个热点问题,一些私塾读经学校兴起,中小学有关文言与白话的争论再起波澜。

第五个热点问题,海峡两岸语言学术交流日益频繁。2006 年海峡两岸或是涉及海峡两岸的学术交流活动频繁。语言文字对于两岸的沟通、两岸的发展和祖国的统一,非常重要。

第四节 民族语文工作的新进展[①]

一、民族语文工作概述

(一)少数民族的语言和文字。我国是一个统一的多民族的国家。

---

① 本节的资料主要根据 2005 年至 2007 年的《中国语言生活状况报告》。

经过民族识别,已经正式确定有55个少数民族。这55个少数民族中,除了回、满、畲几个民族已经整体或大部转用汉语外,大部分民族还使用本民族语言。由于有的民族使用一种以上的语言,因而语言总数比民族总数多。一般认为我国55个少数民族共使用80种以上的语言。例如,蒙古族使用蒙古语,而居住在新疆布尔津、哈巴河、富蕴和阿勒泰地区的蒙古族说图瓦语,居住在云南省通海县兴蒙乡的蒙古族说卡卓语。回族大都使用汉语,而海南三亚市回辉乡和回新乡部分回族说回辉语。藏族的绝大多数使用藏语,邻近藏族的门巴族、珞巴族普遍兼用藏语,蒙古、裕固、纳西、土等民族的一些人也兼用藏语。而四川马尔康、金川、小金、理县、汶川、黑水、丹巴、道孚、宝兴等地的藏族说嘉戎语。

在55个少数民族中,目前有22个民族使用28种本民族文字。其中藏、维吾尔、哈萨克、朝鲜、俄罗斯、柯尔克孜、锡伯、壮、彝、傈僳、拉祜、布依、侗、佤、哈尼、纳西、土、羌等18个民族各有一种文字;蒙古族有蒙文和托忒文两种文字;景颇族有景颇文和载瓦文两种文字;傣族有西双版纳傣文和德宏傣文两种文字;苗族有黔东苗文、湘西苗文、川黔滇苗文、滇东北苗文4种文字。

(二)民族语文政策。我国民族语文政策的基本内容可以概括为:各民族都有使用和发展本民族语言文字的权利,国家支持少数民族使用和发展民族语言文字,为民族团结、进步和共同发展繁荣服务。民族语文政策是民族政策的一部分,这一政策受到了少数民族的欢迎和称赞。几十年来,民族语文政策引导民族语文事业稳步向前发展,为国家统一、民族团结和巩固边疆、民族地区经济文化发展繁荣起了重要作用。

为保障少数民族使用本民族语言文字的权利,我国政府采取了一系列政策措施,其中包括:从中央到省区、州盟、县旗四级建立民族语文工作机构和协作组织进行民族语文管理指导,改进原来文字不完备的一些民族文字,为原来有语言无文字的民族创制文字,构建从小学到大学的较为完整的教育体系等。

(三)少数民族文字的创制、改进和改革。新中国建立以来,创制了13种拉丁字母形式的拼音文字,就是:壮文、布依文、黎文、侗文、苗文(湘西苗文、黔东苗文、川黔东苗文)、彝文、哈尼文、傈僳文、佤文、纳西文、载瓦文、羌文、土文。改进了4种文字(在保持原文字性质或文字系统的基础上对字母表或拼写法进行修订),就是:拉祜文、景颇文、德宏傣文、西双版纳傣文。改革了5种文字(由一种性质的文字改变为另一种性质的文字),就是:滇东北苗文、规范彝文、维吾尔文、哈萨克文、蒙古文。1963年新疆维吾尔自治区人代会通过了拉丁字母式的"维吾尔、哈萨克新文字方案",报国务院审批。1964年10月,国务院批复:"维吾尔、哈萨克这两个新文字方案,可由新疆维吾尔自治区人民委员会公布推行。在推行过程中,应该随时总结经验,使文字方案更加完善。"从1965年起,这两个文字方案在新疆维吾尔自治区全面推行。推行中发现了一些问题,产生了新老文字使用中的一些矛盾,自治区政府于1982年决定全面恢复维、哈老文字,停止使用新文字。20世纪50年代进行了蒙古文字斯拉夫化改革。斯拉夫化的新蒙文在推行中暴露出不少问题,1958年3月,内蒙古自治区人民委员会决定停止推行新蒙文,继续使用老蒙文。

(四)民族语义的翻译。我国从中央到地方的专兼职民族语文翻译人数已有10万多人,少数民族文字图书出版社达37家,占全国出版社总数的6.6%。在过去的三十年中,仅中国民族语文翻译局就翻译出版了2000多种出版物。在西藏,有近1000人专门从事汉藏翻译,年翻译量达5000多万字,内容涉及各行各业。政府或其他机构召开的重要会议,所用的文件都有汉藏两种文本,还提供汉藏两种语言的同声传译。互联网在西藏的发展非常迅速,目前已有10多个藏文网站。

二、民族语文的法制建设

(一)中国为保护、发展少数民族语言文字,保障少数民族语言权利,制订了一系列民族语言政策。其核心是实行语言平等,禁止语言歧视,保障少数民族语言权利,鼓励各民族互相学习语言文字,并用法律的形式对民族语言政策加以肯定。《中华人民共和国宪法》规定:"各民族都有使用和发展自己的语言文字的自由,都有保持或者改革自己的风俗习惯的自由。""民族自治地方的自治机关在执行职务的时候,依照本民族自治地方自治条例的规定,使用当地通用的一种或者几种语言文字。""各民族公民都有使用本民族语言文字进行诉讼的权利。人民法院和人民检察院对于不通晓当地通用的语言文字的诉讼参与人,应当为他们翻译。在少数民族聚居或者多民族共同居住的地区,应当用当地通用的语言进行审理;起诉书、判决书、布告和其他文书应当根据需要使用当地通用的一种或者几种文字。"

2000年10月31日,九届全国人大常委会第18次会议通过的《中华人民共和国国家通用语言文字法》,和2001年2月28日公布的新修改的《中华人民共和国民族区域自治法》,都重申了少数民族公民的语言权利。为了使少数民族语言权利进一步得到保障,2005年5月11日经国务院第89次常务会议通过,自2005年5月31日起施行的《国务院实施〈中华人民共和国民族区域自治法〉若干规定》中,增加了"扶持少数民族语言文字的规范化、标准化和信息处理工作"、"扶持少数民族语文和汉语文教材的研究、开发、编译和出版,支持建立和健全少数民族教材的编译和审查机构,帮助培养通晓少数民族语文和汉语文的教师"、"做好少数民族语言广播、电影、电视节目的译制、制作和播映,扶持少数民族语言文字出版物的翻译、出版"等内容,作为《中华人民共和国民族区域自治法》的重要补充。

各民族地区在实施《国家通用语言文字法》的过程中,特别注意结合当地实际制订实施条例。2002年5月20日,西藏自治区人民代表大会将1987年7月9日通过的《西藏自治区学习、使用和发展藏语文的若干规定(试行)》修订为《西藏自治区学习、使用和发展藏语文的规定》。2002年9月20日,新疆维吾尔自治区人民代表大会常务委员会修订了1993年9月25日通过的《新疆维吾尔自治区语言文字工作条例》。2004年11月26日,内蒙古自治区第十届人民代表大会常务委员会第12次会议通过的《内蒙古自治区蒙古语言文字工作条例》中有"汉语言文字授课的蒙古族中小学校,应当设置蒙古语言文字课程"的规定。2004年11月26日,云南省第十届人民代表大会常务委员会第13次会议通过的《云南省国家通用语言文字工作条例》中规定"除普通话语音教师外,母语为非汉语的少数民族教师的普通话水平可以降低一个等级标准"。2006年5月26日,广西壮族自治区第十届人民代表大会常务委员会第20次会议通过的《广西实施〈中华人民共和国国家通用语言文字法〉办法》中有"国家机关工作人员在执行公务时,根据需要可以同时使用当地的少数民族语言或者方言"、"壮汉双语实验学校或者实验班应当使用国家通用语言文字和壮语壮文进行教育教学"等条款。这些条款有助于《国家通用语言文字法》在民族地区的顺利实施。

(二)召开少数民族语言政策法律国际研讨会。2005年10月19日至21日,国家民委民族问题研究中心、文化宣传司少数民族语言文字工作办公室和挪威奥斯陆大学法学院,在京联合举办"少数民族语言使用与文化发展:政策和法律的国际比较"学术研讨会。出席这次会议的有来自中国、挪威、西班牙的正式代表51人。中国国家民族事务委员会副主任吴仕民在会上做了《中国的现代化与少数民族文化的保护和发展》的主题发言,介绍了中国政府在现代化进程中保护和发展少数民族文化的有关情况。有 26 位与会者宣读了 27 篇论文。会议论文包括 4 个主题:(1)少数民族语言政策和法律的国际实践。(2)中国的少数民族语言政策、法律与实践——历史与现实。(3)中国少数民族语言政策和法律的地方性实践。(4)少数民族语言媒体与教育。

2006 年 8 月 19 日至 25 日,国家民委民族问题研究中心、文化宣传司少数民族语言文字工作办公室和西藏自治区藏语言文字工作指导委员会办公室在拉萨联合举办"少数民族语言使用与文化发展:中国的理论和实践"学术研讨会。来自中国、挪威、西班牙、芬兰等 4 个国家的 32 位代表出席了这次会议。西藏自治区人民政府副主席尼玛次仁在会上做了《坚持民族区域自治制度,弘扬藏族优秀传统文化》的讲话。32 位专家在会上宣读了 33 篇论文。会议论文包括 4 个主题:(1)国际视角与实践。(2)区域比较。(3)西藏的实践。(4)自治与语言。本次会议意义重大,一是外国专家介绍了挪威、芬兰、西班牙等国在少数民族语言保护、使用与发展方面的经验,对中国的民族语文工作具有借鉴意义;二是中国的专家介绍了西藏和其他民族地区的语言使用与文化发展情况,以及中国在这些方面的实践经验和成就,有力地宣传了中国的民族语文政策;三是这次会议将进一步促进中国和欧洲在少数民族语言文化保护方面的更广泛的交流与合作。

三、民族语文的信息化建设

(一)概述。新中国建立之初,国家就开始调查民族语言状况,研究创制民族文字方案,着手民族语文的规范化工作。20 世纪 80 年代开始了民族语文的信息化工作,20 多年来取得了一定的进展。1995 年 6 月,全国术语标准化技术委员会设立民族特别分会,专门负责制订民族术语的规范标准。1998 年,国家民委文化宣传司和中国社会科学院民族研究所联合召开全国民族语文现代化规划会议。2001年10月，教育部批准在语言文字信息管理司设立民族语言文字信息管理办公室，它的主要职责是：宏观协调与管理少数民族语言文字信息处理工作；研究国内外少数民族语言文字信息处理的状况，制订少数民族语言文字信息处理的规划；参与少数民族语言文字规范标准的制订和审定工作，组织、指导相关科研及科研成果的开发应用。2002年教育部语言文字信息管理司和国家民委文化宣传司联合召开民族语文信息化研讨会及座谈会。随后有关部委组成联合调研组，分赴各民族地区调研少数民族语言文字软件研发与使用现状、现存问题等，并就推进少数民族语言文字标准化、信息化工作进行总体规划。

经过20多年来的发展，民族语文的信息化工作取得了长足的进步。我们已经制订了蒙古文、藏文、维吾尔文、朝鲜文、彝文和傣文编码字符集、键盘、字模等国家标准；在国际标准的最新版本中，在基本多文种平面中正式收入了我国提交的蒙古文、藏文、维吾尔文、彝文、傣文编码字符集；有些软件已经可以在Windows系统上运行；已经开发出几种电子出版系统和办公自动化系统；各种数据库不断问世；一些文种的网站和网页初步建成；语音及文字识别、机器辅助翻译等也有了一定的进展。

（二）制订民族语文信息处理标准。2005年4月，新疆维吾尔自治区质量技术监督局、自治区信息化办公室发布了《信息交换用维吾尔文、哈萨克文、柯尔克孜文编码字符集·基本集和扩展集》、《信息交换用维吾尔文、哈萨克文、柯尔克孜文字体字形》、《信息交换用维吾尔文界面信息常用术语》三项地方标准。这三项标准的发布促进了新疆少数民族信息技术的推广应用，解决了维吾尔文、哈萨克文、柯尔克孜文计算机编码不全，定位不明确，字体字型标准不一致、不统一，界面术语翻译不准确、不规范，软件之间不兼容、不支持等问题。

2005年8月,西藏自治区藏语文工作委员会和西藏大学联合国内有关单位共同研制的藏文国家标准《信息技术　信息交换用藏文编码字符集扩充集A》、《信息技术　信息交换用藏文编码字符集扩充集B》通过了专家鉴定。前者包括藏文垂直预组合字符962个,后者包括5702个字符。编码位置在GB13000的专用平面OF平面,按基本集排序。与此同时,还通过了《信息技术　藏文编码字符集键盘字母数字区的布局》标准。该标准的键盘布局按字符频度设计,结构合理,输入速度快,不易出错,初步解决了藏文键盘布局不统一的问题。这几个标准连同以前通过的国家标准《信息技术　信息交换用藏文编码字符集基本集》以及《信息技术　藏文编码字符集(基本集)24×48点阵字型第1部分:白体》,构筑了整个藏文信息处理用文字标准的基础,为全面促进藏文信息化建设奠定了基础。

　　2005年11月,全国藏语术语标准化工作委员会进行换届并在北京召开第一次工作会议。全国藏语术语标准化工作委员会隶属全国术语标准化技术委员会少数民族语分技术委员会。中国藏学研究中心总干事拉巴平措任主任委员,委员包括了西藏、青海、四川、甘肃、云南五省区以及北京的专家和有关单位的领导。这次会议的召开标志着藏语术语标准化工作逐步走向规范统一。

　　(三)建立民族语文信息处理平台。2005年7月,中国科学院软件研究所、西藏自治区藏语文工作委员会办公室和西藏大学共同承担的中国科学院西部行动高新技术项目"基于Linux的跨平台藏文信息处理系统"通过验收。这是一项拥有自主知识产权的创新成果,它符合推动西部发展战略、符合国家长远经济发展及社会发展的需求。这项成果从多语言计算的共通性出发,建立了我国民族语言规范化、标准化的统一文字信息处理体系,也是符合国家软件发展策略的Linux/Windows跨平台藏文办公软件。在2005年西藏自治区成立40周年之际,软件开发单位向西藏自治区赠送了藏文 Linux 操作系统和办公套件 5000 套,这一举措将整体提升藏民族信息化水平,意义深远。

中国科学院软件研究所承担的科技部 863 计划软件重大专项"民族语言版本 Linux 操作系统及办公套件研发"课题经验收已获得通过。该系统以国产 Redflag Linux 操作系统和 Red Office 办公套件为基础,通过对蒙古文、藏文和维吾尔文的支持,形成具有中国特色的民族文字信息处理平台,完成了蒙古文、藏文、维吾尔文及多民族文字版本 Linux 和办公套件等八种民族文字处理产品的研发。

(四)研究领域的扩充与深化。语言文字信息化发展离不开资源建设和基础研究。基于这样的认识,中国少数民族自然语言处理领域的学者一直坚持不懈地从事艰难的基础研究,探索民族语文语料库、语言计算处理、语音分析与合成、编码平台技术、输出输入技术以及网络、排版等各类应用技术问题。

(1)语料库技术。新疆师范大学玉素甫·艾白都拉根据维语语法特点和构词规则初步确定维语语汇的 23 种词类和维语电子词典结构,解决了词根与词尾存放形式问题。他们设计的词根词典中共有 26 个数据表,数据表中的属性包括词语、词类、名词系、语义、词语来源等 16 项。该项研究已经建立较为完善的词典数据库,仅动词构形附加成分就有 8000 多条。内蒙古大学那顺乌日图等"关于蒙古语词语自动切分与标注研究"是对语料库的深度加工,是蒙古语较大规模标注和机器翻译的核心研究内容。

(2)编码标准。藏文、维吾尔文、哈萨克文、柯尔克孜文新的编码标准已经通过,有关编码的研究主要针对新编码的技术实现展开讨论。例如,确精扎布的"蒙古文编码国际标准基础上多种输入法技术的比较研究",姚延栋、吴健的"关于蒙古文、满文的垂直显示技术研究",贾彦民的"关于藏文文本断行技术研究"。除此以外,对纳西文、西双版纳傣文、契丹小字以及朝鲜文的标准和实现技术都有所讨论。

（3）民族语文网络、文字识别以及语音分析。2005 年，民族语文应用技术研究取得了不少成果。例如，李永忠等人的"关于藏文信息交换平台技术"，胡敏、戴玉刚的"藏文网页检索技术研究"，包敏娜、华沙宝等人的"关于蒙古文扫描识别校正技术"，吴刚、德熙嘉措等人的"藏文识别技术研究"。

四、民族语文干部的培训

（一）建立民族语文协作组织。民族语文协作组织是新生事物，是中国民族语文工作的创举。开始时往往是自发性的、被政府认可的社会团体，然后成为政府部门里的议事协调机构。成立之初的协作是单领域的，后来扩大到各个领域。跨省区的民族语文协作，解决了同一民族在不同省区的民族教育、文化等领域发展中遇到的实际问题，保障了同一民族跨省区学习、使用自己语言文字的权利，促进了民族语文的使用和发展。

（1）北部八省区蒙古语文工作协作状况。1974 年，国务院发出《关于内蒙古自治区蒙古语文工作问题报告的批复》（国发[1974]3 号）。《批复》指出："为了加强统一领导，可在蒙古语文工作协作会议上协商成立一个蒙古语文工作协作小组，定期交流经验，研究蒙古语文工作规划和蒙文改革问题。这个协作小组由内蒙古、黑龙江、吉林、辽宁、甘肃、宁夏、新疆、青海等省、自治区和中央有关领导部门派员组成，设在呼和浩特。协作小组由内蒙古自治区革命委员会领导，中央有关部门给予指导。"根据这一指示精神，1975 年 5 月由内蒙古、黑龙江、吉林、辽宁、甘肃、宁夏、新疆、青海等省区参加的八省区蒙古语文工作协作小组成立。1979 年宁夏退出，1987 年北京、1992 年河北相继加入，参加协作小组的省、自治区和直辖市为九个，但"八协"的名称未变。

30年来,八省区蒙古语文工作协作小组认真贯彻落实党的民族政策及民族语文政策,根据各协作省区蒙古族群众学习和使用本民族语言文字的实际需要,积极、慎重、稳妥地开展各项工作,对促进有关省、自治区蒙古族聚居区的经济发展和文化、教育、科技的进步,为构建蒙古族地区和谐的蒙汉双语环境起到良好的推动作用,形成了民族教育、文化艺术、新闻出版、广播影视、科学研究、古籍整理等领域的协作关系。

(2)东北三省朝鲜语文工作协作状况。20世纪70年代,东北三省建立了朝鲜语文图书出版三协、朝鲜文教材三协和朝鲜语文三协。为了便于统筹解决朝鲜语文工作中的问题,更有效地进行协作,经三省商议,于1989年成立了东北三省朝鲜语文工作协作领导小组。组长由吉林省副省长担任,副组长由辽宁、黑龙江两省副省长及三省民委、教委出版局领导担任。朝三协办公室设在吉林,由吉林省民族事务委员会文化教育处负责处理有关的工作。

朝三协主要在民族教育、朝鲜语言文字的调查研究以及规范化、标准化、信息化和学术研究等方面开展协作活动。组建以来,朝三协认真贯彻党的民族语文政策,积极开展跨省区朝文协作,取得了成绩。例如,在朝三协的领导下,1977年到1985年制订了规范原则和朝鲜语统一规范方案。朝三协于1986年成立了中国朝鲜语规范委员会,由东北三省及北京、青岛等地有关朝鲜语文专家学者及工作人员组成。该委员会召开11次业务会议,整理修改了《朝鲜语语法》、《外来语标记法》,审核并规范体育、法律、地理等领域的朝鲜语名词术语22.5万余条,审核制订了《朝鲜语规范原则》和《朝汉自然科学名词术语统一案》,编辑出版了国家标准《信息交换用朝鲜文字编码字符集》,编辑整理了《朝鲜语规范集》综合本、《学生用朝鲜语规范集》。

(3)西南四省区彝文工作协作状况。1993年,云南、四川、贵州、广西四省区彝文协作机构在昆明成立,办公室设在云南省少数民族语文指导工作委员会。根据协作所涉及的工作内容和业务需要,从云南、四川、贵州、广西的有关部门抽调彝族语文专业人员,在昆明进行滇、川、黔、桂四省区彝文整理规范工作,探索彝文规范统一的方法和路子,研究用彝文表意字制订一套能够在四省区通用的彝文规范方案。彝文协作首期成果《彝文字典》,在 1996 年形成初稿,经加工修订后正式出版。协作的第二大成果《彝文字集》也已经出版。

(4)西部五省区藏文工作协作状况。藏文协作首先是藏文教材的编写和出版。过去的藏文教材由于编译力量分散,质量参差不齐、名词术语使用混乱、出版发行滞后、各科教材难以及时配套。为了改变这种状况,1982 年 3 月国家民委、国家教委组织西藏、青海、四川、甘肃、云南五省区有关方面的代表,在青海西宁召开了藏文教材协作会议,成立了藏文教材协作机构——五省区藏文教材协作领导小组。承担协作教材主要编译任务的西藏教材编译中心和青海民族教材编译处,先后编译出小学、初中、高中和中师使用的 9 大类 26 个学科的藏文教材 1353 种,实现了藏文教材编译工作的历史性突破。这些教材不仅覆盖了五省区所有藏族地区,而且做到了"配套建设、同步供书,课前到书、人手一册"。

为了加大藏汉双语理科师资培养培训的力度,1994 年五省区藏文教材协作领导小组改名为五省区藏族教育协作领导小组。它的职责是:拟订全国藏文教材审查工作规划,协调和督促检查五省区藏族教育协作、藏文教材建设、藏文教材审查工作,承担五省区藏族教育协作的交流与合作。协作范围由单一的藏文教材拓宽到整个藏族教育。本着优势互补、资源共享的原则,1995 年藏语协作领导小组决定,西藏大学、青海师范大学、青海教育学院(后并入青海师范大学)为藏汉双语理科师资培养培训基地。此后作为主要实施单位的青海师范大学民族部,先后招收甘肃、四川、云南、西藏等省区的578名学员,为五省区双语理科师资的培养培训做出了突出的贡献。

(二)举办语文培训班。

(1)举办少数民族教师普通话培训班。受教育部和国家语委的委托,在2006年8月,广西语委办举办少数民族教师普通话培训班,为期15天。学员是柳州、桂林、河池、来宾等少数民族聚居地的乡、镇、村中小学和教学点的少数民族教师。培训的主要内容是国家语言文字方针政策、普通话基础理论和普通话口语训练等。经过培训,在100名学员中,有84人的普通话等级都有了提高,其中有21人提高了两个等次。

(2)举办全国民族语文翻译业务骨干培训班。为了提高基层民族语文翻译工作者的业务素质和理论水平,促进高质量民族语文翻译队伍的建设,充分发挥民族语文翻译的桥梁与纽带作用,由国家民委文化宣传司主办,中国民族语文翻译中心承办的全国民族语文翻译业务骨干培训班于2007年8月11日至20日在北京举办。来自全国13个省、市、自治区的100位民族语文翻译工作者参加。有关领导和专家为培训班作了12场专题讲座,内容涉及民族理论与政策、民族语文工作概况、民族语文政策法规及其实施情况、民族语文翻译理论与实践等。这次培训班增进了全国民族语文翻译工作者相互间的了解,各地民族语文翻译工作者更新了知识,扩大了视野,拓宽了思路,进一步丰富和提高了翻译理论知识和翻译实践技巧。

五、少数民族的双语教育

少数民族双语教育是指在学校教育中,少数民族受教育者接受两种或两种以上语言的教育。在中国,双语主要是指汉语和某一种少数民族语言,两种以上语言主要指汉语、某一种少数民族语言和外语。20世纪80年代以来,中国民族地区先后开展了双语教学实验,取得了丰硕成果。现阶段,中国的少数民族双语教育的重点是,探索具有中国特色的双语教育体制,加强少数民族双语教育学科理论建设,摸索培养少数民族语言和双语兼通的高水平双语人才的有效途径。

(一)基本情况。据 2005 年教育部公布的统计资料,全国民族中小学使用 21 个民族的文字开展双语教育,接受双语教育的在校生 600 多万人,其中有些地方还开展了三语教学实验。

(1)双语教育资金投入大幅度增加。从 2005 年春季新学期开始,中西部农村义务教育阶段所有贫困家庭的 3000 多万学生全部享受了免费教科书,其中新疆、西藏、宁夏、青海等省区学生的受益面均超过 80%,并对西藏农牧区义务教育阶段学生实行"三包",为新疆 56 个县义务教育阶段的学生免费提供教科书。中央和地方各级政府对民族地区经费支持和倾斜,使少数民族基础教育的办学条件得到了较大改善,推动了民族地区教育及双语教育的发展。

(2)双语教育的社会认同进一步增强。随着社会经济的迅猛发展,中国少数民族正在经历向双语并重、双语兼通的语言观念转变。2005 年 4 月 19 日在北京举行的全国民族教育年度工作会议指出,2005 年全国民族教育工作将紧紧围绕民族教育教师队伍建设、双语教学和教材建设、内地班建设这三个核心展开。同时还将启动少数民族高层次骨干人才培养工作,进一步加快少数民族教育立法工作,加大少数民族教育科学研究的力度,为制订民族教育"十一五"发展规划作好准备。

从 2005 年起,新疆将用五年左右时间进行民汉合校、民民合校的调整。在 50 个少数民族人口比较集中、经济状况比较困难的县,通过国家重点扶植建设 50 个用汉语、少数民族语言和英语授课的民汉合校示范性完全中学,以加快改善贫困地区、少数民族聚居地区的办学条件。完成这 50 所民汉合校中学的建设,共需资金 3 亿元,自治区将在国家的支持下完成这些学校的建设。

各民族广大群众对双语教育的认同感正在不断增强。少数民族学习汉语是发展的需要、历史的必然。在改革开放的新时期,少数民族学习汉语的需求比以往任何时候都更为迫切。许多家长希望自己的孩子上双语学校、进双语班,因为双语在整个社会生活中不断显示出日益重要的作用。掌握了汉语,不但有利于掌握科学技术知识,而且在就业、深造等方面拥有优势。

(3)少数民族汉语水平等级考试陆续开展。整个少数民族汉语水平等级考试(MHK)的实施对少数民族双语教育产生了积极影响。教育部于2002年10月24日发出了《关于在有关省区试行中国少数民族汉语水平等级考试的通知》,教育部民族教育司中国少数民族汉语水平等级考试课题组编写出版了MHK一级、二级、三级、四级四个等级的《我国少数民族汉语水平等级考试大纲》。该项考试2004年在吉林省首次开考,6200多名朝鲜族考生成为首批参加这一考试的少数民族学生。从2004年开始,全国少数民族汉语水平等级考试在一些民族自治区域陆续展开。

(4)内地班建设取得成效。为帮助西藏更快更多地培养人才,到2005年,全国已有21个省市为西藏开设西藏班(校),其中独立设置的内地西藏班高级中学3所、内地西藏高中班办班学校8所,内地西藏初中班办班学校20所、内地西藏班办班师范院校两所。20年来,内地西藏班(校)已累计招收初中生2.95万人,高中生2.1万人,本科生6500人,向西藏输送大中专毕业生近1.5万人。其中创办于1987年的北京西藏(高级)中学,教学条件好,师资力量强,2005年255名高考考生全部上线,252名考生被录取。

此外,从2000年开始,在内地发达地区北京、上海、天津等12个城市选择教学条件优越的15所学校开办了内地新疆高中班(简称"内高班")。2004年内高班招生规模已从原来的1000人扩大到1540人,在校生已达5600人。2005年又新增了13个城市开办内高班,办班学校增加到35所,增加招生3115人。

(5)少数民族双语师资培训工作与双语教材研发力度加大。近几年,国家和新疆维吾尔自治区为提高新疆少数民族的汉语水平,不仅选派教师到南疆支教,而且从2002年到2006年投资7600万元,培养汉语教师和双语教师。

为了缓解基层中小学"双语"教师缺乏的矛盾,同时解决师范院校学生教学实习难的问题,新疆维吾尔自治区今后将有计划地安排师范院校和其他院校的高年级学生到基层"双语"学校进行不少于四个月的教学实践,顶岗教学,完整地承担中小学一门课程一学期的教学任务,并形成长效机制。

新疆、吉林、北京等教育出版部门出版了一些针对少数民族汉语水平等级考试的教材。辽宁省把"三语"教学教材建设列入2005年教育发展规划,把民族文字教材建设所需经费列入教育经费预算,资助民族文字教材的编译、审定和出版。民族文字教材逐步向民族中小学免费供应。

(6)双语教学法规体系进一步完善。各少数民族自治地方在一些民族教育法规中制订了双语教育的相关条例,明确规定了双语教学的有关政策措施。在各地语言文字工作法规、规章、文件中也有双语教育的相关规定。2004年4月,新疆维吾尔自治区党委、人民政府做出了《关于大力推进"双语"教学工作的决定》,提出两年内新疆所有城镇民族学校从小学一年级起开设汉语课;2010年起,所有民族学校小学一年级都开设汉语课。

(7)举办双语国际学术研讨会。2007年7月28日,中国少数民族双语教学研究会第5次双语国际学术研讨会在新疆大学召开,来自全国 18 个省、市、自治区 16 个民族的 200 多位双语教育学者,以及哈萨克斯坦、吉尔吉斯斯坦、乌兹别克斯坦、日本、蒙古、韩国等国家和香港特别行政区的 20 多位专家学者出席了大会。会议讨论了 21 世纪双语教育的发展特点与趋势、双语教育的理论与方法等问题,强调了双语教育与构建和谐社会之间的密切关系,为多民族、多语种地区如何积极稳妥地推进双语教育提出了相应的对策。

（二）当前急需解决的问题。在现阶段,少数民族学习、掌握汉语文的状况,与民族地区现代化建设的速度和需求还很不适应。如不采取强有力的措施尽快赶上,将会影响西部大开发的进程。当前急需解决的问题是:(1)要大力加强教材建设。要使教学做到有成效,就要从实际出发,有的放矢。所用教材应当适合学生的语言特点和社会特点。目前使用的汉语教材,大多是借用现有的教材,缺乏针对性,当然就不可能达到最佳效果。(2)对少数民族进行汉语教学的理论还很薄弱,必须跟上。教学法的研究,存在着"三多"和"三少",亟待解决。"三多"是指一般的多、宏观的多、感想的多;"三少"是指有针对性的少、能解渴的少、有理论价值的少。

（三）建设少数民族"双语"环境建设示范区。为了保持我国社会语言生活的主体化与多样性的和谐统一,国家民委文化宣传司少数民族语言文字办公室在调研的基础上,提出了"少数民族'双语'环境建设示范区"的工作思路,以促进少数民族语言文字和国家通用语言文字的和谐关系。该项目的总体目标是:充分保障少数民族学习、使用和发展本民族语言文字的权利,满足少数民族对本民族语言文字的需求,促进少数民族语言文字和国家通用语言文字的良性互动,构建和谐的双语环境,维护社会的安定团结。具体任务是:(1)在全社会营造关注母语、重视母语学习和使用的氛围,保持和维护语言文化的多样性。(2)加强少数民族聚居区儿童母语启蒙教育,提高学校教育三率(入学率、巩固率、毕业率），提高少数民族青少年的文化素质。（3）促进成人母语扫盲、科技扶贫、普法、预防自然灾害和重大疾病等活动的开展。（4）促进以少数民族语言文字为载体的新闻出版、广播影视、文化艺术事业的可持续发展。

2006年7月31日至8月4日，在新疆察布查尔锡伯自治县举办了"锡伯语言环境建设培训班"。该培训班由国家民委文化宣传司主办，新疆维吾尔自治区民族语言文字工作委员会协办，察布查尔锡伯自治县承办。察布查尔锡伯自治县的干部、教师、编辑、艺人、农民共50名学员参加了培训班，县里部分干部自始至终旁听了全部课程。在培训中，学员学习了锡伯语言环境建设规划和锡伯文业务知识，提高了对锡伯语言、文化传承重要性的认识。

2006年12月20日至24日，在贵州松桃苗族自治县举办"苗族语言环境建设培训班"。该培训班由国家民委文化宣传司和联合国教科文组织主办，贵州省民委和铜仁地区协办，松桃苗族自治县人民政府承办。来自蓼皋镇、盘石乡、盘信镇、正大乡、长坪乡五个苗族聚居乡镇的十个示范村的学校、村民代表和县教育局、文体广电局、旅游局、民宗局等县直机关的代表共136人参加了学习培训。培训班共安排21次大课和分组讨论及发言交流，授课专家分别从语言文化多样性对建立和谐社会的重要意义，民族理论和民族政策，松桃苗族非物质文化遗产的保护、开发和利用，苗族花鼓传承意义和开发价值，苗族社区妇女的能力建设，苗族民间文化的传承与保护，双语文教学，苗族医药价值及传承意义以及农业、畜牧业、林业科普知识等，对构建和谐的语言环境、保护和传承民族文化的重要意义进行了深入浅出的讲授。

2007年5月8日，贵州省松桃苗族自治县出台了《关于规范应用苗、汉两种语言文字挂牌和开展公务活动的具体规定》，规范该县机关、学校、街道、工厂、医院名称和主街道大型广告的语言文字使用，要求挂牌上的单位名称尽可能使用苗、汉两种文字。目前,该县各单位的牌匾、标语等都初步实行苗、汉文字并用。

松桃县双语示范区包括示范乡(镇)5个、示范村13个、示范户130户。其中,在示范村中建起双语广播站4个,早晚各广播一次。13个示范村和5所双语学校挂出的苗、汉两种文字的单位牌匾21块。苗文普及读物在示范区免费发放。示范区中的大多数学员已学会苗文的声母、韵母、声调,掌握了苗文的拼写规则,能够独立、准确地拼读和拼写。部分学员还能用苗文记账,写借条、领条、收据、书信等。有的能用苗文准确记录苗歌、苗族民间故事,有的还能将农村实用技术、简单医疗卫生常识等汉文资料译成苗文,在村里传阅。

2007年10月18日至19日,联合国教科文组织、国家民委文化宣传司对贵州省松桃苗族自治县苗族语言环境建设示范项目工作进行验收,结论是:该示范区的语言环境建设已经初见成效。

六、对濒危语言文字的抢救和保护

自2001年起,国家民委委托并资助中国社会科学院中国少数民族语言研究中心展开"中国濒危少数民族语言调查研究"活动,每年组织专家调查二至三种语言,使用文字记录、录音、录像等现代化手段对即将消亡的语言进行抢救性的记录。至今已调查畲、满、土家、裕固、怒、赫哲等濒危少数民族语言8种。

2002年国家民委和广西壮族自治区民委、民语委合作,组织专家学者对京族文字"喃字"进行专题调研,在调研的基础上对语料进行整理、分析,取得了阶段性成果,结集成书的《京族喃字史歌集》纳入了《中国少数民族语言文字保护丛书》并于2007年9月由民族出版社出版。《京族喃字史歌集》包括《京族史歌》、《京族哈节唱词》、《京族传统叙事歌》三部分。该书的出版,使京族的大量行将失散的古籍文献和喃字得到抢救、留存和保护,对京族历史文化的研究极具价值。①

---

① 《语言生活状况报告(2007)》上编第58页,商务印书馆2008年版。

结束语 用科学发展观统领语言文字工作

胡锦涛同志在党的十七大报告中指出:"科学发展观,是立足社会主义初级阶段基本国情,总结我国发展实践,借鉴国外发展经验,适应新的发展要求提出来的。""科学发展观,第一要义是发展,核心是以人为本,基本要求是全面协调可持续,根本方法是统筹兼顾。"深入贯彻落实科学发展观,用科学发展观统领语言文字工作,是做好 21 世纪语言文字工作的关键。

一、语文改革与语文规范要统筹兼顾、协调发展

语言文字作为社会的交际工具,具有发展与稳定两重属性:第一,语言文字是随着社会的发展而发展的;第二,它的发展一般是缓慢的渐进的,重视继承性和稳定性。在这两重属性中,发展是绝对的,稳定是相对的。为了促进语言文字的发展,要适时推进语文改革;为了保持语言文字的稳定,要注意进行语文规范。语文改革与语文规范是语言文字工作的两个重要组成部分,相辅相成,缺一不可。只要语言文字的发展与稳定这两重属性不改变,语言文字工作里面的语文改革与语文规范这两项重要任务也不会改变。不能只讲语文改革,不要语文规范;相反,也不能只讲语文规范,不要语文改革。如果违背了这个规律,语言文字工作就会遇到挫折,就会影响国家的建设和发展。

语文改革与语文规范,二者相辅相成,缺一不可,但不是说可以等量齐观,平均使用力量,而是要根据实际情况,确定工作重点,统筹兼

顾,协调发展。一般地说,语文改革是工作的重点,但是在特定的时期,语文规范也可以成为工作的重点。例如,在新中国建立之初和"文革"刚结束不久,这两个时期都是在社会遭到破坏之后,语言文字应用中的不规范现象十分严重。在这个时候加强语文规范是必要的。可是进入21世纪以后,随着改革的不断深入,社会语文生活十分活跃,语文改革的新高潮正在酝酿之中,语文改革理所当然地应当成为语文工作的重点。适时地调整语文改革和语文规范的关系,是构建和谐语文生活的题中应有之义。

二、科学地阐释语文改革在语文发展里的作用

科学发展观的第一要义是发展。国家要发展,语言文字生活也要发展。为了促进语言文字生活的发展,就要推动语文改革。经过几代人的努力,我国从清末的落后语文生活,改变为今天的大体适应国家建设需要的语文生活,主要靠的是语文改革。没有语文改革,语言文字生活就会停滞不前,就无法与不断发展的社会相适应,就无法适应今天的工业化和信息化的时代,也就谈不上在社会主义现代化建设中更好地发挥作用。

胡愈之说:"在西方,冲破中世纪的黑暗时代,首先是从文字改革开始的。这就是打破教会僧院所垄断的旧文字,创造和群众口头语相结合的民族新文字。这才产生了启蒙运动,产生了资本主义的产业革命。在中国,不可能有例外。中国的资产阶级从清朝末年起,就想搞文字改革,但是真正获得成功的,是'五四'新文化运动,改文言文为白话文。"[①]周有光说:"这句话有深刻的含义。它指出了语文发展跟社会发展的关系,这个历史发展的观点,是愈老许多创造性的重要见解之一,

---

① 《语文现代化》丛刊第一辑第9页,知识出版社1980年版。

值得历史学者和语文工作者加以研究。"①

近百年的中国语文改革有过两次高潮,就是五四时期和20世纪50年代。这两次高潮改变了中国语文生活的面貌,推动了中国语文向着现代化方向前进。2000年10月31日全国人大常委会通过的《国家通用语言文字法》是一部好的法律,它明确地规定了普通话、规范汉字和汉语拼音的法定地位,把我国的语言文字工作提高到依法管理的层面。我们在宣传贯彻《国家通用语言文字法》的时候,应该懂得普通话、规范汉字和汉语拼音这三样东西都是语文改革的产物,没有语文改革就没有这三样东西。

任何一种新语文的建设,都是复杂而艰巨的。我国是统一的多民族国家,也是多语言多文字的国家,我们的语文问题比西方国家复杂得多。在我们这样的国家进行语文改革,能取得现在这样的成绩,已经是难能可贵的了。新中国的语文改革,"有成功,也有失败。失败的事例有'惩前毖后'的价值,必须牢记心头。1949年以来,最大的失败有两件事。一件是1986年放弃的'第二次汉字简化方案草案'('二简')。另一件是1982年放弃的新疆维吾尔族的拉丁化新文字('新维文')。这两大失败的原因是,不了解语文发展中的'阻力规律'。""两次失败使我们知道了如下的'阻力规律':1.改革的步子要适当,不宜太大、太快;如果'以新换旧'有困难,就应当'新旧'并行,避免'新旧脱节';长期'新旧并行'以后,就能自然地'以新换旧'。2.改革要考虑'时代思潮','人心思变'的时候可以改革,'人心思定'的时候不宜改革。冒进的改革,结果是延缓改革。"②今天在我们为夺取全面建设小康社会新胜利而奋斗的时候,我们要吸取过去的成功的经验和失败的教训,把语

---

① 周有光、张允和《多情人不老》第34页,江西文艺出版社1998年版。
② 周有光《中国语文纵横谈》第16至第17页,人民教育出版社1992年版。

文改革工作做得更好。

三、正确推动语文规范化

建立并且推行统一的、明确的语文规范就是语文规范化。语文规范化是保证语文这个交际工具能够顺畅运作不可缺少的条件。如果没有语言的规范,同样一种家具,张三叫桌子,李四叫椅子,张三和李四就无法交谈。这个道理很容易明白,群众很容易接受。语文的规范是不可缺少的,如果连最基本的语文规范都没有,语文交际就无法进行。为了维护社会语文交际的顺利进行,新中国建立以来,政府有关部门在推动语文规范化方面做了大量的工作,是应该肯定的。但是语文规范也和其他一切事物一样,也具有两面性,也有消极的一方面。首先,语文规范不是语文工作的全部,不能涵盖语文工作的一切方面。例如,语言文字的信息处理,这对国家的现代化、信息化建设是至关重要的,但是实现信息化属于语文改革,不属于语文规范。再如,贯彻实施《国家通用语言文字法》,使语文工作开始走上了法制轨道,把语文管理工作大大地提高了一步,这也属于语文改革,不属于语文规范。不恰当地夸大语文规范的作用,用语文规范取代了语文改革,这是强语文规范所难。其次,语文规范和其他事物一样也有个"度",超过了应有的"度",把规范强调得过了头,就会事与愿违。哲学家告诉我们:"趋极是事物的一种属性。任何事物如听任其发展,都有极端化的趋势。走到极端之后,如果继续下去,物极必反,就走到了自己的反面。"①

1995年12月25日,国家语委召开纪念文字改革和现代汉语规范化工作40周年大会。会议宣布:"党的十一届三中全会以来,我国进入改革开放和社会主义现代化建设新的历史时期,语言文字工作也进入了规范化、标准化新阶段。"这是对1986年中央批准的新时期语言文

---

① 庞朴《中国文化十一讲》第127页,中华书局2008年版。

字工作方针的任意改动。"继续推动文字改革工作"不见了,只剩下了规范化和标准化。这次会议是为了纪念40年前举行的全国文字改革会议和现代汉语规范问题学术会议而召开的,可是在纪念会上却只讲语文规范,不讲语文改革。我们认为,改革开放和高新技术的发展不但对语言文字的规范化和标准化提出了急迫的要求,而且对语文改革提出了更为急迫的要求,必须进一步推动新时期语言文字工作的改革,以适应改革开放和经济发展的要求。

1986年以来,语文规范受到极大的重视,取得了相当的成绩,积累了不少经验。我们要坚持语文规范工作,但是今后的工作思路应该做出调整。从根本上说,提高国民的语文素质、提高语文应用的规范水平,靠的是语文教育。语文教育没有弄好,国民的语文素养差,应用能力不强,教育主管部门有责任。语文是基础教育里的基础,它的职责是培养学生具有母语的听说读写的能力。如果背离了这个目标,语文教育也就失去了存在的价值。

1978年12月举行的中共十一届三中全会开启了中国改革开放的新时期,而在改革开放的新时期,语言文字工作却变成了只谈规范、不谈改革。面对着国家改革开放的大气候,为了适应国家现代化、信息化的发展目标,为了服务全面建设小康社会的总任务,汉语要成为规范、丰富和发展的语言,汉字要成为规范、易学、便用的文字。而要实现这个目标,只有语文规范是绝对不够的,必须把语文改革提上日程,加倍努力。规范不能使汉语变得丰富和发展,掌握不好尺度还会阻碍汉语的丰富和发展。规范不能解决汉字的易学、便用问题。古代的汉字是规范的,但是难学难用,要使汉字易学和便用必须适时推进汉字改革。汉字改革不是废除汉字,而是为了实现汉字长期使用以至永远使用的必由之路。

四、只讲语文规范、不讲语文改革的危害

(1) 只讲语文规范、不讲语文改革,不符合近百年来语文发展的事实。自清末到现在过去了一百多年。在这一百多年间,中国的语文生活发生了大变化。根据周有光先生的研究,这种变化可以归结为四个方面:第一,语言的共同化。在清末,虽然有了民族共同语——官话,但是没有严格的标准,而且使用的范围极其狭窄,只限于部分商人和官吏,民众使用的主要是方言。到了现在,普通话的推行取得重大进展,全国能用普通话与人交谈的占被调查人口的 53.06%。第二,文体的口语化。在清末,汉语书面语里占主导地位的是文言文,言文分离,白话文只通行在下层社会,不登大雅之堂。经过五四白话文运动以来的改革,现代白话文已经成为汉语书面语的支配形式,实现了言文一致。第三,文字的简易化。古老的汉字字数繁多、结构复杂,难学难用。新中国建立后,进行了大规模的汉字简化和整理,使汉字繁难的程度有所降低,汉字的难学难用问题得到缓解。第四,表音的字母化。在清末,为汉字注音要靠直音和反切,一般民众很难使用。新中国建立后,制订了《汉语拼音方案》,国家通用语言文字以《汉语拼音方案》作为拼写和注音的工具,《汉语拼音方案》成为中外文化交流的桥梁。以上四个方面都是语文改革的成果,《国家通用语言文字法》用法律的形式肯定了普通话、规范汉字和《汉语拼音方案》。不承认语文改革,就无法解释上述四个方面发生的重大变化,抹杀了几代语文改革家的业绩。

(2) 只讲语文规范、不讲语文改革,不符合当前语文工作的实际。为了支持国家现代化、信息化的建设,中文信息处理是关乎国家发展的大计。对语言文字所负载的信息以前用手工方式或机械方式进行处理,现在改用电脑处理。这种变化就是语文改革,不是语文规范所能涵盖得了的。信息的传输以前靠打电话、发电报,这是机械化时代的传输方式,现在靠电脑、靠网络。这种变化是语文改革,不能说成是语文规

范。又如,现在世界的发展在走向世界化,要想让汉语汉字走向世界,必不可少的工具是《汉语拼音方案》。《汉语拼音方案》给汉语汉字插上了翅膀,而《汉语拼音方案》的制订与推行属于语文改革,不属于语文规范。

(3)只讲语文规范、不讲语文改革,无法推动汉语汉字的进一步发展。为了实现国家语言发展战略,夺取全面建设小康社会的新胜利,语言文字工作必须有自己的发展目标。这个目标已经存在,那就是:汉语要成为规范、丰富和发展的语言,汉字要成为规范、易学便用的文字。这个目标怎么才能实现呢?单靠语文规范是不够的,规范并不能促使汉语的丰富和发展,规范也不能促使汉字变得易学和便用。规范是静态的,是维持现状,而改革是动态的,是促使语文发展。国家要现代化,要信息化,语文也要现代化,也要信息化。单纯的语文规范,无法促进语文的现代化和信息化。中国要走向世界,融入世界,语文是中国走向世界的桥梁。只讲语文规范,不讲语文改革,我们的语文无法走向世界。

近几年,我们不止一次听到有人说:"语言文字工作概而言之包括两个方面:语言文字规范标准的制订和语言文字规范标准的推行。"这种认识是不妥当的。从理论上说,这就是只承认语言文字稳定的一面,不承认它有发展变化的一面。语言文字是一种社会现象,它随着社会的产生而产生,随着社会的发展而发展,离开了社会无所谓语言和文字。正因为语言文字是随着社会的发展而发展的,语文工作就必须促进语言文字的发展,引导语言文字向着有利于社会需要的方向发展。从实践来说,这种认识导致了不良的后果。一方面它使得管理人员只集中注意于语文规范,总感觉语文规范标准还不够,要加紧研制,总感觉语文规范的网还不够严密,要加大执法检查。这种认识与科学发展观的核心"以人为本"的观念不完全吻合。持这种看法的人着重在

"管",在限制。其结果是规范越来越多,对民众使用语言文字的限制也越来越多。另一方面,面对大量的现实的需要靠语文改革才能解决的问题,往往缺少预见,有时陷于被动。改革汉字的输入法,发展机器翻译,适当减少汉字的数量等都是重要的工作,但是这些工作如果缺少语文改革的支撑,就会失去主动,开展起来不得不付出更多的代价。

五、不要诋毁语文改革

1951年新中国建立不久,毛泽东主席指出:"文字必须改革,要走世界文字共同的拼音方向。"由于毛泽东所处的重要地位,他的话自然有很大的影响。在"文革"结束前的20多年里,不断宣传他的这条指示。朱德熙说:"汉字改革问题我们可以研究,但不忙于实行。现在谁也说不出怎么样就一定对,怎么样就一定错。我想应该多做些实验,有了事实才好说话。"①周有光说:"过去一再宣传毛泽东的指示:'文字必须改革,要走世界文字共同的拼音方向。''文化大革命'以后,没有人再谈了。其实,谈不谈都是一样,因为它是一句空话。"②1986年的全国语言文字工作会议对语文政策做了调整,关于汉字的前途,会议没有重申毛泽东的这条指示,而是说:"汉字的前途到底如何,我国能不能实现汉语拼音文字,什么时候实现,怎样实现,那是将来的事情,不属于当前文字改革的任务,现在有不同的意见,可以讨论,并且进行更多的科学研究。但是仍然不宜匆忙作出结论。"这样的认识是非常妥当的,这是语文思想的一个大解放,语文生活的大进步。关于汉语拼音化的问题,应该说已经有了比较明确的认识,有兴趣愿意研究的人尽可以放手去研究。

可是有的人却抓住毛泽东的这句话做文章,把毛的意见归结为极

---

① 朱德熙《在"汉字问题学术讨论会"开幕式上的发言》,《汉字问题学术讨论会论文集》第15页,语文出版社1988年版。
② 周有光《中国语文纵横谈》第214页,人民教育出版社1992年版。

"左",并且由否定毛泽东的话进而全面否定新中国的语文改革,强加给语文改革许多坏名声。其中的突出代表,就是《汉字文化》杂志。该刊物在1993年第1期发表编辑部文章,题目是《语言文字工作应主要防"左"》。它攻击汉语拼音,攻击简化字,说什么"语言文字工作中'左'的思想根深蒂固"。《汉字文化》散布的错误思想,在部分人的头脑里得到共鸣。诋毁语文改革,取消语文改革,给语文工作带来重大的损失。现实生活中,语文改革是取消不了的,于是就随意扩大语文规范的内涵,把所有的语文改革都归到语文规范的名义下。名不正则言不顺。在语文规范的名义下进行的语文改革,很难展开充分的说理,无法深入动员群众,使语文改革处在若明若暗的境地,陷于被动。

在思想文化领域,要积极探索用社会主义核心价值体系引领社会思潮的有效途径。这既是坚持中国特色社会主义道路的客观要求,是中国社会主义意识形态建设的主要任务,又是改进和创新社会主义意识形态工作的题中应有之义。当前我国的语文生活处在十分活跃的时期,大量的新现象涌现出来。语文工作面临着大好形势,千万不要错过了这个大好的发展机遇。

当代中国语言文字工作大事记
（1949—2007）

1949 年

10月10日　中国文字改革协会成立。

12月25日　东北铁路局开始全面使用拉丁化新文字电报。

1950 年

2月1日　刘少奇写信给中宣部负责人陆定一、胡乔木，提出要研究亚洲邻国蒙古、朝鲜、越南等国文字改革的经验。

6月25日　中国科学院语言研究所成立。

7月10日　吴玉章召开中国文字改革协会干部会议，传达了毛泽东主席的指示：文字改革应首先办"简体字"，不能脱离实际，割断历史。

7月11日　《人民日报》发表李立三翻译的斯大林著《论马克思主义在语言学中的问题》。

1951 年

6月6日　《人民日报》发表社论，题目是《正确地使用祖国的语言，为语言的纯洁和健康而斗争！》，并开始连载吕叔湘、朱德熙合写的《语法修辞讲话》。

12月26日　周恩来总理指示在政务院文化教育委员会下设立中国文字改革研究委员会。政务院文化教育委员会第31次委务会议决议设立中国文字改革研究委员会，马叙伦任主任委员、吴玉章任副主任委员。

1952 年

2月5日　中国文字改革研究委员会召开成立大会。马叙伦在讲话中传达了毛泽东主席的指示：文字必须改革，要走世界文字共同的拼音方向；形式应该是民族的，字母和方案要根据现有汉字来制定。

6月5日　教育部公布1500字的《常用字表》。后由中国文字改革研究委员会秘书处另外选出500字作为补充常用字，合计2000字。

6月11日　中国文字改革研究委员会、中国科学院语言研究所合办的《中国语文》杂志社成立。韦悫任社长，罗常培任总编辑，林汉达任副总编辑。

1953 年

3月25日　中国文字改革研究委员会召开第三次全体委员会议。马叙伦传达了毛泽东主席的指示，毛主席认为去年草拟的拼音字母，在拼音方法上虽然简单了，但笔画还是太繁。

10月1日　在中国共产党内设立的中央文字问题委员会召开第一次会议。胡乔木任主任，范文澜任副主任。

1954 年

3月17日　《光明日报》的《文字改革》双周刊创刊。

10月8日　第一届全国人大常委会第二次会议根据国务院总理的提请，批准设立中国文字改革委员会，为国务院的直属机构。

11月20日　国务院任命吴玉章为中国文字改革委员会主任，胡愈之为副主任。

1955 年

1月1日　《光明日报》改为横排。这是第一份实行左起横排的全国性大报。

1月7日　中国文字改革委员会发表《汉字简化方案（草案）》，向全国征求意见。

10月15日至23日　教育部和中国文字改革委员会在北京召开全国文字改革会议。

10月25日至31日　中国科学院在北京召开现代汉语规范问题学术会议。

10月26日　《人民日报》发表社论，题目是《为促进汉字改革、推广普通话、实现汉语规范化而努力》。

12月22日　文化部和中国文字改革委员会联合发布《第一批异体字整理表》。

1956年

1月1日　《人民日报》等全国性报纸全都改为横排，大多数省报已经或正在改为横排。

1月27日　中共中央发出《关于文字改革工作问题的指示》，指出：《汉语拼音方案》采用拉丁字母比较适宜。

1月28日　国务院全体会议第23次会议通过《关于公布〈汉字简化方案〉的决议》和《推广普通话的指示》，决定成立中央推广普通话工作委员会，陈毅任主任。

1月31日　《人民日报》发表国务院《关于公布〈汉字简化方案〉的决议》和《汉字简化方案》。

1月31日　中国科学院语言研究所成立普通话审音委员会。

2月6日　国务院发布《关于推广普通话的指示》。

2月12日　《人民日报》刊载《汉语拼音方案（草案）》和《关于〈汉语拼音方案（草案）〉的几点说明》。

8月15日　研究实验汉语拼音文字的刊物《拼音》月刊创刊。

1957年

8月15日　《拼音》月刊改名为《文字改革》。

11月1日　国务院全体会议第60次会议通过《关于公布〈汉语拼音方案(草案)〉的决议》。

1958年

1月10日　周恩来总理在全国政协举行的报告会上作《当前文字改革的任务》的报告。

2月11日　第一届全国人大第五次会议通过《关于〈汉语拼音方案〉的决议》。

7月25日至31日　中央推广普通话工作委员会和中国文字改革委员会在北京联合举办全国普通话教学成绩观摩会。

10月12日　中国文字改革委员会和中国人民大学新闻系合办的《汉语拼音报》在北京创刊。

1959年

7月11日　上海市《汉语拼音小报》创刊。

8月7日　山西省《万荣拼音报》创刊。

8月10日至21日　中国文字改革委员会、教育部、团中央在上海联合举办第二次全国普通话教学成绩观摩会。

1960年

4月22日　中共中央发出《关于推广注音识字的指示》。

6月4日　教育部、文化部、中国文字改革委员会联合发出《关于征集新简化字的通知》。

8月1日至10日　中国文字改革委员会、教育部、团中央在青岛联合举办第三次全国普通话教学成绩观摩会。

1961年

11月1日　《人民日报》开始用汉语拼音给难字注音。

11月14日　文化部、教育部、中国文字改革委员会、中国科学院语言研究所联合成立汉字查字法整理工作组。

1962 年

5 月 20 日　周恩来总理指示：简化字应当邀请各方面人士重新讨论；如有不同意见或反对意见，必须虚心接纳。即使国务院早已公布的简化字，如大家有意见，也可以考虑重新修改。

11 月 9 日　中国文字改革委员会副主任叶籁士向周恩来总理报告简化汉字讨论、修订情况及今后计划。

1963 年

4 月 31 日　中国文字改革委员会以副主任叶籁士的名义向周恩来总理报告有关修订简化汉字的工作情况。

10 月 29 日　普通话审音委员会编的《普通话异读词三次审音总表初稿》由文字改革出版社出版。

1964 年

2 月 4 日　国务院发出《关于同意中国文字改革委员会简化字问题的请示的批示》。

2 月 17 日　《人民日报》发表吴玉章的文章《汉语拼音方案在各方面的应用》。

3 月 7 日　中国文字改革委员会、文化部、教育部发出《关于简化字的联合通知》，贯彻落实国务院 2 月 4 日的批示。

5 月 3 日　《人民日报》发表郭沫若的文章《日本的汉字改革和文字机械化》。

8 月 17 日至 25 日　中国文字改革委员会、教育部、团中央在西安联合举办第四次全国普通话教学成绩观摩会。

1965 年

1 月 30 日　文化部、中国文字改革委员会发出《关于统一汉字铅字字形的联合通知》，随《通知》下发《印刷通用汉字字形表》样本。

5 月 12 日　国家测绘总局、中国文字改革委员会公布《少数民族地名汉语拼音字母音译转写法(草案)》。

1966年

8月4日　《光明日报》的《文字改革》专刊停刊。

12月12日　吴玉章逝世。

1972年

3月　中国科学院下设文字改革办公室,负责人是叶籁士。

4月　《红旗》杂志第4期发表郭沫若的通信《怎样看待群众中新流行的简化字?》。

1973年

5月10日　经毛泽东主席批示"同意",《光明日报》的《文字改革》专刊复刊。

7月17日　周恩来总理批示,同意恢复中国文字改革委员会,归国务院科教组管理。

1974年

5月　中国文字改革委员会发布《中国人名汉语拼音字母拼写法》,分汉语姓名和少数民族语姓名两类。

6月　汉语拼音版《中华人民共和国地图》由地图出版社出版。

8月9日　四机部、一机部、中国科学院、国家出版局、新华通讯社联名向国家计划委员会提出《关于研制汉字信息处理系统工程的请示报告》。同年9月,国家计委下文,批准由四机部组织领导,开始研制工作。

1975年

5月　中国文字改革委员会拟出《第二次汉字简化方案(草案)》,报请国务院审阅。

9月30日　国务院直属机构调整,中国文字改革委员会仍为国务院直属机构,由教育部代管。

1976 年

6 月　国家测绘总局和中国文字改革委员会修订出版《少数民族语地名汉语拼音字母音译转写法》。

8 月 1 日　新疆维吾尔自治区革命委员会决定从即日起全面使用维吾尔、哈萨克新文字。

1977 年

5 月 20 日　中国文字改革委员会将《关于〈第二次汉字简化方案（草案）〉的请示报告》送国务院审批。

7 月 20 日　中国文字改革委员会和国家标准计量局联合发布《关于部分计量单位名称统一用字的通知》。

9 月 7 日　在希腊首都雅典举行的联合国第三届地名标准化会议，投票通过了我国提出的关于采用《汉语拼音方案》作为中国地名罗马字母拼写法的国际标准的提案。

12 月 20 日　《人民日报》、《光明日报》、《解放军报》及各省、市、自治区一级报纸发表《第二次汉字简化方案（草案）》，广泛征求意见。

1978 年

8 月 26 日　教育部发出《关于加强学校普通话和汉语拼音教学的通知》。

9 月 26 日　国务院批转中国文字改革委员会、外交部、国家测绘总局、中国地名委员会《关于改用〈汉语拼音方案〉作为我国人名地名罗马字母拼写法的统一规范的报告》。

12 月　中国科学院语言研究所词典编辑室编辑的《现代汉语词典》由商务印书馆出版。

1979 年

1 月 1 日　新华社采用《汉语拼音方案》的拼写法音译中国的人名和地名。

6月13日　中国文字改革委员会仍为国务院直属机构,改由中国社会科学院代管。

6月15日　联合国秘书处发出关于采用"汉语拼音"的通知。

8月11日至20日　教育部、中国文字改革委员会、团中央在北京联合举办第五次全国普通话教学成绩观摩会。

1980年

8月20日　由叶圣陶、胡愈之、吕叔湘等15人发起,由中国文字改革委员会主持的庆祝王力先生学术活动50周年座谈会在全国政协礼堂举行。

11月21日至27日　中国语言学会在武汉举行成立大会。

1981年

5月1日　国家标准《信息交换用汉字编码字符集·基本集》(GB2312-80)公布。

7月13日　全国高等院校文字改革学会在哈尔滨举行成立大会。倪海曙任会长。

1982年

7月25日　《文字改革》杂志复刊。

8月1日　国际标准化组织(ISO)发表由该组织成员国投票表决通过的《文献工作——中文罗马字母拼写法》(ISO7098),该文件规定拼写汉语以汉语拼音为国际标准。

12月4日　第五届全国人人第五次会议通过的《中华人民共和国宪法》,第十九条规定:"国家推广全国通用的普通话。"

1983年

2月22日　政协全国委员会、中国文字改革委员会、教育部联合召开纪念《汉语拼音方案》公布25周年座谈会。

6月3日　中国文字改革委员会在北京召开汉字部首排检法座谈

会。

9月6日　中国文字改革委员会和全国高等院校文字改革学会在北京联合召开了黑龙江省小学"注音识字,提前读写"实验总结汇报会。

1984年

5月26日　教育部、中国文字改革委员会联合发出《关于小学"注音识字,提前读写"实验的几个问题的通知》。

9月25日　语言文字应用研究所在北京举行成立大会。

10月16日至20日　中国文字改革委员会在北京召开文字改革工作座谈会。

1985年

3月2日　国务院办公厅转发中国文字改革委员会《关于文字改革工作座谈会情况的报告》。

8月13日至17日　第一届国际汉语教学讨论会在北京举行。

12月16日　国务院办公厅发出《关于中国文字改革委员会改名为国家语言文字工作委员会的通知》。

12月27日　国家语言文字工作委员会、国家教育委员会、广播电视部联合发出《关于〈普通话异读词审音表〉的通知》。

1986年

1月6日至13日　国家教育委员会和国家语言文字工作委员会在北京联合召开全国语言文字工作会议,会议贯彻中央提出的新时期语言文字工作的方针和任务。

3月6日　首届全国汉字编码方案评测工作在北京进行。

3月　《文字改革》杂志改名为《语文建设》。

6月24日　国务院发出《批转国家语言文字工作委员会〈关于废止《第二次汉字简化方案(草案)》和纠正社会用字混乱现象的请示〉的

通知》。

10月10日　经国务院批准,国家语言文字工作委员会重新发表了《简化字总表》,共收2235个简化字。

12月2日至6日　语言文字应用研究所在北京举行汉字问题学术讨论会。

1987年

1月1日　国家语言文字工作委员会、国家出版局、国家标准局、国家计量局、国务院办公厅秘书局、中宣部新闻局、中宣部出版局发出《公布〈关于出版物上数字用法的试行规定〉的联合通知》。

3月27日　国家语言文字工作委员会、中国地名委员会、铁道部、交通部、国家海洋局、国家测绘局联合发出《颁发〈关于地名用字的若干规定〉的通知》。

4月1日　国家语言文字工作委员会、广播电影电视部联合发出《颁发〈关于广播、电影、电视正确使用语言文字的若干规定〉的通知》。

4月10日　国家语言文字工作委员会、商业部、对外经济贸易部、国家工商行政管理局联合发布《印发〈关于企业、商店的牌匾、商品包装、广告等正确使用汉字和汉语拼音的若干规定〉的通知》。

8月14日　世界汉语教学学会在北京成立。

9月4日　国家工商行政管理局、国家语言文字工作委员会联合发出《关于商标用字规范化若干问题的通知》。

1988年

1月26日　国家语言文字工作委员会、国家教育委员会发出《关于发布〈现代汉语常用字表〉的联合通知》。

3月25日　国家语言文字工作委员会、新闻出版署发出《关于发布〈现代汉语通用字表〉的联合通知》。

6月15日　中国中文信息学会计算语言学专业委员会主办首届

全国计算语言学学术讨论会在北京举行。

7月1日　国家教育委员会、国家语言文字工作委员会联合发出《关于公布〈汉语拼音正词法基本规则〉的联合通知》。

1989年

3月21日　国家技术监督局主办的中文信息处理标准化国际研讨会在北京召开。

4月1日　中文信息标准化代表团与台湾资讯业者代表团在香港就中文信息标准化问题举行会议。

11月8日　国家语言文字工作委员会为从事语言文字工作30年以上的425位语言文字工作者颁发荣誉证书。

1990年

2月1日　国家技术监督局发布国家标准《汉语信息处理词汇01部分：基本术语》（GB12000.1-90）。

3月22日　国家语言文字工作委员会、新闻出版署发出《关于修订发布〈标点符号用法〉的联合通知》。

7月10日　国家语言文字工作委员会在北京召开社会用字管理现场会。

10月23日　国家语言文字工作委员会在上海召开全国城市社会推广普通话工作经验交流会。

1991年

1月26日　国家语言文字工作委员会在北京举行纪念《汉字简化方案》公布35周年座谈会。

6月6日　人民日报社、国家语言文字工作委员会、广播电影电视部、新闻出版署、中国语言学会、北京市语言学会联合举行座谈会，纪念《人民日报》1951年6月6日社论《正确地使用祖国的语言，为语言的纯洁和健康而斗争！》发表40周年。

8月29日　北京市语言学会和北京国际汉字研究会举办的海峡两岸汉字学术交流会在北京举行。近20位来自台湾的学者和40多位在京的大陆学者参加了活动。

8月30日　国家技术监督局批准国家标准《中国各民族名称的罗马字母拼写法和代码》(GB3304-92)。

9月11日　国家语言文字工作委员会语言文字应用研究所在北京主办了第二次全国汉字问题学术讨论会,近60名学者参加了会议。

10月　中国文字学会在北京成立。

1992年

1月25日　国家语言文字工作委员会文字应用管理司在北京师范大学召开《神奇的汉字》专家座谈会。专家们指出该影片神化汉字、夸大汉字的功能和作用,理论上缺乏根据,政治上影响也不好。

1月28日　国家语言文字工作委员会语言文字应用研究所主办的《语言文字应用》杂志创刊。

3月21日　上海语言文字工作委员会和《汉语拼音小报》编辑部在上海召开《汉语拼音小报》出版500期纪念会。

7月1日　《人民日报(海外版)》改用简化字排印。

7月7日　新闻出版署和国家语言文字工作委员会联合发布《出版物汉字使用管理规定》。

7月9日　国家体育运动委员会和国家语言文字工作委员会联合发布《关于在各种体育活动中正确使用汉字和汉语拼音的规定》。

10月13日　中国编辑学会成立。

10月27日　中国辞书学会成立。

11月6日　国务院发出《批转国家语言文字工作委员会〈关于当前语言文字工作的请示〉的通知》。

12月26日　中国语文报刊协会在北京成立。

1993年

1月15日　国家语言文字工作委员会召开书法家新春茶话会。

4月26日　中国社会科学院语言研究所和商务印书馆在宁波联合举办《现代汉语词典》出版20周年学术研讨会。

9月3日　国家语言文字工作委员会文字应用管理司发出《关于"镕"字使用问题的批复》，指出："当人名用字中'镕'表示'熔化'以外的意思时，'镕'字不是'溶'的异体字，可继续使用。"

9月21日　国家语言文字工作委员会文字应用管理司在北京主持召开现代汉语语料库选材专家审定会。

11月24日　电子工业部计算机与信息化推进司印发《关于暂定"镕"字统一区位码的通知》，暂定"镕"字的区位码位置为9272。

1994年

3月6日　两岸汉语语汇文字学术研讨会在台北市圆山大饭店举行。

6月26日　国家语言文字工作委员会发出《关于社会用字管理工作的意见》。

7月1日　中央机构编制委员会同意国家语言文字工作委员会成立普通话培训测试中心。

10月18日　中国语文现代化学会在北京成立。张志公任会长。

10月30日　国家语言文字工作委员会、国家教育委员会、广播电影电视部联合发出《关于开展普通话水平测试工作的决定》。

1995年

6月6日　新闻出版署发布《关于发布〈社会科学期刊质量管理标准（试行）〉的通知》，该《通知》第七条要求期刊"文字没有繁简混用情况"。

6月19日　国家语言文字工作委员会、中国语文现代化学会和北京市语言学会举行庆贺周有光先生90华诞学术座谈会。

10月10日　国务院召集中宣部、国务院办公厅、国务院新闻办、文化部、国家工商局、国家旅游局、新闻出版署和国家语言文字工作委员会负责人会议,研究落实江泽民总书记关于警惕"殖民文化"正在我国复活的批示。

12月25日　国家语言文字工作委员会召开纪念文字改革和汉语规范化工作40周年大会。首届全国语言文字应用学术讨论会在北京召开。

1996年

1月22日　国家技术监督局发布《汉语拼音正词法基本规则》(GB16159－1996)。

3月　在第八届全国人大第四次会议上,227名代表提出了7件要求语言文字立法的提案。国家语言文字工作委员会同意制订《中华人民共和国语言文字法》。

6月5日　国家语委语言文字应用管理司印发《关于在清理带有不良文化倾向的商品名、商标名、店铺名过程中加强社会用字管理工作的紧急通知》。

7月18日　中国人民银行办公厅印发《关于金融系统要带头使用规范汉字的通知》。

10月28日　第八届全国人大常委会第二十二次会议同意由全国人大教科文卫委员会牵头起草《中华人民共和国语言文字法》,并列入1997年的立法计划。

1997年

4月7日　国家语言文字工作委员会、新闻出版署联合发布《现代汉语通用字笔顺规范》。

4月9日　《新闻出版报》刊载《报纸编校质量评比差错认定细则》。

6月26日　国家语言文字工作委员会下发《关于颁布〈关于普通话水平测试管理工作的若干规定(试行)〉的通知》。

12月1日　国家语言文字工作委员会发布《信息处理用GB13000.1字符集汉字部件规范》(GF3001－1997)。

12月5日　国家语言文字工作委员会颁布《普通话水平测试等级标准(试行)》。

12月23日至26日　国家语言文字工作委员会在北京举行全国语言文字工作会议。

1998年

2月9日　国家语言文字工作委员会印发《关于颁布〈城市社会用字管理工作评估指导标准(试行)〉的通知》。

2月11日　国家语言文字工作委员会在北京召开纪念《汉语拼音方案》公布40周年座谈会。

3月17日　中宣部、国家教育委员会、广播电影电视部、国家语言文字工作委员会联合发出《关于开展全国推广普通话宣传周活动的通知》。

7月21日　国务院办公厅下发《关于印发教育部职能配置内设机构和人员编制规定的通知》，确定国家语言文字工作委员会并入教育部，对外保留国家语言文字工作委员会的牌子。

9月13日　首届全国推广普通话宣传周活动在全国各地展开。

1999年

2月5日　教育部、国家语言文字工作委员会下发《关于印发〈关于进一步发挥城市的中心作用,全面推进语言文字工作的意见〉的通知》。

5月5日　中国语言文字使用情况调查指导小组成立并召开第一次会议。

7月20日　教育部、国家语言文字工作委员会、国家民族事务委员会、公安部、民政部、财政部、农业部、文化部、广播电影电视总局、国家统计局、中国社会科学院等11个部委局的办公厅联合发出《关于开展中国语言文字使用情况调查的通知》。

10月1日　国家语言文字工作委员会发布《GB13000.1字符集汉字笔顺规范》(GF3002-1999)。

10月1日　国家语言文字工作委员会发布《GB13000.1字符集汉字字序(笔画序)规范》(GF3003-1999)。

10月1日　国家语言文字工作委员会发布《印刷魏体字形规范》(GF3004-1999)、《印刷隶体字形规范》(GF3005-1999)。

2000年

2月　鉴于少数民族语言问题具有特殊性,全国人大常委会委员长会议决定拟订中的《中华人民共和国语言文字法》改为《中华人民共和国国家通用语言文字法》。

3月17日　国家质量技术监督局发布《信息交换用汉字编码字符集基本集的扩充》(GB/T18030-2000)、《数字键盘汉字输入通用要求》(GB/T18031-2000)。

10月31日　第九届全国人大常委会第十八次会议审议并通过《中华人民共和国国家通用语言文字法》。

11月2日　《人民日报》发表评论员文章,题目是《努力营造规范的语言文字环境——祝贺我国第一部语言文字法诞生》。

12月13日　国家语言文字工作委员会咨询委员会在北京成立并举行第一次会议。

2001 年

2月16日　北大方正电子有限公司开发的收录27000多个汉字的方正字库和收录70244个汉字的方正超大字库,通过由新闻出版署、国家语言文字工作委员会和全国印刷字体工作委员会联合主持的鉴定。

2月23日　教育部、国家语言文字工作委员会发布《汉语拼音方案的通用键盘表示规范》(GF3006－2001)。

6月2日　中国语文现代化学会在北京召开纪念《人民日报》1951年6月6日社论《正确地使用祖国的语言,为语言的纯洁和健康而斗争!》发表50周年座谈会。

9月3日　教育部、国家语言文字工作委员会下发《关于开展城市语言文字工作评估的通知》。

12月1日　北京大学汉语语言学研究中心、北京大学中文系、中国语文现代化学会联合举行语文现代化与《汉语拼音方案》国际学术研讨会。

12月19日　教育部、国家语言文字工作委员会发布《第一批异形词整理表》(GF1001－2001)、《GB13000.1 字符集汉字折笔规范》(GF2001－2001)。

2002 年

1月　《周有光语文论集》由上海文化出版社出版。

6月26日　教育部语言文字应用研究所主办的"中国语言文字网"(www.china-language.gov.cn)开通。

9月24日　教育部语言文字信息管理司在武汉召开信息时代语言文字规范标准建设工作会议。

11月25日　教育部语言文字信息管理司在上海举办全国语言文字网建设与管理研讨班。

12月10日　教育部、国家语言文字工作委员会对北京市的语言文字工作进行评估认定。

2003年

5月15日　教育部部长办公会议审议通过《普通话水平测试管理规定》。

10月10日　教育部、国家语言文字工作委员会下发《关于印发〈普通话水平测试大纲〉的通知》,该《大纲》自2004年10月1日起实施。

11月28日　全国人大教科文卫委员会、教育部、国家语言文字工作委员会在人民大会堂召开座谈会,纪念《汉语拼音方案》公布45周年。

11月28日　中国语文现代化学会、教育部语言文字应用研究所、语文出版社、中国文字学会在北京召开了信息网络时代的汉语拼音学术讨论会。

2004年

3月23日　教育部、国家语言文字工作委员会评估组对上海市城区语言文字工作进行评估认定。

6月22日　中国社会科学院语言研究所举行纪念吕叔湘先生百年诞辰国际学术研讨会。

7月27日　教育部语言文字信息管理司在青岛召开全国语言文字标准化工作会议。

12月8日　教育部、国家语言文字工作委员会评估组对天津市城区语言文字工作进行评估认定。

2005年

1月10日　教育部和国家语言文字工作委员会在北京举办庆祝周有光先生百龄华诞座谈会。

1月12日　国家语言监测与研究中心、北京语言大学、中国新闻技术工作者联合会、中国中文信息学会在北京联合举行2004年中国主流报纸十大流行语新闻发布会。

2月27日　商务印书馆世界汉语教学研究中心在北京举行成立会。

3月1日　新闻出版署颁布实施最新修订的《图书质量管理规定》及其附件《图书编校质量差错率计算方法》。

11月15日至18日　教育部、国家语言文字工作委员会评估组对重庆市城区语言文字工作进行评估认定。

2006年

3月31日　教育部、国家语言文字工作委员会召开座谈会,纪念国务院《关于公布〈汉字简化方案〉的决议》和《关于推广普通话的指示》发布50周年。

3月31日至4月1日　中国社会科学院语言研究所、教育部语言文字应用研究所、中国语言学会、中国语文现代化学会、中国文字学会等在北京联合召开语言文字规范化工作学术研讨会。

4月1日　《人民日报》发表评论员文章,题目是《说普通话　用规范字》。

5月25日　"全国报刊逻辑语言应用病例有奖征集活动"新闻发布会在中国社会科学院举行。

6月26日　国家语言文字工作委员会举行委员换届会议暨2006年工作会议。新一届语委委员由国务院有关部门、解放军总政治部、科研团体和人民团体共16个单位的负责人组成。

7月6日　孔子学院大会在北京举行。

8月28日　教育部、国家语言文字工作委员会发布《汉字应用水平等级及测试大纲》,自2007年2月1日起试行。

11月28日　国家语言文字工作委员会召开"十一五"科研工作会议。

2007年

2月13日　北京大学计算语言学研究所完成的"综合型语言知识库"通过技术鉴定,该成果获2007年度教育部科学技术进步奖一等奖。

3月6日至7日　国家语言文字工作委员会召开2007年度语言文字工作会议。

3月26日至27日　中国国家汉语国际推广领导小组办公室和中国人民大学共同举办世界汉学大会2007。

4月26日　国家语言文字工作委员会举行2007年度全体委员会议。

5月14日至16日　教育部语言文字应用管理司和国家民族事务委员会文化宣传司联合召开少数民族教师语言培训工作研讨会。

7月18日　全国人大法制工作委员会召开立法用语规范化专家咨询委员会成立座谈会。

9月16日　全国首场国家汉字应用水平测试在上海开考。

11月24日至28日　中国少数民族语言文字工作成就展暨民族语文国际学术研讨会在北京举行。

主要参考文献

（以出版时间先后为序）

黎锦熙《国语运动史纲》，商务印书馆1934年12月版。

吴玉章《文字改革文集》，中国人民大学出版社1978年12月版。

高天如《中国现代语言计划的理论和实践》，复旦大学出版社1993年10月版。

全国语言文字工作会议秘书处编《新时期的语言文字工作》，语文出版社1987年3月版。

王均主编《当代中国的文字改革》，当代中国出版社1995年5月版。

国家语言文字工作委员会政策法规室编《国家语言文字政策法规汇编》(1949—1995)，语文出版社1996年3月版。

《胡乔木传》编写组编《胡乔木谈语言文字》，人民出版社1999年9月版。

费锦昌主编《中国语文现代化百年记事》(1892—1995)，语文出版社1997年7月版。

苏培成《现代汉字学纲要》，北京大学出版社2001年12月版。

周有光《周有光语文论集》(1—4卷)，上海文化出版社2002年1月版。

吕叔湘《吕叔湘全集》(1—19卷)，辽宁教育出版社2002年12月版。

教育部语言文字应用管理司编《新时期语言文字法规政策文件汇编》,语文出版社 2005 年 1 月版。

费锦昌主编《新时期语言文字工作记事》(1978—2003),语文出版社 2005 年 2 月版。

李宇明《中国语言规划论》,东北师范大学出版社 2005 年 8 月版。

凌德祥《走向世界的汉语》,文化艺术出版社 2006 年 9 月版。

"中国语言生活状况报告"课题组编《中国语言生活状况报告(2005)》上编,国家语言资源监测与研究中心编《中国语言生活状况报告(2005)》下编,商务印书馆 2006 年 9 月版。

"中国语言生活状况报告"课题组编《中国语言生活状况报告(2006)》上编,国家语言资源监测与研究中心编《中国语言生活状况报告(2006)》下编,商务印书馆 2007 年 8 月版。

"中国语言生活状况报告"课题组编《中国语言生活状况报告(2007)》上编,国家语言资源监测与研究中心编《中国语言生活状况报告(2007)》下编,商务印书馆 2008 年 11 月版。

后　记

本书是国家语委国家语言文字应用"十五"科研项目《中国语言规划的历史研究——49年以后》(YB105－02A)的研究成果,出版时改名为《当代中国的语文改革和语文规范》。

这个项目是我和山东曲阜师范大学文学院的陈克守、桑哲、阚景忠、秦海燕、李彦苓几位教授共同完成的。几位教授撰写初稿,由我加工定稿。其中不妥之处责任在我,由我负责。从2002年批准立项,到现在基本完成,断断续续做了六年多。

书中所用的理论主要根据周有光先生的研究。所用的资料主要来自我们多年来的积累,另外也从公开出版的著作里征引了不少资料:从开头到1986年召开全国语言文字工作会议部分,主要参考了王均先生主编的《当代中国的文字改革》、费锦昌先生主编的《中国语文现代化百年记事》;1986年以后的部分,主要参考了费锦昌先生主编的《新时期语言文字工作记事》,教育部语言文字信息管理司主持编写的《中国语言生活状况报告(2005)》、《中国语言生活状况报告(2006)》和《中国语言生活状况报告(2007)》。同时我们也从上述著作中吸收了许多有益的观点。对上述各位作者一并致谢。

写学术史方面的著作,如果所谈的内容距今年代久远,时常为资料的匮乏感到为难,这也就是孔夫子说的"文献不足故也"。也许正因为年代较为久远,有些问题可能容易看得明白,识断可能中肯些。如果所谈的是刚刚发生不久的事,资料可能容易获得,但是因为"只缘身在此山中",有些事反而一时看不清晰。本书谈的是当代中国的语文改革和语文规范史,自然属于上面谈的后一种情形。全稿完成了,但是编写工作并没有结束。责任编辑魏励先生极为负责,通读了全稿,指出了书中的不少差错,提出了许多修改建议,提高了书稿的质量。这使我获益,也使我惭愧。世界上十全十美的事本来就没有,本书限于个人的才与识,目前也只能做到这个样子,进一步的完善有待于今后的努力,更寄希望于比我年轻的学者。

研究历史是为了从历史中取得借鉴,以解决现实的问题。自20世纪90年代以来,否定语文改革的思潮,用语文规范代替语文改革的思潮有时竟成为主流,掌控了语文生活的话语权,它的负面作用不可小视。近两年来简化字不时受到冲击,要求恢复繁体字的声音在有些媒体大行其道。这不是简化字本身出了什么问题,而是否定语文改革的思潮造成的恶果。"终将要回归繁体字"的预言不会实现,因为它违背汉字发展的规律和广大民众用字的习惯,但是由此造成的思想混乱,将超出语言文字的范围,可能会影响我们的"语文安全"。希望本书对于进一步做好新世纪的语文改革和语文规范,争取语文工作的新胜利,有一定的参考价值。

在本书出版过程中,得到了商务印书馆副总编周洪波先生的大力支持,尤其责任编辑魏励先生提出了不少具体修改意见,谨致谢忱!

不妥之处,敬请批评指正。

苏培成

2009年5月31日